아리스토텔레스(BC 384~BC 322) 아리스토텔레스는 《니코마코스 윤리학》을 손에 든 채 우리는 무엇을 하든 땅에 발을 붙이고 있어야 한다는 몸짓을 한다.

아리스토텔레스 프란체스코 하예즈. 1811.

플라톤(BC427~BC347) 아리스토텔레스가 현실주의자였다면 플라톤은 이상주의자였다.

리케이온에서 공부하는 사람들 리케이온은 아테네에 있었던 교육기관과 정원의 명칭으로, 아리스토텔레스가 이곳에서 학문을 가르쳤기 때문에 그의 철학학교 이름으로 쓰였다.

아카데미아 아테네에 플라톤이 세운 것으로 알려진 학교. 기원전 387년 무렵에 세워져 기원후 529년 무렵까지 존속하면서 플라톤 학파의 교육장으로 쓰였다.

아리스토텔레스를 숭배한 단테 단테는 아리스토텔레스를 그리스도교 전통이 해결할 수 없는 문제들에 대한 최고 권위자라고 생각했다.

아테네 학당 라파엘로가 그린 상상화이지만 웅장하면서도 조화로운 배치로 초인간적인 느낌을 준다.

소크라테스의 죽음 소크라테스가 죽음을 앞두고 남긴, "잘(eu) 아름답게(kalos) 바르게(dikaion) 사는 것이 중요하다"는 말은 곧 니코마코스 윤리학에서 아리스토텔레스가 펼쳐나가는 사상의 핵심이다.

정의의 여신 디케 저울은 동등과 평등을, 칼은 정의의 복원을 의미한다.

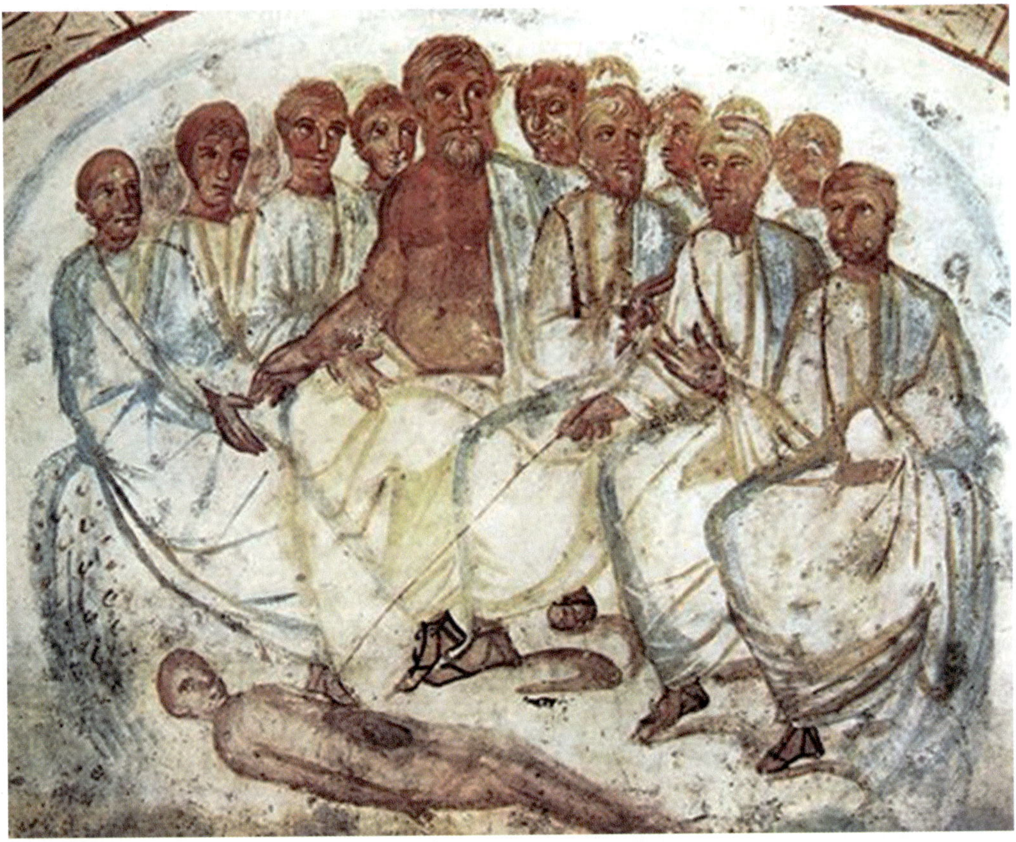

아리스토텔레스의 해부학 수업 4세기 프레스코화. 아리스토텔레스는 사실에 대한 면밀한 관찰을 바탕으로 자신의 이론을 구축하고자 했다.

에드가 드가의 〈운동하는 스파르타 젊은이들〉 아리스토텔레스는 스파르타의 법률이 어떻게 훈육에 주목하게 되었는지를 입증했다.

오이디푸스와 안티고네 아리스토텔레스는 소포클레스의 〈오이디푸스 왕〉을 비극의 전형으로 꼽았다.

▲ 프리아모스를 죽이는 네오프톨레무스 아리스토텔레스는, 프리아모스의 말년이 불행했다는 이유만으로 그가 불행한 사람이었다고 하는 것은 잘못된 판단이라고 받아들였다.

◀ 트로이의 영웅 헥토르 아리스토텔레스는 니코마코스 윤리학에서 "용감한 사람으로 불리는 것은, 고통을 잘 견디기 때문이며, 용감함은 고통이 따를 때 더욱 찬양받아 마땅하다"고 강조했다.

전 세계를 정복한 알렉산드로스와 그를 가르친 철학자 아리스토텔레스

아리스토텔레스의 논리학, 키케로의 수사학, 튜발의 음악을 묘사한 프레스코화 르퓌 성당. 1502.
아리스토텔레스의 논리학은 중세 그리스도 고등교육 중심에 있었고, 그 뒤에도 상당한 영향을 끼쳤다.

고대 그리스 극장 시칠리아섬 타오르미나 극장 유적. 연극을 관람하는 청중들은 부채 모양의 자리에 등급 없이 앉을 수 있었다. 아리스토텔레스는 윤리학에서 정부의 진정한 목적은 시민들이 완전하고 행복한 삶을 살 수 있도록 하는 것이라 했다.

형상과 목적 미켈란젤로의 미완성 조각 〈깨닫는 노예〉(1528)의 인물은 모호함에서 나온다. 아리스토텔레스는 '형상'의 개념을 질료인·작용인·목적인·형상인의 4원인으로 나누었다.

ARISTOTELIS DE MORIBVS AD NICOMACHVM
LIBRI DECEM.

Græcis Latina eregione respondent, interprete DIONY=
SIO LAMBINO: cum eiusdem Annotationibus, &
THEOD. ZVINGGERI Scholijs.

LIBER PRIMVS.
CAPVT PRIMVM.

*Tria ueluti prolegomena declarat: Subiectum scilicet philosophiæ Ethicæ:
Modum siue rationem eius tractandæ & explicandæ: &
Qualem auditorem esse oporteat.*

 ΠΑΣΑ τέχνη καὶ πᾶ-
σα μέθοδος, ὁμοίως
δὲ πρᾶξίς τε καὶ προαί-
ρεσις, ἀγαθοῦ τινὸς ἐ-
φίεσθαι δοκεῖ. διὸ κα-
λῶς ἀπεφήναντο τἀ-
γαθὸν, οὗ πάντ᾽ ἐφίεται. διαφορὰ δέ τις
φαίνεται τῶν τελῶν. τὰ μὲν γάρ εἰσιν ἐνέρ-
γειαι, τὰ δὲ παρ᾽ αὐτὰς ἔργα τινά. ὧν δ᾽
εἰσὶ τέλη τινὰ παρὰ τὰς πράξεις, ἐν τούτοις
βελτίω πέφυκε τῶν ἐνεργειῶν τὰ ἔργα.
πολλῶν δὲ πράξεων οὐσῶν, καὶ τεχνῶν,
καὶ ἐπιστημῶν, πολλὰ γίνεται καὶ τὰ τέ-
λη. ἰατρικῆς μὲν γὰρ, ὑγίεια· ναυπηγι-
κῆς δὲ, πλοῖον· στρατηγικῆς δὲ, νίκη· οἰκο-
νομικῆς δὲ, πλοῦτος. ὅσαι δ᾽ εἰσὶ τῶν τοι-
ούτων μίαν τινὰ ἀρετήν (καθάπερ
ὑπὸ τὴν ἱππικὴν χαλινοποιητικὴ, καὶ ὅ-
σαι ἄλλαι τῶν ἱππικῶν ὀργάνων εἰσίν· αὐ-
τὴ δὲ καὶ πᾶσα πολεμικὴ πρᾶξις ὑπὸ
τὴν στρατηγικήν· τὸν αὐτὸν δὴ τρόπον ἄλ-
λαι ὑφ᾽ ἑτέρας.) ἐν ἁπάσαις τὰ τῶν ἀρ-
χιτεκτονικῶν τέλη, πάντων ἐστὶν αἱρετώ-
τερα

CAP. I.

 MNIS ars, omnisq́;
docendi uia, atq́; insti-
tutio, itéq́; actio, & con-
silium, bonū aliquod
appetere uidet̃. Iccirco
pulchrè ueteres id esse
bonum pronunciarūt,
quod omnia appetūt. Sed uidetur fines
inter se discrepare. Alij enim sunt mune-
ris functiões: alij, præter eas, opera quæ-
dam. Quarū aūt rerū, præter actiones, a-
liqui sunt fines, in his opera sunt actionib.
meliora natura. Cùm ueró multæ sint a-
ctiões, artes & scientiæ: tū multi quoq́; fines
extiterūt. Nā medicinæ finis est, bona uale
tudo: artis ædificādarū nauiū, nauis: artis
imperatoriæ, uictoria: rationis eius, quæ
in re familiari tueda uersat̃, diuitiæ. Quæ-
cunq́; aūt artes huius generis uni alicui
facultati subiectæ sunt, (ut equestri ea, quæ
in frenis cōficiēdis occupata est, cæteræq́;
oēs ad instrumēta equestria cōparatæ: at-
que hec ipsa equestris, omisq́; actio milita
ris, arti imperatoriæ: itéq́; aliæ alijs:) in ijs
omnibus fines earū, quæ principē locū ob
tinent, earū quę eis subiectæ sunt, finibus
sunt

a

《니코마코스 윤리학》첫 페이지   윤리학 전10권은 아리스토텔레스의 아들 니코마코스가 펴냈다.

ΑΡΙΣΤΟΤΕΛΟΥΣ ΤΑ ΠΟΛΙΤΙΚΑ

THE POLITICS OF ARISTOTLE

WITH ENGLISH NOTES

BY

RICHARD CONGREVE M.A.

LATE FELLOW AND TUTOR OF WADHAM COLLEGE OXFORD

LONDON
JOHN W. PARKER AND SON WEST STRAND
1855

니체 《비극의 탄생》(1872) 속표지 아리스토텔레스의 《시학》을 확장, 심화해 디오니소스적 예술혼을 재조명했다.

World Book 2
Aristoteles
ETHICA NICOMACHEA
POLITIKA/PERI POIETIKES
니코마코스 윤리학/정치학/시학
아리스토텔레스/손명현 옮김

동서문화사

니코마코스 윤리학/정치학/시학
차례

니코마코스 윤리학
제1권 · 11
1 선을 찾아서/2 행위와 정치/3 어떻게 논의할 것인가/4 선으로 가는 일반적 생각
5 세 가지 삶의 행복/6 선의 이데아/7 우리가 찾는 선과 행복
8 정의된 행복과 통념/9 행복에 이르는 방법/10 운명적 행복
11 죽음과 행복/12 찬사와 명예/13 영혼의 탁월성

제2권 · 35
1 덕성의 기원/2 성격과 습관/3 덕성과 즐거움 그리고 고통
4 품성과 행위/5 덕성의 베풂/6 덕성과 품성
7 덕성과 그 품성의 모습/8 중용과 극단/9 중용에 이르는 실천

제3권 · 51
1 고의성 비고의성/2 합리성의 선택/3 숙고
4 소망/5 책임/6 용감함/7 겁 많음/8 용감함의 여러 모습
9 고통/10 절제/11 절제와 무절제/12 쾌락과 욕망

제4권 · 79
1 너그러움/2 호탕함/3 포부가 큼/4 명예와 덕성
5 온화함/6 교제와 덕성/7 진실함/8 재치/9 수치

제5권 · 104
1 정의와 정의롭지 못함/2 덕성의 한 부분으로서 정의
3 공정하지 못한 사람/4 잘못을 바로잡는 정의/5 교환성 정의/6 정치성 정의
7 자연정의 법적정의/8 정의의 자발성/9 정의의 문제들
10 근원적 공정성/11 자발적 부정의(不正義)의 문제

제6권 · 132

1 올바른 이성/2 덕성의 사유/3 학문적 인식/4 기예
5 기예와 실천/6 직관적 지성/7 예지/8 실천적 지혜의 유형/9 숙고
10 이해/11 실천적 지혜의 여러 경우/12 실천적 지혜 철학적 지혜/13 실천적 지혜와 덕성

제7권 · 151

1 피해야 할 세 가지 성품/2 자제할 줄 아는 사람/3 절제력이 없는 사람과 무지
4 자제력의 결함/5 짐승의 성품/6 분노, 욕망, 자제력/7 자제력 없음과 유희
8 방종과 자제/9 자제하는 힘/10 자제력과 인내심/11 쾌락과 선
12 쾌락에 대한 통념들/13 쾌락과 행복/14 육체적 쾌락과 본성

제8권 · 181

1 친애에 대해서/2 친애의 대상/3 선의/4 친애의 완성/5 최고의 친애
6 친애들의 특성에 대하여/7 친애, 최고의 선/8 사랑하는 것 사랑받는 것
9 친애와 공동체/10 친애와 국가체제/11 친애와 정의/12 친애와 가족
13 동등한 관계의 친애/14 동등하지 않은 관계의 친애

제9권 · 207

1 봉사/2 두 가지 친애 중 한 가지의 선택/3 친애의 단절
4 자신에 대한 친애/5 친애와 호의/6 친애와 합심/7 은혜를 베푸는 것 받는 것
8 자기애는 어떻게 나뉘어지는가? /9 행복과 친애/10 친구의 수
11 친구들의 기쁨과 슬픔/12 친애와 친구의 존재

제10권 · 231

1 쾌락/2 쾌락과 관련된 통념들/3 쾌락에 관한 통념들의 검토
4 쾌락이란 무엇인가! /5 쾌락의 종류/6 행복에 대하여
7 행복과 관조적 활동/8 정의된 행복과 통념들/9 윤리학, 입법, 국가체제

정치학

제1편 가족론(제1장~제13장) · 259
제2편 이상국가에 대한 견해(제1장~제12장) · 288
제3편 시민과 정치질서에 대한 이론(제1장~제18장) · 333
제4편 실제적 정치질서와 그 형태(제1장~제16장) · 379
제5편 혁명의 원인과 정치질서 변화(제1장~제12장) · 419
제6편 안정기반을 위한 민주정치와 과두정치 건설방법(제1장~제8장) · 466
제7편 정치적 이상과 교육적 원리(제1장~제17장) · 485
제8편 청소년 교육(제1장~제7장) · 526

시학

제1장 시작(詩作)의 기본 문제들(모방Ⅰ) · 547
제2장 무엇을 모방할 것인가(모방Ⅱ) · 548
제3장 모방의 방법(모방Ⅲ) · 549
제4장 시의 기원 시의 발전(모방Ⅳ) · 550
제5장 희극과 서사시와 비극(모방Ⅴ) · 552
제6장 비극이란 무엇인가(모방Ⅵ) · 553
제7장 플롯의 원칙 · 556
제8장 플롯의 통일성 · 557
제9장 개연적 필연적 관계 · 557
제10장 단순한 플롯 복합적 플롯 · 559
제11장 뒤바뀜 깨달음 · 560
제12장 비극의 요소들 · 561

제13장 플롯 그 내용 · 561
제14장 연민, 두려움, 비극적 행동 · 563
제15장 인물 성격 · 565
제16장 깨달음 수법 · 567
제17장 플롯 구성 기본방법 · 568
제18장 플롯의 얽히는 것 풀리는 것 · 570
제19장 생각하는 힘 · 571
제20장 언어의 요소 · 572
제21장 시어와 은유 · 574
제22장 시적언어 기본원칙 · 576
제23장 서사시 기본원칙 · 579
24장 서사시와 비극 · 580
제25장 서사시 문제와 해결 · 582
제26장 서사시와 비극의 비교 · 587

아리스토텔레스의 생애·사상·저작 · 591
플라톤 아카데메이아/알렉산드로스의 가정교사
리케이온의 소요학파/아리스토텔레스주의의 특징
그리스철학에 미친 영향/그의 후학들
중동지역 철학에 미친 영향/라틴철학에 미친 영향
근대철학에 미친 영향/저작들/안드로니코스 편집 초고
아리스토텔레스의 《니코마코스 윤리학》·《정치학》·《시학》

Ethica Nicomachea
니코마코스 윤리학

제1권

1 선을 찾아서

모든 기예(technē)와 탐구(methodos), 모든 행위와 선택은 하나같이 저마다 선(善: 좋음)을 지향한다. 그러므로 모든 것은 선을 목표로 한다는 주장은 옳다. 그런데 여러 목적들 사이에는 뚜렷한 차이가 있다. 즉 활동 자체가 목적이 되는가 하면, 또 활동보다는 결과를 목적으로 하는 경우도 있다. 활동 그 자체 외의 다른 목적이 있는 경우, 활동보다는 결과가 더 좋고 선하다고 여기는 것은 당연하다.

그런데 실천·기술·학문에는 여러 종류가 있으며 그 목적 또한 저마다 다르다. 예를 들면 의료의 목적은 건강이고, 조선의 목적은 배이며, 병법의 목적은 승리이고, 경제학의 목적은 부를 축적하는 것이다. 따라서 몇 가지 행위가 하나의 능력 아래 종속하는 경우, 그중에서 으뜸가는 행위의 목적은 모든 종속적 행위들의 목적보다 중요하다.

예컨대 말굴레 제작이나 그 밖의 마구 제작에 관계되는 모든 것들이 승마 기술에 종속하고, 이 승마와 모든 군사 행동이 병법에 종속하듯 저마다 다른 기술들이 또다른 여러 기술에 종속하는 경우가 그러하다. 이때는 커다란 목적이 다른 종속적 목적보다 더욱 바람직하다. 왜냐하면 후자의 목적은 전자의 목적을 이루기 위한 도구이기 때문이다. 활동 자체가 행동의 목적인 경우나, 위에서 언급한 학문의 경우에서와 같이 활동 말고 다른 것이 목적인 경우에도 이 점은 변하지 않는다.

2 행위와 정치

만일 우리가 하는 모든 일을 아우르는 목적이 있다면 어떨까. 그 목적은 그 자체만을 위한 것으로써 다른 모든 것도 이 목적을 위한 도구이고, 우리가 하는 모든 선택의 원인이 되는 목적이 존재하지 않는다면, 목적의 계열은 끝없이 거슬러 올라가게 되고, 그 결과 우리의 욕구는 공허하고 허무한 것이 되어 버릴 것이다. 그러므로 그런 목적이 존재한다면, 분명히 이 목적 자체는 선이어야 하고 또 반드시 최고선이어야 한다. 그렇다면 이러한 선에 대한 지식은 우리의 삶에 아주 중요한 것이 아닐까? 또 우리는 마치 궁수처럼 뚜렷한 표적을 겨냥함으로써 올바른 목표물에 더욱 잘 적중시킬 수 있지 않을까?

그렇다면 우리는 올바른 선이 무엇인지, 그리고 그 선이 여러 가지 학문이나 능력 가운데 어느 것에 속하는지를 적어도 윤곽으로나마 파악해야 한다.

선(善)은 가장 뛰어난 활동, 가장 으뜸가는 활동에 속할 것이며, 정치야말로 바로 이러한 선한 활동을 목적으로 하는 성질의 것이다. 왜냐하면 한 국가에서 어떤 학문이 연구되어야 하고, 또 국민 개개인이 어느 학문을 어느 정도까지 배워야 하는지를 정하는 것이 정치이기 때문이다. 그리고 또 가장 존경받는 능력, 예컨대 병법·경제·변론 같은 것도 이 '정치' 밑에 종속함을 우리는 잘 안다. 정치학에서는 다른 모든 학문이 활용되며, 또 우리가 무엇을 해야 하며 무엇은 해선 안 되는지를 정하는 것이기 때문에, 정치학의 목적은 다른 모든 학문의 목적을 포괄해야만 하며 그 궁극적 목적은 인간을 위한 선이어야만 한다.

왜냐하면 비록 이 선(善)이 개인이나 또 국가에 대해서 같은 것이기는 해도, 국가의 선을 실현하고 보전하는 것이 사실상 더욱 크고 궁극적이기 때문이다. 이 선을 개인을 위하여 실현하는 것도 가치 있는 일이지만, 여러 민족이나 도시 국가를 위하여 실현하는 것은 그 이상으로 아름답고 성스러운 일이다. 우리 연구의 목적이 여기에 있기 때문에, 어떤 의미에서 그것은 정치학적이다.

3 어떻게 논의할 것인가

우리의 논술은 각각의 주제에서 벗어나지 않을 만큼의 명확성을 가지면 그것으로 충분하다. 왜냐하면 틀로 찍어낸 것처럼, 모든 대상을 똑같은 정도의 정밀성으로 논술하는 것은 불가능하기 때문이다. 그런데 정치학의 연구 대상이 되는 훌륭하고 바른 행동이 어떤 것이어야 하는가에 대해서는 많은 견해 차이와 변화가 있을 수 있기 때문에, 그런 선의 행동들은 오직 인위적으로만 존재하고 본성적으로는 존재하지 않는다고 생각될 수도 있다. 여러 가지 선행도 많은 가변 요소를 지니고 있으므로 선행이 오히려 해가 되는 일도 적지 않다. 이것은 지금까지 많은 사람들이 그들의 부나 용기 때문에 망한 것을 보아도 잘 알 수 있다. 그러므로 우리는 이와 같은 사항들을 이같은 성질의 출발점에서 논술함에 있어, 진리를 대강 윤곽으로만 나타내는 것에 만족할 수밖에 없다. 즉 대략적인 사항을, 대략적인 출발점에서 논하고, 대략적인 귀결에 도달함으로써 만족해야 한다. 여러 가지 논의를 받아들이는 데 있어서도 이처럼 동일한 생각을 가져야 한다. 여러 가지 사물을 다룰 때 그 주제의 본바탕에서 벗어나지 않는 만큼의 정밀성을 추구하는 것이 교양 있는 사람에게 합당한 일이기 때문이다. 그렇기 때문에 확실치 않은 수학자의 추리를 용납하거나, 과학자가 아닌 수사가에게 과학적 논증을 요구하는 것도 마찬가지로 옳지 못한 일이다.

　사람들은 자기가 알고 있는 것들에 대해서는 제대로 판단한다. 따라서 누구나 그런 것에 대해서는 좋은 판단자이다. 어떤 한 분야에 대해 교육을 받아 온 사람은 그 분야에 대한 좋은 판단자이며, 또 각 방면의 교육을 두루 받은 사람은 일반적으로 모든 문제에 대한 좋은 판단자이다. 이런 까닭에 젊은이는 정치학의 수강자로서 적합하지 않다. 그는 인생의 여러 가지 행동에 경험이 없는 반면, 정치학 논의는 이러한 경험들로부터 시작하며 또 이런 경험들에 관한 것이기 때문이다. 뿐만 아니라 젊은이는 다양한 열정을 따르기 쉬우므로 정치학을 공부한다 해도 아무 소용이 없고 이익도 없을 것이다. 정치학의 목적은 지식에 있지 않고 행동에 있기 때문이다. 그리고 나이가 어린 자나 그 정신이 어리고 미숙한 자나 이 점에서는 모두 마찬가지다. 그 젊은이의 가장 큰 결함은 살아 온 세월의 길고 짧음에 달려 있는 것이 아니라 그의 생활 태도에 달려 있다. 즉, 정치에 있어 젊은이의 결점은 열정이 이끄는 대로 삶을 살려는 그의 태도에 기인한다. 이러한 정치적 젊은이들에게는 자제력이 없는 사람과 마찬가지로 지식이 아무런 이익도 가져다 주지 못한다. 다만 이성적인 원칙에 따라 바라고 행동할 때에만 그러한 문제들에 관한 지식이 크게 유익하게 될 것이다.

　이것으로 수강자나 강론의 방식 및 연구의 목적에 대한 이상의 서술로 머리말을 대신하고자 한다.

4 선으로 가는 일반적 생각

이제 본론으로 들어가서 먼저 다음과 같은 것을 살펴보기로 하자. 모든 지식과 모든 추구가 선을 목표로 한다면, 정치학이 목표로 생각하는 선, 즉 우리가 달성할 수 있는 모든 선 가운데 최고의 것은 무엇인가? 대체로 누구나 여기에 대해서 같은 답을 내린다. 즉 일반인들도 교양 있는 사람들도 모두 그것은 행복이라고 말하며, 그것은 잘 살고 잘 처세하는 것이라고 여긴다. 그러나 무엇이 행복인가에 대해서는 사람들의 생각이 서로 다르며, 또 그들의 설명은 학자들의 설명과 같지 않다. 어떤 사람들은 그 행복이 쾌락이나 부, 명예와 같이 명백한 어떤 것이라고 생각하고, 다른 이들은 또 의견이 서로 다르다. 때로는 같은 한 사람이 경우에 따라 그 행복을 여러 가지로 다르게 생각한다. 예를 들어, 병에 걸리면 건강을 행복이라 하고, 가난할 때에는 부를 행복이라 한다.

또 그들은 자신들의 무지함을 스스로 느끼므로 자신들이 이해하지 못하는 어떤 큰 이상을 말하는 사람들을 존경한다. 그런데 어떤 사람들은 이러한 여러 가지 선 이외에 자족적이고, 또 이 모든 선을 선이게끔 하는 다른 하나의 선이 있다고 생각하였다. 그러므로 지금까지 주장되어 온 모든 의견들을 검토한다는 것은 그다지 유용한 일이 아닐 것이다. 다만 그 중에서 가장 널리 퍼져 있는 유력한 의견들, 혹은 일리가 있다고 생각되는 의견들만 검토하면 충분할 것이다.

하지만 이러한 제1원리(아르케 : 원질)로부터의 논의와 제1원리를 향한 논의는 서로 다른 것임을 간과해서는 안 된다. 플라톤이 이 점을 문제삼고, 버릇처럼 "우리는 제1원리에서 출발했는가, 그렇지 않으면 제1원리로 향하고 있는가?" 하고 물은 것은 옳은 일이었다. 제1원리로부터의 논의와 제1원리로 향한 논의 사이에는, 마치 경기장에서 심판관이 있는 곳으로부터 반대편 끝을 향해 달리는 경우와 또 그 끝에서 심판관 쪽으로 달리는 경우 사이에 있는 것과 같은 차이가 있다. 왜냐하면 우리가 사물을 판단할 때는 잘 알고 있는 것에서 출발해야 하지만, 사물은 두 가지 의미에서, 즉 어떤 것은 우리의 인식에 의해 판단되고, 또 어떤 것은 무조건 인식에 의해 판단되기 때문이다. 그렇다면 우리는 우리의 인식에 의해 잘 알고 있는 것에서 출발해야 한다. 이런 까닭에 아름다운 것과 옳은 것, 그리고 일반적인 정치학 문제들에 관한 강의를 잘 이해하면서 들을 수 있으려면 먼저 좋은 습관 속에서 자랐어야만 한다. 왜냐하면 여기서는 무엇을 해야 할 것인가 하는 것이 출발점이고, 또 이것이 충분히 알려져 있으면 그것을 해야 할 이유를 다시 알려고 할 필요는 없기 때문이다. 좋은 습관 속에서 자란 사람은 출발점을 이미 가지고 있거나, 혹은 쉽게 가질 수 있다. 출발점을 가지고 있지도 않고 찾아 구할 수도 없는 사람이라면 헤시오도스(Hesiodos)의 다음과 같은 말을 들어보라.

> 모든 것을 스스로 깨우치는 이는 더할 나위 없이 훌륭한 사람이고,
> 남의 옳은 말에 귀를 기울일 줄 아는 이도 훌륭한 사람이지만,
> 스스로 깨우치지도 못하고,
> 남의 지혜에 귀를 기울일 줄도 모르는 이는 아무 쓸모없는 사람이다.

5 세 가지 삶의 행복

이야기가 곁길로 들어섰지만 다시 본론으로 들어가 보자. 사람들이 영위하는 생활을 보고서 판단하건대, 사람들, 특히 아주 속된 사람들은 선이나 행복을 쾌락과 동일시하는 것 같다. 여기에는 얼마쯤 근거가 있는데, 그들은 향락적 생활을 선호한다.

사람의 생활 형태는 크게 세 가지로 나뉜다. 즉, 방금 말한 향락적 생활, 정치적 생활, 관조적 생활이 있다. 대중들은 짐승들과 다를 바 없는 생활을 선택함으로써 자신들이 노예와 다름 없음을 보여 주고 있다. 그들은 주장한다. 높은 지위에 있는 사람들 가운데 많은 사람들이 사르다나팔로스(향락주의자로 알려진 아시리아 왕)와 취미가 같다는 것이다. 그리고 그것을 자기 행실의 평계로 삼는다. 그러나 교양이 있고 행동하는 삶을 사는 이들은 명예를 선이자 행복이라고 본다.

대체로 명예가 정치적 생활의 목적이기 때문이다. 그러나 명예는 우리가 찾는 선보다는 너무 피상적인 것같다. 왜냐하면 명예란 그것을 받는 사람보다 오히려 그것을 하사하는 사람에게 달려 있는 것으로 생각되는 반면에 선이란 우리가 생각하기에, 어떤 사람에게 있어 고유한 것으로서 쉽사리 떼어낼 수 없는 것이기 때문이다. 뿐만 아니라 사람들은 자기가 선하다는 데 대해서 확신을 얻기 위해 명예를 추구한다. 적어도 그들은 사려 깊은 사람들로부터, 또 자신들을 아는 사람들이 알아볼 수 있는 방식으로, 스스로의 덕에

의해 명예를 얻기를 원한다. 그러므로 어떻든 그들에게는 분명히 덕은 보다 선한 것이다. 그래서 명예보다도 오히려 덕이 정치적 생활의 목적이 되기까지 한다. 그러나 덕도 궁극적인 것이기에는 좀 부족하게 여겨진다. 왜냐하면 덕을 소유하면서도 일생 동안 잠만 자거나 아무 일도 안 하고 지낼 수도 있고, 때로는 아주 심한 가난과 불행을 만날 수도 있기 때문이다. 자기 주장을 무조건 고집하는 사람이면 몰라도, 이러한 생활을 하는 사람을 행복하다고 하는 이는 없을 것이다. 이에 대해서는 최근 일반인들 사이에서도 충분히 논의된 바 있으므로 여기서는 이만큼 이야기하면 충분할 것이다. 셋째 생활은 관조의 생활인데, 여기에 대해서도 나중에 고찰하려 한다.

돈을 버는 일은 강요에 의한 생활로서, 부(富)는 분명히 우리가 구하는 선이 아니다. 왜냐하면 돈은 유용한 것일 뿐이며, 또다른 것을 위해서 존재하는 것이기 때문이다. 그러므로 우리는 차라리 앞에 말한 유용한 것들을 목적으로 삼아야 할 것이다. 왜냐하면 그것들은 그 자체가 목적이기 때문이다. 어찌 되었든 그 유용한 것들도 궁극적인 목적은 되지 못한다. 하기는 그 유용한 것들이 궁극의 목적이라고 하는 주장을 변호하기 위하여 많은 사람이 옳고 그름을 밝혔지만 여기에 대해서는 일단 이만 해 두기로 하자.

6 선의 이데아

아마도 보편적 선을 고찰하고 그것이 어떤 의미로 쓰였는지를 철저히 논하는 것이 좋을 것이다. 물론 우리의 친한 벗들이 영혼과 이성의 눈으로만 볼 수 있는 '이데아'란 것을 끌어들였으므로, 이 보편적 선에 대한 탐구는 매우 힘들 것이다. 그렇긴 해도 진리를 지키기 위해서는 우리와 아주 가까운 사람과의 정마저 끊어버리는 것이 차라리 낫고, 또 이것이 우리의 의무일 것이다. 더구나 우리는 지혜를 사랑하는 철학자로서 벗과 진리가 다 같이 소중하지만, 우리의 벗들보다 진리를 더욱 귀히 여기는 것이 경건한 태도이기 때문이다.

이 학설(보편적 진리)을 제창한 사람들은, 처음부터 끝까지의 과정을 포용하는 것들에 대해서는 '이데아'를 인정하지 않았다. 그렇기에 그들은 모든 수를 포용하는 하나의 이데아가 있다고는 주장하지 않았다. 그러나 '선'이란 말은 실체에 대해서도 또 성질에 대해서도 그리고 또 관계에 대해서도 쓰이며, 또 그 자체가 독립적으로 존재하는 것이므로 선의 실체는 그 본성상 관계보다 앞서야만 한다. 왜냐하면 선의 실체는 이를테면 존재적 실체로부터 갈려 나오는 것이요, 존재 하나하나에 딸려 있는 것이기 때문이다. 따라서 이러한 모든 선들에 공통되는 하나의 이데아란 있을 수 없다. 더 나아가 생각한다면, '선'은 '존재'만큼이나 많은 의미를 가지고 있다. 예를 들면, 선의 실체 범주에 있어서는 신이나 지성에 대하여, 선의 성질 범주에 있어서는 덕에 대하여, 선의 수량 범주에 있어서는 적당한 양에 대하여, 선의 관계 범주에 있어서는 유용성에 대하여, 선의 시간 범주에 있어서는 좋은 기회에 대하여, 선의 장소 범주에 있어서는 옳은 자리에 대하여, 그리고 이 밖에 다른 것들에 대하여는 선이란 말이 술어로 사용된다. 그러므로 분명히 그것은 모든 경우에 적용되는 어떤 단일한 것이 아니다. 왜냐하면 만일 그렇다면 선(善)은 이러한 모든 범주에 대한 술어로는 사용될 수 없고 다만 오직 한 가지 범주에 대해서만 술어로 사용될 수 있기 때문이다. 더 나아가 생각건대 선의 이데아에 속하는 사물들에 대해서 한 학문이 성립하는 이상 모든 선에 대해서도 하나의 학문이 있어야만 할 것이다. 그러나 실제상으로는 한 범주에 속하는 것들에 대해서 여러 가지 학문이 있다. 예를 들면, 좋은 기회에 대해서도, 전쟁에 있어서 좋은 기회는 군사학이 연구하며, 질환의 경우에는 의학이 연구한다. 또 절도에 대해서 보면, 음식물에 있어서의 절도는 의학이, 운동에 있어서의 절도는 체육학이 연구하고 있다. 그리고 '인간 자체'에 대해서나 개개의 인간에 대해서 동일한 개념 규정(logos)이 적용되는데, 그들의 이른바 '사물 자체'가 개개의 사물에 대해서 도대체 무엇을 의미하는 것인지는 문제시될 수도 있다. 왜냐하면 '인간 자체'나 개개의 인간은 모두 인간인 점에서 아무런 차이가 없고, 따라서 선 자체나 개개의 선도 모두 같이 선인 점에서 또한 아무런 차이가 없기 때문이다. 또 선 자체는 영원한 것이기에, 보다 더 선하다고도 할 수 없을 것이다. 영구히 흰 것이 한 나절 흰 것보다 더 희지 않기 때문이다. 피타고라스학파는 1을 선의 계열에 넣음으로써, 선에 대한 더욱 수긍할만한 설명을 하고 있다. 스페우시포스(speusippos)도 이 피타고라스학파를 따르고 있는 것 같다.

그러나 이 문제는 다른 곳에서 논하기로 하자. 하지만 우리가 방금 말한 것에 대하여 한 가지 이의가 있음을 알아두는 것이 좋겠다. 즉, 그것은 플라톤 학도들이 모든 선들을 문제삼았던 것은 아니며, 그 자체로서 추구되고 애호되는 여러 가지 것들을 하나의 단일한 형상에 비추어 선이라 불렀다는 것이다. 또한 이에 반하여 그 플라톤 학도들은 이러한 선들을 어떤 식으로 산출하거나 보전하거나, 혹은 그 선들의 반대를 방해하는 것들을 선 그 자체로서 보아, 또 다른 의미에서의 선이라고 불렀다는 것이다. 그렇다면 분명히, 선이라고 불리는 것에는 두 가지가 있다. 어떤 것은 그 자체로서 선이고, 또 어떤 것은 방금 언급한 것들 때문에 선이다. 그러므로 우리는 그 자체로 선한 것들을 유용한 것들로부터 구별하고, 전자, 즉 선 자체인 것이 하나의 단일한 이데아에 근거하여 선하다고 불릴 수 있는지를 생각해 보자. 그런데 그 자체로 선한 것들이란 어떠한 것을 말할까? 그것은 다른 것들에서 분리되어 있을 때도 단독으로 추구되는 것인가, 예를 들어 사색을 하는 행위 자체, 무엇을 보는 행위 자체, 또 어떤 쾌락이나 명예 자체를 말하는 것일까? 확실히 우리가 이것들을 어떤 다른 것들 때문에 추구하는 일이 있기는 해도, 이것들은 역시 그 자체로 선한 것들 가운데 속해야 할 것들일테니 말이다. 그렇지 않으면 오직 선의 이데아 자체만이 선한 것일까? 만일 그렇다고 하면 '이데아'는 공허한 것이 되고 말 것이다. 그런데 우리가 위에서 말한 것들 또한 그 자체로 각각 선한 것에 속한다면 선의 정의는 이것들 모두에 있어서 같은 것으로 드러나야만 할 것이다. 마치 흰 빛깔의 정의가 눈의 경우에나 (화장용) 분의 경우에나 똑같듯이. 그러나 선에 있어서 명예·지혜·쾌락에 대한 정의는 저마다 서로 다르고, 서로 다른 방향으로 나아간다. 그러므로 선은 하나의 이데아에 대응하는 어떤 공통적인 요소가 아니다.

    그런데도 왜 이것들을 모두 선이라고 부르는가? 확실히 이것들은 그저 우연히 같은 이름을 가지게 된 것은 아니다. 그렇다면 모든 선은, 하나의 선에서 나온 것이기 때문에, 아니면 모두 하나의 선에 도달하는 것이기 때문에 결국 하나인가? 그렇지 않으면 눈이 신체에 속해 있듯이, 이성이 정신에 속해 있다고 하듯이 오히려 유비(類比) 즉 동일성에 의한 하나인가? 그러나 여기서는 이 문제를 그만 다루는 것이 좋을 듯하다. 이 문제에 관한 엄밀한 논의는 철학의 다른 분야에 속하니 말이다. 이데아에 대해서도 이와 마찬가지다. 모든 선에 대하여 한결같이 술어가 될 수 있거나, 다른 선들로부터 떨어져 독립적으로 존재할 수 있는 어떤 하나의 선이 존재한다고 하더라도, 분명 그것은 인간으로서 실행할 수 있거나 획득할 수 있는 그런 선은 아닐 것이다. 하지만 우리가 지금 추구하고 있는 것은 바로 그러한 선이다.

어쩌면 선의 이데아를 깨닫는 것이 인간으로서 실행할 수 있고 획득할 수 있는 선들을 얻는 데 도움이 된다고 생각하는 사람이 있을지 모른다. 왜냐하면 선의 이데아를 표준으로 가지고 있어야 우리를 위한 선한 것들을 우리가 더욱 잘 알 수 있고, 또 우리가 그렇게 잘 알고 있어야 얻을 수 있기 때문이다. 이 논의는 수긍할 수 있는 점을 가지고 있기는 하나, 실제 여러 학문과는 맞지 않을 것 같다. 모든 학문은, 저마다 선을 추구하고 그 선에 부족한 점을 보충하려고는 하면서도 선 자체에 대한 지식은 문제삼지 않으니 말이다. 각 방면의 전문가들이 그렇게도 크게 도움이 되는 선 자체에 대해 모르거나 추구하려고도 하지 않는다는 것은 생각할 수 없는 일이다. 또 직조공이나 목수가 이 선 자체를 앎으로써 스스로의 기술에 얼마나 도움을 얻을 수 있으며, 혹은 이데아를 본 사람이 그로써 얼마나 더 훌륭한 의사나 장군이 될 수 있을 것인지도 자못 의심스러운 일이다. 왜냐하면 의사는 그렇게 선의 인식을 추구하는 식으로 건강을 연구하지 않으며, 다만 인간 건강을, 아니 개개 인간의 건강을 연구하기 때문이다. 그는 개개인의 병을 고친다. 여기에 대해서는 이것으로도 충분하겠다.

7 우리가 찾는 선과 행복

우리가 찾고 있는 선으로 다시 돌아가 그 선(善)이 어떤 것일 수 있겠는가를 살펴보기로 하자. 서로 다른 영역의 여러 행동이나 기술에 있어서의 선은 저마다 서로 다른 것인 듯하다. 예를 들어 의학에 있어서와 군사학에 있어서의 선이 서로 다르며, 또한 다른 여러 기술에 있어서도 이와 같이 서로 다르다. 그러면 이 여러 경우의 하나하나에 있어서의 선이란 무엇인가? 확실히 그 선은 다른 모든 일이 그것 때문에 행해지는 그런 선이다. 의학에 있어서는 건강이, 군사학에 있어서는 승리가, 건축에 있어서는 집이, 다른 어떤 영역에서는 이와 다른 어떤 것이, 즉 모든 행동과 추구에 있어서 그 목적이 되는 것이 바로 그 선이다. 왜냐하면 이런 선 때문에 사람은 누구나 다른 모든 일을 하기 때문이다. 그러므로 우리가 하는 모든 행동에 대하여 하나의 목적이 있다면 그것이야말로, 만일 그런 것이 하나 이상 있다고 하면 그것들이야말로 우리가 행동을 통하여 달성해야 할 선일 것이다.

  이리하여 우리의 논의는 다른 길을 거쳐 같은 곳에 도달했다. 그러나 우리는 이 점을 좀더 명확하게 제시해야 한다. 분명히 목적은 여러 개가 있다. 이 목적들 가운데 어떤 것(예를 들어, 부유함·피리 그리고 일반적인 어떤 기구들)은 다른 어떤 것의 수단으로서 선정되므로, 모든 목적이 반드시 궁극적인 목적이 아님이 분명하다. 그러나 최고의 선은 분명히 궁극적인 목적이므로 만일 여러 개의 목적이 있다고 하면 그 중 가장 궁극적인 것이야말로 우리가 추구하는 선이다. 우리는 그 자체로서 추구할 만한 가치가 있는 것을 다른 어떤 것 때문에 추구할 만한 가치가 있는 것보다 더 궁극적인 것으로 본다. 그것을 다른 어떤 것 때문에 바라는 일은 절대로 없다. 즉, 언제나 그 자체로 바라고 다른 어떤 것 때문에 바라는 일이 절대로 없는 것을 무조건 궁극적인 것이라고 본다.

  그런데 이러한 성질을 가장 많이 지닌 것은 바로 행복이다. 왜냐하면 우리는 언제나 행복을 그 자체 때문에 바라지, 결코 다른 어떤 것 때문에 바라는 법이 없기 때문이다. 그러나 명예나 쾌락이나 이성, 또 이 밖의 모든 덕은 다르다. 우리는 그것들 자체 때문에도 선택하지만, (이런 것들로부터 아무 결과가 생기지 않을 때에도 이것들을 선택하는 경우가 있다), 또한 이런 것들을 통해 행복하게 되리라는 생각에서 선택하는 경우도 있기 때문이다. 그러나, 행복은 누구나 명예, 쾌락, 이성 등의 덕 때문에 선택하는 것이 아니고, 또 일반적으로 행복 그 자체 이외의 다른 어떤 것 때문에 선택하는 것도 아니다.

  스스로 만족한다는 관점에서 보더라도 같은 결론이 나온다. 즉 궁극적인 선은 자족적이다. 여기서 우리가 자족적이라 함은 단독적으로 생활하는 한 개인만을 만족시키는 것이 아니라, 부모와 처자, 친구와 동포까지도 만족시키는 것을 의미한다. 왜냐하면 인간은 본래 사회적 존재로 태어났기 때문이다. 물론 여기에 대해서는 어떤 제한이 설정된다. 만일 조상과 자손, 친구의 친구에까지 범위를 확대시킨다고 하면 끝이 없기 때문이다. 하지만 이 문제는 다른 기회에 생각해 보기로 하자. 이제 우리는 자족이란 것을, 그것만으로도 생활을 바람직하게 하며 또 아무 부족함이 없는 상태라고 정의한다. 그리고 행복이야말로 바로 이런 성질을 가진 것이다. 그리고 더 나아가 우리는 행복이 모든 선 가운데 가장 바람직한 것이라고 생각한다. 다른 여러 가지 선들 중 하나의 선으로만 여겨질 것이 아니기 때문이다. 만일 행복을 많은 선들 가운데 하나의 선으로 여긴다면 여러 가지 선들 중 가장 적은 선을 행복에 보태더라도 그 행복이 보다 더 바람직한 선이 될 수 있음이 분명하다. 부가된 선은 선의 잉여물이 되며, 선 가운데 보다 큰 것이 언제나 보다 더 바람직하기 때문이다. 그렇기에 행복은 궁극적이고 자족적인 것이요, 우리가 행하는 모든 행동의 목적이다.

행복이 최고선이라 함은 누구나 다 아는 이야기이다. 그러나 행복이 무엇인가를 좀더 명료하게 설명할 필요가 있다. 먼저 인간의 기능을 밝히면 아마도 이에 대한 설명이 될 수 있을 것이다. 피리 부는 사람이나 조각가 혹은 그 밖의 여러 기술자, 그리고 일반적으로 어떤 고유한 기능이나 활동을 가지고 있는 모든 사람에 있어서 선 혹은 좋은 점이라는 것은 그 기능을 활용함에 있다. 그처럼 인간에게도 인간만의 기능이란 것이 있다면 마찬가지일 것이라고 생각된다. 목수나 제화공에게 어떤 기능 내지 활동이 있는 터에, 인간에게 아무런 기능도 없다고 할 수 있을까? 눈이나 손, 발, 그리고 신체 하나하나가 분명히 어떤 기능을 가지고 있듯이, 인간도 이 모든 것 외의 다른 어떤 기능을 가지고 있을 것이다. 만일 그런 기능이 있다고 하면 그것은 무엇일까? 생명이란 것은 식물도 가지고 있는 기능이다. 우리가 찾고 있는 것은 인간이 갖는 고유한 것이다. 그러므로 먹고 마시며 성장하는 등의 생존에 꼭 필요한 생명의 기능은 문제삼지 않기로 한다.

다음으로는 감각적인 기능이 있을 수 있는데, 이것 역시 말이나 소나 이 밖의 모든 동물에게도 있다. 이렇게 보면 결국 남는 것은 정신의 이성적인 활동 기능뿐이다. 이성적 활동 기능은 다시 두 부분으로 나뉘는데, 그 하나는 이성적 원리에 잘 순종한다는 의미에서 이성적 기능이고, 다른 하나는 스스로 이성적 원리를 소유하고 이성적으로 사유한다는 의미에서 이성적 기능이다. 이성적인 활동 기능도 이와 같이 두 가지 의미를 지니기 때문에, 우리는 활동이라는 의미의 기능이 바로 우리가 말하고 있는 기능임을 분명히 해야 한다. 왜냐하면 그 편이 용어가 가진 본래 뜻을 더 잘 살린다고 생각하기 때문이다. 그런데 인간의 기능이, 이성적 원리를 따르거나 혹은 이성적 원리를 내포하는 정신의 활동이라고 하면, 그리고 어떤 일을 하는 사람과 그 일을 잘하는 사람이 결국 같은 종류의 기능을 가지고 있다고 하면, 예를 들어, 하프를 타는 사람과 그것을 잘 타는 사람은 성능의 차이가 있을 뿐 결국 같은 기능을 가진 것이다. 훌륭한 인간의 기능이란 이러한 정신의 이성적 원리에 입각한 활동 내지 행위를 훌륭하게 수행하는 것이다. 그런데 사람의 이성적 활동은 그 활동에 알맞은 행위의 규범, 즉 덕을 가지고 수행해야만 보다 잘 할 수 있다. 따라서 인간의 선이란 결국 덕과 일치하는 정신 활동이라 하겠다. 그리고 덕이란 것이 여러 가지가 있다면 그 중에서 가장 좋고 가장 완전한 것에 기반하여 정신이 활동하는 것, 그것이 인간의 선이다.

그런데 이성을 잘 실현하는 활동은 온 생애를 통한 것이어야 한다. 한 마리의 제비가 날아온다고 하루 아침에 봄이 오는 것이 아니듯이, 인간이 행복해지는 것도 짧은 기간에 이루어지는 것이 아니기 때문이다.

이상을 선의 형상에 대한 소묘로 삼기로 하자. 맨 처음에 대체적인 윤곽을 그리고 나중에 세부를 묘사해 가는 것이 좋을 것이다. 일단 윤곽을 제대로 그리면 누구나 그것을 손질하여 더욱 정교하게 할 수 있다. 이와 같이 할 때 시간은 좋은 발견자 내지 조력자가 된다. 여러 가지 학술의 진보도 이러한 과정을 거쳐 이루어졌다. 왜냐하면 남은 부분을 메우는 일은 누구나 할 수 있기 때문이다. 그리고 우리는 또한 앞서 말한 것을 명심하여 모든 일에 한결같이 똑같은 정도의 정밀성을 요할 것이 아니라, 사물의 종류에 따라 저마다 취급되는 문제에 알맞게, 그리고 탐구되는 것에 적합한 정밀성을 요해야 한다. 목수와 기하학자는 서로 다른 방식으로 직각을 구한다. 목수는 자기 작업에 필요한 만큼만 직각을 구하지만, 기하학자는 직각이 무엇이며, 또 어떤 성질의 것인지를 연구한다. 기하학자는 진리를 탐구하는 사람이기 때문이다. 다른 모든 문제에 있어서도 우리는 이와 같은 태도를 취해야 한다. 주요한 과제가 사소한 문제들에게 종속하는 일이 없도록 해야 할 것이다. 또 우리는 여러 가지 사실들의 원인을 똑같은 방식으로 찾아서는 안 된다. 어떤 경우에는 제1원리에서처럼, 그 사실 그대로를 잘 드러내는 것으로 충분하다. 사실은 무엇보다도 앞서는 것, 즉 제1원리다. 그런데 제1원리들 가운데 어떤 것을 우리는 귀납에 의하여 알고, 어떤 것은 감각에 의하여, 어떤 것은 거기에 익숙하게 됨으로써 알게 되며, 그 밖의 또 다른 것들은 또 다른 방법으로 알게 된다. 그래서 우리는 이 여러 가지 제1원리들을 하나하나의 상황에 맞추어 살펴보도록 힘써야 한다. 또 이 제1원리들을 명확하게 제시하도록 노력해야 한다. 왜냐하면 제1원리들은 뒤이어 파생되어 오는 사실들에 대하여 큰 영향을 끼치기 때문이다.

다시 말하면, 제1원리는 전체 중 절반 이상의 의미가 있다. 우리가 추구하고 있는 문제는 대부분 처음에 의해 해결을 보게 되기 때문이다.

8 정의된 행복과 통념

하지만 우리는 행복을 생각할 때, 행복에 대한 우리의 결론과 전제들에 비추어서만 고찰할 것이 아니라, 세상 사람들이 행복에 대하여 흔히 말하는 것에 비추어서도 생각해 보아야 한다. 모든 사실들은 올바른 견해에는 부합하지만, 그릇된 견해에 대해서는 쉽게 어긋나기 마련이다.

지금까지 선은 세 종류로 나뉘어 왔다. 즉 외부적인 선, 정신적인 선, 육체적인 선으로 설명되었다. 우리는 정신적인 선들을 가장 뛰어나고 참된 선이라고 보며, 또 정신의 행위와 활동을 정신적인 선으로 본다. 그러므로 적어도 철학자들의 동의를 얻고 있는 오래된, 정신적인 선을 참된 선으로 보는 견해를 따르면, 앞서 내린 우리의 정의는 확실히 타당한 것이라 할 수 있다. 또한 어떤 행위나 활동을 궁극적인 목적으로 보는 점에 있어서도 우리의 정의는 옳다. 왜냐하면 이런 관점에서 볼 때 그 행위나 활동은 정신적인 선에 속하며 외부적인 선에 속하지 않기 때문이다. 우리의 정의와 잘 어울리는 또 하나의 견해는, 행복한 사람이란 잘 살며 잘 행동하는 사람이라는 것이다. 왜냐하면 우리는 사실상 행복을 좋은 생활이자 좋은 행위라고 정의한 바 있기 때문이다. 그뿐만 아니라, 행복의 특징은 모두 우리가 행복에 대해서 내린 정의 속에 들어 있는 것으로 보인다. 즉, 어떤 이는 행복을 덕이라 보고, 어떤 이는 분별력이라 보며, 또 어떤 이는 지혜라고 본다. 그리고 어떤 이는 행복이란 이와 같은 것들 혹은 이 중 하나에 쾌락이 따르거나, 혹은 쾌락이 없지는 않은 것이라 본다. 또 어떤 이는 외부적인 번영 같은 것도 포함시키고 있다. 이러한 견해들 가운데 어떤 것은 옛부터 많은 사람들 혹은, 소수의 이름난 사람들이 품었던 견해이다. 이 견해들 중 어떤 것도 전적으로 잘못되었다고는 생각할 수 없고, 적어도 한 가지 점에서 혹은 많은 점에서 옳은 것이라 할 수 있다.

행복을 덕, 혹은 여러 덕들 중 어떤 한 가지 덕으로 보는 사람들의 생각과 우리의 정의는 일치한다. 왜냐하면 덕에 기반한 활동은 덕에 속하기 때문이다. 그러나 최고선을 소유하고 있는 것과 그것을 행사하는 것, 즉 그 최고의 선이 정신의 상태로 머물러 있는 것과 활동하고 있는 것 사이의 차이는 크다. 정신의 상태로는 아무런 좋은 결과를 낳지 않아도 존재할 수 있다. 마치 잠자고 있는 사람이나, 혹은 어떤 다른 모양으로 아무 활동도 하지 않고 있는 사람의 경우처럼 말이다. 하지만 활동은 그럴 수 없다. 덕 있는 활동을 하고 있는 사람은 반드시 행동을 하며, 또 잘 행동한다. 올림픽 경기에서 승리의 월계관을 쓰는 사람은, 단지 가장 체격이 좋고 가장 힘이 세서 승리자가 된 것이 아니다. 그는 경기에 참가했기 때문에 승리자가 된 것이며, 참가하지 않았다면 승리할 자격조차 얻지 못했을 것이다. 마찬가지로 올바르게 행동하는 사람이 인생에서 고귀한 선에 도달하는 것이다.

그들의 생활은 또한 그 자체로 즐겁다. 왜냐하면 쾌락이란 선에 속하는 정신 상태인데, 사람마다 자신이 좋아하는 것은 즐거운 것이기 때문이다. 예를 들어, 말[馬]은 말을 좋아하는 사람에게 즐거운 것이고, 연극은 연극을 좋아하는 사람에게 즐거운 것이듯이, 정의로운 행위는 정의를 사랑하는 사람에게 즐거운 것이고, 또 일반적으로 유덕한 행위는 덕을 사랑하는 사람에게 즐거운 것이다. 그런데 대부분의 사람들에게 있어서, 그들의 여러 가지 즐거움이 본성상 즐거운 것이 아니기 때문에 서로 어긋나기도 한다. 그러나 고귀한 것을 사랑하는 사람들은 본성상 즐거운 것을 즐거운 것으로 본다. 그리고 유덕한 행위야말로 바로 이런 것이기에, 이런 행위는 그런 사람들에게도 그 본성에 있어서도 즐거운 것이다. 그러므로 그들의 생활은 외부에서 더해지는 쾌락을 전혀 요하지 않으며, 다만 그 자체 속에 쾌락을 지니고 있다. 왜냐하면 위에서 말한 이유 이 외에도, 고귀한 행위를 보고 즐거워하지 않는 사람은 선하지도 않기 때문이다. 정의로운 행동을 하며 기쁨을 느끼지 않는 사람을 정의롭다 할 사람은 아무도 없을 것이며, 인자한 행위를 즐기지 않는 사람을 인자하다 할 사람도 없을 것이기 때문이다. 이치가 이렇다고 하면 덕에 기반한 행위는 그 자체로서 즐거운 것이다. 유덕한 행위는 또한 선하고 고귀하며, 또 이 두 가지 성질을 가장 많이 가지고 있다. 왜냐하면 유덕한 사람은 이 두 가지 성질에 대해서 잘 판단하기 때문이다. 그의 판단이 어떤 것인가는 방금 우리가 말한 바와 같다. 그리고 보면 행복은 세상에서 가장 좋고 가장 고귀하며 가장 즐거운 것이다. 또 이런 여러 가지 행복의 속성들은 델로스에 새겨진 저 잠언에서 말하고 있는 것과 같이 서로 분리되어 있는 것이 아니다.

가장 고귀한 것은 가장 옳은 것이요, 가장 좋은 것은 건강이라.
그러나 가장 즐거운 것은 우리가 사랑하는 것을 얻는 것.

이 모든 행복의 조건들은 여러 가지 최선의 활동에 속해 있다. 그리고 이 활동들 혹은 그 중 하나인 최선의 것을 우리는 행복이라고 본다.
그런데 앞서 말한 바와 같이 우리가 최고의 선이라고 보는 행복은 또한 외부적인 여러 가지 선을 필요로 한다. 왜냐하면 방법을 모르는 사람은 고귀한 행위를 할 수 없기 때문이고, 또 할 수 있다고 해도 쉽지 않기 때문이다. 많은 행동에 있어서 우리는 친구나 재물이나 정치적 세력을 도구로 사용한다. 좋은 집안에 태어난다든가, 착한 자녀를 둔다든가, 아름다운 외모를 갖추고 있으면 더 좋을 수도 있다. 얼굴이 못생겼거나 남보다 못하게 태어났거나 혹은 자식이 없는 외로운 사람은 행복해지기 쉽지 않으며, 또 아주 불량한 자식이나 친구를 둔 사람, 착한 자녀나 친구가 있었지만 죽어버린 사람은 행복해지기가 더욱 쉽지 않을 것이다. 그러므로 앞서 말한 바와 같이 행복은 이런 좋은 조건들을 구비해야만 될 것 같다. 이런 까닭에 어떤 사람들은 행복을 덕이 아닌 행운과 같게 여기기도 한다.

9 행복에 이르는 방법

그렇다면 행복이 학습이나 습관, 혹은 다른 어떤 훈련에 의하여 얻어지는 것인지, 아니면 신이 정해놓은 운명인지, 그렇지 않으면 운이 좋아 얻는 것인지에 관한 문제가 제기된다. 만일 신들이 인간에게 주는 선물이라고 할만한 것이 있다면 행복이야말로 신이 준 것이요, 또 그것은 가장 선한 것이기에 인간에게 속하는 모든 것 가운데 신이 준 것이라 하기에 가장 잘 어울린다. 그러나 이 문제는 또 다른 연구에 맡기는 것이 좋을 것이다. 다만 행복이 신의 선물이 아니고 덕 혹은 어떤 학습 내지 훈련의 결과라 하더라도, 그것은 역시 가장 신적인 것이다. 왜냐하면 덕의 보상이자 목적이 되는 것은 세상에서 가장 좋은 것이며, 따라서 신적(神的)이고 축복된 것으로 생각되기 때문이다.

이렇게 보면 행복은 아주 많은 사람들이 소유하는 것이라 하겠다. 왜냐하면 덕이 아주 없지 않은 사람이라면 누구라도 어떤 학습에 의해서나 주의를 기울임으로써 행복을 얻을 수 있기 때문이다. 그리고 이와 같은 방법에 의하여 행복한 것이, 운이 좋아서 행복한 것보다 낫다고 보면, 세상 이치는 올바른 것이라 하겠다. 자연물은 본디 가능한 한 고귀한 본성을 지니도록 만들어졌고, 기술에 근거하거나 혹은 저마다의 요인에 근거하는 다른 것들도 모두 마찬가지이다. 그 요인이 선에 근거한다면 더욱 그러할 것이다. 그러므로 가장 위대하고 가장 고귀한 것을 단순히 운이라 보는 것은 매우 어리석은 생각이다.

우리가 제기하고 있는 선의 문제에 대한 해답은 행복의 정의를 살펴보면 명백해진다. 앞서 행복은 정신의 유덕한 활동이라고 말한 바 있다. 그리고 나머지 선들에 대하여 말하면, 그 중 어떤 선은 행복의 조건으로서 반드시 행복에 선행하는 전제적 선이어야 하며, 다른 어떤 선은 수단으로서 자연스럽게 협동하는 유용한 선이어야한다. 그리고 이것은 우리가 맨 처음에 말한 것과도 일치한다. 우리는 최고의 선이 정치학의 목적이라고 말했는데, 정치학이란 국민을 어떤 일정한 성격을 가진 인간이 되도록, 즉 선한 인간 그리고 또 고귀한 행위를 할 수 있는 인간이 되도록 하는 데 심혈을 기울이는 것이다.

그러므로 우리가 소나 말, 그 밖의 여러 동물을 두고 행복하다고 하지 않는 것은 당연한 일이다. 왜냐하면 동물들은 정신적인 활동을 할 수 없기 때문이다. 이런 까닭에 또한 어린아이도 행복하다고 할 수 없다. 어린아이는 어리기 때문에 아직 그러한 정신적인 행동을 할 수 없으니 말이다. 행복한 아이라고 불리는 어린아이들은, 단지 우리의 소망 때문에 그렇게 불릴 뿐이다. 이처럼, 어린 아이의 행복을 행복이라 할 수 없는 것은 행복이 완전한 덕과 생애 전체를 통하여 비로소 성취되는 것이기 때문이다. 일생을 살아가는 동안에는 여러 가지 변화가 생기고, 또 갖가지 행운과 불운을 만난다. 트로이 전쟁 이야기에 나오는 프리아모스(Priamos)처럼, 최고의 행운 속에서 살던 사람이 노년에 큰 불행을 당하는 수가 있다. 이렇게 뜻밖의 불운을 당하고 비참하게 최후를 마친 사람을 누구도 행복하다고는 하지 않는다.

10 운명적 행복

그러면 어느 누구도 살아 있는 동안에는 행복하다고 확언할 수 없는가? 솔론(Solon)이 말한 것처럼 "우리는 최후를 보아야만" 하는가? 이런 주장이 옳다면, 인간이란 죽은 뒤에야 비로소 행복하다는 말인가? 만약 그렇다고 한다면 그것은 정말 이치에 닿지 않는 소리이다. 우리는 특히 행복이란 일정한 활동이라고 말하지 않았는가.

우리는 죽은 사람을 두고 행복하다고 하지는 않는다. 솔론의 말은, 사람이 죽은 뒤에야 마침내 온갖 재앙과 불운에서 벗어나 축복된 자리에 들어설 수 있다는 뜻일 것이다. 그렇더라도 이것 역시 반론의 여지가 있다. 왜냐하면 선과 악은 살아 있으면서 그것을 깨닫지 못하는 사람에게 존재하는 것처럼 죽은 사람에게도 존재한다고 생각하기 때문이다. 여기서 선과 악이라 한 것은, 예를 들면 자녀와 자손들의 명예와 불명예, 행운과 불운 같은 것들이다. 이 점도 역시 문제가 된다. 왜냐하면 어떤 사람이 그 노년에 이를 때까지 행복하게 산 다음, 그의 생애에 합당한 죽음을 맞이 했을지라도 이와 반대되는 일이 그의 자손에게 미치는 수도 있기 때문이다. 즉 그 자손 가운데 어떤 이는 선한 사람으로서 그들이 누릴 만한 가치가 있는 생활을 이룩하겠지만, 다른 어떤 이는 이와 아주 반대되는 상황이 될 수도 있다. 그래서 분명히 이들과 그들 조상 사이의 관계도 크게 다를 수가 있다. 만일 죽은 사람이 세대 간의 이런 여러 변화에 휘말려 어떤 때는 행복하게 되고 어떤 때는 비참하게 된다고 하면 그것은 부조리한 일이 아닐 수 없다. 그렇다고 자손의 행운과 불행이 그 조상의 행복에 아무런 영향을 미치지 않는다는 것도 부조리한 일이다.

이제 우리는 맨 처음의 문제점으로 돌아가야 한다. 그것을 잘 생각해 보면 여기서 문제되고 있는 것이 해결될지도 모른다. 사실 우리는 어떤 사람의 최후를 보고 나서야 비로소 그 사람을 행복하다고 판단해야 할 것이다. 물론 이때 우리는 죽은 사람을 두고 그가 지금 행복하다고 하는 것이 아니라, 지금까지 행복했다는 의미에서 그를 행복한 사람이라고 부른다. 그러나 어떤 사람이 지금 행복한데, 살아 있는 사람들에게는 살아 있는 동안 여러 가지 변화가 들이닥치니까 그들을 행복하다고 말하고 싶지 않다면 그것은 역설이다. 그리고 행복이란 영속적인 어떤 것이지 쉽사리 변동하는 것이 아니라고 생각되는데도, 지금 참으로 행복한 그를 때때로 행운과 불운이 찾아온다고 하여 그가 행복하지 않다고 말한다면 이것 역시 역설이 아닐 수 없다. 우리가 만일 행운과 불행의 변화에만 주의를 기울이면, 같은 사람도 때로는 행복하기도 하고 또 때로는 불행하기도 할 것이다. 그렇다면 행복한 사람을 보고 우리는 '카멜레온처럼 불안정한 사람'이라 불러야 할지 모른다. 그런데 이와 같이 어떤 사람의 운수를 따져 그 사람의 행복 여부를 결정한다는 것은 아주 잘못된 일이 아닐까? 인생의 성공이나 실패는 운에 달려 있는 것이 아니기 때문이다. 인간적 삶에서 운수는 한낱 잉여물일 따름이며, 반대로 유덕한 활동이야말로 행복을 완성한다.

우리가 지금 논한 행복은 운수가 아니라 부단한 활동에 달려 있다는 문제는 우리의 정의를 확증해 준다. 왜냐하면 인간의 기능 가운데 유덕한 활동만큼 안전성을 가진 것이 없기 때문이다. 즉 이러한 활동들은 여러 가지 학문의 지식보다도 더 지속적인 것으로 생각된다.

그리고 이 유덕한 활동 가운데서 가장 고귀한 것이 더 지속적이다. 그리하여 행복한 사람들은 가장 적극적이고 꾸준히 유덕한 활동 속에서 생활을 영위한다. 또한 이것이 우리가 이러한 활동을 잊지 않는 이유이다.

이미 꾸준한 유덕의 삶을 사는 사람은 평생동안 행복할 것이다. 왜냐하면 그는 언제나 다른 사람보다 더 유덕한 행동과 사색에 몰두할 것이며, 그야말로 참된 의미의 선한 사람으로서 인생의 여러 가지 변화를 가장 고상하며, 적절하게 겪어 낼 것이다.

삶의 과정에서는 크고 작은 사건들이 우연히 생기는데, 분명히 몇몇 작은 행운이나 불운은 생활을 좌우할 만한 힘을 가지고 있지는 않지만, 큰 행운들이 많이 생기면 생활을 더욱 행복하게 해 줄 것이다. 왜냐하면 그러한 행운들은 삶에 풍미를 더해준다는 면에서 또한 훌륭히 제 역할을 다하기 때문이다. 반대로 큰 불운들이 많이 생기면 결국 행복은 깨지고 말 것이다. 그것들은 고통을 가져 오며, 또 많은 활동을 저해하기 때문이다. 하지만 만일 사람이 큰 불행을 많이 당한 탓에 고통에 대해 무감각해져서가 아니라, 정신의 고귀함과 높은 긍지를 가졌기에 묵묵히 모든 불행을 견뎌낸다면, 이러한 불행 속에서도 고귀한 성품은 내내 밝은 빛을 낼 것이다.

우리가 말한 바와 같이 활동이 우리의 생에 결정적인 힘을 미친다고 하면, 행복한 사람치고 비참해질 사람은 아무도 없다. 왜냐하면 행복한 사람은 가증스럽고 비열한 활동을 절대로 하지 않기 때문이다. 참으로 선하고 현명한 사람은 합당한 활동으로 인생의 모든 변화를 훌륭하게 겪어나간다. 또 언제나 그에게 주어진 것들을 가장 잘 이용한다. 마치 훌륭한 장군이 자기가 지휘하는 부대를 군사적으로 가장 잘 활용하며, 훌륭한 구두장인이 자신에게 주어진 가죽을 가지고 가장 좋은 구두를 만들어내는 것과 같다. 다른 모든 장인에 있어서도 이와 마찬가지다. 이치가 이렇다면 행복한 사람은 절대로 비참해지는 법이 없다. 다만 프리아모스처럼 인생의 황혼에 불행을 당하게 되면 최고의 행복에는 도달하지 못할 수도 있다.

또한 행복한 사람은 다채롭고 변화하기 쉬운 사람이 아니다. 왜냐하면 그의 행복은 쉽사리 혹은 흔하고 사소한 불운에 의하여 바뀌는 일이 없고, 다만 많고 큰 불운에 의해서만 그렇게 될 수 있기 때문이다. 그리고 만일 그가 큰 불운을 많이 당한다면, 단시일에 그의 행복을 회복하기는 어렵고 아주 오랜 세월을 두고, 그 사이에 큰 행운을 거머쥔다면 가능하다.

그렇다고 하면 인생의 한 시기에 잠깐 동안만이 아니라, 생애 전체를 통해 완전한 덕을 따라 활동하며 동시에 외부적인 요인에서 오는 선도 충분히 지니고 있는 사람을 행복하다고 해야 하지 않을까? 그렇지 않으면, '이와 같은 삶을 살아갈 사람, 그리고 그에 어울리는 죽음을 맞이할 사람'이란 말을 첨가해야만 행복한 사람일까? 확실히 미래란 우리에게는 분명치 않은 반면에, 행복은 어떠한 의미에서든 목적이자, 궁극적인 것이 되어야 한다고 우리는 주장한다. 그렇다면 우리는 살아 있는 사람들 가운데서 위의 조건들을 현재 갖추고 있고 또 앞으로도 갖추게 될 사람들을 행복하다고 해야 할 것이다. 그리고 인간만이 이와 같이 행복하게 될 수 있을 것이다. 이 문제에 대해서는 이 정도에서 맺기로 한다.

11 죽음과 행복

자손들과 친구들의 행운이나 불운이 우리의 행복에 아무 영향도 끼치지 않는다는 것은 매우 무정한 소리다. 이는 세상 사람들이 일반적으로 가지고 있는 생각과도 서로 맞선다. 물론 세상에는 무수히 많은 사건들이 일어나고, 그것들이 행복에 끼치는 영향은 클 때도 있고 적을 때도 있다. 이 모든 사건을 하나하나 자세히 논한다는 것은 끝이 없는 일이 될테니 대체적인 윤곽만 말하겠다.

자기 자신의 불운 가운데도 어떤 것은 삶에 큰 영향을 주고, 어떤 것은 그리 큰 영향을 주지 않는 것과 마찬가지로 친구들의 불운에도 여러 가지 차이가 있으며, 또 살아 있을 때 내리는 재난과 죽었을 때 내리는 재난에도 차이가 있다. 이때의 차이는, 어떤 비극에서 끔찍한 일이 있었다는 가정하에 연기하는 것과, 실제로 무대 위에서 끔찍한 장면을 연기하는 것과의 차이보다 훨씬 더 크다. 그렇다면 이러한 삶과 사후에 내리는 불운 사이의 차이도 우리는 고려해야만 한다. 그리고 그 이상으로 진지하게 고려해 볼 것은, 과연 죽은 사람이 어떠한 선이나 악에 관여할 수 있을까 없을까 하는 의문이다. 이런 여러 가지 점을 생각해 볼 때, 좋거나 나쁜 어떤 것이 죽은 사람들의 행복에 영향을 끼칠 수 있다 하더라도, 그 영향은 아주 미약한 것으로 무시해도 괜찮을 정도일 것이다. 어찌되었든 그것은 죽은 사람을 행복하게 만들거나 아니면 죽은 사람에게서 행복을 빼앗을 만한 것은 결코 못 된다. 그러므로 가까운 사람들의 행운이나 불운은 죽은 사람에 대해서 약간의 영향력을 가지기는 하나, 죽은 사람의 행복을 뺏을 만큼의 변화를 일으키지는 못한다.

12 찬사와 명예

이상의 여러 문제들에 대하여 명확하게 해답을 내렸으므로, 이제는 행복이 찬양받는 것들 가운데 속하는지 그렇지 않으면 아주 소중히 여겨지는 것들 가운데 속하는지를 고찰해 보기로 하자. 분명히 행복은 선이 될 가능성에만 그치지는 않을 테니 말이다. 찬양을 받는 것은 모두 저마다의 성질을 지니고 있고, 그 성질이 다른 것들과의 관계에 도움을 주기 때문에 찬양을 받는다. 그렇기에 우리는 정의로운 사람이나 용감한 사람, 그리고 선한 사람을 이들이 가진 유덕한 행동과 기능 때문에 찬양한다. 또 힘이 센 사람이나 발이 빠른 사람 등을, 선하고 뛰어난 그 무엇과의 관계에 도움을 주는 그들의 고유한 성질 때문에 찬양한다. 이것은 우리가 신들을 찬양하는 이유를 떠올려 보면 명확해진다. 신들이 우리 인간의 표준에 따라 찬양받는다는 것이 부당한 일로 여겨지기는 하나, 찬양이란 앞서 말한 바와 같이 어떤 다른 것과의 관계를 통해 생겨나는 것이기 때문이다. 그래서 이렇게 신들을 우리 인간의 기준에 따라 찬양하는 일이 실제로 행해지고 있다. 그러나 찬양이란 것이 바로 우리가 위에서 말한 바와 같은 것들을 위해서 있는 것이라고 한다면, 최고의 선에 주어져야 할 것은 분명 그 보다 더 좋고 뛰어난 것이어야 한다. 그렇기에 우리가 신들에 대하여, 또 인간들 가운데 가장 신에 가까운 자들에 대하여 해야 할 일은 그들의 행복을 축복해 주는 것이다. 이것은 선에 있어서도 마찬가지이다. 누구든 정의를 찬양하는 것처럼 행복을 찬양하지는 않는다. 다만, 축복할 뿐이다. 이것은 행복이 보다 더 신적이고 보다 더 선한 것이기 때문이다.

에우독소스는 쾌락의 우위성에 대해 절묘하게 설명했다. 그에 의하면, 쾌락이 하나의 선임에도 불구하고 찬양받지 못하는 것 자체가 바로 찬양받는 것들보다 더 좋은 것임을 드러낸다는 것이다. 또 사실 신과 선도 이와 마찬가지이다. 왜냐하면 이것들에 비추어 다른 모든 것이 판정되기 때문이다.

찬양은 탁월성 즉 덕에 어울린다. 왜냐하면 덕은 고귀한 행위를 불러오기 때문이다. 이에 반하여 '엔코미온(칭송)'은 육체나 정신의 성과에 관한 것이다. 하지만 이러한 문제를 잘 다루는 것은 '엔코미온'에 관한 연구를 한 사람에게 적합한 일이다.

이미 말했듯이, 우리에게 행복이란 소중하고 궁극적인 것들 가운데 하나이다. 이것은 또한 행복이 제1원리인 사실을 보더라도 명백한 것으로 보인다. 왜냐하면 우리는 행복 때문에 다른 모든 일을 하며, 또 모든 선의 제1원리 내지 원인은 값진 어떤 것, 신적인 어떤 것이라고 보기 때문이다.

13 영혼의 탁월성

행복은 완전한 탁월성을 따르는 정신의 활동이므로, 우리는 탁월성의 본성을 고찰해야 한다. 그럼으로써 행복의 본성을 더욱 잘 알게 될 것이다. 또 참된 정치학도는 무엇보다도 탁월성에 대해서 연구한 사람이라고 생각한다. 그는 자기 동포를 선하게 하고 법률에 잘 순종하도록 만들기를 원하기 때문이다. 예를 들면 크레타와 스파르타의 입법자들이 있고, 그 밖에도 이와 비숫한 사람들이 더 있다. 이러한 것을 탐구하는 것이 정치학에 속한다고 하면, 탁월성이 무엇인가를 추구하는 것은 분명히 우리의 처음 의도와 맞는 일이라 하겠다.

그런데 우리가 고찰해야 할 탁월성은 분명히 인간적인 탁월성이다. 우리가 찾고 있던 선도 인간적인 선이었으며, 우리가 찾고 있던 행복도 인간적인 행복이었으니 말이다. 여기서 '인간적인 탁월성'이란 육체의 탁월성이 아니라 정신의 탁월성을 의미한다. 그리고 행복도 우리는 정신의 활동이라고 본다. 그러므로 분명히 정치학도 정신에 대해서 어느 정도 알아야 한다. 이것은 어떤 사람이 눈이나 그 밖의 육체 일부를 고치려한다면 육체에 대한 전반적인 지식이 있어야 하는 것과 같다. 그런데 정치학도는 의사가 육체에 대해서 아는 것 보다 훨씬 더 많이 정신에 대해서 알아야 한다. 정치는 의료보다 더 소중하고 선한 것이라 우리에게 더욱 필요하니 말이다. 물론 의사들 중에서도 잘 교육받은 사람은 육체에 관한 지식을 얻는 데 무척 힘을 쓴다. 이와 같이 보면 정치학도는 정신에 대해서 연구해야 하며, 또 앞서 말한 여러 목적을 염두에 두고서 연구해야 한다. 그리고 그 연구는 우리가 여기서 논하고 있는 여러 문제를 해결하는 데 충분할 정도로만 해야 할 것이다. 왜냐하면 이보다 더 세밀히 연구하는 것은 아마 눈앞에 놓인 과제를 수행하는 일보다 훨씬 더 힘든 일이 될 테니 말이다.

정신에 대해서는 이미 우리 학술의 장(場) 밖에서도 적으나마 만족스럽게 논의된 바 있으므로 우리는 그것들을 활용해야 한다. 예를 들어 정신의 어떤 부분은 비이성적이요, 또 어떤 부분은 이성적이다. 이 두 부분이 마치 육체의 여러 부분이나 혹은 다른 어떤 분할 가능한 것의 부분처럼 분리될 수 있는 것인지, 그렇지 않으면 원주 내에 요철이 있는 것처럼 정의상으로는 둘로 나누어지지만 본성상으로는 분리될 수 없는 것인지는 우리가 지금 여기서 다루고 있는 문제로 볼 때는 아무래도 좋은 것이다.

정신의 비이성적인 요소에는 공통적으로 식물적인 능력이 있는 것으로 생각된다. 식물적이라 함은 영양을 섭취해 성장한다는 뜻에서다. 이런 부류의 정신 능력은 양분을 섭취하는 모든 생물들이 공통적으로 가지고 있다. 그것은 생물의 배아에도 있고 또 다 자란 생물 속에도 있다. 그것들은 모두 같은 능력을 가졌다고 보는 것이 타당하다. 그런데 이런 능력의 탁월성은 모든 생물에 공통되는 탁월성이요, 특별히 인간에게만 있는 탁월성은 아닌 것 같다. 왜냐하면 정신의 이 능력은 수면중에 가장 왕성하게 활동하는데, 선한 사람인지 악한 사람인지는 수면중에 가장 구별하기 어렵다. 그래서 행복한 사람도 인생의 절반은 비참한 사람과 전혀 다를 것이 없다는 속담이 생긴 것이다. 이것은 옳은 말이다. 우리가 좋다거나 나쁘다고 말하는 대상은 정신인데, 자는 동안에는 정신이 활동하지 않기 때문이다. 물론 깨어 있을 때 정신의 움직임이 어느 정도는 잠잘 때의 정신에 배어들어 가므로, 이 점에서 선한 사람들의 꿈이 일반 사람들의 꿈보다 낫다고 볼 수는 있다.

이 문제에 대해서는 이만하기로 하자. 영양 섭취 능력은 그 본성상 인간의 탁월성에 아무 관련도 없으므로 거기에 대해서는 이것으로 충분하다.

정신에는 또 다른 비이성적 요소가 있다고 생각한다. 그러나 이 요소는 어떤 면에서 이성적 원리를 어느 정도 따르고 있다. 우리는 자제를 잘하는 사람과 자제하지 못하는 사람을 평가할 때 이성적 원리, 또 이러한 이성적 원리를 지니고 있는 그들의 정신을 칭찬한다. 이 이성적 원리가 그들로 하여금 올바른 일을 하게 하여 최선의 목적에 나아가게 하기 때문이다. 그러나 그들 속에는 본질적으로 이 이성적 원리에 대립하는 또 다른 요소가 있어서 이 원리에 맞서 싸우며 저항한다. 마치 우리가 마비된 손발을 오른쪽으로 움직이려 해도 왼쪽으로 돌아가는 것과 같은 일이다. 정신적 영역에서도 생긴다. 자제를 잘 못하는 사람의 충동은 이성적 원리와는 반대 방향으로 움직인다. 그런데 육체의 경우에는 빗나가는 것이 눈에 보이지만 정신의 경우에는 보이지 않는다. 그렇다해도 우리는 정신 속에 이성적 원리에 대립하여 반발하는 어떤 것이 있다고 보아야 할 것이다. 그것이 어떤 의미에서 다른 요소들과 구별되는가 하는 것은 여기서는 중요하지 않다. 그런데 이 요소도 앞에서 말한 바와 같이 이성적 원리를 어느 정도 지니고 있는 것 같다. 적어도 자제를 잘하는 사람의 경우 이 요소가 이성적 원리에 순종하지 않는가. 절제력이 강하고 용감한 사람일수록 더욱 잘 순종한다. 왜냐하면 그들의 경우에는 모든 문제에 있어서 이성적 원리와 호흡을 같이하기 때문이다.

그러므로 비이성적 요소도 두 가지로 나뉘는 셈이다. 즉 식물적 요소는 어느 면에서나 이성적 원리를 가지고 있지 않지만, 욕망적 요소는 이성적 원리에 귀를 기울이고 순종하는 한 어떤 의미로는 이성적 원리를 나누어 가지고 있다. 여기서 귀를 기울이고 순종한다는 것은 우리가 아버지나 친구 말을 귀담아 듣는 것과 같은 의미에서이지, 수학적 대상을 잘 인식하는 것과는 다르다. 비이성적 요소가 이성적 원리에 의하여 때로는 설득된다는 점은 충고나 꾸지람, 권고 등이 효과를 나타내는 것을 보아도 잘 알 수 있다. 그리고 비이성적 요소가 이와 같이 이성적 원리도 가지고 있다고 해야 한다면, 이성적 요소 역시 비이성적 요소처럼 넓은 의미에서 다시 두 부분으로 나뉠 수 있을 것이다.

그중 하나는 엄밀한 의미에서 그 자체가 이성적 원리를 내포하고 있으며, 다른 하나는 우리가 부모의 말을 순종하는 것처럼 순종하는 경향을 가지고 있다.

정신의 탁월성, 즉 덕도 정신의 이러한 구별을 따라 여러 종류로 나뉜다. 즉 우리는 덕 가운데 어떤 것을 지적인 덕이라 부르며, 다른 무언가를 윤리적인 덕이라고 부른다. 지혜나 이해력, 그리고 분별력은 지적인 덕이고, 관대함이나 절제는 도덕적인 덕이다. 어떤 사람의 윤리적 성격에 대해서 말할 때 우리는 그가 지혜롭다거나 이해력이 좋다고는 말하지 않고, 성품이 온화하다거나 절제력이 있다는 식으로 말한다. 하지만 우리가 꼭 윤리적인 사람만 칭찬하는 것은 아니다. 지혜로운 사람을 칭찬할 때에도 우리는 이런 영혼의 상태(hexis)에 그 근거를 둔다. 이처럼 칭찬받을 만한 정신 상태를 우리는 덕이라 부른다.

제2권

1 덕성의 기원

덕에는 두 종류가 있다. 즉 지적인 덕과 윤리적인 덕이다. 지적인 덕은 대체로 교육에 의하여 발생하고 성장한다. 그러므로 그것은 경험과 시간을 필요로 한다. 한편 윤리적인 덕은 습관의 결과로 생긴다. '에티케(윤리)'란 말은 '에토스(습관)'란 말을 조금 고쳐서 만든 것이다. 이것으로 미루어 보더라도, 윤리적인 덕은 본성적으로 발생하는 것이 아님이 분명하다. 윤리적 덕이 본성적으로 저절로 존재하는 것이라면, 그 본성에 반대되는 습관은 아예 생겨나지 않아야 하기 때문이다. 예를 들어, 돌은 본성적으로 아래로 떨어지는 것이기 때문에 천 번, 만 번 위로 던져 보아도 위로 움직이는 습관을 들일 수는 없다. 또 불길이 아래로 향하게끔 습관을 들일 수도 없다. 이처럼 어떤 것도 그 본성에 어긋나게 움직이도록 습관을 들일 수 없다. 그리고 보면 윤리적인 덕들은 본성적으로 생기는 것도 아니요, 본성에 반하여 생기는 것도 아니다. 오히려 우리가 본능적으로 그것들을 받아들여 습관을 들임으로써 비로소 완전하게 얻는 것이다.

또 본성적으로 우리에게 생기는 모든 것에 있어서 우리는 먼저 가능성을 얻고 그 후에 활동을 전개한다. 이것은 감각들을 살펴보면 분명하게 드러난다. 우리는 자주 보고 자주 들음으로써 시각이나 청각을 가지게 된 것이 아니고, 이런 감각을 사용하기 이전에 이미 그것들을 가지고 있었다. 그것들을 사용함과 동시에 그것들을 가지게 된 것이 아니다. 그러나 덕의 경우에는, 우리가 먼저 실천함으로써 비로소 덕을 얻을 수 있다. 여러 기예의 경우에도 이와 마찬가지다. 우리가 먼저 그 덕을 행함으로써 비로소 배워 알게 되는 것이다. 예를 들면 집을 지어 보아야 건축가가 되며, 하프를 타 보아야 하프 연주가가 되는 것이다. 이와 마찬가지로 우리는 정의로운 행위를 해 보아야 정의로워지고, 절제 있는 행위를 해 보아야 절제 있어 지며, 용감한 행위를 해 보아야 용감해진다.

이것은 여러 국가에서 행해지는 일에 의해서도 입증된다. 입법자들은 국민들로 하여금 선한 습관을 들이게끔 함으로써 선한 국민을 만든다. 이것은 모든 입법자들이 소망하는 바이다. 이 일을 잘 해 내지 못하는 입법자들은 결국 소기의 목적을 달성하지 못한다. 여기에 좋은 국가 체제와 좋지 못한 국가 체제가 갈라진다.

또 어떤 덕이 생기고 없어지는 것은 같은 원인과 방법에 의해 그렇게 되는 것이다. 모든 기예도 이와 마찬가지다. 하프를 잘 타는 사람이나 서투르게 타는 사람이나 결국 하프를 타 봐야 하프연주가가 되는 것이다. 건축가나 이 밖의 모든 경우에 대해서도 이 같이 말 할 수 있다. 집을 잘 짓거나 잘못 짓거나, 그 결과에 따라 좋은 건축가 혹은 서투른 건축가가 된다. 만일 그렇지 않다면 가르치는 사람이 아예 필요치 않을 것이다. 모든 사람은 나면서부터 천성적으로 자기 기예에 익숙하거나 서투르거나 할 테니 말이다. 덕의 경우에도 이와 마찬가지이다. 남과 사귈 때 행하고 나타내 보이는 행위에 따라 우리는 올바른 사람이 되거나 옳지 못한 사람이 된다. 또 위험에 부딪혔을 때 드러나는, 무서워하는 행동 또는 태연한 행동을 통해 겁쟁이가 되거나 용감한 사람이 된다.

욕망이나 노여움도 마찬가지다. 자기가 당한 처지에서 어떻게 행동하는가에 따라, 절제 있고 온화한 사람이 되기도 하고, 혹은 방종하고 성마른 사람이 되기도 한다. 그러므로 한마디로 말하여, 성품은 각각 그와 비슷한 성격의 활동에서 생긴다. 그래서 우리가 전개하는 활동은 어떤 일정 성격을 띠지 않을 수 없다. 이것은 성품에 따라 활동들 간에 차이가 생기기 때문이다. 이렇게 보면 우리가 아주 어렸을 적부터 어떠한 습관을 가지는가 하는 것은 결코 사소한 차이가 아니라 아주 큰 차이를 가져 온다. 아니, 모든 차이가 거기서 비롯된다고 하겠다.

2 성격과 습관

그런데 우리가 지금 탐구하고 있는 것은 다른 것들처럼 순수한 이론적 인식을 목표로 삼는 것이 아니다. 우리는 덕이 무엇인가를 알기 위하여 탐구하고 있는 것이 아니라, 선한 사람이 되기 위하여 탐구하는 것이다. 선한 사람이 되는 것이 목적이 아니라면 우리의 탐구는 아무 쓸모가 없다. 그러므로 우리는 여러 행동들의 성질을 검토해야 한다. 즉 우리는 어떻게 행동해야 하는가를 살펴보아야 한다. 왜냐하면, 앞서 말한 바와 같이 행동이 성품을 결정하기 때문이다. 우리가 올바른 원리에 따라 행동해야 하는 것은 모든 일에 공통된다. 이것을 우리 논의의 기초로 삼아야 한다. 여기에 대해서는, 즉 올바른 원리가 무엇이며 그것이 어떻게 다른 여러 가지 덕에 관계되는가 하는 것에 대해서는 나중에 논하겠다. 그러나 미리 합의해 두어야 할 것이 있다. 다름 아니라 우리가 요구하는 설명은 주제에 부합해야 한다고 맨 처음에 말한 바와 같이, 행위에 관한 논의는 모두 대략적인 것이며 정밀한 것일 수 없다는 것이다. 행위에 속하는 문제, 또는 우리 모두를 위해 선한 것이 무엇인가 하는 문제는, 건강에 관한 문제와 마찬가지로 따로 정해져 있지 않다. 행위나 건강은 일반적으로 논의될 성질이어서 개별적인 경우들에 관한 논의는 더욱 정밀하기가 어렵다. 왜냐하면 개별적인 경우에 있어서는 어떠한 일반적인 기술이나 방법도 꼭 들어맞는 것이 아니고, 행위자 자신이 항상 그때그때 형편과 상황에 따라 어떤 행동이 적합할 것인가를 생각해야 하기 때문이다. 이것은 의료와 항해에서 기후와 증상을 생각하는 것과 마찬가지이다.

  그러나 지금 우리가 논의하고 있는 것이 바로 이러한 성질을 띤 것으로 끝난다 해도, 우리가 줄 수 있는 도움은 주어야 한다. 첫째로 생각할 것은, 체력이나 건강에서 보는 바와 같이 행위는 그 부족함이나 과도함으로 말미암아 파괴되는 본성을 지니고 있다는 것이다. 여기서 체력이니 건강이니 하는 것을 끌어대는 것은, 아리송한 것을 분명히 파악하려면 뚜렷한 증거를 가지고 있어야만 하기 때문이다. 운동 부족이나 지나친 운동은 다 같이 체력을 손상시킨다. 이와 마찬가지로 일정 양 이상 혹은 이하의 음식물 역시 건강을 손상시킨다. 한편, 적당한 양은 건강을 증진시키며 보존한다. 절제와 용기와 이 밖의 다른 덕의 경우도 마찬가지다. 무슨 일에서나 도망치고, 무슨 일이나 두려워하며, 무슨 일에 대해서나 견뎌내지 못하는 사람은 비겁자가 된다. 이와 반대로 무슨 일이든지 두려워하지 않고 어떠한 위험에라도 뛰어드는 사람은 무모한 자가 된다. 마찬가지로 온갖 쾌락에 물들고 조금도 삼가지 않는 사람은 방탕하게 되며, 이와 반대로 모든 쾌락을 피하는 사람은 마치 시골뜨기처럼 재미없는 사람이 되고 만다. 그러므로 절제와 용기는 과도함과 부족함 때문에 상실되며, 중용에 의해서만 보존된다.
그러나 단순히 덕이 생기고, 성장하고 또한 없어지는 것만 같은 원인과 방법에 의한 것이 아니라, 또한 덕 있는 활동도 똑같은 원인과 방법을 따른다. 이것은 다른 것보다 좀 더 잘 드러나는 것들, 예를 들어 체력의 경우도 이와 마찬가지다. 체력은 많은 음식물을 섭취하고 많은 노고를 견딤으로써 생기며, 또 이런 것들을 가장 잘 할 수 있는 사람은 누구보다 강건한 사람이다. 덕에 있어서도 마찬가지다. 쾌락을 멀리함으로써 우리는 절제 있게 되며, 또 그렇게 될 때 우리는 누구보다도 쾌락을 멀리할 수 있다. 용기의 경우도 마찬가지다. 즉 무서운 것들을 대수롭지 않게 보며 그것들을 견뎌내는 습관을 붙임으로써 우리는 용감해지고, 또 용감해지면 누구보다도 무서운 일들을 잘 견뎌낼 수 있게 될 것이다.

3 덕성과 즐거움 그리고 고통

어떤 행동에 쾌락이 따르는가 혹은 고통이 따르는가 하는 것은, 그 사람의 성품으로 드러난다. 즉 육체적 쾌락을 멀리하고 그것에서 기쁨을 느끼는 사람은 절제 있는 사람임에 반하여 육체적 쾌락이 없어 괴로워하는 사람은 방탕한 사람이다. 그리고 무서운 일들을 견디면서 거기에서 기쁨을 느끼거나 적어도 고통을 느끼지 않는 사람은 용감한 사람이다. 이에 반하여 고통을 느끼는 사람은 비겁한 사람이다. 윤리적인 탁월성, 즉 덕은 쾌락과 고통에 관계된다. 사실 우리가 나쁜 일을 하는 것은 쾌락 때문이고, 우리가 고귀한 일을 멀리함은 고통 때문이다. 그러므로 플라톤이 말하는 바와 같이, 우리는 마땅히 기쁨을 느껴야 할 일에 기쁨을 느끼고 마땅히 괴로워해야 할 일에 괴로워할 줄 알도록, 아주 어릴 때부터 어떤 방법으로든 교육을 받아야만 한다. 이것이야말로 참된 교육이다.

덕이란 행동과 감정에 관계하는데, 모든 행동과 감정에 쾌락과 고통이 따른다고 하면, 덕도 역시 쾌락과 고통에 관계되는 것이 아닐 수 없다. 이것은 벌을 줄 때 고통스런 방법을 사용한다는 사실을 보아도 잘 알 수 있다. 왜냐하면 벌이란 일종의 치료인데, 치료란 반대되는 것을 통해 이루어지는 것이 그 본성이기 때문이다.

그리고 전에 말한 바와 같이, 모든 정신 상태는 정신을 더욱 나쁘게 하거나 더욱 좋게 하는 본성에 영향을 끼친다. 사람들이 나쁘게 되는 것은 쾌락과 고통 때문이다. 즉 쾌락을 추구하고 고통을 회피하기 때문이다. 다시 말해서 추구하거나 회피해서는 안 되는 쾌락과 고통을 추구하거나 회피한다거나, 아니면 그 추구나 회피의 때를 잘못 잡거나 방법을 잘못 택하거나, 그 밖에도 이와 비슷한 잘못을 저지르기 때문이다. 그래서 덕을 일종의 무감정이요, 휴식상태라고 정의하는 사람들도 있다. 하지만 이 정의는 옳지 않다. 왜냐하면 그들은 덕은 무조건적으로 무감정이라 하고, 덕이 어떤 때는 그래야 하며 어떤 때는 그래서는 안 된다고 하는 조건을 말하지 않기 때문이다. 그러므로 우리는 '윤리적인 덕은 쾌락과 고통에 대하여 최선의 방법으로 행위를 하기 마련이고, 악덕은 이와 반대다'라고 하는 것을 논의의 기초로 삼는다.

다음과 같은 사실들도 역시 덕과 악덕이 쾌락과 고통에 관계되는 것임을 드러내주는 것이라 하겠다. 우리가 선택하여 취하는 것에는 세 가지가 있으며 또 우리가 피하는 것에도 세 가지가 있다. 고귀한 것, 널리 유익한 것, 쾌적한 것은 취하고, 이와 반대되는 것들, 즉 비열한 것, 유해한 것, 고통스러운 것은 피한다. 이 모든 것에서 선한 사람은 올바른 길을 택하고 악한 사람은 그릇된 길을 택하는데, 특히 쾌락에 대하여 그렇다. 쾌락은 하등한 동물들도 모두 지니고 있으며, 또 우리가 선택하는 모든 것에 수반된다. 고귀한 것과 널리 유익한 것은 또한 분명 쾌적하기도 하기 때문이다.

그리고 쾌락은 우리 누구에게 있어서나 어려서부터 함께 자라온 것이다. 그러므로 우리 생활 속에 스며든 쾌락을 떼어 버린다고 하는 것은 쉬운 일이 아니다. 그리고 사람에 따라 약간의 차이는 있지만, 심지어 우리는 쾌락과 고통을 행위의 기준으로 삼고 있다. 그러므로 우리의 탐구도 처음부터 끝까지 이것들에 관한 것이어야만 한다. 기쁨이나 고통을 느끼는 방법이 옳은지 그른지는 우리 행동에 적지 않은 영향을 주기 때문이다.

또 쾌락과 싸우는 것은 헤라클레이토스가 말했던 '노여움과 싸우는 것'보다 더 힘들다. 그런데 학술이나 덕은 언제나 더욱 힘든 것에 관계한다. 좋은 것은 힘들게 얻을수록 보다 더 좋은 것이다. 그러므로 이러한 이유 때문에도 덕과 정치학의 관심사는 온통 쾌락과 고통이다. 이것들을 잘 처리하는 사람은 선한 사람, 잘못 처리하는 사람은 악한 사람이 되는 것이다.

이렇게 해서 덕은 쾌락과 고통에 관계된다는 것, 그것을 생기게끔 하는 행위에 의하여 자라나고 그렇지 않은 행위에 의하여 덕은 상실된다는 것, 그리고 덕은 그것을 생기게끔 한 행위와 같은 원인에 의해 활동하는 것, 이상이 이야기되었다.

4 품성과 행위

올바른 행위를 함으로써 올바른 사람이 되고, 절제 있는 행위를 함으로써 절제 있는 사람이 된다고 말하는데, 그것이 대체 무슨 뜻이냐고 묻는 사람이 있을지 모른다. 만일 사람들이 올바른 행위를 하고, 또 절제 있는 행위를 하면, 그들은 이미 올바르고 절제 있는 사람이다. 이것은 문법의 규칙에 맞는 일을 하는 사람이면 문법가고, 음악의 규칙에 맞는 일을 하는 사람이면 음악가인 것처럼 말이다.

그러나 학예에 있어서도 사실 그렇게 말할 수는 없지 않을까? 누구든 우연히, 혹은 남의 지시에 의하여 문법의 규칙에 맞는 일을 할 수 있으니 말이다. 그러므로 어떤 사람이 문법에 관한 일을 문법을 터득한 사람답게 말할 수 있다면, 그는 문법가이다. 그리고 문법을 터득했다는 것은 그 사람 자신 속에 있는 문법적 지식을 지녔음을 의미한다.

본디 학예의 경우와 덕의 경우는 똑같이 다뤄서는 안된다. 왜냐하면 학예의 결과물은 그 안에 이미 좋은 점을 가지고 있기 때문에 일정한 성질의 결과만으로 충분하지만, 덕을 따르는 행위는 일정한 성질을 가지고 있다 하더라도 그것이 반드시 올바르게 혹은 절제 있게 행해진다고는 할 수 없기 때문이다. 덕이 올바르게, 또는 절제 있게 행해지려면 행위자가 행위를 할 때 일정한 상태에 있어야 한다.

즉, 첫째로 그는 지식을 가져야 하며, 둘째로 그는 행위를 선택하되 그 행위 자체 때문에 선택해야 하며, 셋째로 그의 행위가 일정한 상태에서 나와야 한다. 이러한 것들은 지식만을 제외하면 학예의 조건과는 다른 것이다. 그러나 덕을 가지기 위한 조건으로서 지식이란 거의 아무런 중요성도 없다. 한편 그 밖의 조건들은 적지 않은, 아니 절대적인 중요성을 가지고 있다. 그리고 이 조건들은 옳은 행위나 절제 있는 행위를 자주 되풀이함으로써 비로소 충족된다.

그러므로 어떤 행위를 옳다거나 절제적이라고 할 때는, 그것이 옳은 사람 혹은 절제적인 사람이 행할 법한 행위일 때 그렇게 말한다. 옳고 절제 있는 행위를 하는 사람이란, 단순히 그러한 행위 하는 사람이 아니라 옳고 절제적인 사람이 하듯 행하는 사람을 말한다. 이런 까닭에, 옳은 행위를 함으로써 옳은 사람이 되고 절제적인 행위를 함으로써 절제적인 사람이 된다는 말은 타당하다. 이러한 행위를 하지 않고서는 아무도 선하게 될 기회조차 얻지 못한다.

그러나 이러한 행위를 하지 않고 이론으로 도피하여, 자기는 철학자이며 철학을 함으로써 선하게 될 것이다, 라고 생각하는 사람들이 많다. 이들의 태도는 마치 의사의 말을 주의깊게 들으면서도 그 처방을 전혀 따르지 않는 환자와 같다. 이렇게 치료를 받는 환자가 육체적으로 좋아질 수 없듯이, 이들도 그런 식의 철학만으로는 정신적으로 좋아질 수 없다.

5 덕성의 베풂

다음으로 우리는 덕이란 무엇인지를 고찰해야 한다. 정신 속에 생기는 것들은 세 가지, 즉 감정·능력·성품이다. 따라서 덕은 이 중 하나에 속할 수밖에 없다. 감정이란 욕망·분노·공포·자신·질투·환희·사랑·증오·동경·경쟁심·연민 등 일반적으로 쾌락이나 고통이 따르는 것들이다. 능력이란 우리가 이러한 여러 가지 감정을 느낄 수 있게 하는 것, 예를 들면 노여워하거나 두려워하거나 불쌍히 여기는 것이다. 성품이란 감정에 대해 잘 처신하거나 혹은 잘못 처신하게 해 주는 것이다. 예를 들어 분노와 관련해서 너무 격렬하게 분노하거나 혹은 너무 약하게 분노한다면 우리는 잘못 처신하고 있는 것이다. 다시 말해 성품이 좋지 못한 것이다. 만일 적절히 분노하고 있다면 우리는 처신을 잘 하고 있는 것으로, 좋은 성품을 가지고 있는 것이다. 다른 정념과의 관계에 있어서도 이와 마찬가지다.

그런데 덕도 악덕도 감정이 아니다. 왜냐하면 우리는 우리의 감정에 따라 선하거나 악하다고 하는 말을 듣는 것이 아니라, 우리의 덕과 악덕 때문에 그런 말을 듣기 때문이다. 또 우리의 감정 여하에 따라 칭찬받거나 비난받는 것이 아니라, 우리의 덕과 악덕 때문에 칭찬이나 비난을 받기 때문이다. 즉 공포나 분노의 감정을 느낀다고 해서 칭찬을 받는 것이 아니고, 또 그저 분노의 감정을 느낀다고 해서 비난을 받는 것이 아니며, 어떤 비난받을 만한 일정 방식으로 분노를 느끼는 사람만이 비난을 받는다. 또, 우리가 노여워하거나 무서워하겠다고 감정을 스스로 선택해서 이런 감정이 생기는 것도 아니다. 그런 선택보다는 오히려 덕과 관련이 있다. 흔히 감정에 대해 말할 때는 마음이 움직인다는 말을 하지만, 덕에 대해 말할 때는 마음이 움직인다고 말하지 않고 마음이 일정한 방식으로 놓여 있다고 말한다.

따라서 덕은 마음의 능력이 아니다. 왜냐하면 어떤 감정을 느끼는 능력이 있다고 해서 우리가 선하다거나 혹은 악하다거나 하는 말을 듣는 것도 아니고, 또 칭찬이나 비난을 받는 것도 아니기 때문이다. 또 우리가 이러한 능력을 가지고 있는 것은 우리의 본성에 따른 것이지만, 우리가 선한 사람이 되느냐 악한 사람이 되느냐는 본성에 따른 것이 아니다. 여기에 대해서는 앞에서 이미 말했다.

이렇듯 덕이 감정도 아니고 능력도 아니라면, 결국 그것은 성품일 수밖에 없다.

이렇게 해서 우리는 덕이 어느 부류에 속하는지 살펴보았다.

6 덕성과 품성

우리는 덕을 그저 성품이라고만 할 것이 아니라 그것이 어떤 성질을 띤 성품인지도 말해야 한다. 덕이란, 지니고 있으면 좋은 상태에 이르게 되고 또 그 좋은 상태의 기능을 잘 발휘시켜 주는 것이라 할 수 있다. 예를 들면 눈이 지닌 덕은 눈과 눈의 기능을 좋게 한다. 눈의 덕을 통해 우리는 사물을 더 잘 보게 되니 말이다. 마찬가지로 말의 덕은 말을 좋은 말이 되게 하여 잘 달리게 하고, 말 타는 이를 잘 운반해 주며, 또 적의 공격에 잘 견디도록 해 준다. 이것을 모든 것에 공통적으로 적용시킬 수 있다면 인간의 덕은 인간을 선한 인간으로 만드는, 인간 고유의 기능을 발휘하게 하는 성품이어야 한다.

이것이 어떻게 가능한가에 대해서는 이미 말한 바 있지만, 다음과 같은 덕의 특수한 성질을 고찰함으로써 더욱 분명해지리라 생각한다. 모든 연속적이며 나누어질 수 있는 것을 우리는 보다 많은 양 보다 적은 양, 혹은 균등한 양으로 나눌수 있으며, 또한 그것 자체 혹은 우리와의 관계에 따라서도 나눌 수 있다. 균등이란 것은 과도함과 부족함의 중간이라 할 수 있다. 대상 자체에 있어서 중간이란 양쪽 끝에서 똑같은 거리에 있는 것으로서 누구에게나 동일하며, 우리와의 관계에 있어서 중간이라 하는 것은 너무 많지도 않고 너무 적지도 않은 것을 말한다. 이것은 하나만 있는 것도 아니고, 누구에게나 동일한 것도 아니다. 예를 들어 10이면 많고 2이면 적다고 할 경우, 대상 자체에 있어서는 6이 중간이다. 왜냐하면 6은 10에서 초과하는 양과 2에서 부족한 양이 똑같기 때문이다. 이것은 산술적 비례를 따른 중간이다. 그러나 우리와의 관계에 있어서 중간은 이렇게 결정할 수 없다. 어떤 사람에게 10근의 음식물은 너무 많고 2근은 너무 적을 경우, 체육 지도자는 6근의 음식물을 주기만 하면 되는 것이 아니다. 왜냐하면 6근도 어떤 사람에게는 너무 많고 어떤 사람에게는 너무 적기 때문이다. 밀론(Milon : 유명한 운동선수)에게는 너무 적고, 운동 초보자에게는 너무 많다. 달리기나 씨름에 있어서도 마찬가지로 누구나 과도함과 부족함을 피하고 중간을 찾아 택한다. 그리고 이때의 중간은 대상 자체에 있어서가 아니라 우리와의 관계에 대한 중간이다.

따라서 모든 학술은 이와 같이 중용에 주의하며 이를 기준으로 성과를 판단함으로써 그 일을 훌륭히 해낼 수 있다. 그래서 우리는 늘 좋은 작품을 두고 말하기를, 더할 것도 없고 뺄 것도 없다고 한다. 우리는 과도함과 부족함은 작품의 좋은 점을 손상시키지만, 중용은 그것을 보전한다고 생각한다. 좋은 기술자는 이런 사실을 항상 염두에 둔다. 만일 자연도 그렇듯 덕이 어느 학술보다도 더 정확하고 좋은 것이라고 하면, 덕은 중간을 목표로 삼는 것이어야 한다. 여기서 덕이라고 하는 것은 물론 윤리적인 덕이다. 감정과 행위에 관여하는 것은 바로 이 덕이다. 덕처럼 정의와 행동에 과도함과 부족함, 그리고 중간이 있기 마련이니 말이다. 예를 들어 공포나 태연함, 욕망, 분노, 연민, 그 외에도 대체적으로 쾌락과 고통에는 과도함과 부족함이 있는데, 이는 어느 경우이든 좋은 것이 못 된다. 그러나 마땅한 때에, 마땅한 일에, 마땅한 사람들에게, 마땅한 동기로, 마땅한 방식으로 이런 것을 느끼는 것은 중용인 동시에 최선이며, 또 이것이 덕의 특색이다. 이와 마찬가지로 행위에도 과도함과 부족함 그리고 중간이 있다. 그런데 덕은 감정과 행위에 관계하며 이것들에 있어서 과도함이나 부족함은 일종의 실패이고 그에 반하여 중간은 칭찬받을 만한 일종의 성공이다. 그리고 칭찬받는 것과 성공하는 것은 둘 다 덕의 특징이므로, 덕은 역시 일종의 중용이다. 이미 살펴본 바와 같이 덕은 중용을 목표로 삼기 때문이다.

또 실패라는 것은 여러 방식으로 초래된다. 피타고라스 학파가 내세운 바와 같이, 악은 무한정한 것에 속하고 선은 한정된 것에 속하기 때문이다. 이에 반해 성공은 오직 한 가지 방식으로만 가능하다. 그래서 어떤 일은 쉽고 어떤 일은 어렵다. 과녁을 비껴가기는 쉽고 맞히기는 어렵다. 이런 이유 때문에도 과도함과 부족함은 악덕의 특징이며, 중용은 덕의 특징이다.

> 선으로 가는 길은 오직 하나요,
> 악으로 가는 길은 여럿이다.

덕이란 중용으로 이루어진 우리 선택의 기초가 되는 정신 상태이다. 이때의 중용은 우리와의 관계에 대한 중용이며, 이는 분별력 있는 사람이 판단의 기준으로 삼는 이성적 원리에 따라 결정되어야 한다. 그런데 중용은 또 두 악덕, 즉 과도함과 부족함 사이의 중용을 말한다. 이것은 악덕이 감정과 행위에 미치지 못하거나 지나치게 넘어서는 데 반하여, 덕은 그 중용을 발견하여 선택하기 때문이다. 그러므로 덕은 그 본체에 있어서나 그 본질을 밝히는 정의 면에서는 중용이지만 최선이라든가 옳다고 하는 면에서는 정점이 된다.

그러나 모든 감정 모든 행위에 중용이 있는 것은 아니다. 예컨대 감정의 경우에 악의·파렴치·질투, 그리고 행위의 경우에 간음·절도·살인 같은 것들은 그 이름 자체가 이미 그것이 나쁜 것임을 드러낸다. 따라서 이것들은 그 과도함이나 부족함 때문에 비난받는 것이 아니라, 그 자체가 나쁜 것이기 때문에 비난받는 것이다. 마땅한 상대와 마땅한 때에, 마땅한 방식으로 간음하느냐에 그 좋고 나쁨이 달려 있는 것이 아니라, 이런 것들은 무조건 나쁜 것이다. 뿐만 아니라 부정한 행위나 비겁한 행위, 방탕한 행위에 중용 또는 과도함과 부족함을 기대하는 것 역시 이치에 닿지 않는 일이다. 이런 식으로 생각하면, 과도함이나 부족함의 중용도 있고, 과도함이나 부족함의 과부족도 존재하게 되기 때문이다. 중용은 어떤 의미에서 극단적이기 때문에 절제와 용기에는 과도함과 부족함이 없는 것처럼 우리가 방금 전에 언급한 행위들의 경우에는 중용도, 과도함이나 부족함도 없다. 그런 행동을 하게 되면 언제나 옳지 못하다. 일반적으로 과도함이나 부족함에는 중용이 없고, 중용에는 과도함과 부족함이 없기 때문이다.

7 덕성과 그 품성의 모습

우리는 이상과 같은 사실을 일반적으로 말만 할 것이 아니라, 개별적인 사실에 적용해 보아야만 한다. 행위에 대한 논술들 가운데 일반적인 논술이 보다 광범위하게 적용되기는 하지만, 부분부분에 걸친 특수한 논술이 보다 더 진실한 것이라 할 수 있다. 왜냐하면 행위란 저마다의 경우에 관계하는 것이며, 또 우리의 논의도 여러 경우에 조화롭게 들어맞아야만 하기 때문이다.

공포와 태연함의 중용은 용기이다. 그 도(度)를 넘어선 사람들 가운데, 공포심 없는 사람에 대해서는 뭐라고 이름 붙일 수가 없으나, 태연함이 도를 넘은 사람은 무모한 사람이요, 공포심은 지나치고 태연함이 모자란 사람은 겁쟁이라고 하겠다. 쾌락과 고통에 대해 말하면(전부에 대하여는 아니고, 특히 고통에 대해서는 더욱 일부이지만), 그 중용은 절제이고, 과도함은 방종이다. 쾌락에 있어서 부족한 사람은 흔치 않다. 따라서 그러한 사람에 대한 명칭은 없다. 그러나 굳이 표현하자면 '무딘 사람'이라 부를 수 있지 않을까 한다.

재산을 주거나 얻는 일에 대하여 말하면, 중용은 재물을 관대하게 쓰는 상태이다. 그 과도함은 방탕이며 부족함은 인색함이다. 방탕함과 인색함은 과도함과 부족함에 대해 서로 반대이다. 즉 방탕한 사람은 지출에 있어 지나치고 취득에 있어 모자란 데 반하여, 인색한 사람은 취득에 있어 지나치고 지출에 있어 모자라다. 여기서는 그저 윤곽적으로 말하는 것에 만족하고, 나중에 이 여러 상태를 좀더 정확하게 규정하려 한다. 재산에 대해서는 이 밖에 또다른 일련의 태도가 있는데 그 중용은 호탕함이며(호탕한 사람은 관대한 사람과 다르다. 호탕한 사람은 많은 재산을 다루며 관대한 사람은 적은 재산을 다룬다), 과도함은 사치요, 부족은 인색함이다. 이러한 과도함과 부족함은 관대함에 대한 그것과 다른데, 어떻게 다른가는 나중에 말하기로 한다.

명예와 불명예에 대하여 말하면, 그 중용은 긍지이고, 그 과도함은 거만함이며 부족함은 비굴함이다. 앞에서 말한 바와 같이 관대함은 호탕함과의 관계에서 적은 재산을 다룬다는 점에서 다르다. 마찬가지로 긍지는 큰 명예에 관여하는 데 반하여 작은 명예에 관여하는 하나의 상태가 있다. 즉 자기 처지에 알맞게 명예를 원할 수도 있고, 혹은 자기 처지 이상이나 자기 처지 이하로 명예를 원할 수도 있다. 그 욕망이 지나친 사람은 야심가라 불리며 그 욕망이 모자란 사람은 야심 없는 사람이라 불리는데, 중용을 지키는 사람에 대해서는 적당한 명칭이 없다. 명예에 대응하는 이런 태도들도, 야심 있는 사람의 태도가 야심가라고 불리는 것을 제외하고는 별다른 명칭이 없다. 이런 까닭에 명예에 대한 양 극단의 태도에 있는 사람들이, 중간 위치에 자기가 있는 것이라 주장한다. 그리고 우리도 중간에 있는 사람을 때로는 야심가라 부르고 때로는 야심 없는 사람이라 부르며, 때로는 야심 있는 사람을 칭찬하고 때로는 야심 없는 사람을 칭찬한다. 왜 그런지는 조금 뒤에 말하기로 한다. 여기서는 우선 나머지 상태들에 대하여, 지금까지 따라온 방법대로 말하고자 한다.

　노여움에도 과도함과 부족함 그리고 중용이 있다. 이런 감정도 명칭을 가졌다고는 볼 수 없지만, 우리가 중용에 속한 사람을 온화한 사람이라고 부르기도 하니까 중용을 온화함이라 부르기로 하자. 이것의 양 극단에 걸쳐진 사람들 가운데 도를 넘어선 사람을 짜증을 잘 부리는 사람이라 하고, 그 악덕 자체를 짜증이라 부른다. 그리고 노여움이 모자란 사람을 자기 주장이 약한 사람이라 하고 그 모자람을 자기 주장이 없다고 한다.

　이 밖에 또 서로 유사성을 가지면서도 서로 다른 세 가지 중용이 있다. 즉 그것들은 모두 말과 행동의 사회성에 관련된다. 그러나 그 중 하나는 진리와 관계하고, 다른 두 가지는 유쾌함과 관계하는 점에서 서로 다르다. 그리고 뒤의 두 가지 가운데 하나는 재미를 주는 데 나타나고, 다른 하나는 인생의 모든 일에서 나타난다. 그러므로 우리는 이것들에 대해서도 말해야 한다. 그럼으로써 우리는 모든 일에 있어서 중용은 칭찬할 만한 것이며, 그와 반대로 극단적인 것들은 칭찬할 만한 것 못되는가 하면 옳은 것도 못 되며, 도리어 비난받아 마땅한 것임을 더욱 잘 알게 될 것이다. 그런데 이 여러 상태에도 대부분 명칭이 없다. 그러나 다른 경우에서와 마찬가지로, 분명하고도 이해하기 쉽도록 스스로 이름을 지어 보겠다. 그러면 진리에 대해 중용을 지키는 사람을 진실한 사람, 그 중용을 진실이라 하자.

　한편 겉모습을 꾸미는 게 과도한 것을 허식이라 하며 그런 사람을 속 빈

강정이라 할 수 있을 것이며, 또 모자란 것을 자기 비하라 하고, 그러한 사람을 자기 비하적인 사람이라 할 수 있을 것이다.

 재미를 북돋워 주는 일과 관련한 유쾌함에는 두 가지가 있다. 해학(유머)과 관련해서 그 중간인 사람은 재치 있는 사람이요, 그 태도는 재치이다. 그 과도함은 익살이요, 익살에 능한 자는 익살꾼이라 할 수 있다. 그리고 이런 면에서 부족한 사람은 무뚝뚝한 사람이요, 그 상태는 무뚝뚝함이다. 나머지 하나는 인생의 모든 일과 관련한 유쾌함인데, 올바른 방식으로 유쾌한 사람은 친근한 사람이요, 그 중용은 친근함이다. 이에 반하여 지나친 사람의 경우 거기에, 아무 목적이 없으면 눈치꾼이고, 자기 이익을 추구하고 있으면 아첨꾼이다. 그리고 친근함이 모자라 모든 일에 대해 유쾌하지 못한 사람은 기분 나쁘고 불쾌한 사람이다.

 감정에 대해서도 중용이 있다. 수치는 덕이 아니지만, 수치심이 있는 사람은 역시 찬양을 받는다. 다시 말해 이러한 것들에 있어서도 어떤 사람은 중용을 지키는 사람이라 일컬어지고, 어떤 사람은 과도한 사람이라 일컬어진다. 예컨대 무슨 일이나 부끄러워하는 사람은 이러한 수치심이 도를 넘은 사람이라 하겠다. 한편 수치심이 부족한 사람 혹은 무슨 일에나 부끄러워 할 줄 모르는 사람은 파렴치한 사람이요, 중용인 사람은 염치를 아는 사람이다. 의분은 시기와 악의 사이의 중용인데, 이는 주위 사람들의 처지와 형편으로 말미암아 느끼는 고통과 쾌락에 관계되는 것이다. 즉 의분을 기질로 가진 사람은 부당한 행운을 보고 고통을 느끼고, 시기심 있는 사람은 의분 있는 사람보다 지나쳐서, 덮어놓고 모든 행운에 대하여 배 아파한다. 악의가 있는 사람은 남의 불행을 보고 고통을 느끼기는커녕 오히려 기뻐한다. 이 여러 상태에 대하여서는 후에 다시 설명할 기회가 있을 것이다. 정의에 대해서는 그 의미가 하나만이 아니므로 다른 상태들을 논한 뒤에 그 정의를 두 가지로 구별하고, 어떻게 해서 그 하나하나가 중용이 되는지를 말하려 한다.

8 중용과 극단

 행위에는 이처럼 세 가지 태도가 있다. 그 중 둘은 악덕으로서 과도함과 부족함이고, 다른 하나는 덕으로서 곧 중용이다. 이 세 가지는 저마다의 방식으로 서로 대립하고 있다. 즉 양 극단은 모두 중간에 대립하는 동시에 저희끼리도 대립하고 있으며, 또 중간은 두 극단에 대립하고 있다. 더 자세히 말하면 균등한 것은 보다 작은 것보다는 크고, 보다 큰 것보다는 작다. 이와 마찬가지로 감정이나 행위에 있어서, 중간의 상태는 모자란 것에 비해서는 지나치며, 지나친 것에 비해서는 모자라다. 즉 용감한 사람은 겁이 많은 사람에 비하면 무모해 보이고, 무모한 사람에 비하면 겁이 많아 보인다. 또 절제 있는 사람도 무감각한 사람에 비하면 방종해 보이고 방종한 사람에 비하면 무감각해 보이며, 또 관대한 사람도 인색한 사람에 비하면 낭비하는 것같이 보이고, 낭비하는 사람에 비하면 인색해 보인다. 그러므로 양 극단에 속하는 사람들은 저마다 중간에 있는 사람들을 자기와 반대되는 쪽으로 밀어 붙인다. 그래서 용감한 사람을 보고, 겁이 많은 사람은 무모하다 하고 무모한 사람은 겁이 많다고 한다. 다른 경우들도 이와 마찬가지다.

　이처럼 양 극단이 서로 대립하는 가운데 가장 큰 대립은, 중간에 대해 두 극단이 맞설 때가 아니라 오히려 두 극단끼리 맞설 때 더욱 치열하다. 왜냐하면 두 극단 사이의 거리가 중간으로부터 양 극단까지의 거리보다 더 멀기 때문이다. 이것은 '대'에서 '소'까지의, 그리고 '소'에서 '대'까지의 거리가 '대'나 '소'에서 '중'까지의 거리보다 먼 것과 같다. 또 어떤 경우에는 한 극단이 중간과 비슷해 보이는 때도 있다. 예를 들어 무모함이 용감함과 비슷해 보이고, 낭비가 관대함과 비슷해 보이듯 말이다. 그러나 양 극단은 서로 가장 크게 다르다. 그런데 서로 반대되는 것들은 서로 간에 가장 거리가 먼 것이라 정의되므로, 거리가 멀수록 더욱 반대의 성질을 가진다.

　중용에 대해서 어떤 경우에는 부족함이 더욱 대립하고, 또 어떤 경우에는 과도함이 더욱 대립한다. 예를 들면 용감함에 보다 더 대립하는 것은 과도함의 하나인 무모함이 아니라, 부족함의 하나인 겁 많음이다. 또 절제에 보다 더 대립하는 것은 부족함의 하나인 무감각이 아니라 과도함의 하나인 방종이다. 이것은 두 가지 이유에서 생기는데, 그 중 하나는 사실 그 자체에서 나온다. 즉, 어느 한 극단이 중간에 더욱 가깝고 더욱 비슷하므로 우리는 이 극단을 제쳐 놓고 그 반대 것을 중간 것에 대립시키는 것이다. 예를 들면 무모함이 용감함에 더 비슷하며 더 가깝고, 겁이 많음은 덜 비슷하므로 우리는 오히려 겁 많음을 용감함에 대립시키는 것이다. 이것은 중간으로부터 더 떨어져 있을수록 더 반대되는 것으로 생각하기 때문이다. 이것이 사실 자체에 기인한 하나의 원인이다. 원인 중 다른 하나는 우리 자신에게서 나온다. 즉 우리 자신이 본성적으로 더 끌리게 마련인 것들, 이런 것들이 중간에 대해서 더욱 반대되는 것으로 보인다. 예를 들어 우리는 쾌락 쪽으로 더욱 기울어지는 본성이 있으므로 성실함보다는 방탕함으로 흐르기 쉽다. 이렇게 우리는 그쪽으로 더욱 치우치게 되는 것을 중용에 더욱 대립되는 것으로 본다. 과도함인 방탕함이 절제에 더욱더 대립하는 것은 이 때문이다.

9 중용에 이르는 실천

윤리적인 탁월성 즉 덕이란 중용이며, 또 그것이 어떤 의미에서 그러한가 하면, 두 악덕 사이의 중용이라는 말이다. 이 가운데 하나는 과도함에 치우친 것이며 다른 하나는 부족함에 치우친 것이다. 그리고 중용이 이러한 성질을 갖는 까닭은, 그것이 감정과 행위에 있어서 중간의 것을 목표삼기 때문이라는 것은 앞에서 충분히 설명했다. 그러므로 선한 사람이 된다고 하는 것은 쉬운 일이 아니다. 왜냐하면 무슨 일에 있어서나 그 중간을 찾기란 쉽지 않기 때문이다.

예컨대 원의 중심을 찾아내는 일은 누구나 할 수 있는 것이 아니다. 다만 그것에 대해 아는 사람만이 할 수 있다. 이와 마찬가지로 화를 내거나 돈을 주거나 혹은 쓰는 일은 누구나 할 수 있는 쉬운 일이지만, 이런 일을 마땅한 사람에게, 마땅한 정도로, 마땅한 때에, 마땅한 동기에서, 마땅한 방법으로 하는 것은 누구나가 할 수 있는 일이 아니며, 또 쉬운 일도 아니다. 그러므로 중용을 잘 지키는 사람을 보는 것은 흔치 않은 일이며, 그런 만큼 그런 사람은 찬양 받을 만하다.

저 거센 파도가 일으키는 물거품을 피하여
노를 저어라! 배를 저어라!

따라서 중용을 목표로 삼는 사람은 칼립소(호메로스의 《오디세이아》에 나오는 요정)가 충고했듯이, 먼저 중간에서 더욱 멀고 반대되는 쪽에서부터 멀어져야 한다. 왜냐하면 양 끝 가운데 하나는 더 그릇되기 쉬운 것이며, 다른 하나는 덜 그러한 것이기 때문이다. 중용을 잘 파악하는 것은 매우 어렵다. 그래서 우리는 차선책으로서 악들 가운데서 가장 덜한 것을 취해야 한다. 이런 일은 우리가 말한 방법을 따를 때 가장 잘 이루어질 것이다.

또한 우리는 우리 자신이 치우치기 쉬운 여러 가지 일을 잘 살펴볼 필요가 있다. 왜냐하면 우리는 저마다 어떤 일에 쏠리는 본성을 지키고 있기 때문이다. 이것은 우리가 느끼는 쾌락과 고통에서 잘 볼 수 있다. 우리는 그 반대쪽으로 자신을 끌고 가야 한다. 마치 사람들이 구부러진 막대기를 펴서 곧게 만들 때처럼, 우리는 잘못을 저지를 기회에서 멀리 떨어지므로써 중용에 도달할 수 있다.

그리고 모든 일에 있어서 가장 경계해야 할 것은 쾌락이다. 왜냐하면 이 쾌락에 대해서 바른 판단을 내리기란 참으로 어렵기 때문이다. 그러므로 우리는 그 옛날 트로이의 장로들이 헬레네(트로이 전쟁의 원인이 된 미녀)에 대하여 생각한 것처럼 쾌락에 대하여 신중히 생각해야 한다. 또 어떤 형편에 처하든지 저들의 말을 되뇌일 필요가 있다. 저들의 말대로, 쾌락을 버리면 잘못된 길에 빠지는 일이 보다 적어질 것이다. 이와 같이 함으로써, 우리가 중용에 도달할 가능성은 가장 커질 것이다.

그러나 중용에 도달하기란 분명히 어려운 일이다. 특히 저마다의 경우에 있어서 그렇다. 어떻게, 누구에게, 무슨 까닭으로, 그리고 얼마 동안이나 화를 낼 것인가를 결정하기란 쉽지 않기 때문이다. 우리는 때때로 화를 덜 내는 사람을 찬양해 온순하다고 하는가 하면, 또 때때로 자주 화내는 사람을 찬양해 남자답다고 하기도 하니 말이다. 중용에서 화를 덜 내는 조금 엇나간 사람은 과도함 쪽으로 엇나가건, 부족함 쪽으로 엇나가건 별로 비난 받지 않는다. 그러나 너무 심하게 엇나가는 사람은 비난 받게 마련이다. 이런 사람은 반드시 남의 이목을 끌기에 말이다. 그러나 어느 점까지 그리고 어느 정도 엇나가야 비난을 받게 되는가 하는 것은 이성에 의하여 결정하기는 어렵다. 실제로 감성에 의하여 지각되는 것들은 어느 것이나 다 이러하다. 이런 것들은 개별적 사실에 의거하며, 그 판정은 감각에 달렸다.

이제 명백해졌다. 즉 모든 일에 있어서 중용의 상태는 찬양할 일이지만, 때때로 우리는 지나친 쪽으로, 또 어떤 때는 모자란 쪽으로 치우쳐 있을 필요가 있다. 이렇게 함으로써 우리는 오히려 가장 쉽게 중용, 즉 옳은 것에 도달할 수 있다.

제3권

1 고의성 비고의성

 덕은 감정과 행위에 관련된 것이다. 자의적(恣意的) 감정이나 행위에 대해서는 찬양과 비난이 가해질 수 있고, 또 비자의적(非恣意的) 감정이나 행위에 대해서는 이해를 하거나, 또 때로는 딱하게 여기는 경우마저 있다. 이 두 가지, 즉 자의와 비자의를 분명히 구별하는 것은 덕의 본성을 연구하는 사람에게 꼭 필요한 일이요, 입법자가 상벌을 다룸에 있어서도 유용하다.

 강제로, 혹은 무지로 인하여 행하는 것들은 비자의적인 것으로 생각한다. 강제적이라 함은 그 원인이 외부에 있는 것을 두고 하는 말이다. 이때 행위하는 사람 혹은 감정을 느끼는 사람은 자신의 의지와 전혀 상관없는 원인에 말려드는 것이다. 예를 들면 바람에 의하여 날려가거나 혹은 어찌할 수 없는 힘을 가진 자들에 의하여 어디론가 끌려 가는 경우가 바로 이런 경우이다.

 그러나 더욱 큰 재난을 두려워하여, 혹은 어떤 고귀한 목적 때문에 어쩔 수 없이 하게 되는 일들이 있다. 예를 들면 한 폭군이 누군가의 부모나 자녀의 목숨을 제 손아귀에 쥐고서 그에게 어떤 추악한 행위를 하도록 명하여, 만일 그 행위를 하면 부모나 자녀를 살려 주고 그렇지 않으면 죽인다고 하는 경우가 그렇다. 이런 행위가 자의적인가 또는 비자의적인가 하는 데 대해서 여러 가지 논란이 일어날 수 있다. 이와 비슷한 일은 폭풍우를 만나서 짐을 배 밖으로 내던지는 일에 대해서도 일어난다. 보통 때라면 아무도 자발적으로 짐을 내어버리지 않으나, 그렇게 하는 것이 자기 자신과 다른 선원들의 생명을 구하는 일이라면 지각 있는 사람치고 그렇게 하지 않을 사람이 없다. 이런 행위는 혼합적인 성질을 가지고 있기는 하나, 아무래도 자의적인 행위에 더 가깝다. 왜냐하면 행해지는 바로 그 순간에는 그 행위가 바람직하다고 보아 취했을 것이며, 또 행위의 목적은 때와 형편에 따라 달라질 수 있기 때문이다. 그러므로 '자의적'이란 말과 '비자의적'이란 말은 행위가 행해지는 순간과의 관련 아래 사용되어야 한다. 이런 점에서 볼 때, 그 사람은 자의적으로 행위하고 있는 것이다. 왜냐하면 그런 행위를 할 때 그의 육체를 움직이게 하는 원인은 그 사람 속에 있고, 또 그 자신 속에 원인이 있는 행위들을 그는 할 수도 있고 안 할 수도 있기 때문이다. 그러므로 그런 행위는 자의적이라 할 수 있다. 그러나 아무 조건도 없을 때는 비자의적이 될지도 모른다. 누구도 그런 행위를 그 자체로서 선택하지는 않을 테니까.

때로 크나큰 고귀함을 얻기 위하여 추악하고 고통스러운 일을 참고 견딜 때에는 그런 행위도 찬양받을 때가 있다. 하지만, 이러한 조건이 없는 경우에는 비난을 받는다. 왜냐하면 고귀한 목적 없이 단지 하찮은 목적 때문에 더없이 추악한 일을 참는 것은 모자란 사람이란 증거이기 때문이다. 또 인간의 본성을 초월한 아무도 견뎌낼 수 없는 일을 피하기 위해, 해서는 안 될 일을 했을 경우에는, 찬양은 못 받는다 해도 이해는 받을 수 있다. 그러나 어떤 행위는 우리가 강요받는다 해도 해서는 안 될 것이 있고, 무서운 고난에도 피하지 말고 죽음을 택해야 할 것도 있다. 예를 들어 에우리피데스의 작품에 등장하는 알크마이온의 경우처럼, 그에게 강제로 어머니를 살해하게 한 사정이라는 것은 당치도 않다. 어떤 것을 희생시키고 어떤 것을 택할 것인지, 그리고 어떤 것을 얻기 위하여 어떤 것을 견뎌야 하는지를 결정하기란 때로는 어려운 일이다. 더군다나 우리가 결정을 끝까지 지키는 것은 더욱 힘든 일이다. 이런 경우에 예기되는 것은 대체로 고통뿐이다. 우리가 강요받는 일들은 거의 다 추악한 일들이다. 그러기에 강요에 굴복했는가 하지 않았는가에 따라 찬양을 받거나 비난을 받는다.

그러면 어떤 성질의 행위를 강요된 것이라 할 것인가? 아무 조건이 붙지 않는 경우라면, 원인이 외부에 있고 행위자가 그 외부적 원인에 조금도 관여하는 바 없는 행위를 강요된 행위라 할 수 있을 것이다. 그러나 그 행위 자체로 보면 비자의적이지만, 때에 따라 그 행위의 대가로서 얻을 수 있는 것이 바람직하며, 또 그 행위들을 하게 하는 원인이 행위자 속에 있을 때는 행위 자체는 비자의적이어도 주어진 상황 또는 그 행위로 얻는 대가 때문에 그 행위는 자의적인 것이 되는 경우, 이런 것들은 역시 자의적 행위에 더 가깝다. 왜냐하면 행위란 개별적인 상황에서 이루어지는데, 이 개별적인 상황이란 자의적이기 때문이다. 어떤 행위 대신에 다른 어떤 행위를 선택해야 할 것인가는 쉽사리 답할 수 없는 일이다. 개별적인 상황들 사이에는 많은 차이가 있기 때문이다.

그러나 만일 유쾌하고 고귀한 것들도 모두 강요하는 힘을 가지고 있으며, 그것들이 외부로부터 우리에게 강요를 한다고 말하는 사람이 있다면, 그 사람에게는 모든 행위가 강제적인 것이 된다. 모든 사람은 이러한 유쾌하고 고귀한 것들 때문에 모든 일을 하기 때문이다. 그리고 단지 강요 때문에 마지 못해 하는 사람들은 고통 속에서 행위하지만, 유쾌함과 고귀함 때문에 행하는 사람들은 쾌락을 맛보면서 행위한다. 원인을 외부 상황에 미루며, 자기는 그런 매력에 사로잡히기 쉬운 성향일 뿐 자기에게는 책임이 없다고 하는 것, 그리고 고귀한 행위의 원인은 자기 자신에게 돌리고 추악한 행위의 원인은 유쾌한 대상에 돌리는 것, 이런 것은 바르지 못한 일이다. 그러므로 강제적인 일이란 그 원인이 외부에 있고, 강제를 당하는 사람이 그 원인에 아무런 영향도 끼치지 못하는 것이라 생각된다.

무지 때문에 행하는 모든 행위는 자의적인 것이 아니다. 그러나 그것이 비자의적인 것이 되면 고통과 후회가 따라야만 한다. 왜냐하면 무지 때문에 어떤 일을 하고서 그 행위에 대하여 조금도 마음에 거리낌 없는 사람은, 자기가 무엇을 하고 있는지 몰랐으므로 자의적으로 그 행위를 한 것은 아니다. 그러나 고통을 느끼고 있지 않다고 해서 비자의적으로 행했다고 간주할 수도 없다. 그러므로 무지 때문에 어떤 행위를 하는 사람들 가운데 후회하는 사람은 정말 비자의적인 행위자로 생각되며, 후회하지 않는 사람은 비자의적 행위자와 다른 까닭에, 다만 자의적이 아닌 행위자라고만 부르는 것이 좋다. 둘은 서로 다르기 때문에 저마다 독자적인 명칭을 갖는 것이 좋다.

또한 무지 때문에 하는 행위는 무의식중에 하는 행위와도 다르다. 왜냐하면 술에 취한 사람이나 화를 내고 있는 사람은 무지의 결과로 행위하고 있는 것이 아니라, 술에 취한 것과 화가 난 것의 결과로 무의식중에 행위하고 있기 때문이다.

모든 악한 사람은 자기가 무엇을 해야 하며 또 무엇을 해서는 안 되는지를 알지 못한다. 일반적으로 사람들이 정의로워지지 못하고 악해지는 것은 이런 문제에 있어서의 과오 때문이다. 그러나 사람이 자기에게 유익한 것이 무엇인지를 모른다고 해서 '비자의적'이라고 하지는 않는다. 왜냐하면 아무것도 모른 채 선택하여 행한다는 것은, 비자의적으로 한 일이라고 하기 보다 오히려 악함이 원인이 된 일이라고 할 수 있기 때문이다. 비자의적으로 행했다고 하려면, 일반적인 무지보다는(이런 무지는 비난을 받는다), 개별적인 여러 조건에 대한 무지, 즉 주위의 여러 가지 사정을 몰랐다거나 행위의 대상을 잘못 알았다고 해야 할 것이다. 이런 것들에 대해서는 연민과 동정이 생긴다. 이런 것들 중 어느 하나라도 모르는 사람은 비자의적으로 행동하는 것이니 말이다.

그러므로 이런 자의적·비자의적 행동들의 조건은 어떠하며, 또 어떤 것들을 포함하고 있는가를 규정해주는 것이 좋겠다. 우리는 자기가 누구이고, 자기가 하고 있는 것이 무엇이며, 자기가 다루고 있는 문제가 무엇인지, 혹은 자기가 상대하고 있는 사람이 어떤 사람이고, 자기가 무엇을 가지고 일을 하고 있으며, 또 자기가 하는 일이 무슨 목적 때문인지(예를 들어, 누구를 살려주기 위하여라든지), 그리고 또 자기가 어떤 모습으로 일을 하고 있는지(예를 들어 조용하게 일하고 있는지, 시끄럽게 일하고 있는지) 등의 여러 가지 점에 대해 미친 사람이 아니고서야 하나도 모른다는 것은 있을 수 없다. 또 행위자가 누구인지를 모른다는 것도 있을 수 없다. 적어도 자기 자신을 모른다고는 할 수 없으니 말이다. 그러나 자기가 무엇을 하고 있는지는 모를 수가 있다. 흔히 말하는, "나도 모르게 그 말이 나왔다"고 하는 경우나, 혹은 아이스킬로스가 비밀의식에 대해서 발설했을 때처럼, "비밀로 해 두어야 할 것인 줄 몰랐다"고 하는 경우나, 또 어떤 사람이 석궁에 대해 설명하다가 "어떻게 쏘는지 가르쳐 주려고 했을 뿐인데 손이 미끄러져 돌이 날아갔다"고 말하는 경우에 그럴 수 있다. 또 메로페(Merope)가 그랬듯이 자기 아들을 적인 줄로 아는 수도 있고, 혹은 날카로운 창을 끝이 둥근 창인 줄 아는 수도 있고, 혹은 여느 돌을 가벼운 뜬 돌로 아는 수도 있다. 그리고 목숨을 구하려고 마시게 한 약이 도리어 목숨을 빼앗는 수도 있다. 또 싸움을 하면서 살짝 친다는 것이 그만 상대를 다치게 하는 수도 있다. 그러고 보면 무지란, 행위를 둘러싼 이러한 여러 가지 것들 다 관련이 있다 할 수 있다. 그리고 이러한 것들 가운데 그 어느 한가지라도 알지 못했던 사람은 비자의적으로 행위했다고 생각된다. 특히 가장 중요한 점들을 알지 못했을 때 그렇다. 여기서 가장 중요한 점들이란, 행위의 대상과 그 목적이라 할 수 있다. 그리고 이러한 의미에서 무지할 때 비로소 그것을 비자의적이라고 일컬으며, 여기에는 반드시 고통과 후회가 따라야 한다.

비자의적인 행위란 강요 혹은 무지 때문에 행하게 되는 것인 반면, 자의적인 행위란 그 행위의 원인이 행위자 자신 속에 있는 것, 그리고 그가 그 행위의 개별적인 상황을 잘 알고 있는 경우이다. 다시 말해 스스로의 노여움이나 욕망 때문에 일어나는 행위를 비자의적이라 한다면 그것은 옳지 못한 일이다. 왜냐하면 만일 그렇다면, 첫째로 인간 이 외의 다른 모든 동물은 비자의적으로 행동한다고 하게 될 것이요, 둘째로 욕망이나 노여움 때문에 하게 되는 행위는 어느 것이나 자의적이 아니라는 뜻인지, 그렇지 않으면 고상한 행위는 자의적으로 하고 추악한 행위는 비자의적으로 한다는 뜻인지를 생각해 보면, 이것은 부당하기 때문이다. 욕망과 노여움이 서로 다른 행위를 낳겠는가! 그런데 우리가 마땅히 원해야 할 것들을 두고 비자의적이라 하는 것은 확실히 이치에 어긋난 일이다. 우리는 어떤 일에 대해서는 마땅히 노여워해야 하며, 또 어떤 일에 대해서는, 예를 들어 건강이나 학식에 대해서는 마땅히 욕망을 가져야 한다. 그리고 비자의적인 것은 고통스럽고, 욕망을 따른 행위는 유쾌한 것으로 생각된다. 그리고 심사숙고 끝에 저지른 과오와, 노여움이 솟구칠 때 저지른 과오 사이에 비자의성에 있어서 무슨 차이가 있단 말인가? 이 둘 가운데 어느 것이건 모두 피해야만 할 것이지만, 비이성적인 감정도 이성 못지 않게 인간적인 것이다. 따라서 노여움이나 욕망으로부터 생기는 행위도 결국 인간의 행위다. 그렇기 때문에 이러한 행위를 비자의적인 것으로 다루는 것은 이치에 맞지 않는 일이라 하겠다.

2 합리성의 선택

이렇게 해서 자의적인 것과 비자의적인 것을 분명히 구별했으므로, 이제 선택에 대해 생각해 보자. 선택은 덕과 가장 밀접하게 얽혀 있고, 또 사람들의 윤리적 성격을 알아보는 데는 밖으로 드러난 행위보다도 낫기 때문이다.

선택은 자의적인 것과 같아 보이지만 이 둘은 다른 것이다. 자의적인 것의 범위가 더 넓다. 왜냐하면 인간보다 저급한 동물들에게도 자의적인 행동은 있지만 선택은 그렇지 않기 때문이다. 우리는 문득 떠올라 하게 된 행위를 두고 자의적이라고는 하지만 선택된 것이라고는 하지 않는다.

선택이란 욕망, 노여움, 소망, 혹은 일종의 의견이라고 하는 사람들이 있는데 이들은 모두 옳지 않다. 왜냐하면 비이성적인 동물들에게는, 선택은 공통되지 않지만 욕망이나 노여움은 공통되기 때문이다. 또 잘 참지 못하는 사람은 욕망에 의해 행위하는 것이지 선택에 의해 행위하는 것은 아니다. 이와 달리 억제를 잘 하는 사람은, 선택에 의해 행위하지 욕망에 의해 행위하지 않는다. 뿐만 아니라 욕망은 선택에 대립하지만, 욕망이 욕망에 대해 대립하는 일은 없다. 또 욕망은 유쾌한 것과 고통스러운 것에 관계되지만, 선택은 이 두 가지 중 어느 것과도 관계하지 않는다.

그리고 노여움은 욕망보다도 더욱 선택과 거리가 멀다. 왜냐하면 노여움 때문에 행하는 행위야말로 가장 선택에 의하지 않은 행위이기 때문이다.

선택은 또 소망과도 다르다. 이 둘은 아주 비슷해 보이지만 똑같지는 않다. 왜냐하면 선택은 불가능한 일에 대해 성립할 수 없고, 만일 누군가 불가능한 일을 선택했다고 하면 그는 어리석은 사람이 되어 버리기 때문이다. 그러나 소망은 불가능한 일에 대해서도 성립할 수 있다. 예를 들면 영생에 대한 소망이 있을 수 있다. 그리고 소망은 자기 자신의 노력으로 이룰 수 없는 일, 예를 들면 어떤 배우나 운동 선수가 경쟁에서 이기는 것 같은, 그런 일과 관계한다. 이러한 일은 선택하는 것이 아니다. 우리는 자신의 힘으로 이룰 수 있으리라고 생각하는 것만을 선택한다. 또한 소망은 대개 목적에 관계하고, 선택은 대개 방법에 관계한다. 예를 들면 우리는 건강하기를 바라지만, 건강하게 하는 행위는 우리가 선택하는 것이다. 또 우리는 행복하기를 소망한다고 말하지만, 행복하기를 선택한다고 말할 수는 없다. 선택은 자신의 힘이 미칠 수 있는 것들에만 관계하는 것이기 때문이다.

이런 이유 때문에, 선택은 또한 의견일 수 없다. 왜냐하면 의견은 온갖 사실들에 관계하는 것으로서 우리의 힘이 미칠 수 있는 일들 뿐만 아니라, 영원한 것들과 불가능한 일들에도 관계하기 때문이다. 또 의견은 참인가 거짓인가에 따라 구별되고, 좋은가 나쁜가에 따라 구별되지 않는 데 반하여, 선택은 오히려 좋고 나쁨에 따라 구별된다.

그러므로 이제 개인적인 의견을 두고 선택과 같다고 말할 사람은 아마 아무도 없을 것이다. 왜냐하면 선을 선택하느냐 악을 선택하느냐에 따라 우리의 인간됨이 결정되지만, 선이나 악에 대한 의견을 품는다고 해서 꼭 그 의

견대로 되지는 않기 때문이다. 뿐만 아니라 우리는 이러한 것들 중 하나를 취하거나 피하는 것을 선택하지만, 그것이 무엇이며 누구에게 좋은지 혹은 어떻게 유용한지에 대해서는 의견을 품는다. 그것을 취하거나 피하는 일에 대해 의견을 품는다는 말은 거의 쓰지 않는다. 그리고 어떤 선택이 찬양받는 것은, 올바르게 선택되었는가에 달려 있지 않고 올바른 것을 선택했는가에 달려 있는 반면 어떤 의견이 찬양받는 것은 그것이 참되게 이루어졌는가에 달려 있다. 그리고 우리는 그것이 좋은 것임을 가장 잘 알고 있는 것을 선택하고, 우리가 잘 알지 못하는 것에 대해 의견을 품는다. 뿐만 아니라 같은 사람이 최선의 선택도 하고 최선의 의견도 가진다고는 생각하지 않는다. 오히려 어떤 사람은 비교적 좋은 의견을 가지고는 있으나, 악덕 때문에 마땅히 선택해야 할 것을 선택하지 않는다. 의견이 선택에 앞서느냐 그렇지 않으면 선택에 따르느냐 하는 것은 여기서 문제삼을 것이 못 된다. 우리가 여기서 고찰하고 있는 것은 그런 것이 아니고, 다만 선택이 하나의 의견과 동일한 것인가 그렇지 않은 것인가에 대해서이다.

선택이란 앞에서 말한 어느 것도 아니라고 한다면, 그것은 무엇이며 어떤 종류의 것인가? 선택은 우선 자의적인 것으로 보이지만, 자의적인 것이 모두 선택의 대상은 아니다. 오히려 선택이란 앞서 숙고한 것이라고 할 수 없을까? 어떻든 선택은 이성적 원리와 사고를 내포하고 있다. 또한 '선택(proaireton)'이란 말 자체는 다른 것들에 앞서(pro) 취한 것(haireton)이라는 의미이므로 역시 숙고를 나타낸다.

3 숙고

우리는 모든 일에 대하여 숙고하는가? 또 모든 일이 숙고의 대상이 될 수 있는가? 그렇지 않으면 어떤 것들에 대해서는 숙고란 불가능한가? 생각건대 숙고의 대상이라 해도 그것은 바보나 미친 사람이 아니라, 지각 있는 사람이 숙고할 대상이다. 그런데 영원한 것들에 대해서는 아무도 숙고하지 않는다. 예를 들어 물리적 우주라든가, 사각형의 대각선과 변이 서로 정수 단위로 약분되지 않는 것에 대해서도 그렇고, 운동하고 있으면서 필연적이나 자연적 혹은 다른 어떤 원인에 의하여 늘 똑같은 방식으로 일어나는 일에 대해서도 우리는 숙고하지 않는다. 또한, 사계절 절기 가운데 하지나 동지의 도래라든가 별자리의 출현에 대해서는 누구도 숙고하지 않으며, 또 때에 따라 다르게 일어나는 것들, 예를 들어 가뭄이나 폭풍우에 대해서도 그러하다. 보물의 발견과 같은 우연한 사건에 대해서도 마찬가지이다. 그리고 우리는 인간의 모든 일에 대해서도 숙고한다고 할 수는 없다. 예컨대 스파르타사람 누구도 스키티아 족(BC 6세기~BC 3세기경, 남부 러시아 초원지대에서 활약한 첫 이란계 유럽 기마유목민족)을 위한 가장 좋은 정치체제에 대하여 숙고하지 않는다. 이러한 일들은 모두 우리 자신의 노력으로써 이루어질 수 없는 것이기 때문이다.

우리는 우리의 힘이 미치는 범위 내에서 우리가 할 수 있는 것들에 대하여 숙고한다. 이것은 위에서 언급한 것 이외의 것들이다. 왜냐하면 자연적이거나 필연적 또는 우연적 원인인 경우도 있지만, 모든 일은 또한 이성적이거나 인간적 원인도 지니고 있기 때문이다. 그런데 모든 사람들은 자신이 할 수 있는 일에 대해 숙고한다. 그리고 엄밀하고 자족적인 완전한 학문의 경우에는 숙고란 게 있을 여지가 없다. 예를 들어 글자 같은 것은 숙고할 것이 없다. 글자를 어떻게 써야 할지를 하나하나 따지지는 않으니 말이다. 오히려 우리의 노력으로 이루어지지만 언제나 똑같이는 이루어지지 않는 것들에 대해서 우리는 숙고한다. 이를테면 병을 낫게 하는 문제라든가 돈을 모으는 문제 같은 것이 그렇다. 그리고 우리는 운동방법보다 항해술을 더 많이 숙고한다. 이것은 항해에 관한 지식이 운동에 관한 지식만큼 발달하지 못했기 때문이다. 또 다른 여러 가지 일에 있어서도 이와 마찬가지로 숙고하게 되는데, 일반적으로 학문보다 기술에 대해 더 많이 숙고한다. 왜냐하면 우리는 기술에 대하여 더 많은 의혹을 가지고 있기 때문이다. 숙고란, 일반적인 성질을 가졌지만 막상 어떠한 결과를 가져올지 분명치 않은 경우, 즉 비결정적인 요소를 내포한 경우에 이루어진다. 그리고 중대한 문제들을 숙고할 때 우리는, 결정을 내림에 있어서 자신을 신뢰할 수 없으므로, 다른 사람들의 도움을 청한다.

우리가 숙고하는 것은 목적이 아니라 수단이다. 의사는 환자의 병을 고칠까 말까 숙고하지 않으며, 변호인은 배심원을 설득시킬까 말까 숙고하지 않는다. 또 정치가는 법과 질서를 세울까 말까 숙고하지 않으며, 이 밖의 다른 그 누구도 자기 목적에 대하여 숙고하지는 않는다. 사람들은 목적을 설정해

놓고 나서 그 목적을 어떻게 그리고 무슨 수단을 써서 달성할 것인가를 생각한다. 그리고 그 목적을 이루는 수단이 여러 개일 때에는 그 중 어느 것을 써야 그 목적을 가장 쉽고 훌륭하게 이루어 낼 수 있을까를 깊이 생각한다. 만약 그 목적을 달성시킬 수단이 하나라면 어떤 식으로 그것이 달성될 것이며, 또 그 수단은 다시 어떤 수단에 의하여 획득될 수 있는가를 소급해 올라가서 마침내 제1원인에까지 이르는데, 발견의 순서로 보면 이것이 맨 나중이다. 숙고하는 사람은 지금 말한 것과 같은 식으로 마치 기하학의 작도를 분석하는 것처럼, 탐구하고 분석하는 듯 보인다. 모든 탐구, 예컨대 수학적 탐구 따위가 숙고로 보이지는 않지만, 모든 숙고는 탐구이다. 분석의 과정에서 맨 마지막에 오는 것이 달성에서는 맨 처음으로 온다. 그리고 만일 불가능한 일에 부딪히게 되면, 예를 들어 돈이 필요한데 얻을 수가 없을 경우에는, 사람들은 그것을 단념하지만 가능해 보일 때는 행동을 개시한다. 가능이란, 우리 힘으로 달성할 수 있음을 의미한다. 그리고 가령 가까운 사람들의 도움을 받은 일도 그 원인이 애당초 우리 자신에게 있는 한 우리 자신에 의한 것이라 할 수 있다.

필요한 도구가 탐구되는 경우도 있는가 하면 그 용법이 탐구되는 경우도 있다. 그것과 마찬가지로 때로는 수단이, 때로는 그 수단의 사용 방법이, 또 때로는 그 수단의 획득 방법이 탐구된다. 그러고 보면 지금까지 말해 온 바와 같이, 인간이 모든 행위의 제1원리이다. 그런데 숙고는 자신이 하는 여러 가지 일들에 대해서 행해지는 것이며, 또 그 행위는 행위 그 자체 이외를 목적으로 행해지는 것이다. 숙고할 것은 목적이 아니며 오직 그 수단이다. 또 개별적인 사실들도 숙고의 대상이 될 수 없다. 예를 들어 이것이 빵인가 혹은 그것이 잘 구워졌는가 하는 것은 숙고의 대상이 되지는 않는다. 왜냐하면 이런 것들은 감각의 문제에 속하기 때문이다. 만일 우리가 모든 일에 대해 숙고해야 한다면, 우리의 일은 끝이 없을 것이다.

선택의 대상이 이미 정해져 있다는 점을 제외하면, 숙고와 선택의 대상은 같은 것이다. 왜냐하면 선택의 대상이 되는 것은 숙고의 결과로 정해진 것이기 때문이다.

사실 사람마다 행위의 제1원리를 찾아 자기 자신, 자세히 말하면 자기 자신 안의 지배적 부분까지 거슬러 올라갔을 때, 그 사람은 어떻게 행동할 것인가 하는 탐구를 끝낸다. 즉, 이 부분이 선택을 하는 것이다. 이것은 호메로스가 묘사한 옛 정치 형태들을 보아도 잘 알 수 있다. 즉 군주들은 자기들이 선택한 것을 백성에게 선포하여 행하게 했다. 선택의 대상이 우리 힘이 미치는 것들 중에서 숙고 끝에 욕구되는 것이라면, 선택은 우리의 힘이 미치는 것에 대한 숙고적인 욕구라 할 수 있다. 우리가 숙고의 결과로서 무엇인가를 정했을 때, 이 숙고를 바탕으로 욕구하게 된다.

이것으로 우리는 선택을 대략적으로 기술하였다. 그 선택 대상의 본성이 어떤 것인가 하는 사실, 또 그 선택 대상의 본성이 그것을 이룰 수단에 관계한다는 사실을 밝힌 것으로 해 둔다.

4 소망

소망이 목적에 관한 것임은 이미 이야기했다. 그런데 어떤 사람은 소망이 선에 관한 것이라 생각하고, 또 어떤 이는 그것이 선으로 보이는 것에 관한 것이라고 생각한다. 그러나 만일 전자와 같이 소망의 대상이 선이라고 한다면, 목적을 올바르게 선택하지 않는 사람이 소망하는 것은 소망한 것이 아니라는 결론이 나올 것이다. 왜냐하면 소망의 대상이면 으레 선이어야 할 텐데, 지금과 같은 경우 소망의 대상은 악한 것이었으니 말이다. 또 후자처럼 소망의 대상이 선으로 보이는 것이라고 한다면, 본성적으로 바람직한 소망의 대상이란 없고 다만 저마다에게 선인 것처럼 보이는 것만 있다는 결론이 나올 것이다. 그런데 사람에 따라 선으로 보이는 것이 서로 다르고, 경우에 따라서는 심지어 서로 반대일 수도 있다.

그러므로 만일 이러한 견해들이 만족스럽지 못하다면 우리는 다음과 같이 말해야 하지 않을까? 소망의 대상이란 본디 참된 의미에서는 선한 것을 뜻하지만, 저마다에 있어서 그것은 선으로 보이는 것이다. 다시 말하면, 선한 사람에게는 참된 의미의 선이 소망의 대상이고, 악한 사람에게는 임의의 것이 소망의 대상이 된다. 이것은 육체에 있어서도 마찬가지여서 참된 의미에서 건강에 좋은 것들이 건강한 몸에도 좋지만, 이와 반대로 겉보기에만 좋은 것들이 병든 몸에는 단것이 되는 것과 같다. 쓴 것, 단 것, 뜨거운 것, 느끼한 것, 이 밖의 모든 경우에 그렇다. 생각건대, 선한 사람은 모든 일을 올바르게 판단하며, 또 참된 것만이 그의 눈에 뜨인다. 결국 사람마다 성품이 다름에 따라 고귀한 것과 유쾌한 것이 다르게 나타난다. 선한 사람은 모든 일에서 참된 것을 가장 잘 가려낼 줄 아는 사람이다. 이를테면 그는 다른 사람들의 규범이며 척도다.

많은 사람의 경우 과오는 쾌락 때문에 생긴다. 쾌락이 곧 선은 아님에도 불구하고 그들에게는 언제나 선인 것처럼 보인다. 그렇기 때문에 그들은 쾌락을 선으로서 선택하고 고통을 악으로서 회피한다.

5 책임

목적은 우리 소망의 대상이며, 목적에 이르는 수단은 우리가 숙고하여 선택하는 것이다. 그렇게 보면 이러한 수단에 관한 행위는 선택에 의거하며, 또 자의적인 것이라 할 수 있다. 그런데 덕의 활동은 목적으로의 수단에 의존하므로, 유덕한 행동은 우리 자신의 자유에 달려 있으며, 악덕도 그렇다. 어떤 행위를 하는 것이 우리 자신의 자유에 속하며 그 행위를 하지 않는 것이 우리 자신에게 가능하다면, 그 행위를 하는 것도 우리 자신에게 가능하다. 따라서 어떤 행위를 하는 것이 고귀한 일이며, 그 행위를 하는 것이 우리의 자유에 속해 있다면, 그 행위를 하지 않는 것은 추악한 일이며, 이것 역시도 우리의 자유에 속할 것이다. 그리고 어떤 행위를 하지 않는 것이 고귀한 일이며, 그것이 우리에게 가능하다면, 그 행위를 하는 것은 추악한 일이지만, 이 역시도 우리에게 가능할 것이다. 이렇듯 고귀한 행위나 추악한 행위를 하고 안 하는 것이 우리의 자유이고, 선한 사람이니 악한 사람이니 하는 것이 바로 이와 같은 행위를 하고 안 하고에 달려 있다면, 덕 있는 사람이나 악덕한 사람이 되는 것도 우리 자신에게 달려 있고, 우리의 자유에 속해 있다고 해야 한다.

"세상에 바라고 남보다 못한 사람도 없고, 바라지도 않았는데 복을 받는 사람 역시 아무도 없다"

이 말은 부분적으로는 참이고 부분적으로는 거짓이다. 왜냐하면 바라지도 않고 복을 받는 사람이란 있을 수 없지만, 열악함은 자의적인 것에 속하기 때문이다. 만일 아니라고 한다면, 우리가 앞에서 말한 것은 다 반대가 되어야 하며, 또 인간이 행위의 제1원리이자, 자녀를 낳듯이 행위를 낳는 행위의 어버이임을 부정해야 할 것이다. 그러나 앞에서 말한 사실들이 잘못되지 않았고, 또 우리의 행위의 뿌리를 찾아 거슬러올라가도 우리 자신 속에 있는 제1원리 밖에 찾아낼 수 없다면, 우리 속에 그 원리가 있는 한 그 행위 자체 또한 우리의 자유에 달린 것이며 자의적인 것이다.

　이것은 개인마다의 행동이나, 또 입법자들의 행동에 의해서도 입증되고 있다. 왜냐하면 이들은 악한 행위를 하는 사람들을 그 행위가 강요나 자기 책임에 속하지 않는 무지에 의한 것이 아닌 한 징계 처벌하고 고귀한 행위를 하는 사람들을 칭송함으로써 고귀한 행위를 장려하고 악한 행위를 억제하려 하기 때문이다. 그런데 우리 자신의 자유에 속하지도 않으며 자의적이지도 않은 일들을 하라고 장려하는 사람은 없다. 더위를 느끼지 말라는 것이나 아프지 말라는 것, 또 배고프지 말라는 것이나 그 밖에 이와 비슷한 소리를 하는 것은, 아무 소용도 없기 때문이다. 이런 말을 들어도 우리는 똑같은 경위에 이르게 된다. 자기 책임에 속하지 않는 것이라고 한 것은, 무지에 대한 책임이 그 사람에게 있다고 여겨질 때에는 무지 자체에 대해서도 처벌이 가해지기 때문이다. 예를 들면 술주정꾼에게는 형벌이 부가된다. 이것은 그 행위의 요인이 그 자신 속에 있으므로, 그는 술에 취하지 않을 수도 있었음에도 불구하고 무지함으로 인해 술에 취했기 때문이다. 그리고 당연히 알아야 할 뿐더러, 또 쉽게 알 수 있는 법률 사항을 모르는 사람들도 처벌을 받으며, 또 그것을 모른다는 것은 부주의한 것으로 밖에 생각할 수 없는 사실들에 대해서도 마찬가지로 처벌을 받는다. 무지하지 않을 자유가 그들에게는 있으며 그들은 충분히 주의를 기울일 능력을 가지고 있기 때문이다.

　그러나 처음부터 주의를 기울이지 못하는 사람이 있을지 모른다. 하지만 이런 부류의 사람이 되는 것은 그들이 부주의한 생활을 하기 때문이므로 그들에게 책임이 있으며, 또 불의한 사람 혹은 방탕한 사람이 되는 것도 그들 자신이 나쁜 짓을 하거나 술을 과하게 마시는 등의 좋지 못한 일로 세월을 보내기 때문이므로, 역시 그들에게 책임이 있다. 왜냐하면 저마다의 사실에 관한 활동이 그 성격에 알맞은 사람을 만들어 내기 때문이다. 이것은 특정한 경기나 행동을 위하여 훈련하는 사람들을 보면 잘 알 수 있다. 즉 이들은 내내 그런 활동을 하고 있다. 저마다 다른 성질의 활동으로부터 그 성질에 알맞은 성품이 형성된다는 것을 모르는 사람은 어리석다. 또한 불의를 행하면서 불의한 사람이 되지 않기를 바라거나 방탕한 행위를 하면서 방탕한 사람이 되지 않기를 바라는 것은 어리석고 불합리한 일이다.

그러나 만일 그 일이 자기를 불의하게 만든다는 사실을 알고서도 저지르는 사람이 있다고 하면, 그 사람은 자의적으로 불의한 사람이 되려는 것이며, 나중에 다시 정의로운 사람이 되기를 바란다 해도 이미 그렇게는 될 수 없다. 마찬가지로 병든 사람도 자의적으로 건강하게 될 수는 없다. 예를 들어 무절제한 생활을 하며 의사의 말을 듣지 않다가 병에 걸린 사람을 생각해 보자. 그는 병에 걸리지 않을 수도 있었다. 그러나 그가 자기 건강을 스스로 잃은 뒤에는 그럴 수가 없다. 이것은 일단 연못 속에 돌을 던진 뒤에는 다시 그것을 되돌릴 수 없는 것과 마찬가지이다. 그러나 돌을 던지는 것은 그 사람의 자유에 속한 것이다. 그가 돌을 던진 행위의 요인이 그에게 있었으니 말이다. 이와 마찬가지로, 불의한 사람이나 방탕한 사람도 그런 사람이 되지 않을 수 있었다. 따라서 그들은 자의적으로 불의해지고 방탕해진 것이며, 한 번 그렇게 된 이상은 다 소용없는 일이다.

그저 여러 가지 정신적 악덕만 자의적으로 행하는 것이 아니라, 육체적 악덕들도 자의적으로 행하는 사람들이 있다. 우리는 이런 사람들을 비난한다. 아무도 본래부터 볼품없는 사람들을 비난하지는 않지만, 운동을 하지 않고 돌보지 않아서 볼품없어진 사람들은 비난한다. 허약함이나 불구에 대해서도 마찬가지다. 즉 아무도 나면서부터 눈 먼 사람이나, 병이나 부상으로 눈이 먼 사람은 욕하지 않고 오히려 가엾게 여기지만, 폭음이나 혹은 다른 어떤 방탕한 일로 스스로 눈이 먼 사람은 욕하는 법이다. 그러므로 육체의 여러 악덕 가운데 우리 자신의 책임인 것은 비난을 받고, 그렇지 않은 것에 대해서는 비난을 받지 않는다. 그렇다고 하면 정신에 관한 문제에서도 여러 가지 악덕 가운데 비난받는 것은, 우리 자신의 책임하에 있는 것이다.

이렇게 말하는 사람이 있을지 모른다. 모든 사람은 선으로 보이는 것, 즉 외견상의 선을 좇지만, 사물의 외견 즉 사물이 어떻게 보이는가 하는 것을 좌우할 힘은 없기 때문에, 사람마다 그의 됨됨이에 따라 목적이 다르게 보인다고. 여기에 대해서 우리는 이렇게 대답하려 한다. 사람마다 자기 정신 상태에 대해서 어느 정도까지 책임이 있다고 하면, 또한 사물이 어떻게 보이는가에 대해서도 어느 정도까지는 자기자신에게 책임이 있다. 그러나 만일 사람마다 이러한 책임이 없다고 하면 아무도 자기 자신의 악행에 대하여 책임을 갖지 못하며, 다만 목적에 대한 무지 때문에 이 행위들이 가장 좋은 것이라 여기면서 악한 행위를 한다는 것이 된다. 또 목적을 향한 추구는 스스로 선택하는 것이 아니다. 사람은 무엇이 참으로 좋은 것인지를 올바로 판단할 수 있고 선택할 수 있게 해 주는, 이를테면 하나의 눈을 가지고 태어나야 하며, 또 이런 눈을 잘 타고난 사람이 아주 좋은 성품을 타고난 것이다. 왜냐하면 이 눈이야말로 가장 소중하고 고귀한 것이며, 우리가 남에게서 얻거나 배울 수 없는 것으로써, 다만 타고난 대로밖에는 달리 가질 수도 없는 것이다. 또 이것을 훌륭하게 잘 타고나는 것이 타고난 성품의 완전하고 참된 우수성이 되기 때문이다. 그러면 설령 이것이 옳다고 하더라도, 어떻게 덕이 악덕보다 더 자의적인 것일 수 있는가? 아무래도 목적은 선한 사람에게나 악한 사람에게나 다같이 사람마다의 본성대로 나타나 보이고, 또 주어지는 것이며, 저들은 무슨 일을 하든지 다른 모든 일을 이 목적에 비추어서 한다.

그러므로 목적이 사람마다 자신의 본성에 따라 나타나 보이는 것은 어느 정도는 그 사람의 노력에 달려 있으므로, 덕과 악덕은 마찬가지로 자의적이다. 혹은 목적은 본성에 따른 것이지만, 단지 선한 사람이 수단을 자의적으로 채택했다는 이유만으로도 덕이든 악덕이든 둘 다 자의적이라 할 수 있다. 왜냐하면 악인의 경우에도 목적에 있어서는 악하지 않았을지 몰라도 그의 행동, 즉 수단에 있어서는 그 자신에 기인하는 면이 또한 존재하기 때문이다. 그러므로 만일 사람들이 말하는 바와 같이, 덕이 자의적인 것이라면(사실 우리는 자신의 성품에 대해서 어느 정도까지는 책임을 져야 하며, 또 우리가 어떤 목적을 설정하는 것은 우리가 어떤 종류의 사람인가에 달려 있으므로) 악덕 역시 자의적인 것이다. 그 점은 이 둘에 대해서 똑같이 타당하다.

이로써 우리는 덕에 관한 일반론을 끝냈다. 즉 덕은 중용이요, 성품이며, 그 본성상 그것을 낳는 행위와 같은 성질의 행위를 하게 하는 경향을 가지며, 우리의 자유와 책임에 속해 있으므로 자의적이며, 또 올바른 이치가 명하는 대로 따른다고 말했다. 그러나 행위와 성품은 똑같은 모양으로 자의적인 것이 아니다. 왜냐하면 우리가 어떤 특수한 사건을 낱낱이 알고 있을 경우에, 우리는 행동에 있어서는 처음부터 끝까지 우리 자신이 행위의 주인공이 되지만, 우리 성품에 대해서는 우리가 자신의 성품대로 그 행위의 요인을 좌우할 수 있더라도 그 뒤의 점차적인 진전은 분명히 할 수 없기 때문이다. 그 진전은 마치 병세의 진전만큼이나 뚜렷하지가 않다. 하지만 어떤 모양으로 행동한다든가 그렇지 않으면 그와 달리 행동한다든가 하는 것은 우리의 자유에 속한 까닭에 성품도 자의적이다.

이제 우리는 몇가지 덕을 들어 그것들이 어떤 것이며 어떤 종류의 일에 관여하며, 또 어떻게 관여하는지 말해 보기로 하자. 이렇게 하면 몇 가지 덕이 있는지가 분명하게 드러날 것이다. 먼저 용감함에 대하여 생각해 보자.

6 용감함

용감함이 공포와 태연함에 대하여 중용임은 이미 밝혔다. 우리가 두려워하는 것은 물론 무서운 것들이요, 또 무서운 것들이란 무조건적으로 말하면 온갖 악이다. 사람들은 공포를 악에 대한 기대감이라고도 정의한다. 그런데 우리는 모든 악, 예를 들어 불명예·빈곤·질병·외로움·죽음을 두려워하지만, 용감한 사람은 이 모두를 두려워하지는 않는다. 왜냐하면 저마다의 사실에 있어 두려워하는 것은 당연하고 고귀한 일일 수도 있고, 도리어 그런 일을 두려워하지 않는 것이 추악한 일일 수 있기 때문이다. 예를 들어 불명예 같은 것이 그렇다. 이것을 두려워하는 사람은 선하고 염치 있는 사람이지만, 이것을 두려워하지 않는 사람은 파렴치한 사람이다. 그러나 이런 사람에 대해서도 용감하다는 말을 비유적으로 사용하는 사람들이 있다. 용감한 사람이란 두려움 없는 사람인데 이런 사람에게도 용감한 사람과 비슷한 점이 있기 때문이다. 빈곤이나 질병은 우리가 두려워할 것이 아니다. 일반적으로 악덕에서 나온 것이 아닌 것, 그리고 자기 자신으로 말미암은 것이 아닌 것들은 두려워할 것이 아니다. 그러나 이런 것들을 두려워하지 않는 사람이 용감한 것은 아니다. 다만 우리가 이런 사람을 용감하다고 하는 것은 단지 약간의 유사성 때문이다. 즉 전쟁의 위험 속에서는 겁에 질려 있으면서도, 금전을 잃고서는 태연한 사람이 더러 있으니 말이다. 또 자기 아내나 자녀들이 모욕이나 질시 혹은 이와 비슷한 일을 당할 것을 두려워한다고 해서 그 사람이 겁쟁이인 것도 아니다. 또 막 채찍질을 당하게 되었는데도 태연하다고 해서 용감한 것도 아니다. 그러면 용감한 사람이 관계하는 두려운 일이란 어떤 종류의 것인가? 분명 그것은 가장 큰 두려움과 관련된 것이다. 왜냐하면 아무도 용감한 사람만큼 두려움을 잘 견디어내지는 못하기 때문이다. 그런데 세상에서 가장 두려운 것은 죽음이다. 왜냐하면 죽음은 끝인 동시에, 죽은 자에게는 이제 선과 악을 포함해 아무것도 없기 때문이다. 그러나 모든 죽음이 용감함과 관련이 있지는 않다. 예를 들어 난파당해 죽는 것이나 병들어 죽는 것이 그러하다. 그러면 어떤 처지에서의 죽음이 그와 관련이 있는가? 그것은 가장 고귀한 것에 둘러싸인 죽음이다. 그런데 이러한 죽음은 전쟁터에서의 죽음이다. 왜냐하면 전사(戰死)는 가장 중대하고 가장 고귀한 위험에서 생기기 때문이다. 나라마다, 전사자에게 영예를 부여하는 것도 이를 뒷받침한다. 그러므로 고귀한 죽음에 직면하여, 혹은 죽음이 언제 임할지 모르는 위험한 상태에 처하여 서로 두려워하지 않는 사람을 우리는 용감한 사람이라 부른다. 이런 사람을 가장 많이 볼 수 있는 곳은 전쟁터이다. 물론 용감한 사람은 난파를 당하거나 병이 들어서도 두려워하지는 않는다. 그러나 그 상황에 대한 태도는 뱃사람들과 같지 않다. 즉 용감한 사람은 구조될 것을 단념하고 이렇게 죽게 된 것을 언짢게 생각하지만, 뱃사람들은 자기의 경험 때문에 순순히 받아들이고 있다. 용감한 사람은 그 무용을 보여 줄 기회가 있거나 고귀한 죽음을 맞이할 수 있는 상황에서 용감함을 드러내는 사람을 말하며, 앞에서 말한 바와 같은 상황에서는 이러한 조건이 하나도 충족되지 않기 때문에 이러한 죽음은 용감함과는 관련이 없다.

7 겁 많음

두려운 것은 모든 사람에게 있어 똑같은 것은 아니지만 그 가운데는 초인간적인 두려움도 있다. 그렇다고 하면 이런 것들은 모든 사람에게 두려운 것이다. 적어도 이성이 있는 사람에게는 누구에게나 두려운 것이다. 그러나 두려운 것들 가운데 초인간적인 것이 못 되는 것들에 있어서도 그 두려움의 중대성이나 정도에 있어 서로 다르고, 또 태연함이 들게 하는 것들 또한 정도가 서로 다르다. 그런데 용감한 사람은 인간으로서 가장 겁이 없는 사람이다. 그러므로 그는 초인간적인 두려움이 못 되는 일을 두려워하는 수도 있지만, 이런 일을 이겨낼 때의 그의 태도는 올바르고 순리에 따르며 고귀하다. 이것이야말로 덕의 목적이다. 그러나 이런 일을 더 두려워 하거나 혹은 덜 두려워하는 것이 가능하고, 또 두렵지 않은 것을 마치 두려운 일처럼 두려워할 수도 있다. 이런 방면에서 저지르게 되는 잘못은, 두려워해서는 안 될 것을 두려워하는 것과, 두려움을 나타내는 태도가 옳지 못할 때와, 두려워해서는 안 될 때에 두려워하는 것 등이다. 그리고 태연함이 들게 하는 것들의 경우도 이와 마찬가지다. 그래서 두려워할 만한 것을 마땅한 동기에서, 마땅한 모양으로, 마땅한 때에 두려워하고, 또 태연함에 대해서도 이와 같이 하는 사람이 용감한 사람이다. 왜냐하면 형편과 상황에 따라 순리대로 느끼며 행동하는 것이 용감한 사람이기 때문이다. 그런데 모든 활동의 목적은, 그 활동에 대응하는 성품과 일치하는 법이다. 이는 용감한 사람의 경우에도 마찬가지다. 그런데 용감함은 고귀한 것이므로 그 목적도 고귀한 것이다. 왜냐하면 무엇이든지 그 목적에 의하여 규정되기 때문이다. 용감한 사람이 두려운 것을 참고 견디며 용감한 행위를 하는 것은 고귀한 목적 때문이다.

　용감함이 지나친 사람들 가운데 두려워하지 않음이 과도한 사람에 대해서는 명칭이 없다(성품 가운데 많은 것이 명칭을 가지고 있지 않다고 앞서 말한 바 있다). 그러나 만일 이런 사람이 켈트인들이 그랬다고 전해져 오는 바와 같이, 지진이나 높은 파도, 그 밖에 아무것도 두려워하지 않는다고 하면, 그는 미친 사람이 아니면 무감각한 사람일 수밖에 없다. 한편 정말 두려운 일에 대하여 지나치게 태연한 사람은 무모한 사람이다. 그리고 무모한 사람은 또한 허세꾼이며, 또 용감한 체하는 사람이다. 아무튼 용감한 사람은 두려운 일에 대해서 진정으로 용감하지만, 무모한 사람은 단지 용감하게 보이기를 원한다. 그래서 무모한 사람은 가능하면 용감한 사람을 흉내낸다. 그들은 대개 무모함과 겁 많음이 섞여 있다. 왜냐하면 용감한 행동이 가능한 경우 그들은 태연한 태도를 보이기는 하나, 정말 두려운 일은 견뎌내지 못하기 때문이다. 두려움에 있어 잘못된 방향으로 치우친 사람은 겁쟁이다. 그는 두려워할 것이 못 되는 것을 두려워한다. 그는 태연함에 있어서도 모자라는 점이 있다. 그런데 그의 겁은 고통스러운 처지에서 두려워하는 일이 지나침으로써 더욱 두드러지게 드러난다. 겁쟁이는 비관적인 경향을 가진다. 모든 것을 두려워하기에 그렇다. 용감한 사람은 이와 정반대되는 자세를 취한다. 태연한 자세는 낙관적인 사람에게 가능하기에 말이다. 그리고 보면, 겁쟁이, 무모한 사람, 그리고 용감한 사람은 같은 일에 관계하지만 그 자세가 각기 서로 다르다. 겁쟁이와 무모한 사람은 지나치거나 모자란 방향으로 나아가는 데 반해, 용감한 사람은 옳은 위치인 중용을 취한다. 그리고 무모한 사람은 경솔하다. 그래서 위험한 일이 닥쳐오기 전에는 그 위험을 바라지만, 막상 위험 속에 들어가게 되면 뒷걸음질 친다. 이와 반대로 용감한 사람은 행동의 순간에는 정신을 바짝 차리고 행하지만 그 전에는 조용하다.

그러므로 용감함이란 앞서 말한 바와 같은 상황에서, 태연함이나 공포심을 일으키는 것들에 대하여 취하는 중용이다. 그리고 그 용기 있는 사람이 어떤 일을 선택하거나 견디는 것은, 그렇게 하는 것이 고귀한 일이기 때문이거나, 그렇게 하지 않는 것이 추악한 일이기 때문이다. 그러나 가난함이나 연애에서 오는 고통을 피하기 위하여 죽는 것은 용감한 사람이 아니라 겁쟁이가 하는 짓이다. 골치 아픈 일에서 도피하는 것은 마음이 약한 탓이요, 이런 사람, 즉 겁쟁이가 죽음을 택하는 것은 그것이 고귀해서가 아니라 오히려 고통에서 도피하기 위해서다.

8 용감함의 여러 모습

용감함이란 이런 성질을 가지지만, 또한 다른 다섯 가지 성질도 역시 용감함이라 불리고 있다.

(1) 첫째는 시민의 용감함이다. 이것은 참된 용감함과 가장 비슷하다. 시민들은, 만일 그들이 용감하지 않을 때 법률에 의하여 받게 될 처벌이나 사람들의 비난 때문에, 그리고 또 용감한 행위를 함으로써 얻게 될 명예 때문에 위험을 무릅쓴다. 그러므로 사람들이 가장 용감한 때는, 겁쟁이들이 존경받지 못하고 용감한 사람들이 존경받는 상황하에서다. 이런 용감성은, 호메로스가 디오메데스나 헥토르에 대해 그려내고 있는 종류의 용감함이다. 호메로스는 그들의 용감함을 다음과 같이 노래한다.

폴리다마스가 제일 먼저 나를 꾸짖으리라.

헥토르는 언젠가 트로이 사람들 앞에서 외치리라.
"티데우스의 아들은, 나를 두려워하여 도망쳤느니라."

이런 용감함이야말로 우리가 앞서 말한 것(명예를 위한 시민의 용감함)과 가장 비슷하다. 왜냐하면 그것은 덕으로 말미암아 생기기 때문이다. 그것은 수치심으로부터 나오는 용감함이며, 또 고귀한 것인 명예에 대한 욕구와 추악한 것인 불명예에 대한 회피로부터 나오는 용감함이다. 어쩌면 통치자들에게서 강요받은 사람들마저 이런 용감한 사람의 부류에 넣는 이가 있을지 모른다. 그러나 이와 같이 강요받은 사람들은 수치심에서가 아니라 공포심에서 그런 행위를 하는 것이며, 또 수치스러운 일을 피하기 위해서가 아니라 고통스러운 것을 피하기 위하여 그런 행위를 하는 것이므로 참된 의미에서의 용감한 사람보다 못하다. 헥토르의 말처럼, 그들은 윗사람의 강요로 행할 뿐이니 말이다. 헥토르는 이렇게 말했다.

싸움터에서 슬그머니 도망치려는 겁쟁이가 내 눈에 들기만 하면,
그는 틀림없이 개에게 먹히리라.

그들에게 전열을 가다듬으라 명령을 내리고, 물러서면 후려치는 사람들도 헥토르와 같은 일을 하는 것이며, 또 참호나 그 비슷한 구덩이 앞에 포진시키는 사람들도 그와 같은 일을 하는 것이다. 즉 이들은 모두 강요를 하고 있다. 그러나 사람은 강요 때문이 아니라 고귀함 때문에 용감한 행위를 해야 한다.

(2) 또 개별적 사실들을 경험하는 것이 용감함으로 받아들여진다. 소크라테스가 용감함을 경험적 지식이라고 본 것은 사실 이 때문이다. 사람마다 이 성질을 여러 가지 다른 위험 속에서 나타내는데, 군인은 이것을 전쟁의 위험 속에서 나타낸다. 전쟁에는 사실 두려워할 필요가 없는 공포의 대상들이 많이 있다. 경험을 통해 이것들을 가장 잘 알고 있는 사람들이 군인이다. 그러므로 그들이 용감하게 보이는 것은, 다른 사람들은 그 사실이 무엇에 말미암았는지를 모르기 때문이다. 그리고 그들이 공격과 방어에 있어서 가장 유능한 것도, 그들이 무기를 사용할 줄 알고, 공격과 방어에서 가장 좋은 무기를 가지고 있기 때문이다. 그러므로 그들은 마치 무장한 사람이 무장하지 않은 사람과 싸우듯, 혹은 단련한 운동 선수가 일반인과 싸우듯 싸운다. 이런 싸움에서 이기는 사람은 가장 용감한 사람이 아니라 가장 무장을 잘 하고 또 가장 신체 단련이 잘 되어 있는 사람이다. 하지만 군인들은 위험률이 대단히

높고 수와 장비가 뒤떨어지면 겁쟁이가 된다. 실제로 헤르메스(Hermes) 신전에서 일어났던 일을 생각해 보라. 군인들은 앞장서서 도망쳤다. 그러나 징집된 시민군들은 죽음을 무릅쓰고 아크로폴리스를 지켰다. 시민군들에게 있어 도망치는 것은 추악한 일이고, 그렇게까지 해서 목숨을 부지하느니 차라리 죽는 것이 낫다고 생각했기 때문이다. 이와 반대로 군인들은 처음부터 자기들이 우세하다는 생각으로 전쟁에 임했기 때문에 실제 상황을 알자 불명예보다도 죽음이 더 두려워져서 그만 도망치고 마는 것이다. 용감한 사람은 결코 이렇지 않다.

　(3) 격정도 때로는 용감함으로 여겨진다. 즉 자기에게 상처를 입힌 사람에게로 돌진하는 야수처럼, 격정에서 행동하는 사람들도 용감한 사람으로 생각한다. 왜냐하면 용감한 사람 역시 격정적이기 때문이다. 사실 격정은 다른 어떤 것보다도 두려움 없이 위험에 뛰어들게 한다.

　그래서 호메로스도, "격정에 힘을 실었다"느니, "의욕과 격정을 북돋웠다"느니, "격렬하게 숨쉬었다"느니, "피가 끓었다"느니, 하는 등의 표현을 하였다. 이런 표현들은 모두 격정이 깨어나 움직이는 것을 나타낸다. 그런데 용감한 사람들은 고귀한 일을 위하여 행동하며, 격정은 다만 그들에게 힘을 보태어 줄 따름이다. 이에 반하여 사나운 짐승들은 고통 때문에 행동한다. 짐승들은 상처를 입거나 겁을 집어먹거나 하면 공격하니 말이다. 짐승들은 숲 속에 편안히 있는 동안에는 구태여 나와서 사람에게 덤벼들지 않는다. 그러므로 짐승들이 고통과 격정 때문에 물불을 가리지 않고 마구 위험에 뛰어들 때, 그것을 용감하다고는 할 수 없다. 만일 그렇다면 배고픈 당나귀도 용감하다고 해야 되니 말이다. 배고픈 당나귀는 매를 맞아도 먹이통에서 떠나지 않는다. 또 정욕은 음탕한 사람들로 하여금 여러 가지 대담한 일을 벌이도록 부추긴다. 그렇기 때문에 고통이나 격정으로 말미암아 가만히 있지 못하고 덤비는 짐승들은 용감하지 않다. 격정이 불러온 용감함이 가장 자연스러우며, 격정에 선택과 목적이 더해지면 참된 용감함이 된다.

　사람도 짐승과 마찬가지로 화를 낼 때에는 고통스러우며, 복수를 하고 나면 통쾌하다. 하지만 이런 이유들 때문에 싸운다면 그 사람은 싸움에 강한 사람일지언정 용감한 사람은 못 된다. 이들의 싸움은 고귀함을 위해서도 아니요, 또 순리대로 행하기 위해서도 아니며, 다만 강렬한 감정, 즉 격정 때문에 싸운 것이다. 하지만 이것이 용기와 비슷한 것이기는 하다.

(4) 낙천적인 사람들도 용감하지 못하다. 왜냐하면 이들은 여러 차례 많은 적을 물리친 경험이 있으므로, 위험에 처했을 때 한없이 태연하기 때문이다. 하지만 이들도 용감한 사람들과 매우 닮은 데가 있다. 둘 다 태연하니 말이다. 그러나 용감한 사람들은 앞서 말한 이유 때문에 태연하지만, 낙천적인 사람들은 자기가 가장 강하고 아무런 해도 받지 않으리라 생각하기 때문에 태연하다. 술에 취한 사람들도 마찬가지이다. 그들은 매우 낙천적이다. 하지만 일이 뜻대로 되지 않으면 이들은 도망쳐 버린다. 앞서 말한 바와 같이 사람들에게 있어 두렵게 느껴지는 것을 견디는 것이 고귀하며 견디지 못하는 것은 추악하기 때문에, 견디는 것이 용감한 사람의 특징이다. 또한 예측된 일을 당했을 때보다도 돌발적인 일을 당했을 때 더욱 두려움 없고 마음이 흔들리지 않는 것도 그러하다. 왜냐하면 이런 경우에는, 그 태도가 마음의 준비에서 생기는 게 아니라 성품에서 우러나오기 때문이다. 예측된 행위는 타산과 이치로 선택할 수 있지만, 돌발적인 행위는 자기 성품으로 대응하는 것이다.

(5) 위험에 대해서 무지한 사람들도 용감해 보인다. 그들은 낙천적인 사람들과 별로 다를 게 없다. 그러나 낙천적인 사람들이 자신감을 가지고 있는데 반하여, 무지한 사람들은 자신감이 없기에 낙천적인 사람들보다 못하다. 그래서 낙천적인 사람들은 위험이 닥쳐도 한동안 제 자리를 지키지만, 실제 상황을 잘못 알았던 사람들은 이를 제대로 알게 되거나 혹은 그 상황이 자기 생각과 다르면 즉시 도망을 친다. 이런 일은 아르고스 군이 실제로는 스파르타 군과 대진했으면서도, 시키온 군으로 잘못 알았을 때에 실제로 있었던 일이다.

이렇게 해서 우리는 용감한 사람들과 용감하게 보이는 사람들의 특징에 대해서 알아 보았다.

9 고통

용감함은 태연함과 두려움 양쪽에 관계하는 것이지만, 이 둘에 대하여 동등하게 관계하는 것은 아니고, 두려움에 더욱 많이 관계한다. 왜냐하면 두려운 일에 부딪혀서 마음이 흔들리지 않고 올바르게 대처하는 사람이, 예사로운 일들에 대해 올바르게 대처하는 사람보다 더 용감하기 때문이다. 그러므로 용감한 사람이라고 불리는 것은, 고통을 잘 견뎌내기 때문이며, 용감함은 고통이 따를 때 더욱 찬양받아 마땅하다. 즐거운 일을 피하는 것보다는 고통스러운 일을 참고 견디는 것이 더욱 힘드니 말이다. 물론 용감함의 궁극적 목적은 좋고 즐거운 것이지만 그것을 둘러싼 여러 가지 상황 때문에 이 사실이 가려지곤 하는 것이 보통이다. 이런 일은 운동 경기에서도 흔히 볼 수 있다. 이를테면 권투 선수가 노리는 목적은 영광이나 명예와 같은 즐거운 것이지만, 얻어맞는 것은 그가 맨몸인 이상 고통스러운 것이다. 또 그 밖에 이에 속하는 고통은 모두 그러하다. 얻어맞는 일의 괴로움은 큰데 반해 그 목적은 하찮으며 즐거움이 전혀 없어 보인다.

　용감함의 경우도 이와 비슷하다. 죽거나 부상당하는 것은 용감한 사람에게도 고통스러운 일이고 또 그가 원하는 바도 아니지만, 그런 고통을 견디는 것이 고귀한 일이기 때문에, 혹은 그런 것을 견디지 않는 것이 추악한 일이기 때문에, 구태여 이를 견디는 것이다. 실제로 덕을 온전히 지니고 행복할수록, 죽음을 생각하면 더욱 괴로울 것이다. 이들에게는 인생이 더할 나위 없이 가치 있는 것인데, 뻔히 알면서 더 없이 소중하고 좋은 것들을 잃는 것은 괴롭기 때문이다. 그러나 이런 형편에서도 그는 용감하다. 아니, 이럴수록 그는 더욱 용감할 것이다. 왜냐하면 그는 희생을 각오하고 전쟁에서의 고귀한 행동을 선택하기 때문이다. 그러므로 목적에 도달한 경우를 제외하고는, 덕을 행하는 것이란 늘 즐거운 것만은 아니다.

　그러나 이런 사람들이 반드시 가장 뛰어난 군인이라는 법은 없다. 오히려 이런 사람들보다는 그다지 용감하지도 않고 이 밖에 다른 장점이 하나도 없는 사람들이 가장 강한 군인일 수 있다. 왜냐하면 이들은 위험에 기다렸다는 듯이 달려들어, 자신의 생명을 하찮은 이득과 맞바꾸기 때문이다.

　용감함에 대해서는 이만큼만 말하기로 하자. 어쨌든 지금까지 말한 것에 비추어 용감함의 본성을 윤곽적으로나마 파악하는 것은 그다지 어렵지 않을 것이다.

10 절제

　이제 절제에 대해 말해 보기로 하자. 용기와 절제는 다 같이 정신의 비이성적 부분에 속하는 덕이다.

절제가 고통보다는 쾌락에 관한 중용인 것은 이미 말한 바와 같다. 이것은 절제가 고통보다 쾌락과 관계가 깊으며, 고통과 절제의 관계는 쾌락과 절제의 관계와 비슷하기 때문이다. 방종도 같은 영역에서(고통과 쾌락 면에서) 드러난다. 여기서는 먼저 절제와 방종이 어떤 종류의 쾌락에 각각 관계하는가를 살펴보기로 하자.

쾌락은 육체적 쾌락과 정신적 쾌락으로 나뉜다. 정신적 쾌락이란 명예를 좋아하는 것, 혹은 학문을 좋아하는 것 등에서 비롯된다. 명예나 학문을 좋아하는 사람은 자기가 좋아하는 것을 하면서 기쁨을 느낀다. 하지만 이 기쁨은 육체와는 아무 상관이 없고 다만 정신만이 맛보는 기쁨이다. 우리는 이러한 쾌락에 관계하는 사람을 절제 있는 사람이라고도 하지 않고 방탕한 사람이라고도 하지 않는다. 또 이 밖에 육체적 쾌락이 아닌 다른 쾌락에 관계하는 사람들도 절제가 있다거나 방종하다거나 하는 말을 듣지 않는다. 이를테면, 이야기를 듣거나 남에게 이야기해 주는 것을 좋아하며 날마다 하잘것없는 이야기로 시간을 보내는 사람들을 우리는 수다쟁이라고는 해도 방종한 사람이라고는 하지 않는다. 또 돈이나 친구를 잃고 괴로워하는 사람도 마찬가지로, 무조건 절제나 방종과 관련된 것은 아니다.

그러므로 절제는 기본적으로 육체적 쾌락에 관계한다. 하지만 모두 그런 것은 아니다. 시각의 대상, 예를 들어 색채나 모양이나 그림과 같은 것에서 기쁨을 맛보는 사람들에 대해서는 절제가 있다고도 방종하다고도 하지 않으니 말이다. 물론 시각을 통해 기쁨을 맛보는 일도, 정도에 따라 알맞을 수도 지나칠 수도 부족할 수도 있겠지만.

청각의 대상에 있어서도 이와 마찬가지다. 즉 아무도 음악이나 연극을 지나치게 즐기는 사람들을 방종하다고는 하지 않으며, 또 알맞게 즐기는 사람을 절제 있는 사람이라고도 하지 않는다.

또 우리는 냄새에서 기쁨을 맛보는 사람들에 대해서도 절제가 있다든가 방종하다든가 하는 말을 쓰지 않는다. 다만 후각의 대상 자체가 아닌 그에 따른 무언가에 대해 기쁨을 느낄 경우에는 절제 또는 방종이라고 부를 수 있다. 즉, 우리는 사과나 장미꽃이나 향료의 냄새에서 기쁨을 맛보는 사람들을 방종하다고 하지는 않지만, 불고기나 화장품 냄새에서 기쁨을 맛보는 사람들에 대해서는 방종하다는 말을 한다. 왜냐하면 방종한 사람들은 이런 것들을 통해 욕망의 대상을 떠올리며 기쁨을 맛보기 때문이다. 또 우리는 가끔 배고픈 사람들이 음식 냄새를 맡고 기쁨을 맛보는 것을 보는데, 이러한 것도 방종한 사람의 특징이다. 왜냐하면 음식 냄새를 맡는 것과 같은 즐거움들은 그에게 욕망의 대상이기 때문이다.

인간 이외의 동물에게는 이러한 여러 감각에 결부된 쾌락이 없다. 물론 부수적으로는 있을 수 있다. 예를 들어 개는 토끼 냄새를 맡고 기쁨을 맛보는 것이 아니고, 그것을 먹어 치우는 데 기쁨을 맛본다. 또 개에게 있어서 냄새는 토끼가 근처에 있다는 것을 개에게 알려 줄 뿐이다. 또 사자는 소의 울음소리에서 기쁨을 맛보는 것이 아니라 소를 잡아먹는 데서 기쁨을 맛본다. 다만 그 울음소리로 소가 근처에 있다는 것을 알아차리며, 따라서 소의 울음소리에서 기쁨을 느끼는 듯이 보이는 것이다. 마찬가지로 사자는 노루나 염소를 보는 데 기쁨을 느끼는 것이 아니라, 이것을 맛있게 먹을 터이기 때문에 기쁨을 느끼는 것이다.

하지만 절제와 방종에 관계된 쾌락은 인간 이외의 다른 모든 동물 역시 누릴 수 있으며, 그렇기 때문에 이런 쾌락은 노예적이며 동물적으로 보이는 것이다. 그것은 바로 촉각과 미각의 쾌락이다. 그러나 미각도 절제와 방종에 별로 관계가 없어 보인다. 아니, 관계가 전혀 없어 보이기도 한다. 왜냐하면 미각이란 본디 맛을 가리기 위해 있는 감각이다. 이것은 술맛을 감별하는 사람이나 요리사들에게 필요한데, 이렇게 맛을 가리는 일에서 기쁨을 느끼는 사람은 거의 없고, 방종한 사람도 이런 일에서는 기쁨을 느끼지 않기 때문이다. 방종한 사람들이 기쁨을 맛보는 것은 언제나 촉각에서 오는 실제적 향락, 즉 음식물이나 성교 같은 향락에서다. 어떤 미식가가 그의 목구멍이 학의 목구멍보다도 길어졌으면 하고 기도한 일이 있다고 하는데 그것도 이 촉각의 즐거움 때문이다. 이것은 그가 감촉에서 쾌락을 얻었음을 의미한다. 그러므로 방종과 관계된 감각은, 모든 감각들 가운데 동물들과 가장 많은 공통점을 지닌 감각이다. 그러므로 방종과 관련된 감각은 인간이 아닌 동물로서의 우리에게 속하기 때문에 비난받아 마땅하다. 그런 일에 기쁨을 느끼고, 다른 무엇보다도 그런 일을 좋아하는 것은 동물적 성질이다. 그런데 촉각에서 오는 쾌락들 가운데서도 가장 자연스럽고 건전한 것들, 예를 들어 운동할 때 몸을 비비어 따뜻하게 하거나 뜨거운 물로 목욕함으로써 얻는 쾌락은 동물적 쾌락에 속하지 않는다. 방종한 사람이 특징적으로 즐기는 감촉은 몸 전체를 쓰는 것이 아니라 특정 부분에 관련되는 것이다.

11 절제와 무절제

모든 욕망 가운데 어떤 것은 일반적이고 공통적이며, 어떤 것은 개인적이며 후천적이다. 예컨대 음식물에 대한 욕망은 본능적이다. 음식물이 없으면 누구나 먹을 것 또는 마실 것을 찾아 헤맨다. 또 젊고 기운 있는 사람이면 누구나 호메로스가 말하는 바와 같이 동침할 짝을 갈구한다. 그러나 어떤 종류의 음식물이나 이성을 갈구하느냐 하는 데에 이르면, 누구나 다 똑같은 것을 갈구하는 것은 아니다. 이런 갈구는 우리 자신(취향이나 성품 등)에 속하는 것으로 보인다. 물론 이러한 갈구에도 본능적 요소가 얼마간 깃들어 있다. 즉 서로 다른 여러 가지가 서로 다른 여러 사람에게 쾌락을 주며, 또 어떤 것은 임의의 사물보다 모든 사람에게 더 많은 쾌락을 준다.

그런데 본능적인(식욕 같은 본능) 욕망에 있어서 잘못된 길로 들어서는 사람은 아주 적다. 여기서 잘못된 방향은 오직 하나인데 바로 지나침으로 열려진 방향, 즉 먹기 싫을 때까지 닥치는 대로 먹고 마시는 것이다. 이는 본능적인 한계를 넘어서는 것이다. 본능적인 욕망이란 모자란 것을 채우는 것이니 말이다. 우리는 이런 사람들을 걸신들렸다고 한다. 이것은 적당한 양 이상으로 배를 채우는 사람들을 표현하는 말이다. 이들은 음식의 노예가 된 사람들로 그 수가 많지는 않다.

그러나 개인적인 성질을 띤 쾌락으로 잘못 들어서는 사람들은 많다. 또 잘못되는 모양도 여러 가지다. 그들은 무엇인가에 미쳤다는 소리를 듣는 사람들인데, 그릇된 일에서 기쁨을 맛보거나 보통 이상으로 기쁨을 맛보거나 혹은 옳지 못한 방법으로 기쁨을 맛본다. 이 가운데 한 가지 면에서라도 지나치다면 방종한 사람이다. 즉 그는 기쁨을 맛보아서는 안 되는 것들에서 기쁨을 맛보기도 하고, 또 기쁨을 맛보아도 괜찮은 것들에서는 마땅히 지켜야 할 한계를 넘어서 보통 사람들 이상으로 기쁨을 맛보기도 한다. 그러므로 쾌락에 대해 지나친 것이 방종이며, 방종은 비난받아 마땅하다.

그런데 고통에 관한 절제 및 방종은 용기에 관한 그것과는 다르다. 고통을 참고 견딘다고 해서 절제 있다는 말을 듣는 것은 아니고, 또 고통을 참고 견디지 않는다고 해서 방종하다는 말을 듣는 것도 아니다. 다만 방종한 사람이 방종하다는 말을 듣는 것은, 쾌락을 얻지 못할 때 그는 지나치게 괴로워하기 때문이다. 그의 고통은 사실 쾌락으로 말미암아 생겼는데도 말이다. 절제하는 사람이 절제 있다는 말을 듣는 것은, 그에게 쾌락을 주는 것이 없거나 그가 그 쾌락을 멀리하면서도 괴로워하지 않기 때문이다.

그러므로 무절제하고 방종한 사람은 쾌락을 가져오는 온갖 것들을 갈구하며, 최고의 쾌락을 얻고자 하는 욕망에 이끌려 다른 모든 것을 제쳐 놓고 이 쾌락을 선택하게 된다. 따라서 그는 이것들을 얻지 못할 때도, 또 이것들을 그저 갈구하기만 하고 있을 때도 괴로워한다. 욕망은 고통을 수반하기 때문이다. 쾌락 때문에 괴로워하고 고통을 느낀다니 아이러니한 일이지만 말이다.

그런데 쾌락에 대해 관심이 적고, 당연히 맛볼 기쁨을 맛보지 않는 사람은 아주 드물다. 그런 무감각은 인간적인 것이 못 되기 때문이다. 인간 이외의 동물들조차 여러 음식물을 가리어 어떤 것은 좋아하고 어떤 것은 좋아하지 않는다. 만일 어떤 사람이 무엇으로부터도 쾌락을 얻지 못하고, 다른 어떤 것보다 더 마음에 드는 것이 없다면, 그 사람은 보통 사람과는 아주 거리가 먼 사람이다. 이렇게 아무것도 느끼지 못하는 부류의 사람은 흔치 않기 때문에 마땅한 이름도 없다.

절제하는 사람은 이 두 부류의 중간적 위치를 지킨다. 즉 그는 방종한 사람이 가장 즐기는 쾌락들을 즐기지도 않으며—오히려 혐오하며—좋아해서는 안 되는 쾌락들을 좋아하지 않으며, 또 좋아해도 무방한 쾌락이라 해도 지나치게 좋아하지는 않는다. 따라서 이런 쾌락들이 자기에게 없을 때 고통을 느끼거나 갈구하지 않으며, 설령 그런다 해도 적당한 선을 넘지 않으며, 쾌락이 분에 넘치거나 마땅치 않을 때에 갈구하지 않는다. 다만 그는 건강이나 좋은 상태에 도움이 되는 쾌락들을 자기 분수에 맞게 적당히 욕구한다. 또 이 밖의 다른 쾌락들도 건전한 목적에 방해가 안 되고 고귀한 것에도 대립하지 않는다면, 그리고 자기 힘이 미칠 수 없는 것이 아닌 한에는 적당하게 욕구한다. 왜냐하면 이런 조건들을 무시하는 사람은 온갖 쾌락들을 그 가치 이상으로 지나치게 사랑하지만, 절제하는 사람은 그런 잘못을 저지르지 않고 순리대로 행하는 사람이기 때문이다.

12 쾌락과 욕망

　무절제 또는 방종은 겁 많음에 비해 자신의 의지와 더 관련이 있다. 왜냐하면 무절제는 쾌락으로 인해 생기고 비겁은 고통으로 인해 생기는데, 쾌락은 우리 스스로 선택하는 것이고 고통은 우리가 회피하는 것이기 때문이다. 그리고 고통은 이를 느끼는 사람의 본성을 파괴하는 데 반하여, 쾌락은 전혀 그렇지 않다. 그러므로 쾌락으로 인해 생기는 무절제는 자신의 의지로 통제할 수 있다. 따라서 무절제는 더욱 비난의 대상이 될 수 있다. 왜냐하면 무절제에 관련된 습관을 고치는 것은 비교적 쉬우며 그럴 기회도 많고, 또 이 무절제의 습관에 빠지는 과정은 위험을 내포하지 않지만, 이와 달리 겁나게 하는 것들은 대처하기 어렵고 기회도 적으며 상대하기가 위험하기 때문이다. 한편, 겁 많음은 개개의 겁 많은 행위와는 고의적 성질이 다르다. 왜냐하면 일반적 겁 많은 자체는 고통이 없는데 반하여 개인적 겁 많음은, 예컨대 우리가 고통으로 말미암아 정신을 잃어 무기를 버리거나 이 밖의 추태를 보이는 것이기 때문이다. 따라서 이런 경우 우리의 행위는 고통에 의해 강제된 것이라고도 볼 수 있다. 이와 달리 방종한 사람이 하는 개개의 행위는 고의적 또는 자발적이다. 그가 이런 방종한 행위를 스스로 갈구하며 또 욕구하기 때문이다. 그러나 그의 일반적 방종은 덜 고의적이다. 자신이 방종하게 되기를 갈구할 사람은 사실 없을 테니 말이다.

　무절제란 명칭은 제멋대로 자란 아이들의 여러 잘못에도 적용된다. 무절제와 어림은 어떤 유사성을 가지고 있기 때문이다. 어느 것이 근본이 되어서 그런 명칭이 생겼는지는 여기서 문제 삼지 않겠지만, 분명히 후자는 전자에서 온 것이다. 그런데 이 명칭을 공유하는 것은 제법 좋은 생각이다. 왜냐하면 비천한 것을 욕구하고 또 그 욕구를 급속히 키우는 것은 늘 경계해 두어야 하는데, 이런 현상이 특히 심한 것이 욕망과 아이들이기 때문이다. 사실 아이들은 항상 욕망에 이끌리기 쉽고, 쾌락에 대한 욕망 또한 강하다. 그러니 만일 그들이 말을 잘 듣지 않고 이치에 순응하지 않게 되면 무슨 일을 저지르게 될지 알 수 없다. 왜냐하면 비이성적 존재의 쾌락에 대한 욕구는 채울 수 없을 정도로 끊임없이 솟아나며, 또한 그는 그 욕망을 채우는 수단을 가리지 않기 때문이다. 게다가 욕망의 활동은 그 욕망에 내재하는 힘을 증가시키며 그 욕망이 강하고 격렬할 때에는 생각하는 힘마저 사라진다. 따라서 이 욕망들은 적당한 수준으로 조금만 가져야 하며, 또 어떤 경우에도 이치에 어긋나서는 안 된다. 말을 잘 듣고 순하다고 하는 것은 바로 이러한 상태를 가리킨다. 또 아이가 선생의 지도를 따라야 하는 것과 마찬가지로, 정신의 욕망과 관련된 부분도 이치를 따라야 한다. 따라서 절제하는 사람은 욕망과 관련된 부분이 이치와 조화를 이루어야 한다. 왜냐하면 고귀한 것이야말로 그의 목표요, 또 절제하는 사람은 그가 마땅히 갈구해야 할 것을 마땅히 갈구해야 할 때, 마땅히 갈구해야 하기 때문이다. 그리고 이렇게 하는 것이 이치에 맞다.

　이것으로 절제에 대한 우리의 설명을 맺기로 한다.

제4권

1 너그러움

　다음에는 너그러움(eleuteriotēs)에 대해서 이야기해 보자. 너그러움은 재물에 관한 중용이다. 너그러운 사람이 칭찬받는 것은, 군사적인 우수성 때문도 아니고, 절제가 있어서도 아니며, 또 판단을 잘해서도 아니다. 그가 칭찬받는 것은 재물을 주고받는 일, 특히 주는 일에 있어서이다. 재물이란 그 가치가 돈으로 환산될 수 있는 것이다. 방탕함과 인색함은 재물에 관련된 지나침이나 모자람이다. 그리고 우리는 재물에 대해서 지나치게 염려하는 사람들을 인색하다고 말하지만, '방탕함'이란 말은 가끔 다른 뜻이 섞인 복잡한 의미에서 쓰인다. 즉, 우리는 자제력 없는 사람들이나 방종한 삶에 돈을 낭비하는 사람들을 방탕하다고 한다. 따라서 방탕한 사람들은 가장 못된 사람들로 생각된다. 그들은 하나 이상의 악덕을 동시에 가지고 있으니 말이다. '방탕함'이란 말을 쓰는 것은, '방탕함'이란 말의 본래적인 사용법이 아니다. 왜냐하면 본래적 의미의 방탕한 사람이란 오직 한 가지의 나쁜 성질, 즉 자기 재산을 낭비하는 사람을 의미하기 때문이다. 사실 방탕한 사람이란 자기 잘못으로 재산을 파괴하는 사람이며, 또 삶이란 재산에 의존하는 것이기에 재산의 낭비는 일종의 패가망신으로 생각되는 것이다. 그러므로 우리는 '방탕함'이란 말을 이런 의미로 생각하기로 한다.
　쓰일 데가 있는 물건들은 잘 쓰일 수도 잘못 쓰일 수도 있는데 재물은 이와 같이 쓰일 데가 있는 물건이다. 무슨 물건이나 그것을 가장 잘 쓸 수 있는 사람은 그 물건에 관한 덕을 가지고 있는 사람이다. 그러므로 부에 관한 덕을 가지고 있는 사람이 재물을 가장 잘 사용할 수 있는데, 이러한 사람이 다름 아닌 너그러운 사람이다.
　재물을 사용하는 방법에는 쓰는 것과 주는 것이 있다. 반면에 재물을 취하고 지키는 것은 사용하는 것보다는 소유에 속한다. 따라서 당연히 받을 데서 받고 그렇지 않은 데서 받지 않는 것보다는, 받아서 마땅한 사람에게 주는 것이 오히려 더욱 너그러운 사람의 특징이다. 왜냐하면 덕을 덕이라고 하는 이유는, 남이 나에게 베푸는 것보다도 내가 남에게 베푸는 데 있고, 또 비천한 일을 하지 않는 것보다는 고귀한 일을 적극적으로 하는 데 있기 때문이다.

그리고 준다는 것은 고귀한 일을 한다는 것을 내포하며, 받는다는 것은 남이 나에게 잘 해주고 비천하게 행하지 않는다는 것을 내포하고 있음을 알 수 있다. 그래서 감사는 받지 않는 사람보다는 주는 사람에게 주어지고, 칭찬도 역시 주는 사람에게 한다. 또 받지 않는다는 소극적 행위는 준다는 적극적 행위보다 쉬운 일이다. 사람들은 남의 것을 받는 것보다 자기 것을 내어주는 데 더욱 인색하기 때문이다. 주는 자는 또 너그럽다는 말을 듣기도 하지만, 받지 못 하는 자는 너그럽다는 칭찬 대신 다만 공정하다는 칭찬을 들을 뿐이다. 한편 받기만 하는 자는 칭찬받는 일이 거의 없다. 그리고 너그러운 사람은 모든 덕 있는 사람들 가운데서도 가장 사랑을 받는데, 이것은 그들이 유익한 존재이며 주는 자이기 때문이다.

이러한 유덕한 행위는 고귀하고, 또 고귀하므로 행해지는 것이다. 그러므로 너그러운 사람은 다른 유덕한 사람들과 마찬가지로 고귀한 일을 위해 재물을 바치며, 또 올바르게 주는 사람이다. 즉 그는 마땅히 주어야 할 사람에게, 줄 만한 양을, 줄 만한 때에, 그리고 이 밖에 올바르게 주는 일에 맞는 모든 조건을 충족시키면서 준다. 그는 또 기쁜 마음으로 혹은 고통을 느끼지 않으면서 준다. 왜냐하면 덕이 있다는 것은 기쁜 것이나 고통이 없는 것이며, 어찌 되었든 세상에서 가장 고통이 적은 것이기 때문이다. 이러한 사람들과는 달리 주지 말아야 할 사람에게 주는 사람, 혹은 고귀한 일 때문이 아니라 어떤 다른 원인 때문에 주는 사람은 너그럽다고 불리지 않고 어떤 다른 이름으로 불린다. 또 고통을 느끼면서 주는 사람도 너그러운 사람이 못 된다. 왜냐하면 주면서 고통을 느끼는 그는 고귀한 행위보다 재물을 더 소중히 여길 것이고, 그것은 너그러운 사람의 특징이 아니기 때문이다.

또 너그러운 사람은 마땅히 받지 말아야 할 곳에서는 받지 않을 것이다. 가져서는 안 될 데서 가지는 것은, 재물만을 소중히 여기는 사람의 특징이다. 너그러운 사람은 걸핏하면 청하는 따위의 일을 하지 않는다. 왜냐하면 남이 주는 것을 쉽게 받는 것은 남에게 잘 해 주는 사람이 할 일은 아니기 때문이다. 너그러운 사람은 가질 만한 데서만 취한다. 즉 자신의 소유물 가운데서만 가진다. 그가 이와 같이 자신의 소유물 가운데서만 가지는 것은, 재물을 가지는 일 자체를 고귀한 일로 여겨서가 아니라, 남에게 주기 위해 부득이한 일이다. 또 그는 자신의 소유물을 소홀히 하지 않는다. 이것은 그가 이 소유물로 남을 도울 수 있기를 바라기 때문이다. 그리고 그는 아무에게나 또 누구에게나 주지는 않는다. 이것은 그가 줄 만한 사람들에게, 주어야 할 때, 그리고 주는 것이 고귀한 일인 경우에 주기 위해서다. 자신을 위해서는 남는 것이 없을 정도로 남에게 많이 주는 것도, 너그러운 사람의 커다란 특징이다. 자기 자신을 돌보지 않는 것이 그런 사람의 본성이니 말이다.

'너그럽다'는 말은 그 사람의 재산에 따라 상대적으로 쓰인다. 즉 너그러움이라는 것은 주는 액수의 많고 적음에 있는 것이 아니라, 주는 사람의 품성에 달려 있다. 그리고 이 품성은 그 사람의 재산 정도에 따라 상대적으로 자기가 가지고 있는 것이 적어서 남보다 적게 주는 사람은, 남보다 더 너그러운 사람인 경우가 충분히 있을 수 있다.

자수성가하여 재산을 모은 사람보다, 재산을 물려받은 사람들이 더 너그러운 것 같다. 왜냐하면 첫째로 재산을 물려받은 사람들은 궁핍했던 경험이 없고, 둘째로 자기 자신이 직접 이룬 사람들은 누구나 자기 것에 더 애착을 갖기 때문이다.

너그러운 사람이 부자가 되기는 쉽지 않다. 이것은 그가 재물을 얻거나 모으는 데 익숙하지 못하고, 잘 내어 줄 뿐만 아니라 재물 그 자체를 소중히 여기지 않고 남에게 주는 수단으로 여기기 때문이다.

그래서 "부를 누릴 자격이 가장 많은 사람이 실제로는 가장 적게 부를 얻는다"라고 운명을 탓하는 말이 생긴 것이다. 그러나 세상 일이 이렇게 돌아가는 것은 다 이유가 있다. 다른 경우에도 그렇지만 재물을 얻으려고 애쓰지 않는 사람이 재물을 소유할 수는 없기 때문이다. 그렇다고 해서 그는 마땅히 주지 말아야 할 사람에게, 마땅하지 않은 때에, 또 이 밖의 비슷한 여러 가지 조건하에 아무렇게나 주지는 않는다. 이런 식으로 주는 것은 너그러운 품성에 따라 행동하는 것이 아니다. 이러한 일에 그가 재물을 쓰고 나면 막상 써야 할 때에는 아무것도 남지 않으니 말이다. 이미 말한 바와 같이 자기 재마땅히 써야 하는 일에, 요령 있게 재물을 쓰는 사람이 너다. 그리고 이 재물을 쓰는 데 지나친 사람만을 방탕한 사람이. 따라서 우리는 전제 군주들을 방탕하다고는 하지 않는다. 왜냐 군주들은 자신이 소유한 재물 이상으로 주거나 소비하는 일이 쉽 것으로 여겨지기 때문이다.

너그러움이란 재물을 주고 받는 일에 있어서의 중용이므로, 너그 사람은 적당한 양을 당연한 일에, 그것이 작은 일이건 큰 일이건 기쁜 으로 주며, 또 소비할 것이다. 또 그는 당연히 얻을 곳에서 마땅한 양을 것이다. 즉, 덕이란 이 둘(재물을 주고 받음)의 중용이므로, 그는 이 을 그가 마땅히 해야 할 만큼 하는 것이다. 이렇게 올바로 얻는 일에는 올바로 주는 것이 따르며, 이렇게 올바르게 얻지 못하는 일에는 올바로 주지 못하는 일이 따른다. 따라서 주는 일과 얻는 일이 다같이 올바를 때에는, 한 사람 안에 이 둘, 즉 주고받음이 함께 잘 있을 수 있으나, 그렇지 못할 때에는 서로 함께 잘 있을 수 없다. 그리고 너그러운 사람이 올바르지 못하고 고귀하지 못하게 소비하는 일이 있게 되면 괴로워한다. 물론 이런 때 그의 괴로움은 적당한 기준을 잃지는 않는다. 왜냐하면 마땅한 일에 마땅한 모습으로 기뻐하거나 괴로워하는 것이 덕의 특징이기 때문이다.

또 너그러운 사람은 금전 문제에서 다루기가 쉬운 사람이다. 왜냐하면 그는 돈을 모으는 데 관심이 없고, 써서는 안 될 일에 쓰고서 괴로워하며 또, 그 이상으로 써야 할 곳에 쓰지 못한 것을 더욱 안타까워하는 사람이기 때문이다. 또 시모니데스(고대 그리스의 서정시인. 만년에 탐욕스럽게 변해 화젯거리가 된 사람)가 한 말에는 동의하지 않는 사람이라서, 쉽사리 남에게 속아 넘어가기까지 한다.

방탕한 사람은 이러한 것들에서도 잘못을 저지른다. 즉 그는 마땅한 일을 마땅한 모습으로 기뻐하지도 않고 괴로워하지도 않는다. 이것은 우리의 이야기가 진전됨에 따라 더욱 분명해질 것이다.

방탕함과 인색함은 두 가지 일, 즉 주는 일과 얻는 일에 있어서의 지나침과 모자람이라는 것은 이미 말했다. 그런데 방탕함은 얻는 일에 있어서는 부족한 반면, 주는 일에 있어서 지나치다. 인색함에 예외는 있지만 대체로 주는 일에 있어서 부족하고 받는 데 있어서는 지나치다.

방탕함의 두 특징, 즉 주는 면에서 지나치고 받는 면에서 모자람은 가끔 서로 모순된다. 받지 않고서는 줄 것이 없기 때문이다. 보통 사람은 자꾸 주기만 하면 쉽게 재산을 탕진하게 된다. 또 방탕한 사람이라 불리게 된다. 물론 이 두 가지 특징(주고 받음의 일)이 다 갖추어지면 인색한 사람보다 훨씬 나아 보인다. 왜냐하면 그는 나이를 먹고 가난해 짐에 따라 그 못된, 한 쪽으로 치우친 버릇을 쉽게 고칠 수 있고, 그리하여 중간 상태로 옮겨가게 될 수도 있기 때문이다. 방탕한 사람은 너그러운 사람의 특징도 가지고 있다. 그는 주기를 잘 하고 받는 일은 잘 못하니 말이다. 다만 그는 이 두 가지 중 어느 것이나 올바르게 잘 하지 못할 따름이다. 그러므로 만일 그가 습관이나 이 밖의 다른 방법으로 이러한 일을 올바르게 잘 할 수 있도록 교육만 받으면, 충분히 너그러운 사람이 될 수 있고 마침내 그는 합당한 사람들에게 주게 될 것이다. 또 얻어서는 안 될 데서 얻지 않게 된다. 그러므로 그는 나쁜 성격을 가지고 있다고는 생각되지 않는다. 지나치게 주기만 하고 받지 않는 것은 사악하고 야비한 사람의 특징이라기보다는, 다만 어리석은 자의 특징일 따름이다. 그런데 방탕한 사람이 인색한 사람보다 훨씬 낫다고 하는 것은 앞에 든 이유 때문만이 아니라, 방탕한 사람은 많은 사람에게 혜택을 주는 반면 인색한 사람은 아무에게도, 심지어 자기 자신에게도 아무 이익을 주지 못하기 때문이다.

  그러나 방탕한 사람들은 대개 옳지 못한 데서 받으므로, 이 점에서 치사하고 인색하다 할 수 있다. 그들은 쓰고 싶기는 한데, 쉽게 그렇게 할 수는 없어서 이렇게 치사하고 인색한 방법으로 취득하기 쉽다. 이것은 그들의 소유물이 쉽게 탕진되기 때문이다. 그래서 그들은 다른 데서 그들이 쓸 것을 마련해야만 한다. 동시에 그들은 명예 같은 것을 아예 문제삼지 않는 까닭에, 어디서든지 무턱대고 얻는다. 왜냐하면 그들은 남에게 주려는 욕망은 가지고 있으나, 어디서 어떻게 재물을 받는가는 문제삼지 않기 때문이다. 따라서 그들이 남에게 주는 것은 너그러운 행위가 아니다. 그들이 고귀하지도 못하고, 고귀한 것을 목적으로 삼은 것도 아니며, 또 올바르게 행한 것도 아니기 때문이다. 때로 그들은 가난해야 할 사람들을 부자로 만들고, 훌륭한 인격을 가진 사람들에게는 아무것도 주지 않으며, 오히려 아첨하는 자나 자기에게 다른 어떤 쾌락을 주는 자에게 많은 것을 준다. 따라서 그들 대부분은 방종하다. 왜냐하면 그들은 마구 소비하며, 여러 가지 방종한 일에 쓰기 위하여 돈을 낭비하기 때문이다. 또 고귀한 것을 목적으로 삼고 생활하지도 않으며, 또한 여러 가지 쾌락에 마음이 기울어지기 때문이다.

그러므로 방탕한 사람을 가르치지 않고 그대로 내버려 두면 위에서 말한 방향으로 나아가게 되지만, 세심한 주의를 기울여 가르치면 중간의 올바른 상태에 도달할 수 있다.

이제 인색함에 대해 살펴보자. 인색한 성질은 고칠 수도 없다. 나이를 먹거나 무능력해지면 사람들은 더욱 인색해지는 경향이 있다. 이 인색한 성질은 방탕한 성질보다도 더 인간의 본성에 깊이 뿌리박고 있다. 왜냐하면 대부분의 사람은 돈을 남에게 주는 것보다 받는 것을 더 좋아하기 때문이다. 인색한 성질은 그 방향도 여럿이고 그 모습도 다양하다. 이것은 그 종류가 많기 때문이다.

인색이란 것은 본래 주는 면에서의 부족함과 받는 면에서의 지나침에서 성립한다. 언제나 이 두 가지를 갖춘 완전한 인색이란 없고, 종종 이 두 가지는 분리되어 있다. 즉, 어떤 사람들은 받는 데 지나치고, 또 어떤 사람들은 주는 데 부족하다. '구두쇠,' '수전노' 같은 칭호를 듣는 사람들은 모두 주는 면에서 부족한 사람들이지만, 남의 소유물을 부러워하거나 탐내지는 않는다. 어떤 사람들에게 있어서는, 이 인색이란 것이 일종의 정직함과 수치스러운 일로부터의 회피에서 생겨난다. 어쩔 수 없이 수치스러운 일을 하게 되지 않도록 돈을 모아둔다고 공언하는 사람들이 더러 있으니 말이다. 깍쟁이라든가 무엇이든지 몹시 아껴 쓰는 사람이 이런 부류에 속한다. 이들이 이런 칭호를 얻는 것은 무엇이든지 남에게 주기를 지나치게 싫어하기 때문이다. 한편 또 다른 어떤 사람들은 공포심에서 남의 물건에 손을 대지 않는다. 이것은 남의 물건을 가지면 자신의 물건도 쉽사리 빼앗기리라는 공포심 때문이다. 그러므로 이렇게 두려움 때문에 인색한 사람들은, 다른 사람의 재물을 갖지도 주지도 않는다.

또 다른 어떤 사람들은, 무엇이든지 그리고 어디서든지 받아서 지나치게 재물을 쌓는다. 예컨대 추잡한 영업을 하는 뚜쟁이나 고리대금업자 같은 사람들이 여기에 속한다. 이런 사람들은 모두 받아서는 안 될 곳에서 받으며, 받아야 할 분량 이상의 것을 취한다. 이들에게 공통되는 것은 분명히 추악한 욕심이다. 이들은 모두 얼마 안 되는 이득 때문에 더러운 욕을 먹는다. 옳지 못한 데서 정당치 않은 이득을 크게 보는 사람들, 예컨대 도시 국가를 침략하고 신전들을 약탈하는 전제 군주들을 보고 우리는 인색하다고 하지 않고, 오히려 악독하다든가 불경스럽다든가 부정하다고 한다. 그러나 투전꾼이나 길목을 지키는 도둑은 추악한 욕심을 지닌 인색한 자의 부류에 속한다. 즉 이들은 다같이 욕심 때문에 꾀를 부려 가면서 부끄러운 일을 감행하는데, 후자는 도둑질해서 얻은 물건 때문에 어떤 위험도 무릅쓰며, 또 전자는 제 것을 주어야 할 친구에게서 도리어 이득을 취한다. 이들은 모두 그릇된 데서 이득을 보고자 하는 추악한 욕심에 사로잡힌 자들이다. 그러므로 이런 취득은 모두 인색한 짓이다.

인색함을 너그러움에 반대되는 것으로 이야기하는 것은 당연하다. 왜냐하면 인색함은 방탕함보다도 더 큰 악덕일 뿐만 아니라, 또한 사람들은 우리가 앞서 말한 의미에 있어서의 방탕에서보다도, 이 인색함의 방면에서 더 자주 잘못을 저지르기 때문이다.

너그러움과 이에 반대되는 악덕들에 대해서는 이쯤에서 맺기로 하자.

2 호탕함

이제 호탕함(megaloprepeia)에 대해 이야기하자. 이것 또한 재물에 관한 덕이다. 그러나 호탕함은, 재물에 관계되는 모든 행위들에 있어서의 너그러움과 같은 것은 아니다. 이 호탕함은 다만 소비적인 행위에만 관계한다. 그리고 그것은, 그 소비 규모에 있어서 너그러움을 능가한다. 왜냐하면 그것은 '통이 큼'이라는 이름이 시사하는 바와 같이, '큰 규모에서의 알맞은 소비'이기 때문이다. 그러나 그 규모는 물론 상대적이다. 삼단으로 노가 달린 배를 장만하는 데 드는 비용과 델로스에 제사지낼 배를 보내는 데 드는 비용은 같지 않기 때문이다. 그 규모는 소비하는 사람, 그리고 그 때의 사정과 소비 대상에 적절한 것이어야만 한다. 작은 일이나 그다지 크지 않은 일에 있어서 경우에 맞게 지출하는 사람, 예를 들면, "나는 나그네에게 많은 것을 주었다"고 말할 수 있는 사람을 호탕한 사람이라고 부르지 않는다. 다만 큰 일에 있어서 알맞게 소비하는 사람만 호탕하다고 부르는 것이다. 즉 호탕한 사람은 너그럽지만, 너그러운 사람이라고 해서 반드시 호탕한 것은 아니다. 이런 호탕한 성품이 부족할 때는 '인색함'이라 불리고, 그 지나침은 '속물근성', '과시성 소비' 등으로 불린다. 호탕함이 지나침은 마땅한 일에 있어서 지나친 것이 아니고, 옳지 못한 상황에서 옳지 못한 모양으로 지나치게 사치스러운 소비를 하는 것이다. 이 악덕들에 대해서는 나중에 이야기하기로 한다.

  호탕한 사람은 예술가를 닮았다. 그는 어떻게 돈을 쓰는지를 알며, 또 돈을 적절히 사용하여 취미를 살린다. 맨 처음에 말한 바와 같이, 성품은 그 활동 및 그 대상에 의하여 결정된다. 그런데 호탕한 사람이 쓰는 비용은 많고 충분하다. 그 결과 또한 그렇다. 그래서 큰 지출이 있고 또 거기 알맞은 결과가 생기는 것이다. 그 결과는 그만한 비용을 쓴 보람이 있어야 하며, 또 그 비용은 그만한 결과를 낼 만해야 하고, 또 그만한 결과를 낼 만한 것 이상이어야 한다. 그리고 호탕한 사람은 많은 비용을 고귀한 일을 위해 쓴다. 이것이 모든 덕에 공통되는 일이기 때문이다. 그는 이런 일을 매우 기쁜 마음으로 아낌없이 한다. 알뜰하게 계산하는 것은 쩨쩨한 짓이기 때문이다. 그래서 호탕한 사람은 어떻게 하면 가장 아름답고 훌륭한 열매를 맺을 수 있는지를 신중히 생각하기는 하지만, 일을 마치려면 돈이 얼마나 들며 어떻게 해야 가장 싸게 할 수 있는지 따위는 고려하지 않는다. 그래서 호탕한 사람은 반드시 너그럽기도 하다. 왜냐하면 너그러운 사람도 그가 마땅히 써야 할 비용을 쓸 만큼 쓰기 때문이다. 그리고 호탕한 사람이라는 이름 속에 숨은 위대성, 이를테면 속이 큰 것이 드러나는 것은 바로 이런 점에 있어서다. 즉 마땅히 써야 할 데에 쓰는가, 그리고 마땅히 쓸 만큼 쓰는가 하는 점에 있어서다. 그런데다가 너그러움이 또한 이런 점에 관계되므로 결국 호탕한 사람이 너그럽기도 하다. 그리고 너그러운 사람은 똑같은 재물을 가지고도 더 호탕한 성과를 만들어 낼 것이다. 재물과 성과는 그 우수성이 같지 않으니 말이다.

  재물에 있어서는 가장 비싼 것, 예를 들면 황금 같은 것이 가장 귀하지만, 성과의 경우에는 크고 아름다운 것이 귀하다. 이와 같은 성과를 얻으면 경탄을 금할 수 없는데 호탕함도 그렇다. 다시 말하면 호탕함은 성과의 우수성으로 그 재물의 규모가 큰 것을 말한다. 호탕함은 우리가 영광스러운 일이라고 보는 지출들에 속한다. 예를 들어 감사의 봉헌(anathema), 신전 건축과 희생 제사와 같은 신들과 관련된 지출들, 또 신적인 존재(daimonion)들에 관련한 모든 것이 그런 것들이다. 그리고 또 사람들이 합창단을 만들거나 삼단 노의 배를 마련해야 되겠다고 한다든가, 국가적인 축제를 크게 베풀어야 하겠다고 생각하는 때처럼, 공공의 명예심을 만족시키는 온갖 지출들이 그러하다.

그러나 어느 경우에나 우리는 지출의 당사자를 기준으로 삼아 그가 누구이며 얼마 만큼 재산을 가지고 있는지를 고려한다. 왜냐하면 지출은 그의 재산에 맞아야 하며, 또 그 성과뿐만 아니라 당사자에게도 어울리는 것이어야 하기 때문이다. 따라서 가난한 사람은 호탕할 수가 없다. 많은 돈을 멋들어지게 쓸 만한 재산을 가지고 있지 않기 때문이다. 그러면서도 구태여 그렇게 해 보이려는 사람은 어리석은 자다. 올바른 지출만이 덕이 있는 일인데 호탕한 사람은 자기가 쓸 수 있는 한도 이상을 쓴다. 큰 지출은 자신이 노력해서 재산을 모은 사람이나, 조상이나 친척으로부터 물려받은 재산이 있는 사람, 또는 명문귀족 가문의 사람에게 어울리는 것이다. 왜냐하면 그 정도의 사람이어야 규모가 큰 것과 값진 것을 바랄 수 있기 때문이다. 호탕한 사람은 무엇보다 먼저 이런 부류의 사람이요, 또 호탕한 성질은 이런 종류의 지출일 때 나타난다. 이런 지출이야말로 가장 크고 영광스러운 것이기 때문이다. 개인적인 지출 가운데서 가장 호탕한 것은 일생에 한 번밖에 없는 결혼식이나 이와 비슷한 일, 혹은 개인적이라 하더라도 온 나라 혹은 온 국민이 관심을 가지는 일, 외국의 귀한 손님을 영접하고 환송하는 일, 그리고 또 선물을 보내는 일과 답례하는 일에 있어서의 지출이다. 호탕한 사람은 자신을 위해 돈을 쓰지 않고 공공의 일로 돈을 쓴다. 선물이란 신에 대한 헌납과 비슷한 데가 있기 때문이다. 호탕한 사람은 또 자기 집을 자기 재산에 알맞게 꾸밀 것이며(집도 일종의 공공 장식물이므로), 가구나 장식용 예술품에 있어서는 오래 지속하는 것에 비용을 들일 것이며(이런 것들이 가장 아름다운 것이므로), 또 온갖 물건에 대해서도 알맞게 비용을 들일 것이다. 어떤 똑같은 물건이 신과 인간에게 한결같이 적합한 것이 아니며, 또 신전에서와 묘지에서 한결같이 적합한 것이 아니기 때문이다. 그리고 적절한 지출은 영역에 맞는 큰 지출이며, 무조건적으로 호탕한 지출은 큰 일에 대한 큰 지출이다. 하지만 어떤 특정한 경우에 호탕한 지출은 그 여러 가지 사정에 따른 큰 지출이며, 또 성과의 크기는 비용의 크기와는 다르다. 가장 아름다운 공이나 병같은 것은 한 아이에게 주는 선물로서는 호탕하지만, 그 값은 적고 보잘것없기 때문이다. 그렇기 때문에, 무엇을 만들어내든지 그 이상의 것은 쉽사리 만들어질 수 없는 정도로 호탕하게 만들어내고 그 지출에 보람이 있도록 만들어 내는 것이 호탕한 사람의 특징이다.

지나치게 지출해서 속물인 사람은, 적당한 정도 이상을 씀으로써 지나침으로 흐르게 된다. 즉 그는 지출을 조금 해야 될 일에 많이 하며, 천박한 사치를 과시한다. 예를 들면 조그만 회식을 마치 결혼식 잔치처럼 차리며, 또 희극 경연대회에 나가는 합창단을 꾸밀 때는, 메가라 사람들이 그러는 것처럼 자주색 옷을 입혀서 무대로 등장시킨다. 그리고 이 모든 것을 그는 명예를 위해서가 아니라 그 부를 자랑하기 위해서 한다. 그는 이런 것들로 해서 자기가 존경받는 줄 생각한다. 그리고 그는 마땅히 많이 써야 할 곳에서는 적게 쓰고 마땅히 적게 써야 할 곳에서는 많이 쓴다.

이와 반대로 쩨쩨한 사람은 무슨 일에나 부족하게 쓴다. 그는 가장 큰 돈을 들였을 때에도, 사소한 일로 그 성과의 아름다움을 깨뜨려 버린다. 또 무슨 일을 하든지 주저하며, 어떻게 하면 돈을 가장 적게 들일 수 있을까 궁리하고, 그렇게 돈을 적게 들이고서도 끙끙 앓으며, 또 무슨 일을 하든지 자기에게 합당한 정도 이상의 규모로 하고 있다고 생각한다.

이런 성품들이 모두 악덕인데도 수치심을 일으키지 않는 것은 이런 쩨쩨한 쏨쏨이들이 이웃들에게 해롭지도 또 보기 흉하지도 않기 때문이다.

3 포부가 큼

포부가 큼(megalopsychia)이란 그 이름으로 보더라도, 큰 것에 관계하는 것으로 생각된다. 먼저 그것이 어떤 종류의 큰 것에 관계하는지 알아보도록 하자. 포부가 크다는 것을 살펴보는 데 있어서는 긍지의 성품을 살펴보나, 혹은 이 성품을 가진 사람을 살펴보나 마찬가지다.

긍지 있는 사람이란 자신이 큰 일을 할 만한 사람이라고 생각하며, 또 사실 그러한 사람이다. 자기 가치 이상으로 자기 자신을 생각하는 어리석은 사람이지만, 자기의 덕에 비추어 자신의 가치를 생각하는 사람은 어리석은 사람도 아니고 비이성적인 사람도 아니다. 그러므로 긍지 있는 사람이란, 방금 우리가 말한 바와 같은 사람이다. 작은 일에 적당하고 또 스스로 그렇게 작은 일에 적당하다고 생각하는 사람은 절제 있는 사람이기는 해도 긍지 있는 사람은 못 된다. 마치 조그마한 사람은 단아하고 균형이 잘 잡혀 있을 수는 있으나 아름다울 수는 없는 것과 마찬가지다. 긍지에는 위대성이 숨어 있다. 한편 자신이 큰 일에 어울린다고 스스로 생각하면서도 사실이 그렇지 않은 사람은 거만한 사람이다. 물론 자신을 자기의 진가 이상으로 생각하는 사람이라고 해서 누구나 다 거만한 것은 아니다. 자기 진가보다 낮게 자신을 생각하는 사람은 비굴한 사람이다. 그 진가가 대단히 큰 것이건, 혹은 그저 평범한 것이건, 또 혹은 그 진가가 적은데다가 그보다도 더 낮게 자기 자신을 생각하는 경우건, 어떻든 자신의 진가보다 낮춰서 스스로를 평가하는 것은 비굴한 사람이 하는 짓이다. 그리고 그 진가가 대단히 큰 사람이 비굴하면, 그 비굴함은 가장 큰 비굴함이다. 이런 사람은 그 진가가 그만 못했을 경우에 무슨 일을 할지 모르기 때문이다. 그러므로 긍지 있는 사람은 자부하는 바가 큰 점에 있어서는 극단이지만, 그 자부심이 옳은 점에 있어서는 중용이다. 긍지 있는 사람의 자부심은 그 가치에 합당한 것이지만, 다른 사람들은 과도함이나 부족함으로 흐른다.

　만일 그가 큰 일을 할 만한 사람이라고 생각하고, 특히 가장 큰 일에 적당하고 또 그런 자부심을 가지고 있다면, 그는 특별히 한 가지 일에 관심을 둘 것이다. 자기가 무엇에 적당하다든가 얼마 만한 가치가 있다든가 하는 것은, 외적인 선과의 관계에서 이야기되는 것이다. 이런 외적인 선은 여러 가지가 있는데 그 중 가장 큰 것은 신들에게 우리가 돌리는 선으로 높은 지위에 있는 사람들이 가장 절실하게 바라는, 가장 고귀한 행위에 주어지는 선이라 할 수 있다. 명예가 바로 이런 것이다. 즉, 명예야말로 외적인 선들 가운데 가장 큰 것이다. 그러므로 명예와 불명예는, 긍지 있는 사람이 깊은 관심을 기울이는 대상이다. 긍지 있는 사람들이 명예에 마음을 쓰는 것은 두말 할 필요가 없다. 그들은 주로 명예에 대해서 자기가 적당하거나 가치가 있다고 생각하기 때문이다. 다만 이때 그 긍지 있는 사람들의 생각은 자신들의 가치에 맞추어져 있다. 비굴한 사람은 자기 자신의 진가에 비하여 부족하게 행동하고, 또 긍지 있는 사람은 자기 자부심에 비하여 부족하게 행동하는 사람이다. 자만하는 사람은 자신의 진가에 비하여 지나치다. 그러나 긍지 있는 사람의 자부심에는 미치지 못한다.

그런데 긍지 있는 사람은 가장 큰 가치를 지닌 사람이며 가장 선한 사람이다. 왜냐하면 보다 더 선한 사람은 보다 더 큰 가치를 지니고, 가장 선한 사람은 가장 큰 가치를 지니기 때문이다. 그러므로 참으로 긍지 있는 사람은 선하지 않을 수 없다. 그리고 모든 덕에 있어서의 위대성이 긍지 있는 사람의 특징이기도 하다. 또 자기의 무기를 내버리고 위험에서 도망치거나 혹은 남에게 해를 끼치거나 하는 일은, 긍지 있는 사람에게 가장 어울리지 않는 일이다. 사실 아무것도 크다고 보지 않는 긍지 있는 사람이 무엇 때문에 부끄러운 일을 저지르겠는가? 우리가 그를 샅샅이 살펴보면, '선하지 않고서 긍지 있는 사람'이란 전혀 이치에 맞지 않는 생각임을 알 수 있다. 또 나쁜 사람이 명예를 얻을 가치가 있다고도 생각되지 않는다. 왜냐하면 명예란 덕에 대한 보상이며, 명예를 얻는 것은 선한 사람들이기 때문이다. 그리하여 긍지란 온갖 덕이 차지하는 일종의 왕관과 같은 것이다. 그것이 온갖 덕들을 더욱 큰 것이 되게 하며, 또 이러한 덕들 없이는 생기지 않기 때문이다. 그러므로 참으로 긍지 있는 사람이 되는 것은 힘든 일이다. 성격의 고귀함과 선함 없이는 불가능하기 때문이다.

긍지 있는 사람이 관심을 두는 것은 주로 명예, 또는 불명예이다. 그는 큰 명예나 혹은 선한 사람들이 주는 명예에 대해서는 그것이 자기에게 어울리는 것이라 생각한다. 혹 자기에게 좀 어울리지 않더라도 적지 않은 기쁨을 느낄 것이다. 긍지 있는 사람에게 명예가 어울리지 않는다고 하는 이유는, 완전한 덕에 어울리는 명예란 있을 수 없기 때문이다. 그래도 그에게 줄 더 큰 명예를 사람들이 가지고 있지 않으므로, 그는 이것을 어떻든 받아들일 것이다. 그러나 그는 시시한 사람들에게 사소한 내용으로서 주어지는 명예는 무시할 것이다. 그런 것은 그의 진가에 맞는 것이 아니기에 그러하다. 불명예에 대해서도 이와 마찬가지다. 도대체 불명예란 그의 경우에 있어서 옳은 것이 못 되기 때문이다.

그러므로 긍지를 지닌 사람은 무엇보다도 명예에 관심을 기울인다. 그러면서도 그는 부나 권세나 모든 행운, 또는 악운에 대해서 스스로 마음을 잘 조절한다. 행운을 만났다고 해서 지나치게 좋아하지 않을 것이요, 악운을 만났다고 해서 지나치게 괴로워하는 일도 없을 것이다. 긍지 있는 사람은 명예에 대해서도 마치 그것이 큰 일이나 되는 것처럼 처신하지 않기 때문이다.

권세나 부(富)는 명예 때문에 바람직한 것이지만(적어도 이것들을 가지고 있는 사람들은 이것들로 해서 명예를 얻고 싶어한다), 명예조차 작은 것으로 보는 이러한 사람에게는 다른 것들은 더욱 보잘것없는 것이다. 그래서 긍지 있는 사람이 거만하다고 여겨진다.

  행운이 가져다주는 여러 가지 좋은 조건도, 역시 긍지를 지니는 데 도움이 된다. 왜냐하면 좋은 집안에서 태어난 사람들이 존경을 받는 것은 마땅하며, 또 권세나 부를 누리는 사람들도 마찬가지이기 때문이다. 이런 사람들은 우월한 지위에 있으며, 또 어떤 좋은 일에 있어서 우월성을 가지는 것만큼 더 존경을 받으니 말이다. 따라서 이러한 여러 좋은 여건들도 사람들을 더욱 긍지 있게 만드는 조건들이다. 이런 것들을 가진 사람들을 존경하는 사람이 더러 있기 때문이다. 그러나 사실은 선한 사람만이 존경받아야 한다. 물론, 이런 것들도 가지고 있는 데다가 선하기까지 한 사람은 더욱 존경받을 만하다. 덕이 없으면, 그러한 좋은 조건들을 가지고 있는 사람이 아무리 자기 가치가 크다고 생각해도 소용 없으며, 또 긍지 있는 사람이라고 말할 수도 없다. 그러기 위해서는 완전한 덕이 있어야 하기 때문이다. 그런데 그런 좋은 조건들을 가지고 있는 사람들도 거만하고 불손해진다. 덕이 없으면, 행운이 가져다준 좋은 조건들을 의젓하게 받아들여 점잖게 처신하기가 쉽지 않기 때문이다. 또 덕이 없으면 처신할 수가 없을 뿐만 아니라, 스스로 남보다 우월하다고 생각하며 남을 멸시하고 제멋대로 행동한다. 덕이 없으면, 그들은 긍지 있는 사람과 같지 않으면서도 긍지 있는 사람을 자기들이 할 수 있는 한 흉내낸다. 그래서 그들은 덕 있는 행위를 하지 않으면서 그저 남을 멸시한다. 긍지 있는 사람의 멸시는 정당하다고 하겠지만, 보통 세상 사람들은 공연히 남을 멸시하는 일이 많다.

  긍지 있는 사람은 하찮은 위험 속으로 뛰어들지 않으며, 또 위험을 좋아하지도 않는다. 왜냐하면 그는 아주 드문 일에서만 명예롭기 때문이다. 그러나 그는 큰 위험에는 몸소 나아가며, 또 위험을 당하면서도 목숨을 아끼지 않는다. 이것은 그가 어떤 조건에서는 목숨이 아까울 것이 없음을 알기 때문이다. 그리고 그는 남에게 도움을 주기를 좋아하며, 남에게 도움 받는 것을 부끄럽게 여긴다. 왜냐하면 긍지 있는 사람은 우월한 사람이며, 남에게 도움 받는 사람은 열등한 사람에 속하기 때문이다. 또한 그는 남에게 도움을 받았을 때에는 그보다 더 큰 도움을 그 사람에게 베풀기를 좋아한다. 이렇게 해야 처음에 도움을 베푼 사람이 도리어 그에게 빚진 셈이 되며, 그로써 또 보다 많은 도움을 받은 자가 되기 때문이다. 또 그들은 자기가 남에게 베푼 일은 모조리 기억하지만, 남이 자기에게 베풀어 준 일은 전혀 기억하지 않는 것 같다(남의 도움을 받는 사람은 도움을 준 사람보다 열등한 사람인데, 긍지 있는 사람은 우월하기를 원하므로). 그리고 그는 남의 선행에 대해서는 기쁜 마음으로 듣지만, 자기의 선행에 대해서는 불편하게 생각하는 것 같다. 테티스(Thetis : 그리스 신화에 나오는 바다의 여신)가 제우스에게 행한 여러 가지 좋은 일을 그에게 말하지 않은 것도, 또 스파르타 사람들이 아테네 사람들에게 행한 여러 가지 좋은 일을 되뇌이지 않고 오히려 자기들이 입었던 선행을 말한 것도, 모두 이 긍지 때문이라고 생각된다.

    거의 아무것도 바라지 않고 스스로 나서서 남을 도우며, 또 높은 지위에서 행운을 누리는 사람들에게는 위엄 있는 태도로 처신하지만 보통 사람들에게는 겸손한 태도를 취하는 것도, 긍지 있는 사람의 특징이다. 왜냐하면 높은 지위의 사람에 대해 우월한 태도를 가지는 것은 어려운 일이거나 아니면 고매한 일이지만, 보통 사람들에 대해서 이렇게 하는 것은 쉬운 일이기 때문이다. 또 높은 지위자에 대해서 고매한 태도를 취하는 것이 교육을 잘못 받은 증거는 아니지만, 하류층의 사람들에게 이렇게 하는 것은 마치 약자에게 완력을 휘두르는 것처럼 속없는 짓이기 때문이다. 뿐만 아니라 세상 사람들이 흔히 명예롭다고 여기는 것들이나, 혹은 이미 타인이 뛰어나게 잘하고 있는 일들을 목표 삼지 않는 것이 긍지 있는 사람의 특징이다. 또 큰 명예나 성과가 달려 있는 경우를 빼고는 신중하고 삼가는 것, 그리고 많은 것을 하지는 않지만 크고 고귀한 일을 하는 것, 이런 것이 긍지 있는 사람의 특징이다. 그는 숨김없이 미워하고 숨김없이 사랑한다. 자기 감정을 감추지 않고 솔직히 털어놓는 것보다 사람들이 어떻게 생각할까를 더 염려하는 것은 비겁한 자가 하는 짓이므로, 드러내놓고 말하며 행동한다. 왜냐하면 그는 남을 경멸하는 까닭에 자유롭게 말하며, 또 속없는 사람들에게 비꼬아 말할 때를 제외하고는 언제나 있는 대로의 사실을 말하기 때문이다. 그는 또 친구 이외의 다른 사람에게 의존해서 살 수 없다. 그것은 노예의 특징이기 때문이다. 이런 까닭에 모든 아첨꾼은 노예요, 또 자존심이 없는 사람들은 아첨꾼이다.

긍지 있는 사람은 별로 감탄하는 일이 없다. 그에게는 아무것도 큰 것이 못 되기 때문이다. 또 그는 온갖 언짢은 일을 기억하지도 않는다. 지난 일을 오래 기억하고 있는 것, 특히 언짢은 일을 언제까지나 기억하는 것은 긍지 있는 사람의 할 일이 아니기 때문이다. 긍지 있는 사람은 또 소문을 좋아하지도 않고 농담을 즐기는 자도 아니다. 그는 자신이 칭찬을 받는 일에도, 타인이 비난을 받는 일에도 신경을 쓰지 않는 까닭에, 자기 자신에 대해서나 타인에 대해서 말하지 않기 때문이다. 또 그는 무턱대고 남을 칭찬하지도 않는다. 그리고 무턱대고 남을 나쁘게 말하지도 않는다. 남을 억누르기 위한 경우라면 몰라도 그는 자기의 적에 대해서도 나쁜 말을 하지 않는다. 또 긍지 있는 사람은 어쩔 수 없는 일들이나 작은 일들에 대해서 슬퍼하거나 남의 도움을 청하는 일이 적다. 이런 일들에 대해서 슬퍼하거나 남의 도움을 청하는 것은 이런 일들을 심각하게 생각하는 사람들이 하는 짓이기 때문이다. 그는 이익이 많고 유용한 것보다는 오히려 이익이 적어도 고귀한 것들을 소유하고자 한다. 이렇게 하는 것이 자기를 존경하는 사람에게 더욱 합당한 일이기 때문이다.

좀더 깊이 들어가 보면, 긍지 있는 사람은 조용한 걸음걸이와 차분한 음성과 찬찬한 말투가 어울린다. 대개 큰 일을 대단한 것으로 여기지 않는 사람은 서두르는 일이 별로 없다. 아무것도 큰 일이라고 보지 않는 사람은 별로 긴장하는 일도 없기 때문이다. 이와 반대로 날카로운 음성과 빠른 걸음걸이는 서두름과 긴장의 결과다.

그러므로 여유 있는 사람이야말로 긍지 있는 사람이다. 긍지가 부족한 사람은 비굴하고, 지나친 사람은 거만하다. 그런데 이 두 사람이 악의를 품고 있는 것은 아니므로 악한 사람은 아니고, 다만 생각이 잘못되었을 뿐이다. 비굴한 사람은 여러 가지 선한 일을 할 수 있는 데도 자신의 가치를 스스로 낮춘다. 그리고 자신이 여러 가지 선한 일을 할 수 없다고 생각해 자신에 대해서 잘못을 저지르고, 또 자신을 똑바로 알지 못한다. 비굴한 사람은 자기에게 맞는 것들이 좋은 것들이기에 이것들을 바랐을 것임에 틀림없다. 이런 사람들은 어리석기보다 오히려 지나치게 소극적이라고 할 수 있다. 하지만 자신에 대한 이러한 낮은 평가가 실제로 그들을 악화시킨다. 왜냐하면 사람마다 자기 가치에 어울리는 것을 바라는데, 이 사람들은 스스로 가치가 없다고 생각하여 고귀한 행위나 사업에 나아가기를 주저하며, 또 외적인 여러 가지 선에 대해서도 마찬가지로 주저하기 때문이다. 한편 거만한 사람들은 어리석은 자며, 자기 자신을 모르는 자다. 더욱이 그런 사실을 백일하에 드러내는 자들이다. 이들은 그만한 가치가 없으면서 명예로운 일에 손을 대지만 금방 그 실력이 드러난다. 그리고 이들은 옷이나 보석, 이 밖에 이와 비슷한 것들로 자신을 꾸미며, 자기 행운의 여러 가지 결과를 널리 자랑하고 싶어하며, 이런 것들로 인하여 자기가 사람들에게 존경이라도 받는 줄 안다.

그러나 거만함보다는 비굴함이 긍지에 더 반대된다. 왜냐하면 비굴함이 더 흔하고 좋지 않기 때문이다.

그러므로 긍지란 큰 명예에 관한 것이다.

4 명예와 덕성

처음에 논의한 바와 같이, 명예의 영역에도 덕성이 관련되는 것 같다. 호탕함과 너그러움 사이의 관계와 같이, 덕성과 긍지도 어떤 관계가 있어 보인다. 왜냐하면 너그러움과 이 덕은 둘 다 큰 규모와는 상관이 없고, 또 우리로 하여금 평범하고 사소한 일에 대해서 올바르게 처신하게 하기 때문이다. 마치 재물을 주고 받는 일에 중용이 있고 또 과도함과 부족이 있는 것과 마찬가지로, 명예를 바라는 일에도 적당한 정도와 부족한 정도가 있고, 또 마땅한 곳과 마땅한 방법이 있을 수 있다. 우리는 옳지 않은 곳에서 과도하게 명예를 얻으려 하는 사람을 야심가라 비난하지만, 고귀한 이유가 있음에도 불구하고 명예를 얻고자 노력하지 않는 사람도 야심 없는 자라고 비난한다. 그러나 한편으로는 우리는 때로 야심가를 사내답다거나 고귀한 일을 사랑한다 하여 칭찬한다. 반면 야심 없는 자를 온건하고 자제할 줄 안다 하여 칭찬하기도 한다. '무엇을 좋아한다'는 것은 한 가지 이상의 의미를 가지므로, 분명히 '야심', 즉 '명예욕'이란 말은 언제나 똑같은 것을 의미하는 것은 아니다. 그런데 이 성질을 칭찬할 때 우리는 대부분의 다른 사람들보다 더 명예를 사랑하는 사람을 생각하며, 이 성질을 비난할 때 우리는 지나치게 명예를 사랑하는 사람을 생각한다. 명예욕에 있어 중용은 달리 명칭이 없기 때문에 두 극단이 마치 그것이 비어 있거나 한 듯, 중용의 위치를 저마다 차지하려고 계속 다투는 듯이 보인다. 그러나 과도함과 부족함이 있으므로 또한 중간의 것이 없을 리 없다. 그런데 사람들은 명예를 적당한 정도 이상이나, 혹은 그 이하로 바라기 때문에 또한 적당한 정도로 바라는 것도 가능하다. 아무튼 명칭은 없지만 이렇게 적당한 정도로 명예를 바라는 것이 중용인 까닭에, 이것이 칭찬받는 상태다. 명예욕에 비하면 이 적당한 바람은 명예에 대한 무관심처럼 보이고, 또한 명예에 대한 무관심에 대해서는 적당한 바람이 명예욕처럼 보인다. 한편 이 둘과 각각 비교해 보면 이 적당한 명예욕은 어느 의미에서 무관심과 욕구를 합친 것 같기도 하다. 이것은 다른 덕들에 대해서도 마찬가지다. 그러나 이 경우는 중용에 명칭이 없기 때문에 두 극단이 서로 대립하고 있는 것처럼 보인다.

5 온화함

온화함(praotēs)은 노여움에 대한 중용이다. 이 중용에는 꼭 알맞은 명칭이 없고, 노여움의 두 극단에도 적절한 명칭이 없으므로, '온화함'이라는 말로 그 중간의 상태를 나타내기로 한다. 그 모자란 쪽도 적절한 명칭이 없다. 지나친 쪽은 일종의 '성급함', '화를 잘 냄'이라 부를 수 있다. 그 원인은 여러 가지이며 또 갖가지로 다르지만 그 감정은 노여움이기 때문이다.

당연히 노여워 할 일에 대해서 당연히 노여워 할 사람들에게, 적당한 정도로, 적합한 때에, 적당한 시간 동안 노여워하는 사람은 칭찬을 받는다. 이런 사람이 온화한 사람이며, 그의 온화함이 칭찬을 부른다. 즉 온화한 사람이란 쉽사리 마음이 흔들리지 않고 감정에 좌우되지 않으며, 순리를 따라 옳은 태도로 노여워해야 할 일에 적당한 시간 동안만 노여워하는 사람이다. 그러나 따져보면 그는 오히려 노여움이 지나치게 모자란 방향에서 잘못을 저지르는 것으로 보이기도 한다. 왜냐하면 온화한 사람은 보복을 하기보다 오히려 너그럽게 용서하는 사람이기 때문이다.

온화함의 모자람은 그것이 일종의 '화낼 줄 모름'이건, 이 밖의 다른 어떤 것이건 비난을 받는다. 당연히 노여워해야 할 일에 대해서 노여워하지 않는 사람은 바보라고 생각되며, 또 올바른 자세로, 마땅한 때에, 노여워해야 할 상대에 대해서 노여워하지 않는 사람도 바보 취급을 받는다. 왜냐하면 이런 사람은 감각도 없고 고통도 느낄 줄 모르며, 노여워 할 줄도 모르는 자라서, 자기 자신을 지킬 줄도 모르는 사람이라고 여겨지기 때문이다. 자신이나 가족, 친구가 모욕당하는 것을 참는 것은 노예나 다를 바 없다.

과도함은 이상에 지적한 모든 점에서 생길 수 있지만, 이러한 과도함들이 모두 한꺼번에 한 사람에게서 생기는 것은 아니다. 사실 이렇게는 될 수 없다. 왜냐하면 악은 자기 자신도 파괴하며, 만일 악이 완전한 것이면 도저히 견딜 수 없기 때문이다. 그러므로 성미가 아주 급한 사람들은 빨리 화를 내며, 화를 낼 만한 상대가 안 되는 사람이나 일에 대해서 지나치게 화를 내곤 하지만, 그 성급한 이들의 노여움은 쉽게 가신다. 이것이 그들의 가장 좋은 점이다. 이 까닭은 그들이 성미가 급하기 때문에 노여움을 누르지 못하고, 대뜸 드러내 놓고 화풀이를 하게 되므로 그들의 노여움이 즉시 풀어져 버리는 데 있다. 화를 잘 내는 사람들은 감정 표현이 격렬하고, 성미가 급하고, 또 무슨 일에 대해서나 걸핏하면 노여워한다. 노여움이라는 문제의 명칭은 이래서 생긴 것이다. 음울한 사람들은 쉽사리 노여움을 풀지 못하고, 아주 오래도록 그것을 가슴 속에 품는다. 그것은 그들이 그 감정을 억누르기 때문이다. 그러나 그들이 분풀이를 하면 노여움은 풀린다. 복수가 그들의 노여움을 가시게 하고 마음속에 고통 대신 쾌락이 생기게 한다. 이렇게 하지 못할 경우, 그들은 그들의 무거운 짐을 걸머지게 된다. 그 노여움의 색깔이 뚜렷하지 않으므로 아무도 그들을 달래어 주지 못하며, 또 자기의 노여움을 스스로 삭이는 데는 시간이 걸리기 때문이다. 이러한 사람들은 자기 자신에 대해서나 또 가장 친한 친구들에 대해서나 가장 성가신 존재다. 노여워 할 것이 못 되는 것에 대해서 노여워하며, 지나치게 그리고 오래 노여움을 품으며, 또 복수를 하거나 벌을 가할 때까지 노여움을 풀 수 없는 사람들을 우리는 '까다로운 사람'이라고 부른다.

온화함의 덕과 대립되는 것은, 노여움이 부족한 것보다 오히려 지나친 것이다. 왜냐하면 화를 내는 것이 세상에 더 흔할 뿐만 아니라(복수하는 것이 보다 더 인간본성에 가까우므로), 또한 더불어 살기에는 까다로운 사람들이 더욱 거북하기 때문이다.

노여움을 처음에 다룰 때에 우리가 말했던 것은, 지금 여기서 우리가 말하고 있는 것으로 미루어 보아도 자못 분명하다. 즉 어떻게, 누구에게, 무엇에 대해서, 그리고 얼마 동안이나 노여움을 품을 것인가, 그리고 어느 점까지가 올바른 행위이고 어디부터가 그릇된 행위인가를 규정하기란 쉬운 일이 아니다. 사실 지나친 쪽으로나 모자란 쪽으로나, 조금밖에 치우치지 않는 사람은 비난을 받지 않는다. 때로는 우리가 모자란 사람들을 칭찬하여 온화한 사람이라 부르고, 또 때로는 노여워하고 있는 사람들을 리더십이 있다면서 사내답다고도 하기 때문이다. 그러므로 어느 정도까지, 어떻게 치우쳐야 비난을 받게 되는가 하는 것은 쉽사리 말할 수 없다. 여기에 대한 판단은 개별적인 사실들과 이것들을 어떻게 보는가에 달려 있다. 그러나 적어도 중간 상태가 칭찬할 만한 것임은 분명하다. 즉 당연히 노여워해야 할 사람들에게, 또 이러한 일들에 대해 당연한 태도로 노여워하는 것이 칭찬할 만하다. 이보다 지나친 것과 이에 미치지 못하는 것은 비난받아 마땅하다. 그 지나치고 미치지 못하는 정도가 적으면 적게 비난받고, 크면 그만큼 더 비난받고, 아주 크면 혹독하게 비난받아 마땅하다. 그러므로 우리는 반드시 중간 상태에 꼭 머물러 있어야 한다. 노여움에 관한 여러 가지 상태에 대해서는 이만큼 말함으로써 충분할 것이다.

6 교제와 덕성

사회생활에 있어서의 갖가지 교제들이, 타인과의 말과 행위를 통해서 이루어진다. 그런데 개중에는 지나치게 다른 사람의 비위를 잘 맞추는 사람들이 가끔 있다. 이런 사람들은 상대방을 기쁘게 해 주기 위해서는 무엇이든지 칭찬만 하고 반대하는 일이 없으며, '자기가 만나는 사람들 누구에게나 절대로 괴로움을 주지 않는 것'을 신조로 삼고 있다. 이와 반대로 무엇이든지 덮어놓고 반대하며 남을 괴롭히는 것을 아무렇지도 않게 생각하는 사람들도 있다. 이런 사람들은 항상 못마땅하게 생각하는 사람이라든가 싸움꾼이라고 불린다. 이러한 모습은 둘 다 좋지 않고, 그 중간 상태가 칭찬할 만하다. 이 중간 상태는 인정할 것은 올바르게 인정하고 꾸짖을 것은 올바른 태도로 꾸짖는 것이다. 이 상태는 아직 명칭이 없지만, 친애와 가장 많이 닮은 데가 있다. 왜냐하면 이 중간 상태를 따르는 사람을 아끼고 사랑하면 좋은 친구가 될 수 있기 때문이다.

그러나 지나치게 비위를 맞추지도, 지나치게 괴롭히지도 않는 공정한 이 중간 상태는 교제하는 사람들에 대한 사랑에서 교제하는 것이 아니라는 점에서, 교제와 우정과는 다르다. 왜냐하면 교제 상태에 있는 사람이 모든 일에 올바른 태도로 임하는 것은 누구를 사랑하거나 미워해서가 아니라, 다만 그가 필연적으로 교제에 임한 사람이기 때문이다. 그는 아는 사람에게나 알지 못하는 사람에게나, 또 친한 사람에게나 친하지 않은 사람에게나 똑같이 대한다. 그러나 그는 이 여러 경우의 형편에 따라 적절한 태도를 취한다. 친한 사람들에게나 전혀 모르는 사람들에게나 아주 똑같이 마음을 쓴다는 것은 마땅한 일이 아니며, 또 이들을 괴롭힐 때도 그 조건이 서로 다르기 때문이다.

지금까지 말해 온 바와 같이, 교제하는 사람은 사람들과 올바르게 사귀는 사람이다. 그는 고귀함과 유익함을 가장 중요하게 생각해서 남에게 고통을 주지 않고 즐거움을 주려고 마음을 쓴다. 사실 그는 교제에서 생기는 여러 가지 즐거움과 고통에 관심을 둔다. 그리고 즐거움을 주는 것이 명예로운 일이 못 되거나 해로울 경우에는 언제나 그렇게 하기를 그만 두고 고통을 주는 것을 택할 것이다. 또 만일 어떤 사람이 어떤 행위를 할 때, 그것을 묵인해 주면 그 행위자에게 커다란 불명예가 되거나 큰 해가 된다. 그러나 그 행위에 반대하면 그 사람이 그리 큰 고통을 겪지만 않는다면, 그는 묵인하지 않고 오히려 하지 말라고 말릴 것이다.

그는 높은 지위에 있는 사람들과 일반 사람들에 대해서, 또 친한 사람들과 그렇지 않은 사람들에 대해서 각기 다르게 대할 것이며, 이와 같이 다른 모든 차이에도 다르게 대할 것이다. 그는 만나는 사람의 신분과 처지에 따라 적당하게 사귈 것이다. 그리고 될 수 있는 대로 즐거움을 주고 고통은 주지 않으려 하지만, 결과를 더 중요시하여 명예와 유익한 면을 살피고 이것들을 살리는 방향으로 행동할 것이다. 또 그는 미래의 큰 행복을 위해서라면 작은 고통을 주는 것을 꺼리지 않을 것이다.

중용에 이른 사람은 이렇지만, 이런 사람에 대한 명칭은 아직 없다. 남을 기쁘게 해 주는 것을 중요하게 생각하는 사람들 가운데 다른 더 깊은 의도는 없이 그저 기쁘게만 해 주는 사람은, 지나치게 다른 사람의 비위를 잘 맞추는 사람이다. 그리고 돈이나 돈으로 살 수 있는 것에서 이득을 보려고 기쁘게 해 주는 사람은 아첨꾼이다. 한편 무슨 일에 대해서나 덮어 놓고 다투는 사람은 항상 못마땅하게 생각하는 사람 내지 싸움꾼이다. 그리고 중용에는 명칭이 없는 까닭에 두 극단이 서로 대립하고 있는 것처럼 보인다.

7 진실함

허풍(alazoneia)에 대응하는 중용적 덕성도 명칭이 없다. 이 경우를 좀 자세히 살펴보는 것도 나쁘지 않을 것이다. 이 상태들을 면밀히 검토하면 성품에 관한 사실들을 더 잘 알게 되어 중용이 결국은 덕이라는 것을 모든 경우에서 알게 되면, 결국 허풍에 대해서도 덕이 중용이라는 확신을 가지게 되니 말이다. 사회 생활에서 남과 사귐에 있어서 남에게 즐거움 혹은 고통을 주는 여러 사람들에 대해서는 이미 말한 바 있다. 이제는 말에 있어서나 행위에 있어서나 혹은 무슨 주장을 함에 있어서 진실을 추구하는 사람과 허위를 추구하는 사람을 살펴보기로 하자.

허풍선이란 세상 사람들이 존중하는 것들을 사실은 지니고 있지 않으면서 지닌 체하며, 또 실제로 자기가 지니고 있는 것 이상으로 지닌 체하는 사람이다. 이와 반대로 겸손을 가장하는 사람은, 자기가 지니고 있는 것을 아예 부인하거나 더 작게 지어서 말하는 사람이다. 한편 중용을 지키는 사람은 '꾸밈없는 사람'이며, 행동에 있어서나 말에 있어서나 자기가 가지고 있는 것만을 자기 것이라 하고 그 이상의 것도 그 이하의 것도 자기 것으로 내세우지 않는 사람이다. 허풍에 있어 이러한 꾸밈없는 태도를 취하는 것은, 어떤 목적이 있어서일 수도 있고 아무런 목적 없이 그럴 수도 있다. 만약 아무 목적 없이 그렇게 한다면 사람마다 자기 성격대로 말하며 행동하며 생활한다. 그리고 본디 허위는 그 자체에 있어서 비열하고 비난받을 만한 것이며, 진실은 고귀하고 칭찬할 만한 것이다. 진실된 사람은 역시 중용의 상태에 있으므로 칭찬받을 만하며, 두 가지 부류의 진실성 없는 사람들은 비난할 만하다. 특히 허풍을 떠는 사람은 더욱 많은 비난을 받아 마땅하다.

진실성 있는 사람과 진실성 없는 사람에 대해 살펴보기로 하자. 먼저 진실성 있는 사람에 대해 생각해 보자. 여기서 우리가 문제삼고 있는 진실성은 합의한 일에 있어서의 진실한 사람이 아니라(이런 것들은 다른 덕에 속하는 것이므로), 자신과는 아무 상관 없는 일들에서 그의 성격이 반영된 말이나 생활에 있어서 진실한 사람이다. 이러한 사람은 정말 공정한 사람이라고 생각된다. 왜냐하면 아무것도 자기의 운명에 중대한 영향을 끼칠 것이 없을 경우에도 진실성 있는 사람이라면, 어떤 중대한 일이 있을 때는 보다 진실되기 때문이다. 그는 거짓 그 자체를 싫어하므로 운명이 좌우되는 중대한 순간에는 더욱더 그런 거짓을 비천한 것으로 생각해 피할 것이다. 이러한 사람은 칭찬을 받아 마땅하다. 그는 진실을 말할 때에도 다소 소극적으로 말하는 경향이 있다. 그러나 이렇게 하는 것이 오히려 더 속이 깊어 보인다. 과장은 역겨운 것이기 때문이다.

그 어떤 목적도 없이 자신이 가진 것 이상으로 내세우는 사람은 멸시를 받아 마땅하다. 이런 허풍을 떠는 사람이 아니라면 거짓을 좋아할 리가 없기 때문이다. 하지만 그는 나쁜 사람이라기보다는 오히려 허튼 사람 같아 보인다. 그러나 어떤 목적이 있어서 큰소리를 친다면 이야기가 달라진다. 세상의 호평이나 명예 때문에 큰소리 치는 자는 허풍선이로서 그다지 크게 비난할 것이 못 되지만, 재물이나 재물로 바꿀 수 있는 것들 때문에 큰소리 치는 자는 허풍선이 보다 더 추악한 인간이다. 허풍선이가 허풍선이 되는 까닭은 그 능력에 있는 것이 아니라 그 목적에 있다. 왜냐하면 그는 그 성품 때문에 그리고 본래 그런 사람이기 때문에 허풍선이이기 때문이다. 이와 같은 것은 마치 거짓말하는 것 자체를 좋아하기 때문에 거짓말하는 사람과, 세상의 호평 내지 이익을 원하기 때문에 거짓말하는 사람과의 구별과 같다. 그런데 자기에 대한 세상의 호평 때문에 허풍을 떠는 사람들은, 남한테서 칭찬이나 축하인사를 받을 만한 여러 가지 성품을 자랑한다. 이에 비해 이익을 얻으려고 하는 사람들은, 이웃 사람들이 좋아할 만한 성품을 가지고 있지 않는데도, 그 사실이 쉽사리 폭로되지 않는 여러 가지 성품, 예를 들어 예언자나 현인 또는 의사의 능력을 마치 가지고 있는 것처럼 자랑한다. 대부분의 사람들이 큰소리치며 자랑하는 것이 바로 이 때문이다. 이런 것들에서 앞에 말한 여러 가지 성품이 드러난다. 겸손한 척하는 사람들, 즉 모든 일을 사실보다 낮추어 말하는 사람들은 성격상 더 매력 있어 보인다. 그들은 이익을 위해서가 아니라 과시를 피하기 위해서 그러는 것으로 여겨진다. 그리고 소크라테스가 그랬던 것처럼, 그들이 가장 못마땅하게 생각하는 것은 자신에 대한 세상의 호평을 불러오는 여러 가지 성질들이다. 사소하고 뻔한 호평들을 못마땅하게 말하는 사람들은 사기꾼이라 불리며 또 더욱 멸시받을 만하다. 그리고 이것은 가끔, 스파르타 사람들의 옷처럼 허풍선이로 보일 때가 있다. 지나침이나 크게 모자란 것은 둘 다 모두 허풍을 떠는 것이기 때문이다. 그러나 정당하게 비꼬아 자기를 낮추고 그다지 뻔하지도 않고 사소하지도 않은 일에 대해서 자기를 낮추는 사람들은 멋있는 사람들이다.

진실성 있는 사람들과 대립하는 사람이 허풍선이다. 허풍선이가 더 나쁘기 때문이다.

8 재치

인생에는 휴식이 있으며 휴식에는 한가로이 즐겁게 지내는 일도 있다. 이런 때에는 멋스러운 교제가 있음직도 한 일이다. 그래서 말하는 일이나 남의 말에 귀를 기울이는 일에 있어서, 마땅히 말할 것과 귀를 기울일 것이 있고, 또 이렇게 함에 있어서 올바른 태도가 있다. 또한 우리가 어떤 사람에게 말하고 있는가, 그리고 어떤 사람에게 귀를 기울이고 있는가에 따라 차이가 생길 것이다. 이런 교제에도 중용에 대한 지나침과 모자람이 있음은 분명하다. 지나치게 익살을 부리는 사람들은 '익사꾼', '저속한 사람'으로 보인다. 이들은 무턱대고 익살을 부려 사람들을 웃기려고만 하며, 무엇이 그 자리에 적합한 것인가 하는 것, 그리고 웃음거리가 되고 있는 사람에게 고통을 주지 않는 것보다는 폭소를 만들어내는 것에 더 마음을 쓴다. 반면에 농담을 할 줄도 모르고 남의 농담을 참고 들어줄 줄도 모르는 사람은 촌스러운 사람으로 생각된다. 그러나 멋들어지게 농담을 하는 사람들은 재치 있는 사람이라고 불린다. 이것은 임기응변의 재주를 의미한다. 이러한 재주는 성품의 움직임으로 보여, 마치 여러 신체 기관이 그 움직임에 의해 서로 구별되는 것처럼, 성품도 이 움직임에 의해 구별된다. 하지만 웃을 만한 일은 도처에 있고, 또 대부분의 사람들은 재미있는 일과 농담을 적당한 정도 이상으로 즐긴다. 그래서 하다못해 익살꾼조차도 재치 있는 사람이라 불리고 있다. 그러나 이 두 사람이 서로 다르며 그 차이가 적지 않음은 지금까지 말한 것으로 보아도 분명하다.

교제에 있어 이 익살과 재치의 중간 상태에는 또한 의젓함이 속한다. 의젓한 사람은 점잖은 사람이며, 그들은 좋은 교육을 받고 자란 사람답게 말한다. 이러한 사람에게는 농담삼아 말하고 듣기에 무방한 것이 있다. 또 점잖은 사람의 농담은 속된 사람의 농담과 다르며, 교육받은 사람의 농담은 교육받지 못한 사람의 농담과 다르다. 이것은 낡은 희극과 새로운 희극에서도 엿

볼 수 있다. 즉 낡은 희극에서는 천박한 언사가 재미있으나 새로운 희극에서는 은근하게 비치는 풍자가 더 재미있다. 이 둘은 기품에 있어 적잖이 서로 다르다. 그런데 우리는 농담을 잘 하는 것이 점잖은 사람에게 어울리는 것이라고 정의를 내려야 할 것인가? 그렇지 않으면 듣는 사람에게 고통을 주지 않는 농담이라거나, 기쁨을 주는 농담이라고 정의를 내려야 할 것인가? 그런데 이 기쁨을 주는 농담이라는 정의는 좀 막연한 것이 아닐까? 비위에 맞지 않는 것 혹은 유쾌한 것은 사람에 따라 다르기 때문이다. 그가 귀를 기울이는 농담도 역시 그가 말하는 농담과 같은 종류다. 그는 자기가 참고 들을 수 있는 농담과 같은 종류의 농담을 하는 것 같으니 말이다. 그가 하지 않는 농담의 종류는 따로 있다. 야유란 것은 일종의 놀림인데, 입법자들이 놀림을 금하는 경우가 있다. 아마 그 입법자들은 이런 종류의 놀림도 우리에게 금했어야 했을지 모른다. 그러므로 점잖고 교양 있는 사람은 우리가 기술한 바와 같이, 놀림이나 야유적인 사람이 아닌, 적당한 농담과 재치의 사람일 것이다. 그는 이를테면 그 스스로가 자신에 대한 법률이다.

그리하여 의젓한 사람이라 불리건, 혹은 재치 있는 사람이라 불리건, 바로 이러한 사람이 중용을 지키는 사람이다. 이에 반하여 익살꾼은 자기 해학의 노예다. 그는 남을 웃길 수만 있다면 자기 자신이나 남을 신경 쓰지 않는다. 심지어는 교양 있는 사람이라면 절대로 입에 올리거나 귀를 기울이지도 않을 말을 한다. 또 촌스러운 사람은 이런 사교에서 아무 쓸모가 없다. 그는 사교에 기여하는 바가 전혀 없고, 또 모든 일을 언짢게 여기기만 하기 때문이다. 그러나 휴식과 오락은 인생에서 꼭 필요한 것이다.

이제까지 기술해 온 바와 같이, 인생에서 중용은 셋이 있다. 그리고 이 셋은 모두 사람의 언사와 행위에 관계하는 것이다. 하지만 이것들은 그 중 하나가 진실에 관계하고 다른 두 가지는 유쾌함에 관계하는 점에서 서로 다르다. 유쾌함에 관계하는 이 두 가지 중용 가운데 하나는 농담에서 발휘되고, 다른 하나는 인생의 사회적 교제 전반에서 발휘된다.

9 수치

수치심(aidōs)은 하나의 덕으로 보기 어렵다. 그것은 성품이라기보다 오히려 감정에 가깝기 때문이다. 그래서 그것은 불명예에 대한 일종의 공포라 정의되고 있으며, 또 위험에 대한 공포로 말미암아 생기는 것과 비슷한 결과를 낳는다. 부끄러움을 느끼는 사람들은 얼굴을 붉히고, 죽음을 무서워하는 사람들은 창백해진다. 그러므로 이 두 가지 감정은 어떤 의미에서 신체적인 것이라고 여겨지는데, 이것은 성품보다도 오히려 감정에 속한다.

 이 수치심은 본래 모든 나이의 사람에게 어울리는 것이 아니고, 다만 젊은 이들에게 어울리는 것이다. 젊은 사람들은 감정으로 살기 때문에 잘못을 많이 저지르지만 수치심이 이를 억제한다. 그리고 우리는 수치심이 있는 젊은 이들을 칭찬하지만, 나이를 먹은 사람의 경우는 이들이 부끄러워할 줄 안다고 해서 칭찬하는 사람은 없다. 나이를 먹은 사람은 부끄러움을 느낄 만한 일을 전혀 해서는 안 된다. 부끄러움은, 좋지 못한 행위의 결과이기 때문에 좋은 사람에게는 속할 수 없다. 이러한 좋지 못한 행위는 해서는 안 된다. 참으로 추악한 행위건, 세상 사람이 일반적으로 보기에 그저 추악한 행위건, 악행은 다를 바 없다. 어떻든 부끄러운 일을 아예 당하지 않기 위하여 이런 악한 행위는 어느 것이나 해서는 안 된다. 어떤 것이든지 이러한 악한 행위를 하는 것은 좋지 못하다. 이러한 행위를 하고서 부끄럽다고 느끼고, 그렇다고 해서 자기 자신을 선한 사람이라고 생각하는 것은 엉뚱한 일이다. 왜냐하면 수치심을 느끼는 것은 자신의 의지로 행한 행위에 대해서인데, 선한 사람은 그런 식으로는 절대로 악한 행위를 하지 않기 때문이다. 그러나 수치심은 어떤 조건하에서는 좋은 것이라 할 수 있을지도 모른다. 만일 선한 사람이 그런 악한 행위를 하면 부끄럽게 생각할 것이다. 그러나 덕이란 이러한 조건에 얽매이지 않는다. 그리고 부끄러워할 줄 모르는 것, 즉 비열한 행위를 하고도 부끄러워하지 않는 것이 나쁜 일이라고 해서 그러한 행위를 하고 부끄러워하는 것, 그것이 좋은 일이 될 수는 없다. 자제력 또한 덕은 아니고 하나의 혼합된 상태다. 이것은 나중에 밝히게 될 것이다.

 이제는 정의에 대하여 논해 보도록 하자.

제5권

1 정의와 정의롭지 못함

정의(dikaiosynē)와 정의롭지 못한(adikia) 것이 어떤 행위와 관계하는지, 또 정의란 어떤 종류의 중용이며, 옳은 행위란 어떤 두 극단 사이의 중간인지를 우리는 고찰하기로 한다. 이제 앞서 논의해 왔던 방법과 동일한 방법에 따라 탐구해 보자.

모든 사람이 생각하는 정의란 사람들로 하여금 옳은 일을 하게 하고, 옳은 태도로 행동하게 하고, 또 옳은 것들을 바라게 만드는 성품이다. 그러므로 이것을 대체적인 우리 논의의 기초로 삼기로 하자.

학식이나 능력의 경우와 성품의 경우는 사정이 서로 다르다. 학식이나 능력의 경우에는 같은 학식 혹은 능력이 서로 정반대되는 대상에 관계할 수 있지만, 성품의 경우에는 서로 정반대되는 두 성품 중 하나가 나머지 하나에 반대되는 결과를 낳을 수 없다. 예를 들면 건강의 결과로서 건강에 반대되는 것이 있을 수 없고, 다만 건강해 보이는 일만 있을 수 있다. 우리는 건강한 사람처럼 걷는 사람을 보고서 "그 사람 걷는 것이 참 건강해 보인다"고 말한다.

그런데 어떤 한 상태는 그것과 반대되는 상태를 통해서 알려지고, 또 상태를 드러내어 보여 주는 주체를 통해 알 수 있다. 예를 들어 '건강'이 무엇인지 알면 '건강하지 못한 것'이 무엇인지도 알게 되며, 또 건강은 여러 가지 건강한 것들을 통해서 알 수 있고, 또한 건강한 것들은 '건강'을 통해서 알 수 있다. 만일 '건강'이 살의 단단함이라면, 필연적으로 '건강하지 못한 것'이란 살의 무름이어야만 하며, 또 건강하게 하는 것이란 살에 단단함을 주는 것이어야 한다. 따라서 반대되는 것들의 한쪽이 모호하면 다른 한쪽도 역시 마찬가지이다. 예컨대 정의가 하나 이상의 방식으로 이야기된다면, 정의롭지 못한 것 역시 하나 이상의 방식으로 이야기된다.

그런데 '정의'와 '정의롭지 못한 것'은 동시에 여러 가지 뜻을 지니고 애매하게 보이지만, 서로 다른 그 여러 의미가 서로 접근하는 까닭에 그 다의성이 잘 눈에 띄지 않으며, 또 그 여러 의미가 아주 동떨어져 있을 때처럼 분명히 드러나지도 않는다. 예를 들어 '클레이스(kleis)'란 말은 동물의 목 밑에 있는 뼈라는 뜻으로도, 또 문을 잠그는 자물쇠라는 뜻으로도 쓰인다. (이런 경우에는 외형적인 차이가 크다) 이처럼 동음이므로 명백히 드러나는 다의성을 띠지 않는 것이다.

그러니 우리는 정의롭지 못한 사람이 가지는 여러 가지 다른 의미를 출발점으로 삼기로 하자. 법을 지키지 않는 사람과 욕심이 많고 불공정한 사람은 모두 정의롭지 못하다. 따라서 법을 준수하는 사람과 공정한 사람은 정의로운 사람이다. 이와 같이 보면 정의란 준법적인 것과 공정한 것을 포함하며, 정의롭지 못한 것이란 법을 지키지 않는 것과 불공정한 것을 포함한다.

정의롭지 못한 사람은 더 많이 가지려고 욕심을 부리는 탓에, 여러 가지 선에 마음을 쓴다. 그러나 그는 모든 선에 마음을 쓰지는 않고, 다만 행운과 불운이 관계되는 선에만 관심을 가진다. 이런 선들은 무조건적으로 좋은 것이지만, 어떤 사람에게는 그렇지 않기도 하다. 사람들은 이런 선들을 소원하고 또 추구하지만, 사실 이래서는 안 된다. 그들은 무조건적으로 좋은 것이 또한 자기들에게도 좋은 것이 되도록 바라야만 하며, 또 정말 자기들을 위하여 좋은 것들을 선택해야 한다. 정의롭지 못한 사람이라고 해서 항상 더 큰 것을 선택하는 것은 아니다. 그들은 보다 적게 택하기도 한다. 무조건적으로 나쁜 악들의 경우에 있어서는 더욱 그렇다. 그러나 보다 더 작은 악은 어떤 의미에서는 선한 것으로 보일 수도 있기 때문에, 이런 것을 더 많이 탐내는 정의롭지 못한 사람은 욕심 많은 사람이다. 결국 그는 불공정하다. 왜냐하면 불공정은 의롭지 못한 것과 욕심 많음을 모두 포함하는 것인데, 그는 이 둘을 모두 포함하고 있기 때문이다.

법을 지키지 않는 사람은 정의롭지 못한 사람이요, 법을 따르는 사람은 정의로운 사람임이 분명하다. 그러므로 합법적으로 행하는 모든 일은 어느 의미에서 옳은 일이다. 입법에 의하여 정해진 모든 일은 합법적이며, 또 우리는 이것들 하나하나를 옳다고 말한다. 그런데 법은 모든 문제에 있어서 사람들 모두의 공동이익, 혹은 가장 훌륭한 사람들이나 권력을 쥐고 있는 사람들의 공동이익을 목표로 삼고 제정된다.

그러므로 우리는 법과 같은 하나의 단일한 방식에 따라, 국가적 공동체를 위한 행복 혹은 행복의 조건들을 만들어내고, 보전하는 것을 정의로운 것이라고 부른다.

법은 우리에게 용감한 행동을 명령한다. 예를 들어 지켜야 할 자리를 버리지 않고 도망치지 말 것이며 무기를 내버리지 않는 것 따위와, 절제 있는 행동, 예를 들어 간음하지 않고 자신의 욕정을 채우기에 급급하지 말 것, 그리고 온화한 행동, 예를 들어 남을 구타하지 않고 남을 욕하지 않는 것 따위를 법은 명령한다. 또 이와 마찬가지로 다른 미덕과 악덕에 대해서도 명령하고 금지한다. 그리고 바르게 잘 만들어진 법은 올바르게, 바삐 만들어진 엉성한 법은 좀 덜 올바르게 이 일을 수행한다.

이러한 의미에서, 정의는 완전한 덕이다. 그러나 그것은 무조건적으로는 아니고 이웃과의 관계에 있어서만 그렇다. 정의는 가끔 모든 덕 가운데 가장 큰 덕이라 생각된다. 저녁의 별도 새벽의 별도 그 정의만큼 경탄할 만하지는 않다. 그래서 "정의 속에는 모든 덕이 다 들어 있다"고 하는 속담이 생겨난 것이다. 그리고 그것은 완전한 덕을 쓰는 것이므로 충만한 의미에서의 완전한 덕이다.

이처럼 정의의 덕이 완전한 까닭은, 그 덕을 가진 사람이 자신을 위해서가 아니라 이웃 사람을 위해서 그 덕을 쓸 수 있기 때문이다. 많은 사람이 자신을 위해서는 덕을 발휘할 수 있으나 이웃 사람을 위해서는 그렇지 못하기 때문이다. 이런 까닭에 "지배자의 자리에 있게 되면 그 인품이 드러난다"고 한 비아스(Bias)의 말은 옳다. 지배자는 반드시 다른 사람들과 관계하며, 또 사회의 일원이기 때문이다. 이런 이유에서, 모든 덕 가운데 정의만은 '다른 사람을 위한 선'이라 여겨진다. 정의는 이웃 사람에게 관계하는 것이기 때문이다. 사실 정의는 지배자건 동료건 관계 없이 다른 사람에게 유익한 일을 한다. 그리하여 가장 나쁜 사람이란 자기의 사악함을 자신뿐만 아니라 자기 친구들에게도 미치게 하는 사람이고, 가장 좋은 사람이란 자기 덕을 자기 자신은 물론 다른 사람 모두에게 미치게 하는 사람이다. 이것이 어려운 일이다. 그러므로 이런 의미에서의 정의는 덕의 일부가 아니라 덕 전체이며, 또 이 정의에 반대되는 정의롭지 못한 것은 악덕의 일부가 아니라 악덕 전체이다. 덕과, 덕 전체로서의 정의가 어떻게 다른가는 지금까지 말한 것에서 분명하게 드러났다. 이 둘은 서로 같은 것이지만, 그 존재 양식은 같지 않다. 즉 덕은 다른 사람과의 관계에 있어서는 정의이고, 그 자체로 어떤 하나의 상태인 한 덕이다.

2 덕성의 한 부분으로서 정의

그렇지만 우리가 탐구하는 것은 미덕의 한 조각, 즉 정의일 따름이다. 사실 이런 종류의 정의가 있고, 우리는 이것을 긍정한다. 이와 마찬가지로 우리가 관심을 두고 있는 정의롭지 못한 행위도 특수한 악덕의 한 조각에서 생긴다.

그러한 정의와 정의롭지 못함이 있다는 증표는 다음과 같다. 여러 가지 악덕에 따라 사는 사람이 욕심을 부리지는 않을 경우(예를 들어, 비겁해서 방패를 내던지거나 성미가 고약해서 욕지거리를 하거나 혹은 인색해서 금전적으로 친구를 도와주지 못하는 사람의 경우)가 있는 반면, 욕심을 부리는 사람이 자신의 여러 가지 악덕을 전혀 보여 주지 않고, 단지 다른 어떤 종류의 악덕을 보여 주는 사실을 들 수 있다. 이 악덕이 다름 아닌 정의롭지 못함이다. 그러고 보면 넓은 의미에서의 정의롭지 못함의 한 조각인 또 다른 하나의 정의롭지 못함(즉, 악을 다른 식으로 보여 주는 부정의)이 있고, '법에 어긋난다'고 하는 넓은 의미의 정의롭지 못함 일부로서의 어떤 정의롭지 못함이 또한 있을 수 있다.

그리고 이익을 얻기 위해 간음을 하고 돈을 버는 자가 있는가 하면, 돈을 내고 손해를 보면서도 욕망 때문에 간음하는 자가 있다. 후자는 욕심이 많다기보다는 오히려 방종하다고 여겨질 것이며, 전자는 정의롭지 못하지만 방종한 것은 아니다. 그러므로 전자가 정의롭지 못하다고 하는 것은 그 행위로 이득을 보기 때문이다. 그리고 다른 모든 정의롭지 못한 행위는 반드시 어떤 특수한 악덕에서 생긴다. 예를 들어 간음은 방종에서, 전장에서 전우를 버리고 도망치는 것은 비겁에서, 폭행은 분노에서 생긴다. 그러나 어떤 사람이 이득을 본다면, 그의 행동은 다른 어떤 악덕에서 생긴 것이 아니다. 그의 행동은 다만 정의롭지 못함에서 생긴 것으로밖에 볼 수 없다. 이 경우는 분명히 넓은 의미의 정의롭지 못함 이 외에 또 다른 부분적인 정의롭지 못함이다. 이러한 부정의(不正義)는 그 명칭과 본성이 앞의 것과 같다. 왜냐하면 그 정의(定義)가 동일하기 때문이다. 이 둘은 모두 타인과의 관계에서 성립하는 것이니 말이다. 다만 좁은 의미의 정의롭지 못함은 명예나 돈과 관계하며, 그 동기는 이득에서 오는 쾌락에 있다. 반면에, 넓은 의미의 정의롭지 못함은 선한 사람(또는 선)이 관련된 모든 일에 관계한다. 그러니 부정의에서와 마찬가지로 정의에도 한 가지 이상의 종류가 있고, 또 전반적인 덕이 아닌 또 다른 하나의 정의가 있다는 것이 분명하다. 우리는 이것의 본질과 특성을 파악하기 위해 노력해야 한다.

앞서 우리는 정의롭지 못함을 위법적인 것과 불공정한 것으로 나누었고, 정의를 합법적인 것과 공정한 것으로 나누었다. 위법적인 것에는 앞에서 말한 의미의 정의롭지 못함이 완전히 대응한다. 그러나 불공정과 위법은 같은 것이 아니고, 마치 부분적으로 같은 것과 전체적으로 같은 것이 서로 다른 것처럼 서로 다르기 때문에(즉, 불공정한 것은 모두 위법적이지만, 위법적인 것은 모두 불공정한 것은 아니니까), 불공정이란 의미에서의 정의롭지 못함은 부분적이 아니라 모두가 위법적이고 부정의한 것이다. 그러나 불공정의 부정의(不正義)는, 넓은 의미의 부정의 일부분이다. 정의도 이와 마찬가지다(공정의 정의는 넓은 의미의 정의의 일부분이다). 그러므로 우리는 부분적인 정의와 부분적인 부정의에 대하여 그리고 부분적인 옳음과 부분적인 옳지 않음에 대하여 말해야 한다.

그러므로 우리는 미덕 전체에 대응하는 정의와, 이런 전체적 정의에 대립되는 정의롭지 못함은 논외로 해야 한다. 이 둘은 모두 대타적(對他的)인데 전자는 미덕 전반을 나타내고, 후자는 악덕 전반을 나타낸다. 그리고 이것들에 대응하는 '옳음'과 '옳지 않음'의 의미가 어떻게 구별될지는 자못 분명하다. 실제로 법규정의 대부분은 전체적 미덕의 견지에서 명령되는 것이기 때문이다. 즉 법은 온갖 미덕을 실천할 것을 명령하고 악덕은 어느 것이나 행하지 못하게 한다. 그리고 미덕 전반을 생기게끔 하는 것들은 법규정 가운데서도 특히 공공의 선을 위한 교육을 염두에 두고서 제정된 것들이다. 그러나 개인을 무조건적 의미에서 선한 사람이 되게 하는 개인 교육이 정치에 속하는 것인지는 나중에 결정해야 할 문제다. 아마 훌륭한 사람이라는 것과 어떤 국가의 훌륭한 국민이라는 것은 같은 것이 아닐지도 모른다.

부분적인 정의, 그리고 거기 대응하는 옳음에는 어떤 것이 있는지 살펴보자.

첫째, 명예나 돈이나 이 밖에 국가가 국민에게 분배하는 데 있어서의 정의가 있다. 이 경우에는 한 사람이 다른 사람과 비교하여 불균등하게 받을 수도 있고 균등하게 받을 수도 있다.

둘째, 부분적 정의에는 사람과 사람의 관계를 조정하는 역할을 하는 정의가 있다. 이 정의는 다시 둘로 나뉜다. 그 하나는 서로간의 합의에 의해 판매·구매·돈을 빌리는 것·전당·대여·위탁·집을 빌리는 일의 조정같은 것이다. 이런 일들을 서로 합의한다고 보는 까닭은, 이 관계의 시초가 합의에 의한 것이기 때문이다. 다른 하나는 합의 없이 일어나는 조정으로, 절도·간음·독살·유괴·노예 유출·암살·위증처럼 은밀한 가운데 행해지는 것과 구타·감금·살인·강탈·치상·학대·모욕처럼 폭력적인 것이다.

3 공정하지 못한 사람

올바른 사람과 올바르지 않은 행위는 다 같이 불공정하거나 불균등하다. 그리고 이 둘 모두 불균등한 것들 사이에, 또한 불공정한 것들 사이에 하나의 중간이 있음이 분명하다. 이것이 다름 아닌 균등 또는 공정이다. 지나침과 모자람이 있는 행위에는 균등한 것이 있다. 그러니 만일 옳지 않음이 불균등이라고 하면, 옳음은 균등이다. 이것은 새삼스레 따질 것도 없이 누구나 다 인정하는 것이다. 그리고 균등이 중간인 까닭에 옳음도 반드시 중간일 수밖에 없다. 그런데 균등은 적어도 두 가지 사물을 내포한다. 그러므로 옳음은 중간이요 균등이며, 상대적으로는 그런 것이 아닐 수 없다. 그리고 중간인 한에 있어서는 옳음도 지나침과 모자람 사이에 있어야 하고, 또 균등인 한에 있어서도 두 가지 사물을 내포하지만, 또한 옳음인 사람들에게는 정의로운 것이어야 한다는 것 또한 필연적이다. 그러므로 예를 들어 옳음은 적어도 네 가지 항으로 성립한다. 그것은 누구를 위해 옳아야 하는데 그 당사자는 적어도 둘이어야 하고, 배분되는 사물 역시 둘이어야 한다. 그리고 동일한 균등성이 사람들 사이와 사물들 사이에서 존재한다고 전제해야 한다. 사물들 사이에서와 같이 사람들 사이에도 동일한 균등성이 있어야 한다. 균등하지 않은 사람들은 균등한 것을 가져서는 안 된다. 그런데 균등한 사람들이 균등하지 않은 것을 받거나, 균등하지 않은 사람들이 균등한 몫을 차지할 때 분쟁과 불평이 생긴다. 그리고 이것은 가치에 따라 분배해야 한다는 점에서 당연한 일이다. 분배에서의 옳음은 어떤 의미에서든 가치에 따라야 한다는 데 대해 누구나 동의하기 때문이다. 물론 그 가치가 어떤 것이냐에 대해서는 모든 사람이 뜻을 같이하는 것은 아니지만 민주주의자들은 그것을 자유민의 신분이라 하고, 과두정치를 지지하는 사람들은 그것을 부 혹은 좋은 혈통이라 하고, 귀족정치를 지지하는 사람들은 그것을 미덕이라고 한다.

따라서 옳음이란 일종의 비례적인 것이다. 비례란 단위적인 수에만 고유하게 속하는 것이 아니고, 수 일반에 속한다. 비례는 비와 비의 균등성이며 또 적어도 4항으로 성립한다. 불연속 비례는 분명히 4개의 항으로 되어 있고, 연속되는 비례도 역시 4항으로 된다. 하나의 비례는 결국 두 가지 비례처럼 쓰이기 때문이다. 예를 들면, "선분 A가 선분 B에 대하여 갖는 관계는 선분 B가 선분 C에 대하여 갖는 관계와 같다"고 하는 것이 그것이다. 여기서 선분 B는 두 번 언급되고 있으며, 따라서 선분 B가 두 번 나온 것을 다 합하면 결국 비례의 항은 넷이다. 따라서 옳음이란 것도 역시 적어도 4항으로 성립하며, 옳음에 있어 한쪽의 비례는 다른 한쪽의 비례와 같다. 사람과 사람 사이, 그리고 사물과 사물 사이에는 비슷한 구별이 있기 때문이다. 그리하여 A항의 B항에 대한 관계는 C항의 D항에 대한 관계와 같고, 또 치환하면 A항의 C항에 대한 관계는 B항의 D항에 대한 관계와 같다. 그러므로 전체가 전체에 대하여 똑같은 비를 가진다. 그리고 이 전체란 분배에 있어서 결합함으로부터 생기는 것이며, 만일 이렇게 결합이 되기만 하면 옳게 분배되는 것이다. 그리하여 A항을 C항에 결합시키고 B항을 D항에 결합시키는 것이 분배에 있어서의 옳음이며, 또 이런 종류의 옳음이 중간적인 것이고, 정의롭지 못함이란 이 비례를 깨뜨리는 것이다.

이렇게 비례적인 것이야말로 중간적인 것이고, 옳음은 비례적인 것이기 때문이다. 수학자들은 이런 종류의 비례를 기하학적 비례라 부른다. 왜냐하면 기하학적 비례에서는, 전체와 전체의 비가 분자항끼리의 비나 분모항끼리의 비와 한결같기 때문이다. 그러나 분배에서는 이 비례가 연속 비례가 아니다. 사람과 물건이 수적으로 단일한 항을 이룰 수 없으니 말이다.

그러므로 옳은 것이란 비례적인 것이고, 옳지 않은 것이란 비례를 깨뜨리는 것이다. 따라서 옳지 않은 일은 어떤 항이 지나치게 커지고 다른 항이 지나치게 작아질 때 생긴다. 이 경우에 대입해 보면 나쁜 일을 한 사람은 너무 많은 선을 얻고, 나쁜 일을 당한 사람은 너무 적은 선을 얻는다. 악에 있어서는 사정이 이와 반대다(즉 나쁜 일을 한 사람은 너무 적은 악을 얻고, 나쁜 일을 당한 사람은 많은 악을 얻는다). 보다 작은 악은 보다 큰 악에 비하면 선으로 여겨지며 나쁜 사람이 선뿐만 아니라 작은 악까지도 취하기 때문이다. 보다 작은 악이 보다 큰 악보다 더 선택할 만한 것이다. 그러나 바람직한 것은 선이며, 더욱 바람직한 것은 보다 큰 선이다.

이것이 옳음의 한 가지로서의 분배 정의다.

4 잘못을 바로잡는 정의

또 한 가지는 시정(是正) 정의다. 이것은 서로간 합의 관계에 의한 시정과, 합의 없는 관계에 의한 시정이 있다. 이러한 시점의 옳음(정도에 따라 시정된 비례 배분)은 앞에 말한 분배 정의와는 아주 다르다. 공공의 소유물을 분배함에 있어서 성립하는 정의는 언제나 분배 정의의 비례에 따른다. 즉 공공의 재화를 분배할 때에는, 당사자들이 거기에 기여한 정도에 비례하여 분배하는 것이 옳다. 이 정의에 반대되는 정의롭지 못함은 이 비례를 깨뜨리는 것이다.

그런데 사람과 사람 사이의 관계와 관련된 정의도 사실 일종의 균등이며, 또 정의롭지 못함은 일종의 불균등이지만, 이때의 비례는 앞서 말한 바와 같은 기하학적 비례가 아니고 오히려 산술적 비례이다. 선한 사람이 악한 사람한테서 사취하는 경우나, 악한 사람이 선한 사람한테서 사취하는 경우나 결국 사취는 사취이며, 또 선한 사람이 간음을 하거나 악한 사람이 간음을 하거나 결국 간음은 마찬가지 간음이니 말이다. 누가 악을 행하고 누가 악행을 당했건, 또 누가 해악을 끼치고 누가 그 해악을 당했건, 법은 다만 그 해악의 뚜렷한 성격만을 문제삼아 그 당사자들을 균등하게 취급한다. 그러므로 이런 종류의 옳지 않음은 불균등이나, 재판관은 이것을 균등하게 만들려고 노력한다. 어떤 사람이 상처를 입히고 다른 어떤 사람이 상처를 입었을 경우, 또는 어떤 사람이 살해하고 다른 어떤 사람이 살해되었을 경우, 가해와 피해는 불균등하게 분배되어 있다. 따라서 이런 경우에 재판관은 가해자측으로부터 이득을 빼앗아 손실이 균등해지도록 해야 한다. '이득'이란 말도 대체로 이런 경우에 적용된다. 물론 어떤 경우에는 꼭 들어맞지 않는 수가 있기는 하다. 예를 들어 상처를 입힌 사람에게는 이 이득이라는 말이 꼭 들어맞는 것은 아니고, 또 '손실'이란 말이 상처를 입은 사람에게 꼭 들어맞는 것은 아니다. 어쨌든 피해의 무게를 따지면, 한쪽은 이득이라 불리고 다른 한쪽은 손실이라 불린다. 그러므로 균등이란 지나침과 모자람의 중간이지만, 이득과 손실은 서로 반대되는 지나침과 모자람이다. 즉 선의 지나침과 악의 모자람을 얻는 것이 이득이며, 이와 반대되는 것이 손실이다. 이 둘 사이의 중간에 있는 것이 균등이라 함은 이미 고찰한 바와 같다. 그리고 이 균등이 옳다는 것을 또한 우리는 말하는 것이다. 그러므로 시정 정의는 이득과 손실과의 중간일 수밖에 없다.

이런 까닭에, 분쟁이 생기면 사람들이 재판관에게 소송을 제기한다. 재판관이란 일종의 살아 있는 정의라 할 수 있기 때문이다. 그리고 이때 사람들이 재판관을 찾는 것은 재판관을 하나의 중간으로서 보기 때문이며, 또 어떤 지방에서는 재판관을 조정자(중간을 얻는 자)라고 부르는데, 이것은 중간의 것을 얻으면 옳음을 얻으리라고 가정하기 때문이다. 재판관이 중간이므로 옳음 역시 중간적인 것이다. 그러므로 재판관은 균등(이득과 손실의 균등화, 또는 최대한의 선과 최소한의 악으로써 균등화하는 것)을 회복하는 일을 한다. 이것은 마치 한 선분이 불균등한 두 부분으로 나뉘었을 때, 큰 쪽에서 절반 이상의 것을 떼내어 작은 쪽에 붙이는 것과 같다. 그리하여 전체가 균등하게 나뉘었을 때, 즉 당사자들이 균등한 것을 갖게 되었을 때, "자기 몫을 차지했다"고 말한다. 균등은 보다 긴 선과 보다 짧은 선 사이의 산술적 비례를 따른 중간이다. 그것이 '디카이온(dikaion, 즉 옳음)'이라 불리는 이유도 이 때문이다. 왜냐하면 그것은 '디카(dicha, 즉 균등한 두 부분)'로 나누는 것이며, 사람들은 '디카이온(dikaion, 즉 절반적, 다시 말하면 균등한 두 부분으로 나누는)'이라고 말할 생각에서 '디카이온'이란 말을 쓰고 있기 때문이다. 그리고 재판관, 즉 '디카스테스(dikastēs)'는 절반을 가르는 자, 즉 '디카스테스(dikastēs)'다.

균등한 2개의 것 가운데 하나로부터 X를 떼내어 다른 하나에 보태면, 보태진 것은 떼어준 것보다 두 X만큼 더 커진다. 전자에서 떼낸 것을 후자에게 보태지 않으면 후자는 X만큼 더 커지는 것이다. 그러므로 후자는 중간적인 것보다 X만큼 더 크며, 중간적인 것은 X를 떼어낸 전자보다 X만큼 더 크다. 그러므로 이것으로 우리는 더 가진 쪽에서 얼마만큼을 떼내야 하며, 덜 가진 쪽에 얼마를 더 보태야 하는 가를 잘 알 수 있다. 즉, 우리는 작은 쪽에 중간 것보다 모자라는 것만큼을 보태야 하고 가장 큰 것에서는 중간 것을 넘는 만큼을 떼내야 한다. AA′, BB′, CC′의 세 선분이 서로 균등하다고 하자. 선분 AA′로부터 AE를 떼내고, 선분 CC′에 CD를 보탠다고 하면, 선분 DCC′는 EA′보다, CD와 CF를 합한 것만큼 더 길다. 그리고 그것은 선분 BB′보다 CD만큼 더 길다.

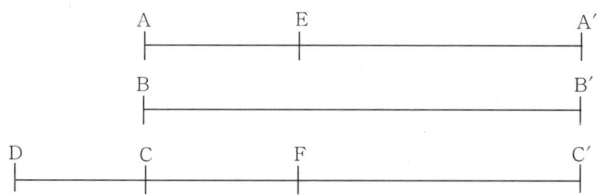

손실이니 이득이니 하는 명칭은, 모두 서로간의 합의에 의한 관계에서 온 것이다. 예를 들어 매매나 이 밖에 법이 인정하고 있는 다른 모든 일에 있어서, 자신의 것 이상을 얻는 것을 이득이라 하고, 본래 자기에게 속했던 것보다 적은 것을 얻는 것을 손실이라 하니 말이다. 한편 더 얻은 것도 없고 밑진 것도 없으며, 본래 자기에게 속했던 것을 그냥 그대로 가질 때에는 자기 몫을 차지했다고 말하며, 손실이니 이득이니 하는 말을 쓰지 않는다.

그러므로 옳음이란 어떤 의미에서 손실과 이득의 중간이다. 즉 손해를 본 사람의 뜻과 다르게 결과된 이득과 손실의 중간이다. 그것은 거래하기 전의 양과 거래한 후의 양이 동일함에서 성립한다.

5 교환성 정의

어떤 사람들은 피타고라스 학파들이 주장한 것처럼, '보상적인 것'이 무조건적으로 정의로운 것이라고 생각한다. 이 사람들은 정의는 곧 보상이라고 간단하게 말하기도 한다. 그러나 보상이란 분배 정의에도 시정 정의에도 다 들어맞지 않는다. 그럼에도 불구하고 사람들은, "행한 대로 당하게 하는 것이 정당한 심판이니라"라고 하는 라다만티스식의 정의, 즉 '눈에는 눈, 이에는 이'라는 식의 정의도 시정 정의라고 생각하는 경향이 있다. 그러나 많은 경우에 있어서 보상의 정의와 시정 정의는 일치하지 않는다. 예를 들어, (1) 지배적 위치에 있는 사람이 남에게 상처를 입히면 가해한 자신은 상처를 입지 않으나, 어떤 사람이 지배자에게 상처를 입히면 그 가해자는 상처를 입을 뿐만 아니라 처벌까지 받는다. 또 (2) 서로 합의에 의해 이루어진 행위와 합의 없이 이루어진 행위 사이에는 커다란 차이가 있다. 그러나 여러 교환 관계에서 이런 정의가 사람들을 서로 연결시킨다. 물론 이때의 보상 정의는 비례를 따른 것이지, 꼭 균등하게 반환하는 것을 따른 것은 아니다. 대체로 국가는 비례적인 보상 관계에 의해 유지되고 있다. 사람들은 나쁜 것을 나쁜 것으로 갚으려 하고 만약 갚지 못하면 그들은 자기 처지가 노예나 마찬가지라고 생각한다. 그리고 좋은 것에는 좋은 것으로 갚으려 한다. 만약 이렇지 않다면 서로 주고받는 일이 전혀 없다. 사람들의 공동 생활은 서로 주고받음으로써 이루어진다. 이런 까닭에 카리스, 곧 은혜를 베푸는 여신들의 신전이 사람들 눈에 잘 띄는 곳에 세워져 있다. 이 호의적 위치가 상호 보상을 촉진한다. 우리는 우리에게 호의를 베푼 사람에게 거기에 보답하는 봉사를 해야 하며, 또 어떤 때는 우리 쪽에서 호의를 베푸는 일을 주도적으로 해야 한다.

그런데 비례적 보답은 대각선적인 어떤 관계적 연결에 의하여 분명히 드러난다. 예컨대 A를 집 짓는 사람, B를 구두 만드는 사람, C를 집, D를 구두라고 하자. 이 경우, 집 짓는 사람은 구두 만드는 사람에게서 구두를 얻는 대신 자신의 제작물인 집을 그에게 준다고 하자. 그러나 처음에는 제작물 간에 비례적 균등이 있고, 그 다음에 보상 행위가 있어야 한다. 이렇게 되지 않으면 거래는 균등하지 않고, 또 그 거래가 성립되지도 못한다. 한쪽의 제작물이 다른 쪽의 제작물보다 나은 것일 가능성이 충분히 있기 때문이다.

그러므로 둘의 제작물은 균등하게 되어야만 한다. 이것은 다른 기술들의 경우에도 마찬가지다. 왜냐하면, 능동적인 쪽에서 일정한 양, 일정한 성질의 일을 하는 경우, 수동적인 쪽에서도 그와 똑같은 양의 그리고 그와 똑같은 성질의 일을 꼭 그대로 얻는 일이 없다고 하면 도대체 기술이란 것이 성립하지 못했을 것이기 때문이다. 사실 교환을 위하여 서로 관계하는 것은 두 의사 간이 아니고, 한 명의 의사와 한 명의 농부처럼 일반적으로 서로 다르고 균등하지 않은 사람들끼리이다. 그러나 교환이 이루어지려면 이들은 균등해져야 한다. 이런 까닭에 교환되는 모든 것은 서로 비교가 가능해야 한다. 이 목적을 위해 돈이 생겼으며, 또 돈은 가치의 의미상으로 하나의 매개자 노릇을 한다. 왜냐하면 돈은 모든 것을 계산할 수 있기 때문이다. 그리하여 그것은 몇 켤레의 신발이 집 한 채와 혹은 일정한 양의 식량과 맞먹는가를 계산할 수 있게 된다. 집 한 채 혹은 일정한 양의 식량과 교환할 수 있는 신발의 숫자는, 집 짓는 인력의 양과 신발 만드는 인력의 양의 비에 대응하는 것이어야 한다. 그렇지 않으면 도대체 교환이니 공동 관계니 하는 것이 있을 수 없으니 말이다. 그리고 물품의 가치가 어떤 방식으로든 균등하지 않는 한, 이러한 비례는 성립되지 않을 것이다.

그러므로 앞서 말한 것과 같이, 모든 물품은 어떤 한 가지 기준이 되는 것에 의하여 계산될 필요가 있다. 그런데 바로 이 한 가지 것은 실제로 모든 것을 연결시켜 주는 실제 수요 대상이다. 만일 사람들이 서로의 물품을 필요로 하지 않거나 혹은 균등하게 필요로 하는 일이 없다면, 도대체 교환이란 게 있을 수 없으니 말이다. 돈이 계약에 의하여 수요의 대표자가 되었다. 그리고 이 때문에 그것이 '돈'(노미스마, nomisma)이란 명칭을 가지고 있는 것이다. 이것은 돈이 자연에 의하여 저절로 생긴 것이 아니고, 법(노모스, nomos)에 의하여 인위적으로 생긴 것이며, 또 우리 힘으로 변경시킬 수도, 소용 없게 할 수도 있는 것이기 때문이다. 그러므로 농부와 신발 만드는 사람의 경우, 이들 각자의 제작물이 교환을 위해 균등하게 되었을 때, 그 거래는 서로 더하고 덜함이 없는 보상적인 것이 될 것이다. 물론 우리는 교환이 끝난 직후에 비례가 어떻게 되었는가를 따져볼 것이 아니라, 교환에 앞서 비례가 잘 되도록 생각해야 한다. 이렇게 하지 않으면 한쪽의 초과 이득이 다른 쪽 부족분의 2배가 될 것이다. 그리하여 이런 경우 이상과 같은 균등성이 있음으로써 비로소 저들은 균등하며 공동 관계를 누릴 수 있다. 이제 A를 농부, B를 신발 만드는 사람, C를 식량, 그리고 D를 B의 제작물로서 C에 맞먹는 것이라고 하자. 만일 이런 식으로 보상이란 것이 성립하지 못하면, 당사자들 간의 공동 관계란 있을 수 없다.

수요(需要)가 하나의 단일한 기준으로서 사물들을 연결시킨다는 것은 다음과 같은 사실을 통하여 잘 알 수 있다. 상호적인 수요가 없는 경우, 즉 서로 또는 한쪽에 수요가 없는 경우는, 어떤 사람이 우리가 가지고 있는 것을 필요로 할 때 이루어지는 그런 교환이 성립되지 않는다. 예를 들어 술을 수입해 오는 대신에 곡물 수출을 허가하는 경우와 같은 교역이 되지 않는다. 그러므로 균등하게 되어야 한다. 그리고 미래의 교역을 위해서 지금은 우리에게 필요가 없지만 언젠가 필요하게 될지 모르는 것을 그때 가서 손에 넣을 수 있도록, 이를테면 보증으로서 돈을 가지고 있는 것이다. 돈을 가지고 가면 우리가 그것을 얻을 수 있으니 말이다.

그런데 돈도 다른 물품과 마찬가지로 변동의 경향을 가지고 있다. 즉 언제나 똑같은 가치를 지니고 있는 것이 아니다. 그래도 돈은 다른 물품들보다는 더 오래 지속하는 법이다. 이런 까닭에 모든 물품에는 가격을 정해 놓아야 한다. 그래야만 언제나 교역이 가능하고, 따라서 사람과 사람과의 공동 관계가 성립할 수 있다. 그러고 보면 돈은 하나의 척도 역할을 하는 것으로서, 물품들을 동일한 단위로 나타낼 수 있게 하며 또 균등화시킨다. 사실 교역이 없으면 공동 관계가 있을 수 없고, 물품들의 교환가치에 있어 균등성이 없다면 교역이 있을 수 없으며, 또 동일한 단위로 나타낼 수 없으면 균등성이 있을 수 없다. 물론 그토록 서로 아주 다른 물건들이 동일한 단위로 계산된다는 것은 불가능한 일이지만, 수요란 것에 비추어 보면 충분히 그렇게 될 수도 있다.

그리하여 하나의 단위가 있어야만 하고, 그것은 협정에 의하여 결정되는 것이어야 한다. 이런 까닭에 그것이 노미스마, 즉 돈이라고 불리는 것이다. 모든 물건을 동일한 단위로 환산되게 하는 것은 바로 이 돈이다. 모든 물건은 돈에 의하여 환산되기 때문이다. 이제 A를 가옥, B를 10므나(므나는 100드라크마, 고대 그리스 화폐 단위), C를 하나의 침대라고 가정하자. 만일 가옥이 5므나의 값어치라면, A는 B의 절반이다. 그런데 침대, 즉 C는 B의 $\frac{1}{10}$이다. 이와 같이 볼 때 침대 몇 개가 집 한 채와 맞먹는 것은 분명하다. 즉, 5개의 침대가 집 한 채와 균등하다. 돈이 생기기 전에는 교역이 이와 같이 행해졌다는 것이 분명하다. 5개의 침대를 집 한 채와 바꿀 수 있다는 것과 돈으로 따져서 5개의 침대가 집 한 채의 값이 된다는 것은 똑같은 이야기이기 때문이다.

이로써 우리는 물품가치의 균등화에 비유하여 옳지 않음이 무엇이며 옳음이 무엇인지 정의한 셈이다. 이와 같이 규정해 놓고 보니 옳은 행위란, 옳지 않은 행위를 하는 것과 옳지 않은 행위를 당하는 것 사이의 중간적인 것이다. 옳지 않은 행위를 한다는 것은 너무 많이 가지는 것이요, 옳지 않은 행위를 당한다는 것은 너무 적게 가지는 것이니 말이다. 정의란 일종의 중용이지만 다른 덕들과 같은 중용은 아니다. 정의가 중용인 까닭은, 부정의가 두 극단(지나침)에 관계하는 것인데 반하여 정의는 하나의 중간적인 것에 관계하기 때문이다. 그리고 정의란 옳은 사람이 그의 선택에 의하여 옳은 일을 하게 하는 덕이다. 이런 옳은 사람은 자신과 남 사이에 혹은 남과 남 사이에 분배하는 일이 있을 경우에, 좋은 것은 자기가 더 많이 차지하고 남에게는 적게 주는 그런 사람이 아니며(또 해로운 것에 있어서는 약삭빠르게 이와 반대로 나누어 주는 그런 사람이 아니다), 비례에 따라서 균등하게 나누어 주는 사람이다. 남과 남 사이에 분배하는 일에 있어서도 그는 이와 비슷하게 행한다.

옳지 않다는 것은, 곧 유익한 것 혹은 유해한 것이 비례에 어긋나게 지나치거나 모자라다는 것이다. 이런 까닭에 정의롭지 못함은 지나침이나 모자람이다. 즉 지나침과 모자람에서 생긴다. 자기 자신은 무조건적으로 유익한 것의 지나침이고 유해한 것의 모자람이라고 여기며, 타인들의 경우는 전체적으로는 자기 자신의 경우와 비슷하지만, 그 비례는 어느 방향으로나 깨뜨릴 수 있는 것이라고 여긴다. 옳지 않은 행위 가운데서 너무 적게 가지는 것은 정의롭지 못함(또는 정의롭지 못한 자)에게 당하는 것이요, 너무 많이 가지는 것은 정의롭지 못함을 행하는 것이다.

이로써 정의와 정의롭지 못함, 그리고 일반적으로 옳음과 옳지 않음의 본성에 대해 설명한 것으로 하자.

6 정치성 정의

정의롭지 못한 행위를 한다고 해서 반드시 그 사람이 정의롭지 못한 사람은 아니다. 그렇다면 정의롭지 못한 행위를 얼마나 많이 해야 곧 그 사람이 정의롭지 못한 사람, 즉 도둑, 간통자, 강도가 되는가? 그러나 확실히 정의롭지 못한 여러 행위들을 가지고 그 사람이 그런 정의롭지 못한 사람이라고는 할 수 없을 것 같다. 왜냐하면 어떤 사람이 그 여자가 누군지 알고서 동침했을 경우, 그 행위는 정의에 대해 깊이 생각한 끝에 선택한 것이 아니고 정욕으로 인한 것일 수가 있기 때문이다. 그러므로 그 사람은 정의롭지 못한 행위를 한 것이지만, 그렇다고 그 사람이 곧 정의롭지 못한 사람인 것은 아니다. 즉 이런 경우에 그 사람은 훔치기는 했으나 도둑은 아니요, 간음은 했으나 간통자는 아니며, 또 다른 모든 경우에도 이와 마찬가지다.

앞서 우리는 보상이 어떻게 옳음에 관계하는 가에 대해 말한 바 있다. 그러나 우리가 찾고 있는 것이 무조건적으로 옳은 것만이 아니라, 또한 정치적으로 옳은 것이기도 하다는 것을 기억해야 한다.

이 정치적인 옳음은 자족적이기를 목표로 삼고 삶을 함께 나누는 공동체 구성원들, 즉 자유로운 동시에 비례적으로나 산술적으로 균등한 가치를 지닌 사람들 사이에서 성립한다. 따라서 이 조건을 갖추지 못한 사람들 사이에는 정치적인 옳음이 없고 다만 특별한 의미에 있어서 유사성을 띤 옳음이 있을 따름이다. 정의는 법이 그들간의 관계를 다스리는 사람들에게 있는 것이기 때문이다. 그리고 법이 존재하는 이유는 정의롭지 못함과 관련이 있다. 법의 심판이란 옳음과 옳지 않음을 판정하는 것이기 때문이다. 그리고 정의롭지 못한 사람들 사이에는 또한 정의롭지 못한 행위가 있는 법이다. 물론 옳지 않은 행위를 하기도 하는 사람들이 행하는 일들이 모두 정의롭지 못하다는 것은 아니다. 그들의 부정의는 다만, 무조건적으로 좋은 것들은 자신에게 너무 많이 분배하고 무조건적으로 나쁜 것들은 너무 적게 배분한다는 것이다.

이런 까닭에 우리는 어떤 사람에 의해서가 아니라 옳은 이치에 따라 지배가 이루어지게 해야 한다. 이것은 사람이란 본디 자신의 이익을 위해서 움직이며, 마침내 참주까지 되기 때문이다. 한편 지배자는 정의의 수호자이며, 또한 균등의 수호자이기도 하다. 그리고 만일 그 지배자가 옳은 사람이라면 자기 몫 이상을 취하지 않을 것이므로(그는 무조건적으로 좋은 것을 지나치게 많이 취하지 않기 때문이다. 물론 이렇게 취하는 것이 그의 공적에 어울릴 적에는 이야기가 다르지만. 이런 까닭에 그 지배자는 남을 위하여 수고한다. 앞서 우리가 지적한 바와 같이 사람들이 "정의란 타인의 선이다"라고 말함은 이 때문이다), 그에게는 어떤 보수를 주어야 한다. 그 보수란 다름 아닌 명예와 특권이다. 그런데 이런 것들로 만족하지 못한 지배자들은 참주가 된다.

그런데 주인적 정의와 가부장적 정의는 지배자적인 것과는 달리, 국민들의 자유와 비슷하다. 그러나 동일하지는 않다. 왜냐하면 사람들은 본디 자신에게 속하는 것들에 대해서는 무조건적인 의미에서의 정의롭지 못함이 있을 수 없다고 여기기 때문이다. 노비라든가 일정한 나이가 되어 독립하기에 이르기 전의 자기 자식은, 마치 자신의 부분과 같다. 그런데 누구도 일부러 자신의 일부를 해치지는 않는다. 그래서 자기 자신의 일부, 즉 자식에 대한 정의롭지 못함도 존재하지 않는다. 그러므로 국민으로서의 정의나 정의롭지 못함은 이런 주인적, 가부장적, 정의 관계에서는 존재하지 않는다. 조금 전에 살펴본 바와 같이, 국민의 정의나 정의롭지 못함은 법을 전제하는 것이요, 본성상 법의 지배 아래 있어야 하는 사람들 사이에 성립하며, 또 이런 사람들은 지배하고 지배받음에 있어 균등성을 가지고 있다. 따라서 정의는 그 참된 의미에 있어서 자식들이나 노비들에 대해서보다 오히려 아내에 대해서 더 존재하는 것이라 할 수 있다. 여자는 집안을 다스리는 정의이기 때문이다. 그러나 이것도 정치적 정의와는 다르다.

7 자연정의 법적정의

정치적 정의에는 본성적인 것과 인위적인 것이 있다. 본성적인 것이란 어디서나 같은 힘을 가지는 것으로서, 사람들이 이렇게 저렇게 생각하는 것과는 상관 없이 존재한다. 인위적인 것이란 본래는 이렇게도 저렇게도 될 수 있었던 것이지만, 일단 방향이 정해진 다음에는 이렇게든 저렇게든 할 수 없는 것이다. 이를테면 포로의 몸값은 1므나라거나, 혹은 양 두 마리가 아니라 염소 한 마리를 희생제물로 바쳐야 하는 것으로 정해놓는 것이다. 더 나아가 예를 든다면, 브라시다스(BC 422년경의 유명한 스파르타 장군 사후에 그에게 희생 제물이 바쳐졌다)에게 희생 제물을 바쳐야 한다는 것과 같이 개별적인 경우를 위해 법으로 제정된 모든 법률과 결의들이다. 그런데 모든 정의가 인위적 정의라고 생각하는 사람들이 더러 있다. 그들이 이렇게 생각하는 이유는, 마치 불은 여기서도 타고 페르시아에서도 타는 것같이, 본성적으로 존재하는 정의는 불변적이고 어디서나 똑같은 힘을 가지고 있는데 반하여, 옳다고 인정되는 정의들은 변화(장소에 따라 인위적으로 변화)할 수 있기 때문이다. 이 변화는 무조건적으로 그런 것이 아니고, 다만 어느 의미에서 그럴 따름이다. 즉 신들에게 있어서는 아마 절대로 그렇게 변화할 수 없겠지만, 우리에게는 본성적으로 옳은 것이면서도 아주 변화하기 쉬운 것이 있다.

그렇다 해도 본성적인 정의와 본성에 의거하지 않는 인위적인 정의의 구별은 어디까지나 존재한다. 달리 있을 수도 있는 것(변화할 수 있는 것)들 가운데 어떤 성질의 것이 본성에 의한 것이고, 어떤 성질의 것이 인위적이고 계약에 의한 것인가—정의의 본성적 변화와 인위적 변화가 다 같이 가변적인 것이라 가정하고서 말이다—하는 것은 구별이 분명한 일이다. 그리고 다른 모든 일에 있어서도 이와 같은 구별이 적용될 수 있을 것이다. 예를 들어 본성적으로는 오른손이 더 세지만, 누구나 두 손을 모두 똑같이 잘 놀리는 것이 가능하다. 계약이나 효용으로 발생하는 인위적 옳음은 마치 도량형과 같다. 술이나 곡물의 도량은 어디서나 똑같지 않고 도매에서는 많이 나가고 소매에서는 적게 나가기 때문이다. 이와 마찬가지로 본성에 의해서가 아니라 인간이 시행함으로써 생긴 옳음은 어디서나 같은 것은 아니다. 국법 역시 다 똑같지 않으니 말이다. 물론 어디서나 본성적으로 최선인 국법은 오직 하나 있을 뿐이다.

옳은 정의와 합법적인 정의의 하나하나는 보편자로서 개별적인 경우들에 대하여 관계하고 있다. 우리가 하는 행위는 여러 가지로 많지만, 그 하나하나는 단편적이고, 보편적이기 때문이다.

정의롭지 못한 행위와 정의롭지 못함은 서로 다르고, 옳은 행위와 옳음도 서로 다르다. 즉 어떤 일이 정의롭지 못함은 본성에 의하여 그럴 수도 있고 법령에 의하여 그럴 수도 있다. 하지만 바로 그 일은 행해진 뒤에 비로소 정의롭지 못한 행위가 되는 것이지, 행해지기 전에는 아직 정의롭지 못한 행위는 아니며, 다만 정의롭지 못할 따름이다. 옳은 행위의 경우도 이와 똑같다.

이 일들 하나하나에 대하여 그것이 어떤 성질의 것이며, 그 아래 종류가 몇 가지이며, 또 어떤 성질의 것들에 관계하는 것인가는 나중에 검토하겠다.

8 정의의 자발성

옳은 행위와 옳지 못한 행위는 지금까지 우리가 말해 온 바와 같이, 의식적으로 행할 때에라야 판단할 수 있다. 무의식적으로 행할 때에는 우연히 옳은 행동을 한 것이거나 옳지 않은 행동을 한 것이므로, 그것은 옳은 행위를 했다고도 옳지 않은 행위를 했다고도 할 수 없다. 이때에는 그 행위가 결과적으로 옳거나 옳지 않을 수 있을 따름이기 때문이다. 어떤 행위가 정의롭지 못한 행위인가 그렇지 않은가(혹은 옳은 행위인가 그렇지 않은가)는 그것이 의식적인가 무의식적인가에 따라서 결정된다. 왜냐하면 그것이 의식적인 때에 비로소 비난을 받고 동시에 정의롭지 못한 행위가 되기 때문이다. 그러므로 의식적인 성질이 없을 때에는, 정의롭지 못하면서도 정의롭지 못한 행위라고 할 수도 없는 것이 있다. 의식적이라 함은, 자신의 능력 안에서 스스로 알고서 행하는 것을 말한다. 즉 누구에게 무엇을 가지고서, 무슨 목적으로 행하는 가를 확실히 알고 있는 것이다. 예를 들어 자기가 때리고 있는 사람이 누구이며, 무엇을 가지고 때리며, 또 무엇 때문에 때리는 것인가를 알고서 행하는 것이다. 이런 행위는 모두 우연히 벌어진 것도 아니요, 누구에 의해 강요된 것도 아니다.

가령 A란 사람이 B란 사람의 손을 잡고서 그 손으로 C란 사람을 때렸다고 하면, B는 의식적으로 때린 것이 아니다. 자기 의지대로 한 것이 아니기 때문이다. 매를 맞은 사람이 때린 사람의 아버지일 수도 있지만, 때린 사람은 자신이 그저 사람을 때렸으며 마침 그때 거기 있던 사람들 중 한 명을 때렸다는 것은 알면서도 그 사람이 바로 자기 아버지임은 모르고 행했을 수도 있다. 이와 같은 일은 목적에 대해서도 있을 수 있고 또 행위 전체에 대해서도 있을 수 있다. 그러므로 알지 못하고 행한 일, 혹은 알았지만 자기 힘으로 어떻게 할 수 없었던 일, 혹은 강요에 의한 일은 무의식적인 것이다. 본성에 따라 일어난 일들 중 많은 것이 우리가 알고서 행하기도 하고 경험도 한 것이지만, 늙거나 죽는 것처럼, 그 어느 것이든 의식적인 것도, 무의식적인 것도 아니다. 그리고 정의롭지 못한 행위나 옳은 행위, 또는 정의롭지 못함이니 정의니 하는 것은 다만 우연한 행동에 의해 발생하는 것이다. 예를 들어 어떤 사람이 두려운 생각이 들어 마지못해 맡았던 물건을 되돌려 보내는 경우, 우리가 이런 사람을 두고 옳은 행위를 한다든가 옳게 행위한다고 말할 수 있는 것은 다만 우연적인 의미에서만이다. 이와 마찬가지로 강요에 의해 어쩔 수 없이 자기가 맡았던 물건을 돌려보내지 않는 사람을 두고 정의롭지 못하다고 할 수 있는 것도 다만 우연적 행위의 결과로서 그럴 수 있을 따름이다. 그런데 의식적인 행위 가운데에는 선택에 의해 하는 것도 있고 선택하지 않고 하는 것도 있다. 선택에 의해 하는 것이란 숙고한 끝에 행하는 것이요, 선택에 의하지 않고 하는 것이란 미리 숙고하는 일 없이 행하는 것이다.

그리하여 사람과 사람 사이의 공동관계에서 서로 간에 끼치는 해(害)에는 세 가지가 있다. 이 가운데 알지 못하고 행한 일은 잘못이다. 즉 행위의 대상, 그 행위 자체, 행위 도구 혹은 행위의 결말이 생각했던 바와 다를 때의 행위가 바로 이런 경우이다. 그 행위자는 자기가 아무도 때리고 있지 않으며, 이 도구로 때리고 있는 것이 아닐 뿐만 아니라, 이 사람을 어떤 목적 때문에 때린다고 생각하지도 않았지만, 그 결과는 그 행위 자의 생각과는 다르게 발생한 것이다. 예를 들어 상처를 입힐 생각은 없고 그저 좀 아프게만 하려 했을 경우가 그렇다. 맞은 사람이, 혹은 때린 도구가 자기가 생각했던 것과는 달랐다. 그러므로 (1)상해가 뜻밖에 생겼을 때 그것은 재난이다. (2)뜻밖에 생긴 상해는 아니고 약간의 의도가 있었지만, 악덕 때문에 생긴 상해도 아닌 때 과실이다. 즉, 잘못의 원인이 자기에게 있으면 과실이요, 자기 외부에 있으면 재난이다. (3)알고서 하되 숙고 끝에 하는 행위가 아닐 때 그 행위는 옳지 않은 행위다. 예컨대 노여움이나 이 밖에 인간에게 필연적이고 본성적인 감정으로 말미암은 행위가 그것이다. 이와 같은 해롭고 그릇된 행위를 하는 사람들은 옳지 않은 행위를 하고 있는 것이지만, 그렇다고 해서 그 사람이 곧 옳지 않은 사람이거나 악인은 아니다. 그런 상해는 악덕으로 말미암은 것이 아니기 때문이다. 그러나 (4)선택하고서 악덕을 행할 때 그 사람은 옳지 않은 사람이요, 악인이다.

따라서 노여움에서 생기는 행위는 미리 숙고한 악의에서 행한 것이 아니라고 판단하는 것이 정당하다. 왜냐하면 이런 경우 노여움의 발단은 노여움 때문에 행동한 사람이 아니고, 그 사람을 노엽게 한 사람이기 때문이다. 그리고 이런 경우 노여움으로 서로 다투는 원인은, 노엽게 할 만한 일이 생겼는지의 여부가 아니고, 그 일이 옳은가 옳지 않은가에 대해서다. 노여움이란 옳지 않다고 생각하는 마음에서 생기기 때문이다. 예를 들어 둘 가운데 한쪽이 나쁜 마음을 먹고 있는 상거래에서는 진실이 문제가 되고 다툼거리가 되지만, 대체로 망각 때문에 이렇게 되는 경우를 제외하고는 진실 여부에 대해서 다투는 사람이 없다. 다만 진실에 대해서는 생각을 같이 하면서, 어느 쪽이 옳은 진실인가에 대해서 다투는 것이다(한편 숙고하고 나서 남을 해친 사람은 자기가 그렇게 했음을 모를 이유가 없다). 그리하여 이 다툼은 한 사람은 자기가 옳지 않게 취급받는다고 생각하고, 다른 한 사람은 여기에 동의하지 않는다.

그러나 만일 어떤 사람이 선택에 의하여 다른 사람에게 해를 끼쳤다면, 그 사람은 옳지 않은 행위를 한 것이다. 그리고 이런 경우 그 옳지 않은 행위는 그 사람이 옳지 않은 사람임을 뜻한다. 다만 이렇게 옳지 않은 사람이 되는 경우는, 그 행위가 비례 혹은 균등을 깨뜨렸을 때이다. 이와 마찬가지로 어떤 사람이 선택에 의하여 옳게 행동할 때 그 사람은 옳은 사람이다. 그러나 그저 의식적으로 행하는 데 그치는 것이라면 그 사람은 옳게 행동하고 있는 데 지나지 않는다.

무의식적인 행위 가운데에는 용서할 수 있는 것도 있고 용서할 수 없는 것도 있다. 즉 모르고서 저지르는 것뿐만 아니라 또한 무지 때문에 저지르는 과실은 용서할 수 있다. 이에 반하여 무지에서가 아니라(모르고서 한다 할지라도) 본성적인 감정이나 인간의 약점 때문에 빠지기 쉬운 감정이 아닌 다른 감정 때문에 저지르는 과실은 용서할 수 없는 것이다.

9 정의의 문제들

정의롭지 못한 경우를 당하는 것과 행하는 것에 대해서는 이로써 충분히 규정했다 치더라도, (1)에우리피데스의 역설적인 말에 진리가 표현되었는지가 문제된다.

"나는 어머니를 살해했다. 요컨대 이것이 내 이야기의 전부다."
"너나 어머니나 자진해서 그랬단 말인가, 부득이 그랬단 말인가?"

《알크마이온》 1절

이렇게 자진해서 옳지 않은 취급을 받는 것이 정말 가능한 일인가? 그렇지 않으면, 모든 옳지 않은 행위가 의식적인 것처럼, 상대적으로 옳지 않은 일을 당하는 것은 모두 무의식적인 것인가? 그리고 도대체 옳지 않음을 당한다는 것은 모두 자진해서 그렇게 되거나 모두 원치도 않는데 당하는 것인가, 그렇지 않으면 어떤 때는 의식적이고 어떤 때는 무의식적인가? 옳은 취급을 받는 경우에도 이와 마찬가지다. 옳게 행하는 것은 모두 의식적인 까닭에, 옳게 행하는 것과 옳은 취급을 받는 것에는 각기 비슷한 대립도 있다고 보는 것이 당연하다. 즉 옳지 않은 취급을 받는 것과 옳은 취급을 받는 것이 모두 동시에 의식적인 것일 수도 있고 모두 무의식적인 것일 수도 있다. 그러나 옳은 취급을 받는 경우에, 그것이 언제나 의식적인 것이라고 보는 것은 이치에 맞지 않는다고 생각된다. 원치 않는데도 옳은 취급을 받는 사람이 더러는 있기 때문이다.

이런 문제가 제기될 수 있다. (2)옳지 않은 일을 당한 사람은 누구나 옳지 않게 취급을 받고 있는 것인지, 혹은 옳지 않은 일을 당하는 것도 옳지 않은 일을 행하는 것과 마찬가지로 자기에게 생각이 있어서 의식적으로 그렇게 당하는 것인지? 자기가 행하는 일에 있어서나 남이 행하는 일로 인해 당함에 있어서나, 그로 인해 다 같이 우연히 정의에 참여하게 될 수도 있고 또 이와 마찬가지로 옳지 않은 일에 참여하게 될 가능성도 분명히 있다. 이것은 옳지 않은 일을 하는 것과 옳지 않음에 가담하게 되는 것은 같은 것이 아니고, 또 옳지 않은 일을 당하는 것과 옳지 않게 취급당하는 것이 같지 않으며, 또 옳게 행하는 것과 옳게 취급을 받는 것에 있어서도 이와 마찬가지로 다른 것으로서, 이런 일들은 실제로 경험하기 때문이다. 남이 나에게 옳지 않게 행하는 일이 없다면 옳지 않게 취급을 당하는 일이 있을 수 없고, 또 그가 나에게 옳게 행하는 일이 없다면 옳게 취급되는 일이 있을 수 없기 때문이다. 그런데 만일 옳지 않게 행한다는 것이 그저 어떤 사람을 일부러 해치는 것이라고 한다면, 그리고 '일부러'란 것이 '상대방이 누구인지, 도구가 무엇인지, 자기 행위가 어떠한지를 알고서'란 것을 의미한다고 하면, 그리고 또 참지 못하는 사람이 일부러 자기 자신을 해한다면, 이런 사람은 일부러 옳지 않게 취급될 뿐만 아니라 또한 자기 자신을 해하는 것이 가능하기도 할 것이다. 이렇게 사람이 자기 자신을 옳지 않게 취급할 수 있는가, 하는 것도 문제가 되는 것의 하나다. 그리고 참지 못해서 일부러 행하는 남에게 일부러 자진해서 해함을 받을 수도 있다. 그래서 일부러 옳지 않게 취급을 받는 것도 가능하다.

그러나 우리의 이 규정은 정확하지 못한 것이 아닌지? 우리는 '상대방이 누구인지, 도구가 무엇인지, 자기 행위가 어떠한지를 알고서 남을 해한다'고 할 때, 거기에다 '상대방의 소원에 어긋나게'란 것을 추가해야만 하지 않을까? 이렇게 되면 사람은 내심 상대방을 해할 의도로 일부러 해함을 받을 수도 있고 일부러 옳지 않은 일을 당하기도 하나, 아무도 일부러 옳지 않게 취급받기를 원치 않으니 말이다. 참지 못하는 사람은 자기 소원에 어긋나게 행동하기는 한다. 아무도 자기가 좋다고 생각하지 않는 것을 원하지는 않지만, 참을성 없는 사람은 자기가 마땅히 해야 한다고 생각하지 않는 것을 행하기 때문이다. 자신의 것을 주는 사람, 예를 들어 호메로스가 말한 것처럼,

그 값은 소 9마리와 소 100마리의 차이가 있으련만,
청동 갑옷과 황금 갑옷을 바꿔

《일리아스》 제6권, p. 236

글라우코스는 디오메데스에게 황금갑옷을 주고 대신 청동갑옷을 받았는데, 이런 경우 글라우코스는 부정하게 취급받은 것이 아니다. 주는 것은 자기 마음대로 할 수 있지만 옳지 않게 취급받는 것은 그렇지 않다. 옳지 않게 취급하는 사람이 있어야만 하기 때문이다. 그러니 옳지 않게 취급받는다는 것은 의식적인 것이 아님(부당한 취급을 당하는 기분으로 손실거래를 한 것이 아님)이 분명하다.

그런데 우리가 논하고자 한 문제 가운데 아직 두 가지가 남아 있다.
(3)남에게 합당한 몫 이상을 준 사람이 옳지 않게 행한 것인가, 그렇지 않으면 지나치게 많은 것을 받은 사람이 옳지 않게 행한 것인가?
또한, (4)자기 자신을 옳지 않게 취급하는 것이 가능한가, 가능하지 않은가?
이 두 문제는 서로 연결되어 있다. 왜냐하면 만일 (3)에 있어서 어느 한 가지 일이 가능하여, 예를 들면 준 사람이 옳지 않게 행한 것이고 받은 사람이 옳지 않게 행한 것이 아니라고 판단한다면, 이 판단은 어떤 사람이 자기 자신에게보다도 남에게 더 많은 것을 주되, 알면서 그리고 의식적으로 그렇게 주는 경우에, 그가 자기 자신을 옳지 않게 취급하고 있는 것이라는 판단이기 때문이다. 이와 같은 일은 매우 겸허한 사람들이 하고 있는 일이다. 덕

있는 사람은 자기에게 오는 몫보다 적게 가지곤 하니 말이다. 그러나 이와 같이 말하는 것은 사실 무조건적으로 성립하지 않는 것이 아닐지? 왜냐하면 아마 그는 다른 어떤 선, 예를 들어 명예나 마음속의 고귀한 성품을 자기 몫 이상으로 얻고 있으니 말이다. 이 글라우코스의 거래 문제는 우리가 옳지 않은 행위들을 각각 구별했던 것처럼 세심히 구별함으로써 해결될 수 있다. 즉, 그는 이 거래에서 자기 자신의 소원에 반대되는 것을 전혀 겪지 않고 있다. 그래서 자기 몫보다 적은 것을 가진다고 해서 그가 옳지 않게 취급받고 있는 것은 아니며, 그저 기껏해야 금전적 손해를 입고 있을 따름이다.

그리고 주는 사람이 옳지 않게 행한다는 것도 있을 수 있고, 지나치게 많은 몫을 차지한 사람이 언제나 반드시 부정하다고도 할 수 없다. 옳지 않게 행하는 것은, 옳지 않은 부당한 몫을 차지하는 사람에게 속하는 것이 아니라, 일부러 옳지 않은 행위를 하는 사람에게, 즉 행위의 실마리를 쥐고 있는 사람에게 있기 때문이다. 그런데 행위의 이 실마리는 주는 사람에게 있지, 받는 사람에게 있지 않다. 뿐만 아니라 '행한다'란 말은 애매한 점이 있어서, 명령에 복종하여 무생물이나 손이나 노예가 어떤 의미에서 살해하는 일이 있고 보면, 지나친 몫을 차지하는 사람이라고 해서 옳지 않게 행하고 있는 것이 아니라 다만 옳지 않은 일(타의에 의해 이루어진 부정의를 행하는 일)을 '하고' 있는 것이다.

또 만일 주는 사람이 알지 못하는 채로 판정을 내렸다고 하면, 법률적 정의에서 보아서는 옳지 않게 행하고 있는 것이 아니다. 이 판정이 옳지 않은 것은 아니지만, 어떤 의미에서는 그의 주는 행동은 옳지 않기도 하다(법률적 정의와 일차적인 의미에서의 정의는 서로 다르므로). 그러나 알고서 옳지 않게 판정했다고 하면 그는 감사나 보복의 면에서 더 많이 가지려는 욕심을 내는 것이다. 그러니 이런 식으로 옳지 않게 판정한 사람이 지나친 것을 바라는 것은, 옳지 않은 몫을 차지하는 것과 다름없다. 그런 이유에서 땅 문제에 대해 판결을 내린 사람도, 땅을 취하지는 않지만 금전은 취하기 때문이다.

그런데 사람들은 옳지 않게 행하는 것이 자기 마음대로 할 수 있는 것이므로 정의롭게 되는 것이 쉬운 일이라고 생각한다. 그러나 사실은 그렇지 않다. 남의 아내와 동침하거나, 남에게 상처를 입히거나, 뇌물을 주는 것은 쉬운 일이며 마음대로 할 수 있는 일이지만, 어떤 성품의 상태에서는 이런 일을 한다는 것이 쉬운 일도 아니며 마음대로 되는 것도 아니기 때문이다. 이와 마찬가지로 무엇이 옳고 무엇이 옳지 않은가를 아는 것은 그리 대단한 지혜가 없어도 할 수 있는 일이라고 사람들은 생각하고 있다. 그들은 법률에서 다루어지고 있는 문제들이 이해하기 어렵지 않다고 생각하고 있기 때문이다. 그들에게 있어 사실 이것들은 우연적인 의미에서만 옳다. 그러나 어떻게 행하고 어떻게 분배하는 것이 옳은지를 아는 것은 무엇이 건강에 좋은지를 아는 것보다 더 큰일이다. 물론 무엇이 건강에 좋은가의 경우에 있어서도, 꿀·술·엘레보로스(정신병에 특효가 있는 약용 식물)·뜸질·절개 같은 것이 건강에 좋다는 것을 아는 것은 쉬운 일이지만, 어떻게, 누구에게, 언제 이런 것을 처방해야만 건강을 회복시킬 수 있는지를 아는 것은 의사가 되는 것 못지않게 어려운 일이다. 바로 이런 이유로 해서 사람들은 옳지 않은 식으로 행하는 것(어떻게 행동하느냐 하는 것), 옳지 않은 사람을 판단할 때 특징이 되는 것처럼 옳은 사람을 판단할 때도 그 특징이 된다고 생각한다. 왜냐하면 옳은 사람도, 옳지 않은 일 중 어느 것이든지 옳지 않은 사람 못지 않게, 혹은 그 이상으로 할 수 있기 때문이다. 옳은 사람도 여자와 동침할 수 있고, 혹은 남에게 상처를 입힐 수도 있기 때문이다. 용감한 사람도 방패를 내던지고 어느 방향으로든 도망치는 수가 있다. 그러나 비겁하게 군다든가 부정하게 행한다는 것은—우연적인 의미에 있어서 이렇게 하는 경우를 내놓고는—이런 일을 한다고 해서 성립하는 것이 아니라, 어떤 성품의 결과로 이런 일들을 행하는 것이다. 마치 그것은 의료에 종사한다든가 병을 고친다든가 하는 일이, 그저 절개를 한다든가 투약을 하고 안 하고 한다든가 하는 것에서 성립하는 것이 아니라, 일정한 방식과 과정을 통해 성립하는 것과 같다.

 옳은 행위란, 무조건적 의미에서 좋은 것들을 서로 나누어 가지고 있되, 그것을 너무 많이 혹은 너무 적게 가지고 있는 사람들 사이에 일어나는 것이다. 어떤 존재들, 예를 들어 신들은 그것들에 대한 지나침이 아예 없을 것이며, 도저히 고쳐질 수 없을 정도로 나쁜 어떤 사람들에게는 조금이라도 유용한 몫이 없을 것이고, 오히려 그 모든 것이 해로우며, 또 어떤 사람들에게는 어느 정도까지 유익할 것이다. 그러므로 정의란 본질적으로 인간적인 것을 뜻하는 것이다.

10 근원적 공정성

다음으로는 공평함과 공평한 것에 대해서, 공평함과 정의가 어떤 관계에 있으며, 공평한 것과 옳은 것이 어떤 관계에 있는지 말해야 할 것이다. 고찰해 보면 공평과 정의는 무조건적으로 동일한 것도 아니고, 그렇다고 해서 서로 다른 것도 아니다. 그런데 우리는 가끔 공평한 일과 그런 일을 하는 사람을 칭찬하여 공평하다고 한다. 이 말을 다른 여러 가지 덕의 경우에 비추어 '좋다'라는 말 대신에 쓰며, '보다 공평하다'라고 하면 '보다 좋다'라는 의미로 쓰는 때가 있다. 또 어떤 때에는 곰곰이 생각해 보면 공평한 것이 옳은 것과 다른 것으로 취급되면서 칭찬받는 것이 이상하게 여겨질 때가 있다. 옳은 것과 공평한 것이 서로 다른 것이라면 그 중 하나는 좋지 않은 것이어야 하고, 또 그것들이 둘 다 좋은 것이라면 그것들은 동일한 것이어야 하기 때문이다.

따라서 이런 것들로 인해 근원적으로 공평한 것에 관한 문제가 발생한다. 공평한 것인가 옳은 것인가 하는 논의는 모두 어느 의미에서는 옳으며 서로 반대되는 것도 아니다. 왜냐하면 근원적으로 공평한 것은 어떤 한 종류의 정의보다는 낫지만, 결국 포괄적 정의 속에 포함되며 또 정의와는 종류가 다른 것으로서 정의보다 나은 것은 아니기 때문이다. 따라서 옳은 것과 공평한 것은 동일하며, 또 두 가지 모두 좋은 것이지만 근원적으로 공평한 것이 더 뛰어나다. 그런데 여기서 문제가 되는 것은, 공평한 것이 옳은 것이기는 하지만, 그것이 법적으로 옳은 것이 아니고 법적 정의를 바로잡는다는 점에서 옳다는 것이다. 이것은 모든 법이 보편적인 것인 데 한편, 어떤 일에 대해서는 정확하게 보편적 규정을 지을 수가 없기 때문에 그럴 때 적용되는 것이다.

그러므로 보편적 규정을 세워 놓기는 해야겠는데 정확하게 그렇게 할 수 없는 경우에는 법률은 오류에 빠질 가능성이 있지만, 어쩔 수 없이 대부분의 경우에 맞는 것을 기준으로 하여 규정을 세운다. 그렇다고 법률이 바르지 않은 것은 아니다. 왜냐하면 잘못은 법률이나 입법자에게 있는 것이 아니라, 사물의 본성에 있기 때문이다. 생활에서 겪는 여러 가지 일이 본래 이런 성질을 띠고 있다. 그래서 법률이 사물의 본성을 적용한 보편적 규정을 세우고 또 그런 보편적 규정으로써 다스릴 수 없는 경우가 생길 때는, 입법자가 미처 생각하지 못하여 간단하게 처리함으로써 범한 그 부족한 점과 잘못을 바로잡는 것이 옳다. 만일 입법자가 그런 경우를 당하면, 그 자신이 그 경우를 규정에 포함시키고, 또 그가 그 경우를 알고 있다면 거기에 대한 입법을 해 두어야 한다. 이런 까닭에 공평한 것은 정의로운 것이면서 어떤 종류의 정의보다 낫다. 즉 그것은 무조건적인 정의보다는 못하지만, 그 정의에 관한 무조건적인 규정에서 생기는 잘못보다는 낫다. 그리고 이처럼 법의 그 보편성으로 말미암아 생기는 부족한 점을 바로잡는다는 것이 곧 공평한 것의 본성이다. 사실 여기에 모든 일이 법으로만 결정될 수 없는 까닭이 있다. 즉, 어떤 일에서는 법을 제정할 수가 없어서 명령을 내리는 것이 필요할 때가 있다. 사물이 일정하지 않고 다양할 때는, 레스보스의 건축에서 쓰이는 납으로 만든 자처럼 그것을 재는 자도 다양하기 때문이다. 이럴 경우, 자는 돌의 모양에 따라 달라지며 일정하지 않은데, 명령도 또한 여러 사실에 맞도록 되어 있다.

이렇게 해서 공평한 것이 어떠한 것인가를 알 수 있다. 즉 그것은 옳은 것이며, 또 사사로운 경우에는 어떤 종류의 정의보다도 나은 것이다. 여기서 또 어떤 사람이 공평한 사람인가도 분명해진다. 즉 그런 일을 선택하며 행하는 사람, 또 까닭 없이 자기 권리를 너무 고집하지 않고 오히려 법률상 자기가 가질 수 있는 몫보다 덜 가져가는 사람이 공평한 사람이며, 이러한 상태가 공평함이다. 이런 것도 또한 일종의 정의며, 이와 다른 어떤 상태는 아니다.

11 자발적 부정의(不正義)의 문제

사람이 자신에게 옳지 않은 일을 할 수 있는가 아니면 그럴 수 없는가 하는 것은, 지금까지 말한 것에서 분명하게 드러났다. 즉, (a) 자신의 행위 중 어떤 부류의 옳은 행위는 법률에 정해진 덕과 일치한다. 예를 들어 법은 자살을 하라고 하지 않는데, 법이 하라고 하지 않는 것은 금지하는 것이다. 또 어떤 사람이 보복할 이유가 없는데도 법률을 어겨 남을 해친다고 하면, 그 사람은 옳지 않은 일을 하고 있는 것이다. 이때 의식적 행위자는 그가 누구를, 그리고 어떤 것으로 해치는지를 알면서 행한다.

또 분노하여 몸을 칼로 찔러 자살하는 사람은 옳은 이치를 어기는 것이다. 법률은 절대로 그런 일을 허용하지 않는다. 그러므로 그 사람은 옳지 않은 일을 하고 있는 것이다. 그런데 그 사람은 누구를 대상으로 옳지 않은 일을 하고 있는 것일까? 법에 의하면 분명히 나라에 대해서이지, 자기 자신에 대해서가 아니다. 왜냐하면 그 사람은 스스로 고통을 겪지만, 아무도 그가 옳지 않은 일을 당할 사람은 없다고 보기 때문에, 법에 대립한 것으로 여겨 나라가 그 사람을 처벌하는 것이다. 자살하는 사람은, 나라에 대하여 옳지 못한 일을 행한 대가로 어떤 불명예를 안는다.

또 (*b*) 옳지 않은 일을 행하는 사람은, 옳지 않은 일(타의에 의해 이루어진 부정의한 일)을 하는 옳지 않은 사람일 따름이지, 모든 면에서 나쁜 사람이 아니라는 의미에서 보다라도(타인에 의한 악덕을 우연히 행할 뿐인 이 사람이) 자기 자신에게 옳지 않은 일을 한다는 것은 불가능하다. (이때 옳지 않은 일이란 앞에서 말한 것과는 의미가 다르다. 즉 옳지 않은 사람이란, 마치 비겁한 사람과 마찬가지로 어떤 특수한 경우에서 나쁜 사람이지, 모든 경우에서 사악하다는 의미는 아니다. 이와 마찬가지로 그의 옳지 않은 행위도 모든 면에서 사악하다는 것은 아니다) 왜냐하면 ①자신에게 옳지 않은 일을 행하는 것(타인에 의한 악덕을 자기 스스로에게 가하는 것)이 가능하다고 한다면, 같은 사람에게 같은 것을 동시에 빼고 더하는 일이 가능해야 할 것이고, 이런 일은 모두 불가능하다고 보기 때문이다. 옳다느니 옳지 않다느니 하는 것은 한 사람 안에 동시에 있는 것이 아니고 항상 두 사람 이상 사이에서 있어야 하는 것이 필연적이다. 또 ②옳지 않은 행동은 의식적이요, 선택에 의한 것이며, 또 자기 쪽에서 먼저 해를 가하는 것이다. 왜냐하면 먼저 가해하는 것이 아니고, 남에 대한 보복으로 그런 부정의를 행하는 것은 옳지 않은 일이라 생각되지 않기 때문이다. 그런데 어떤 사람이 자신을 해치는 경우에는 그가 같은 일을 하는 동시에 당하고 있는 것이다. ③또 만일 어떤 사람이 자신에게 옳지 않은 일을 할 수 있다고 하면, 그는 또한 자기 스스로 옳지 않은 일을 당할 수도(법에 의해 불명예를 안을 수도) 있는 것이 된다. 이 밖에 또, ④아무도 특수한 부정행위를 범하지 않고서 옳지 않은 일을 할 수는 없다. 아무도 자신의 아내와는 간통할 수 없으며 자신의 집에는 주거 침입을 할 수 없으며, 또 자신의 재산을 훔칠 수는 없다.

일반적으로 '사람이 자신에게 옳지 않은 일을 할 수 있는가?'라는 문제는, '사람이 자기 스스로 옳지 않은 일을 당할 수 있는가?'란 문제에 대한 우리의 규정을 통해서도 해결될 수 있다.

옳지 않은 일을 당하는 것과 옳지 않은 일을 하는 것, 이 두 가지 다 나쁘다는 것은 분명하다(전자는 적정한 중간보다 덜 가지는 것이요, 후자는 그보다 더 가지는 것이기 때문이다. 여기서의 중간은 의술에 있어서의 건강, 체육에 있어서의 건강한 상태와 같은 역할을 여기서 하는 것이다). 그러나 스스로 당하는 것보다는 아무래도 옳지 않은 일을 하는 것이 더 나쁘다.

그것(스스로 더 많이 취하는 것)은 악덕을 전제하며, 또한 비난받아 마땅한 일이기 때문이다. 이때의 악덕은 궁극적이고 무조건적인 것인 경우도 있고, 대체로 그와 비슷한 부류인 경우도 있다(여기서 악덕을 두 가지로 잡는 것은, 자기 스스로 옳지 않은 행위를 하는 것 모두가 악덕에 의한 것은 아니기 때문이다). 한편 옳지 않은 일을 당하는 것은, 그 일을 당하는 사람(보다 적게 취함으로써 스스로 당하는 사람) 자신 속에 악덕과 정의롭지 못함이 있는 것이 아니다. 그러므로 그 자체로서는 옳지 않은 일을 당하는 것이 덜 나쁘다. 그러나 결과적으로는 그것이 더욱 큰 해악이 될 수도 있다. 예를 들면 이렇게 결과적으로 우연히 생기는 일에 대해서 학문은 전혀 관여하지 않는다. 학문은 다만 비틀거려서 넘어진 것보다 늑막염이 더 심각한 증상이라는 것을 가르칠 따름인데, 때로는 넘어진 것이 늑막염보다 더 중대한 결과를 초래하는 수도 있는 것이다. 즉 비틀거리다가 넘어져서 포로가 되는 수도 있고, 또 적에게 맞아 죽을 수도 있기 때문이다.

그런데 비유와 유사성에 따라 말할 경우, 자기 자신에 대한 정의로움은 없지만 자신의 어떤 부분들 사이에서 성립하는 정의로움은 있다. 하지만 이것은 온전한 의미의 정의가 아니고, 주인과 종 사이 혹은 남편과 아내 사이의 정의이다. 정신의 이성적 부분과 비이성적 부분(중추기능과 말초기능)은 바로 이런 비례를 취하기 때문이다. 이 두 부분에 비추어, 우리가 자신에게 옳지 않을 수 있다고 생각하기도 한다. 즉 이 두 부분은 저마다 자기가 바라는 것에 반대되는 일을 당하는 경우가 있다. 이래서 그것들 사이에는 지배자와 피지배자 사이에서와 같은 어떤 상호적 정의가 있는 것으로 생각되어진다.

이로써 정의와 그 밖의 다른 모든 윤리적인 덕에 관해서는 이와 같은 방식으로 규정된 것으로 하자.

제6권

1 올바른 이성

　우리는 앞에서 지나침이나 모자람이 아닌 중간을 선택해야 한다는 것과, 중간의 것이란 올바른 이성이 이야기하는 대로의 것이라고 말했으므로, 이제는 이 올바른 이성이 무엇인가를 살펴보기로 하자. 우리가 이제까지 언급한 심성의 모든 상태에는 다른 모든 문제에서처럼 하나의 과녁이 있어서, 이성을 가지고 있는 사람은 이 과녁을 바라보면서 조절을 한다. 즉 올바른 이성에 따르고 우리가 지나침과 모자람 사이의 중간이라 주장하는 중용의 상태에는 일정한 기준이 있다. 그러나 이렇게 중간만을 말하는 것은 물론 진실이기는 하지만, 결코 지혜롭지는 못하다. 왜냐하면 이성에 있어서뿐 아니라 학문적 인식이 성립할 수 있는 다른 모든 지식의 연구 분야에 있어서도, 노력을 너무 지나치게 해도 안 되고 너무 적게 해도 안 되며 다만 중용을 지켜 올바른 중간 이성이 지시하는 대로 해야 한다고 말하는 것은, 사실상의 잘못은 아니어도 이 중용적 지식밖에 가지고 있지 않은 사람은 그 이상 지혜로울 수는 없기 때문이다. 예를 들어 환자에게 의술이나 의사가 지시하는 모든 것들을 따르라고 말하는 것 이상은 알지 못하는 것이다. 따라서 정신의 상태에 대해서도 이런 당연한 말을 할 뿐만 아니라, 또한 어떤 것이 올바른 이성이며 또 그 기준은 어떤 것인지를 결정해야 하는 것이다.

　우리는 정신의 덕을 나누어 그 중 어떤 것은 성품의 덕이고, 다른 어떤 것은 지능의 덕이라고 말했다. 그리고 성품의 덕인 윤리적인 덕에 대해서는 지금까지 자세히 살펴보았다. 먼저 정신에 대해서 몇 가지 말하고 나서 다음과 같이 우리 견해를 나타내려 한다. 우리는 앞에서, 정신에는 이치 내지 이성적 원리를 파악하는 부분과 비이성적인 부분이 있다고 말했다. 이제는 이성적 원리를 파악하는 부분 자체 안에서 그 원리와 비슷하게 구분을 지어 보기로 하자. 그리고 이성적 원리를 파악하는 부분이 두 개가 있다고 가정하자.

그 중 하나(우리 정신에 있어 이성적 원리의 두 가지 중 하나)는 '첫 원인이 불변적인 모든 존재자'를 성찰하는 것이며, 다른 하나는 '가변적인 모든 존재자들'을 성찰하는 것이다. 대상의 종류가 다르면 그에 대응하는 정신의 부분도 종류가 달라진다. 인식은 정신과 대상 사이에 어떤 닮은 점이 존재함으로써 성립하기 때문이다. 이 두 부분 가운데 불변적 존재자로부터 유래한 이성원리를 인식적 부분, 그리고 가변적 존재자로부터 유래한 이성원리를 이성적 부분이라 부르기로 하자. 이 둘은 같은 것인데 아무도 불변하는 것, 즉 달리 있을 수 없는 것에 대해서는 깊이 생각하지 않는다. 이성적 부분은 이성적 원리를 파악하는 능력의 일부분이다. 그래서 우리는 이 각 부분의 최선의 상태가 어떠한 것인지를 파악해야 한다. 이 최선의 상태가 바로 각 부분의 덕이며, 또 덕이란 그 고유한 기능과의 관계에서 성립하는 것이기 때문이다.

2 덕성의 사유

정신 안에는 행위와 진리를 다스리는 것이 셋 있다. 감성·이성·욕구가 바로 그것이다. 이 가운데 감성은 전혀 행위의 시초가 못 된다. 마치 짐승이 감성은 지니고 있으나, 행위에는 전혀 참여하지 못한다는 사실로 분명해진다.

그런데 사유에 긍정과 부정이 있는 것처럼, 욕구에는 추구와 회피가 있다. 따라서 윤리적인 덕은 선택에 관계된 성품의 상태이고, 선택이란 곰곰이 생각한 욕구이므로, 좋은 선택을 하려면 이치도 옳고 욕구도 바른 것이어야만 하며, 이성이 주장하는 것을 욕구는 추구해야만 한다. 이것이 바로 실천적 지능이며 실천적 진리이다. 실천적이거나 제작적인 것이 아니라, 다만 관조적인 성질의 지능에 있어서의 좋은 상태는 진리이며, 그 나쁜 상태는 거짓이다. 이 진리와 거짓은 결국 모든 사유가 만들어 낸 것이므로 관조적인 성질이라는 것이다. 반면에 실천적이고 사유적인 부분에 있어서 동시에 좋은 상태란 올바른 욕구와 일치하는 진리이다.

행위의 출발점—목적인(目的因)으로서의 출발점이 아니고 그 동인(행동의 원인)으로서의 출발점—은 선택이고, 선택의 출발점은 욕구 및 어떤 목적을 지향하는 이성이다. 그러므로 지성과 사유가 없다면, 또는 윤리적인 성품이 없다면 옳은 선택을 할 수 없다. 좋은 행위와 그 반대의 것은 사유나 성품 없이는 있을 수 없기 때문이다. 하지만 사유 자체는 아무것도 움직이지 못하며, 오직 목적이 있는 실천적인 사유만이 무언가를 움직일 수 있다. 사실 또 이 사유가 제작적 사유도 지배한다. 제작하는 사람은 누구나 어떤 목적이 있어서 그것을 제작한다. 제작된 것은 무조건적인 의미에서의 목적일 수는 없고, 다만 어떤 특수한 관계에 있어서의 목적이며, 또 특수한 작업의 목적일 따름이다. 그러나 실천은 무조건적인 의미에서의 목적이다. 좋은 행위는 그 자체가 목적이며, 또 욕구는 이 행위를 목표로 삼는다. 따라서 선택은 욕구가 낳은 지성이거나 사유가 낳은 욕구이다. 그러한 행위의 출발점은 인간이다. 여기서 주의할 것은, 이미 지나간 것은 선택의 대상이 될 수 없다고 하는 점이다. 예를 들어, 그 누구도 이미 일리온(트로이의 다른 이름)을 함락시켜 놓고서 새삼스레 그 성을 함락시킬 것을 선택하지는 않을 것이다. 아무도 과거의 일에 대해서는 깊이 생각하지 않으며, 다만 미래의 일, 그리고 달리 있을 수 있는 일에 대해서만 깊이 생각할 테니 말이다. 이미 일어나 버린 일은 이미 일어났음이 분명한 사실이기 때문이다. 따라서 아가톤의 다음 말은 옳다.

> 이미 일어났던 일을 일어나지 않은 것으로 만드는 것,
> 이것만은 신도 할 수 없는 일이다.

그런데 지성적인 두 부분의 기능은 어느 것이든 모두 진리 인식이다. 그러므로 각 부분이 그것에 따라 진리를 가장 잘 인식하게 하는 상태가 이 두 부분의 덕이다.

3 학문적 인식

이제 처음부터 다시 시작해서 이 상태들에 대해 논의해 보자. 정신이 긍정과 부정을 통해 진리를 얻을 수 있게 하는 상태는 다섯 가지이다. 즉 학문적 인식·기술·실천적 지혜·철학적 지혜·이성이 그것이다. 우리는 추측과 의견을 여기에 포함시키지 않는다. 자칫하면 오류에 빠질 수 있기 때문이다.

학문적 인식의 정의에 대해서는 단지 비슷한 것을 그럴듯하게 말하는 일을 피해야 한다. 우리 모두가 상정하는 바와 같이, 학문적으로 인식되는 대상이 '다른 방식으로도 존재하는 것은 불가능한 것'이다. '다른 방식으로도

존재하는 것이 가능한 것'들에 대해서는, 그것들이 우리의 관찰 범위 밖에서 존재하는 경우에는 그것들이 실제로 존재하는 것인지 존재하지 않는 것인지를 우리로서는 알지 못한다. 그러므로 학문적 인식의 대상은 우연적이 아니라 필연적이며 따라서 그것은 영원하다. 무조건적인 의미에서 필연적인 것은 모두 영원하기 때문이다. 그리고 영원한 것들은 생성되거나 파멸되지 않는다.

한편 모든 학문적 인식은 가르칠 수 있고, 그 인식의 대상은 배울 수 있다. 그런데 모든 가르침은, 우리가 《분석론》에서도 말하고 있는 바와 같이 언제나 '이미 알려진 것'에서 출발한다. 왜냐하면 때로는 알려진 것으로부터의 귀납을 통해서 또 때로는 연역들을 통해서 이루어지기 때문이다. 그런데 귀납은 이미 알려진 원리에서 보편적인 것을 이끌어내는데, 연역은 보편적인 것들에서 출발한다. 그러므로 연역도 원리들로부터 출발하는 셈이지만 이 원리들에 대한 연역은 없으므로, 이것은 귀납에 의해 쓰이는 것들이다. 또한 학문적 인식이란 논증할 수 있는 능력의 상태이며, 우리가 《분석론》에서 규정한 다른 여러 가지 특징을 가지고 있다. 즉, 어떤 사람이 특정한 방식으로 확신을 가지고 있는데 모든 근본 명제가 분명히 그에게 알려져 있다면, 그는 학문적 인식을 가지고 있는 것이다. 만일 근본 명제들이 그에게 결론보다도 더 분명하게 인식되고 있지 않다면, 그는 우연히 학문적 인식을 가진 셈이 되기 때문이다.

학문적 인식에 대해서는 이 쯤에서 맺기로 한다.

4 기예

학문적 인식의 대상에 있어, '다른 방식으로도 있을 수 있는 것'에는 제작의 영역에 속하는 것도 있고, 행위의 영역에 속하는 것도 있다. 제작과 행위는 서로 다르다. (이것은 이 주제에 관한 일반적 논의들로도 충분히 납득되는 논점이다.) 따라서 이성에 따라 행동할 수 있는 상태와 이성에 따라 제작할 수 있는 상태도 서로 다르다. 그러므로 이들은 그 중 하나가 다른 것에 포함되지 않는다. 행위가 제작인 것도 아니고 제작이 행위인 것도 아니기 때문이다. 그런데 건축술은 하나의 기예이며, 또 본질적으로 '이성에 따라 제작할 수 있는 하나의 상태'이다. 또한 모든 기예는 이러한 상태이며, 이러한 상태치고 기예 아닌 것이 없다. 그러므로 기예란 '참된 이성에 따라 제작할 수 있는 상태'를 말한다.

모든 기예는 생성에 관계한다. 그것은 '존재할 수도 있고 존재하지 않을 수도 있는, 그리고 제작자가 목적을 가지고 제작하려는 것들'을 어떻게 하면 잘 만들 수 있는가를 살피는 데 관심을 둔다. 기예는 '필연적으로 존재하거나 생성하는 것'들과 관계하지도 않고, '자연적으로 존재하며 생성하는 것'들과 관계하지도 않는다. '자연적으로 존재하며 생성하는 것'들은 스스로 그것들 자체 속에 그 출발점을 가지고 있다. 제작과 행동이 서로 다르므로, 기예는 제작에 상관하는 것이며, 행위에 관계되는 것이 아니다.

아가톤은 말했다. "기예는 운(Tyche : 운명의 여신)을, 운은 기예를 사랑하였네." 그러므로 어느 의미에서는 운과 기예가 같은 것에 관계한다.

이미 말한 바와 같이, 기예란 '참된 이성에 따라 제작할 수 있는 상태'며, 기예가 없는 것은 이와 반대로 '그릇된 이성에 따라 제작할 수 있는 상태'이다. 기술적 상태이든 기술적 상태가 아니든, 이 둘은 다 같이 '다른 방식으로도 존재할 수 있는 대상들'에 관계한다.

5 기예와 실천

실천적 지혜에 대해서는, 실천적 지혜를 가진 사람이 어떤 사람인지를 살펴봄으로써 그것이 어떤 것인지를 알 수 있을 것이다. 실천적 지혜가 있는 사람의 특징은 자기 자신에게 유익하고 좋은 것에 대해서 잘 숙고할 수 있다. 이때 잘 숙고한다는 것은 건강과 체력에 유익한가 하는 것 따위에 대해서가 아니라, 전체적으로 좋은 생활에 유익한 것이 무엇인가에 대해서 훌륭하게 살피고 생각하는 것을 뜻한다. 예를 들어 어떤 사람이 기술의 영역에 속하지 않는 어떤 좋은 목적을 실현하기 위해서 잘 생각한다면, 그 사람을 실천적 지혜가 있는 사람이라고 하는 사실에 비추어 보아도 분명한 일이다. 따라서 일반적으로 깊이 잘 생각할 수 있는 사람은 실천적 지혜를 가진 사람이다.

그런데 이 실천적 지혜의 사람은 일반적으로 존재하는 외에, '다른 방식으로는 있을 수 없는 것(인식의 대상)들'이나 '자기가 할 수 없는 것들'에 대해서는 아무도 깊이 생각하지 않는다. 그러므로 학문적 인식은 논증을 내포하는 반면, 그 근본 전제가 일반적 존재 방식 외에 '다른 방식으로도 있을 수 있는 것들'에 대해서는 논증이 성립할 수 없다. 그런데 사실상 이런 것들은 모두 다른 방식으로도 존재할 수 있는 것이다. 그리고 또 필연적인 것들에 한정되어서는 깊이 생각한다는 일이 불가능하다. 그러므로 실천적 지혜는 학문적 인식일 수도 없고 기술일 수도 없다. 실천적 지혜가 학문적 인식이 아니라고 하는 까닭은, 개개의 행위가 다른 방식으로도 행해질 수 있기 때문이다. 그리고 이 경우 학문적 인식이 기술이 아니라고 하는 까닭은, 제작이 행동과는 다른 부류이기 때문이다. 그러므로 결국 그것은 '인간을 위해 좋은 것과, 인간을 위해 나쁜 것에 대해서 참된 이성에 따라 행동할 수 있는 상태'이지만, 제작은 그 자체가 아닌 다른 어떤 목적을 가지고 있는 데 반하여 행위는 좋은 행위 그 자체가 목적이다.

이런 까닭에 우리는 페리클레스(Perikles)나 그와 비슷한 사람들을 실천적 지혜를 가지고 있는 사람이라고 생각하는 것은 이들은 자기 자신을 위해서 좋은 것, 그리고 또 일반적으로 모든 사람을 위해서 좋은 것이 무엇인지를 아는 사람이기 때문이다. 또 우리는 이런 사람들이야말로 자기 집이나 나라를 잘 다스리는 사람들이라고 본다.

절제를 '소프로시네(sophrosyne)'라고 하는 것도 여기에 기인한다. 그것은 '소주우산 텐 프로네신(sozousan ten phronesin)', 즉 '실천적 지혜를 보전한다'는 뜻을 가진 말이다. 그런데 그것이 보전하는 것은, 우리가 기술해 온 바와 같은 종류의 판단 결과이지, 어느 판단이나 쾌락 혹은 고통으로 말미암아 그르치게 되고 왜곡되는 그런 결과를 보전한다는 것은 아니다. 예를 들어 삼각형 내각의 합은 두 직각과 같다든가 같지 않다든가 하는 판단은 쾌락이나 고통으로 말미암아 그르치게 되고 왜곡될 수 있는 것이 아니다. 그러나 무엇을 할 것인가에 관한 판단들은 경우가 다르다. 왜냐하면 우리가 무엇을 할 것인가를 판단할 때에 그 출발점이 되는 것은 그 행동의 목적인데, 지금까지 쾌락이나 고통으로 낭패를 본 일이 있는 사람은 이 출발점, 즉 행동의 목적을 보지 못하기 때문이다. 즉 이런 사람은, 그가 무슨 일을 선택하건 행하건 이 목적 때문에 그리고 이 목적을 위해서 선택하며 해야 한다는 것을 알지 못한다. 사실 악덕은 행동의 출발점을 파괴하는 힘을 가지고 있다.

그러므로 실천적 지혜란 '인간적인 선에 대해서 참된 이치에 따라 행동할 수 있는 상태'이다. 그러나 기술에는 우수성이란 것이 있지만, 실천적 지혜에는 그런 것이 없다. 그리고 기술에 있어서는 일부러 잘못할 수 있는 사람이 더 낫지만, 실천적 지혜에 있어서는 다른 모든 덕에서와 마찬가지로 그와 정반대이다. 분명히 실천적 지혜는 일종의 덕이지 기술은 아니다. 그런데 정신의 이성적인 부분에는 두 가지가 있는데, 실천적 지혜는 그 둘 중에서 하나(불변적·영원적 존재에서 추리된 이성과 가변적 존재에서 추리된 이성, 이 둘 중에서 전자)인 덕, 즉 의견을 형성하는 부분의 덕이다. 의견은 '다른 방식으로도 있을 수 있는 것'에 관한 것이며, 또 여기에서의 실천적 지혜도 그런 것이기 때문이다. 하지만 그 덕은(영원성에서 추리된 이성) 그저 이성에 따른 상태에 그치지 않는다. 이런 상태는 망각될 수 있는 것이지만, 실천적 지혜에는 망각이 없다.

6 직관적 지성

학문적 인식은 보편적으로 존재하는 것들과 필연적인 것들에 관한 이해인데, 논증의 결론들과 모든 학문적 인식은 여러 근본 명제, 즉 원리 위에 서 있다. 학문적 인식은 이성에 따르는 것이니까 학문적으로 인식될 수 있는 것들의 원리 자체에 대해서는 학문적 인식도, 기예도, 실천적 지혜도 있을 수 없다. 학문적 인식은 논증될 수 있는 대상에 대한 인식이고, 기예나 실천적 지혜는 '다른 방식으로도 있을 수 있는 것들'을 다루는 것이기 때문이다. 또 이 인식들을 논증할 근본 명제들이 지혜의 대상이 되는 것도 아니다(원리적 명제들이 아니라 인식 대상 자체가 지혜의 대상이다). 철학자의 특징은 어떤 사물들에 대해 논증 할 수 있는 능력에 있다. 그래서 만일 우리로 하여금 '다른 방식으로는 있을 수 없는 것들', 혹은 심지어 '다른 방식으로도 있을 수 있는 것들'에 대해서 진리를 얻게 하고, 또 절대로 잘못 생각하지 않게 해 주는 것이 학문적 인식·실천적 지혜·철학적 지혜 및 직관적 지성이라고 하면, 이 중의 셋 즉 실천적 지혜·학문적 인식·철학적 지혜는 그런 것일 수 없으므로, 결국 근본 명제들을 파악하는 것은 직관적 지성밖에 없다.

7 예지

여러 가지 기예에 있어서는, 그 방면에서 일을 가장 잘하는 기술자에게 지혜란 말이 적용된다. 예를 들면 조각가로서는 페이디아스를, 건축가로서는 폴리클레이토스를 우리는 지혜로운 자라 부른다. 이때 우리가 '지혜'란 말로써 의미하는 것은 '기예에 있어서의 탁월성' 이외의 다른 어떤 것이 아니다. 그러나 우리는 어떤 특수한 분야에서나, 혹은 그 밖에 어떤 제한된 영역에서의 지혜로운 자가 아니라, 오히려 전반적인 의미에서의 지혜로운 자로 보는 경우가 있다. 마치 호메로스가 〈마르기테스〉(호메로스가 지었다는 시)에서 다음과 같이 말한 것처럼.

> 신들은 그를 땅 파는 사람이나 농부로 만들지 않았고,
> 다른 어떤 한가지 일에 지혜 있는 사람으로도 만들지도 않았다

지혜는 분명히 온갖 학문적 인식 가운데 가장 정확한 것이라 할 수 있다. 따라서 지혜로운 자는 근본 명제들로부터 도출된 것을 알 뿐 아니라, 또 근본 명제들 자체에 관한 진리를 파악하고 있어야 한다. 그러므로 지혜는 직관적 지성과 학문적 인식이 합쳐진 것이며, 가장 고귀한 일들에 대한 최정점의 학문적 인식이다.

인간이 우주 안에 존재하는 것들 중 최선의 것이 아니라면, 정치술이나 실천적 지혜를 최선의 지식으로 보는 것이 옳지 않음을 뜻한다. 그런데 '건강한 것' 혹은 '좋은 것'이 인간이나 물고기에게 서로 다른 것인 한편, '흰 것'이라든가 '직선적인 것'은 언제나 그대로 같은 것이라고 하면, 누구나 철학적 지혜가 다루는 것은 언제나 같은 것이며, 실천적 지혜가 다루는 것은 수시로 변하는 것이라 할 것이다. 왜냐하면 자기 자신에 대해서 수시로 변하는 여러 가지 것을 잘 관찰하는 사람을 실천적 지혜가 있는 사람이라고 하며, 또 이런 사람에게 이런 일들을 맡기기 때문이다. 이런 까닭에 우리는 하등 동물들조차 어떤 것들은 실천적 지혜를 가지고 있다고 본다. 즉 자기 자신의 생명에 대해서 앞을 내다보는 방어적 생존능력을 가진 하등 동물에게는 실천적 지혜가 있다고 본다.

또한 철학적 지혜와 정치술이 같은 것이 아니라는 점도 분명하다. 만일 한 인간이 자기 자신에게 유익한 것들과 관련된 지혜를 말한다면, 하나 둘이 아닌 이익을 위한 다수의 지혜가 있을 테니까. 모든 동물들에게 좋은 것에 관

련된 하나의 지혜는 없으며, 각각의 종류마다 다른 지혜가 있을 뿐이다.

또 인간이 동물들 가운데 최선의 동물이라고 주장해 보아도 결국 마찬가지다. 왜냐하면 그 본성이 인간보다 훨씬 더 신적인 존재들이 따로 있기 때문이다.

그러므로 지금까지 말한 것에서 분명한 것은, 철학적 지혜란 본성상 가장 고귀한 것들을 이성적으로 파악하는 학문적 인식이다. 그래서 우리는 아낙사고라스(Anaxagoras)나 탈레스(Thales), 그 밖에 이와 비슷한 고대 그리스 철학자들이 자신에게 이익이 되는 것에 대해서는 무지한 것을 보고서, 그들은 철학적 지혜는 가졌으나 실천적 지혜가 없다고 한다. 그리고 우리는 또 그들이 놀랍고 훌륭하고 어렵고 신적이기는 하나 쓸데없는 것들을 알고 있다고도 말한다. 이것은 그들이 추구하는 것이 인간적인 선이 아니기 때문이다.

이와 반대로 실천적 지혜는 인간적인 좋음에 관계하며, 숙고가 가능한 것에 관계한다. 왜냐하면 무엇보다도 잘 숙고한다는 것이 실천적 지혜가 있는 사람의 특징인데, 아무도, '다른 방식으로는 있을 수 없는 것들'에 대해서 생각하지 않고, 또 행동에 의해 실현 가능한 선이 아닌 목적들'에 대해서 생각하지 않기 때문이다. 무조건적으로 생각을 잘하는 사람이란, 행동에 의해 달성할 수 있는 것들 가운데서 인간에게 가장 좋은 것에 생각이 미치는 사람이다.

또 실천적 지혜는 보편적인 것들에만 관계하는 것이 아니라 개별적인 것들도 알아야만 한다. 왜냐하면 그것은 실천적인 것인데, 실천은 개별적인 것들에 관련하기 때문이다. 간혹 지식 없는 사람들이 지식 있는 사람들보다 현실에서 더 잘하는 경우가 있는 것은 이 때문이다. 이것은 특히 경험 있는 사람인 경우에 더욱 그렇다. 그러기에 연한 고기가 소화에 좋고 또 건강에 좋은 것은 알지만, 어떤 종류의 고기가 연한 것인지를 모르면 그 사람은 건강을 얻을 수 없고, 오히려 날고기가 건강에 좋다는 것을 알고 있는 사람이 더 건강하기 마련이다.

실천적 지혜는 행동에 관계하는 것이다. 그러므로 그것은 보편적인 방면과 개별적인 방면을 다 포함해야 하지만, 개별적인 방면에 더 치중해야 한다. 그러나 철학적 지혜에 있어서와 마찬가지로 실천적 지혜에 있어서도 이를 모두 기획하는 것이 있어야 한다.

8 실천적 지혜의 유형

정치적 지혜와 실천적 지혜는 마음의 상태로서는 같지만, 그 존재 양식은 같지 않다. 국가에 관한 지혜 가운데 이를 모두 기획하는 일을 하는 실천적 지혜는 입법적 지혜이며, 개별적인 것들이 보편자와 관계하듯이, 이 실천적 지혜와 관계하는 것은 일반적으로 '정치적 지혜'라 불린다. 이 정치적 지혜는 행동과 생각을 동시에 해야 한다. 사실 '법령'이란 개별적인 행위(보편자)의 형식으로 수행되어야 하는 성질의 것이다. 그러기에 이 방면에 능숙한 사람들만이 수공의 일을 하는 직공과 같은 일을 한다.

실천적 지혜는 특히 개별자에 관계되는 지혜로 여겨지고 있는데, 사실 이 실천적 지혜는 다른 여러 가지 것에도 공통되는 일반적인 명칭이다. 이 밖에 이 실천적 지혜라는 명칭으로 불릴 수 있는 것은 첫째로 가정, 둘째로 입법, 셋째로 정치다. 이 마지막 것에는 행정과 사법이 있다. 그런데 자기 자신에게 좋은 것을 아는 것도 물론 하나의 인식이긴 하나, 그것은 다른 종류의 것들과는 아주 다르다. 그리고 자기 자신이 어떻게 이해하고 있는가를 스스로 깨닫고 거기에만 마음을 쓰는 사람이 흔히 실천적 지혜가 있는 사람으로 생각되고, 정치가들은 공연히 남의 일로 동분서주하는 사람으로 여겨지고 있다. 그래서 에리우피데스는 이렇게 말했다.

> 어찌 지금 내가 지혜롭다 할 수 있겠는가?
> 무수한 병졸들 틈에 끼어,
> 그들과 같은 몫을 받아가며
> 남달리 높은 것을 추구하고
> 남달리 많은 일을 하려 했건만……

사람들은 자신에게 좋은 것을 추구하며 또 마땅히 그래야만 한다고 생각하고 있다. 그래서 그러한 사람들이 실천적 지혜를 가지고 있는 것으로 생각되기에 이른 것이다. 하지만 자기 자신의 잘됨이란 가정이나 국가, 사회를 떠나서는 존재할 수 없는 것이라 할 수 있다. 또 자기 자신의 일을 어떻게 하면 잘 되게 할 수 있는가 하는 것은 그 자체만으로는 분명치 않고, 여러 가지 검토를 요하는 것이다.

앞에서 말한 것은, 젊은 사람들이 기하학자나 수학자, 그리고 이 비슷한 분야에 있어서 지혜로운 자가 될 수는 있으나, 실천적 지혜를 가진 사람은 될 수 없다는 사실이다. 이것은 실천적 지혜가 보편적인 것들만 아니라, 또한 개별적인 것들에도 관계하는데, 개별적인 것들은 경험을 통해서 알아야 하지만 젊은이는 경험이 없기 때문이다. 경험은 오랜 세월의 경과를 통해서 얻어지기 때문이다. 사실 우리는 '왜 소년은 수학자가 될 수는 있어도 철학자나 자연학자가 될 수는 없는가?' 물을 수 있다. 이것은 수학의 대상이 추상에 의해 존재하는데, 철학이나 자연학 같은 것의 근본 명제(또는 원리)들은 경험에서 오기 때문이다. 또 젊은 사람들은 철학이나 자연학에 대하여 아무런 확신 없이 그저 적합한 말을 쓸 따름이지만, 수학적 대상의 본질은 그들에게 아주 명백한 것이기 때문이다.

또 숙고함에 있어서의 잘못은 보편적인 것에 대한 생각에서도 있을 수 있고, 개별적인 것에 대한 생각에서도 있을 수 있다. 예컨대, 우리는 모든 무거운 물(보편적인 경우의 물)이 모두 좋지 못한 물이라는 것과 관련해서 잘못 알고 있거나, 혹은 자기 앞에 있는 바로 이 물(개별적인 경우의 물)이 무거운 물이라는 것을 모르고 있는 경우가 있다.

실천적 지혜가 학문적 인식이 아니라는 것은 분명하다. 위에서 말한 바와 같이, 실천적 지혜는 궁극적으로 개별적인 것과 관계하는 것이기 때문이다. 행동해야 할 일은 이런 성질(개별적)을 띠고 있다. 그러므로 실천적 지혜는 또한 직관적 지성(불변적 지성)과도 대립한다. 이 직관적 지성은 근거를 따질 수 없는 근본 명제에 관계하는 것인데, 이에 비해 실천적 지혜는 궁극적으로 개별적인 것 각각에 관계하는 것이다. 그리고 이러한 개별적인 것은 학문적 인식의 대상이 아니고 지각의 대상이다. 여기서 지각이라 하는 것은 개별 감각적인 지각이 아니고, 우리 눈앞에 있는 이 특수한 형상이 삼각형이라는 것을 우리가 지각할 때의 지각을 말한다. 개별의 방향에도 한계가 있기 때문이다. 이 경우, 이것은 실천적 지혜라기보다 오히려 지각이다. 물론 개별 감각과는 다른 종류의 지각이다.

9 숙고

그런데 '탐구한다'와 '숙고한다'는 같은 것이 아니다. 숙고한다는 것은 어떤 특수한 부문에 대한 탐구이므로 그렇다. 우리는 '잘 숙고함'에 있어서의 탁월성이 어떠한 것인지도 파악해야 한다. 즉 그것이 학문적 인식인지, 의견인지, 짐작을 잘 하는 것인지, 아니면 다른 어떤 것인지를 분명히 파악해야 한다.

그것은 '학문적 인식'은 아니다. 사람들은 자기가 알고 있는 것들에 대해서는 탐구하지 않는 법인데, 잘 숙고한다는 것은 결국 하나의 숙고이며, 또 숙고하는 자는 탐구하며 헤아리기 때문이다. 그것은 또 '짐작을 잘 하는 것'도 아니다. '짐작을 잘 하는 것'은 이치를 따지는 일이 없고, 또 그 짐작의 활동은 신속한데 반해, 숙고는 긴 시간을 필요로 하기 때문이다. 그래서 흔히 말하기를, 숙고한 결과는 신속히 실행에 옮기되 생각하는 일 자체는 천천히 해야 된다고들 하는 것이다. 또 '기지'도 숙고와는 다르다. '기지'는 '짐작을 잘 하는 것'의 일종이고, 숙고는 그 어떤 종류의 의견(현존재 외에 달리 존재하는 것에 대한 의견)도 아니다. 그러나 잘못 생각하는 사람은 잘못을 범하는데 비해 잘 생각하는 사람은 올바르게 생각하는 것이라고 하면, 숙고는 분명히 하나의 올바름(현존재에 대한 올바른 의견)이되 학문적 인식의 올바름도 아니며, 의견의 올바름도 아니다. 학문적 인식에는 올바름이란 것이 없으며 학문적 인식의 잘못이란 것도 없기 때문이다. 또 의견의 올바름은 곧 진리성이기에 그렇다. 그리고 이와 동시에 또 의견의 대상이 되는 모든 것은 이미 결정되어 있다. 그러나 생각에 있어서의 탁월성에는 합리적 근거가 들어 있다. 그러므로 결국 그것은 '사고의 올바름'일 수밖에 없는데, 이 생각의 탁월성은 아직 주장은 아니다. 한편 의견(즉, 추상적인 존재에 대한 의견)은 탐구(논증적 탐구)는 아니지만 주장의 단계에 이른 것이다. 그러나 생각하고 있는 사람은 잘된 생각이건 혹은 잘못된 생각이건, 무엇인가를 탐구하고 있고 헤아리고 있으니 말이다.

잘 숙고한다는 것은, 숙고에 있어서 일종의 올바름이다. 그러므로 우리는 먼저 숙고가 무엇이며, 무엇에 관계하는지를 탐구해야 한다.

그런데 올바름에는 한 가지만 있는 것이 아니므로, 잘 숙고함은 다른 모든 올바름과 다른 그 특유의 성질을 가지고 있음이 분명하다. 사실, (1)자제력이 없는 사람과 악한 사람도 여러 가지로 궁리함으로써 그가 세운 목적을 달성할 수 있다. 이런 경우 그 사람은 올바르게 생각한 셈이다. 그러나 그는 큰 악을 얻은 셈이다. 그런데 잘 생각했다는 것은 하나의 좋은 일로 여겨진다. 이런 종류의 '생각의 올바름', 즉 좋은 것을 얻게 하는 올바름이야말로 '잘 숙고함'이다. 또한 (2)그릇된 추론에 의하여 올바름에 도달하는 수도 있다. 즉 무엇을 할 것인가에 관한 결론은 옳아도, 추론의 중간 명제가 잘못되어 있는 수도 있고, 수단이 바르지 않은 경우도 있다. 그러니 이것도 역시 잘 숙고하는 것이 아니다. 이런 상태에서는 목표 삼은 것을 달성할 수는 있어도 그 수단이 옳지 않아서이다. (3)오랫동안 생각함으로써 목표에 도달할 수도 있지만 어떤 사람은 빨리 그 목표에 도달한다. 그러므로 오랫동안 생각하는 것은 아직 잘 숙고하는 것이 아니다. 잘 숙고한다는 것은 유익한 것에 대해서 올바르게, 즉 목적·행동 방식·시간에 있어서 올바르게 생각하는 것이기 때문이다. (4)또 '올바르게 생각했다'는 것은, 무조건적인 의미에서도 가능하고 어떤 특수한 목적에 대해서도 가능하다. 그러므로 무조건적 의미에서의 잘 숙고했다는 것은 무조건적 의미에서의 목적을 성취시키는 것이며, 어떤 특수한 의미에서의 잘 숙고했다는 것은 어떤 특수한 목적을 성취시켜 주는 것이다. 따라서 잘 숙고했다는 것이 실천적 지혜가 있는 사람의 특징이라고 한다. 숙고를 잘한다는 것은 목적의 성취에 유용한 것들에 관한 올바름이요, 이 목적의 참된 파악이 다름 아닌 실천적 지혜이다.

10 이해

'이해력이 있는 사람'이라든가 '이해력이 탁월한 사람'이라고 우리가 말할 때, '이해력'이나 '좋은 이해력'은 의견이나 학문적 인식과 같은 것이 아니다. 만일 같은 것이라고 하면 누구나 다 이해력이 있는 사람일 테니 말이다. 또 건강에 관계되는 의학이나, 공간적 양을 다루는 기하학과 같은 특수 과학의 하나도 아니다. 사실 이해력은 영원불변한 것들, 또 생성하는 모든 것들과 관계하는 것도 아니고, 다만 의심이 가고 깊이 생각하게 만드는 것들에 대해 이해하려는 것이다. 따라서 그것이 관계하는 것은 실천적 지혜가 관계하는 것과 같다. 그러나 '이해력'과 '실천적 지혜'는 같은 것은 아니다. 실천적 지혜의 목적은 무엇을 해야 하고 무엇을 하면 안 된다는 것을 규정하는 것이다. 실천적 지혜란 결국 명령을 내리는 것인데, 이에 비해 이해력은 그저 판단만 하는 것이다. 이 점(판단만 한다는 점)에 있어서는 '이해력'이나 '이해력의 탁월성'이나 마찬가지이며, 또 '이해력 있는 사람'이나 '이해력이 탁월한 사람'이나 마찬가지이다.

그런데 이해력이 있다는 것은 실천적 지혜를 가지고 있는 것도 아니며, 또 실천적 지혜를 획득하는 것도 아니다. 오히려 학문적 인식의 경우에 '배워서 안다'는 것을 '이해한다'고 하듯이, 의견의 경우에도 단지 실천적 지혜가 관계하는 것들에 대해서 남이 말하는 것을 '판단한다'거나 그것도 훌륭하게 '판단한다'는 의미에서의 '이해한다'는 것이라고 할 수 있다. 이때 '훌륭하게'란 것과 '잘'(올바르게)이라는 것은 같은 것이다. 종종 '이해력'이라는 말은, '이해력이 탁월'한 사람의 경우처럼 '배워서 안다(학문적 인식에 의해 스스로 판단하고 터득한다)'고 할 때에 '이해한다'고 한다.

11 실천적 지혜의 여러 경우

'판단력이 있는 사람'이라고 말할 때의 판단력이란, 공평한 것을 올바로 가려내는 힘이다. 이것은 우리가 공평한 사람을 무엇보다도 판단을 잘 내리는 사람으로 여기며, 또 공평하다는 것을 어떤 사실들에 대해서 판단을 가지는 것과 동일시하는 것을 보아도 잘 알 수 있다. 공평한 판단이란 공평한 것을 분별하는 판단이며, 또 그것을 올바로 분별하는 판단이다. 그리고 올바르게 판단한다는 것은 참된 것을 판단한다는 뜻이다.

지금까지 말한 모든 상태가 한 가지 상태로 모인다. 즉 우리는 판단력과 이해력, 실천적 지혜, 그리고 지성과 관련하여 같은 사람에 대해, "판단력이 있다", "이미 지성을 가지고 있다", "실천적 지혜가 있다", "이해력이 있다"고 한다. 이것은 이 능력들이 모두 궁극적이며 개별적인 것들을 다루기 때문이다. 이해력이 있는 사람과 훌륭한 판단자가 그렇게 된 까닭은, 그들이 실천적 지혜가 관계하는 것들에 대해서 판단할 수 있는 데 있다. 공평함은 타인과의 관계에 있어 모든 좋은 것들에 공통적이기 때문이다. 그런데 해야 할 모든 일은 각자 개별적이며 궁극적인 것에 속한다. 실천적 지혜가 있는 사람이 개별적인 사실들만 알아야 하는 것은 아니고, 그들은 이해하는 일과 판단하는 일이라는 궁극적인 일도 알아야 할 것이다. 그리고 직관적(논증적) 이성도 두 가지 방향에서 다 같이 궁극적인 것들에 관계한다. 즉 모든 맨 처음 명제와 마지막 명제는 이성의 대상이지 사유의 대상이 아니다. 그리하여 직관적 이성은, 논증의 경우에는 불변적인 첫째 명제에 관계하고, 실천의 경우에는 전자의 경우와는 방향이 다른 마지막의 가변적 명제에 관계한다. 이 가변적인 마지막 것들은 목적 설정의 출발점이 된다. 보편적인 것들은 개별적인 것들에서 나온 것이기 때문이다. 그러므로 우리는 이 개별적인 것들에 대한 지각을 가져야만 하는데, 이 지각이 다름 아닌 지성이다.

이런 까닭에 이 여러 상태들은 본성적인 것으로 생각된다. 즉 아무도 본성에 의해 철학자가 된 사람은 없으나, 판단력이나 이해력이나 직관적 이성은 본성으로부터 나온다. 이것들이 나이에도 부합하는 것을 볼 때, 그것은 분명하다. 즉 어떤 나이에 이르면 지성과 판단력을 갖추게 된다는 사실은, 본성(경험적 판단과 이해에 의한 본성)이 그 원인임을 보여 주는 것이다. 이런 까닭에 지성은 처음이요, 나중이다. 논증(논증과정)은 이 지성의 처음과 나중으로부터 출발하며, 또 이 처음과 나중에 대해서 있기 때문이다. 그러므로 우리는 여러 가지 논증에 못지 않게 경험 많고 연로한 사람들, 혹은 실천적 지혜가 있는 사람들의 논증되지 않은 말과 의견에도 귀 기울여야 한다. 경험은 그들에게 올바로 보는 눈을 주었기 때문이다.

따라서 우리는 실천적 지혜와 철학적 지혜가 어떤 것이며, 그런 지혜들이 각기 어떤 것에 관계하는가를 살펴보았고, 또 그것들이 저마다 정신에 대한 서로 다른 개별적 덕인가 전체적 덕인가, 또는 가변적 덕인가 불변적 덕인가에 대해서 말했다.

12 실천적 지혜 철학적 지혜

그런데 정신에 이 여러 가지 성질이 있다면 그 효용이 각각 무엇인가 하는 데에 대해서 많은 난제가 제기될 수도 있다. (1)철학적 지혜는 인간을 행복하게 만드는 것들 중 어떤 것도 탐구하지 않는다. 그것은 어떤 종류의 생성에도 관심을 두지 않기 때문이다. 그런데 실천적 지혜는 이 생성을 그 특색으로 하기는 하는데, 도대체 무엇의 생성 때문에 실천적 지혜가 필요하단 말인가? 실천적 지혜는 인간을 위해서 옳고 아름답고 좋은 것들에 관계하는 정신의 성질이다. 이런 좋은 실천지혜들은 그래야만 좋은 사람의 표적이 되며, 덕이란 것이 그 성격의 상태이다. 하지만 이런 지혜들을 안다고 해서 조금이라도 잘 실천하게 되지는 않는다. 이것은 마치 건강하고 건전한 것들(이런 것들을 만들어낸다는 의미에서가 아니라 그런 상태에 기초를 두고 있다는 의미에서의 것들)의 경우와 같다. 즉 우리가 의술이나 체육을 알고 있다고 해서 반드시 더 잘 실천할 수 있는 것은 아니다.

그런데 (2)만일 우리가, 실천적 지혜는 도덕적 진리를 알기 위해서 필요한 것이 아니라, 좋은 사람이 되기 위해서 필요한 것이라고 말해야만 한다면, 이미 좋은 사람에게는 실천적 지혜가 필요 없는 것이 되고 만다. 또 이것은 실천적 지혜를 가지고 있지 않은 사람들에게도 마찬가지이다. 왜냐하면 실천적 지혜를 자신이 가지고 있든 그것을 가지고 있는 사람의 말을 따르든 결국 두 경우는 마찬가지이기 때문이다. 또 우리로서는 건강과 관련한 경우에 우리가 할 수 있는 만큼 하면 충분하기 때문이다. 건강에 관계되는 경우에 있어서 우리는 건강하게 되기를 원하면서도 의술을 배우지는 않는다.

(3)이 밖에 실천적 지혜는 철학적 지혜보다 못한데도 실천적 지혜가 철학적 지혜를 지배한다고 하면 이상한 일이라 생각될 것이다. 사실 무엇인가를 만들어내는 것은 만들어지는 것에 대해서 지배하고 명령을 하는 것이다.

따라서 우리는 이것들을 살펴보아야 한다. 여기까지는 다만 난제가 어디 있는지를 밝힌 것뿐이다.

(1)첫째, 철학적 지혜와 실천적 지혜는 저마다 각각 정신에 있어서 하나의 덕이므로, 그 지혜들이 아무것도 만들어내지 못한다 하더라도 그 자체로 바람직한 것임을 말해 두기로 하자.

(2)둘째, 철학적 지혜와 실천적 지혜는 무엇인가를 만들어 낸다. 의술이 건강을 만들어 내는 것처럼 무엇을 만들어 내는 것이 아니고, 오히려 건강이 건강을 만들어 내듯 무엇인가를 만들어 낸다. 이런 방식에 의해 철학적 지혜는 행복을 만들어 낸다. 철학적 지혜는 전체 덕을 조각하는 것이므로, 철학적 지혜를 마음에 간직하고서 활동시키면 그것이 사람을 행복하게 만드는 것이다.

(3)또 무슨 일이든 실천적 지혜와 윤리적인 덕을 모두 실천해야 성취되는 법이다. 왜냐하면 덕은 우리에게 올바른 목적을 목표로 삼게 하고 실천적 지혜는 우리로 하여금 올바른 수단을 쓰도록 하기 때문이다. 정신의 넷째 부분

(세 부분은 학문적 인식의 부분, 이성적 추리 부분, 욕구적 부분이다), 즉 영양 섭취의 부분에는 이런 덕이 없다. 그 부분에는 자기 마음대로 행하거나 행하지 않거나 하는 능력이 전혀 없기 때문이다.

(4)우리에게 실천적 지혜가 있다고 해서 아름답고 올바른 일을 더 잘 할 수 있는 것이 아니라는 데 대해서는, 좀 더 자세히 살펴보고 다음과 같은 원리에서부터 출발해야 할 것이다.

어떤 사람이 옳은 일을 할 때에도 우리는 그 사람을 반드시 옳은 사람이라고는 하지 않는다. 즉 법이 명령하는 것을 아무 생각 없이 행동하거나, 또는 무지나 다른 어떤 이유로 행하지만, 그 행동이 아무리 옳다고 해도 그 사람을 우리는 옳은 사람이라 하지 않는다. 물론 그들은 마땅히 해야 할 일, 그리고 선한 사람이 으레 해야 할 일을 하고 있기는 해도 말이다. 이와 마찬가지로 선한 사람이 되기 위해서는 여러 가지 행동을 함에 있어서 스스로 선택한 어떤 표본적 결과나, 또 그 표본적 행동 자체를 목적으로 해야 한다. 덕은 선택이 올바르도록 하는 것이지만, 우리가 선택하기 위해서 할 일이 무엇인가 하는 문제는 덕의 영역에 속하는 것이 아니라, 오히려 또 다른 능력의 영역에 속한다. 우리는 여기에 주의를 기울여 좀더 명확하게 말해야 한다.

사람들이 '영리함'이라고 부르는 능력이 있다. 이것은 앞에 놓인 목표에 연결되는 것들을 행할 수 있는 능력, 그 목표에 잘 도달할 수 있게 하는 능력이다. 그런데 만일 그 목표가 아름답고 고귀한 것이면 그때의 영리함은 칭찬받을 만한 것이지만, 만일 그 목표가 나쁜 것이면 그때의 영리함은 한낱 교활함일 뿐이다. 따라서 우리는 실천적 지혜를 가진 사람과 교활한 사람을 모두 '영리한 사람'이라고 이야기하는 것이다. 실천적 지혜가 곧 이 능력은 아니지만, 영리함 없이 존재할 수는 없다. 그리고 이 정신의 눈이 실천적 지혜라는 뚜렷한 상태를 획득하는 데는, 이미 말한 바와 같이 명백하게도 덕의 도움이 없을 수 없다. 왜냐하면 무엇을 실천해야 할 것인가를 다루는 추론은, '목적을 출발점으로, 즉 최고선은 이러이러한 성질의 것—그것이 무엇인가는 여기서는 상관이 없다—이기 때문에'라고 하는 것을 출발점으로 삼는 법인데, 이렇게 최고선을 추구하는 일은 선한 사람에게만 명백하기 때문이다. 사악함은 우리의 마음을 비틀고, 또 행동의 출발점에서부터 기만당하게 하기 때문이다. 그러므로 선한 사람이 되지 않고서는 실천적 지혜를 가진 사람이 되기란 불가능하다.

13 실천적 지혜와 덕성

   그러므로 우리는 다시 한번 덕에 대해서 고찰해야 한다. 덕의 경우에도 실천적 지혜와 영리함과의 관계와 같이, 같지는 않지만 비슷한 관계가 있기 때문이다. 즉 본성적인 덕과, 경우에 따른 엄밀한 의미에서의 덕의 관계가 그렇다. 모든 사람은 본성상 갖가지 윤리적 성품을 어느 정도는 가진다. 그리하여 우리는 나면서부터 올바르며, 절제할 줄도 알며, 용감하며, 또 이 밖의 다른 도덕적 성질을 가지고 있다. 그러나 우리는 이 타고난 덕과 다른 어떤 것을 엄밀한 의미에서 좋은 것으로서 추구한다. 즉 우리는 그러한 여러 가지 성질을 본성적인 방식과는 다른 방식으로 갖게 되기를 바란다. 아이들이나 짐승은 다같이 이러한 본성적인 상태들을 가지지만, 지성이 없으면 이것들은 분명 해를 끼칠 수 있는 것들이다. 어떻든 이것만은 분명하다. 즉 시력 없이 움직이는 강한 육체는 단지 시력이 없어 넘어지는 탓에 세게 넘어지는 것과 마찬가지로, 이상의 여러 가지 타고난 성질 내지 상태로 말미암아 오히려 길을 잃어버리는 경우도 있다. 반면, 일단 지성을 갖추게 되면 행동에 차이가 생긴다. 이렇게 되면 그의 상태는 여전히 그 전과 같은 상태이기는 하나, 또한 타고난 덕과는 다른 엄밀한 의미에서의 덕이 되기도 하는 것이다. 그러므로 정신의 의견(현존재 외에 달리 존재하는 것에 대한 의견)적 부분에 영리함과 실천적 지혜라고 하는 두 가지 것이 있듯이, 윤리적 부분에도 본성적인 덕과 엄밀한 의미에 있어서의 덕의 두 가지 것이 있다. 그리고 이 가운데 엄밀한 의미에 있어서의 덕은 실천적 지혜 없이는 생기지 않는다.

   이런 까닭에 어떤 이는 말하기를, 모든 덕은 결국 실천적 지혜라고 한다. 소크라테스는 어떤 면에서는 옳게 탐구했지만, 다른 어떤 면에서는 잘못을 저질렀는데, 그것인 즉 모든 덕이 결국 실천적 지혜라고 생각한 것은 잘못이었고, 실천적 지혜 없이는 덕이 존립하지 못한다고 한 것은 맞는 말이었다. 이 말이 옳다는 것은, 오늘날도 모든 사람이 덕을 정의할 때마다, 사람의 성품에 따라 그 영역을 지적하고 나서 그 상태가 '올바른 이성에 따른' 것이었다, 고 덧붙이는 것을 보면 분명하다. 그런데 올바른 이성이란 실천적 지혜이다. 그러므로 모든 사람은 대체로 실천적 지혜에 따른 상태가 덕임을 알아

보고 있는 것 같다. 그러나 우리는 좀 더 깊이 추궁해야 한다. 즉 덕은 올바른 이치에 따른 상태일 뿐만 아니라, 또한 올바른 이치를 품고 있는 상태이기도 하다. 그리고 이런 것들에 대한 올바른 이치가 다름 아닌 실천적 지혜이다. 그리하여 소크라테스가 모든 덕은 이치 내지 합리적 원리라고 생각했는데(그에게 있어서는 모든 덕이 결국 학문적 인식이었으므로), 이에 반해 덕은 이치를 품고 있는 것이라고 우리는 생각한다.

지금까지 말한 것에서 미루어볼 때, 실천적 지혜 없이는 엄밀한 의미에 있어서의 좋은 사람이 될 수 없고, 또 윤리적 덕 없이는 실천적 지혜가 있는 사람일 수 없다. 그러나 이와 같이 하여 우리는 모든 덕은 저마다 떨어져서 존립한다고 변증할지도 모르는 사람들의 논의도 반박할 수 있다. 이 논의의 근거는 이렇다. '한 사람이 모든 덕에 대해서 탁월한 소질을 가질 수는 없다. 따라서 한 가지 덕은 가지고 있으나 또 다른 덕은 아직 가지고 있지 않을 수도 있다.' 이것은 본성적인 덕의 경우에는 있을 수 있으나 무조건적인 의미에서 좋은 사람이라고 불릴 수 있게끔 해 주는 덕의 경우에는 불가능한 일이다. 왜냐하면 실천적 지혜, 이것 하나만 있으면 모든 덕은 따라서 함께 존재하기 때문이다. 그리고 실천적 지혜가 실천적인 것이 못 된다 할지라도, 그것은 여전히 여기서 우리가 문제삼고 있는 정신적 부분의 덕인 까닭에 우리에게 없어서는 안 된다는 것이 분명하다. 또 선택은 덕이 없으면 올바를 수 없지만, 이에 못지 않게 실천적 지혜가 없어도 선택은 올바를 수 없다. 왜냐하면 덕은 목적을 결정하고, 실천적 지혜는 목적을 실현시켜 주는 것들을 우리로 하여금 행하게 하기에 그렇다.

그러나 또 실천적 지혜는 철학적 지혜를 지배하지 못 한다. 즉, 실천지혜는 우리 정신의 우월한 부분을 지배하는 것이 아니다. 이것은 의술이 건강보다 우월하지 않은 것과 같다. 실천적 지혜는 지혜를 사용하는 것이 아니라, 그것이 생기도록 마음을 쓰는 것이다. 실천적 지혜는 지혜를 위하여 명령(수단적)하는 것이지 지혜에 대하여 명령하는 것이 아니다. 또 실천적 지혜가 철학적 지혜보다 우위에 있다고 주장하는 것은, 정치가 국가 내의 모든 일에 대해서 명령을 하고, 또 신들을 다스린다고까지 말하는 것과 다를 바가 없기 때문에 옳지 않다(철학적 지혜는 정치 외에도 국가의 모든 일에 관여하며 신적 존재의 것으로부터 나온 이성이므로, 실천적 지혜보다 우위에 있다).

제7권

1 피해야 할 세 가지 성품

다시 우리는 새롭게 출발해 말해야 할 것이다. 즉 우리가 피해야 할 세 가지 비윤리적 성품이 있는데, 바로 악덕과 자제력이 없음과 짐승 같은 상태이다. 이 가운데 처음 두 가지 것은 그에 반대되는 성질이 뚜렷이 구별된다. 즉 악덕의 반대는 덕이고, 자제력 없음의 반대는 자제다. 짐승같은 상태의 반대는 초인간적인 덕, 영웅적이고 신적인 성질의 덕이 가장 알맞을 것이다. 그것은 마치 호메로스가, 헥토르는 아주 좋은 사람이었다고 프리아모스로 하여금 다음과 같이 이야기하게 한 것과 같다.

> 그는 아주 훌륭한 인간이었다
> 죽어야만 하는 인간의 아들처럼 보이지 않으며
> 신의 아들인 듯싶었으니
>
> 《일리아스》 제24권 258이하

그러므로 만일 세상 사람들이 생각하는 것과 같이, 남달리 덕이 높은 인간이 신이 될 수 있다면, 이런 상태야말로 짐승같은 상태에 반대되는 것임이 분명하다. 왜냐하면 짐승에게 덕이나 악덕이 없듯이, 신에게도 이런 것들이 없기는하나, 신의 상태는 덕보다 더 고귀한 것이요, 상대적으로 짐승같은 상태는 악덕과는 다른 심하게 나쁜 상태이기 때문이다.

스파르타 사람들은 누군가를 아주 높이 찬미할 때, 흔히 '신적인 사람'이란 말을 쓰는데, 이런 신적인 사람이 매우 드문 것처럼, 짐승같은 사람도 별로 많지 않다. 이 짐승같은 사람은 주로 야만인들 가운데에서 볼 수 있다. 이들은 질병으로 인하거나 신체장애로 인해 생기기도 한다. 그리고 악덕한 사람들도 이렇게 부른다. 하지만 여기에 대해서는 나중에 다시 언급하겠고,

악덕에 대해서는 앞서 말한 바 있다. 지금은 자제력이 없고 참을성이 없는 것에 대하여, 그리고 자제와 인내심에 대해 살펴보자. 우리는 이상의 두 가지 부류의 것 가운데 하나는 덕과 같고, 다른 하나는 악덕과 같다고 생각해서는 안 된다. 그리고 그 두 가지 것을 다른 종류로 보아서도 안 된다.

모든 것이 그렇듯이 여기서도 우리는 다른 사람들의 소견을 들어 보아야 한다. 우선 문제점을 파악한 뒤, 정신상태에 관한 세상의 여러 견해 가운데 옳은 것을 밝혀야 한다. 이렇게 해서 옳은 것을 밝힐 수 없다면, 될 수 있는 대로 많은 견해, 그리고 가장 유력한 견해를 밝혀 보아야 한다. 그 견해들 가운데서 여러 가지 반대를 물리치고, 또 여러 미비한 견해를 없애면, 이 문제를 우리가 충분히 밝힌 것이 된다.

세상 사람들은 흔히 이렇게 말한다.

(1) 자제와 인내심은 둘 다 좋고 칭찬받을 만한 것들에 속한다. 그러나 자제력이 없고 참을성이 없는 것은 나쁘고 비난받을 만한 것이다. 그리고 '자제할 줄 아는 사람'은 '헤아려 살핀 것을 지키려 하는 사람'과 같고, '자제력 없는 사람'은 '헤아려 살핀 것을 쉽게 포기하는 사람'과 같다.

(2) 자제력 없는 사람은 나쁜 일인 줄 뻔히 알면서도 정념 때문에 그것을 하는데, 자제할 줄 아는 사람은 자기의 여러 가지 욕구가 나쁘다는 것을 알면 이성으로 그것을 따르지 않는다.

(3) 모든 사람은 절제 있는 사람을 자제할 줄 알며 참을성이 있는 사람이라고 부른다. 하지만 자제할 줄 아는 사람을 누구나 절제 있는 사람으로 보는 것은 아니다. 어떤 사람은 그렇게 보지 않는 사람도 있다. 그리고 어떤 사람은 방자한 사람을 자제력이 없는 사람이라 부르고, 또 자제력이 없는 사람을 방자한 사람이라고 부르면서, 이 두 가지 부류의 사람을 똑같이 보지만 다른 어떤 사람들은 이 둘을 구분한다.

(4) 사람들은 가끔 실천적 지혜가 있는 사람은 자제력을 잃지 않는다고 하는데, 때때로 실천적 지혜가 있고 영리한 사람 가운데서도 어떤 사람은 자제력이 없는 사람이 있다.

(5) 사람들은 분노나 명예나 이익에 대해서는 자제력을 잃을 때가 있다.

2 자제할 줄 아는 사람

그러나 다음과 같은 것이 문제가 될 수 있다. (1)판단을 올바르게 하는 사람이 자제력 없이 행동하는 경우인데, 여기에 대해서 이렇게 주장하는 사람도 있다. 즉 인식 있는 사람이 그렇게 행동하는 일은 있을 수 없다고 한다. 인식 있는 사람이 다른 것에 마치 노예처럼 이리저리 끌려 다닌다는 것은 이상한 일이기 때문이다. 이것이 소크라테스의 생각이다. 소크라테스는 자제력이 없는 경우는 있을 수 없다고 생각했다. 인식이 다른 어떤 것에 지배되어 이리저리 끌려다닌다는 견해에 전적으로 반대했다. 그는 누구든지 최선의 것으로 여기는 것에 대해서는 반대되는 행동을 하지 않는다고 주장하였다. 즉 사람은 오직 무지함으로 인해 그렇게 행동한다고 보았다.

하지만 이 주장은 사실과 잘 맞지 않는다. 그리고 여기서 욕구가 무지로 인한 것이라면, 도대체 이 무지란 어떤 방식으로 생겨나는지 탐구해야 한다. 자제력 없이 행동하는 사람은 욕구에 빠지기 전에는 그것이 나쁜 욕구라는 것을 알고 있었는데, 그런 행동을 하는 순간 무지가 생겨난 것이 명백하기 때문이다.

그런데 소크라테스 주장을 부분적으로는 동의하지만, 다른 부분에 대해서는 동의하지 않는 사람들이 더러 있다. 그들은 인식(무지의 반대)보다 강력한 것은 하나도 없다고 하는 데 대해서는 동의한다. 그러나 자기가 최선의 것으로 인식하고 있는 것에 대해 아무도 반대 행동을 하지는 않는다는 것에는 동의하지 않는다. 그들은 자제력이 없는 사람이 여러 가지 쾌락에 지배될 때에는 인식을 가지고 있는 것이 아니라 억측을 가지고 있는 것이라고 한다. 그러나 만일 그를 충동질한 것이 그들 말대로 인식이 아니고 억측이라면, 또 쾌락에 맞서는 그 의견이 마치 이럴까 저럴까 망설이는 사람들의 경우처럼 강한 신념이 아니고 약한 신념이라면, 강한 욕구를 이겨내지 못하는 약한 신념의 사람들에 대하여 동정하게 될 것이다. 하지만 우리는 누군가가 저지른 악덕에 대해서나, 다른 어떤 비난할 만한 일에 대해서도 동정하지는 않는다. 그러면 쾌락에 맞선 결과 그 쾌락에 지배된 것은 실천적 지혜인가? 실천적 지혜는 모든 상태 가운데 가장 강력한 것이니까 이것은 이치에 맞지 않는다. 만일 그렇다고 하면, 같은 사람이 실천적 지혜를 갖춘 동시에 자제력이 없어야 하겠으나, 아무도 실천적 지혜가 있는 사람이 가장 나쁜 일들을 일부러한다고는 말하지 않을 것이기 때문이다. 게다가 사려깊은 사람은 실천하는 사람이며(그는 경우에 따라 개별적인 것들에 관계하는 사람이므로), 또 다른 덕들도 가지고 있는 사람이다.

(2) 만일 자제할 줄 아는 사람이 강하고 나쁜 욕망들을 가지고 있을 때 비로소 자제력 있는 사람이라고 할 수 있는 것이라면, 절제할 줄 아는 사람은 자제할 줄 아는 사람이 아닐 것이며, 자제할 줄 아는 사람 역시 절제할 줄 아는 사람이 아닐 것이다. 왜냐하면 절제할 줄 아는 사람은 지나침이나 나쁜 욕망을 갖고 있지 않기 때문이다. 그러나 자제할 줄 아는 사람에게는 그런 욕망들이 있기 마련이다. 왜냐하면 욕망이 유용한 경우에는, 그 욕망들을 따르지 못하게 하는 성격의 상태가 나쁘고, 따라서 자제는 반드시 좋은 것은 아닌 것으로 되기 때문이다. 한편 그 욕망들이 약하고 또 나쁘지 않은 것이라면, 자제력이 그 욕망들에 맞선다고 해서 훌륭하다고 감탄할 필요가 없으며, 또 만일 그것들이 나쁘기는 해도 약한 경우에 그것들에 맞선다고 해서 대단할 것이 없다.

(3) 또 만일 자제력이 어떤 억측이나 모든 억측을 사람이 받아들이게 한다면, 예를 들어 그 자제력이 억측마저 받아들이게 한다면, 그것은 좋지 못한 것이다. 그리고 만일 자제력 없는 것이 어떤 억측이나 모든 억측을 쉽게 버리게 한다면 '훌륭한 자제력 없음' 같은 것도 있을 수 있다. 예컨대 소포클레스의 《필로크테테스(Philoctetes)》에 나오는 네오프톨레모스(Neoptolemos)처럼, 차마 거짓말을 할 수가 없어서, 오디세우스가 그를 설득하여 시킨 일을 지키지 않은 것은 칭찬 받아 마땅한 일이니까.

(4) 이 밖에도 소피스트(궤변적 지식인)적인 궤변이 하나의 곤란한 문제이다. 사실 소피스트들은 상대방의 견해에서 생겨난 여러 가지 역설적 결과를 들추어내는 추론을 전개하여 이에 성공함으로써 사람들의 찬양을 받고자 하는데, 바로 그 추론은 우리를 곤경에 빠뜨린다. 사유는 결론적 현실이 만족스럽지 못해서 그 결론에 머물기를 바라지 않지만, 논리를 풀 수 없어서 앞으로 나아갈 수도 없는 사유의 경우, 그 사유는 묶여 버리고 우리는 곤경에 빠지고 말기 때문이다. 이런 논의에서 자제력 없는 어리석음(사유의 막힘)이 덕이라고 하는 궤변적 주장이 나온다. 왜냐하면, 이런 경우 사람은 자제력이 없어서 자신이 판단한 것에 반대되는 일을 하는데, 그가 자제력이 없어

서 반대로 택한 나쁜 것은 사실 좋은 일이기 때문에 그는 결국 좋은 일을 하게 된다는 것이다.

(5) 또 확신으로 쾌락을 추구하며 선택하는 사람은, 깊이 생각하지 못하고 자제력이 없기 때문에 쾌락을 추구하는 사람보다 낫다고 생각된다. 왜냐하면 자제력 없는 사람은 마음을 돌이킬 수 없으므로, 오히려 그 잘못을 고치기가 확신 있는 사람보다 더 어렵기 때문이다. 자제력이 없는 사람에게는, '물을 마시고 체했는데 어떻게 물로 내릴 수 있다는 말인가?'(즉, 확신을 무시하고 체한 사람이 어떻게 다시 확신을 무시하는 성품으로 체증을 고칠 수 있을까)라는 속담이 잘 들어맞는다. 만일 자제력 없는 사람이 다른 일이 옳다고 확신을 가진다면, 그는 여전히 마음을 돌이키지 않고 그 일을 계속한다.

(6) 또 만일 자제력이 없는 것과 자제력이 있는 것이 모든 일에 다 관련된다면, 무조건적인 의미에서 자제력이 없는 사람은 도대체 어떤 사람인가? 아무도 온갖 것에서 자제력이 없지는 않은데, 우리는 어떤 사람이 무조건적인 의미에서 자제력이 없다고 말할 수 있을까?

대체로 위와 같은 몇 가지 문제들이 제기된다. 그 중 몇 가지는 논박을 당해야 하고, 다른 어떤 것은 그대로 남겨 두고 살펴보아야 한다. 이 문제를 해결하는 것이 우리가 찾는 진리의 발견이기 때문이다.

3 절제력이 없는 사람과 무지

(1) 그러므로 자제력이 없는 사람이 알고서 행동하는가, 그렇지 않으면 모르고서 행동하는가, 그리고 어떤 의미에서 알고 행동하는가를 먼저 살펴보아야 한다.

(2) 그 다음에, 자제력 없는 사람과 자제력 있는 사람은 어떤 종류의 일에 관계하는지를 규정해야 한다. 즉 모든 쾌락과 고통에 관계하는가, 아니면 어떤 특정한 쾌락과 고통에 관계하는가, 그리고 자제하는 사람과 참을성 있는 사람은 같은가, 아니면 서로 다른가를 고찰해야 한다. 아울러 밀접한 관계가 있는 다른 여러 문제들도 고찰해야 할 것이다.

우리 탐구의 출발점은, (a) 자제력 있는 사람과 자제력 없는 사람이 구별되는 것은 그들의 관심 대상 때문인가, 또는 그들의 태도 때문인가, 바꿔 말하면 자제력 없는 사람이 자제력 없이 행동하는 것은 단순히 어떤 특정 대상 때문인가, 아니면 그의 본성적 태도 때문인가, 아니면 이 둘 다 때문인가 하는 문제와 (b)자제력이 없고 있는 것이 모든 것에 다 관계하는가, 그렇지 않고 특별한 경우에만 관계하는가 하는 문제이다. 무조건적으로 자제력 없는 사람은 모든 대상에 대해 자제력 없는 것이 아니고 다만 방종한 사람이 즐기는 것들에 대해서만 자제력이 없는 사람이다. 또 이것들에 무조건적으로 관계하는 것이 아니라(만일 그렇다면 그는 방종한 사람과 똑같다), 어떤 특정한 모양으로 관계하는 것이다. 왜냐하면, 방종한 사람은 언제나 눈앞의 쾌락만을 추구해야 한다고 생각하며, 선택하여 행하는데 반하여, 자제력이 없는 사람은 이렇게 생각하지는 않으면서도(즉, 쾌락을 선택하지는 않았으나 사유의 막힘과 어리석음으로 인하여) 쾌락을 추구하기 때문이다.

(1)따라서 자제력 없이 행동하는 것은 자제력이 앎에 지기 때문이 아니라 참된 의견에 지기 때문이라는 논점은 우리의 논의에 아무런 차이를 만들지 않는다. 왜냐하면 어떤 사람들은 억측을 부리면서도 오히려 주저하지 않고 자기가 정확히 알고 있다고 생각하기 때문이다. 그러므로 억측을 부리는 사람들은 그들의 약한 확신 때문에, 인식한 사람들보다도 자기 판단에 거역하는 행동을 하기가 더 쉽다고 할지 모르나, 여기에 대해서 우리는 인식과 억측 사이에 아무런 차이도 있을 수 없다고 대답할 것이다. 왜냐하면 자기의 인식에 대한 확신보다 자기가 가진 억측에 대해 더욱 확신하는 사람들도 또한 있기 때문이다. 헤라클레이토스의 경우가 이것들을 잘 보여준다.

(a)그러나 우리는 '인식하고 있다'라는 말을 두 가지 의미에서 쓴다. 즉, 인식력을 가지고 있기는 하지만 그것을 쓰지 않는 사람이나, 쓰는 사람이나, 우리는 이 둘 다 '인식하고 있다'고 말한다. 그래서 누군가 해서는 안 되는 일을 할 때, 그가 인식력을 가지고 있지만 쓰지 않는 것과 쓰는 것은 서로 다르다. 인식력을 써서 자기가 해서는 안 되는 일을 하는 것은 이상하게 보이고, 이 경우 차라리 인식력을 가지고 있는데 쓰지 않는 것은 이상해 보이지 않는다.

(b)또 전제에는 두 가지 종류가 있다. 그런데 인식에 있어 그 두 전제를 다 가지고서도 인식에 어긋나는 행동을 하는 수가 있다. 다만 '보편적 인식 전제만을 쓰고, 특수적 인식전제는 가지고 있으면서도 쓰지 않는다면' 말이

다. 실제로 하는 행동은 개별적이며 특수한 것이다. 다만 보편적 인식전제에도 서로 다른 두 가지 면이 있다. 즉 자기 자신에 관한 전제와 대상에 관한 전제이다. 예를 들어, '마른 음식이 모든 사람에게 유익하다'와 '나는 사람이다'와 '이러이러한 식품은 마른 것이다'라고 하는 것에서 보이는 차이와 같다. 그러나 대상에 대한 인식전제, 즉 이 식품이 이러이러한 것인가 혹은 그렇지 않은가에 대해서 사람들은 인식을 가지고 있지 않거나 아니면 가지고 있는데 행사하지 않거나 한다. 그러므로 이와 같은 두 가지 인식 양식(대상에 대한 인식이 없거나, 있으면서도 행동에 적용하지 않는 것) 사이에는 커다란 차이가 있다. 따라서 그 중 한 가지 양식으로 인식하고 있을 때 우리가 그 인식한 양식대로 행동을 하면 조금도 이상할 것이 없지만, 그 행동이 다른 양식으로 인식하고서 행한 것이라면 보통이 아닌 일로 생각된다(즉, 대상의 인식에 있어, 무지하면서 무지한 대로 행하는 것은 정상이고, 옳은 인식이 있으면서 사용하지 않고 무지하게 행하는 것은 이상한 일이다).

(c)그리고 바로 위에서 말한 것과 또 다른 의미에서의 인식력을 가지는 경우도 있다. 즉 '인식력을 가지고 있지만 쓰지는 않는' 경우면서도 앞의 것과는 다른 상태가 있다. 그래서 어떤 의미에서는 인식력을 가지고 있으면서도 인식력을 가지고 있지 않는 상태가 가능하다. 예를 들어, 잠자고 있는 사람, 미친 사람, 술취한 사람의 경우가 그렇다. 이들은 욕정에 사로잡힌 사람의 상태이다. 왜냐하면 격분이라든가 성욕이라든가 그 밖의 이런 정념들은 사실 육체적 상태에 변화를 일으키고, 심지어 어떤 이에게는 광기를 발작시키게도 하는 것이 분명하다. 이 경우에 자제력이 없는 사람들은, 어쩔 수 없이, 잠자고 있는 사람, 미친 사람, 술취한 사람과 비슷한 상태에 있게 되는 것이라고 말할 수밖에 없다. 그들이 이때 인식력에서 우러나오는 말들을 썼다고 해도 사실은 아무런 증거도 되지 못한다. 그러한 정념에 사로잡힌 채 사람들이 학문적 논증을 하고 엠페도클레스의 시구를 뇌까리지만, 또 어떤 새로운 학문을 갓 배우기 시작한 사람들도 그 술어들을 제법 잘 이어서 쓰지만 그것을 아직 제대로 알지는 못하니 말이다. 알기 위해서는 그것이 몸에 배어야 한다. 이렇게 되는 데는 시간이 많이 소요된다. 따라서 자제력 없는 사람들이 쓰는 언어는 배우들이 무대 위에서 내는 소리와 다름없다고 할 수 있다.

(d)또 우리는 이와 같이 되는 이유를, 인간의 본성에 비추어 다음과 같이 살펴볼 수도 있다. 즉 억측에는 보편적인 것에 관한 것이 있고 또 개별적인 것들에 관한 것이 있다. 이 개별적인 것들은 이미 감성의 지배 영역에 속한다. 이상의 두 가지 억측으로부터 하나의 억측이 도출될 때, 만일 그 궁극의 의견이 순전히 관조적인 것들에 관한 것이라면 반드시 우리의 정신이 긍정해야만 할 것이며, 만일 그 궁극의 의견이 실천 영역에 속하는 것이라면 우리가 반드시 즉시 행동해야만 할 것이다. 예를 들어, 단 것은 모두 각각 한 번씩 맛보아야만 하는데, 이것은 개별적인 맛있는 것들 가운데 하나라는 의미에서, 맛볼 수 있는 능력을 가지고 있으면서, 또 방해받지 않는다면 동시에 반드시 실제로 먹어 볼 것이다. 우리 마음의 한켠에는 맛있는 것이라고 해서 다 먹어 보아서는 안 된다고 하는 보편적 억측(짐작 같은 것)이 있고, 또 한켠에는 맛있는 것은 모두 마음을 흡족케 해 준다고 하는 억측과 이것은 맛있는 것이다 라는 억측(행동으로 나아가게 하는 것은 바로 이 억측임)이 있다. 또 여기에다 마침 우리 속에 욕망이 있고 보면, 억측들 중 하나는 우리에게 맛있는 것을 먹지 말라고 명령하지만, 욕망은 그 음식으로 다가가게 한다. 욕망은 몸의 각 부분을 움직이게 할 수 있기 때문이다.

따라서 사람이 이렇게 자제하지 못하고 행동하려는 욕망은 어떤 의미에서 이치와 억측이 있기 때문에 상대적으로 생겨나는 것이라 할 수 있다. 물론 이 때의 억측 자체는 올바른 이치에 반대되는 것은 아니고 다만 우연적으로만 서로 반대되며, 실제로 올바른 이치에 반대되는 것은 언제나 욕망이지 억측이 아니다. 이런 까닭에, 모든 짐승은 자제력이 없는 것이 아니다. 그들은 보편적인 판단을 하는 법이 없고 다만 개별적인 것들에 대한 상상과 기억을 가지고 있을 뿐이다.

그런데, 자제력 없는 사람의 무지는 어떻게 해명되며, 어떻게 하면 그 인식을 회복할 수 있는가에 대한 설명은, 술취한 사람이나 잠자고 있는 사람의 무지한 상태나 인식회복과정을 보면 알 수 있는 것이며, 또 그 경우만 있는 것은 아니다. 그에 대한 설명은 자연학자에게서 들어야만 한다. 그런데 여기서 마지막 전제(무지로부터의 인식회복)야말로 감각적 대상에 관한 억측, 즉 피상적 인식회복이다. 또 이때 피상적 인식회복이야말로 우리의 행동을 이끄는 것이기 때문에, 사람이 정념에 사로잡혔을 때에는 이것을 가지고 있지 않거나, 혹은 술에 취한 사람이 엠페도클레스의 시구를 뇌까리듯이 '인식을 가지고 있다'는 것은 한낱 '입끝으로 알고 있다'는 뜻이 된다. 그리고 마지막 전제는 보편적인 것도 아니며, 또 보편적인 전제와 같은 의미로서 학문적 인식의 대상이 되는 것도 아니기 때문에, 소크라테스가 확립하고자 한 입장이 생긴 것 같다. 자제하지 못하는 감정 상태는 참된 의미의 인식력이 없을 때는 생기지 않는다. 또 그런 감정상태는 인식이 정념 때문에 이리저리 끌려다닐 때 생기는 것이 아니라, 다만 감성적 인식밖에 가지고 있지 않을 때 생긴다.

이 정도로도 문제에 대한 답은 충분하다. 알고서 행동하는 것인가 알지 못하고서 행동하는 것인가 하는 문제와, 또 어떻게 알면서도 자제하지 못하는 행동을 할 수가 있는가 하는 문제는 해답을 얻은 셈이다(무지로부터의 피상적 회복과 감성적 인식만을 가지고 있을 때).

4 자제력의 결함

(2) 다음으로는 '무조건적으로 자제력이 없는 사람'이 있는지, 그렇지 않으면 자제력이 없는 사람은 모두 어떤 특수한 의미에서 자제력이 없는 것인지, 그리고 만일 '무조건적으로 자제력이 없는 사람'이 있다면 그런 사람은 어떤 것과 관계하는지, 이런 것들에 대해서 우리는 살펴보아야 할 것이다.

자제하는 사람들과 인내할 줄 아는 사람들, 그리고 자제하지 못하는 사람들과 인내심 없는 사람들이 모두 쾌락과 고통에 관계하고 있음은 명백하다. 그런데 쾌락을 생기게 하는 것들 가운데 어떤 것은 필수적인 것이고, 또 어떤 것은 그 자체가 선택할 만한 것이면서도 과할 수 있는 것이다. 식욕이나 성욕과 같은 육체적인 쾌락은 필수적이다. 반면에 승리, 명예, 부 등 즐겁고 쾌감을 주는 것들은 필수적이지는 않지만 그 자체로는 선택할 만한 것이다.

이런 까닭에 (a) 그 자체로 선택할 만한 것에 관련하여 자기 속에 있는 올바른 이치와 달리 정도보다 지나치게 나아가는 사람들을 보고, 무조건 자제력이 없다고 하지 않고, 돈과 관련해서 자제력 없는 사람, 이익에 대해, 명예에 대해, 분노에 대해 자제력 없는 사람이라고 한정하여 붙여 부르는 것이다. 이런 사람들은 '무조건 자제력이 없는 사람들'과 다르며, 다만 그들과 비슷한 점이 있어서 자제력이 없다고 불릴 뿐이다. 이것은 마치 올림픽 우승한 자가 '안트로포스'(인간)라고 불리는 것과 같다. 이 경우 인간의 보편적 정의는 이 우승한 자에게 고유하게 주어지는 정의와 별로 다르지 않지만 그래도 거기에는 차이가 있다. 이것은 무조건적으로 자제력이 없는 것이나 어떤 특수한 육체적 쾌락 속에서 자제력이 없는 것이 그저 과오나 악덕으로 비난받는 데 반하여, 돈·이익·명예·분노 같은 면에서 자제력이 없는 사람은 그런 비난을 받지 않는 사실이 잘 증명해 준다.

그러나 (b)절제하는 사람이나 방종한 사람이 주로 관계한다고 생각되는 육체적 향락에 있어서 자제력 없는 사람이란, 자신의 선택과 사유에 거역하면서 추구하는 사람—그리고 굶주림이나 목마름, 더위나 추위, 이 밖에 촉각이나 미각의 모든 대상 가운데 고통을 주는 것들을 피하는 사람—을 자제력 없는 사람이라고 한다. 이런 경우에 그는, 그 '이러이러한 면에서' 예를 들어, '분노의 면에서'라는 조건 아래에서도 아니고 무조건적으로 자제력 없는 사람으로 불린다. 이것은 이러한 육체적 쾌락이나 불가피한 쾌락들에 대해서는 사람들이 무조건적으로 '인내심이 없다'는 말을 듣지만, 다른 쾌락에 있어서는 그런 말을 듣지 않는 사실이 확증해 준다. 그리고 무조건적으로 자제력 없지는 않은, 피할 수 있는 쾌락일 경우에 우리는 자제력 없는 사람과 방종한 사람을 동일시하고, 자제하는 사람과 절제하는 사람을 동일시한다. 왜냐하면 이들은 그러한 피할 수도 있었을 쾌락과 고통에 관계하기 때문이다. 그러나 아까 말한 바와 같은 사람들(불가피하게 자제력 없는 사람들)을 이들과 동일시하지는 않는다. 물론 이들이 같은 것들에 관계하지만 똑같은 모양으로 관계하는 것은 아니다. 그 중에서도 어떤 이는 일부러 선택하고 어떤 이는 그렇지 않다.

이런 까닭에 '욕구가 전혀 없거나 혹은 조금밖에 없으면서 쾌락을 과도하게 추구하며 평범한 고통보다 강한 고통을 택하는 사람'이, '강렬한 욕망 때문에 그러는 사람'보다도 오히려 '더 방종한 사람'이라고 이야기할 수 있을 것이다. 만일 전자(욕구가 별로 없으면서 강한 쾌락을 택하는 경우)에게 다시 왕성한 욕구와 또 필수적인 것들이 부족해서 생기는 혹독한 고통까지 추가될 경우, 그가 무슨 일을 저지를지 알 수 없기 때문이다.

그런데 욕정과 쾌락 가운데는 본디 고상하고 좋은 부류에 속하는 것이 더러 있다. 앞에서 우리가 구별한 바를 따르면, 어떤 쾌락은 그 본성상 선택할 만하고, 어떤 것은 이런 것들에 대립되며, 또 어떤 것은 이 두 가지의 어디에도 속하지 않는 중간적인 것이다. 예를 들어 돈·이득·승리·명예 등은 중간적이다. 무릇 이러한 고상하고 좋은 쾌락이나 중간적인 쾌락에 대해서는, 그것에 마음이 움직이고 그것들을 욕망하고 사랑한다고 해서 비난을 받지는 않는다. 다만 어떤 특정한 방식으로 과할 경우에만 비난을 받는다. 이런 까닭에, 본성적으로 고상하고 좋다고 하더라도 이치에 어긋날 만큼 그것에 빠지거나 추구하는 사람은 누구나 욕을 먹는다. 예를 들어 명예나 자식 혹은 부모를 지나치게 사랑하는 사람들은 나쁜 사람들이 아니고, 이런 일들은 좋은 일이며 칭찬받을 만하지만 이런 일들에도 지나침이 있다. 만일 니오베(Niobe)처럼 신들에게조차 맞서 싸우거나, '효자'로 이름난 사티로스(Satyros)처럼 자기 아버지를 섬기는 일이다. 사실 사티로스는 이 점에서 너무 지나쳤다. 위에 언급한 이유에서 이런 것들에 대해서는 모두 본성상 그 자체를 위하여 선택할 만한 가치가 있는 것이기 때문에 결코 악덕이 아니다. 하지만 지나침은 좋지 못하고, 피해야만 한다. 이와 비슷한 이유로 그것들에 대해서는 또한 자제력이 없을 수 없다. 자제력이 없는 것은 피해야 할 뿐만 아니라 비난받아 마땅하다. 다만 사람들은 대부분 비슷하게 느끼기 때문에, 조건을 붙여 가면서 여러 가지 경우에 '자제력 없는' 이란 명칭을 적용한다. 마치 '나쁜 의사,' '나쁜 배우'라고 말하는 것과 같은데, 이 경우 우리는 이런 의사나 배우가 무조건 나쁘다고는 보지 않는다. 그 의사나 배우의 상태가 저마다 무조건 나쁜 것이 아니다. 다만 비슷하기 때문에 우리는 무조건 나쁘다는 말은 쓰지 않는다.

이와 마찬가지로, 자제력이 없는 경우(불가피한 쾌락인 경우)에도 스스로 절제할 수도 있고 방종할 수도 있다고 보아야 한다. 그리고 그런 불가피한 쾌락의 대상에 대해서는 자제력이 없음과 있음만이 존재한다고 봐야 한다. 그러나 우리는 분노에도 이런 용어(자제력 유무)를 적용하는데 이것은 유사성이 있기 때문이다. 이런 까닭에 우리는 분노의 측면에서 자제력이 없다고 조건부로 말하며, 또 명예나 이득의 측면에서 자제력이 없다고도 한다.

5 짐승의 성품

(1)어떤 것들은 본성상 쾌감을 준다. 그 가운데에는 (a)무조건적인 것도 있

고, (b)동물이나 사람의 어떤 특수한 종류에 따른 것도 있다. 한편 (2)어떤 것들은 본성상으로는 쾌감을 주지 못하지만, (a)신체장애나 (b)습관이나 (c)여러 가지 못된 본성 때문에 쾌감을 준다.

그렇기 때문에 후자의 여러 경우((2)의 경우)에 대해서도 자제력이 없는 것과 비슷한 상태를 찾아볼 수 있다. 그 하나로는 ①여러 짐승 같은 상태가 있다. 예를 들어, 임신부의 배를 가르고 그 안에 든 태아를 삼켜 먹는다고 하는 여자, 혹은 아주 미개한 흑해 연안의 야만족들 가운데 몇몇 족속들이 좋아한다고 하는 일들, 즉 날고기나 사람을 먹는다든가 또는 자기 자식을 서로 선물로 보내어 잔치를 열고는 잡아먹는 일 따위, 또 팔라리스(Phalaris)에 대해서 전해 오는 이야기(시켈리아의 참주인 팔라리스가 청동으로 만든 수소 속에 사람을 넣고 태워 죽이는 극형을 만들었다고 함)의 경우가 그런 것들이다.

이런 것들은 짐승 같은 일이지만, 이밖에도 ②질병이나 광기(자신의 어머니를 산 제물로 바친 뒤 먹는 사람이나, 동료의 간장을 먹는 노예의 경우)에 기인하는 것도 있고, 또 ③관습에서 생기는 병적인 것들도 있다. 예를 들어 머리털을 쥐어 뜯는다거나 손톱 혹은 심지어 석탄이나 흙덩어리를 갉아 먹는 관습 같은 것이 있다. 비역질(男色)도 여기에 속할 것이다. 이런 일들은, 어떤 사람에게는 본성적인 것이고, 또 어떤 사람들, 예를 들어, 어렸을 때부터 정욕의 노예가 되어 온 사람들에게는 습관적인 것이다.

그렇지만 본성 때문에 그런 사람들을 아무도 자제력이 없다고는 하지 않을 것이다. 마치 성교에 있어서 여자가 수동적이라 해서 여자가 자제력이 없다고 하지 않는 것과 같다. 마찬가지로 습관 때문에 병적인 상태에 있는 사람들에게 자제력이 없다고 하지도 않는다. 이런 여러 가지 습관(짐승같은 습관)을 가지는 것은 마치 짐승 같은 상태가 그렇듯이 악덕의 한계를 넘는 것이다. 그리고 이런 습관들을 이겨내거나 혹은 그것들에게 지배당하는 사람은, 무조건 자제력이 있거나 자제력이 없는 것이 아니고 다만 그 유사한 악덕으로 말미암아 그런 악덕에 지배당하는 것이다. 이것은 마치 분노 때문에 이런 심한 악덕 상태에 있는 사람을, 그 감정의 면에서 따져 자제력이 없다고 말하고, 무조건 자제력이 없다고 말하지 않는 것과 같다.

사실 어리석은 짓이건, 비겁한 태도건, 방종이건, 또는 고약한 성미이건, 지나치면 모두 다 짐승 같거나 병적이다. 본성적으로 모든 것을 두려워해서

심지어 쥐가 찍찍 우는 소리를 듣고도 무서워하는 사람은 그 겁 많은 것이 짐승 같은 성질을 띈 것이요, 족제비만 보면 무서워하는 사람은 그 공포가 병으로 인한 것이다. 그리고 어리석은 사람들 가운데 본성적으로 깊이가 없고 감각만으로 사는 사람들은 짐승 같고(먼 지방에 사는 야만인들 가운데 한 족속이 그러함), 한편 전염병이나 여러 가지 질병과 광기로 말미암아 어리석은 사람들은 병적이다. 그런데 이런 사람들은 간혹 이런 특성들 가운데 어떤 특성을 가지면서도 그 특성들에 의해 지배당하지는 않는 경우가 있다. 예를 들어, 팔라리스는 어린 아이같이 물렁한 고기를 먹으려는 욕망과 기이한 성적 쾌락에 대한 욕구를 억제했을 수도 있었던 것이다. 그러나 그런 감정을 가질 뿐만 아니라 그것들에 의하여 지배당하는 수도 있다. 그러므로 인간적인 수준에 있는 악덕은 무조건 악덕이라 불리는데, 이에 반하여 인간적인 수준에 있지 않은 것은 무조건 악덕이라 불리지 않고 '짐승 같은'이라든가 '병적'이라든가 하는 조건부로 그렇게 불린다. 이런 까닭에 자제력이 없는 어떤 것은 짐승 같고 어떤 것은 병적이다. 그런데, 이 두 가지 악덕 중에서 '인간적'인 방종(병적 방종이 아닌)에 대응하는 것만이 '무조건 자제력이 없는' 것이라고 부를 수 있다.

그러므로 자제력 없는 것과 자제력 있는 것은 방종과 절제의 관계와 같으며, 이와 다른 것(자제력을 넘어선 병적 악덕)들에 관계하는 것은 자제력 없는 것과 종류가 다른 것으로서 달리 변질된 의미에서 자제력 없는 것이라 불리지 무조건 자제력이 없다(불가피한 쾌락이나 악덕의 경우)고 불리지는 않는다.

6 분노, 욕망, 자제력

이제 분노에 있어서 자제력 없는 것이 욕망에 있어서 자제력 없는 것보다 덜 추하다는 것을 살펴보자.

(1)분노는 어느 정도 이치에 귀를 기울이지만 잘못 알아듣는 것 같아 보일 뿐이기 때문이다. 마치 성급한 하인이 이야기를 끝까지 듣지 않고 뛰쳐나가서는 결국 주인의 뜻을 어기는 것이나, 또는 개들이 소리만 나면 그것이 친한 사람인지도 알아보지 않고 짖어대는 것처럼 말이다. 그래서 분노는 그 본성이 열렬하고 성급한 탓에, 듣기는 듣지만 해야 할 바를 듣지 않은 채 대뜸

복수를 한다. 즉, 이치나 상상으로 모욕을 당하거나 멸시를 당했다고 생각되면, 분노는 마땅히 싸워야 한다고 추론하고는 대뜸 화를 내고 덤빈다. 한편 욕구는, 머릿속 생각이나 감각이 쾌감을 주는 것이라고 말하면 대뜸 덤벼들어 쾌락을 누린다. 그러므로 분노는 어떤 의미에서 이치에 복종하지만, 욕정은 그렇지 않다. 따라서 욕정이 더 추하다. 왜냐하면 분노에 있어서 자제력 없는 사람은 어떤 의미에서 이치에 정복당하는데, 욕정에 있어서 자제력 없는 사람은 욕정에 정복당하는 것이지 이치에 정복당하는 것이 아니기 때문이다.

(2) 또 우리는 본성적인 욕구에 따르는 사람들을 더 쉽게 용서한다. 심지어 욕구가 모든 사람들에게 공통적인 것이라면, 비교적 용서받기가 더 쉽다. 그런데 분노나 성냄은 지나친 것에 대한 여러 가지 욕망, 즉 필수적이지 않은 것들에 대한 욕망보다 더 본성적인 욕구이다. 예를 들어 아래의 이야기도 마찬가지이다.

어떤 사람이 자기 아버지를 때리고 거기에 대해서 비난하는 사람에게 이와 같이 변명한다고 치자. "내가 아버지를 때렸고, 또 아버지도 자기 아버지 (할아버지)를 때렸고, 또 (자기 자식을 가리키면서) 이 아이도 어른이 되면 나를 때릴 겁니다. 이건 우리집 내력이에요." 또 자식에게 끌려나가던 아버지가 문앞에서 그 자식에게 명령하기를 자기도 자기 아버지를 거기까지만 끌고 나갔으니 너도 여기까지만 끌고 나가라고 했다고 생각해 보라.

(3) 또 나쁜 일은 계획적일수록 더욱 옳지 않다. 그런데 분노를 잘 표출하는 사람은 계획적이지 않고, 분노 또한 본디 계획적이지 않은 것이다. 분노는 오히려 다 드러내는 것이다. 반면에 욕망은, 사람들이 아프로디테에 대해 말하는 바와 같이, '간계를 꾸미는 키프로스의 딸'이다. 호메로스도 그녀의 '수 놓은 허리띠'에 대해서 이렇게 말한다.

    그것은 속삭인다. 사람을 홀릴듯이,
    생각 깊은 이 마음도 감쪽같이 휘어잡는다.

《일리아스》 제14권 214, 217

그러므로 이런 욕망에 대한 자제력 없음이 분노에 대한 자제력 없음보다 더 옳지 못하고 추악하다. 자제하지 못하는 욕망은 무조건 자제력 없음이며, 또한 동시에 하나의 악덕이기도 하다.

(4)또 대개의 사람들은 남을 모멸하면서도 고통을 느끼지 않는다. 분노에 따라 행동하는 사람은 고통을 느끼지만, 남을 모멸하는 사람은 오히려 쾌감을 느낀다. 그러므로 만일 분노를 일으키기에 마땅한 행위가 다른 행위보다 더욱 옳지 않은 경우에도, 자제하지 못하는 욕망은 자제하지 못하는 분노보다 더 옳지 않은 것이다. 분노에는 모멸감이 욕망에서 보다 없기 때문이다.

그러므로 욕망에 대하여 자제하지 못함은 분노에 대한 그것보다 더 추악하며, 자제와 자제하지 못함은 육체적인 욕망과 쾌락에 관련된 것임이 분명하다. 그러나 우리는 물론 육체적인 욕망과 쾌락들 사이의 여러 가지 차이점을 파악하지 않으면 안 된다. 왜냐하면 처음에 말한 바와 같이, 그 가운데 어떤 것은 그 종류와 정도에 있어서 인간적이고 본성적이며, 다른 어떤 것은 짐승적이고, 또 다른 어떤 것은 신체장애나 질병에서 기인하기 때문이다. 이 가운데 절제와 방종이 관계하는 것은 오직 처음의 것(인간적이고 본성적인 욕망)뿐이다. 이런 이유로, 우리는 짐승에게 절제한다든가 방종한다든가 라는 말을 쓰지 않는다. 다만 다른 변질된 의미나, 어떤 종류의 동물이 다른 종류의 동물보다 더 난폭하고 잔인하고 탐욕스러울 때에만 그런 말을 쓴다. 사실 짐승에게는 선택이나 사유의 능력이 없다. 미친 사람처럼 본성으로부터 벗어나 있기 때문이다.

그런데 짐승 같은 상태는 악덕보다 더 무섭기는 해도 악덕보다 더 나쁘지는 않다. 왜냐하면 인간처럼 그 정신의 좀 더 좋은 부분이 파괴되는 것이 아니라 짐승에게는 좀 더 좋은 부분이란 게 없을 뿐이기 때문이다. 그러므로 이것은 마치 무생물과 생물의 어느 쪽이 더 악한가를 비교하는 것과 다름없다. 사실 '운동의 시초가 되는 원인을 가지고 있지 않는 것'의 악이 언제나 덜 해롭다. 또 그때 이성은 하나의 시초가 되는 원인이다. 이것은 또 추상적인 의미에서의 '정의롭지 못함'과, 눈에 보이는 정의롭지 못한 사람을 비교하는 것과도 같다. 이 둘은 이성을 가진 경우의 행위이기 때문에 어떤 의미에서 좀 더 나쁜 것이다. 악한 사람은 짐승보다 천만 배나 더 악한 일을 하기 때문이다.

7 자제력 없음과 유희

촉각과 미각으로 인해 생기는 쾌락과 고통, 욕정, 혐오에 대해서는 앞에서 방종과 절제가 거기에 관계하는 것임을 규정했다. 일반적으로 대부분의 사람들이 이겨내는 것을 이겨내지 못하고 지는 사람도 있고, 또 대부분의 사람들이 이겨내지 못하는 것을 이겨내는 사람도 있다. 이 가운데 쾌락에 관계하는 성품은 자제력 없음과 자제력 있음이며, 고통에 관계하는 쾌락은 '인내심 없음'과 '인내심 있음'이다. 물론 쾌락이나 고통에 맞부딪히는 경우, 오히려 좋지 못한 상태로 더 기울어지기는 하지만, 대부분 사람들의 상태는 이 중간이다.

그런데 쾌락 가운데에는 꼭 필요한 쾌락도 있고 꼭 필요하지 않은 쾌락도 있다. 또 꼭 필요한 쾌락이라 하더라도 어느 정도까지 필요하고 그것을 지나치는 쾌락은 필요하지 않다. 또 그 모자람도 마찬가지이다. 이것은 욕정이나 고통에 있어서도 똑같다. 그러므로 여러 가지 지나친 쾌락을 추구하거나, 혹은 필수적인 것이라 하더라도 그것을 지나치게 추구하는 사람, 더구나 선택에 의하여 그 쾌락들 자체 때문에 추구하며 거기서 나오는 다른 어떤 결과 때문에 추구하는 것이 아닌 사람은 방종한 사람이다. 이런 사람은 절대 뉘우침이 없고 따라서 그를 고칠 수는 없다. 뉘우칠 줄 모르는 사람을 고칠 수는 없기 때문이다. 또 여러 가지 쾌락의 추구가 부족한 사람은 방종한 사람에 대립적인 사람이며, 중간적인 사람은 절제하는 사람이다. 또 여러 가지 육체적인 고통에 졌기 때문이 아니라 선택에 의해 그 쾌락들을 피하는 사람도 있다. 그런 쾌락적 행위를 선택에 의해 하지 않는 사람들 가운데에는 쾌락 자체 때문에 그런 행위를 하게 되는 경우와 욕구에서 생기는 고통을 피하려고 하게 되는 경우가 있다. 따라서 이 둘 사이에는 차이가 있다.

그런데 누구나 강한 욕구에 지배되어 추악한 일을 하는 사람보다, 욕구가 전혀 없거나 혹은 약한 욕구밖에 없는데 그런 일을 하는 사람을 더 나쁜 사람이라고 생각한다. 또 노여워서 남을 때리는 사람보다 노엽지도 않은데 남을 때리는 사람을 더 나쁜 사람이라고 생각한다. 만일 이런 사람이 더 강한 정념에 사로잡힌다면 무슨 짓을 저지를 지 모르기 때문이다. 이런 까닭에 방종한 사람은 자제력 없는 사람보다도 더 나쁘다. 이 두 가지 가운데, 약한 분노일 때 때리는 것은 오히려 인내심이 없음이요, 강한 분노일 때 때리는 것은 방종이라 할 수 있다.

　'자제력 없는 사람'에게는 '자제력 있는 사람'이 대립하고 '인내심 없는 사람'에게는 '인내심 있는 사람'이 대립한다. '인내심이 있음'은 쾌락에 맞서 싸움으로써 생기고 '자제'는 쾌락을 이김으로써 생긴다. 맞서 싸우는 것과 이기는 것은 서로 다르다. 그것은 마치 매를 맞지 않는 것이 승리하는 것은 아닌 것과 같다. 이런 까닭에 자제(적극적)가 '인내심이 있음'(소극적)보다 더 바람직하다.

　그런데 대부분의 사람이 맞서 싸워 충분히 이겨내는 것을 이겨내지 못하는 사람은 인내심이 없고 나약한 사람이다. 나약함도 하나의 '인내심이 없음'이니까. 그런 사람은 겉옷을 치켜드는 것이 귀찮아서 질질 끌고 다니는데, 이렇게 이상한 시늉을 하면서도 자기 자신이 가엾은 인간이라고 생각하지 않는다.

　자제력이 있고 없는 것에 대해서도 이와 마찬가지다. 어떤 사람이 강렬하고 지나친 쾌락이나 고통에 진다고 해도 이상한 일이 아니다. 만일 그가 맞서 싸웠는데도 졌다고 하면 사실 우리는 그를 쉽사리 용서해 준다. 예를 들어, 테오데크테스의 작품에 등장하는 필로크테테스가 독사에 물렸을 때 맞서 싸운 경우나, 카르키노스(Carcinos)의 〈알로페(Alope)〉에 나오는 케르키온의 경우나, 또 크세노판토스(Xenophantos)가 그랬던 것처럼 웃음이 나오는 것을 참으려다가 그만 웃음보를 터뜨리고만 것이 그렇다. 그러나 참을 수 있을 만한 쾌락이나 고통에 맞서 싸우지 못하고 지는 것은 인내심이 없고 자제력이 없는 것이다. 물론 그것이 유전이라든가 질병으로 인한 것이라면 경우가 다르다. 예를 들어, 스키타이(Scythia)족의 임금들에게 유전해 내려오는 '인내심 없음'이나, 남성에 대한 여성의 관계처럼 말이다.

　유희를 좋아하는 사람도 방종하게 보이지만, 사실 그는 인내심 없는 사람이다. 유희란 일하다가 쉬는 것이므로, 숨을 돌리는 것일 뿐이다. 다만 유희를 좋아하는 사람은 이렇게 쉬고 숨을 돌리는 데에 지나친 사람이다.

　자제력이 없는 것에는 '성급함'과 '마음 약함'이 있다. 숙고는 했는데 감정 때문에 자기가 숙고해서 얻어낸 결론대로 행치 못하는 사람이 있는가 하면, 미처 잘 생각하지 못해서 감정에 휘둘리는 사람도 있다. 이것은 먼저 남을 간지럽힌 사람은 남에게 간지럼을 당하지 않는 것처럼, 자기에게 닥쳐오는 것을 미리 내다보고 먼저 정신을 차려 이성적으로 헤아려 살핌으로써, 즐거움이나 괴로움, 정념에 넘어가지 않는 사람도 있음을 상대적으로 의미하는 것이다. '성급함'의 성질을 띤 '자제력 없음'은, 민감하고 우울해 하는 사람들에게 특히 많다. 성급함은 감정이 급해서, 그리고 자제력 없음은 감정이 격렬해서 둘 다 그들의 상상력을 따르기 쉬우므로 이치를 기다리지는 않는다.

8 방종과 자제

앞에서 말한 바와 같이, 방종한 사람은 뉘우칠 줄 모르고 자신의 선택에 충실하지만, 자제력이 없는 사람은 보통 뉘우칠 줄은 안다. 이런 이유로, 우리가 방종과 자제의 문제를 앞서 구분했을 때 말한 것처럼, 실제로 사정은 그렇지 않다. 오히려 방종한 사람은 개선의 가망이 없고, 자제력이 없는 사람은 개선의 여지가 있다. 왜냐하면 악덕은 마치 수종(水腫)이나 폐결핵과 같은 질환이고, 반면 자제력이 없는 것은 간질병과 같기 때문이다. 사실 방종한 사람이 겪는 불행은 지속적이며, 자제력이 없는 사람이 겪는 불행은 그렇지 않다. 그리고 일반적으로 자제력이 없다는 것과 악덕은 서로 다르다. 악덕은 가지고 있으면서도 그것을 의식하지 못하지만, 자제력이 없는 것은 그렇지 않고, 악덕을 의식하고 있다. 또 자제력이 없는 사람들 가운데에서는, 처음부터 '폭발적인 사람들'은, '이치를 가지고 있으면서도 그것을 따르지 않는 사람들보다'는 낫다고 하겠다. 왜냐하면 후자는 아주 약한 정념에도 넘어가며, 전자와는 달리 미리 숙고하고 행동하는 것이면서 그러하기 때문이다. 사실 이런 자제력이 없는 사람은, 대부분의 사람들보다 더 약한 포도주로도 빨리 취하는 사람들과 같다.

그러므로 자제력이 없다는 것이 악덕이 아님은 확실하다. 물론 어떤 의미에서는 악덕이라고도 할 수 있겠다. 왜냐하면 자제력이 없다는 것은 선택에 의한 것이 아닌 반면, 악덕은 선택에 따른 것이기 때문이다. 물론 이런 자제력 없음과 악덕들로 인한 행위는 서로 비슷한 점도 있다. 데모도코스가 "밀레토스 사람들은 어리석은 것도 아니면서, 하는 짓이 어리석은 사람들과 똑같다"라고 말한 것처럼, 자제력이 없는 사람들은 정의롭지 못한 것도 아니면서 정의롭지 못한 일을 하는 것이다.

자제력 없는 사람은, 갑자기 확신도 없이 올바른 이치에 어긋나는 지나친 육체적 쾌락을 추구하기가 쉽고, 방종한 사람은 본래 쾌락을 추구하는 사람인 까닭에 확신을 가지고 추구한다. 그러므로 자제력 없는 사람은 쉽사리 마음을 돌리고 태도를 바꿀 수 있지만, 방종한 사람은 그렇지가 않다. 덕은 근본, 즉 제1원리를 온전하게 지키는 것이요, 악덕은 근본을 파괴하는 것인데, 행동의 영역에서는 목적이 근본이다. 예컨대, 수학에서는 직선이나 수량의 단위 같은 일차적 대상이 근본이다. 수학의 영역에 있어서나 행동의 영역에 있어서나 이치가 근본을 가르쳐 주는 것이 아니고, 본성이나 습관에 의해서 생긴 덕이 행동의 근본에 관한 올바른 견해를 가르쳐 준다. 그러므로 본성적·습관적으로 덕 있는 사람이 절제 있는 사람이요, 그 반대는 방종한 사람이다.

그러나 감정 때문에 어쩔 수 없이 올바른 이치를 거스르는 사람이 있다. 즉 올바른 이치에 따라 행동하지 못할 정도로 감정에 지배당하지만, 그러한 여러 가지 쾌락을 무한정 추구해야만 마땅하다고 확신할 정도까지 감정에 지배당하지는 않는다. 이런 사람(소극적 악덕을 범하는 사람)이 바로 자제력이 없는 사람이다. 이런 사람은 방종한 사람보다는 낫고, 또 무조건 나쁘지는 않다. 그의 마음속에는 최선의 것, 즉 근본이 그대로 남아 있기 때문이다. 또 이런 사람과 반대되는 사람, 즉 자기가 확신하는 바를 지키며 적어도 감정 때문에 탈선하지는 않는 사람이 있다.

지금까지 이야기한 것들에서 볼 때 자제는 좋은 상태고, 자제력이 없음은 좋지 않은 상태임이 분명하다.

9 자제하는 힘

자제력이 있는 사람이란, 어떤 이치든 어떤 선택이든 지키는 사람인가? 그리고 자제력이 없는 사람이란, 어떤 이치든 어떤 선택이든 내동댕이치는 사람인가? 아니면 그릇됨이 없는 이치와 올바른 선택을 내동댕이치는 사람인가? 이것이 우리가 앞에서 제기했던 것이다. 혹시 사실은 이렇지 않을까? 우연적(또는 즉흥적)으로는 어떤 것이든 선택하지만 본질적으로는 참된 이치와 올바른 선택에 대해 자제하는 사람, 이런 참된 이치와 올바른 선택을 지키고, 그렇지 못한 사람은 참된 이치, 올바른 선택을 내동댕이치는 것이 아닐까? 만일 어떤 사람이 저것 때문에 눈 앞의 것을 선택하고 추구한다면,

그는 본질적으로는 멀리있는 저것을, 그러나 우연적으로는 눈 앞의 것을 선택하고 추구하는 것이다. 그러나 본질적인 것이란 무조건적이다. 그러므로 어떤 의미에서는, 자제하는 사람은 어떠한 억측이든지 따르고, 자제력이 없는 사람은 억측(눈에 보이지 않는 의견)은 따르지 않지만, 무조건 참된 억측만을 따르는 것이 자제력이 있는 사람이다.

자기의 억측을 끝까지 고수하는 사람들이 있는데 이들은 '고집쟁이'라 불린다. 이들은 설득하기가 어렵고, 한 번 마음 먹은 것은 쉽사리 고치지 않는다. 이들은 자제력이 있는 사람과 비슷하다. 마치 방탕한 사람은 어느 면에서는 관대한 사람과 비슷하고, 무모한 사람은 자신감 넘쳐 보이며 태연한 사람과 비슷한 것 같다. 그러나 그들은 여러 가지 점에서 서로 다르다. 왜냐하면, 자제력이 있는 사람은 감정과 욕구에 넘어가지 않으면서, 때에 따라서는 설득하기 쉬운 반면, 고집쟁이들은 여러 가지 욕정을 따르고, 쾌락에 이끌리며 이치에 귀를 기울이지도 않기 때문이다. 고집이 센 사람들은 독선적이고 무식하고 완고한 사람들이다. 그들의 독선은 쾌락과 고통이 그 원인이다. 이들은 자기의 확신이 뒤집히지 않고 이루어졌을 때에는 자신이 거둔 승리를 기뻐하고, 또 가끔 법령이 그렇듯 그들이 결정한 바가 무효가 되면 고통을 느낀다. 그러므로 고집센 이들은 자제력이 있는 사람이기보다도 오히려 그렇지 못한 사람에 더 가깝다.

그러나 자신이 결심한 바를 자제하지 못한 탓도 아닌데 그 결심을 지켜나가지 못하는 사람도 있다. 예컨대 소포클레스의 〈필로크테테스〉에 나오는 네오프톨레모스가 그런 사람이다. 그가 결심한 바를 지켜나가지 못한 것은 쾌락 때문이었지만 그것은 고귀한 쾌락이었다. 진실을 말한다는 것은 그에게 있어서 고귀한 일이다. 이에 앞서 오디세우스는 그로 하여금 거짓말을 하도록 설득했다. 사실 무슨 일이든 쾌락 때문에 하는 사람이면 모두 방종하거나 나쁘거나 자제력이 없는 사람이 아니고, 다만 추악한 쾌락 때문에 그 일을 하는 사람만이 자제력이 없는 사람이다.

당연히 가질 만한 정도 이하의 육체적인 것들에서 기쁨을 느끼기 때문에 그보다 높은 이치를 따르지 않는 사람도 있다. 이렇게 너무 낮은 기쁨만을 느끼는 사람과 자제하지 못하는 사람의 중간에 있는 사람이 바로 자제력이 있는 사람이다. 왜냐하면 자제력이 없는 사람이 그런 육체적인 것들을 너무 지나치게 좋아하기 때문에 이치에 잘 따르지 못하고, 지금 말한 부류의 사람은 또 너무 적게 좋아하기 때문에 이치에 잘 따르지 못한다. 한편 자제력이 있는 사람은 이치에 잘 따르며, 지나침과 모자람의 어느 쪽으로도 기울지 않는다. 그런데 자제력이 훌륭한 것이라면, 이에 반대되는 앞의 두 품성(쾌락을 너무 적게 즐기는 것, 또는 너무 많이 즐기는 것)은 나쁜 것이어야 한다. 또 사실 나쁘게 보이기도 한다. 그러나 자제에 반대되는 쾌락의 극단 상태는 몇몇 사람에게서 아주 드물게밖에 볼 수 없다. 그러므로, 마치 절제가 오직 방종의 반대로만 여겨지듯, 자제력도 자제력이 없는 것에만 반대되는 것으로 생각된다.

많은 명칭이 비슷하게 쓰이는데, 절제력 있는 사람에 대해서 자제라는 말을 쓰게 된 것도 비슷한 경우이다. 이것은 자제하는 사람이나 절제하는 사람이나 다 같이, 육체적인 쾌락 때문에 이치에 어긋나는 일은 절대로 하지 않기 때문이다. 그러나 자제하는 사람은 좋지 않은 욕정을 가지고 있고 절제하는 사람은 그렇지 않으며, 자제하는 사람은 이치에 어긋나는 쾌락을 느끼기는 하되 그것에 휘둘리지는 않고 절제하는 사람은 그런 쾌락을 아예 가지지도 않기 때문에 느끼는 일조차 없다. 그리고 자제력이 없는 사람과 방종한 사람도 서로 비슷하지만 또한 서로 다르다. 이들은 다 같이 여러 가지 육체적 쾌락을 추구한다. 그러나 방종한 사람은 당연히 그래야겠다고 생각하고서 추구하는 데 반하여, 자제력 없는 사람은 그래야겠다는 생각도 없이 행하지만 또 생각없이 행한 까닭에 뉘우치기도 한다.

10 자제력과 인내심

같은 사람이 실천적 지혜가 있으면서 자제하지 못할 수는 없다. 왜냐하면 이미 위에서 밝힌 바와 같이, 실천적 지혜가 있는 사람은 그저 알기만 하는 것이 아니라 실천할 수 있어야 하기 때문이다. 그러나 자제력 없는 사람은 실천할 힘이 없다. 물론 영리한 사람이라고 해서 자제력 없는 사람이 되지 말라는 법은 없다. 그래서 가끔 실천적 지혜가 있는 사람이 자제력이 없는 사람처럼 보이기도 한다. 이것은 영리함과 실천적 지혜가, 앞에서 우리가 논한 것처럼 추리에 있어서는 서로 비슷하지만, 그 목적에 있어서는 서로 다르기 때문이다. 게다가 자제력이 없는 사람은, 진리를 추구하는 사람과는 비슷하지 않고 잠자거나 술취한 사람과 비슷하지만, 스스로 나서서 행동하고, 자기가 무엇을 하며 무엇 때문에 하는지를 의식하고서 행동한다. 하지만 그렇다고 해서 자제력 없는 사람이 나쁜 사람은 아니고, 선택은 훌륭하므로 반쯤 나쁜 사람이다. 그리고 그는 부정한 사람도 아니다. 미리 악의를 품고 행동하지 않기 때문이다. 두 부류의 자제력이 없는 사람 가운데 하나는, 자기가 숙고해서 얻은 결론을 지키지 않는 사람이며, 다른 하나는 불 같은 성질의 소유자로서 아예 숙고하려고도 들지 않는 사람이다. 그리하여 자제력이 없는 사람은, 마치 올바르고 훌륭한 법률을 가지고는 있으나 그것을 전혀 이용하지 않는 국가와 같다. 마치 아낙산드리데스(Anaxandrides)가 비아냥댔던 것처럼.

    국가는 법을 바라기는 했지만
    아예 돌보지도 않았다.

반면에 악인은 마치 악법을 이용하는 국가와 같다.
   그런데 자제력 없는 것과 자제력 있는 것은 대부분의 사람들의 지나친 상태와 관계한다. 즉, 자제력 있는 사람은 대부분의 사람들이 할 수 있는 것 이상으로 자기가 결심한 바를 잘 지켜나가는데, 자제력 없는 사람은 자기가 결심한 것을 지켜나가는 능력이 대부분의 사람들보다 부족하다.
   그 가운데 불같은 성질의 소유자가 보여 주는 자제력 없음은, 숙고를 하되 자기가 결심한 것을 지켜나가지는 않는 사람의 자제력 없음보다는 고치기가 더 쉽다. 또 습관으로 인해 자제력이 없는 사람은, 본성적으로 자제력이 없는 사람보다 고치기가 더 쉽다. 본성을 고치는 것보다는 습관을 바꾸는 것이 더 쉽기 때문이다. 사실 습관을 바꾸는 것도 어려운데, 그런 경우는 습관이 본성을 닮았기 때문이다. 에우에노스가 이렇게 말한 것처럼.

    친구여, 오래 오래 반복하는 일은 습관이 되고
    이것이 결국 인간의 본성이 되는 걸세.

이렇게 해서 자제란 무엇이며, 자제력이 없는 것(자제력 없음은 얼핏 실천력 있음과 혼동되며, 소극적 악덕이다)이란 무엇이며, 인내심이 있음(인내심은 자제력보다도 소극적이다)이란 무엇이며, 인내심이 없음이란 무엇인가, 또 이 여러 상태가 서로 어떻게 관련되는지에 대한 논술은 끝났다.

11 쾌락과 선

쾌락과 고통에 대한 탐구는 정치 철학자의 몫에 속한다. 왜냐하면 정치 철학자는 우리가 무조건 이것이 좋다, 저것은 나쁘다, 고 말하는 데 대해서 기준이 되는 목적, 즉 우리 삶의 목적에 총기획자이기 때문이다. 그리고 그런 삶의 목적들에 대한 고찰은 우리가 반드시 해야만 할 것들 가운데 하나이다. 왜냐하면 이미 우리가 주장한 바와 같이, 윤리적인 미덕과 악덕에는 고통과 쾌락이 수반될 뿐만 아니라, 또한 행복에는 쾌락이 수반되기 때문이다. 그러기에 '행복한 사람'이란, '향락'을 의미하는 말을 따서 지은 명칭이다.

그런데 (1)어떤 이들은, 선과 쾌락은 서로 다르므로 쾌락은 그 자체에 있어서나 우연적으로나 선이 아니라고 생각한다. (2)또 어떤 이들은, 약간의 쾌락은 좋지만 대부분의 쾌락은 나쁘다고 생각한다. (3)또 세 번째 견해로 몇몇은 모든 쾌락이 선이기는 하나, 쾌락이 세상에서 가장 좋은 것일 수는 없다고 한다.

(1)쾌락이 결코 선이 될 수 없다고 보는 견해에 대한 이유는 다음과 같다. (a)모든 쾌락은 본성적으로 지각될 수 있는 과정인데, 본디 생성이나 과정은 목적이 될 수 없다는 것. 예를 들어 집을 짓는 과정은 집 자체와 같지 않다는 것. (b)절제 있는 사람은 쾌락을 피한다는 것. (c)사려 깊은 사람은 고통이 없는 것을 추구하지, 쾌락을 추구하지는 않는다는 것. (d)쾌락은 사유의 방해물이고, 쾌락을 좋아할수록 더욱 방해가 된다는 것. 예를 들어 성적 쾌락의 경우처럼, 아무도 쾌락에 사로잡혀 있는 동안은 제대로 사유할 수가 없다. (e)쾌락에는 기술이 필요 없으나, 모든 선은 이런 기술의 소산이라는 것. (f)어린 아이들과 짐승들도 쾌락을 추구한다는 것.

(2)쾌락이라고 해서 모두 다 좋은 것은 아니다. 즉, 좋은 쾌락도 간혹 있기는 하나, 대부분 좋지 않은 쾌락이다. 이 견해에 대한 이유는 다음과 같다. (a)실제로 야비하고 비난의 대상이 되는 쾌락이 여러 가지 있다는 것. (b)해로운 쾌락도 많다는 것. 쾌락 가운데에는 건강에 좋지 않은 것도 간혹

있기에 그렇다.
  (3) 쾌락이 세상에서 가장 좋은 것이 될 수 없다는 견해에 대한 이유는 쾌락은 목적이 아니고 하나의 과정이기 때문이다.
  이상이 대체로 사람들이 쾌락에 대해서 말하고 있는 것들이다.

12 쾌락에 대한 통념들

이러한 여러 근거에서는, 쾌락이 때로는 선일 수도 있다는 사실을 알 수가 없다. 뿐만 아니라 때로는 쾌락이 최고선일 수도 있음을 알 수가 없다. 다만 그것은 다음의 여러 고찰에서 알 수 있다.
  (1)(a) 첫째 선에는 두 가지 의미의 선이 존재한다. 즉 무조건적인 선과 어떤 경우에만 옳은 선이다. 온갖 본성과 상태가 무조건 훌륭한 경우에도 그런 구별이 있겠고, 따라서 각각의 선에 대응하는 운동이나 과정이 다 좋은 경우에도 구별이 있다. 이와 마찬가지로, 나쁘다고 생각되는 것들 가운데 어떤 것은 무조건 나쁘지만, 어떤 사람에게는 나쁘지 않고 도리어 선택할 가치가 있는 경우가 있다. 또 어떤 것은 누구에게도 선택할 만한 가치가 없지만 어떤 특별한 순간만은 예외다. 무조건 나쁘다고 생각되지는 않는다. 또 어떤 것은 쾌락도 아닌데 쾌락처럼 보이기도 한다. 고통스럽지만 건강 회복에 목적이 있는 경우가 그렇다. 예컨대 환자의 치유 과정과 같은 것이다.
  (b) 또 선에는 활동도 있고, 성품의 상태도 있는데, 본성적 성품 상태로 회복시키는 과정들은 우연한 쾌락을 수반하는 것들이다. 이런 경우 그러한 본성적 성품 상태를 회복하려는 활동은, 아직 손상되지 않은 채 남아 있는 성품 상태와 본성의 욕구로 인한 즐거운 활동들이다.
  사실 쾌락 중에는 고통이나 욕구가 없는 것이 있다. 예컨대 명상이나 관조 등이 그것이다. 명상이나 관조도 일종의 쾌락의 활동이다. 이런 경우 우리가 관조하는 것은 성품 본성에 결함이 있어서가 아니다. 이것은 사람들의 본성적 성품이 안정되어 충족한 상태로 되돌아가는 과정에서 나타난다. 그들이 좋아하는 쾌락의 대상이 같지 않은데, 명상의 경우에는 무조건 쾌락을 주는 것을 좋아한다. 관조의 경우에는 이런 쾌락들에 반대되는 것들도 좋아하는 것을 보아 성품적 약점이 없음을 잘 알 수 있다. 관조의 경우, 사람들은 신 것과 매운 것들도 좋아하는데, 이것들은 본성적 또 무조건적으로 쾌락을 주는 것이 못 된다. 그러므로 이런 것들이 생기게 하는 상태, 즉 신 것이나 매운 것까지도 즐기게 되는 상태는 본성적인 쾌락도 아니고, 무조건적인 쾌락도 아니다. 이렇듯 쾌락을 생기게 하는 대상들이 서로 다른 것처럼, 그 대상들로 인해 생기는 쾌락에도 구별이 있다(고통·욕구가 있는 쾌락과 고통·욕구가 없는 쾌락이 있고, 또 후자에는 명상을 통한 즐거움의 쾌락, 관조를 통한 완전한 품성의 쾌락이 있다).

(c)또, 누군가가 목적이 과정보다 더 좋다고 주장한다고 해서, 쾌락보다 더 좋은 것이 목적에 반드시 있어야만 한다는 법은 없다. 왜냐하면 쾌락은 과정이 아니고, 또 과정을 수반해야만 하는 것도 아니며, 오히려 활동이요, 목적 자체이기 때문이다. 쾌락이란, 우리가 무엇을 이룰 때 생기는 것이 아니고, 오히려 우리가 어떤 능력을 발휘할 때 생기는 것이다. 그리고 모든 쾌락은 자신과 다른 목적을 가지고 있지 않으며, 다만 성품적 본성을 완성하는 사람들의 쾌락만이 쾌락 자신과 다른 목적을 갖는다. 이런 까닭에 쾌락을 지각될 수 있는 과정으로 보는 것은 옳지 않은 일이다. 오히려 그 목적으로서의 쾌락은 본성적 상태의 활동으로 생각해야 할 것이며, 또 '지각될 수 있는'이라고 하는 대신 '방해를 받지 않는'(자유로운 활동)이라 해야 할 것이다. 또 어떤 사람들은 쾌락을 과정이라고 생각하는데, 그 이유는 쾌락이 엄밀한 의미에서 선이어야 하기 때문이라고 본다. 실제로 그들은 활동이 곧 과정이라고 생각한다. 그러나 활동은 과정이 아니다(활동은 쾌락적 선의 상태를 뜻하며, 그 상태 자체가 목적이다).

(2)쾌락을 주는 것들 가운데에는 불건전한 것도 있기 때문에 쾌락이 나쁘다고 보는 견해는, 마치 건강에 좋은 것들 중에는 돈벌이에 나쁜 것도 있기 때문에 건강을 위한 것들은 나쁘다고 주장하는 것과 비슷하다. 물론 이 두 경우 모두 불건전하거나 돈벌이에 좋지 않다는 의미에서는 쾌락이 나쁘지만, 그렇다고 해서 쾌락 자체가 반드시 나쁜 것은 아니다. 사실 관조한다는 것(쾌락을 견제하는 즐거움) 자체도 때로는 건강을 해치기도 한다.

실천적 지혜나 그 밖의 어떤 상태도 그것에서 생기는 쾌락 때문에 방해를 받지 않는다. 방해를 하는 것은 이질적인 쾌락들이다. 관조나 학습에서 생기는 쾌락은 우리로 하여금 더욱 잘 관조하고 학습하게 한다.

(3)어떤 쾌락이든지 어떤 기술의 소산도 아니라고 하는 사실은 아주 당연

한 생각이다. 도대체 다른 어떤 활동에도 그것의 기술이란 없다. 다만 그 활동에 대응하는 능력에는 그 기술이 있다. 물론 여기에 관련하여, 향료를 만드는 기술이나 요리 기술은 쾌락의 기술로 생각된다.

(4) 또, 절제 있는 사람은 쾌락을 피하고, 사려 깊은 사람은 고통 없는 삶을 바라며, 어린 아이들과 짐승들은 쾌락을 추구한다고 보는 여러 근거에서 전개되는 주장들은 모두 위와 같은 논박으로 해소된다. 우리는 이미 어떤 의미에서는 쾌락이 무조건 좋으며, 또 어떤 의미에서는 쾌락 가운데 좋지 않은 것도 있음을 지적했다. 그런데 어린 아이들과 짐승들은 후자와 같은 좋지 않은 종류의 쾌락을 추구하고, 사려 깊은 사람은 이런 것들로부터 조용히 벗어나 고통 없는 상태에 이르기를 추구한다. 즉 어린 아이들과 짐승들이 추구하는 쾌락은 욕정과 고통이 따르는 쾌락, 즉 육체적 쾌락과 지나친 것들이다. 그리고 이런 것들이 바로 방종한 사람을 방종하게 만드는 것들이다. 이런 까닭에 절제 있는 사람은 이런 쾌락들을 피한다. 그는 자기 나름의 쾌락을 가지고 있기 때문이다.

13 쾌락과 행복

그뿐만 아니라 (5)고통은 나쁜 것이며, 으레 피해야 할 것이라고 함은 사람들의 일치된 견해이다. 어떤 고통은 무조건 나쁘고, 또 어떤 고통은 어떤 점에서 우리에게 방해가 되므로 나쁘다는 뜻이다. 그런데 피해야 할 것, 피해야 할 나쁜 것이 있는 한에서, 피해야 할 것의 반대는 좋은 것, 즉 선이다. 그러므로 쾌락은 필연적으로 하나의 선이다. 스페우시포스가 제시했던 해결책처럼 그렇게 문제가 해결되지는 않기 때문이다. 즉 '보다 큰 것'이 '보다 작은 것'에도 반대되고 '중간 것'에도 반대되는 것처럼, 쾌락도 고통과 선 둘 다에 반대된다고 하는 것은 문제를 해결하는 답이 못 된다. 쾌락이 본질적으로는 바로 악의 일종이라고 말할 사람은 없기 때문이다.

그리고 (6)어떤 쾌락이 나쁜 것이라 하더라도, 모든 쾌락이 최고선이 되지 못하란 법은 없다. 마치 인식 가운데에는 나쁜 인식도 있으나 어떤 인식은 최고선이 될 수도 있는 것과 같다. 그런데 어떤 상태이든 방해를 받지 않은 활동(자유로운 본성적 활동)을 가지고 있다면, 그 방해받지 않은 상태의 모든 활동이 행복이건, 혹은 그 모든 상태 가운데 하나의 활동만이 행복이건,

그 행복들이 가장 바람직한 행복이라고 하는 것은 아마도 필연적이라 할 수 있다. 이런 행복한 활동이 바로 쾌락이다. 그러므로 대부분의 쾌락은 무조건 나쁜 것이라고 할 수도 있으나 최고선은 어찌됐든 어떤 쾌락이 아닐 수 없다. 그래서 또한 모든 사람은 행복한 삶은 쾌락이 있는 삶이라 생각하여 행복에 대한 그들의 이상 속에 쾌락을 짜 넣었다. 이것은 당연한 일이다. 왜냐하면 어떠한 삶이든지 그것이 방해받을 때(자유롭지 못한 활동인 경우)에는 완전한 것이 못 되는데, 행복은 하나의 완전한 것이기 때문이다. 그러므로 행복한 사람 속에는 육체 안에 있는 선과 외적인 선(자유로운 본성에 방해되지 않는 외적 환경), 즉 행운으로 인한 선도 있어야 한다. 그래야만 이런 방면에서 방해를 받는 일이 없기 때문이다. 형틀에 올라서 고문을 당하거나 큰 불운이 덮친 경우에도 행복하다고 말하는 사람들은, 의식하고 있건 의식하지 못하고 있건, 어떻든 무의미한 행복을 이야기하는 것이다. 그런데 우리에게는 다른 여러 가지 것도 있어야 하지만 또한 운도 있어야 하기 때문에, 어떤 사람은 행운을 행복과 같은 것이라 생각한다. 그러나 사실은 그렇지 않다. 왜냐하면 행운이 과하면, 오히려 방해가 되는 수도 있고, 그렇게 되면 행운이라 불리지도 않기 때문이다. 사실 행운의 한계는 행복과의 관계에 의하여 결정된다.

그리고 짐승이나 사람이나 모두 쾌락을 추구한다는 사실은 쾌락이 어떤 의미에서 최고선임을 보여 주는 징표이다.

많은 백성들의 외침은 결코 소멸됨이 없나니라.

헤시오도스, 《일들과 나날》, 763

그러나 단 한 가지의 본성이나 상태가 모든 사람에게 언제든지 가장 좋은 것도 아니고 또 그렇게 생각되지도 않으므로, 누구나 같은 쾌락을 추구하지는 않는다. 하지만 누구나 쾌락을 추구하는 것만은 확실하다. 아마도 그들이 실제로 추구하는 쾌락은, 그들 스스로 추구하고 있다고 생각하거나 주장하는 쾌락이 아니고 다른 데 있을지 모른다. 모든 것은 본능적으로, 신적인 것(실제적 쾌락이 아닌 신적인 쾌락)을 자기 안에 간직하고 있기 때문이다. 그런데 육체적인 쾌락들이 쾌락이란 명칭을 전적으로 독점하다시피 했다. 이것은 우리가 가장 빈번하게 육체적 쾌락에 이끌리고 또 누구나 그것을 경험하기 때문이다. 그리하여 육체적 쾌락 때문에, 사람들은 다른 쾌락이 없는 줄로 생각한다.

또, 만일 쾌락이나 활동이 선이 아니라고 하면, 행복한 사람이 쾌락 있는 삶을 산다고 할 수 없음은 명백하다. 쾌락이 선이 아니라고 한다면, 또 행복한 사람이 고통스러운 삶과 마주할 수도 있다고 한다면, 무엇 때문에 그에게 쾌락이 필요하겠는가? 쾌락이 결국에는 선도 악도 아니라면, 고통도 역시 결국 선도 악도 아닐 것이다. 그렇다면 그가 당장 고통을 피하는 까닭이 무엇인가? 만일 선한 사람의 활동 상태가 무엇보다도 더 즐거운 것이 아니라면, 그의 삶 전체 역시 다른 어느 누구의 삶보다도 더 즐거운 것이 못 될 것이다.

14 육체적 쾌락과 본성

(7) 육체적인 쾌락에 대해서 말하건대, 예를 들어, 고상한 쾌락은 아주 바람직하지만, 육체적 쾌락, 즉 방종한 쾌락은 바람직하지 못하다고 하는 사람들은, 왜 그런 쾌락에 반대되는 고통이 나쁜지를 고찰해야 한다. 나쁜 것의 반대는 좋은 것이기 때문이다. 필수적인 쾌락이 나쁘지 않은 것이라면 좋은 것이라는 의미에서 좋은 것인가? 그렇지 않으면 그것들은 어느 정도까지만 좋은 것인가? 상태나 과정에 지나침이 있을 수 없는 곳에는 거기에 대응하는 쾌락에도 지나침이 있을 리 없으며 또 그런 지나침이 있는 곳에는 쾌락의 지나침도 있는 것이 아닐지? 그런데 육체적인 여러 가지 선에는 지나침이 있을 수 있고, 또 나쁜 사람은 꼭 필요한 쾌락을 추구함으로써 나쁜 것이 아니라, 지나치게 추구해서 나쁘다. 누구나 맛있는 음식이나 술이나 성교를 좋아하지만, 그들 모두가 알맞게 좋아하는 것은 아니기 때문이다. 고통의 경우는 이와 반대다. 왜냐하면 그는 고통의 지나침을 피하는 것이 아니고, 고통이라면 무조건 피하기 때문이다. 사실 쾌락의 지나침에 반대되는 것은 고통뿐만이 아니다. 이런 지나침을 추구하는 사람에게는, 쾌락의 지나침이 아니면 고통밖에 없다.

우리는 진리뿐만 아니라 오류의 원인에 대해서도 말해야 한다. 그래야만 확신을 얻는 데 도움이 된다. 즉 잘못된 견해가 왜 참된 것처럼 보이는가에 대해서 합리적인 설명을 할 수 있게 되면, 참된 견해에 대한 믿음이 커진다. 그러므로 우리는 왜 육체적 쾌락이 가장 바람직한 것처럼 보이는가를 해명해야만 한다.

(a)첫째, 쾌락이 고통을 몰아내기 때문이다. 사람들은 고통을 지나치게 겪는 까닭에, 그 치유책으로서 지나치게 육체적 쾌락을 추구한다. 그런 여러 가지 치유책은 고통에 대한 반대작용인 만큼 강렬한 감정을 낳는다. 그래서 쾌락이 추구되기도 하는 것이다. 쾌락은 다음의 두 가지 이유에서 좋지 않게 생각되고 있다. 즉 (ㄱ)쾌락 가운데 어떤 것은 나쁜 본성에 속하는 활동이다. 그것이 짐승의 경우에서처럼 생태적인 쾌락이건, 혹은 나쁜 사람들의 습관인 경우처럼 습관으로 인한 쾌락이건 그것은 나쁜 본성이다. (ㄴ)또 어떤 쾌락은 본성 속의 결함을 고치기 위해서 추구되는데, 건강한 상태에 있는 것이 건강한 상태로 되어 가는 도중에 있는 것보다 더 좋은 건강 상태이다. 그런데 이런 경우의 쾌락은 완전한 데로 나아가는 도중에 생기는 것이므로 우연적으로만 좋은 것일 따름이다.

(b)또 육체적 쾌락은 격렬한 것이다. 그래서 다른 쾌락에서는 기쁨을 맛보지 못하는 사람들이 추구한다. 사실 이런 사람들은 그런 육체적 쾌락에 미치다시피 하여 그것들에 대한 갈증을 스스로 일으킨다. 이 육체적 갈증이 무해할 경우엔 그것을 채우는 것이 나무랄 만한 것이 못 되지만 유해할 경우에는 나쁜 일이다. 왜냐하면 이런 사람들은 그 밖의 다른 것에서는 전혀 기쁨을 맛볼 수 없는데다가, 또 이것도 저것도 아닌, 즉 쾌락도 고통도 아닌 중성적 상태만으로는 그 본성상 대부분의 사람들이 고통을 면하지 못하기 때문이다. 사실 인간은 동물적 본성으로 늘 고통을 받아들이는데, 이것은 자연학자들이 증언한다. 동물적 본성으로 보는 것이나 듣는 것 자체만으로도 고통스러운 것이지만, 다만 우리가 거기 익숙하게 되었을 따름이라고 주장한다. 이와 마찬가지로, 청년기에는 성장이 진행되고 있는 까닭에 사람들은 마치 술에 취한 사람과 같다. 또 젊음은 유쾌한 것이다. 한편 본성이 정열적인 사람들은 언제나 그 정열을 쏟아야만 한다. 그들은 이것을 해소하지 못하면 몹시 고통스러워하며, 또 언제나 그것의 해소를 위한 격렬한 욕망에 사로잡혀 있기 때문이다. 또 그런 사람들의 고통은 강렬한 쾌락이기만 하면 그 어떤 것에 의해서도 제거되는 법이다. 이런 여러 이유에서 (강렬한 고통에 강렬한

쾌락으로 맞서는 까닭에) 그들은 방종해지고 또 나쁜 사람이 되는 것이다.

  고통이 없는 쾌락에 지나침이란 있을 수 없다. 그리고 고통과 관계없는 이런 쾌락은 본성적으로 쾌적한 쾌락들에 속하며, 우연히 발생한 쾌락들에 속하지 않는다. 우연히 발생한 쾌락이란 치유적 작용에 의한 쾌락들이다. 아직 건강하게 남아 있는 부분에 어떤 자극을 주어서 치유되도록 하는 것으로 이 자극이 쾌적한 것으로 생각되기 때문이다. 본성적으로 쾌적한 쾌락이란 건강한 본성에 기초한 활동의 수행을 자극하는 쾌락들이다.

  언제나 쾌적한 쾌락이란 하나도 없다. 우리의 본성은 단순하지 않고, 우리 본성 안에는 또 하나의 다른 요소, 즉 우리가 변할 수밖에 없게 하는 요소가 있기 때문이다. 그리하여 우리 본성 안의 한 요소가 어떤 일을 하면, 이 일은 다른 본성에 반대되는 비본성적인 것이 된다. 그리고 두 요소가 균등하게 되어 균형이 잘 잡히면 그때 행한 일은 고통스러운 것으로도 쾌적한 것으로도 여겨지지 않는다. 만약 그 본성이 단순한 본성이라면 언제나 같은 행위가 그에게는 가장 쾌적한 것일 수 있을 것이다. 그래서 신은 언제나 오직 하나의 단순한 쾌락을 즐긴다. 운동의 활동만이 아니라 운동 없는 활동도 있는데 쾌락은 운동 속보다도 오히려 정적 속에 더 많이 있기 때문이다. 그러나 에우리피데스는 "어떤 것이든 변화는 달콤한 것"이라고 말하고 있다. 그런데 그가 말하는 이 경우는 거기에 뭔가 좋지 않은 것이 있기 때문이다. 악한 사람이 쉽게 변하듯이 악한 본성도 쉽게 변화한다. 따라서 이런 모든 본성은 단순하지도 않고 선하지도 않다.

  이렇게 해서 우리는 자제와 자제력 없음, 쾌락과 고통에 관해, 그것들이 저마다 어떤 것이며, 또 어떤 방식으로 그 가운데 일부는 좋으며 다른 일부는 나쁜지를 살펴보았다. 이제 남은 것은 친애에 대해서 논하는 일이다.

제8권

1 친애에 대해서

이제 친애(親愛)에 대해 살펴볼 순서이다. 친애는 덕을 포용하며, 또 우리가 살아가는 데 무엇보다도 필수적인 것이기 때문이다. 사실 누구나 마음속에 친애하는 사람들을 가지고 있지 않다면, 아무리 좋은 것을 많이 가지고 있다 할지라도 살고 싶지 않을 것이다. 부유한 사람들이나 높은 지위에 있는 사람들, 또 나라를 다스리는 권세를 가지고 있는 사람들에게도 무엇보다 '친애하는 사람들'이 있어야 한다. 사실 그런 재물이나 지위, 권세가 있다 해도 남에게 베풀 기회가 없다면 무슨 소용이 있겠는가? 훌륭한 덕은, '친애하는 사람들'에게 베풀 때 가장 빛이 나는 것이다. 또 '친애하는 사람들'이 없다면 그러한 재물이나 지위가 어떻게 보호되고 유지될 수 있겠는가? 재물이나 지위는 크면 클수록 더 위태로운 것이다. 그리고 가난할 때에나 여러 가지 다른 불운을 당할 때, 사람들은 '친애하는 사람들'이 유일한 피난처라고 생각한다.

'친애하는 사람들'은 젊은이에게는 잘못을 바로잡도록 도와주며, 나이 든 사람들에게는 여러 가지 신변상의 일을 보살펴 주며, 힘이 약해서 할 수 없는 일을 대신 해줌으로써 도와 준다. 또한 한창 일할 전성기에 다다른 장년의 사람들에게는 온갖 고귀한 일을 하도록 격려해 준다. "둘이 함께 가면"^(일리아스)_{제10권 224}이라고 한 것처럼, '친애하는 사람들'과 함께 하면 사람들은 더 잘 인식하고 더 잘 실천하게 된다. 뿐만 아니라, 본성상 부모는 자식에 대하여 그리고 자식은 부모에 대하여 이런 친애의 감정을 느낀다. 친애는 인간에게서만 아니라 새들을 비롯한 대부분의 동물에게서도 볼 수 있는 현상이다. 친애는 같은 종족의 구성원들 사이에서 느끼는 감정으로, 특히 인간에게 두드러지게 나타난다. 그래서 우리는 동포를 사랑하는 인류애를 가진 사람들을 찬양한다. 우리는 여행길에서 사람들이 서로에 대하여 얼마나 가까우며 친애적인를 볼 수 있다. 친애는 또한 국민들을 단합하게 만든다. 입법자들도 정의보다 오히려 친애에 더 마음을 기울인다. 왜냐하면 입법자들은 단합을 가장 소중한 목표로 내세우며, 또 친애는 내부분열을 가장 나쁜 적으로 생각하게 하기 때문이다. 그리고 서로 친애하는 사람들 사이에는 정의를 필요로 하지 않는다. 반면에 정의로운 사람들 사이에는 정의 외에도 친애를 필요로 한다. 또한 정의의 가장 진실한 형태는 친애의 성질을 띤 것이라 할 수 있다. 친애는 우리들의 생활에 필수적인 것일 뿐만 아니라 친숙한 것이다. 그러므로 우리들은 우애가 깊은 사람들을 칭찬하며, 친구가 많은 것을 훌륭한 일로 여긴다. 그리고 훌륭한 사람과 친애적인 사람을 동일한 것으로까지 생각한다.

친애에 대해서는 다양한 생각들이 존재한다. 어떤 이는 친애를 정의하여 일종의 동류의식이라 하고, 비슷한 사람들끼리 친구가 된다고 말한다. 이것에서 '유유상종'이나 '까마귀는 까마귀끼리 모인다'와 같은 말이 생긴 것이다. 다른 어떤 이는 이와 반대로, "같은 일에 종사하는 사람들끼리 의견이 맞는 일은 절대로 없다"고 말한다. 바로 이 문제에 대해서 사람들은 좀 더 깊고 좀 더 자연적인 원인을 찾아내려고 한다. 그래서 에우리피데스는 "바싹 마른 대지는 비를 그리워하고, 장엄한 하늘은 비를 가득 품어 대지 위에 내리고 싶어한다"라고 말했고, 헤라클레이토스는 "서로 대립하고 있는 것들이 서로 도움을 주는 법이다", 또 "서로 다른 여러 음들에서 가장 아름다운 화음이 나온다", 또 "모든 것들은 투쟁을 통해서 생긴다"고 말한다. 한편, 엠페도클레스와 그 밖의 여러 사람은 비슷한 것끼리 서로를 추구한다고 말하면서 반대 의견을 내놓는다. 자연적인 문제들은 여기서 다룰 것이 못 된다. 그 문제들은 우리가 지금 여기서 탐구하고 있는 것의 영역에는 속하지 않기 때문이다. 다만 우리는 여기서 인간적이며, 윤리적 성품과 정념에 관련된 문제들을 다루게 될 것이다. 예를 들어 친애는 어떠한 사람들 사이에서 생기는 것인지, 악한 사람들 사이에는 서로에 대한 친애가 생길 수 없는 것인지, 그리고 친애에는 오직 한 가지 종류만 있는지, 아니면 여러 가지 종류가 있는지, 등의 문제를 생각해 보아야 할 것이다. 친애에는 정도의 차가 있을 뿐, 오직 한 가지 종류의 친애만 있다고 생각하는 사람들은 충분하지 못한 증거에 의거하고 있다. 여기에 대해서는 앞에서 살펴보았다.

2 친애의 대상

친애의 종류는 먼저 '사랑할 만한 대상'을 살펴보면 알 수 있다. 모든 대상이 다 사랑을 받는 것이 아니고 오직 '사랑할 만한 것'만이 사랑받는다. '사랑할 만한 것'은 좋은 것이거나 즐거운 것이거나 유익한 것이다. 그런데 유익한 것은 '그것으로 인해 어떤 선 혹은 쾌락이 생기는 것'이라 여겨지므로, 그 자체로 사랑할 만한 것은 선과 쾌락적인 것이어야 한다. 그러면 사람들이 사랑하는 것은 단지 '선'한 것인가, 그렇지 않으면 '자신을 위한 선'인가? 이 둘은 간혹 충돌할 때가 있다. 쾌락에 있어서도 이와 마찬가지다. 그런데 사람들은 각자 '자기 자신에게 좋은 것'을 사랑한다고 생각하며, 또 '선'은 무조건 사랑할 만한 것이고, 저마다에게 '선'한 것은 사랑할 만한 것이라고 생각한다. 그러나 실제로 사람들은 각자 자기에게 선한 것이 아니라, 자기에게 선해 보이는 것을 사랑한다. 하지만 사실 이 경우에 선한 것과 선해 보이는 것은 같은 이야기이다. '사랑할 만한 것'은 곧 '사랑할 만한 것으로 보이는 것'이기 때문이다.

그런데 사람들이 사랑하는 데에는 세 가지 이유가 있다. 무생물을 향한 사랑에는 '친애'란 말을 쓰지 않는다. 그것은 서로 사랑하는 것이 아니고, 그 무생물에게 선이 있기를 바라지 않기 때문이다. 사실 마시는 술을 사랑하고 술을 향해 선을 원한다는 것은 확실히 우스운 일일 것이다. 만일 누군가가 술에게 바라는 것이 있다면, 그것은 술이 잘 보관되어 자기가 마실 수 있게 되기를 바라는 것이리라. 그러나 친애하는 사람에게는 우리가 그를 위해 좋은 것을 바래야 한다고들 말한다. 이와 같이 상대에게 선을 원하고 있으나, 만일 상대로부터 선의 응답이 없는 경우에는, 단지 선의를 가지고 있다고 말한다. 선의는 서로 주고받을 수 있을 때에 친애가 된다. 여기에다 우리는 '서로가 그것을 인식할 때'란 말을 보태야 할지 모른다. 실제로 많은 사람들은, '한 번도 보지는 못했지만 좋고 유익한 사람이라고 인식되는 사람들'에게 선의를 가지며. 또한 그 주변 사람들에게까지 같은 감정을 갖기도 한다. 이런 사람들은 서로 선의를 품고 있는 것으로 보인다. 그러나 그들이 서로의 감정을 알지 못하는데 어떻게 그들을 친구라 부를 수 있겠는가?

그러므로 친구가 되기 위해서는, 앞에서 언급했던 것 가운데 어느 하나가 동기가 되어야 한다. 서로에게 선의를 품고, 서로가 상대에 대해 선을 원하고 있다는 것을 인식할 필요가 있다.

3 선의

선의를 갖는 이유에는 여러 가지 종류가 있다. 따라서 애정이나 친애에도 서로 다른 종류가 있다. 친애의 종류는 다음에서 말할 '사랑할 만한 것'의 수처럼 세 가지이다. 사실 이 세 가지 종류의 친애 중에는 상대에게 인식된 상호적인 사랑이 있다. 즉, 서로 사랑하는 사람들은 상대에 대한 애정의 차이에 따라 다른 의미의 선을 바란다.

그런데 상대의 유익함 때문에 서로 사랑하는 사람들은 상대를 위해서가 아니라, 상대에게 얻을 어떤 좋은 것 때문에 사랑하는 것이다. 쾌락 때문에 사랑하는 이들도 똑같다. 예를 들어, 사람들이 유머감각이 풍부한 사람을 사랑하는 것은, 이들의 성품 때문이 아니고 이들이 그들에게 유쾌하기 때문이다. 그러므로 유익함 때문에 사랑하는 사람들은 자신에게 이롭기 때문에 사랑하며, 쾌락 때문에 사랑하는 사람들도 자신에게 유쾌하기 때문에 사랑한다. 또한 그들은 상대의 인품을 사랑하는 것이 아니라 유용하거나 유쾌한 범위 안에서 사랑한다. 따라서 이러한 친애는 다만 우연적일 따름이다. 이때 사랑받는 사람은 그 사람됨 때문이 아니라, 어떤 좋은 것 혹은 쾌락을 제공하기 때문에 사랑받는 것이다. 그러므로 이러한 친애는, 만일 상대가 그 전과 달라지면 쉽사리 부서진다. 한쪽이 더 이상 유쾌한 인물이 못 되거나 유익한 인물이 못 되면 다른 한쪽이 더 이상 그를 사랑하기를 그치기 때문이다. 그런데 이런 유익함은 영속적이지 않으며 시간이 지남에 따라 늘 변한다. 그러므로 이런 친애는 그 유쾌하거나 유익한 동기가 사라지면 곧 소멸한다. 이런 친애는 다만 그와 관련된 목적 때문에만 존재했던 것이기에 말이다. 이런 친애는 주로 노인들 사이에 존재하는데, 노년에 이르면 더 이상 유쾌한 쾌락을 추구하지 않고 유익한 것을 바라기 때문이다. 또 장년이나 청년에게 있어서는 공리를 추구하는 사람들 사이에 존재한다. 그리고 이런 사람들은 서로 어울려 사는 일이 별로 없다. 왜냐하면 그들은 서로 상대가 유쾌하게 느껴지지 않기 때문이다. 그러므로 유쾌함과는 상관없이, 서로 유익하지 않으면 그들은 교제를 별로 원치 않는다. 그들은 서로에게 무슨 좋은 일이 있으리라는 희망을 줄 수 있는 범위 안에서만 서로를 유쾌하게 생각한다.

집주인과 손님의 친애도 이런 종류에 속한다.

한편 젊은 사람들의 친애는 쾌락을 목표로 삼는다. 왜냐하면 그들은 감정에 따라 살며, 무엇보다도 자신에게 쾌락을 안겨 주는 것, 그것도 바로 눈앞에 있는 것을 추구하기 때문이다. 그러나 나이가 듦에 따라 그들의 쾌락도 달라진다. 그래서 그들은 친구가 되는 속도도 빠르고 헤어지는 속도도 빠르다. 젊은이들의 친애는 유쾌함의 정도가 변함에 따라 함께 변하며, 그러한 쾌락은 급히 바뀐다. 젊은이들은 성적 욕구가 강하다. 성적 친애의 대부분은 감정을 따르며, 쾌락을 목적으로 한다. 그리하여 그들은 순식간에 사랑에 빠졌다가 순식간에 헤어진다. 심한 경우에는 하루에도 여러 차례씩 변한다. 그러나 그들은 함께 세월을 보내며 동거하기를 원한다. 그럼으로써 그들은 친애의 목적을 달성하게 되기 때문이다.

완전한 친애는 선하고 덕에 있어 서로 닮은 사람들의 친애이다. 왜냐하면 그들은 상대가 선한 사람인 경우에만 서로에게 선한 것을 원하며, 또 그들 자신이 선한 사람이기 때문이다. 그런데 자기 친구를 위해서 좋은 것을 바라는 사람들이야말로 가장 참된 의미에서 친구라 할 수 있다. 이런 사람들은 그들의 본성 때문에 그렇게 하는 것이지 다른 목적이 있어서 그러는 것이 아니다. 그러므로 그들의 친애는 그들이 선한 동안은 내내 유지된다. 그리고 선은 영속적이다. 그들은 저마다 무조건 그 친구에게 선하다. 선한 사람들은 무조건 좋은 사람들이고 또 서로에게 유익한 사람이니까 그렇다. 그들은 또한 유쾌한 사람들이다. 왜냐하면 선한 사람들은 무조건 서로에게 유쾌한 사람들이기 때문이다. 이것은 또 그들이 저마다의 활동이나 그와 비슷한 활동을 즐기며, 또 선한 사람들의 행동은 서로 같거나 비슷한 데가 있기 때문이다. 그리고 그러한 친애는 으레 영속적이다. 거기에는 친애적인 사람들에게서 볼 수 있는 성질이 모두 들어 있기 때문이다. 사실 모든 친애는 무조건적인 의미에서 또는 사랑의 주체로서의 선 또는 쾌락을 위해 있으며, 또 선한 사람들의 어떤 동류 의식에 기초한다. 그리고 선한 사람들의 친애라면, 우리가 말한 모든 성질이 친구들 자신의 본성에 속한다. 이런 종류의 친애에 속하는 다른 여러 성질도 친구 사이에서는 서로 비슷하고, 무조건 선한 것은 또한 무조건 즐거우며, 이것들이야말로 가장 사랑할 만한 성질이기 때문이다. 그러므로 진정한 사랑과 친애는, 이런 사람들 사이에서 가장 엄밀한 의미와 그 최선의 형태라고 할 수 있다.

그러나 이러한 친애가 흔하지 않은 것은 당연하다. 사실 그런 사람은 드물기 때문이다. 더군다나 그러한 친애는 시간과 친숙함을 요구한다. 속담처럼 '소금을 함께 먹은' 뒤가 아니고서는 사람들은 서로 상대를 알 수 없다. 또 서로 사랑할 만하다고 생각하고 서로 상대에게서 신뢰를 받게 될 때까지는, 서로 마음을 허락하여 친구가 될 수도 없고 친애하게 될 수도 없다. 친애의 감정을 서둘러 나타내는 사람들은 친구가 되기를 원하지만, 그들이 실제로 사랑할 만하고 또한 이 사실을 서로 인식하지 않는 한 친구가 아니다. 친애에 대한 바람은 빨리 생겨나지만, 그렇다고 빨리 친구가 되지는 않는다.

4 친애의 완성

그러므로 선한 사람끼리 나누는 친애는 지속적이란 점에서나 이 밖의 다른 모든 점에서 완전한 것이다. 이런 친애에서는 저마다 상대에게서 자기가 주는 것과 똑같은 것, 혹은 비슷한 것을 얻는다. 이런 일은 으레 친구들 사이에서 일어나는 일이다.

쾌락을 위한 친애도 이런 종류의 친애와 유사점을 갖고 있다. 선한 사람들도 또한 저마다 상대에게 유쾌한 사람들이기 때문이다. 또 유익함으로 인해 생긴 친애도 그렇다. 선한 사람들은 서로 상대에게 유익하기 때문이다. 그런데, 이런 사람들 사이에서 친애가 오래 유지되는 것은, 서로 상대로부터 같은 것(가령 쾌락)을 얻으며, 뿐만 아니라 같은 일에서 그것을 얻기 때문이다. 유머감각이 풍부한 사람들 사이에서 유머가 더욱 유쾌해지는 법이다. 그러나 이런 일은 사랑하는 자와 사랑받는 자 사이에는 별로 일어나지 않는다. 이것은 이들이 같은 일에서 쾌락을 느끼지 못하고, 전자는 후자를 바라보는 데 쾌락을 느끼고, 후자는 전자로부터 주시를 받는 데 쾌락을 느끼기 때문이다. 그리고 꽃다운 젊음의 생기가 사라지면 친애도 사라진다. 왜냐하면 사랑하는 자는 사랑하는 사람을 보고서도 아무런 쾌락을 느끼지 못하게 되고 사랑받는 자는 자신을 사랑하는 자로부터 어떠한 돌봄도 받지 못하기 때문에. 한편 서로 친숙해져 상대의 성품을 사랑하다가, 성품이 서로 닮게 된 사람들 중에는 한결같은 친애를 유지하는 사람들도 적지 않다. 그런데 연애에 있어서 쾌락이 아니라 유용성을 교환하는 사람들은, 친애의 진실성도 적고 지속성도 적다. 유용성 때문에 친구가 된 사람들은 이익이 다하면 서로 헤어진다. 실제로 그들은 서로를 사랑하여 친구가 된 상대를 사랑하는 것이 아니고, 모두가 단지 이득을 사랑하여 친구가 된 것이기 때문이다.

그러므로 쾌락이나 유익함을 위해서는 열등한 사람들끼리도 친구가 될 수 있고, 또는 훌륭한 사람들이 열등한 사람들과도 친구가 될 수 있으며, 훌륭하지도 열등하지도 않은 사람은 어떤 누구와도 친구가 될 수 있다. 하지만 인간 자체를 위해서는 오직 선한 사람들만이 친구가 될 수 있다. 왜냐하면 열등한 사람들은 서로 사귀면서 어떤 이익을 얻지 못하면 서로에게서 기쁨을 발견하지 못하기 때문이다.

근거 없이 남이 헐뜯는 말에 조금도 흔들림이 없는 것도 오직 선한 사람들 사이에 친애가 있을 때뿐이다. 오래 사귀어서 잘 아는 사람에 대해서는 누가 무슨 말을 해도 쉽사리 믿을 수 없기 때문이다. 이들에게는 신의가 있다. 친구는 절대로 불의를 행하지 않을 것이라는 믿음, 그리고 이 밖에 참된 친애에서 요구되는 다른 모든 조건이 선한 사람들에게는 모두 갖추어져 있다. 하지만 그 이외의 친애에는, 그러한 불의를 행하는 일이 생기지 않으리라는 법도 없다.

사실, 사람들이 친구라는 명칭을 사용하는 동안에는, 유익함을 그 동기로 하는 사람들에게 적용시키고—국가들 간의 동맹은 이익을 목적으로 하여 친애적이 된다—, 또 쾌락 때문에 서로 사랑하는 사람들에게도 적용한다. 이런 의미에서 아이들 사이도 친애라 불린다. 그러므로 우리도 아마 이런 사람들을 친구라 불러야 할 것이다. 그리고 이런 경우의 친애에는 몇 가지 종류가 있다는 것을 말해둘 필요가 있다. 그 일차적 의미에서의 친애, 즉 선한 사람들이 선할 때만 그들 사이에 성립하는 친애이다. 그리고 그 이외의 사랑은 동류의식이라는 의미에서의 사랑일 뿐이다. 동류의식에 의해 서로 친구인 것은, 어떤 유사적인 의미에서 선이 존재할 때뿐이다. 쾌락도 쾌락을 사랑하는 사람들에게는 선한 것이기 때문이다. 그러나 이 두 가지 종류의 친애 (선한 사람들의 친애와 동류의식을 가진 사람들의 친애)가 결합되는 일은 흔치 않다. 또 같은 사람들이 유익함과 동시에 쾌락 때문에 친구가 되는 것도 흔치 않다. 이런 일들이 우연적으로 짝을 이루어 결합되는 일은 드물기 때문이다.

친애는 이러한 여러 종류로 나뉘므로, 열등한 사람들은 쾌락이나 유익함 때문에 친구가 되지만, 선한 사람들은 그들 자신 때문에, 즉 그들이 선한 사람이기에 서로 친구가 된다. 그러므로 선한 사람들은 무조건적 의미에서 친구인데, 열등한 사람들은 다만 다른 목적, 또는 우연히 선한 사람들과 비슷하게 보여 친구인 것이다.

5 최고의 친애

여러 가지 덕에 있어서 어떤 사람은 성품의 상태에 따라 선한 사람이란 말을 듣고, 어떤 사람은 그 활동에 따라 선한 사람이란 말을 듣는다. 친애의 경우도 이와 같다. 한마디로 서로 친애하는 사람들이라 하더라도, 생활과 활동을 함께 하면서 서로 상대에게서 기쁨을 맛보며 서로를 유익하게 하는 사람들이 있는가 하면, 또 잠을 자고 있는 동안이나 서로 떨어져 있는 동안이라서 친애의 활동을 하고 있지는 않지만, 언제든지 그런 활동을 할 마음의 준비가 되어 있는 사람들도 있다. 공간적 거리가 있다고 해서 친애가 무조건 소멸되는 것이 아니고, 다만 그 친애의 활동만이 소멸되는 것이다. 그러나 서로 떨어져 있는 기간이 오래되면, 사실 친애의 감정을 잊기 쉽다. 그래서 속담에 이런 말이 있다.

"몸이 멀어지면 마음도 멀어진다."

노인이나 성미마른 사람들은 쉽사리 친구가 되지 못한다. 이것은 이들 속에 즐거운 것이 별로 없기 때문이다. 또 서로 사귀는 것을 고통스럽고 즐겁게 생각하지 않는 사람과는 누구도 함께 지낼 수 없다. 고통을 피하고 쾌락을 추구하는 것이 우리의 자연스러운 본성이기 때문이다.

하지만 상대를 받아들이기는 했지만 함께 생활하지 않는 사람들은 실제로 친구라고 하기보다는 오히려 우호적인 사람이라고 해야 할 것이다. 왜냐하면 함께 생활하는 것만큼 친구를 친구답게 만드는 것은 없기 때문이다. 무엇인가 부족한 사람은 실리를 추구하지만, 지극히 복된 사람들은 함께 보내는 시간을 추구하기 때문이다. 사실 고독은 무엇보다도 이런 사람들에게 어울린다. 그러나 유쾌하지도 않고 같은 것들을 즐기지 못하는 사람들은 함께 생활할 수 없다. 동료가 친구가 되는 것은 같은 것을 즐기기 때문이다.

따라서 지금까지 여러 번 말했듯이, 선한 사람들의 친애가 최고의 친애이다. 무조건 선하거나 무조건 즐거운 것은 사랑할 만한 것이다. 각 사람에게 사랑할 만한 것은 무조건 선하고 즐거운 것이라고 생각되지만 선한 사람은 선한 사람에게 이 두 가지 이유(선함과 즐거움) 중 어느 것으로 보나 사랑할 만한 것이기 때문이다. 그런데 애정은 하나의 감정이고 친애는 하나의 상태이다. 애정은 무생물에 대해서도 느낄 수 있으나 서로간의 애정은 서로 간의 호의적 선택이 있어야 하며, 또 그 선택은 성품의 상태에 기초한다. 그리고 사람들이 자기가 사랑하는 사람들의 선을 그 사랑하는 사람들을 위해 소망하는 것은, 감정의 결과가 아니고 성품 상태의 결과다. 뿐만 아니라, 친구를 사랑함으로써 그들 자신에게 있어서의 선을 사랑하는 것이다. 왜냐하면 선한 사람의 친구가 되는 것은 본인에게도 선이 되기 때문이다. 그러므로 그 어느 쪽이나 자신에게 있어서 선한 것을 사랑하는 동시에, 그 사랑의 대상에게 선의와 유쾌함으로 균등하게 보답하는 것이다. 그래서 '친애는 균등'(선의와 유쾌함이 균등하게 들어있는 이상적인 친애)이란 말이 있는데, 이것은 선한 사람들의 친애에 가장 두드러지게 나타난다.

6 친애들의 특성에 대하여

성미마른 사람들이나 노인들 사이에는 친애가 쉽사리 생기지 않는다. 그들은 다정한 맛이 별로 없고 친구와 사귀는 것을 그리 좋아하지 않는다. 사실 교제란, 즉 다정다감하거나 친구와 사귀는 것을 좋아하는 사람들의 가장 큰 친애의 표시이며, 또 무엇보다 많은 친애를 낳는 것으로 여겨진다. 그래서 젊은이들은 빨리 친구가 되는데, 노인들은 그렇지가 못하다. 이것은 누구나 같이 있어 기쁨을 느끼지 못하는 사람과는 친구가 되지 않기 때문이다. 이와 마찬가지로 성미마른 사람들도 빨리 친구를 만들지 못한다. 그러나 이런 사람들도 서로 선의를 품을 수는 있다. 왜냐하면 그들도 서로 상대의 선을 원하며 상대가 도움을 필요로 할 때면 도와 주기도 하기 때문이다. 그러나 그들은 친구가 되는 일이 거의 없다. 이것은 그들이 함께 지내지도 않으며 상대에게서 기쁨을 찾지도 못하기 때문이다. 함께 지내며 상대에게서 기쁨을 찾는 일들이야말로 친애의 가장 큰 표시이다.

많은 사람들과 완전한 친애를 갖는 친구가 된다는 것은 불가능하다. 이것은 마치 많은 사람들과 동시에 연애하는 것이 불가능한 것과 같다. 연애란 일종의 과도한 감정이며, 또 이런 감정은 오직 한 사람에게만 느끼는 것이 그 본성이기에 그러하다. 그리고 많은 사람들이 동시에 한 사람의 마음을 흡족하게 한다는 것은 쉽지 않으며, 또 아마 많은 사람들이 모두 한결같이 선한 사람이 되는 것도 쉽지 않은 일이다. 많은 사람을 경험하고 친숙한 만남을 거듭할 필요는 있지만, 이것 역시 매우 어려운 일이다. 그러나 유익함이나 쾌락을 위해 많은 사람이 한 사람을 기쁘게 하는 것은 가능하다. 왜냐하면 실제로 많은 사람들이 유익하고 유쾌한 일을 해준다는 것은 가능한 일이며, 그러한 만족은 짧은 시간으로도 충분하기 때문이다.

　유익함과 쾌락, 이 두 가지 중 가장 훌륭한 도리에 가까운 것이 쾌락이다. 서로가 상대로부터 같은 것들을 얻으므로써 서로 기쁨을 주거나, 같은 것들에서 함께 기쁨을 느낄 때를 말한다. 예컨대 젊은 사람들 사이에서 발견되는 사랑에 그러한 성질이 있다. 왜냐하면 이런 유쾌함의 친애 속에서 더 많은 관대함을 볼 수 있기 때문이다. 유익함에 기초를 둔 친애는 장사꾼의 마음을 가진 사람들에게서 볼 수 있다. 행복한 사람들 역시 유익한 친구들은 없어도 좋으나 유쾌한 친구들은 필요하다. 왜냐하면 그들은 누구와 함께 삶을 같이 하기를 바라는반면 고통스러운 것에 대해서는 잠깐 동안이라면 견딜 수 있어도 그 고통이 오랫동안 계속 되면 아무리 '선한 것'일지라도 견디어 낼 수 없을 것이기 때문이다. 이것이 최고의 행복을 누리는 사람이 유쾌한 친구를 찾는 이유이다. 짐작건대, 그들은 유쾌하면서도 선하며 또 그들에게 선하게 대하는 친구들을 찾는다. 그래야만 그들은 진정한 의미에서의 친구의 조건을 채울 수 있기 때문이다.

　권위 있는 자리에 있는 사람들은 친구들을 잘 나누는 것 같다. 즉 그들은 친구들 가운데 어떤 이는 유익한 사람이고, 다른 어떤 이는 유쾌한 사람이라고 여긴다. 같은 사람이 이 두 가지를 겸하는 일은 거의 없다. 그들은 유쾌한 성질에 덕을 겸비한 사람들을 찾지도 않고, 또 고귀한 일을 수행할 만한 유익한 사람을 찾지도 않으며, 다만 쾌락을 찾아 유머 있는 사람들을 찾고, 또한 자기가 명령한 것을 영리하게 수행할 사람들을 선택할 때는 또 다른 친구들을 찾는다. 이 두 가지 특징이 결합되는 일은 거의 없다. 그런데 선한 사람은 유쾌한 동시에 유익한 사람임을 우리는 이미 말한 바 있다. 그러나 이런 사람은 자신보다 지위가 높은 사람과 사귈 때는, 그 높은 사람이 덕에 있어서 자기보다 우월하지 않는 한, 친구가 되려 하지 않는다. 만일 상대가 덕에 있어 탁월하지 않으면 낮은 지위에 있는 자기가 비례적으로 균등하고 많은 애정과 존경을 상대에게 쏟아부음으로 상대에게 맞추어줄 수가 있기 때문이다. 그런데 이와 같이 두 가지 면(유쾌함과 유익함)에서 모두 그보다 우월한 사람을 만나기란 그리 쉽지 않다.

지금까지 말한 여러 종류의 친애는 동등성 위에 성립한다. 왜냐하면 양쪽으로부터 같은 것들을 얻을 수 있으며 상대를 위해 같은 것들을 바라고, 또 때로는 서로 다른 것으로 바꾸기 때문이다. 예를 들어 유익함과 쾌락을 맞바꾼다. 하지만 이미 말한 바와 같이, 유익함이나 쾌락을 위한 친애는 다 같이 참된 의미에 있어서의 친애도 아니고 그다지 영속적인 것도 못 된다. 이렇게 그것들이 친애, 또는 친애가 아니라고도 생각되는 것은, 참된 의미에서의 친애와 닮은 점도 있고 닮지 않은 점도 있기 때문이다. 유익함과 쾌락이 친애인 것처럼 보이는 까닭은, 그것들이 덕에 기초한 친애를 닮았기 때문이다. 그들 가운데 하나는 쾌락을, 다른 하나는 유익함을 내포하고 있으며, 이 두 특징은 덕에 기초한 친애 자체이기도 하다. 한편 이와 반대로 유익함과 쾌락이 친애가 아닌 것처럼 보이는 것은, 유익함에 기초한 친애는 중상모략에 의해 변하지 않고 영속적인 데 반해, 쾌락에 기초한 친애들은 빨리 변하며 또 이 밖에도 다른 많은 점에서 다르기 때문이다. 즉 그것들이 덕에 기초한 친애를 닮지 않은 탓에 친애로 보이지 않는 것이다.

7 친애, 최고의 선

앞에서 말한 친애 외에도 또 다른 종류의 친애, 즉 불평등을 내포한 친애가 있다. 예를 들어 아들을 향한 아버지의 친애, 일반적으로 아랫사람을 향한 윗사람의 친애, 아내를 향한 남편의 친애, 일반적으로 피지배자를 향한 지배자의 친애 등이 그것이다. 그리고 이 여러 친애는 서로 다르다. 즉 부모와 자식 사이의 친애는 지배자와 피지배자 사이의 친애와 같지 않고, 심지어 아들을 향한 아버지의 친애는 아버지를 향한 아들의 친애와 같지 않으며, 또 아내를 향한 남편의 친애는 남편을 향한 아내의 친애와 같지 않다. 이것은 이들 저마다의 덕과 기능이 서로 다르며 또 그들이 사랑하는 까닭도 다르며, 따라서 애정과 친애 또한 서로 다르기 때문이다. 앞의 어느 경우에든지 상대에게서 얻는 양이 서로 같지도 않으며, 또 같은 것을 얻으려고 해도 안 된다. 그러나 자식들이 자기들을 이 세상에 나오게 해 준 부모에게 해야 할 의무를 다하며, 또 부모들은 부모대로 자식들에게 해야 할 의무를 다할 때, 이런 부자 사이의 친애는 영속적이고 훌륭한 것이다. 불평등에 입각한 모든 친애에 있어서는 그 애정 역시 비례적으로 보상되어야만 한다. 즉 더 훌륭한 사람이 그가 사랑하는 상대에게서 더 큰 사랑을 받아야 하며, 더 유익한 사람이나 이 밖의 여러 경우에도 마찬가지이다. 애정이 참여하는 대상들의 가치에 따라 애정이 비례하게 되면 거기에 어떤 의미의 동등성이 생기는데, 이 동등성이야말로 확실히 친애의 특징이라 생각된다.

그러나 이 균등성은 정의의 경우와 친애의 경우에 있어서 서로 같은 방식으로 성립하는 것 같지 않다. 여러 가지 정의 행위에 있어서의 동등성은 1차적으로는 정의 대상의 가치에 비례하여 이루어지고 2차적으로는 양에 비례하여 이루어진다. 이에 반해 친애 행위의 경우에는 양이 1차적이고 가치가 2차적인 것이다. 이 동등성은 덕이나 악덕, 부, 혹은 이 밖의 다른 어떤 것과 관련하여 둘 사이에 큰 거리가 있을 때 그 중요성이 더욱 두드러진다. 즉, 이때에 그들은 친구 관계를 끊으며 또 심지어 친구가 될 것을 기대조차 하지 않는다. 그리고 이것은 신들의 경우에 가장 뚜렷이 나타난다. 왜냐하면 신들은 모든 선한 것들에 있어서 가장 결정적으로 우리를 능가하기 때문이다. 이것은 군주들에게도 분명히 나타난다. 지위가 아주 낮은 사람들은 군주들과 친구가 될 것을 기대하지 않기 때문이다. 또 변변치 못한 사람들은 아주 선한 사람들이나 아주 현명한 사람들과 친구가 될 것을 기대하지 않는다. 이런 여러 가지 경우에 있어서 어느 한도까지 친구관계를 계속 유지할 수 있는가를 정확하게 규정하기란 불가능하다. 먼 곳에 있어도 여전히 친애가 남아 있는 경우가 있는 반면, 신처럼 아득히 먼 거리에 떨어져 있는 때는 친애의 가능성이 없어지고 말기 때문이다. 바로 여기에서 한 가지 의문이 생긴다. '사람들은 그들의 친구들이 선들 가운데 최고의 선인 신이 되는 것을 왜 바라지 않는가'. 이렇게 되는 날엔 그들의 친구들은 더 이상 그들에게 친구가 되지 않을 것이고 따라서 그들도 선을 잃게 되기 때문이다. 친구는 하나의 선이다. 그래서 우리가 앞에서, "친구에 대하여 우리가 그 친구를 위하여 선을 원한다"고 말한 것이 옳다고 하더라도, 그 친구는 현재의 자기가 어떤 사람이건 그냥 그대로 머물러 있어야만 한다. 사람은 그 친구가 인간으로 머물러 있는 한 그 친구에게 최고의 선이 있기를 원한다. 어쩌면 최고의 선 모두를 원하지 않을지도 모른다. 사람은 누구보다 자기 자신을 위하여 선을 원하기 때문이다.

8 사랑하는 것 사랑받는 것

세상의 많은 사람들은 명예욕 때문에 사랑을 원할 경우, 사랑하기보다 사랑받기를 더 원하는 것 같다. 그래서 아첨꾼이 많다. 아첨꾼이란 '상대보다 낮은 지위에 있는 척하면서 자기가 사랑받는 이상으로 상대에게 사랑을 주는 척하는 사람'이다. 사랑을 받는다는 것은 존경을 받는 것과 비슷한 것처럼 보이며, 또 존경을 받는 것은 대개 누구나가 바라는 것이다.

그런데 사람들이 명예를 좋아하는 것은 그 자체 때문이 아니고 그 명예에 따른 다른 것 때문이다. 왜냐하면 대부분의 사람들이 권위 있는 자리에 있는 사람들로부터 존경받기를 좋아하는 것은, 그들의 여러 가지 생각이 옳다고 인정받기를 기대하기 때문이다. 사실 그들은 이 권위있는 사람들에게서 자신이 원하는 것을 얻을 수 있으리라 생각한다. 때문에 그들은 앞으로 일어날 좋은 일에 대한 징조로서 이들에게서 존경받는 것을 기뻐하는 것이 아니다. 한편 훌륭한 사람 또는 지식있는 사람들에게서 존경받기를 원하는 사람들은, 자신에 관한 자신의 견해를 확증할 목적으로 그렇게 하는 것이다. 그러므로 그들이 명예를 얻고서 기뻐하는 것은, 다른 이들의 평가에 힘을 얻어 자신들의 선함을 얻을 수 있기 때문이라고 할 수 있다. 이에 반해, 사람들이 사랑받는 것을 기뻐하는 것은, 사랑을 받는 것 자체 때문이어야 한다. 이런 까닭에 사랑받는 것은 존경 받는 것보다도 더 좋은 것이며, 또 친애가 바람직한 것으로 여겨져야 할 이유도 거기에 있다.

그런데 친애는 사랑 받는 것보다는 오히려 사랑하는 것에 깃들어 있는 듯하다. 어머니들이 자식을 사랑하는 것을 기쁨으로 여기는 모습이 그 증거이다. 어떤 어머니들은 자식을 남에게 맡겨 기르기도 하는데, 이때 그들은 자식을 사랑하지만 자식에게서 도로 사랑을 되받으려 하지는 않고(이 두 가지를 다 가질 수 없으므로), 그저 자식이 잘되는 것을 보기만 하면 그것으로 만족한다. 그리고 그들은 자식들이 사정을 알지 못하여 당연히 어머니에게 해드려야 할 일을 전혀 하지 못하더라도 그 자식을 사랑한다.
 친애는 사랑한다는 것에 더 깃들어 있고 친구를 사랑하는 사람이 칭찬받기에, 사랑한다는 것이야말로 친구의 특색을 이루는 덕으로 여겨진다. 따라서 이런 친애적 사랑을 충분히 간직한 사람들만이 오래 지속되는 친구이며, 또 이런 사람들의 친애만이 영속할 것이다.
 동등하지 못한 사람들도 친구가 될 수 있는 것은, 무엇보다도 이런 방식, 즉 사랑이 깃든 친애 그 자체로만 가능하다. 이렇게 함으로써 그들은 사랑에 있어 동등화될 수 있기 때문이다. 그런데 친애란 다름 아닌 서로 간의 동등성과 유사성이며, 특히 덕에 있어서 서로 닮은 사람들의 유사성이다. 이 사람들은 무척 진실하여 끝까지 굳은 의리를 지킨다. 또 상대에게 비천한 요구를 하지도 않는다. 오히려 상대로 하여금 이런 비천한 요구같은 일은 미리 하지 못하게 차단해 둔다고도 할 수 있기 때문이다. 사실 자기 스스로도 잘못된 일을 하지 않고 또 친구들도 그런 일을 하지 못하게 하는 것이 선한 사람들의 특징이다. 그러나 악한 사람들은, 진실함이 없고 심지어 자신에게조차 진실하지 못하다. 다만 그들은 상대의 악함을 기뻐하여 잠깐 동안만 친구가 될 뿐이다. 유익한 친구나 유쾌한 친구들은 이보다 더 오래 간다. 즉 그들이 서로 쾌락이나 이익을 주고 받는 동안만은 친구가 된다.
 유익함으로 인한 친애는 서로 반대되는 사람들, 예를 들어 가난한 사람과 부자, 무식한 사람과 유식한 사람 사이에 가장 쉽게 존재하는 친애이다. 왜냐하면 사람이란 자기에게 결여된 것은 구하고, 그 대신 다른 것을 상대에게 주기 때문이다. 사랑하는 사람과 사랑받는 사람, 아름다운 사람과 추한 사람도 이런 유익함으로 인한 친애에 속한다고 할 수 있다. 사랑하는 사람들이 자기들이 사랑하는 것만큼 상대에게서 사랑을 요구할 때, 가끔 그들이 우습게 보이는 것도 이 때문이다. 만일 그들이 상대 못지 않게 사랑스럽다면 그 요구는 당연한 것이 될 수도 있으나, 사랑받을 만한 것이 전혀 없으면서 그런 요구를 한다면 우스운 일이 아닐 수 없다. 하지만 아마도 서로 상반되는 것을 구하는 까닭은 본성에 의한 것이 아니고, 다만 우연적으로 그렇게 구하는 것이며, 그것이 바라는 것은 사실상 중간적인 것일지도 모른다. 여기서 중간적인 것이란 곧 선이다. 예를 들어, 마른 것에게는 젖는 것이 선이 아니라 그 중간적 상태에 이르는 것이 선이다. 또 더운 것이나 이 밖의 모든 경우에도 이와 같이 되는 것이 선이다. 이런 중간적인 것에 대한 여러 문제에 대해서는 그만 살펴보아도 될 것이다. 이것들은 사실 우리가 지금 살펴보는 것, 즉 최고의 선과는 별로 상관이 없기 때문이다.

9 친애와 공동체

처음에 말한 바와 같이, 친애와 정의는 같은 대상을 가지며, 또 동일한 사람들 사이에서 존재하는 것으로 여겨진다. 어느 공동체에나, 어떤 형태로든 정의가 있고 또 친애가 있기 때문이다. 어떻든 사람들은 '같은 배를 탄 사람'이나 전우를 친구라고 부른다. 또 다른 어떤 공동체에서도 자기와 더불어 공동 생활하는 사람들을 친구라고 부른다. 그리고 사람들이 공동 생활을 하는 데 있어 적당한 교제의 한계는 곧 친애의 한계이다. 이것은 정의에 있어서도 똑같다. 그리고 또 '친구가 가지고 있는 것은 공동의 재산이다'라고 하는 속담은 참으로 맞는 말이다. 친애가 공동 생활하는 가운데에 있기 때문이다. 그런데 형제들이나 친구들과는 모든 것을 공동으로 소유할 수 있지만, 그 밖의 다른 사람들의 경우에는 제한된 사물들만이 공동 소유이다. 모든 친애 가운데에서도 어떤 것은 더 친밀하고 어떤 것은 덜 친밀하기 때문이다.

온갖 정의에도 또한 차이가 있다. 부모와 자식 사이에 존재하는 의무와 형제 사이에 있어야 할 의무는 서로 같지 않고, 또 친구들이나 동료들 사이에 존재하는 의무와 시민들 사이에 존재하는 의무도 서로 같지 않다. 또 이 밖의 다른 여러 종류의 친애에 있어서도 역시 서로 같지 않다. 그러므로 이런 여러 가지 관계에 있는 사람들에 대한 부정한 행위에도 역시 그 경우에 따라 차이가 나서, 더욱 친밀한 사람들에 대한 부정일수록 그 부정의 정도가 더욱 증가한다. 예를 들어, 같은 국민 가운데 어떤 이를 속이는 일보다는 자기의 친구에게서 옳지 못한 방법으로 재물을 얻는 것이 더 고약한 일이며, 알지 못하는 사람보다는 자기 형제를 돕지 않는 것이 더욱 고약한 일이며, 또 다른 누구보다도 자기 아버지에게 상처를 입히는 것이 더욱 고약한 일이다. 그리고 정의에 대한 요구도 친밀한 정도나 친애의 정도에 따라 증가하는 것 같다. 이것으로 미루어 친애와 정의는 같은 사람들 사이에 존재하며 또 친애의 정도에 따라 정의도 일어나는 것임을 잘 알 수 있다.

그런데 모든 공동체는 국가공동체의 일부분처럼 보인다. 사람들은 어떤 특정한 이익을 바라본다. 그리고 삶에 필요한 것을 서로 공급할 것을 염두에 두고서 함께 길을 걷는다. 국가공동체도 역시 본래 공익을 위해 결성되고 지속되는 것 같다. 사실 입법자들도 이것을 목적으로 삼고서, 정의란 다름 아니라 공동의 이익이라고 말한다. 그런데 국가 이외의 모든 공동체는 부분적으로 이익을 추구한다. 예를 들어, 뱃사공들은 돈을 벌거나 돈이 될 만한 것을 얻으려고 바다를 누비며 이익을 찾고, 병사들은 재물이나 승리, 혹은 그들이 탐내는 나라를 탈취하는 일같이, 전쟁상의 이익을 구한다. 또 같은 종족에 속하는 사람들이나 같은 지역에 사는 사람들도 이와 마찬가지다.

공동체들 가운데에는 쾌락 때문에 생긴 공동체도 있다. 종교 단체나 사교 단체 등이 그것이다. 이들은 저마다 제사를 지내거나 사교를 위해 존재한다. 그러나 이런 모든 공동체는 국가라는 공동체의 하부 구조이다. 국가공동체는 눈앞에 있는 이익을 구하지 않고 우리의 삶 전체를 위해서 이익이 되는 것을 구하기 때문이다. 국가공동체는 이런 목적을 위해 희생제물을 드려 제사를 지내고, 여러 모임을 열어서 신들에게 영광을 돌리며, 그 국민들을 위해서는 즐거운 휴식을 마련한다. 사실 옛날의 제사나 여러 가지 행사는, 만물 제사에서 보는 바와 같이 곡물을 수확한 다음에 베풀어졌던 것 같다. 이것은 이러한 계절에 사람들이 가장 많은 여가를 즐겼기 때문이다.

그러므로, 모든 공동체는 국가적인 공동체의 일부분으로 보인다. 이러한 여러 공동체의 하나하나에는 저마다에게 대응하는 친애가 따른다.

10 친애와 국가체제

국가체제의 종류는 세 가지이다. 또 이것들의 파괴된 형태도 세 가지이다. 세 가지 국가체제란 군주제·귀족제 그리고 공화제이다. 이 가운데 공화제는 재산 능력에 기초를 둔 것으로서 유산자산자제(有産者制)라 하는 것이 적절할 듯한데, 대부분의 사람들은 공화제라 부른다.

이것들 가운데 최선은 군주제이며, 최악은 유산자산자제이다. 군주제가 타락한 것이 참주제이다. 이 두 체제는 1인 지배의 정치체계이지만 또한 커다란 차이가 있다. 즉, 참주는 자기 자신의 이익을 구하고, 군주는 그 백성의 이익을 구한다. 사실 자족적이며 모든 선에 있어서 자기 백성을 능가하지 않고서는 군주가 아니다. 이런 사람은 그 이상의 어떠한 것도 필요로 하지 않는다. 그러므로 그는 자신의 이익을 돌보지 않고 다만 자기 백성들의 이익을 돌볼 여유가 있어야 한다. 이와 같지 않은 군주는 제비를 뽑아서 선출된 군주와 다름없다. 참주제는 이것에 정반대이다. 참주는 자기 자신에게 선이 되는 것을 추구하기 때문이다. 참주제는 최악의 제도임이 분명하다. 모름지기 최선의 반대는 최악이기 때문이다.

참주제는 군주제로부터 나온다. 참주제는 1인 지배의 타락한 형태이며, 또 군주 중에서 나쁜 군주가 참주가 되기 때문이다. 귀족제는 그 통치자들의 악덕 때문에 몇몇 소수의 권력자가 지배하는 과두제로 이행한다. 이 몇몇의 최고권력자들은 국가에 속하는 것을 제멋대로 분배한다. 즉 좋은 것을 전부 또는 대부분 자기에게 배분하고 관직을 언제나 같은 사람들에게만 거듭하여 주며, 또 무엇보다도 재물에 기를 쓰고 달려든다. 그러므로 이 통치자들은 가장 가치 있는 사람이 아니라, 극소수의 나쁜 사람들이다. 유산자산자제는 민주제로 옮아간다. 사실 이 체제는 서로 그 체제의 한계에서 접한다. 유산자산자제도 다수의 지배를 이상으로 하며, 또 재산이 있는 사람은 모두 균등하게 평가된다. 민주제는 모든 타락한 형태들 가운데에서 그 정도가 가장 양호하다. 왜냐하면 민주제는 국가체제의 본래 형태에서 조금밖에 일탈하지 않았기 때문이다. 앞에 말한 여러 체제들을 이상과 같은 방법으로 변화하였다. 이러한 방법으로 이행하는 것이 가장 간단하고 가장 쉽기 때문이다.

우리는 이 여러 국가체제와 비슷한 것들, 이를테면 그 모형을 가정 안에서 찾아볼 수 있다. 즉 아버지와 그 아들들로 이루어진 공동체는 군주제 형태를 가진다. 아버지는 그 자녀들을 돌보기 때문이다. 이런 이유로 호메로스는 제우스를 '아버지'라 불렀다. 군주제는 아버지처럼 다스리기를 원하기 때문이다. 그러나 페르시아에서는 아버지의 지배가 참주적이다. 페르시아 사람들은 그 아들들을 마치 노예처럼 부린다. 그곳에서는 노예에 대한 주인의 지배도 역시 참주적이다. 그 지배로 말미암아 생기는 것은 주인의 이익이기 때문이다. 이것은 옳은 지배 형태로 생각되지만, 페르시아의 그 체제형태는 잘못된 것으로 보인다. 서로 다른 관계에 따라 거기에 적합한 지배양식도 달라야 하기 때문이다. 부부의 공동체는 귀족제로 보인다. 왜냐하면 가치에 따라 남편이 다스리되 다스려야 할 것만 다스리며, 부인에게 합당한 일은 그녀에게 맡기기 때문이다. 만일 남편이 모든 일을 지배하게 되면 그 부부관계는 과두제로 이행한다. 왜냐하면 그가 지배하는 것은 부부 각자의 가치나 자기의 우수성에 의한 것이 아니라 이치에 어긋난 지배체제이기 때문이다. 하지만 아내가 상속인이기 때문에 지배하는 경우도 간혹 있다. 이때의 지배는 친애에 의한 것이 아니고, 과두제의 경우에서와 같이 재력과 권력에 따른 것이다. 형제들의 공동체는 유산자산자제와 비슷하다. 왜냐하면 그들은 연령만 다를 뿐이지 그 나머지 점에서는 모두 같기 때문이다. 나이 차이가 크면 그들의 친애는 형제적인 친애가 될 수 없다. 민주제는 주로 주인 없는 가정에서 발생하거나(그곳에서는 누구나 같으므로), 혹은 지배자가 약하여 누구나가 제멋대로 행동하는 곳에서 발생한다.

11 친애와 정의

여러 국가체제는 저마다 정의를 담고 있는 만큼의 친애를 담고 있다. 군주와 백성들 사이의 친애는, 베풀어지는 복리의 많고 적음에 달려 있다. 만일 군주가 좋은 목자여서 그 양을 돌보듯 백성들의 복지를 생각하고 돌본다고 하면, 그는 그 백성들에게 복리를 주는 것이 된다. 이런 이유로 호메로스는 아가멤논을 '백성들의 목자'라 불렀다. 아버지의 친애도 마찬가지지만, 이것은 군주보다도 복리가 훨씬 더 크다. 왜냐하면 아버지는 자녀들을 이 세상에 낳아서 존재하게 해 주었고(이것을 최고선으로 생각함), 또 양육하며 교육시켰기 때문이다. 이런 일은 조상의 덕으로도 여겨진다. 또 본성적으로 아버지는 그 자식들을, 조상은 자손을, 군주는 그 백성을 지배하게 마련이다. 이와 같은 친애는 일방적인 우월 위에 서는 것이다. 이런 이유에서 조상들이 존경받게 되는 것이다. 그러므로 이런 관계에 있는 사람들 사이에 존재하는 정의는 그 양쪽에 있어서 똑같은 것이 아니고, 모든 경우에 있어서 그 가치에 비례한다. 친애에 있어서도 그렇다. 즉 남편과 아내의 친애는 귀족제에서 볼 수 있는 것과 같은 친애이다. 거기서는 친애에 따라서 좀 더 선한 사람이 선한 것을 더 많이 가지며, 또 각자가 자기에게 적당한 만큼을 취한다. 정의도 마찬가지이다. 형제들 사이의 친애는 동료들 사이의 친애와 비슷하다. 왜냐하면 그들은 평등하고 나이가 비슷하며, 느끼는 바와 성격도 비슷하기 때문이다. 국가체제가 유산자산자제인 경우에도 이 형제나 동료들 사이의 친애와 비슷하다. 왜냐하면 이러한 국가체제에 있어서는 그 국민이 평등하고 공평한 것을 이상으로 삼기 때문이다. 그래서 지배하는 것도 교대로 평등한 조건을 가지고서 한다. 그 친애도 또한 이러한 성질을 가진다.

그러나 앞의 일탈된 여러 형태에서는, 정의가 거의 존재하지 않는 것처럼 친애도 거의 존재하지 않는다. 최악의 국가체제 속에는 친애 또한 가장 적게 존재한다. 즉, 참주제 속에는 친애가 거의 없거나 혹은 전혀 없다. 왜냐하면 지배자와 피지배자 사이에 공통적인 것이 전혀 없는 경우에는 정의도 없지만 친애 또한 있을 수 없기 때문이다. 예를 들어 기술자와 도구, 정신과 육체, 주인과 노예 사이에는 정의도 친애도 없다. 말이나 소에게도 그러하며, 또 노예에게도 마찬가지이다. 노예와 주인 사이에는 공통적인 것이 존재하지 않기 때문이다. 사실 노예는 생명 있는 도구요, 도구는 생명 없는 노예이다. 그러므로 어떤 사람이 노예인 한 그 노예와는 친애가 있을 수 없으나, 그가 인간인 이상은 그에 대한 친애가 존재한다. 왜냐하면 법률제도를 같이 할 수 있는 사람이라면, 그리고 서로 계약을 할 수 있는 사람들이라면 누구든 그들에게 어느 정도의 정의감을 품기 마련이며, 따라서 상대방이 인간인 한 친애도 있을 수 있기 때문이다. 그러므로 참주제에도 친애와 정의가 조금은 존재한다. 그러나 민주제에서는 더 넓은 범위에서 친애와 정의가 존재한다. 서로 동등한 사람들 사이에는 공통의 것(공통성)이 많기 때문이다.

12 친애와 가족

그러므로 이미 말했듯이, 모든 친애는 공통성에서 성립한다. 하지만 친척들 사이의 친애와 동료들 사이의 친애는 이 밖의 다른 모든 친애와 특별히 구별하여 생각할 수 있다. 같은 국민들, 동업자들, 함께 배를 탄 사람들, 그리고 이 밖에 이와 비슷한 사람들 사이의 친애는 한낱 공동체적인 친애라는 성질이 짙다. 이를테면 이런 류의 친애들은 일종의 합의를 보는 것으로 보인다. 손님과 주인 사이의 친애도 이 부류에 속한다고 볼 수 있다.

혈연적 친애는 그 종류가 아주 다양한 것처럼 보이지만, 그 친애 자체에 있어서는 어느 경우든 부모 자식 사이의 친애에서 나온다. 왜냐하면 부모는 자식을 자신의 일부처럼 사랑하고, 자식은 부모에게서 자신들이 생겨 나왔다는 이유로 사랑하기 때문이다.

(1) 자식이 그 부모에게서 나왔다는 것을 아는 것 이상으로 부모는 자식이

자기에게서 나왔다는 것을 더 잘 알고 있다. 또 (2) 자식이 자기를 낳은 부모에 대해서 자기를 낳아 주었다고 느끼는 이상으로 부모는 자식이 자기 자신의 것임을 느낀다. 피생산자는 생산자에게 속하지만(예를 들어 치아나 머리카락이나 이 밖의 어떤 것이나 이것을 소유하는 사람의 것임), 생산자는 피생산자에게 속하지 않으며, 또는 속한다 해도 그 정도가 아주 적다. 그리고 (3) 시간 길이도 여러 가지 같은 결과를 낳는다. 즉 부모는 그 자식이 출생하자마자 사랑하지만, 자식들은 시간이 지나야 부모를 이해하는 힘이 생기고, 또 지각할 줄 알게 된 뒤에라야 부모를 사랑하게 된다. 이런 여러 가지 면으로 미루어 볼 때, 왜 어머니가 아버지보다 자식을 더 사랑하는지도 분명해진다.

부모는 자식들을 자기 자신처럼 사랑하며(자식은 부모 자신들로부터 나와 독립적인 생존을 가진, 이를테면 일종의 '다른 자기'이기 때문이다), 한편 자식들은 자기들이 그 부모의 자식이므로 부모를 사랑하며, 또 형제들은 같은 부모에게서 났으므로 서로 사랑하는 것이다. 부모에 대한 관계의 동일성은 서로 간에 동일한 것을 낳게 하기 때문이다. 이런 이유로 사람들이 '한 핏줄'이니, '한 가지에서 났다'느니 하는 말을 한다. 그러므로 형제는 서로 떨어진 개인들이지만, 어떤 의미에서는 같다. 함께 양육을 받는 것과 나이가 비슷한 것도 친애에 크게 이바지한다. 왜냐하면 나이가 같은 사람들끼리 서로 짝을 지으며, 또 함께 양육된 사람들이 아주 가까운 친구가 되기 쉽기 때문이다. 이런 이유로 형제들의 친애는 아주 가까운 친구들의 친애와 닮은 데가 있다. 그리고 사촌 형제들과 이 밖에 다른 친척들도 이런 친애에 의해, 즉 같은 조상으로부터 나왔다고 하는 것에 의해 함께 결합된다. 이들은 그 조상이 가까운가 또는 먼가에 따라 더 가깝게 결합하거나 서로 멀어지거나 한다.

부모를 향한 자식의 친애, 신들을 향한 인간의 친애는 선하고 우월한 대상을 향한 친애라는 의미를 갖는다. 이것은 저 선하고 우월한 대상들이 여러 가지 큰 혜택을 베풀어 주었기 때문이다. 사실 부모와 신들은 자식들의 존재와 양육의 시원이며 출생시부터의 교육을 책임진다. 그리고 이런 종류의 친애는 남남끼리의 친애보다 즐거움과 유익함도 더 많이 지닌다. 부모와 자식들의 생활은 더욱 공통적인 생활이기 때문이다. 형제들의 친애는 가까운 친구들의 친애에서 볼 수 있는 여러 특징을 가지고 있고(특히 친구들이 선한 사람들인 경우에 이들이 가지고 있는 특징을 가지고 있음), 또 일반적으로 서로 비슷한 사람들 사이의 친애에서 볼 수 있는 여러 특징을 가지고 있다. 형제는 누구보다도 더 가깝게 서로에게 속하며, 나면서부터 서로 사랑하며 지내게 된 사람이다. 또 같은 부모에게서 나서 함께 양육을 받고 비슷한 교육을 받은 사람들은 그 성격이 누구보다도 비슷하다. 그리고 오랜 세월이 그들의 친애를 가장 충분하고 확실하게 입증해 준다.

 이 밖의 혈연관계에 있어서도, 그 여러 가지 친애는 친밀에 따라 일정한 비례관계를 가진다. 남편과 아내 사이에는 친애가 본성적으로 존재한다. 왜냐하면 인간은 본성상 짝을 지으려는 경향을 가지고 짝지어졌기 때문이다. 사실 인간은 국가를 형성하려는 것 이상으로 배우자와 짝을 지으려는 경향이 더 짙다. 이런 관계의 형성은 가정이 국가에 앞서 반드시 필요한 것이며, 생식이 모든 동물에 있어서와 마찬가지로 인간에게도 공통적인 것이기 때문이다. 그런데 다른 동물과의 공통성은 여기까지이다. 인간이 가정을 이루어 함께 사는 것은 생식만을 위한 것이 아니라, 삶의 여러 가지 목적을 위해서이기도 하다. 즉 처음부터 인간의 여러 기능은 나뉘어 있고, 남자와 여자의 기능은 서로 다르다. 그래서 그들은 자기에게만 존재하는 특유한 기능을 서로 제공하며 서로 돕는 것이다. 이런 여러 이유에서 유익함과 쾌락이 이런 서로 돕는 친애에 들어 있는 것으로 여겨진다. 그러나 남편과 아내가 선한 사람일 때에는, 그들의 친애가 또한 덕에 기초를 두는 것일 수도 있다. 즉, 저마다 자신의 덕을 지니고 서로가 이것에 기쁨을 느끼게 될 수도 있다. 그리고 자녀는 결합의 사슬이다. 그래서 자식이 없는 사람들은 더 쉽사리 헤어진다. 자녀는 부부에게 공통의 선이며, 공통적인 것은 서로를 결합시킨다.

 남편과 아내가, 그리고 일반적으로 친애하는 사람이 서로 어떻게 대해야 하는가 하는 문제는, 각각의 관계에서의 '정의'가 어디에 있는가 하는 문제와 같은 것이다. 친구에 대한, 타인에 대한, 동료에 대한, 동급생에 대한 경우, 각각에 대한 '정의'는 같아 보이지 않는다.

13 동등한 관계의 친애

 처음에 말한 것처럼 친애에는 세 가지 종류가 있다. 각각의 종류에 따라

서로 동등한 친구도 있고, 한쪽이 다른 쪽보다 우월해서 친구가 되는 경우도 있다. 선한 사람들끼리 친구가 되는 경우도 있고, 선한 사람이 악한 사람과 친구가 되는 경우도 있다. 이와 마찬가지로 쾌락이나 유익함으로 생긴 친애에서, 친구들이 서로에게 주는 혜택이 같을 수도 있고 같지 않을 수도 있으므로, 동등한 사람들은 동등성에 기초하여 애정이나 이 밖의 모든 점에 있어서 동등해야 하며, 동등하지 않은 사람들끼리는 상대방의 우월함에 비례하는 무언가를 상대에게 보답해야 한다.

불평과 비난은 주로 유익에 입각한 친애에서만 생기는 것으로, 이것은 아주 당연한 일이다. 왜냐하면 덕으로 맺어진 친구는 서로 상대의 행복을 염려하며(이것이 덕과 친애의 특징이므로), 또한 덕으로 서로 경쟁하는 사람들 사이에는 불평이나 비난이 있을 수 없기 때문이다. 아무도 자기를 사랑하고 자기에게 잘 해 주는 사람 때문에 마음을 상하는 일은 없다. 그가 삼가는 사람이라면 상대에게 잘 해 줌으로써 보답을 한다. 그리고 상대가 자신에게 해 주는 이상의 보답을 상대에게 해주었더라도 그 사람은 친구에게 불평하지 않는다. 그 사람은 자기가 원하는 것을 얻었기 때문이다. 저마다가 원하는 것은 다름 아닌 선이므로. 또 불평은 쾌락 때문에 생긴 친애에도 그다지 생기지 않는다. 이런 친애에 있어서는 서로 함께 시간 보내는 것을 즐긴다면, 둘 다 원하고 있는 것을 얻기 때문이다. 또 상대가 자기를 즐겁게 해 주지 않는다고 불평하는 사람은 우습게 보이기 일쑤다. 불평하기 보다는 함께 시간을 보내지 않으면 되기 때문이다.

그러나 유익함 때문에 생긴 친애에는 불평이 생기기 쉽다. 왜냐하면 자신의 이익을 위하여 서로 상대를 이용하는 사람들은 늘 상대보다 더 많은 것을 얻으려 하며, 자기들이 원하고 자기들이 그것을 가질 가치가 있는 모든 것을 얻지 못했다 하여 상대를 비난하기 때문이다. 하지만 잘 해 주는 사람의 입장에서 보면 그들이 잘 해 주는 사람들이 바라는 만큼의 도움은 줄 수 없다.

그런데 정의에 문자로 쓰여지지 않은 정의와 법에 의한 정의가 있는 것처럼, 유익함 때문에 생긴 친애에도 윤리적인 친애와 법적인 친애의 두 가지가 있다. 불평이 생기는 것은 대체로 사람들이 친애의 관계를 맺을 때와 같은 마음으로 그 불편한 관계를 해소하려 하지 않기 때문이다. '법적인' 친애는 명확히 밝힌 조건 위에서 성립하는 친애이다. 그것은 순전히 시장에서 통용되는 것과 같아서 손에서 손으로의 즉각적인 지불의 기초 위에 성립한다. 이 법적인 친애보다 좀 더 자유로운 형태는 좀 더 시간의 여유를 두고서 판매 대가를 받는, 즉 '무엇에 대한 대가로서의 무엇'이란 합의 위에 서 있다. 후자에 있어서는 부채가 분명하며 다만 뒤로 미루는 데에 친애의 요소가 있을 뿐이다. 그래서 몇몇 나라에서는 이러한 합의에서 생기는 소송을 허용하지 않으며, 서로 믿고 거래한 사람들은 손해를 보아도 할 수 없고 그 손해를 감수해야 하는 것으로 생각한다. 한편 '윤리적인' 친애는 분명한 조건 위에서 성립하는 것이 아니다. 그것은 선물을 주건, 혹은 다른 어떤 일을 하건, 친구로서 상대에게 하는 것이다. 그런데 우리는, 우리가 준 것이 아니고 빌려 주었을 뿐이라고 생각하여, 자기가 준 것만큼, 또는 그 이상으로 받을 것을 기대한다. 그리고 관계를 맺을 때와 그 관계를 해소할 때 태도를 달리 해 불평을 호소한다. 이런 일이 생기는 이유는, 대부분의 사람들이 고귀한 일을 원하면서도 유리한 것을 선택하기 때문이다. 보상을 기대하지 않고 친구에게 잘 해 주는 것이 고귀한 일이며, 여러 가지 선의 혜택을 받는 것은 유리한 것에 속한다.

그러므로 할 수만 있으면 우리는 우리가 받은 만큼을 기꺼이 갚아야 한다. 왜냐하면 우리는 어떤 사람의 의사를 거스르면서까지 친구로 삼아서는 안 되기 때문이다. 그러므로 우리는 잘못하여 혜택을 받아서는 안 될 사람에게서 혜택을 받은 경우, 즉 친구도 아니고 또한 그저 한번 혜택을 주고 싶어서 혜택을 준 것도 아닌 사람한테서 혜택을 받았을 경우에는, 마치 우리가 분명한 조건 아래에서 혜택을 받은 경우처럼 그것을 갚아야 한다. 사실 우리는 우리가 갚을 수 있을 때에 갚으리라고 합의한 것이다. 만일 갚을 수 없는 경우라면 준 사람은 우리가 갚을 것을 기대조차 안 할 것이다. 그러므로 가능하면 우리는 갚아야 한다. 그러나 먼저 우리는 '누구한테 우리가 혜택을 받고 있으며, 또 어떤 조건으로 그 사람이 나에게 그런 혜택을 주고 있는가' 하는 것을 잘 생각해야만 한다. 그래야만 우리가 이 조건으로 그 혜택을 받아 들일 것인지, 그렇지 않으면 그것을 거절할 것인지를 결정할 수 있기 때문이다.

자신이 받은 혜택이 얼마나 유용했던가를 척도로 삼아 그것에 비추어 갚아야 할 것인가, 그렇지 않으면 혜택을 베풀어준 사람의 선을 기준으로 삼아야 하는 것인가, 하는 의문이 생긴다. 왜냐하면 받은 사람들은 "내가 받은 것은 보잘것 없는 것, 다른 사람한테서 얻을 수 있는 것에 불과하다"고 말하면서 자기가 받은 혜택을 과소평가하는 반면에, 혜택을 베푼 사람들은 "내가 준 것은 내가 가지고 있던 것들 가운데 가장 큰 것이며, 딴 사람들한테서는 얻을 수 없는 것이다. 또한 그것은 위급하고 요긴한 때에 베풀어 준 것이다"라고 말하기 때문이다. 그런데 지금 문제로 삼은 것이 유익 때문에 생겨난(동등한 관계의) 친애이므로, 혜택 받은 사람의 유익이 척도가 될 수밖에 없다. 왜냐하면 혜택을 받은 사람이 도움을 필요로 하는 사람이었으며, 베푼 사람은 그에게 준 만큼 도로 받으리라 생각하고 그를 도와준 것이기 때문이다. 그래서 도움은 받는 사람의 이익이 되기 때문에 주어진 것이며, 따라서 그는 받은 만큼 또는 그 이상(이렇게 하는 것이 더 고귀한 일이므로) 갚아야만 한다.

반면에, 덕에 기초를 둔 여러 친애에는 불평이 생기지 않는다. 다만 행한 자의 선택이 덕의 척도이며 불평의 척도이다. 덕이나 윤리적 성격의 여부를 결정하는 것은 그 의도이기 때문이다.

14 동등하지 않은 관계의 친애

우월성에 따른 친애에서도 여러 가지 분쟁이 생긴다. 어느 쪽이나 상대보다 많이 얻을 것을 기대하기 때문이다. 그러나 막상 이렇게 되는 경우에는 친애 관계가 해체되고 만다. 상대보다 더 선한 사람은 자기가 더 많이 가져야 한다고 생각한다. 선한 사람에게 더 많이 분배되어야 한다는 이유에서 그러하다. 또 상대보다 더 유익한 사람도 이처럼 기대하면서, 상대는 무익한 사람이므로 자기들만큼 가져서는 안 된다고 주장한다. 만일 친애에서 생기는 여러 가지 소득이 각자 그 일의 가치에 대응하여 보답되지 않는다면, 그것은 공공적 봉사이지 친애가 아니라는 이유에서 그렇다. 즉 그들은 상업적으로 동업할 때 자본을 더 많이 내는 사람이 이익금을 더 많이 차지하는 것처럼, 친애에 있어서도 그래야만 한다고 생각한다. 그러나 가난하거나 상대보다 열등한 사람은 이와 반대로 주장한다. 궁핍한 사람들을 돕는 것이 선한 친구의 의무라고 그들은 주장하는 것이다. 그들은 말한다. "좋은 사람이나 권위 있는 사람의 친구가 되어서 얻는 것이 아무것도 없다면, 그런 사람의 친구가 될 필요가 무엇인가?"라고.

그런데 이 둘(우월한 사람이나 열등한 사람)의 주장이 모두 일리가 있어 보인다. 그리고 어느 쪽이나 친애에서 상대보다 더 많이 얻어야 할 것도 같다. 물론 둘 다 똑같은 것을 상대보다 더 얻어야 하는 것은 아니다. 우월한 사람은 명예를 더 많이 얻어야 할 것이고, 궁핍한 사람은 이득을 더 많이 얻어야 할 것이다. 명예는 덕과 베푼 선에 대한 포상이며, 이득은 궁핍한 사람에게 필요한 도움이기 때문이다.

이것은 국가 사회에서도 마찬가지인 듯하다. 즉 공공의 일에 아무런 선도 기여하지 않은 사람은 존경을 받지 못한다. 사실 공공에 속하는 것은, 공공을 위해 선을 베푼 사람에게 주어지는 법이다. 존경과 명예는 공공적인 것이므로 선한 이에게 주어질 것이다. 공공의 것에서 재물과 동시에 명예도 얻는다는 것은 불가능하다. 사실 누구나 모든 일에 남보다 적은 몫으로 만족하지는 않는다. 그러므로 재물면에서 남보다 적은 몫을 취하는 사람에게는 명예가 돌아가고, 금전의 보상을 원하는 사람에게는 재물이 돌아간다. 앞에서 말한 바와 같이, 저마다의 가치에 따르는 것이 주어지므로써 양쪽은 균등화되고 친애가 보전되기 때문이다.

그러므로 우리는 동등하지 않은 사람들과도 이렇게 교제해야 한다. 즉 재물이나 덕을 얻은 사람은 그 대신에 존경으로 보답하되, 자기가 할 수 있는 가능한 것으로써 갚아야 한다. 친애는 사람이 가능한 만큼을 요구하는 것이지, 가치에 비례하는 것만큼을 요구하지는 않는다. 실제로 그것은 언제나 가능한 것은 아니다. 예를 들어 신들이나 부모들에게 존경의 마음을 표시하는 경우에 그렇다. 왜냐하면 누구나 자기가 얻는 만큼을 부모나 신들에게 돌려줄 수는 절대로 없다. 하지만, 자기 힘으로 가능한 만큼 힘껏 이들을 섬기는 사람은 선한 사람이라고 생각되기 때문이다.

이런 까닭에 자식이 아버지와 인연을 끊는 것은 용납될 수 없으나 아버지는 그 자식과 인연을 끊어도 괜찮은 것으로 생각되어 온 것이다. 빚진 사람은 그것을 갚아야만 하지만, 아들은 무슨 일을 한다 해도 자기가 받은 것만큼을 보답할 수는 없을 것이며, 따라서 언제나 빚진 상태에 머문다. 그런데 꾸어준 사람들은 빚을 탕감해 줄 수 있다. 그러므로 아버지도 자식에게 언제나 이렇게 모든 것을 탕감해 줄 수 있다. 동시에 누구나 아들이 아주 악하게 되지 않는 한, 그 아들과 인연을 끊지는 않을 것이다. 아버지와 아들 사이의 본성적인 친애는 둘째로 치더라도 아들의 도움을 물리치지 않는 것이 인간다운 일이리라. 그러나 만일 악한 아들인 경우에는, 자연히 아버지 돕기를 피하거나 아버지를 돕는 일에 노력하지 않는다. 대부분의 사람들은 혜택 받기는 원하고, 혜택을 남에게 베푸는 일은 이로울 것이 없다면서 피한다. 이런 것들에 대해서는 이쯤에서 맺기로 한다.

제9권

1 봉사

 서로 동등하지 않은 사람들 사이의 친애에 있어서 서로를 동등하게 하여 친애를 유지시키는 것은 친애의 가치 비례라고 이미 앞에서 이야기했다. 예를 들어 국민 사이의 친애에 있어서 구두를 만드는 사람은 그가 만든 구두에 대하여 그 가치에 비례하는 대가를 얻으며, 천을 짜는 사람과 그 밖의 다른 모든 장인도 이와 같이 그 가치에 비례하는 대가를 얻는다. 그런데 여기에 공통적인 척도로서 화폐가 마련되었고, 따라서 모든 것은 화폐에 맞추어 거래되고 또 화폐로 계산된다.
 그러나 에로스적 친애에 있어서 '사랑을 구하는 사람'은 가끔 이렇게 불평한다. 자신이 사랑하고 있는 만큼의 사랑을 상대는 자기에게 주지 않는다고. 그런데 사실 사랑을 구하는 그에게는 사랑받을 만한 부분이 전혀 존재하지 않는다. 또 한편으로 그는 사랑하는 사람이 상대는 그 전에는 모든 것을 약속했는데 지금은 아무것도 이행하지 않는다고 불평하는 일이 자주 있다. 이것은 앞의 경우는 사랑하는 상대를 쾌락 때문에 사랑하는 것이며, 뒤의 경우는 사랑하는 사람을 유익함 때문에 사랑하는 것으로, 이러한 것들을 상대에게 얻어내지 못할 때 생긴다. 이런 보상들이 그 친애의 목적이었으므로, 그들의 사랑에 동기가 되었던 것들을 얻지 못할 때 그 친애도 해체되고 만다. 저마다 상대를 그 자체로 사랑한 것이 아니고 그가 가지고 있는 여러 가지 성질을 사랑했던 것으로 이런 것들은 영속적인 것이 못 되기 때문이다. 이런 까닭에 그들의 친애도 일시적이다. 그러나 상대의 성품을 사랑하는 친애는, 이미 말한 바와 같이, 상대 자신에 대한 것이므로 오래도록 지속된다.
 그들이 얻는 보상이 자신이 원하던 바가 아닌 다른 무엇일 때 여러 가지 문제가 발생한다. 우리가 원하던 것을 얻지 못하는 것은 아무것도 얻지 못하는 것이나 다름이 없다. 예를 들어 이런 이야기가 있다. 어떤 사람이 거문고

타는 악사에게 약속하기를, 노래를 잘 부를수록 잘 부른만큼 더 많은 보수를 주겠다고 했다 한다. 그런데 이튿날 아침 악사가 그 사람에게 약속을 지키라고 요구하자, 그 사람의 대답이, "쾌락에 대한 보상으로 이미 쾌락을 다 주었지 않았느냐"라고 했다. 이런 경우 저마다 이런 것을 원했다면 문제는 없었을 것이나, 한쪽은 향락을 원했고 다른 한쪽은 이득을 원했다면, 한쪽은 자기가 원하던 대로 향락을 얻은 셈이고 다른 한쪽은 그렇지 못하다. 그래서 공통 관계의 조건이 충족되지 못했다. 사실 사람마다 자기가 원하는 것에 관심을 가지며, 또 그것 때문에 자기가 가지고 있는 것을 내어 주는 것이다.

그런데 제공된 봉사의 가치를 정하는 것은 어느 쪽인가? 봉사를 한 사람인가, 그렇지 않으면 봉사를 받은 사람인가? 아무튼 봉사를 한 사람은 봉사를 받은 사람에게 그 평가를 맡기는 것처럼 보인다. 전해 오는 말에 의하면, 프로타고라스는 늘 이렇게 했다고 한다. 즉 그는 무엇을 가르치고나면, 학생에게 그 지식의 가치를 평가하게 해서 결정된 액수의 보수를 받았다. 그러나 이러한 문제에 있어서 어떤 사람들은 그와는 달리, "친구에게 치를 값은 미리 정하는 것이다"라는 속담을 더 선호했다.

돈을 먼저 받고 나서, 약속한 일이 너무 엄청난 것이기 때문에, 자기가 하기로 한 일을 하나도 하지 않는 사람들도 자연히 불평의 대상이 된다. 이들은 자기네가 하겠다고 합의한 일을 이행하지 않았기 때문이다. 소피스트(궤변론적 지식인)들은 어쩔수 없이 이런 과장된 거짓 약속을 할 수밖에 없다. 왜냐하면 아무도 그들이 가지고 있는 지식에 대해서는 돈을 내놓으려 하지 않았을 테니 말이다. 그러므로 그 소피스트들은 보수를 받고서 하기로 한 일을 하지 못해 자연히 불평의 대상이 되곤 했다.

그러나 설령 봉사에 대해 서로 합의한 적은 없지만 한 쪽이 일방적으로 상대를 위해 봉사하는 사람들에게는, 불평이 있을 수 없다. 사실 덕으로 인한 친애는 이런 성질의 것이다. 또 일방적으로 덕을 베푸는 그런 이들에 대한 대가는 그들의 선택(바람)에 기초하여 이루어져야 한다. 사실 친구와 덕은 바로 선택에 의해 이루어진다. 철학을 가르쳐 준 분들에 대한 대가도 이와 같아야 한다. 사실 그 철학자들의 가치는 돈으로 환산될 수 없고, 또 그들이 베푼 은혜에 맞먹는 존경을 줄 수도 없다. 그런 가운데에도 신들과 부모에 대한 경우처럼, 우리 힘으로 가능한 만큼 힘껏 갚음으로써 충분한 것이 될 수도 있다.

그런데 상대에게 주는 것이 이런 성질의 것(보상을 바라지 않고 상호 합의도 없이 일방적으로 베푸는 것)이 아니고 저쪽에서 갚으리라 예측하고 주는 경우에는, 갚는 내용이 서로에게 다 좋다고 여겨지도록 갚는 것이 좋다. 그러나 이것이 불가능한 경우에는, 봉사를 받는 사람이 먼저 보수를 결정하는 것이 불가피하며 또한 정당한 것이다. 왜냐하면, 그가 받은 이익과 똑같은 가치의 것을 상대에게 보상한다면, 또는, 그가 얻은 쾌락의 대가로 지불했을 값에 맞먹는 것을 상대에게 되돌린다면, 상대는 자기가 준 만큼의 가치를 되돌려 받는 것이기 때문이다.

우리는 이렇게 일방적으로 거래가 이루어지는 일이 매매 때에도 일어남을 알고 있다. 그리고 어떤 나라에서는, 선택적인 약정에 관한 소송은 할 수 없다는 법률이 있다. 이것은 '일단 약정 당시 신뢰한 사람과는 약정 당시의 정신으로 매듭을 지어야 한다'는 것이 전제되어 있기 때문이다. 법률에서는 신용하는 사람보다도 신용받은 사람이 조건을 정하는 것이 오히려 더 옳은 것으로 본다. 왜냐하면, 대부분의 사물은 그것을 가지고 있는 사람들과 그것을 취하기를 원하는 사람들에게 똑같은 가치로 평가되지 않기 때문이다. 이 두 부류의 사람들은 저마다 자신의 것 그리고 자기가 내어 주는 것을 높이 평가하지만, 그 가치에 대한 대가는 받은 쪽 사람이 정한 평가로 주어지기 때문이다. 단 그 평가는 받은 사람이 그것을 받은 뒤 소유자로서 매기는 가치로 이루어지는 것이 아니라, 그가 그것을 소유하기 전에 매겼던 값에 따라 이루어져야 할 것이다.

2 두 가지 친애 중 한 가지의 선택

여기서 다시 다음과 같은 난제가 생긴다. 즉 모든 것을 부모에게 맡기고 부모의 말에 순종해야 하는가? 아니면 병들었을 때에는 의사의 말을 따르고, 장군을 선출해야 할 때에는 군사적으로 능한 사람을 선출할 것인가? 또 친구를 먼저 돕기보다 훌륭한 사람을 먼저 도와야 하는가? 그리고 먼저 은인에게 은혜를 갚아야 하는가, 그렇지 않으면 친구에게 먼저 은혜를 베풀고 볼 것인가? 또 이 두 가지 일을 양립할 수 없다면 어떻게 할 것인가?

이런 물음들은 모두 다 까다로워서 정확하게 결정을 내릴 수가 없다. 왜냐하면, 봉사의 크고 작음에 있어서나 그 봉사의 고귀성과 필요성에 있어서나, 온갖 다양성이 존재하여 판단이 힘들기 때문이다. 그러나 모든 판단과 선택에 있어서 한 사람만을 소중히 여기는 선택을 해서는 안 된다고 하는 것만은 아주 분명하다. 그리고 우리는 대체로 친구에게 도움을 베풀기보다는 오히려 우리가 받은 은혜를 먼저 갚아야 한다. 즉 친구에게 돈을 빌려 주기보다 오히려 먼저 빚진 사람에게 빚을 갚아야 하는 것처럼 말이다. 그러나 이렇게만 할 수 없는 경우도 있다. 예를 들어, 해적에게 잡혔다가 누군가가 자기 몸값을 치러 주어서 풀려난 사람은, 그 풀려나게 해 준 사람이 갇힐 경우에는 그 사람이 누구든 상관없이 이번에는 자기가 그의 몸값을 치러 은혜를 갚아야 하거나(혹은 그 사람이 갇히지 않고 다만 그 몸값을 도로 갚아 달라고 하면 그 돈을 되갚아 주든가), 혹은 자기 부모의 몸값을 치르고 부모를 찾아와야 하는 두 가지 일에 직면하게 된 경우에는 자기가 대신해서라도 자기 부모의 몸값을 먼저 치르고 찾아 와야 한다.

그러므로 이미 말했듯이, 일반적으로 부채는 갚아야 마땅하나 돈을 다른 방면에 융통하는 것이 더 옳고 필요한 경우에는 그렇게 해야만 한다. 사실 어느 때는 자기가 받은 만큼을 그대로 갚지 않는 것이 공정한 경우도 있다. 예를 들어, 어떤 사람이 나를 선한 사람이라 판단하고 나에게 잘 한 것에 반해 그것에 대한 이쪽의 보답은 이쪽이 나쁜 사람이라고 보는 사람에게 하듯 해야 하는 경우가 그렇다. 예를 들어 자기에게 돈을 꾸어 준 적이 있는 사람일지라도 때로는 돈을 빌려 주지 말아야 할 때가 있다. 왜냐하면, 그 나쁜 상대방은 꾸어준 돈을 돌려받을 수 있으리라 생각하고서 선한 사람에게 꾸어 주지만, 이 선한 사람쪽에서는 악한 사람으로 믿어지는 상대한테서 꾸어 준 돈을 도로 찾을 수 있으리라고 기대할 수 없기 때문이다. 정말로 이런 일이 일어난다면 이러한 상대의 요구는 공정한 것이 못 된다. 하지만 실제로는 그런 사람이 아니고 그저 그렇게 생각되고 있을 뿐인 경우, 상대의 요구에 응하지 않는다고 해서 부당하다고 여겨지지는 않을 것이다. 그러므로 이미 여러 번 지적했듯이, 감정이나 행위에 관한 논의는, 바로 그 논의 대상들의 정도를 따라야 한다.

제우스에게도 무엇이든지 다 희생 제물로 바쳐지지 않는 것처럼, 누구에게나 똑같이 갚을 것이 아니며, 또 모든 일에 있어서 부모 위주로만 할 것도 아니라는 것이다. 부모나 형제, 친구, 은인에게는 저마다 다른 것으로 갚아야 한다. 우리는 이 여러 가지 경우에 저마다 알맞고 어울리는 것을 갚아야 한다. 사실 사람들은 이렇게 하고 있는 것 같다. 예를 들어, 결혼할 때 그들은 친척을 초대한다. 친척은 그 가족과 관계되는 행사에서 공통적인 것을 가지고 있기 때문이다. 장례식에도 또한 같은 이유에서 다른 누구보다도 먼저 친척이 모두 와야 한다고 생각한다. 그리고 우리는 다른 누구보다도 부모를 부양해야 하는 것으로 생각한다. 우리가 그들에게 양육되었고 또 우리 자신보다는 우리를 낳아 준 부모님의 생계를 책임지는 것이 더 소중한 일이기 때문이다. 또 신들에게 드리는 것과 마찬가지로 부모에게도 존경을 드려야 한다. 그러나 온갖 존경을 모두 드려야 하는 것은 아니다. 철학자나 장군에게 어울리는 존경을 부모에게 드려서는 안 된다. 다만 철학자나 장군에게는 철학자나 장군에게 맞는 존경을, 또 부모에게는 부모에게 맞는 존경을 드려야 한다.

모든 윗사람들에게도, 그 나이에 맞게 자리에서 일어서서 맞이한다든가, 좌석을 내어드린다든가, 이 밖에 이런 비슷한 일로 그들에게 적합한 존경을 드려야 한다. 한편 친구들이나 다른 형제들에 대해서는, 언론의 자유와 모든 것의 공동 사용을 허용해야만 한다. 또 친척이나 동업자나 같은 국민에 대해서도 언제나 저마다 그들에게 적합한 것이 돌아가도록 힘써야 하며, 또 친근감과 덕 혹은 유익함에 따라 그들 저마다가 요구하는 것을 나누어 주어야 한다. 이렇게 하는 것은 그들이 같은 부류에 속하는 사람들인 경우에 비교적 쉽고, 서로 다른 부류에 속하는 경우에는 비교적 힘이 들 것이다. 그렇다고 해서 우리는 이 일에서 손을 떼서는 안 되며, 우리의 힘으로 가능한 데까지 이 문제를 해결해야 한다.

3 친애의 단절

여기서 생기는 또 한 가지 난제는, 상대가 처음과 같지 않고 달라진 경우 친애의 관계를 끊을 것인가, 아니면 계속 유지할 것인가이다.

유익함 혹은 쾌락에 기반을 둔 친애에서는, 서로가 처음의 속성을 가지지 않게 되었을 때 그와의 친애 관계를 끊어도 전혀 이상할 것이 없다고 할 수 있다. 왜냐하면 처음에 좋아했던 속성 때문에 친구로서 지냈으므로, 이런 속성이 없어졌을 때 더 이상 사랑하지 않는 것은 당연한 일이다. 그런데 상대가 이쪽을 유익함이나 쾌락 때문에 사랑했으면서도, 마치 성품 때문에 사랑하는 체했을 때에는, 이쪽에 대해서 불만을 품기 쉽다. 사실 처음에 말한 것처럼, 친구들 사이에 다툼이 생기는 것은 대체로 그들이 생각한 친애 관계가 실제와 다르기 때문이다. 그러므로 누군가 스스로 오해하여, 자기 성품 때문에 사랑을 받고 있는 것이라고 생각했는데 사실상 상대는 전혀 사랑한다는 생각을 갖고 있지 않았다면 그때는 자기 자신을 비난해야 한다. 그러나 상대가 사랑하는 체하면서 자신을 속였다면, 그렇게 속인 상대에 대해서 불평을 하는 것은 정당하다. 이 경우에는 그의 불평이 화폐위조자들에 대한 불평보다 더 심해도 괜찮다. 사랑을 가장한 악행이 존귀한 것과 관련하고 있었던 만큼.

그러나 우리가 어떤 사람을 선한 사람으로 알고서 받아들였는데, 그 사람이 악한 사람이 되거나 혹은 그렇게 생각되게 된 경우, 우리는 그래도 그 사람을 사랑해야 하는가? 확실히 이것은 불가능한 일이다. 우리는 무엇이나 다 사랑할 수 있는 것이 아니며, 오직 선한 것만을 사랑해야 하는 것이다. 악한 것은 사랑할 수도 없고 또 사랑해서도 안 된다. 더우기 우리에겐 악한 것을 사랑해야 할 의무도 없고, 악한 것을 닮을 의무도 없다. 이미 말했듯이, 서로 사랑하면 서로 닮아간다. 그렇다면 이런 경우에는 당장 악한 것과의 친애 관계를 끊어야만 할 것인가? 그렇지 않으면 모든 경우에서가 아니라, 상대방의 사악함이 치유될 수 없는 경우에만 그렇게 해야 하는 건 아닌가? 개선의 여지가 있는 경우에는 오히려 그 친구의 성품이나 본질성에 대해 도움을 주어야만 할 것이다. 친애는 재산보다 귀하고 보다 많은 사랑에 고유하기 때문이다. 그러나 개선의 여지가 있는 그러한 친애 관계를 끊어 버리는 사람이 있다해도 불합리한 일을 했다고는 생각되지 않을 것이다. 그는 그러한 사람을 친구로 여기지 않았을 뿐 아니라 상대가 이전과 다른 사람이 될 경우에는 친구를 구제할 수 없어 그를 버리게 되기 때문이다.

그런데 한쪽은 전과 다름없는데 다른 한쪽이 그 전보다 더 선해지고 덕의 면에서 변함없는 쪽보다 훨씬 우월해지는 경우, 더 우월해진 쪽은 그래도 여전히 변함없는 쪽을 친구로서 대해야만 하는가? 확실히 그렇게 할 수는 없다. 그 거리가 클 때 이것은 가장 분명하다. 예컨대 소년 시절의 친구들 사이의 친애에 있어서 이것이 가장 두드러지게 나타난다. 즉, 한쪽은 이성과 지혜에 있어서 여전히 소년인 데 반하여 다른 한쪽이 완전히 성숙한 남자가 되었다고 하면, 그들은 같은 것들에 대해서 더 이상 공감하지 못하고 또 같은 것들에 대해서 기쁨을 맛보거나 고통을 느끼지도 못하는데 어떻게 친구가 될 수 있겠는가? 사람들은 서로 취미가 맞지 않고서는 친구가 될 수 없으니 말이다. 사실 그들은 함께 생활할 수가 없다. 여기에 대해서는 이미 말했다.

그러면, 친구로 맞지 않은 사람에 대해서는 마치 그가 한번도 친구였던 적이 없었던 듯이 대해야 할 것인가? 아니다. 우리는 오히려 예전에 친했던 것을 기억 속에 고이 간직해야만 한다. 그리고 우리는 타인에게보다는 오히려 친구에게 잘 해 주어야 한다. 한때 우리 친구였던 사람들에게 예전의 친애 관계를 고려하여 무엇인가 주는 것이 있어야만 할 것이다. 상대가 너무 사악해서 친애 관계가 깨진 경우가 아니라면 말이다.

4 자신에 대한 친애

이웃 사람들을 향한 여러 종류의 친애적 태도나 감정들을 친애라고 규정지을 수 있게 하는 기준들은, 자기 자신에 대한 친애적 태도나 감정들에서 나오는 것으로 보인다. 이것은 (1)우리는 친구를 '자기 친구를 위하여, 선한 것 혹은 선하게 보이는 것을 바라고 행하는 사람'이라고 규정짓거나, 혹은 (2)'친구가 그 자신을 위해 생존하며 생활하기를 바라는 사람'이라고 규정짓는다. 바로 이와 똑같은 일을 어머니가 그 아이들에게 원하고 있으며, 또 서로 사이가 나빠진 친구들끼리도 원하고 있다. 그리고 다른 어떤 사람들은 (3)친구란 '함께 생활하며 (4)취미가 같은 사람'이라고 규정짓는다. 또는 (5)'자기 친구와 더불어 함께 슬퍼하며 함께 기뻐하는 사람'이라고 규정짓는다. 이런 것들 역시 다른 어떤 사람에게서보다도 어머니의 바람에서 가장 많이 볼 수 있다. 친애도 이와 같은 여러 특성들로 규정된다.

그런데 선한 사람들은 이 여러 특성을 자신과의 모든 관계 안에서 가지고 있다. 다른 모든 사람에 대해서도, 그들이 자기 자신을 선하다고 생각하는 한 똑같은 것을 말할 수 있다. 그런데 앞서 말했듯이, 무슨 일에는 덕과 선한 사람이 척도가 된다. 그는 자기 자신과 뜻을 같이 할 수 있는 사람이며 같은 것을 그의 영혼 전부로서 소망한다. 따라서 그는 자기 자신을 위하여 선한 것, 그렇게 보이기를 바라고 또 행하며(선한 일을 실행하는 것이 선한 사람의 특징이므로), 또 자기 자신을 위하여 그렇게 한다(즉 자기 안에 있는 지성적인 부분을 위하여 선을 행한다). 덕 있고 선한 사람은 또 자기 자신의 생명이 살아 숨쉬며 유지되기를 원하며, 특히 자기영혼에 있어서 '사유와 추론 부분'이 살아 보전되기를 원한다. 덕 있는 사람에게는 생존이 선한 것이다. 사람마다 여러가지 선이 자기 자신에게 생기기를 바란다. 반면에 만일 그 덕 있고 선한 사람이 자신을 잃고 꼭 다른 사람이 되어야만 한다면, 아무리 그가 온 세계의 선을 소유할 수 있다고 해도 그것을 선택하지는 않을 것이다(신은 이미 선을 소유하고 있기 때문이다). 누구든 있는 대로의 자신이어야 한다. 각자를 자기답게 하고 다른 어느 부분보다도 더욱 자기답게 하는 것은 영혼 속에 있는 '지성적으로 인식하는 것'이라고 생각된다. 또 선한 사람은 자기 자신과 더불어 살기를 바란다. 이것이 큰 즐거움이다. 과거의 여러 가지 행위에 대한 추억은 흐뭇하고, 미래에 대한 기대는 선하며, 그러한 기대는 즐거운 것이어야 한다. 그의 정신은 또한 순수한 관조의 대상을 많이 간직하고 있기도 하다.

또한 그는 다른 누구보다도 자신과 더불어 함께 슬퍼하며 함께 기뻐한다. 왜냐하면 선한 사람에게는 같은 것이 언제나 고통스럽고, 또 같은 것이 언제나 쾌락을 주지, 때에 따라 그것이 달라지지 않는다. 이를테면 그는 후회하지 않아도 되는 사람이다.

그러므로 이 여러 특성들은, 모두 선한 사람과 그 자신 사이의 관계에서 발견되는 것이며, 또 그는 자신을 보듯 자기 친구와 관계를 맺고 있기 때문에(친구는 또 하나의 자기이므로), 친애도 역시 이러한 여러 특성 가운데 하나로 생각되며, 또 이러한 여러 특성을 가지고 있는 사람들이 다름 아닌 친구로 생각된다. 자기 자신에 대한 친애가 있을 수 있는가 없는가, 하는 문제는 여기서 살펴보지 않고 뒤로 미루기로 한다. 위에 언급한 친애의 여러 특성으로 미루어 보거나, 지나친 친애가 자신에 대한 사랑과 닮은 것으로 여겨지는 사실로 미루어 보거나, 위의 선한 사람들의 특성들 중 둘 혹은 둘 이상의 부분이 존재하는 한 자신에 대한 친애란 것도 있음직한 일이다.

그러나 위에 들었던 여러 특성은 세상의 많은 사람들에게도 존재하는 것으로 보인다. 설사 보잘것없는 사람이라 할지라도 말이다. 그러면 이런 사람들이 자기 자신에 만족하고 또 자기가 선하다고 생각하는 한, 그들도 이 여러 특성들을 가지고 있는 것인지도 모른다. 악하고 불순한 사람치고 이 선한 이들의 특성들을 가지고 있거나 가지고 있는 듯이 보이는 사람이 하나도 없다는 것은 확실하다. 그러나 보잘것없는 사람들에게도 대체로 그것들이 존재하지 않는다고도 할 수 있다. 왜냐하면, 그들은 자기 자신과 일치하게 생각하지 않고, 마치 자제력 없는 사람인 듯이, 욕구와 이성적 욕구를 달리 추구하기 때문이다. 자제력 없는 사람들은 스스로 좋다고 생각하는 것들 대신에, 쾌락을 주되 유해한 것들을 선택하기 때문이다. 또 그들 가운데에는, 비겁하고 게을러서 자신에게 가장 좋은 것을 하지 못하고 마는 사람들도 있다. 그리고 자제력이 없어서 지금까지 많은 끔찍한 일을 해 왔고 그들의 악함 때문에 미움을 받고 있는 사람들은, 또한 심지어 자제력이 없어 살아가는 것조차 꺼리고 자기 목숨을 스스로 내던지기도 한다. 또 악한 사람들은 함께 생활할 사람을 따로 구하면서도 자기 자신과 생활하기를 꺼려 한다. 왜냐하면, 그들은 자신하고만 있게 되면 과거에 저지른 많은 나쁜 일들을 기억하게 되지만 타인과 함께 있으면 이 일들을 잊어버릴 수 있기 때문이다. 또 그들은 자신 안에 사랑할 만한 것이 하나도 없으므로 자신에 대해서 친애하는 느낌을 전혀 가지고 있지 않다. 그러므로 이런 사람들은 자신과 더불어 함께 기뻐하며 슬퍼하지도 않는다. 왜냐하면 그들의 영혼은 분열되어 있어서, 그 중 한 부분은 그 사악한 성질로 말미암아 어떤 행위를 하지 못하면 고뇌를 느끼고, 다른 부분은 그 행위를 못함으로 해서 쾌락을 느낀다. 또 그 영혼의 고통을 즐기는 부분은 그 사악한 행위를 하려고 이리 잡아당기고, 영혼의 선함을 즐기는 부분은 그 사악한 행위를 저리 잡아당겨서 마치 그들을 산산조각이 나게 끌어당기기 때문이다. 사람이 고통과 쾌락을 동시에 느낄 수는 없지만, 어떻든 쾌락을 맛본 까닭에 잠시 뒤에는 고통을 느끼게 되는 것이며, 또 그것들이 자기에게 쾌락을 주는 것이 아니었기를 바라기도 한다. 사실 악한 사람들에게는 후회가 가득하다.

그러므로 악한 사람들은 자기 자신에 대해서 조차도 친애를 가지지 않게 되어 있다. 이는 그 사람 안에 사랑할 것이 하나도 없기 때문이다. 따라서 이러한 상태가 너무도 비참한 것이라면, 우리는 마땅히 온 힘을 다해 악함을 피하고 선한 사람이 되도록 노력해야 한다. 이렇게 해야만 자신에 대해서도 친애를 가질 수 있고 또 남에 대해서도 친애할 수 있기 때문이다.

5 친애와 호의

호의는 친애와 비슷하기는 하나, 친애와 같지는 않다. 왜냐하면, 호의는 내가 모르는 사람에게도 생겨날 수 있고 또 상대가 나의 호의를 느끼지 못해도 가질 수 있지만, 친애의 경우에는 그렇지 않기 때문이다. 여기에 대해서는 이미 말했다. 그러나 호의는 애정도 아니다. 왜냐하면 호의는 애정에 뒤따라 오는 긴장이나 욕구를 가지고 있지 않기 때문이다. 그리고 애정은 친한 사이에서 생기는 것이지만, 호의는 갑자기 생겨날 수 있다. 예를 들어 어떤 경기에서 서로 경쟁하는 상대 선수에게 갑자기 호의를 가지게 되는 수가 있다. 이런 경우에 우리는 그 상대에게 호의를 품게 되고 그 사람이 원하는 것을 함께 원하게도 되지만, 그 사람과 함께 행동하지는 않는다. 우리는 갑자기 호의를 가지고 또 상대를 피상적으로만 사랑하기 때문이다.

때문에 호의는 친애의 시작이라 할 수 있다. 마치 눈으로 보는 쾌락이 에로스적 사랑의 시작이듯이. 사실 먼저 겉모습에 기쁨을 느끼지 않는다면 아무도 연애를 하지 않는다. 그러나 상대의 모습에 기쁨을 느꼈다고 해서 반드시 연애를 하는 것은 아니다. 상대가 곁에 없어 그를 그리워하고 그가 자기 곁에 있어 주기를 간절히 원할 때 비로소 연애가 싹튼다고 말할 수 있다. 이와 마찬가지로, 서로 호의를 느끼지 않고서는 친구가 될 수 없지만, 그렇다고 해서 호의만 느끼면 친구가 되는 것도 아니다. 호의를 느끼는 상대방에게 여러 가지 선을 원할 따름이며, 그 사람과 함께 무엇을 하려 하거나 수고를 하려고 하지는 않기 때문이다. 그러므로 '친애'라는 말의 의미를 확대하면, 호의는 비활동적인 친애라 할 수 있다. 또한 그 호의가 오랜 동안 자라고 익어서 상대와 친밀한 데까지 이르게 되면 친애가 된다고 말할 수 있다. 물론 이때의 친애는 유익함 때문에 생기는 것도 아니요, 쾌락 때문에 생기는 것도 아니다. 호의도 이런 것들 때문에 생기는 것이 아니기에 말이다. 혜택을 받은 사람은 자기가 얻은 것에 대한 보답으로 상대에게 호의를 보이는데, 이것은 그저 당연한 일이다. 그런데 상대를 통해서 자기가 부유해지기를 바라기 때문에 상대의 번영을 원하는 사람은, 그 상대에 대해서 호의를 가지고 있는 것이 아니라, 자기의 이익을 추구하는 것일 뿐이다. 이것은 마치 상대를 이용하기 위해서 잘해 주는 사람을 친구라고 하지 않는 것과 같다. 대체로 호의는 어떤 덕이나 가치 때문에 생기는 것이다. 예를 들어, 어떤 사람이 다른 사람에게 아름답거나 용감하거나 이와 비슷하게 보이는 경우에 생긴다. 이것은 경기에서 서로 경쟁하는 사람들에 대해서 지적했던 바와 같다.

6 친애와 합심

합심도 친애와 비슷하다. 합심은 단순한 의견의 일치가 아니다. 합심은 서로 아는 사람들 사이의 의견일치인데 반해, 의견 일치는 서로 모르는 사람들 사이에도 있을 수 있기 때문이다. 또 어떠한 문제에 대해서든 같은 의견을 가지고 있다고 해서, 예를 들어 천체에 대해서 같은 의견을 가지고 있다고 해서 합심했다고 하지는 않는다. 이런 문제에 대해 생각이 같다는 것은 친애적인 관계가 아니기 때문이다. 다만 어느 한 나라의 국민들이 자기들 국익에 관계되는 것에 대하여 같은 의견을 가지고, 같은 행동을 선택하고, 또 공동으로 결정지은 것을 실행할 때 우리는 그 나라 국민들이 합심하고 있다고 말한다. 그러므로 사람들이 합심하는 것은 실행 가능한 것들에 대해서, 그 중에서도 특히 중대하고 모두가 원하는 것을 얻을 가능성이 있는 일에 대해서이다. 예컨대 한 나라의 국민 모두가 '정치인은 선거에 의해 뽑아야 한다', '라케다이몬 사람들과 동맹을 맺어야 한다'고 생각하든가, '피타코스(Pittakos : 기원전 6세기 초엽의 미틸레네의 통치자)가 자신도 원한다면 통치자가 되어야 한다'고 생각한다면, 그 나라는 합심하고 있는 것이다. 그러나 《포이니사이》에 나오는 형제처럼, 두 사람이 다 같이 같은 것을 가지고자 할 때에는 서로 대립하여 분쟁하게 된다. 양쪽이 어떠한 것이든 같은 것을 생각한다고 해서 합심이 아니며, 동일한 것을 동일자에 대해 생각할 수 있어야 비로소 합심이다. 예컨대 민중과 상류 계급 사람들이 다 같이 최고의 선을 갖는 사람이 통치하기를 바랄 때 그것이 합심이다. 사실 이렇게 함으로써만 모든 사람이 그들이 원하는 것을 얻을 수 있다. 그리고 보면, 합심은 정치적인 친애인 것 같다. 아닌게 아니라 세상에서는 흔히 그것을 정치적 친애라 말한다. 합심이 우리 이익에 기여하며 우리 생활에 영향을 주는 것들에 관계하기 때문이다.

그런데 합심은 선한 사람들 가운데 존재한다. 사실 그 선한 이들은 자기 자신과 마음의 일치를 이룰 뿐 아니라 서로서로 합심한다. 그들은 언제나 한 마음을 품기 때문이다. 그런 선한 사람들의 여러 가지 소망은 늘 한결같아서, 해협의 물결처럼 이리 몰렸다 저리 몰렸다 하지 않는다. 그리고 그들은 옳은 일들과 이익이 되는 일들을 원하는데, 이 옳은 일들과 옳은 이익도 역시 그들의 공동 노력의 대상이 된다. 그러나 마음이 악한 사람들은 서로 친구가 될 수 없고, 그에 못지 않게 합심의 정도도 적다. 악한 사람들은 상대보다 더 많이 차지하려 하지만, 수고스러운 일이나 봉사는 하지 않으려 하기 때문이다. 뿐만 아니라, 악한 이들은 자신의 이익을 위해 이웃 사람을 감시하고 방해한다. 사실 그들 사이에서 서로 감시하지 않으면 공동적인 것이 파괴되기 쉽다. 결국 악한 이들은 대립 분열하여 상대에게 강요하지만, 정작 자기 자신은 옳은 일을 하려 들지 않는다.

7 은혜를 베푸는 것 받는 것

은혜를 베푸는 사람이 은혜 받는 사람을 사랑하는 것은, 은혜 받는 사람이 은혜를 베푸는 사람을 사랑하는 것 이상이라고 생각된다. 그런데 이런 일은 이치에 맞지 않는 것으로서 논의되어 왔다.

왜 이치에 맞지 않는다고 할까. 그것은 대부분의 사람들이, 은혜 받는 자는 빚진 위치에 있고 은혜를 베푼 자는 꾸어 준 자의 위치에 있다고 생각하기 때문이다. 따라서 무엇을 빌려 주고 빌리는 경우에 채무자는 채권자를 피하는데 반하여, 채권자는 자기 채무자의 안전을 염려하는 것과 마찬가지로, 은혜를 베푼 사람은 상대의 호의를 돌려받아야만 하기에 그 상대가 온전히 존재하기를 원한다. 그러나 은혜 받은 사람은 그런 호의를 돌려주는 데 별로 생각이 없다. 이런 생각들은 에피카르무스(Epicharmus)가 나쁜 각도에서 사물을 보기 때문에 나온 것이라고 주장할지 모르나, 그것은 사실 인간의 본성에 깃들어 있는 것이 아닌가 한다. 대부분의 사람들은 쉽게 잊어버릴 뿐만 아니라, 남에게 잘해 주기보다 오히려 남의 친절을 바라기 때문이다.

그러나 원인은 좀 더 본성적인 곳에 존재한다. 은혜를 베푼 사람은 돈을 꾸어 준 사람들과는 아주 다르다. 돈을 꾸어 준 사람들은 그 상대에게 조금도 애정을 느끼지 않고, 다만 돈을 돌려받기 위해서 상대가 안전하기를 바랄 따름인 반면에, 남에게 좋은 일을 베푼 사람은 베풂을 받은 사람에 대해 애정을 느끼며, 상대가 자기에게 아무 도움도 되지 않고 또 앞으로 도움이 되는 일이 전혀 없더라도 그 상대를 사랑한다. 이것은 예술가에게서도 볼 수 있다. 모든 예술가는 만약 자신의 작품이 생명을 얻어 자신을 사랑하게 되더라도, 아마 그 이상으로 그 작품을 사랑할 것이다. 이런 일은 시인에게서 특히 잘 드러난다. 시인은 자기 자신의 시를 몹시 사랑한다. 마치 그것이 자기 자식인 것마냥 아낀다.

　은혜를 베푼 사람의 마음도 이와 비슷하다. 그들이 선행을 베푼 상대가 바로 그들의 작품이다. 시를 창조한 사람은 그 시작(詩作)이 시인을 사랑하는 것 이상으로 그 작품을 사랑하니 말이다. 이렇게 되는 이유는 다음과 같다. 즉, 누구나 다 존재를 원하고 사랑한다. 우리는 활동함으로써 존재하는데, 작품이란 어떤 의미에서 우리를 활동 속에 있게 하는 것이기 때문이다. 그러므로 제작자는 자기가 존재하는 것 자체를 사랑하므로 자기 작품을 사랑하는 것이다. 이것은 사물의 본성에 뿌리박고 있다. 그리고 작품은 제작자 안에 가능적 상태로 있는 것을 현실로 드러낸다.

　동시에 은혜를 베푼 사람은 자기 행위가 고귀해서 자기 행위의 대상에 기쁨을 느끼지만, 반면에 은혜를 받는 사람은 고귀한 것이 아무것도 없고 기껏해야 자기에게 이익이 되는 것밖에 없는데, 이것은 별로 기쁨을 주지도 사랑할 만한 것도 못 된다. 기쁨을 주는 것이란, 현재에 대한 활동과 미래에 대한 희망, 그리고 과거에 대한 기억이다. 무엇보다도 가장 기쁜 것은 활동으로 인한 것이며, 이것은 또한 가장 사랑할 만한 것이기도 하다. 그런데 무엇인가를 만든 사람에게는 그 작품이 남지만(고귀한 것은 영속하므로), 은혜를 받는 사람에게 그 이익이란 모두 지나가 버리는 것이다. 그리고 고귀한 것들에 대한 추억은 기쁜 것이지만 이익이 되었던 것들에 대한 추억은 전혀 기쁜 것이 못 되거나 혹은 고귀한 추억만큼 기쁜 것이 못 된다. 하기는 기대에 있어서는 이와 반대로 이익에 대한 기대가 더 기쁠 수도 있지만 말이다.

　또 사랑은 능동적이고, 사랑을 받는 것은 피동적이다. 그리고 사랑하는 것과 거기에 따르는 감정들은 좀 더 능동적인 사람들의 속성이다.

　또 누구나 자기가 수고해서 얻은 것을 더 사랑한다. 예를 들어 자기가 노력해서 돈을 번 사람은 상속받은 사람보다 돈을 더 사랑한다. 타인의 친절을 받는 일에는 수고가 따르지 않는 반면, 타인에게 친절을 베푸는 일은 힘이

든다. 어머니가 아버지보다 자식을 더 사랑하는 것도 이 때문이다. 자식을 낳는다는 것은 어머니에게 더 많은 고통을 주는 것이며, 또 어머니는 그 자식이 자기 자신의 자식임을 더 잘 알고 있다. 이 어머니의 사랑, 즉 수고를 해서 얻은 사랑은 또 은혜를 베푼 사람의 사랑에도 들어맞는 일이라 하겠다.

8 자기애는 어떻게 나뉘어지는가?

자기 자신을 사랑할 것인가, 아니면 타인을 사랑할 것인가, 에 대해 생각해 보자.

사람들은 자기 자신을 가장 사랑하는 사람을 비판하며, 이런 사람을 '자기를 사랑하는 사람(Philautos, 이기적인 사람)'이라 낮춰 부른다. 이때 이 말 속에는 언짢게 여기는 의미가 포함되어 있다. 그리고 열등한 사람은 무슨 일이든지 자기 자신을 위해서 하는 듯이 보인다. 또 그럴수록 그는 더욱 열등한 사람이다. 그래서 사람들은 이런 사람이 무슨 일이든지 자신을 위한 것이 아니면 하지 않는 데 대해서 비난한다. 반면에 좋은 사람은 무슨 일이든지 고귀함 때문에 행하며, 또 그럴수록 그는 더욱 좋은 사람이다. 그리고 좋은 사람은 자기 친구를 위해 행동하며, 자기 자신의 이익을 희생한다.

그러나 이런 논리는 실제 생활과 거리가 동떨어진 부분도 있다. 이유인 즉 이러하다. 사람들은 가장 친한 친구를 가장 사랑해야만 한다고들 말하는데, 가장 친한 친구란 자신에 대해 가장 잘 아는 사람이라고 할 수 있고, 그렇다면 자신에 대해 가장 잘 아는 사람은 바로 자기 자신이며, 따라서 좋은 사람이란 결국 자기 자신을 위해 행동하고 희생하는 사람이 된다. 이미 말했듯이, 이러한 관계로부터 친애의 모든 특성이 이웃 사람에게로 확대되었고, 모든 속담도 이것과 일치한다. 예를 들어 '한 마음'이니, '친구의 것은 공동 재산'이니, '친구는 평등'이니, '자애는 가정에서 시작한다'느니 하는 것이 그것인데, 무엇보다도 이런 것들은 모두 자기 자신에 대한 관계에서 가장 잘 찾아볼 수 있으니 말이다. 그러므로 내가 나의 가장 좋은 친구이며, 따라서 자기 자신을 가장 사랑해야 한다.

앞의 두 견해(자신을 위하지만 열등한 사람일 때와 자신을 위하면서 좋은 사람일 때) 가운데 어느 것을 따를 것인지가 문제된다. 둘 다 그럴듯해 보이니 말이다.

우리는 이러한 논의들을 서로 분명히 나누어, 저마다 어디까지가 진실인지, 또 어떤 점에서 진실인지를 결정지어야 할 것이다. 이제 우리가 '자기를 사랑하는 사람'이란 말을 이 두 학파가 어떤 의미로 사용하고 있는지를 파악한다면 진리는 명백하게 드러나게 될 것이다. '자기를 사랑하는 사람'이란 말을 비난하는 의미에서 쓰는 사람들은, 재물이나 명예나 육체적 쾌락을 남보다 더 많이 차지하려는 사람을 '자기를 사랑하는 사람'이라고 본다. 대부분의 사람들은 이것을 바라며, 마치 모든 것 가운데 가장 좋은 것인 것처럼 추구해 마지 않는다. 따라서 이런 것들은 경쟁의 대상이 되기도 한다. 그러므로 이런 것들을 찾아 헤매는 사람들은 자기 욕구를 만족시키고, 또 일반적으로 자기 감정과 자기 영혼의 비이성적인 부분을 만족시킨다. 대부분의 사람들이 이러한 성질을 가지고 있다. 그런 이유로 '자기를 사랑하는 사람'이란 말이 지금처럼 좋지 않은 의미에서 쓰이게 된 것이다. 즉 지금 흔히 볼 수 있는 자기애(自己愛) 곧 그릇된 형태의 자기애 때문에 '자기를 사랑하는 사람'이란 말이 그릇된 의미로 쓰이게 된 것이다. 그러므로 이런 식으로 자신을 사랑하는 사람들이 비난받는 것은 당연하다.

이런 자기애에 골몰하는 사람들을, 대부분의 사람들이 항상 자신만 사랑하는 사람이라 부른다. 만일 어떤 사람이 무엇보다도 올바르고 절제 있고, 또 여러 덕에 따라 자기 자신의 행동에 늘 마음을 쓰고 고귀한 길을 걸으려고 늘 애쓴다면, 아무도 이런 사람을 자기를 사랑하는 사람이라 부르며 욕하지는 않을 것이다.

이러한 사람이야말로 자기를 사랑하는 사람이다. 이러한 사람은 가장 고귀하고 가장 선한 일을 하려 하며, 자신 안에 있는 가장 고귀한 것의 뜻에 따르며 복종한다. 그리고 한 나라나 또는 다른 모든 조직체가 그 안에 있는 가장 고귀한 것과 더불어 한 나라의 조직체가 되듯이, 사람도 자신 안에 있는 가장 고귀한 것과 더불어 바로 그 사람이 된다. 그러므로 이것을 사랑하고 그 뜻에 따르는 사람이야말로 가장 자기를 사랑하는 사람이다. 한편, 어떤 사람의 이성이 통제력을 가지고 있는가 그렇지 않은가에 따라 그 사람이 자제력이 있는가 없는가가 평가되는데, 이것은 이성이 바로 그 사람 자체라는 전제에서 나온 말이다. 그리고 사람들이 이성적 원리대로 행했다면 그것은 바로 그 자신의 행위로 나타나는 것이며, 또 그것은 의미 있는 행위라고 생각된다. 이성이 바로 가장 고귀한 것이기 때문에 선한 사람은 자신을 가장 사랑한다. 그러므로 선한 사람은 참으로 자기를 사랑하는 사람이다. 이때의 사랑은 자기에 대한 사랑으로 비난받는 자기애와는 다르다. 비난받는 자기애가 정욕대로 살고 이익이 되는 것을 욕구하는 데 비하여, 사랑받는 자기애는 이치에 따라 살며 고귀한 것을 바란다. 그러므로 남달리 고귀한 일에 골몰하는 사람들은 모든 사람이 좋게 여기고 칭찬한다. 그리고 만일 모든 사람이 고귀한 것을 향하여 힘쓰면서 가장 고귀한 행위를 하려고 노력한다면, 모든 공공의 복리 증진에 기여하게 될 것이며, 또 누구나 가장 큰 여러 가지 선을 차지하게 될 것이다. 덕은 선 가운데 최대의 것이기 때문이다.

그러므로 선한 사람은 자신을 사랑하는 사람이라 할 수 있다. 그는 고귀한 행위를 함으로써 자기 자신도 이익을 얻고, 자기 이웃 사람들에게도 이익을 베풀기 때문이다. 하지만 악한 사람은 절대 자신을 사랑해서는 안 된다. 그는 실제로 그릇된 정욕을 따라 자신도 해치고 또 이웃 사람들도 해치기 때문이다. 아닌게아니라 악한 사람은 자기가 마땅히 해야 할 일과는 다른 엉뚱한 일을 하지만, 선한 사람은 자기가 마땅히 해야 할 일을 한다. 이성을 지닌 모든 사람은 이성 자체를 위하여 가장 좋은 것을 선택하며, 또 선한 사람은 자기 이성에 따른다.

또 선한 사람은 자기 친구와 자기 나라를 위하여 많은 일을 한다. 필요하다면 이를 위하여 목숨을 바치기도 한다. 그는 재물과 명예, 또 일반적으로 경쟁의 대상이 되는 모든 좋은 것들을 내동댕이치고, 대신 고귀함을 얻기도 한다. 이것은 그가 오랜 세월에 걸친 미지근한 향락보다 짧은 기간이나마 강렬한 즐거움을 택하며, 평범하게 여러 해를 살기보다 1년이라도 고귀하게 살 것을 선택하며, 또 많은 시시한 일보다는 한 가지의 위대하고 고귀한 행동을 선택한다. 남을 위하여 목숨을 버리는 사람들도 틀림없이 이러할 것이다. 그들은 위대한 고귀함을 자신을 위해 선택한다. 그들은 친애하는 사람을 더 많이 얻을 수 있다면 재물도 포기한다. 친구는 재물을 얻고 자신은 고귀함과 아름다움을 얻게 되기 때문이다. 이런 이유로 그는 자기 자신에게 '보다 더 큰 선'을 베푸는 것이다. 명예나 지위에 있어서도 이와 마찬가지로, 그는 이 모든 것을 친구를 위하여 희생한다. 이것이 그 자신에게는 아름답고 칭찬받을 만한 일이기 때문이다. 그러므로 그가 선하다고 여겨지는 것이다.

그는 다른 무엇보다도 먼저 고귀함(마음의 아름다움)을 선택하기 때문이다. 그러나 그는 친구를 위하여 여러 가지 행동조차 포기하는 일도 있다. 자기 자신이 행동하느니보다 친구로 하여금 행동하게 하는 것이 더 고귀할 때도 있으니까. 그러므로 칭찬받는 모든 일들에 있어서 선한 사람은 결국 고귀한 것 중에서도 가장 고귀한 것을, 그리고 더욱 많은 몫을 자기 자신에게 나누어 주게 된다. 그러므로 이미 말했지만 사람은 이런 의미에서 자신을 사랑하는 사람이 되어야 한다. 사랑에서는, 대부분의 보통 사람들이 하는 그런 방식으로 자신을 사랑해서는 안 된다.

9 행복과 친애

행복한 사람에게 친구가 필요한가 그렇지 않은가 하는 것도 문제된다. 흔히들 말하기를, 지극히 행복하고 스스로 만족하는 사람들에게는 친구가 필요없다고 한다. 그들은 이미 좋은 것들을 가지고 있고 또 스스로 만족하므로, 더 이상 아무 것도 필요하지 않다고 한다. 친구란 또 하나의 자기이기 때문에 자신의 힘으로는 얻을 수 없는 것을 제공해 주기도 하지만 말이다. 그래서 "운수가 좋을 때 친구가 무슨 소용이 있는가?"라는 속담이 생겼나 보다.

그러나 사람들은 행복한 사람에게 모든 선을 베풀었음에도, 외적인 선들 가운데 최고의 것인 친구가 필요 없다고 한다. 이상한 생각이 든다. 그리고 타인의 친절을 받는 것보다는 타인에게 친절을 베푸는 것이 친구의 특색이고, 선을 베푸는 것이 착한 사람과 덕 있는 사람의 특징이며, 또 낯선 사람보다 친구에게 잘해 주는 것이 더욱 아름다운 것이라고 한다. 이때, 착한 사람에게는 자기가 잘해 줄 대상, 즉 사람이 필요하게 된다. 이런 이유로 우리가 역경에 처했을 때 친구가 더 필요한가, 그렇지 않을 때 더 필요한가, 하는 문제가 제기되는 것이다. 사람은 역경에 처했을 때 자기를 도와 줄 사람들이 필요할 뿐만 아니라, 자신의 삶이 윤택할 때도 자기가 도움을 줄 사람을 필요로 한다는 것을 가정하기 때문이다. 확실히 지극히 행복한 사람이 고독하다는 것은 말도 안 된다. 혼자 있다는 조건 아래서는 온 세계를 모두 얻는다 할지라도 아무도 이것을 선택하지는 않을 것이기 때문이다. 혼자서 모든 선을 소유하는 것은 선택하지 않은 것이나 마찬가지다. 사실 인간은 사회적인 존재이며, 본성적으로 타인과 함께 살도록 되어 있다. 그래서 행복한 사람도 다른 사람들과 함께 사는 것이다. 그는 본성상 좋은 것들을 가지고 있지만 전혀 알지 못하는 사람들이나 우연히 만난 사람들과 함께 지내는 것은 행복하다 할 수 없다. 친애하는 사람들과 선한 사람들 바로 그러한 사람들과 함께 지내는 것이 훨씬 더 좋다. 따라서 행복한 사람이라면 친구가 있어야 한다.

그러면 우리들이 처음에 내세운 주장(행복한 사람에게는 친구가 필요 없다는 주장)이 의미하는 것은 무엇이며, 그것은 어떤 의미에서 옳다 할 수 있는가? 대부분의 사람들은 친구란 곧 유익한 존재라고 생각한다. 아닌게아니라 지극히 행복한 사람에게는 이런 친구가 필요 없다. 그에게는 이미 좋은 것들이 있기 때문이다. 또 그에게는 즐거움을 주는 친구도 필요 없다. 혹 필요하다 하더라도 조금밖에 필요하지 않다. 그의 생활은 그 자체가 즐겁기 때문에 외부에서 오는 쾌락이 필요치 않다. 그는 그런 친구들이 필요 없기 때문에, 친구가 필요치 않다고 생각하는 것이다.

이러한 논법으로 그가 친구를 필요로 하지 않는다고 단정하는 것은 확실히 잘못된 생각이다. 처음에도 말했지만, 행복은 하나의 활동이며, 또 활동은 행하여지는 것으로 재물처럼 처음부터 주어지는 것이 아니며, 행복도 어떤 활동과 함께 생겨나는 것이기 때문이다. 만일 (1) 행복이란 것이 살아있고 활동 속에 깃들어 있으며, 처음에 우리가 말한 것처럼, 선한 사람의 활동은 유덕하고 그 자체가 즐겁다고 한다면, (2) 어떤 것은 자신의 것으로서 즐거움을 제공한다. (3) 우리가 우리 자신보다 남을 더 잘 살펴볼 수 있고, 또 우리 자신의 행동보다 남의 행동을 더 잘 살펴볼 수 있다고 하면, 그리고 친구로서 덕 있는 사람들의 행동들이 본성적인 즐거움을 포함하고 있는 까닭에 선한 사람들에게 즐거움을 준다면(이 행동들은 본성적으로 즐거움을 주는 두 가지 속성, 즉 좋음이라고 하는 속성과 그들 자신의 것이라는 속성을 다 가지고 있으므로 즐거움을 준다), 지극히 행복한 사람이라도 당연하다는 듯 친구를 필요로 할 것이다. 이럴때 우리는 선한 자기 자신의 행동들을 자주 살펴보곤 한다. 이러한 조건을 채워주는 것이 친구인 선한 사람의 행위이기 때문이다.

또 사람들은 행복한 사람이 즐겁게 사는 것은 당연하다고 생각한다. 그런데 만일 그가 고독하다면, 즐거운 생활은 어려워질 것이다. 왜냐하면 혼자서 계속 활동한다는 것이 쉽지 않기 때문이다. 그러나 다른 사람들과 함께라면, 또 다른 사람들을 상대하면 비교적 쉬워진다. 그러므로 친구를 가짐으로 선한 사람의 활동은 순조로워지고 또 그 자체로서 즐거워진다. 지극히 행복한 사람의 활동은 실제로 이러해야만 한다. 선한 사람들은 유덕한 행위를 기뻐하고, 악덕한 행위는 언짢게 여기기 때문이다. 이것은 마치 음악가가 아름다운 곡조를 즐거워 하고 나쁜 곡조를 듣고는 기분이 나빠지는 것과 같다.

또 선한 사람들과 함께 지내면 덕의 훈련도 쌓게 된다. 이것은 우리보다 앞서 테오그니스도 말한 바 있다.

사물의 본성을 좀 더 깊이 파고들어가 보면, 유덕한 친구는 유덕한 사람에게 있어 본성적으로 바람직해 보인다. 이미 말한 것과 같이, 본성적으로 선한 것은 유덕한 사람에게는 그 자체로서 선하고 즐거운 것이기 때문이다. 그런데 동물에게 있어서 생명은 지각 능력으로 정의되며, 인간의 경우에 있어 생명은 지각 또는 사고 능력으로 정의된다. 그리고 능력이라는 것은 그 능력에 대응하는 활동에 관련하여 정의되는데, 이 활동이야말로 본질적인 것이다. 그러므로 생명, 즉 살아 있다고 하는 것은 본질적으로 지각하는 또는 사고하는 행위라 할 수 있다. 그리고 생명은 그 자체로 좋고 즐거운 것들 가운데 하나이다. 왜냐하면 생명은 명확한 것이며, 명확한 것은 선의 본성에 속하기 때문이다. 그리고 본성상 선한 것은 유덕한 사람에게도 선한 것이다. 이런 이유로 생명은 즐거운 것이라고 모든 사람들은 생각한다. 그러나 우리는 선의 본성을 지닌 생명을 악한 사람이나 부패한 생명에다가 적용해서는 안 되며, 또 고통 가운데 흘러가는 삶에 대해서 적용해서도 안 된다. 이러한 고통의 삶은 그것의 속성인 악과 고통처럼 명확하지 않다. 고통의 본성은 나중에 말하는 것에서 더욱 분명해질 것이다. 지금 살아있는 것 그 자체가 바로 선하고 즐거운 일이다. 모든 사람이 살기를 원하는 사실로 미루어 보아 산다는 것은 정말 선하고 즐거운 일이다. 그리고 선하고 지극히 행복한 사람들이 특히 살기를 원한다. 이러한 사람들에게는 살아 있다는 것이 가장 바람직하고 어울리며, 또 그들의 생존은 지극히 행복한 것이기에 그렇다. 보는 사람은 자기가 본다는 것을 지각하고, 듣는 사람은 자기가 듣는다는 것을 지각하며, 걷는 사람은 자기가 걷는다는 것을 지각한다. 이와 같이 다른 모든 활동에 있어서도, 우리가 활동하고 있다는 것을 지각하고 있는 그 무엇이 있기 때문에, 우리가 지각할 때는 우리가 지각한다는 것을 지각하며, 우리가 생각할 때에는 우리가 생각한다는 것을 지각한다. 그리고 우리가 지각하거나 생각하고 있다는 것을 지각하는 것이 곧 우리가 생존하고 있다는 것을 지각하는 것이다. 생존은 지각하고 생각하는 것이라고 정의되기 때문이다. 그리고 살아 있다는 것을 지각하는 것은 그 자체로 즐거운 일이다. 산다는 것은 본성상 좋은 것이며, 자신 안에 좋은 것이 현재 있다는 것을 지각하는 것은 즐거운 것이기 때문이다. 그리고 삶이란 욕구할 만하다. 특히 선한 사람에게 그 생존이 좋고 즐거운 것이기에 그 삶에 더욱 욕구를 갖는다. 그들의 경우에 존재한다는 것은 좋은 것일 뿐 아니라 즐거운 것이기 때문이다. 하지만 그들은 선 자체를 지각하는 것에서 즐거움을 느끼는 사람들이다. 그리고 유덕한 사람이 자신에 대해서 가지는 관계는, 그가 자기 친구에 대해서 가지는 관계이기도 하다. 친구는 또 하나의 자기이기에. 만일 이 모든 것이 사실이라면, 자신의 존재가 각 사람에게 바람직한 만큼이나, 또는 못지 않게, 그 친구의 존재 또한 바람직한 것이어야 한다. 그런데 자기의 존재가 바람직하다는 것은 자기가 선한 인간이라는 지각에 기초한 것이며, 또 이러한 지각은 그 자체가 즐거운 것이다. 그러므로, 사람을 친애하는 사람에 대해서도 역시 존재한다는 것을 지각해야만 한다. 그리고 이것은 그들이 함께 생활함으로써, 또 이야기와 생각을 나눔으로써 가능한 것이다. 함께 생활한다는 것은 한 곳에서 사육되는 가축의 경우가 아니라 바로 인간의 경우에 있어서 함께 생활한다는 것을 의미하는 것이다.

그러므로 지극히 행복한 사람에게 있어서는 존재 그 자체가 바람직한 것으로 여겨지기 마련이다. 그것은 본성상 좋고 즐거운 것이기 때문이다. 또 친구의 존재도 역시 그 자신과 같으므로 친구는 바람직한 존재여야 한다. 그에게는 바람직한 존재가 있어야만 한다. 그렇지 않으면 바람직한 점에서 부족하게 될 것이다. 그러므로 사람이 행복하려면 덕 있는 친구가 있어야 한다.

10 친구의 수

그러면 우리는 될 수 있는 대로 많은 친구를 사귀어야 한다는 말인가? 그렇지 않으면 손님을 맞이할 때, "손님이 너무 많은 것도 좋지 않고 아주 없는 것도 좋지 않다"(Hesiodos의 말)는 속담처럼, 친애에 있어서도 친구가 너무 많은 것도 아주 없는 것도 좋지 않은 것일까?

공공의 이익을 목적으로 사귄 친구들에 대해서는 꼭 이 말이 들어맞는 것이라 할 수 있다. 많은 사람들의 은혜에 보답한다는 것은 힘든 일이며, 인생이란 이렇게 많은 양을 감당할 만큼 길지도 않기 때문이다. 그러므로 자신의 생활에 비해 너무 많은 친구는 쓸모가 없고 또 아름답게 사는 데 오히려 장애물이 된다. 마치 음식물에 있어서 적은 양념이 충분하듯이, 쾌락을 목적으로 사귄 친구도 조금만 있으면 충분하다.

그러나 좋은 친구의 경우는 어떠할까? 좋은 친구는 가능하다면 많이 가져야 하는가, 그렇지 않으면 한 나라의 규모에 한도가 있듯이 그런 친구의 수에도 제한을 두어야 할까? 열 사람만으로 도시는 성립될 수 없으며, 또한 10만 명이나 되는 경우에는 이미 폴리스(도시국가) 수준을 넘는다. 그런데 적당한 수는 꼭 정해진 게 아니고, 일정한 한계점 사이에 분포되어 있다. 이와 마찬가지로 친구의 경우에도 적당한 수가 있다. 아마 함께 생활할 수 있는 최대한의 가능한 수가 그것이 될 것이다. 앞서 살펴본 바와 같이 이것이야말로(가능한 한 최대한의 친밀을 요하는) 친애의 특징이라 생각되기 때문이다.

그런데 많은 사람과 함께 살 수 없고, 자신을 많은 사람들에게 쪼개어 줄 수도 없다. 또 그 많은 사람들이 모두 함께 지내야만 하는 경우에는 그들 역시 서로 친구가 되어야 하는데, 대체로는 이렇게 하기가 매우 힘들다. 또 많은 수의 사람들과 함께 기쁨과 슬픔을 자기 일처럼 나누는 것은, 어려운 일이다. 사실 어떤 친구하고는 기뻐해야 하는 동시에 어떤 친구하고는 슬퍼해야 하는 경우가 있기 때문이다. 그러므로 되도록이면 많은 친구를 사귀려 하지 않는 것이 좋고, 또 함께 지내기에 알맞은 수의 친구를 사귀는 것이 좋다. 많은 사람에게 좋은 친구가 된다는 것은 사실상 불가능하기 때문이다. 우리가 한꺼번에 여러 사람을 사랑할 수 없는 것도 이 때문이다. 사랑이란 본래 깊은 우정이기에 그렇다. 이것은 오직 한 사람에 대해서만 느낄 수 있는 것이므로, 대단한 우정은 몇몇 사람에 대해서만 느낄 수 있다. 이것은 실생활에서 사실이 입증된다. 우정을 보면 이러한 사랑으로 많은 사람들이 친구가 되는 경우는 없고, 시구(詩句)에서 노래되고 있듯이 언제나 우애는 두 사람 사이에 있기 때문이다. 친구가 많고, 또 그들 모두와 친근하게 어울리는 사람들은, 그 누구의 친구도 아니라고 생각된다. 이때 그는 다만 한 나라 사람으로서의 친근감만을 가지고 있을 뿐이다. 그래서 이런 사람들은 아첨꾼이란 말도 듣는다. 아닌게아니라, 같은 나라 사람에 대한 친근감을 가진 것이 친구라고 하면, 많은 사람의 친구가 될 수도 있고 또 그러면서도 아첨꾼이 되지 않고 참으로 좋은 사람이 될 수도 있기는 할 것이다. 그러나 우리는 덕과 친구의 성품에 기초를 둔 우애를 많은 사람과 더불어서는 가질 수 없다. 이런 사람을 몇 명이라도 발견한다면 우리는 만족해야 할 것이다.

11 친구들의 기쁨과 슬픔

우리가 친구를 더욱 필요로 할 때는 언제인가? 삶이 행복할 때인가, 그렇지 않으면 어려움에 처했을 때인가? 우리는 이 어느 경우에나 친구를 원한다. 어려움에 처했을 때는 도움이 필요하고, 삶이 행복할 때는 함께 지내며 자신의 은혜를 베풀어 줄 대상이 필요하다. 사람들은 자기가 친절을 베풀 상대를 원한다. 친구란 어려움에 처했을 때 더욱 필요하다. 이런 경우에 우리가 찾는 것은 유익한 친구이다. 그러나 삶이 행복할 때에는 오히려 마음이 고귀한 친구를 더 원하며, 또 선한 사람을 친구로 사귀려고 한다. 선한 사람에게 은혜를 베풀고, 선한 사람과 함께 지내는 것이 더 바람직하기 때문이다.

사실 평상시에, 또는 어려움에 처했을 때에, 친구가 곁에 있다는 것은 마음에 기쁨을 주는 일이다. 친구가 함께 슬퍼해 주면 아픔이 덜하기 때문이리라. 따라서 친구가 그의 슬픔을 공동의 짐처럼 분담해 주는 것인가, 그렇지 않으면 그 친구들이 곁에 있어 주는 것 자체가 기쁨을 주는 것인가, 또는 그 친구들이 함께 슬퍼하고 있다고 생각함으로써 고통이 덜어지는 것인가, 하는 의문도 생긴다. 우리의 슬픔이 감소되는 것이 이러한 이유들 때문인지, 아니면 다른 어떤 이유 때문인지는 여기서 살펴보지 않아도 될 문제이지만, 하여튼 우리가 말한 것과 같이 친구들로 인해 슬픔이 덜어지는 것만은 사실이다.

그러나 친구가 곁에 있어 주는 것은, 어떤 혼합적인 성질을 갖는 것 같다.

친구를 본다는 것 자체는 기쁜 일이며, 특히 역경에 처했을 때 더욱 그렇다. 고통을 완화시켜줄 도움의 손길을 뻗어오며 얼굴을 보여주고 위안을 말로 위로를 한다. 이것은 친구야말로 우리의 성격을 잘 알고 있고, 우리를 기쁘게 하거나 괴롭게 하는 것이 무엇인지 잘 알고 있기 때문이다. 그러나 우리가 불행한 일을 당했을 때 친구가 괴로워하는 것을 보는 것은 고통스러운 일이다. 누구나 자기 친구에게 고통의 원인이 되는 것을 원하지는 않을 것이다. 그래서 남성적인 사람은 자기 친구로 하여금 자기와 함께 슬퍼하는 일이 없도록 조심한다. 그가 고통에 대해서 남달리 둔감하면 몰라도 그렇지 않는 한, 고통이 친구에게로 번지는 것을 참지 못하고, 친구가 함께 슬픔에 잠기는 것을 용납하지 않는다. 그러나 부녀자나 여성적인 남성들은, 자기들의 슬픔을 함께 나누는 사람들을 좋아하고, 이런 사람들을 친구로서, 또 슬픔을 함께 하는 사람으로서 사랑한다.

한편, 평소에 우리 곁에 친구들이 있으면, 즐거운 나날을 보낼 수도 있고, 우리의 행복을 그들이 기뻐한다는 즐거운 생각도 하게 된다. 따라서 우리들은 우리가 행운을 만나면 그 행운의 기쁨을 함께 나누기 위해 친구들을 불러야 한다. 은혜를 베푸는 성격은 아름다운 성격이다. 그러나 어려운 일에 처했을 때는 친구를 부르기를 머뭇거린다. 우리의 불행을 그들과 나누지 않기 위해서이다. 그래서 "불행은 나 혼자 당하는 것으로 충분하다"라는 속담이 생긴 것이다. 우리가 친구를 불러야 마땅할 때는, 무엇보다도 그들에게 작은 불편이 있을지라도 우리에게 큰 도움을 줄 수 있으리라고 기대될 때이다.

반면에, 어려움에 빠진 사람들을 도울 때는, 부르러 오지 않아도 될 수 있는 대로 빨리 가서 도와주는 것이 마땅하다. 남을 위하여 봉사하되, 특히 어려운 처지에 있으면서도 도움을 청하지 않고 있는 사람들을 돕는 것이야말로 친구가 갖는 특징이기 때문이다. 이러한 신중한 행동은 서로에게 더 고귀하고 더 큰 기쁨을 준다. 친구의 사업이 번창할 때는 그 사업에 친구가 필요하므로 그 활동에 기꺼이 참가해야 하지만, 그가 친절을 베풀려 할 때는 천천히 다가가야만 한다. 은혜를 받는 데 급급해 하는 것은 고귀한 일이 못 되기 때문이다. 그렇지만 친구가 베푸는 호의를 거절함으로써 친구의 기쁨을 빼앗는 것도 피해야 한다. 이런 일이 가끔 있기도 하다.

그러므로 친구가 있다는 것은 어떤 경우에도 바람직하다.

12 친애와 친구의 존재

연인들이 가장 좋아하는 것은 연인을 바라보는 것이다. 이것은 연애가 존재하고 연애가 생기는 것을 다른 어떤 감각보다 시각에 가장 크게 의존하기 때문이다. 이렇게 서로를 존중하듯이 친구들의 경우에도 함께 마주 보며 생활하는 것이 바람직한 일이 아닐까? 우애란 두 사람이 함께 해야 하는 것이다. 친구에 대한 관계는 바로 자신에 대한 관계이기도 하기 때문이다. 그러나 자기가 존재하고 있다는 지각은 바람직하며 친구가 존재하고 있다는 의식도 바람직하다. 이러한 지각활동은 함께 생활할 때 생기기 때문에 사람들은 당연하게 이러한 생활을 희망한다.

그리고 사람들은 어떤 의미의 삶을 살건, 무엇을 위해 삶을 선택하건 서로 마음이 맞는 사람들끼리 같이 생활하고 싶어한다. 그래서 어떤 사람들은 함께 술을 마시고, 어떤 사람들은 함께 주사위 놀이를 하며, 또 어떤 사람들은 운동이나 사냥을 같이 하며, 혹은 철학을 함께 공부한다. 이와 같이 부류마다 인생에서 자기들이 가장 좋아하는 것을 함께 하면서 살아간다. 그들은 친구와 함께 생활하고 싶어, 함께 생활한다는 느낌을 주는 일을 함께 하며 서로 나눈다. 하지만 악한 사람들의 우애는 결국 좋지 못한 결과를 초래한다. 그들은 들뜬 마음으로 쉽게 마음이 맞아 나쁜 짓을 하며 서로 닮아가고, 그로써 함께 악해진다. 반면에 선한 사람들의 우애는 선하며 그들은 서로 사귐으로써 그들의 선을 더욱 키워나간다. 그들은 활동으로 상대를 규정함으로써 더욱 훌륭한 사람이 된다고 생각한다. 왜냐하면 서로를 상대라고 생각하기 때문에, 자신이 맘에 들어하는 부분을 수용해 나가기 때문이다. 그래서 "좋은 일들은 좋은 사람들로부터"라는 속담이 생긴 것이다. 우애와 친애에 대해서는 이만 맺기로 하자. 이제 이어서 쾌락에 대해 살펴볼 차례이다.

제10권

1 쾌락

이제 쾌락에 대하여 논하도록 하자. 왜냐하면 쾌락만큼 우리들 본성과 깊이 연관되어 있는 게 없다 생각되기 때문이다. 사람들이 청년을 교육하고자 할 때 쾌락과 고통을 함께 키(舵)로 삼는 이유가 여기에 있다. 우리가 마땅히 기뻐할 것을 기뻐하고, 마땅히 혐오할 것을 혐오한다는 것은 윤리적 성품과 덕에 있어 무엇보다 중대한 의미를 갖는다. 이러한 기쁨과 혐오는 우리들의 삶 전체에 관계하며 덕과 행복한 생활에 막대한 영향을 끼치며 사람들은 제각각 즐거운 것을 택하고 고통스러운 것을 피하기 때문이다.

이러한 논제들은 특히 여러 가지 논쟁의 여지가 있는 문제이므로, 논하지 않고 그대로 지나쳐서는 안 된다. 왜냐하면 에우독소스 학파 사람들은 쾌락을 선이라 주장하고, 또 스페우시포스 학파 사람들은 그와 반대로 쾌락이란 아주 나쁜 것이라고 주장하기 때문이다. 스페우시포스 학파 중에는 실제로 그렇다는 확신하에 말하는 사람들도 있지만, 또 어떤 이들은 사실 쾌락이 그렇게 나쁘지 않다 하더라도 쾌락을 하나의 나쁜 것으로서 드러내 보여 주는 것이 우리들의 생활을 위해 좋다고 생각하는 사람도 있다. 세상의 많은 사람들은 쾌락에 빠지기 쉽고 또 여러 가지 쾌락에 노예가 되어 있다. 그러므로 반대 방향으로 이것을 유도할 필요가 있다. 그렇게 하면 그들 스스로 중간 상태에 이르게 될 것이다.

그러나 이 생각은 확실히 옳지 못하다. 감정이나 행동에 대한 논의만으로는 사실적 행동만큼 신용하기 어렵기 때문이다. 그래서 그것들이 실제로 볼 수 있는 사실들과 일치하지 않을 때에는 그것들은 업신여김을 당하며, 그 진리마저 훼손한다. 만일 쾌락을 몹시 비난하던 사람이 그 쾌락을 추구하고 있는 것이 목격된 경우, 그가 쾌락에 빠진 것이 결국 모든 쾌락은 추구되어야 하는 것임을 증명한 것이 되고 만다. 이것은 대부분의 사람들이 여러 가지

판별을 잘 못하기 때문이다. 그러므로 참된 논의(사실에 분명히 근거한 논의)여야 비로소 단순히 지식을 위해서뿐 아니라, 삶에 있어서도 가장 유익한 것이 되는 것이라 생각된다. 그것은 실제 행동에 호응하는 것으로써 옳다고 믿어지고, 그리하여 그 논의된 사실을 이해하는 사람들을 자극하여 그것에 따라 살도록 하기 때문이다. 이런 문제들(쾌락의 좋고 나쁨을 어떻게 인식할 것인가)에 대해서는 이것으로 충분하다. 그러면 쾌락에 대해 논의되었던 여러 가지 의견들을 돌이켜 보기로 하자.

2 쾌락과 관련된 통념들

에우독소스는 쾌락이 곧 선이라고 생각했다. 이것은 이성적인 것이든 비이성적인 것이든 모든 것이 쾌락을 목표삼고 있음을 그가 보았기 때문이다. 또 모든 일에 있어서 바람직한 것은 당연히 훌륭한 것이며, 또 가장 바람직한 것은 당연히 가장 큰 선이기 때문이다. 그래서 만물이 모두 함께 어떤 하나의 것을 향해서 움직인다는 사실은 바로 그 어떤 것이 만물에 으뜸가는 선임을 나타내는 것이었다. 존재하는 사람은 누구나 저마다 자신의 양식을 찾는 것처럼, 그들은 저마다 자신의 선을 찾기 때문이다. 그리고 만물에 대하여 좋은 것, 그리고 그들은 만물이 목적으로 삼는 것은 바로 선이라고 생각한 것이다.

에우독소스의 논의는 그 논의 자체가 훌륭해서라기보다는, 오히려 그의 성품이 훌륭했기 때문에 신용을 얻을 것으로 보인다. 에우독소스는 남달리 자제력이 강한 사람으로 생각되었기 때문이며, 그가 한 말은 쾌락의 친구로서 한 말이 아니라 정말로 말한 그대로일 것이라는 생각이 든다. 또한 이것은 지금의 논의와 반대되는 면에 있어서도 명백하다고 믿었다. 즉, 고통은 만물에게 있어 바람직한 것이 못된다. 그러므로 쾌락은 바람직한 것이 되어야 한다. 또한 가장 바람직한 것은, 다른 어떤 것 때문에 또는 다른 어떤 것을 위하여 우리가 그것을 선택해서는 안 된다는 것이다. 이것은 많은 사람이 동의하는 것이다. 아무도 무엇 때문에 자기가 쾌락을 맛보는가, 하고 묻지는 않는다. 이것은 곧 쾌락 그 자체가 바람직한 것임을 말하는 것이다. 쾌락은 또한 어떤 선에 가해져도 그 선보다 바람직한 것이 된다. 또 에우독소스는, 어떤 선에든지, 예를 들어 옳은 행위나 절제 있는 행위에 쾌락이 가해지는 경우처럼 선에 의해서만 선이 증대될 수 있다고 주장했다.

　이러한 에우독소스의 논의는, 쾌락이 선에 속한다는 것을 보여줌과 동시에 쾌락이 조금이라도 다른 어떤 선보다 더 나은 것임을 보여주는 것은 아니라고 생각된다. 어떤 선을 막론하고, 그 선 하나보다는 다른 선과 함께 결합되어 있을 때 더욱 바람직한 것이 되기 때문이다. 그래서 플라톤은 이런 논법으로 선은 쾌락으로만 이루어진 것이 아니라고 증명하고 주장하였다. 쾌적한 삶은 거기에 지혜가 곁들여 있지 않을 때보다 지혜가 곁들여 있을 때 더욱 바람직한 것이 된다. 하지만 이와 같이 즐거운 삶과 지혜가 합해진 것이 더 좋은 것이라면, 쾌락은 선이 아니다. 왜냐하면 선이란, 거기에 다른 무엇이 덧붙여져도 그것으로 바람직해 질 수는 없기 때문이다. 그런데 쾌락이 아닌 다른 어떤 좋은 것들이 선에 더해짐으로써 더욱 바람직한 선이 되는 것은 분명 선일 수 없다는 것이 분명하다. 무엇이 이런 선이며, 우리가 참여할 수 있는 선은 어떤 선인지, 우리가 찾는 것은 바로 이런 종류의 것이어야 한다.

　만물이 추구한다고 해서 그것이 반드시 '선'이라고는 할 수 없다고 주장하면서, 에우독소스의 주장에 반대하는 사람들도 있지만 이것은 의미없는 소리라고 하겠다. 모든 사람들이 그렇게 생각하는 것은 사실이 그렇다고 인정할 수밖에 없으며 그리고 이 모든 이의 신념을 반박하려는 사람도 이보다 더 믿을 만한 것을 제시할 수 없을 것이다. 만일 이성이 없는 사람들만이 쾌락을 찾는다면 그 반박자들의 말에도 일리가 있겠으나, 사려 있는 자들도 쾌락을 찾고 잇는 것을 보면 어떻게 그들의 반박에서 의미를 찾아낼 수 있을까? 그러나 열등한 사람들도 그들 자신보다 더 강한 본성적인 선이 있어서, 이 본성적 선이 그들의 고유한 선을 추구하는 것이다.

　또 쾌락에 반대되는 것으로 이루어지는 그들의 반박도 옳아 보이지 않는다. 논자들은 에우독소스의 '고통이 악이라면 쾌락은 선이다'는 주장을 인정하지 않는다. 악은 악에 대립하기도 하고, 동시에 선과 악은 둘 다 선도 악도 아닌 상태에서 대립하기도 하기 때문이다. 물론 그럴 수 있는 일이지만 여기서 문제되는 것에는 적용되지 않는다. 왜냐하면 만일 쾌락과 고통이 모두 악의 조각이라고 하면, 그 쾌락과 고통은 다 같이 피해야만 할 것이 되겠고, 한편 그것들이 선도 악도 아니라면 그것들은 다 같이 피해야만 할 것이 아닐 수도 있고 혹은 다 같이 피해야만 할 것일 수도 있기 때문이다. 그러나 실제로 사람들은 고통을 악으로서 피하고, 쾌락을 선으로서 선택한다. 그러므로 고통과 쾌락은 선과 악이 대립하는 것과 같은 방법으로 이 둘은 서로 대립해야 한다.

3 쾌락에 관한 통념들의 검토

쾌락이 질(質)적인 것의 범주에 속하지 않는다고 해서 선에 속하지 않는 것은 아니다. 덕 있는 활동도 질적인 것이 아니며, 행복도 질적인 것이 아니기에 말이다.

그런데 저들은 말하기를, 선은 분명한 것이어야 한다고 하면서 쾌락은 분명치 않다고 한다. 하지만 만일 쾌락을 느끼는 사람에게 정도의 차이가 있다고 하여 쾌락은 좋은 것이 아니라는 판단을 내린다면, 정의나 그 밖의 덕에도 이것과 같은 결론이 적용되게 될 것이다. 이들 덕에 있어서도 어떤 덕을 갖느냐, 또 그 덕에 따라 어떻게 행동하느냐는 사람에 따라 제각기 정도의 차이가 있음이 분명하다. 사람들은 더 의롭거나 용감할 수 있고, 또 좀 더 혹은 덜 의롭거나 용감할 수 있기 때문이다. 그러나 만일 저들이 쾌락 그 자체에 관하여 그것이 명확하지 않다는 판단을 내린다고 한다면 저들의 논거는 확실히 잘못됐다고 해야 할 것이다. 사실 같은 쾌락이라 해도 순수할 수도 있고 혼성적일 수도 있는 것이다. 또 건강도 분명하지 않지만 정도의 차이가 있는 것처럼, 쾌락엔들 그런 차이가 왜 없겠는가? 건강이 모든 사람에게 똑같이 고른 기준으로 적용되는 것이 아니며, 또 한 사람이 늘 건강을 유지하는 것도 아니다. 때로는 잃기도 하면서 어느 정도까지 건강이 유지된다. 건강에는 얼마간의 정도의 차이가 있다. 쾌락의 경우에도 이와 마찬가지다.

또 저들은 선은 궁극적인 것이라고 한다. 그리고 운동이나 생성은 궁극적인 것이 아니라고 가정하고서는, 쾌락은 궁극적이지 않을 뿐만 아니라 하나의 운동이며 생성의 과정임을 밝히려 한다. 그러나 쾌락이 운동이라 하는 것은 옳은 것 같지가 않다. 왜냐하면 속도의 빠르고 느림은 모든 운동에 으레 따라다니며, 또 천체의 운동 같은 것은 그 자체로서는 빠르지도 느리지도 않고, 다른 어떤 것과의 관계에서 속도의 빠름 혹은 느림을 가지고 있는데, 쾌락은 이런 운동들 중 어느 것도 타당하지 않기 때문이다. 실제로 우리는 빨리 화나는 것처럼 빨리 즐거움의 상태에 이를 수는 있지만 빨리 남보다 즐거위할 수는 없다. 그러나 남보다 빨리 화낼 수는 있다. 다른 어떤 사람과의 관계에서도 그렇다. 그러나 우리는 빨리 걷거나, 성장할 수는 있다. 그러므로 우리는 빨리 혹은 느리게 쾌락의 상태로 바뀌어갈 수는 있지만, 쾌락의 활동을 빨리할 수는 없다. 즉 빨리 기뻐한다든가 즐거워한다든가, 하는 활동이나 운동을 할 수는 없다. 또 어떻게 쾌락은 생성일 수 있는가? 쾌락은 우연한 것에서 생길 수 없고, 그 쾌락이 생성인 이상 만물이 생성하는 곳으로 괴멸해 들어간다고 생각된다. 그리고 이 괴멸 과정이 바로 고통이라고 생각된다. 고통은 쾌락을 해체한다.

또 고통은 본성적인 것의 결핍이며, 쾌락은 본성의 충족이라 한다. 그런데 이러한 경험들은 육체적인 것이다. 그러므로 쾌락이 본성적인 것의 충족이라면, 그 안에서 이러한 충족이 일어나는 것 바로 육체가 쾌락을 느껴야 한다. 그러나 쾌락을 느끼는 것이 육체라고는 생각되지 않는다. 그러므로 쾌락은 충족의 과정이라 할 수 없다. 물론 수술을 받을 때 고통을 느끼는 것과 마찬가지로, 충족될 때는 쾌락을 느낄 수도 있지만. 저들의 이러한 견해는 음식물을 섭취할 때 느끼는 고통과 쾌락에 기초를 둔 것으로 보인다. 즉, 사람들이 굶주려 고통을 느낀 뒤에 배불리 먹어 포만감을 느끼면 쾌락을 느끼는 사실에 기초하여, 이러한 견해를 가지게 된 것 같다. 그러나 이런 일이 모든 쾌락에 일어나는 것은 아니다. 학습의 쾌락이나 감성적인 쾌락 가운데서도, 후각의 쾌락이나 여러 가지 듣고 보는 것, 또 추억이라든가 희망이라든가 하는 것은 고통을 전제하지 않는다. 그러면 이들 쾌락은 무엇의 생성을 의미한다는 말인가? 여기에는 그들의 충족이 쾌락을 낳는 것처럼 어떠한 것도 결핍되어 있지 않다.

비난받을 만한 성질의 쾌락을 들고 나오는 사람들에 대해, 그것이 즐거움을 주지 못한다고 지적해야 한다. 좋지 못한 사람들에게 즐거운 것이 다른 사람들에게도 즐거운 것일 수 없을 것이기 때문이다. 병든 사람에게 좋거나 달거나 쓴 것이, 그렇게 느껴지지 않고 눈병을 앓고 있는 사람들이 희게 보이는 것을 하얗다고 생각하지 않는 것과 마찬가지이다. 혹은 이렇게 말해도 좋을 것이다. 쾌락은 바람직한 것이기는 해도, 이러한 이유에서 생긴 것은 바람직하지 않다고. 예를 들어 부유하다는 것은 바람직한 것이기는 해도 배신해서 부유하게 되는 것은 바람직하지 않고, 건강도 바람직한 것이기는 하지만 그것을 위해 먹기 힘든 것까지도 먹어야 한다면 바람직하지 못한 것이다. 아마도 쾌락에는 여러 가지 다른 종류가 있는지도 모른다. 즉, 고귀한 일에서 생기는 쾌락과, 추악한 일에서 생기는 쾌락은 종류가 다르다. 또 의로운 사람이 아니고서는 의로운 사람의 쾌락을 얻지 못하며, 음악적인 사람이 아니고서는 음악가의 쾌락을 얻지 못하고, 그 외의 어떤 경우도 이와 같다.

친구와 아첨꾼과의 차이도, 쾌락과 선이 반드시 같지 않다는 것, 또한 쾌락에는 여러 가지 다른 종류가 있다는 것을 명시해 주는 듯하다. 친구는 선을 바라보고 우리와 사귀고, 아첨꾼은 쾌락을 바라보고 우리와 사귀며, 아첨꾼은 비난을 받는다. 그러나 친구는 아첨꾼과는 다른 목표를 가지기 때문에 칭찬받는다. 아첨꾼은 쾌락을 바라보고 우리와 사귀며, 그 행위 때문에 비난받는다. 그리고 아무리 아이들이 느끼는 쾌락이 즐겁다 할지라도 일생 동안 어린 아이의 지능을 가지고 살기를 원하는 사람은 아무도 없을 것이다. 또 고통을 느낄 염려가 전혀 없다 하더라도, 아주 부끄러운 행위를 함으로써 즐기려 하지는 않을 것이다. 뿐만 아니라, 쾌락을 얻지는 못하더라도 우리가 열심히 해야 할 것들은 많이 있다. 예를 들어 무엇을 본다는 것, 기억을 한다는 것, 아는 것, 덕을 소유하는 것 같은 것이 그렇다. 실제로 이러한 것들에는 쾌락이 부수적으로 따라 오지만, 그렇다고 사태가 달라지지는 않는다. 쾌락이 따르지 않는다 하더라도 우리는 이런 것들을 선택해야만 한다.

그러므로 쾌락이 곧 선은 아니고, 쾌락이라 해서 모두가 바람직하지는 않다. 어떤 쾌락은 다른 쾌락과 종류가 다르므로, 또는 그 유래하는 바가 다르므로 바람직한 것도 분명히 존재한다고 생각한다.

쾌락과 고통에 대해서 이야기하는 것은 이만큼이면 충분하리라 믿는다.

4 쾌락이란 무엇인가!

이제 쾌락이 무엇이며 어떤 종류의 것인가는 문제를 처음부터 다시 들추어보면 좀 더 분명해질 것이다.

무엇을 본다는 것은 어느 순간에나 완성되어 있는 것으로 생각된다. 본다는 것에는, 보는 것이 보는 이유를 궁극적으로 완성시키기 위한 모든 조건을 갖추고 있기 때문이다. 쾌락도 이러한 성질을 띠는 것으로 여겨진다. 쾌락이란 하나의 전체이며, 언제나 좀 더 오래 지속된다고 해서 그 형상이 완성되는 법은 없기 때문이다. 그러므로 쾌락은 운동도 아니다. 왜냐하면 모든 운동, 예를 들어 건축은 시간을 들여야 하고, 그 과정이 그것으로 비로소 완성되는 것처럼 어떤 종점을 가지고 있으며 그 추구하는 것을 성취했을 때 그 운동은 비로소 완결된다. 따라서 운동은 그 모든 시간을 보낸 뒤거나, 혹은 그 마지막 순간이 되어야 비로소 완결되는 것이다. 그 부분적 운동이나 시간이 가는 동안에 운동은 모두 미완성이며, 그러한 부분적 운동은 전체 운동과 더불어 서로 간에 그 종류가 다르다. 예를 들어 기둥의 돌을 쌓아 올리는 일과 그 기둥에 새로 홈을 파는 일은, 모두 신전의 건축과 다르다. 신전의 건축은 계획된 목적에 비추어서 거기에 아무 부족함이 없으므로 궁극적인 것이지만, 주춧돌을 만든다든가 세로로 파낸 세 줄기에 그림 무늬를 만든다든가 하는 일은 단순한 부분 제작으로 궁극적인 것이 아니다. 거기에는 종류별 차이가 포함되어 있으며, 어느 때를 막론하고 운동 중에 한 운동이 궁극적인 것으로서 채택될 수 없다. 만일 그것이 가능하다면, 그것은 오직 그 운동의 모든 시간으로 성립한다. 걷기나 이 밖의 모든 운동에 있어서도 마찬가지이다. 예를 들어 이쪽에서 저쪽으로 움직이는 운동도 그 종류, 즉 걷기, 뛰기, 날기에 있어 여러 가지 차이가 난다. 뿐만 아니라, 걷기 자체에 있어서도 여러 가지 차이가 난다. 즉 어디에서부터 어디까지라 해도 경기장 전체에서 이야기될 때와 그 일부분에서 이야기될 때는 그 규모에 있어 같지 않다. 또 이 선분을 지나가는 것과 저 선분을 지나가는 것은 같은 것이 아니다. 왜냐하면 사람은 단순히 선분을 지나는 것이 아니라 어떤 장소에 있는 선분을 지나는 것으로 이 장소에 있는 선분은 저쪽 장소에 있는 선분과 다르기 때문이다. 나는 다른 책에서 운동을 엄밀히 살펴보았지만(《자연학(Physica)》 제6~8권), 운동은 어느 시간에 있는 것이든 완결되지 않은 것으로 보이며 많은 부분으로 이루어지는 부분적 운동은 그 자체로서는 비궁극적이며 또 궁극적 운동이란 그 종류에 있어서 서로 달리 보인다. '어디에서부터 어디까지'가 그 종류를 구성한다.

 그러나 쾌락에 있어서는 그 형상 자체가 언제나 궁극적이다. 그러므로 쾌락과 운동은 분명히 서로 다르며, 쾌락은 전체적이고 궁극적인 것에 속하는 것이 분명하다. 이것은 또한, 운동은 시간을 떠나서는 불가능하지만 쾌락은 이런 일이 가능한 사실로 미루어 확실하다고 할 수 있다. 순간적인 '지금'에 일어나는 일은 하나의 전체이기 때문이다.

이러한 여러 고찰로 미루어 보더라도, 쾌락이 운동이라든가 생성이라고 하는 주장은 옳지 않다. 운동이나 생성은 전부에 대해서가 아니라 부분적으로 언급되며 전체적인 것으로 언급되지 않는다. 예를 들어 보는 행위를 봐도 한 점, 또는 한 단위에는 생성이란 것이 없다(보는 것, 한 점, 한 단위 자체가 각각 완성된 출발점이다). 이런 것들은 운동도 아니며 생성도 아니다. 이와 마찬가지로 쾌락에도 운동이라든가 생성이란 것이 없다. 쾌락은 하나의 전체이기 때문이다.

모든 감성은 그 대상에 대해서 활동하며, 또 좋은 상태에 있는 감성은 그 대상들 가운데 가장 아름다운 것에 대해서 완전한 활동을 한다. 완전한 활동이란 무엇보다도 이러한 좋은 감성의 성질을 띠었다고 생각된다. 여기서는 '감성이 활동한다'는 것과 '감성이 들어 있는 기관이 활동한다'는 것 사이에 아무런 차이가 없는 것으로 해 두자. 그러므로 어떤 감성이나 최선의 활동이란 최선의 상태에 있는 기관이 그 대상들 가운데 가장 훌륭한 것에 대해서 가지는 활동이다. 이런 활동이야말로 가장 완결된 것이요, 또 가장 즐거운 것이라 할 수 있다. 왜냐하면 어느 감성이든 거기에 대응하는 쾌락이 있고, 사유나 관조에도 그에 못지 않은 쾌락이 있으나 가장 완결된 것은 가장 즐거운 것이며, 또 좋은 상태에 있는 기관이 그 대상들 가운데 가장 가치 있는 것에 대해서 가지는 활동이야말로 가장 완결된 것이기 때문이다. 그리고 쾌락은 활동을 완전한 것이 되게 한다. 그러나 쾌락은, 훌륭한 감성과 훌륭한 감성적 대상의 결합이 활동을 완전한 것이 되게 하는 것처럼 하지는 못한다. (그런 훌륭한 쾌락과 쾌락의 대상의 결합으로 완전한 쾌락이 되지는 못한다) 마치 건강과 의사가 똑같은 격이나 정도로 어떤 사람의 건강한 상태의 원인이 되지 않는 것과 같다.

모든 감성은 저마다 대응하는 쾌락을 가진다는 것은 분명하다. 우리는 보고 듣는 것에 대해서 즐겁다고 말한다. 또 감성이 최선의 상태에 있는 동시에 최선의 대상에 대해서 활동할 때에 두드러지게 쾌락이 생긴다는 것도 분명한 일이다. 대상과 지각자가 모두 최선의 상태에 있을 때에는 언제나 쾌락이 존재하는 법이다. 거기엔 쾌락의 주체와 객체가 모두 갖추어져 있기 때문이다. 쾌락이 활동을 완전한 것이 되게 하는 것은, 활동의 주체, 즉 사람 안에 내재하는 쾌락 상태가 그 활동을 시키고 주도하는 것과는 다르다. 오히려 쾌락은 마치 한창 때의 왕성한 기력을 지닌 사람들에게 따르는 꽃다운 청춘과 같은 하나의 부가적인 목적으로서 활동을 완전하게 한다. 그러므로 지적 대상이나 감성적 대상, 그리고 이것을 구별하는 능력 또는 관조하는 능력이 다 같이, 마땅히 그들이 있어야 할 상태에 있는 한, 그 활동에는 언제나 쾌락이 함께 존재한다. 주체와 객체가 다 같이 불변하고 또 같은 방식으로 서로 관계할 때에는 같은 결과가 자연히 따르기 때문이다.

그러면 아무도 지속적으로 즐거워할 수 없음은 무슨 까닭인가? 그것은 우리가 피로해지기 때문인가? 사실 모든 사람은 지속적으로 활동할 수는 없다. 그러므로 쾌락 역시 지속적일 수 없다. 쾌락은 활동에 따르게 되는 것이기 때문이다. 새로운 일들이 우리를 즐겁게 해 주지만 얼마 지나면 처음만큼 즐겁게 해 주지 못하는 것도 같은 이유에서이다. 이것은, 마치 어떤 물건을 똑바로 바라볼 때 우리의 시각이 그렇듯, 처음에는 정신이 자극을 받아 그것에 대해서 강렬히 활동하지만, 얼마 뒤에는 우리의 활동이 그와 같지 못하고 느슨해지는 것과 같다. 이런 이유로 쾌락 또한 힘을 잃는 것이다.

누구나 살기를 바라기 때문에 쾌락을 욕구하는 것이라고 말할 수 있다. 산다는 것은 활동이며, 또 사람마다 자기가 가장 사랑하는 것에 대해서 자기가 가장 사랑하는 능력을 가지고 활동한다. 예를 들어, 음악가는 여러 가지 음률에 대해서 그가 가장 사랑하는 청각을 통해 활동하고, 학문을 사랑하는 사람은 이론적인 문제에 대하여 그가 가장 귀히 여기는 이지적인 능력을 통해 활동한다. 그런데 쾌락이야말로 이러한 활동을 완전하게 하며, 따라서 사람들이 욕구하는 삶도 쾌락이 완성한다. 그러므로 사람들이 쾌락을 찾는 것도 당연한 일이다. 쾌락은 모든 사람의 삶을 완전하게 하며, 삶은 바람직한 것이기 때문이다. 그러나 우리는 쾌락을 위해 살기를 택하는가, 그렇지 않으면 살기 위해 쾌락을 택하는가, 하는 문제는 여기서 문제삼지 않아도 좋을 것이다. 산다는 것과 쾌락은 서로 밀접하게 결부되어 분리할 수 없는 것으로 보이기 때문이다. 사실 활동이 없으면 쾌락이 생기지 않으며, 또 모든 활동은 거기에 따르는 쾌락으로 말미암아 완전해진다.

5 쾌락의 종류

쾌락에는 여러 종류가 있다. 종류가 다른 여러 가지 쾌락들은 여러 가지 다른 대상에 의해 완전한 쾌락이 된다. 이것은 여러 가지 자연적 사물에 대해서나 기술에 의해 만들어진 것들, 예를 들면 나무·동물·회화·조각·가옥·도구를 보면 명확해질 것이다. 그와 마찬가지로 종류가 다른 여러 가지 활동은 종류가 다른 여러 가지 활동에 의해 완전한 활동을 이룬다. 그런데 이지적 활동은 여러 감각 활동과 다르며, 또 여러 감각 활동은 저마다 그 종류가 서로 다르다. 그러므로 이 활동들을 완전하게 하는 쾌락도 그 종류에 여러 가지 차이가 있다.

또한 이것은 쾌락과 그 쾌락 자신이 완전하게 해 주는 활동 사이에 있는 긴밀한 관계를 봐도 분명하다. 활동은 그것에 고유한 쾌락에 의해 강화되기 때문이다. 사실 무슨 일이나 그 일에 쾌락을 느끼며 활동하는 사람들은 다른 사람들보다 더 잘 판단하고 더 정확하다. 예를 들어, 기하학적 사색을 즐기는 사람들이 기하학자도 되고, 그 여러 가지 명제들을 남보다 좀 더 잘 파악하기도 한다. 이와 마찬가지로 음악을 좋아하는 사람이나 건축을 좋아하는 사람도 자기가 하는 일에 즐거움을 느끼기 때문에 그 분야에서 뛰어나게 되는 것이다. 다른 경우도 이와 마찬가지이다. 그러므로 쾌락은 활동을 강화하며 완성시켜 준다. 하지만 어떤 일을 강화하는 쾌락은 그 일에 고유한 것이어야 한다. 종류가 다른 여러 가지 것들은 종류가 다른 여러 가지 고유한 것들을 가진다.

이것은 모든 활동은 저마다 그 활동에 맞지 않은 영역에서 오는 쾌락에 의해서 저지되는 사실로 미루어 더욱 분명하다. 예를 들어, 피리 불기를 좋아하는 사람은 피리 소리를 들으면 토론에 정신을 집중할 수 없다. 이것은 그들이 현재의 활동보다도 피리 부는 것을 더 좋아하기 때문이다. 이렇듯 피리 부는 데 따르는 쾌락은 토론에 결부된 활동을 파괴한다. 이런 일은 동시에 두 가지 일에 대해서 활동하는 다른 모든 경우에도 한결같이 생겨난다. 즉 더 즐거운 활동이 다른 활동을 몰아내며, 또 그 쾌락의 차이가 클수록 더욱 다른 쾌락을 몰아내 없앤다. 그래서 무엇이든지 우리가 그것을 즐길 때에는 다른 일에 별로 마음을 쓰지 않으며, 또 다른 일에서 별로 즐거움을 맛보지 못할 때 우리는 한 가지 일만을 하게 된다. 예를 들어, 극장에서 군것질을 심하게 하는 것은 배우들이 시시할 때 그렇다. 그런데 모든 활동은 저마다 고유한 쾌락에 의해 더 정확하고 더 오래 지속되고 더 나아지는 반면, 이질적인 쾌락에 의해서는 망가지므로, 이 두 가지 쾌락은 아주 멀리 떨어져 있는 것이 분명하다. 사실 이질적인 다른 쾌락은 지금의 쾌락을 파괴하는 고유한 고통과도 비슷하게 작용한다. 또 모든 활동은 저마다 고유한 고통에 의해 망가진다. 예를 들어, 글을 쓰거나 계산하는 일이 불쾌하고 고통스러운 사람에게 글을 쓰거나 계산하는 일을 시키면, 그 활동이 고통스럽기에, 글쓰는 일이 싫은 이는 글을 쓰지 않을 것이며 계산이 싫은 이는 계산을 하지 않을 것이다. 그러므로 활동은 그 활동에 고유한 쾌락에도 영향을 받고 반대로 고통에도 영향을 받는다. 여기서 고유한 쾌락이나 고유한 고통이라 함은 그 활동의 본성에 따라 거기에 수반되는 쾌락과 고통을 말한다. 그리고 이질적인 다른 쾌락이 고통과 거의 같은 작용을 한다는 것은 위에서 말했다. 즉 이것들은 활동을 망가뜨리는데, 다만 그 정도가 다를 뿐이다.

그런데 활동에는 그 좋고 나쁨에 있어 여러 가지 차이가 난다. 즉 어떤 활동은 선택할 만한 가치가 있고 다른 어떤 활동은 피해야만 한다. 또 다른 어떤 활동은 할 만한 것도 피해야만 할 것도 아니다. 이와 같이 쾌락에도 여러 가지 차이가 난다. 활동마다 고유한 쾌락이 있기 때문이다. 그래서 좋은 활동에 고유한 쾌락은 좋고, 좋지 못한 활동에 고유한 쾌락은 나쁘다. 이것은 고귀한 일을 향한 욕망이 칭찬받을 만하고 추악한 일을 향한 욕망이 비난받아 마땅한 것과 똑같다. 그러나 활동에 관련된 쾌락은 그 활동에 대한 욕구보다도 더 고유한 강도를 지닌다. 이것은 활동에 대한 욕구는 시간에 있어서나 본성에 있어서나 활동에서 분리되어 있지만, 활동에 관련된 쾌락은 활동에 더 밀접하게 결부되어 있어 그 둘 사이의 구별이 매우 곤란하기 때문이다. 그래서 쾌락이 활동과 같은 것이라는 논의도 나온다. 물론 쾌락은 이지적 사유나 감성적 지각 자체는 아닌 것 같다. 그렇게 되면 이상하다. 그러나 이것들이 분리되어 있는 것을 볼 수 없는 까닭에 어떤 사람들에게는 이것들이 같은 것으로 여겨지는 것이다.

그러므로 활동이 서로 다른 것처럼, 거기에 어울리는 쾌락 또한 서로 다르다. 그런데 시각은 순수함에 있어서 촉각보다 낫고, 청각과 후각은 미각보다 낫다. 그러므로 쾌락에도 우열의 차이가 있다. 이지적 사색의 쾌락은 이상의 여러 감각적 쾌락보다 낫고, 이 두 가지 쾌락의 각 영역에서도 어떤 것이 다른 것보다 우월하다.

동물은 저마다 고유한 기능을 한 가지씩 가지고 있듯이, 또한 고유한 쾌락을 한 가지씩 가진다. 즉 그 활동에 어울리는 쾌락을 가진다. 동물의 종류를 하나씩 살펴보면 이것은 분명해진다. 즉 헤라클레이토스가 "당나귀는 황금보다 쓰레기를 더 좋아한다"고 한 것처럼, 말이나 개나 사람은 저마다 서로 다른 쾌락을 가지고 있다. 당나귀에게는 황금보다 먹을 것이 더 큰 즐거움을 주기 때문이다. 따라서 종류가 서로 다른 쾌락에는 종류에 차이를 보여도, 같은 종류의 쾌락은 당연히 서로 다르지 않다. 그러나 적어도 사람의 경우에는 적지 않은 다양성이 있다. 즉, 어떤 것이 어떤 사람들에게는 즐거움을 주지만, 다른 어떤 사람들에게는 고통을 준다. 또 어떤 사람들에게는 고통스럽고 나쁘지만 다른 어떤 사람들에게는 즐겁게 애호될 수 있다. 이런 일은 단맛을 느끼는 것과 관련해서도 일어난다. 즉 열병을 앓고 있는 사람과 건강한 사람에게는 같은 음식이라도 똑같이 달지 않을 것이다. 또 몸이 약한 사람과 건강한 사람에게는 같은 것이라도 똑같이 뜨겁지는 않다. 이런 일은 마찬가지로 다른 경우에서도 일어난다. 그러나 이 모든 경우에 있어서 선한 사람에게 보이는 것이 그대로 사실인 것 같다. 사실 그렇다. 덕과 선한 사람이 모든 것의 척도이다. 선한 사람에게 쾌락으로 보이는 것이 정말 쾌락이며, 또 그가 좋아하는 것이 정말 즐거운 것이다. 그에게 지루한 것이 다른 사람에게 즐겁게 느껴진다 하더라도 이것은 조금도 놀라운 일이 아니다. 사람들이란 여러 가지 모습으로 타락하기도 하고 퇴폐하기도 하기 때문이다. 그러나 그런 타락과 퇴폐는 본질적으로 즐거운 것이 못 되며, 다만 그런 퇴폐적 사람들에게, 그런 상태에 있는 사람들에게만 즐거운 것이다.

누구에게나 뻔히 추해 보이는 쾌락을 쾌락이라 해서는 안 될 것이다. 물론 아주 타락한 사람들에 대해서는 말이 다르지만 말이다. 그러나 좋다고 생각되는 쾌락들 가운데 어떠한 쾌락이, 그리고 무슨 쾌락이 인간에게 고유한 것이라고 해야 할 것인가? 활동에는 쾌락이 따르는 것이므로 해답은 활동에 대한 고찰로부터 명백해지지 않을까? 그러므로 완전하고 지극히 행복한 사람의 활동이 하나이건 또는 그 이상이건, 이러한 활동에 각각 알맞은 쾌락, 즉 완전하게 해 주는 쾌락이야말로 엄밀한 의미에서 인간에게 고유한 쾌락이며, 나머지 쾌락은 이차적으로 그리고 부분적으로 그렇다 할 수 있을 것이다. 활동이 그런 것처럼 말이다.

6 행복에 대하여

이제까지 우리는 온갖 덕·친애·쾌락에 대해서 이야기했다. 이제 남은 것은 행복의 본성을 살펴보는 것이다. 행복이야말로 인간의 모든 행위의 궁극적 목적이기 때문이다. 앞서 말한 것을 요약해 보면 논의가 보다 간결해질 것이다.

행복은 상태가 아니다. 만일 그것이 상태라고 한다면 식물인간처럼 일생 동안 잠들어 있는 사람도, 혹은 큰 불행을 당한 사람도 행복을 찾을 수 있어야 한다. 행복은 상태가 아니다. 행복은 오히려 하나의 활동으로 보아야 한다. 그리고 활동에는 필수적인 활동도 있고, 다른 어떤 것 때문에 바람직한 활동도 있고, 반면에 그 자체로 바람직한 활동도 있다. 행복은 그 자체로서 바람직한 활동에 속해야 하며 다른 어떤 것을 이유로 바람직한 것에 속하지 않도록 해야 한다. 행복은 아무것도 결여되어 있지 않고 스스로 만족할 수 있는 것이다. 그런데 그 자체로서 바람직한 활동이란 그 활동 이 외에 아무 것도 바라지 않는 활동(즉, 행복과 동일한 활동)이다. 그리고 덕이 있는 행동이 이러한 활동이다. 고귀하고 좋은 행위를 하는 것은 그 자체를 이유로 하여 바람직하다.

즐거운 놀이도 이러한 성질을 가진다. 우리는 다른 어떤 것 때문에 즐거운 놀이를 선택하지는 않는다. 놀이를 즐기는 가운데 우리 몸과 재산을 소홀히 하게 되어 놀이에 의해 이익을 얻기보다는 오히려 해악을 입게 된다. 그러나 세상에서 행복하다고 여겨지는 사람들은 대부분이 놀이로 시간을 보낸다. 그래서 참주의 궁정에서는 놀이를 잘하는 사람들이 높이 평가받는다. 그들은 참주들이 좋아하는 놀이에 유쾌한 상대가 되며, 또 참주들은 이런 사람들을 원한다. 그러나 전제 군주의 지위에 있는 사람들이 놀이로 여가를 보낸다고 놀이가 행복의 성질을 지닌다고 말하는 것은 옳지 않다. 좋은 활동이 흘러나오는 근원, 즉 덕이나 이성에는 전제 군주의 지위가 꼭 필요한 것이 아니기 때문이다. 또 순수하고 의젓한 쾌락을 한번도 맛본 적이 없는 참주와 같은 사람들이 육체적인 쾌락으로 도피한다 해도, 육체적인 쾌락을 바람직한 것으로 생각해서는 안 된다. 어린아이들도 저희들 사이에서 소중히 여겨지는 것을 가장 좋은 것으로 생각한다. 어린아이와 어른에게 소중히 보이는 것이 서로 다른 것처럼, 나쁜 사람과 좋은 사람에게도 보이거나 생각되는 형상이 서로 다르다. 지금까지 말한 바와 같이, 좋은 사람에게 소중하기도 하고 즐겁기도 한 것이야말로 정말 소중하고 즐겁다. 그리고 누구에게나 그 자신의 상태에 어울리는 활동이 가장 바람직하다. 따라서 선한 사람에게는 덕에 맞는 활동이 가장 바람직하다. 이런 이유로 행복은 놀이 속에 깃들어 있는 것이 아니다. 정말이지 놀이가 궁극적인 목적이라느니, 우리가 평생 수고하며 고생을 참는 것이 놀이 때문이라느니 하는 것은 이치에 어긋난 말이라 하겠다. 사실 행복을 제외하고는, 우리가 선택하는 모든 것은 다른 어떤 것을 위한 수단으로 선택하는 것이다. 행복은 궁극적인 목적이기 때문에 예외인 것이다. 놀이 때문에 애써 일한다는 것은 어리석고 철부지 같은 짓이다. 그러나 아나카르시스(Anacharsis)가 말한 것처럼, 진지한 활동을 하기 위해서 놀이한다는 것은 바람직해 보인다. 놀이는 일종의 휴식이며, 우리는 계속해서 일에 매달릴 수는 없으므로 휴식을 필요로 한다. 그러므로 휴식은 하나의 목적이 아니다. 휴식은 활동 때문에 취하는 것이다.

행복한 생활은 덕 있는 활동이다. 그런데 덕 있는 활동이란 노력을 필요로 하며, 유희가 아니다. 그리고 노력을 필요로 하는 것들은 재미있는 놀이들보다 더 좋으며, 또 무엇이든지 두 가지 것 가운데 보다 좋은 쪽의 활동이 조금 더 노력을 요구하는 법이다. 그러나 그런 만큼, 보다 좋은 쪽의 활동은 보다 좋은 활동이며, 보다 많은 행복의 성질을 띤다. 육체적인 놀이는 누구나, 심지어 노예들조차도 가장 좋은 사람 못지 않게 즐길 수 있다. 그러나 노예도 인간다운 삶이 있다면 모르지만 아무도 노예가 행복하다고는 생각하지 않는다. 사실 행복은 그러한 놀이에 있지 않고, 앞에서 우리가 말한 바와 같이, 덕 있는 활동에 깃들여 있다고 하겠다.

7 행복과 관조적 활동

행복이란 것이 덕을 따르는 활동이라면, 당연히 그것은 최고의 덕을 따르는 것이어야 한다. 그런데 최고의 덕은 우리 안에 있는 최선의 것과 관련되는 덕이다. 우리의 본성을 지배하고 인도하며 또 아름답고 신성한 것들을 추구하는 이 부분, 즉 최고의 것이 이성이건 혹은 다른 어떤 것이건, 또 그 자체가 신적이건, 혹은 우리 안에 있는 가장 신적인 것이건 상관없다. 아무튼 그 고유한 덕을 따르는 이 활동이 완전한 행복이다. 이 활동이 관조적인 것

(쓴 맛에서조차도 즐거움을 느끼는 활동)임은 이미 말한 바 있다.

이것은 앞서 우리가 말한 것과 일치하며, 또 진리에도 맞는 것 같다. 왜냐하면 첫째로, 덕이 따르는 이 활동이 최선의 활동이기 때문이다. 우리 안에 있는 것들 중 이성이 최선이며, 이성이 상대하는 대상 또한 인식할 수 있는 대상 가운데 최선의 것이다. 둘째로는, 이 덕의 활동이 가장 연속적이기 때문이다. 우리는 다른 무엇보다도 진리를 관조하는 일을 더 연속적으로 할 수 있다.

행복 속에는 쾌락이 섞여 있다고 말하지만, 덕에 따른 활동들 가운데 철학적 지혜의 활동이 가장 즐거운 것임은 누구나가 인정한다. 아무튼 지혜를 사랑하는 것, 곧 철학은 그 순수성과 신뢰성에서 가장 큰 쾌락을 제공한다. 그리고 진리를 알고 있는 사람들이 진리를 탐구하는 사람들보다 더 즐거운 인생을 살 수 있다는 것은 당연하다. 또 자족감이 가장 큰 것도 관조의 활동이다. 왜냐하면 철학자도 의롭거나 그 밖의 다른 어떤 덕을 가진 사람과 마찬가지로 생활에 필요한 여러 가지가 있어야 한다. 하지만 이런 것이 충분히 있을 때에도 의로운 사람은 자기가 의로움을 베풀 상대가 필요로 한다. 또 절제 하는 사람이나 용감한 사람이나 이 밖의 다른 어떤 덕의 소유자도 그 상대를 필요로 하지만, 철학자는 자기 혼자 있을 때도 진리를 관조할 수 있다. 그리고 지혜가 많을수록 더욱 잘 관조한다. 만일 그의 곁에 함께 철학하는 벗이 있다면 더욱 잘 관조할 수도 있겠지만, 벗이 없어도 그는 스스로 가장 만족할 수 있다. 그리고 관조의 활동만이 그 자체로 사랑받는다. 관조의 활동에서는 관조하는 것 이외에는 아무것도 생기지 않지만, 실제 활동에서는 다소간에 그 행동 이외의 다른 것을 얻는다.

또 행복은 한가함에 의존한다. 우리가 바쁜 것은 한가함을 얻기 위해서이며, 전쟁을 하는 것은 평화롭게 살기 위해서이다. 그런데 생활 속에서 일어나는 여러 가지 덕의 활동은 정치나 군사적인 행동에서 잘 드러나듯이, 이런 일들에 관계된 행동은 한가함과는 거리가 먼 것처럼 보인다. 군사적인 행동에서는 한가함을 생각해 볼 수도 없다. 누구도 전쟁을 위한 전쟁을 선택하거나 시작하지 않고, 싸우고 죽이기 위해서 친구를 원수로 만드는 사람이 있다면 그 사람은 전적으로 살인자라 하지 않을 수 없다. 정치가의 행동도 한가함과는 거리가 멀다. 그리고 정치적 행위들 자체 이외에 권력이라든가 명예를 얻으려 하거나 자신과 동료 시민들의 행복을 목적으로 삼는다. 이 행동들은 정치적 행동과는 다르며, 또 그와 다른 것으로서 추구되고 있음이 분명하다. 그러므로 덕 있는 행동들 가운데에서 정치적 행동과 군사적 행동이 그 고귀함과 위대함에 있어 엄청난 것이라 할지라도, 그것들은 한가함과는 거리가 멀고 그 자체 때문에 바람직하지 못하다. 반면에 지성의 활동은 관조적인 것으로서, 그 진지함에서 뛰어난 가치를 지닌다. 즉 그 자체 외에는 다른 목적이 없으며, 그 자체에 고유한 쾌락(이것은 그 활동을 증가시킨다)과 성질과 한가함과 싫증이 나지 않는 성질을 가지고 있다. 지극히 행복한 사람에게 속하는 모든 성질이 이 활동과 결부되어 있음이 분명하다. 그러므로 이 활동이야말로 인간의 가장 궁극적인 행복이라 하지 않을 수 없다. 물론 그러기 위해서는 지성의 진지한 활동이 전 생애에 걸쳐 이루어져야만 한다. 행복의 속성치고 불완전한 것이란 하나도 없기 때문이다.

하지만 이러한 삶은 인간이 오르기엔 너무나 높은 산이라 할 수 있다. 이러한 삶을 살 수 있는 것은 인간이라는 한계를 넘어 인간 안에 신성한 무엇이 있기 때문이다. 그리고 지성에 따른 진지한 행위가 우리의 복합적인 본성보다 더 나은 만큼, 그 지성적 활동이 다른 종류의 덕에 따른 활동보다 낫다. 그러므로 지성이 인간성이 아니라 신성이라고 하면, 지성을 따르는 삶은 인간적인 삶이 아니라 신적인 삶이라 하겠다. 그러나 우리는 "결국 인간이니까 인간적인 일을 생각하라, 또 사멸할 따름이니 사멸할 것들을 생각하라"는 권고를 따를 것이 아니라, 오히려 할 수 있는 데까지 우리 자신을 영원한 존재가 되게 하고, 우리 자신 안에 있는 최선의 것(덕)에 따라 살도록 온갖 힘을 기울여야 한다. 이 최선의 것(인간적인 덕)은 부피는 작지만 그 능력과 가치에 있어서는 모든 것을 넘어서기 때문이다. 그리고 이런 최선의 것이야말로 바로 각각의 자신이라고 할 수 있다. 왜냐하면 그것이 그 사람을 이끌고 지배하며 더 좋은 부분이기 때문이다. 그러므로 자신에게 있어 인간적인 최선의 것, 즉 덕 자체인 자신의 삶을 택하지 않고 다른 삶을 택하는 것은 당치 않은 일이다. 또한 앞서 우리가 말한 것도 여기에 들어맞는 것이다. 즉 어떤 것이든지 각자의 활동에 어울리는 고유한 덕, 고유한 쾌락이 본성상 가장 좋고 즐거운 것이다. 그러므로 사람에게 있어서는 진지하게 지성을 추구하는 삶이 가장 좋고 즐거운 것이다. 지성은 다른 무엇보다도 인간을 인간답게 하기 때문이다. 그러므로 이러한 삶이 가장 행복한 삶이다.

8 정의된 행복과 통념들

반면 다른 종류의 덕에 따르는 삶은 이차적인 의미에서 행복한 삶이다. 그런 덕에 따르는 활동은 우리 인간의 상황에 어울리기 때문이다. 의롭거나 용감한 행위, 이 밖의 덕 있는 행위를 우리가 하는 것은, 계약이라든가 봉사라든가 온갖 행동과 감정에 관련하여 우리 각자의 의무를 지키려는 것이다. 이 모든 것은 전형적으로 인간적인 것으로 보인다. 이것들 가운데 어떤 의무적 행동이나 감정은 심지어 육체로부터 생긴 것도 있다. 그리고 성품의 덕은 여러 가지 형태로 감정과 결부되어 있는 것으로 보인다. 실천적 지혜는 성품의 덕과 연결되어 있고, 성품의 덕 또한 실천적 지혜와 연결되어 있다. 이것은 실천적 지혜의 근본원리가 윤리적인 덕과 일치하고, 윤리에 있어서의 정의가 실천적 지혜와 일치하기 때문이다. 윤리적인 덕은 정의와도 연관되어 있으므로, 그것은 우리의 복합적 본성에 속한다. 그리고 우리의 복합적 본성의 덕은 인간적인 것이다. 그러므로 이런 덕에 대응하는 삶과 행복도 역시 인간적인 것이다.

반면에 지성의 덕은 독립적이다. 이에 대해서는 이 정도만 말하는 것으로 만족할 수밖에 없다. 이것을 자세히 이야기하는 것은 우리의 애초 과제보다 더 큰일이기 때문이다. 지성의 덕은 외부적인 조건을 조금밖에 필요로 하지 않는다. 적어도 지성(내적, 논리적) 윤리적인 덕보다는 외부조건을 덜 필요로 한다. 이 둘은 다 같이 반드시 필요한 것들이 똑같은 정도로 있어야만 할 것이다. 비록 정치가가 육체와 관련해서, 또 그와 같은 일들과 관련해서 더 많은 노력을 한다 하더라도, 그런 종류의 차이는 미미할 것이니까. 그러나 이 둘이 활동하는 데 필요한 것에 있어서는 큰 차이가 있다. 즉 관대한 사람은 관대한 행위를 하는 데 돈이 필요하고, 정의로운 사람도 역시 자기가 신세진 것을 갚는 데 돈이 필요하다. 하고 싶어하는 심정만으로는 관대한 사람인지 정의로운 사람인지 분간하기가 어렵다. 왜냐하면, 올바르지 않은 사람들도 올바른 행위를 하고 싶어하는 체하기 때문이다. 또 용감한 사람은 덕에 대응하는 행위를 무엇이든지 성취하기 위한 힘이 있어야 하며, 절제하는 사람에게는 기회가 있어야 한다. 누구든지 그런 것이 없으면, 그 사람이 그런 덕을 가지고 있다는 것을 알아볼 수 없다. 또 덕에는 의지와 행위가 모두 관련되어 있다. 그 의지와 행위 중 어느 것이 덕에 대한 본질에 가까운지 논쟁도 벌어진다. 덕의 완성에 이 둘이 다 관련이 있다는 것은 아주 명백하다. 그러나 행위에는 더 많은 덕이 필요하고, 위대하고 고귀한 행위일수록 더욱 그렇다. 그러나 관조하는 사람에게는, 그런 덕(신적이라기보다는 인간적인 덕)이 적어도 그의 활동에 있어서는 필요치 않다. 오히려 방해가 된다고도 말할 수 있다. 그러나 그가 인간인 한, 그리고 많은 사람들과 함께 사는 한 그도 여러 가지 덕 있는 행위를 하고자 한다. 그러므로 그는 인간적 삶을 살기 위해 그런 덕들을 필요로 한다.

그런데 완전한 행복이 관조적 활동이라고 하는 것은 다음과 같은 고찰에서도 분명하다. 우리는 신들이 가장 지극하게 복되며 행복하다고 생각한다. 그러나 어떤 종류의 행동이 신들에게 속한다고 보아야 하는가? 정의의 행동인가? 그러나 신들이 거래를 한다거나 맡긴 돈을 되돌려 준다든가 하는 것은 우습지 않은가? 그러면 위험한 일과 대결하며 모험을 감행하는 것이 고귀한 일이기에 이러한 용감한 행동을 그들에게 속하는 것으로 볼 것인가? 그렇지 않으면 관대한 행동이 그것일까? 그러나 도대체 그들은 누구에게 준단 말인가? 돈이라든가 또는 그런 종류의 것을 가지고 있다는 것은 이상한 일이다. 그리고 그들이 절제하는 행위를 한다는 것은 무엇을 의미하는가? 욕정이 없는 그들에게는 그러한 칭찬이 무의미한 것이 아닐까? 이런 것을 모두 따져보더라도 그러한 행동들은 모두 시시하고 신들에게는 맞지 않는다. 그럼에도 신들은 살아서 활동하고 있다고 누구나 상상한다. 우리는 신들이 엔디미온처럼 잠들어 있다고 생각할 수 없다. 그런데 만일 살아 있는 존재로부터 행동을 떼어내거나 더욱이 제작(작품)을 떼어낸다고 하면, 남는 것은 관조밖에 없지 않는가? 그러므로 축복받은 점에서 다른 모든 것을 능가하는 신의 활동은 관조의 성질을 띤 것이다. 따라서 인간의 모든 활동 가운데에서 신의 활동을 가장 많이 닮은 것이 가장 행복한 것이라 할 수 있다.

인간 이 외의 동물들은 관조 활동을 전혀 할 수 없으므로 완전한 행복을 결코 맛볼 수 없다. 신들의 생활 전체가 축복받은 것이고, 인간의 생활도 관조 활동을 얼마간이라도 할 수 있어 축복받은 것이지만, 인간 이 외의 동물은 관조에 참여하지 않는 까닭에 결코 행복하지 못하다. 그러므로 순수하게 관조하는 만큼 행복하며, 관조를 더욱 많이 하는 사람일수록 더욱 행복하다. 행복은 순수한 관조에 뒤따라 일어나는 것이 아니고 순수한 관조 속에 깃들어 있다. 순수한 관조는 그 자체로 소중하다. 그러므로 행복은 어떤 형태의 순수한 관조이다.

그러나 우리는 사람인 까닭에 외부적인 좋은 조건도 필요하다. 왜냐하면 우리의 본성은 관조라는 목적을 위하여 자족하지 못하고, 우리의 육체 또한 건강해야 하며, 또 음식 등 여러 가지로 주의해야 할 것도 있기 때문이다. 그렇기는 해도, 사람이란 외부의 여러 가지 선 없이는 행복을 얻을 수 없다고 하더라도, 사람이 행복해지려면 많은 물건과 여러 가지 큰 것들이 있어야 한다고 생각해서는 안 된다. 자족하는 것이나 행동은 지나침에 의존하지 않으며, 온 땅과 바다를 지배하는 일 없이도 고귀한 행위를 할 수 있기 때문이다. 사실 우리는 그다지 좋지 않은 조건으로도 덕 있게 행동할 수 있다. 이것은 아주 분명하다. 권력 없는 사람들도 전제 군주들보다 가치 있는 행위를 하는 데 있어 뒤지지 않기 때문이다. 실제로 권력 없는 사람들이 전제 군주들보다도 가치 있는 행위를 더 많이 한다. 덕에 따라 행동하는 사람의 삶은 행복하므로, 우리로서는 어느 정도만 소유하면 충분하다. 솔론은 "행복한 사람이란, 외부의 것을 적게 가지고 있으나 고귀하고 절제 있는 생활을 하는 사람"이라고 말했다. 이는 행복한 사람의 모습을 아주 잘 그려낸 말이다. 왜냐하면 사람이란 적게 소유하여도 자기가 해야 할 일을 할 수 있기 때문이다. 아낙사고라스도 행복한 사람이란 부자도 아니고 전제 군주도 아니라고 생각한 것 같다. 그래서 그는 행복한 사람이 대부분의 사람에게는 행복해 보이지 않는다 하더라도 조금도 놀라지 않는다고 말했다. 대부분의 세상 사람들은 겉으로 판단하기 때문이다.

앞에 말한 것들은 대체로 확신을 주지만, 실제적인 문제에 있어서의 진리는 여러 가지 사실이라든가 삶에 의해 판단되어야 한다. 삶에서의 진리와 사실이야말로 행복의 결정적인 요인이기 때문이다. 그러므로 우리는 우리가 이미 말한 것을 여러 가지 사실과 삶에 비추어 살펴보아야 한다. 그리고 만일 그것이 이것들과 서로 잘 들어맞으면 그것을 받아들여야 하지만, 만일 그렇지 않으면 단지 이론에 불과한 것이라고 보아야 한다.

그런데 지성에 따라 행동하고 이것을 가꾸고 자라게 하는 사람은 최선의 정신 상태에 있으며 또한 신에게 가장 사랑받는 사람이라고 여겨진다. 만일 신들이 인간적인 것에 관심을 가진다면, 가장 좋고 가장 그들을 닮은 것에서 기뻐한다는 것은 이치에 맞을 것이기 때문이다. 즉, 신들이 지성을 기뻐하고, 이것을 가장 사랑하고 소중히 여기는 사람에게 보답을 해 준다는 것은 당연하다. 이런 사람이 신들에게 소중한 일에 마음을 쓰고, 옳고 고귀하게 행동한다는 의미에서 말이다. 그리고 이 모든 속성을 누구보다도 많이 지니고 있는 것은 지혜로운 사람임이 분명하다. 그러므로 지혜로운 사람은 신들에게 가장 사랑 받는 사람이다. 또한 그는 가장 행복한 사람이라 할 수 있다.

9 윤리학, 입법, 국가체제

지금까지 여러 가지 문제와 여러 가지 덕, 그리고 우애와 쾌락에 대해 살펴보았다. 그러면 이제 우리는 목적을 달성한 것인가? 확실히 그렇지는 않다. 속담에도 있듯이, 실천적인 일들의 궁극적 목적은 여러 가지 일을 두루 살피고 아는 것이 아니라 그것들을 실천하는 것이다. 그러므로 덕에 대해서도 아는 것만으로는 충분하지 않다. 덕을 실천하거나 선으로 향한 다른 길이 있는가 살펴서 다른 길을 시도해 보아야 한다. 만약 훌륭한 사람을 만들어 내는 데 여러 가지 말만으로도 족했다면, 테오그니스도 말했듯이, 그 여러 가지 설교들은 으레 아주 큰 사례를 얻게끔 했을 것이다. 또 마땅히 그러한 설교들에 대해 사례가 있어야만 할 것이다. 그러나 사실은, 그것들이 우리 청소년들 가운데 덕스러운 사람들을 격려하고 자극하며, 또 성품이 훌륭하거나 고귀한 것을 참으로 사랑하는 사람으로 하여금 어렵지 않게 덕을 소유하게 하기는 한다. 하지만 그런 설교들은 그 밖의 많은 청소년들을 격려하여 고귀하고 선하게 할 수는 없다. 이들은 그 본성이 양심에 지배받지 않고 오히려 공포심에 지배받으며, 나쁜 행위를 삼가는 것도 그 행위가 추악해서가 아니라 벌을 받을까 두려워서이기 때문이다. 그들은 감정에 따라 사는 까닭에 자기 자신의 쾌락과 그 쾌락의 수단을 추구하며, 이에 대립하는 고통을 회피한다. 또 고귀하고 참으로 즐거운 것이 어떤 것인지에 대한 생각조차 가지고 있지 않다. 그들은 이런 것을 한번도 맛보지 못했기 때문이다. 어떻게 말해야 이런 사람들의 성품을 개조시킬 수 있단 말인가? 성격 속에 오랫동안 배어 있던 습성을 말로 없앤다고 하는 것은 불가능하지는 않겠지만 매우 어려운 일이다. 다만, 훌륭하게 되는 데 모든 조건이 갖추어졌을 때 우리가 어느 정도 덕을 지니게 된다고 하면, 우리는 이것으로 만족해야 할 것이다.

그런데 우리가 좋은 사람이 되는 것은 본성에 의한다고 하는 사람도 있고, 습관으로 말미암는다고 하는 사람도 있고, 교육을 통해서라고 하는 사람도 있다. 본성에 의하는 것이라면 우리로서는 어떻게 할 수 없는 노릇이다. 다만 신의 섭리에 따라 행운아들만이 될 수 있을 따름이다. 한편, 말이나 교육도 누구에게나 다 힘 있는 것이라고 할 수는 없다. 다만 배우는 사람이 먼저 고귀한 기쁨과 고귀한 증오에 대한 습관을 길러야 한다. 마치 씨앗을 자라게 하는 토양처럼 욕구가 이는 대로 살아가는 사람은 무엇을 하지 말라고 하는 충고에 귀 기울이지도 않고, 귀 기울인다 해도 그것을 이해하지 못한다. 어떻게 이런 상태에 있는 사람을 설득하여, 그 버릇을 고칠 수 있단 말인가? 그리고 대체로 욕구는 말에 굴복하지 않고 강제에 굴복한다. 그러므로 무엇보다도 덕에 잘 어울리는 성품의 바탕이 갖추어져 있어야 한다. 그리하여 (욕구에 굴복할 일도 없이) 아름다운 것을 사랑하고 추악한 것을 미워하는 성품이 있어야 한다.

그러나 문제는, 올바른 법률 아래에서 자라지 못한다면, 어릴 때부터 덕 있는 사람이 되도록 올바른 훈련을 받는다는 것은 어려운 일이라는 것이다. 절제 있게 또 열심히 일하면서 산다는 것은 대부분의 사람들에게는 사실상 즐거운 것이 아니기 때문이다. 또 한창 때에는 더욱 즐겁지 못하기에 말이다. 따라서 그들의 양육과 여러 가지 일이 법률에 의해 규정되어야 한다. 습관이 되면 고통스럽지 않다. 그러나 청소년 시절에 바른 양육과 교육을 받는 것만으로는 충분치 않다. 어른이 되어서도 저마다 덕 있는 행위를 하고 또 그것에 습관이 되어 있어야만 하기 때문에, 이를 위한 법률이 필요하다. 일반적으로 생활 전체에 관한 법률이 있어야만 한다. 대부분의 사람은 말보다도 강제에 따르고, 고귀하고 아름다운 것보다는 처벌을 두려워하기 때문이다.

그러므로 어떤 사람들은, 입법자는 마땅히 사람들에게 권유하여 덕에 나아가도록 해야 하며, 고귀한 일을 하도록 이끌어야 한다고 말한다. 이것은 여러 가지 습관이 형성되어 이미 훌륭해진 사람들은 여러 가지 법과 규율을

제10권 251

잘 따라가리라고 생각했기 때문이다. 그리고 순종하지 않으며 열등한 사람들에게는 벌을 내리고, 아무리 해도 고칠 수 없을 정도로 나쁜 사람들은 깨끗이 추방해 버려야 한다고 했다. 또 훌륭한 사람은 고귀한 것을 바라보고 살기 때문에 가르침에 귀 기울이고 그것을 따르지만, 악한 사람은 쾌락을 추구하므로 짐을 등에 실은 짐승과 마찬가지로 채찍질을 해야만 버릇을 고칠 수 있다고 보았다. 그래서 그들이 좋아하는 쾌락에 정반대되는 고통을 주어야만 한다고 했다.

그러므로 좋은 사람이 되려면, 좋은 교육을 받고, 좋은 습관을 기르며, 여러 가지 가치 있는 일을 하면서 살아가야 한다. 또한, 의식적으로건 무의식적으로건 나쁜 행위를 해서는 안 된다. 이렇게 살려면 지성과 올바른 질서에 따르는 생활을 해야 한다. 그리고 이 명령에는 힘이 있어야만 한다. 그런데 아버지의 명령에는 이러한 힘이나 구속력이 없다. 또 그가 왕이라면 몰라도, 일반적으로 한 사람의 명령에도, 역시 그렇다. 그러나 법률은 구속력이 있고, 동시에 실천적 지혜와 지성에서 우러나오는 규칙이다. 그리고 사람들은 자기 충동에 반대하는 사람을 미워하고 또 이 미움이 당연한 경우도 있지만, 법률이 좋은 것을 명령한다 해서 귀찮게 여기는 일은 없다.

그러나 입법자가 양육이나 사람들이 종사하는 여러 가지 일에 관심을 가졌던 것은, 유일하게 라케다이몬인의 국가만이 아닌가 생각된다. 또는 그 밖의 몇몇 국가가 그렇게 하지 않았나 생각된다. 대부분의 나라에서는 이런 문제가 소홀히 되었고, 각자가 자신이 원하는 대로 살아간다. 즉, 퀴클로프스(Cyclopes)처럼 "자기 아내와 아이들에게 법을 휘두르면서"라는 말이 있을 정도이니 말이다. 하지만 이런 문제에 있어서는 공공의 적절한 배려가 있는 것이 가장 좋다. 물론 공동 생활에서 이런 일이 소홀히 될 때에는, 저마다 자기 자녀들과 친구들을 도와 덕에 나아가게 하는 것이 옳다. 또 이러한 일(자녀나 친구들을 덕으로 이끔)을 할 수 있는 능력, 또는 적어도 이렇게 하려는 의지를 가져야 한다는 것은 당연한 일이다.

지금까지 말한 것에서 미루어 보아, 이러한 일을 남달리 잘 할 수 있는 사람은 입법자적 능력을 가진 사람이라고 생각된다. 왜냐하면 공공의 통치는 분명히 법률에 의해 행해지고, 좋은 통치는 좋은 법률에 의해 이루어지기 때문이다. 이때 법률은 성문법이어도 좋고 불문법이어도 좋다. 또 개인의 교육을 위해 마련된 법률이어도 좋고, 단체를 위해 마련된 법률이어도 좋다. 음악이나 체육이나 이 밖의 다른 일에서도 그런 것처럼 말이다. 즉, 국가에서 법률과 윤리가 힘을 발휘하는 것처럼, 가정에 있어서는 부모의 훈계와 습관이 힘을 갖는다. 이런 혈연적 유대감으로 인해 특히 가정에서는 혈연의 유대감과 부모가 베푸는 여러 가지 이익으로 말미암아 더욱 큰 힘을 갖는다. 아이들은 태어나면서부터 애정과 순종하는 태도를 가지고서 출발하기 때문이다. 그리고 개인교습은 공교육보다 더 좋다. 의료의 경우에도 개별적인 의료가 더 좋은 것처럼 말이다. 아닌게 아니라 대체로 휴식과 금식이 열병을 앓는 사람에게는 좋지만, 어떤 사람에게는 그렇지도 않다. 또 권투를 가르치는 코치치고 모든 생도에게 같은 방식으로 가르쳐 주지는 않을 것이다. 그러므로 개별적으로 가르치면 자상한 점까지 세심하게 지도할 수 있다. 이렇게 하면 사람마다 자기에게 어울리는 것을 얻기가 더욱 쉽다.

그러나 의사이건 체육 교사이건 세심한 면까지 하나하나 가장 잘 살필 수 있는 사람은 누구에게나, 또는 일정한 부류의 사람들에게 좋은 것이 무엇인지를 전반적으로 알고 있는 사람이다. 학문이란 보편적인 것에 관한 것이다. 그러나 비학문적인 사람이라 하더라도, 하나하나의 경우에 대한 체험에 비추어 정밀하게 연구한 사람이라면 어떤 특수한 일에 대해서 자세한 데까지 잘 알 수 있다. 이것은 마치 어떤 사람이 남의 몸의 병을 고치지는 못하면서도 자신의 몸에 대해서는 가장 좋은 의사가 되는 것과 똑같다. 그렇긴 해도, 만일 어떤 사람이 어떤 기술이나 학문의 대가를 받고 싶다면 보편적인 것을 알아야 한다. 이미 말했듯이, 학문은 보편적인 것에 관심을 둔다.

그리고 스스로 관심을 기울여서, 많거나 적은 사람들을 더 좋은 사람으로 만들고자 하는 사람은, 마땅히 입법 능력을 갖추도록 노력해야 한다. 우리가 법률을 통해서 좋은 사람이 될 수 있다면 말이다. 우리에게 맡겨진 사람을 올바른 상태로 만드는 것은 아무나 할 수 있는 일이 아니다. 이런 일을 할 수 있는 사람은 바로 지식을 가진 사람이다. 이렇게 지식이 필요한 것은, 의료나 이 밖에 다른 모든 문제에서도 그렇다.

그러므로 다음으로 생각해야 할 문제는, 어디서 어떻게 하면 입법 능력을 얻을 수 있는가 하는 것이다. 다른 모든 경우처럼 정치가들에게서 이 능력을 얻을 수 있을 것인가? 확실히 그것은 정치의 일부분이다. 그러나 정치와 다른 학문 내지 기술 사이에는 명백한 차이가 있지 않을까? 정치 이외의 분야에서는 한 사람이 그 기술을 가르치기도 하고 실행하기도 한다. 예를 들면 의사나 화가의 경우에 그렇다. 그러나 소피스트(지적 궤변론자)들이 정치를 가르친다고 공언하고는 있지만 그들 가운데 정치를 하고 있는 이는 한 명도 없다. 정치가는 이론적 사변에 의해 정치를 하기보다는 오히려 능력과 경험에 의해 정치를 하기 때문이다. 정치가가 그런 사변적 문제들에 대하여 글을 쓰거나 이야기하는 모습은 볼 수 없고(정치가라면 그것이 법정이나 의회에서 변론하는 것보다 더 좋은 일이긴 하겠지만), 자기 자식이나 친구를 정치가(정치기술자)로 만든 예를 볼 수는 없다. 그러나 그들이 정치력을 세습할 줄 알았다면 당연히 했을 것이다. 조국에 남기는 것으로 이러한 정치 능력의 세습보다 더 좋은 것이 없고, 자신을 위해서나 자기가 가장 친애하는 사람들을 위해서 택할 수 있는 것으로 이보다 더 좋은 능력은 없기 때문이다. 물론 이 경우에도 경험이 중요하기는 하다. 정치학을 잘 안다고 해서 정치가가 될 수 있는 것은 아니다. 이와 마찬가지로 정치적 기술을 잘 알고자 하는 사람들도 역시 경험을 쌓아야 한다.

한편 소피스트들 가운데 이 기술을 잘 안다고 떠들어 대는 사람들이 그것을 가르치는 것은 어림도 없는 일이다. 대체로 그들은 정치가 무엇이며, 어떤 종류의 일들에 관한 것인지조차 알지 못하기 때문이다. 만일 그들이 이런 것을 알고 있다면 정치를 변론과 동일시하거나 심지어 변론만 못하다고 보지 않았을 것이다. 또한 호평 받는 법률들을 모아 놓기만 하면 쉽게 입법할 수 있다고 생각하지도 않았을 것이다. 그들은 가장 좋은 법률을 선정하기만 하면 된다고 흔히 말한다. 그들은 마치 선정하는 데 아무런 이해도 필요치 않고, 올바른 판단도 대수롭지 않다고 생각하는 것 같다. 이러한 사정은 음악에 있어서도 마찬가지이다. 사실 무슨 부문이든지 그 방면에 경험이 있는 사람이 그 부문에서 만들어진 작품을 옳게 판단할 수 있다. 그들은 또 무엇을 매개로 어떻게 해서 그 작품들이 완성되었으며, 무엇과 무엇이 잘 조화되어 있는지 등을 이해한다. 하지만 경험이 없는 사람은, 회화의 경우에서처럼 작품에 대해 완전히 무지하지만 않다면 그나마 용한 편이다. 그런데 법률은 이를테면 정치작품과도 같다. 그렇다면 어떻게 그런 정치작품들로부터 입법하는 방법을 배울 수 있겠는가, 또 어느 법률이 가장 좋은지를 배워 알 수 있겠는가? 심지어 의사들도 의학서를 공부한다고 해서 의사가 된다고는 생각하지 않는다. 물론 의학서에는 치료 예가 소개되어 있을 뿐만 아니라, 각 환자들을 어떻게 치유하고 보살펴야 하는가도 설명되어 있다. 그것도 신체의 갖가지 상태에 따라서 말이다. 그러나 이런 것은 경험 있는 사람에게는 쓸모가 있지만, 경험이 없는 사람에게는 아무 소용없다. 그러므로 법률이나 여러 가지 헌법의 수집 역시 이것들을 연구할 수 있는 경험적 바탕이 있는 사람, 또는 무엇이 좋고 무엇이 나쁘며 또 어떤 법령이 어떤 상황에 적합한가를 판단할 수 있는 경험적 기초 지식이 있는 사람들에게는 도움이 되지만, 이러한 실제적인 능력 없이 법률집을 훑어보는 사람들에게는 아무 도움이 되지 못한다. 그들은 그것을 봐도 올바른 판단을 할 수 없기 때문이다. 물론 그들은 이런 문제에 대해 옛날보다 더 잘 알게 될 수는 있겠지만.

그런데 우리의 선구들은 입법에 관한 연구를 탐구한 적이 없었으므로, 이제 그와 관련한 문제를 푸는 것은 고스란히 우리의 몫이 되었다. 다시 말해, 법률을 제정하는 일에 대해 연구하고, 더 나아가 국가 체제의 확립과 유지라는 논제에 관해 탐구하는 것이 우리의 과제인 것이다. 이를 통하여 우리는 인간성에 관한 우리의 철학을 힘닿는 데까지 완성하는 무엇보다 바람직한 일을 이룰 수 있을 것이다. 여기서 우리가 해야 할 일은 다음과 같다.

첫째, 국가체제와 철학적 완성의 세부 주제에 관련해 우리의 선구들이 남긴 해설이나 비평 중, 유용한 것들에 대해 알아본다.

둘째, 우리가 수집한 국가체제의 유형들을 연구하여, 국가의 보전과 명망, 또 바람직한 통치와 타산지석이 되는 지배를 결정하는 것은 무엇인지 연구하도록 한다. 이러한 조사가 끝나면 최선의 국가체제가 무엇인지 좀 더 잘 이해할 수 있게 되고, 아울러 그 확립을 위해서는 어떤 국가질서와 법률, 그리고 세습적 풍속을 채택해야 하는지도 좀 더 포괄적으로 알 수 있게 될 것이다.

자, 이제 그 논의를 시작해 보자.

Politika
정치학

제1편 가족론

제1장

　모든 국가는 하나의 생활 공동체이며, 모든 공동체는 어떤 선(善)한 목적을 이루기 위해 형성된다. 그것은 사람들의 행위는 좋은 결과를 가져오리라는 생각에서 비롯되기 때문이다. 이 같은 논리로 볼 때 모든 공동체 중에 가장 으뜸가며 다른 공동체 모두를 포괄하는 특정한 공동체가 있다면, 이는 가장 으뜸가는 좋은 목적을 추구한 것이다. 이 가장 포괄적이며 가장 중요한 공동체가 바로 국가, 즉 정치적 공동체이다.

　국가의 일을 맡아 보는 '정치가'는 왕국을 다스리는 군주, 가족을 거느리는 가장, 여러 노예를 소유한 노예 주인과는 다르다. 어떤 사람들은 이 차이가 근본적으로 다른 성격을 갖는 것이 아니라 단지 정도의 차이, 즉 다스리는 사람들 수의 차이에 불과하다고 생각한다. 이 견해에 따른다면 적은 수를 거느리는 사람은 주인이고, 더 많은 수를 다스리는 사람은 가장이며, 그보다 훨씬 많은 사람을 다스리는 자는 '정치가' 또는 군주라고 할 것이다. 또한 가족 구성원이 많은 가정과 작은 국가 사이의 차이점은 없는 셈이 된다. 뿐만 아니라 '정치가'와 군주 사이의 차이는 다음과 같다. 즉 정부가 인격적일 때 다스리는 자는 군주이며, 정치 과학의 규칙에 따라 권위를 행사하며 지배하기도 하고 지배받기도 한다면 그는 정치가이다.

　정상적인 분석 방법에 따라 이 문제를 생각해 나간다면, 우리의 논점은 더욱 분명해진다. 다른 모든 분야의 연구에서도, 어떤 복합체건 그것의 가장 기본적이고 순수한 요소, 다른 말로 하면 전체의 가장 작은 원소를 찾아낼 때까지 분석을 거듭해 간다. 마찬가지로 국가 연구에 있어서도 국가를 구성하는 기본적인 요소들을 분석적으로 고려해야 한다. 그러면 우리는 앞에 언급한 공동체들과 그 지도자들 사이의 차이를 더 잘 이해할 수 있게 될 것이다. 또한 이와 관련된 일반적인 문제들에 관하여 과학적인 견해를 얻을 수 있는지 알게 될 것이다.

제2장

이 문제에 대한 최선의 연구 방법은 다른 분야에서와 마찬가지로 사물을 그 성장의 시작부터 살펴보는 것이다. 이 방법으로 과학적인 결론에 도달할 수 있을 것이다.

가장 기본적으로 서로 상대 없이 존재할 수 없는 두 사람의 결합이 있어야 한다. 즉, 남성과 여성이 결합해야 하는데, 이것은 의식적인 의도에서라기보다 자연적인 충동에서 비롯한다. 식물이나 동물 세계에서도 존재하는 이러한 형태의 결합은 후세의 종족 번식을 위한 것이다. 그 다음으로는 자연적으로 지배적인 요소와 피지배적인 요소의 결합이 있어야 하는데, 이것은 둘의 존속을 위해 다같이 필요하다. 지성으로 예견 능력을 갖는 자는 자연적인 주인 즉 지배계층이며, 육체적인 힘으로 지배층이 계획한 것을 실행하는 자는 본디 노예이다. 따라서 주인과 노예는 서로 결합을 보충해 준다는 점에서 공통의 이해를 갖는다. 여자와 노예는 근본적으로 구별된다. 이는 자연이 모든 사물은 저마다의 목적을 위하여 만들었을 때 가장 훌륭하게 된다는 것을 알고, 한 가지 사물은 한 가지 목적을 위해서만 존재하도록 했기 때문이다. 이것은 대장장이들이 델포이의 칼처럼 다목적용 칼을 만드는 것과는 다른 경우이다.

그러나 야만인들은 여자와 노예가 구별되지 않는다. 그들 사이에는 자연적으로 지배자적인 요소가 존재하지 않으므로 결혼이 노예와 노예 사이의 결합에 지나지 않는다. 왜냐하면 그들은 한 사람의 전제자에게 모두 지배받기 때문이다. 그래서 다음과 같은 시구가 생겨났다.

  당연히 야만인들은 그리스인에게
  지배받아야 한다.

이것은 야만인과 노예는 본질적으로 같다는 것이다.

이 두 가지 기본적인 관계, 즉 남자와 여자, 주인과 노예 사이의 관계에서 처음으로 나타나는 것이 가정 또는 가족이다. 헤시오도스(Hesiodos)는 이것을 다음과 같이 읊었다.

먼저 집, 부인,
그리고 쟁기를 이끌 황소

가난한 사람들은 노예 대신 가축에게 노동을 시켰기 때문이다. 그리하여 매일 되풀이되는 필요를 충족시키기 위하여 자연적으로 형성되는 맨 처음 형태는 가족이다. 그렇기 때문에 가족 성원을 카론다스(Charondas)는 '식량창고의 동료들'이라 불렀고, 크레타인의 에피메니데스(Epimenides)는 '구유통의 동료들'이라고 했다.

가족 다음 형태는 한 가족 이상이 모여 이루는 최초의 사회인데, 매일 되풀이되는 필요 이상의 것을 충족시키기 위한 것으로서 부락이라 일컫는다. 부락의 자연적인 형태는 한 가족이 늘어나서 이루어지는 것이다. 그렇기 때문에 어떤 사람들은 부락을 '같은 젖을 먹는 사람들' 또는 '아들들과 아들들의 아들들' 등으로 불렀다. 이것은 또한 그리스의 도시국가들과 야만족들이 왜 왕의 지배를 받고 있는가 하는 이유이기도 하다. 그들은 이미 왕의 다스림을 받는 사람들로 이루어졌다. 다시 말하면 그들은 가족 또는 부락에서 이루어진 정치공동체들이었으며, 각 가족은 언제나 가장 나이 많은 자가 다스렸다. 이것은 가족의 증식으로 이루어진 부락들이 친족관계로 다스려지는 것이나 마찬가지다.

호메로스는 키클로페스(kyklopes)족에 대하여 언급하면서 이 원시적인 친족관계를 다음과 같이 기술했다.

그들은 각자가
자기 아내와 아이들을 다스린다.

이 구절에서 볼 수 있는 것과 마찬가지로 고대에는 일반적으로 사람들이 분산되어 있는 집단으로서 생활했다. 고대에는 일반적으로 왕이 사람들을 다스렸고 오늘날에도 일부는 그 방식대로 통치를 하기 때문에 어떤 사람들은 신들도 왕이 다스리는 것이라고 말한다. 우리는 신들의 형상을 사람과 비숫한 것으로 생각하며 신들의 생활방식도 사람들의 생활방식과 유사한 것으로 생각한다.

우리는 끝으로 최종적이고 완벽한 공동체에 도달하게 되는데, 여러 개의 부락으로 이루어진 이것은 바로 국가다. 이 공동체는 완전한 자급자족을 이룬 것이다. 더 정확하게 말하면, 성장하는 단계에서 그저 생존만을 추구하는 과정이라면 국가는 완전한 자급자족을 이루지 못한다. 반면에 완전히 성숙한 국가는 사람들에게 좋은 삶의 환경을 만족시켜 주며, 따라서 이 단계에 이르러서는 완전히 자급자족한다고 할 수 있다.

국가는 자연적으로 존재하는 공동체들의 완성이므로 모든 국가는 자연적으로 존재하며, 이런 면에서 국가 성립 이전의 관계인 여러 공동체와 마찬가지 성격을 갖는다. 국가는 이런 여러 공동체의 종착역이며 가장 높은 단계이다. 사물의 '본성'이란 바로 그것의 맨 마지막 형태 또는 완성에 있다. 이는 사람이나 말이나 가족이나 각 사물의 성장이 완성되었을 때를 가리켜 그 사물의 본성이라고 부르기 때문이다.

국가가 자연적 존재인 두 번째 이유는 사물의 맨 나중 형태가 언제나 그것의 최선이라는 것이다. 따라서 국가가 실현을 목적으로 삼는 자급자족이야말로 맨 나중 목표이며 가장 좋은 단계이다. 결론적으로 국가는 최선을 실현하며, 따라서 자연적이다. 자연은 언제나 최선의 실현을 목표로 하기 때문이다.

이러한 탐구에서 분명한 것은, 국가는 자연적으로 존재하는 것들에 속하며 사람은 본질적으로 국가에서 살아야 하는 동물이라는 것이다. 우연이 아니라 자신의 성질상 국가가 없는 사람은 보잘것없는 존재이거나 인간 이상의 존재다. 이런 사람을 호메로스는 다음과 같이 비난했다.

부족도 법도 가정도 없는 자.

성질상 국가가 없는 자, 즉 국가에서 살 수 없는 자는 격정적으로 전쟁을 즐기는 자이다. 그는 마치 장기판에서 홀로 튀어나온 말과도 같다.

벌이나 다른 군생동물들에게 볼 수 있는 집단생활보다 사람이 더 정치적인 이유는 명백하다. 우리 이론에 의하면 자연은 아무 뜻도 없이 사물을 만들지 않는다. 그리고 모든 동물 중에 유독 사람만이 언어의 능력을 갖추고 있다. 물론 단순히 고통이나 쾌락을 나타내기 위해 소리를 내는 능력은 다른 모든 동물에게도 있다. 즉, 고통이나 쾌락을 느끼고 그것을 서로에게 표현할 수 있는 능력을 주는 정도는 된다는 것이다. 그러나 언어는 무엇이 유리하고 무엇이 유리하지 않은지, 따라서 무엇이 올바르고 무엇이 올바르지 않은지를 말할 수 있게 한다. 다른 동물들과 비교해 볼 때, 사람의 독특한 점은 사람만이 선과 악, 정의와 불의, 또는 다른 비슷한 성질들을 인식할 수 있는 능력이 있다는 것이다. 그리고 이러한 인식이 사람들 사이에 공통되므로 가족이나 국가가 형성되는 것이다.

이제 우리는 다음과 같은 결론을 내릴 수 있겠다. 즉, 개인이나 가족이 시간상으로는 국가에 앞서지만, 논리적으로는 국가가 개인이나 가족에 앞선다. 전체는 필연적으로 부분에 앞서기 때문이다. 육체가 모두 파괴됐는데 팔이나 다리가 살아남을 수는 없다. 예외적으로 사람들이 모호하게 같은 말로 다른 뜻을 나타내는 경우는 있다. 즉, 돌로 만든 손에 대해 이야기할 때는 온몸이 부서진 뒤에도 '손'은 그대로 남아 있다. 만물의 근본적인 성격은 그 기능과 능력에서 나오는 것이다. 따라서 어떤 것이 더 이상 그 고유한 기능을 수행할 수 없게 된다면 그것을 같은 것이라고 할 수 없다. 그럼에도 언어 용법의 모호성 때문에 같은 이름으로 불리는 것이다.

이제 우리는 국가란 자연적으로 존재하며, 개인에 앞선다는 것을 이해하게 되었다. 이 두 명제의 증거는, 국가는 전체며 개인은 그 부분에 지나지 않는다는 사실이다. 개인은 고립되어서는 스스로 만족할 수 없으므로 전체 국가에 모두 같이 의존해야 한다. 그리고 국가만이 스스로 만족한 상태를 이룰 수 있다. 타인과 더불어 정치적 공동체의 혜택을 누릴 수 없거나 이미 자족해 있으므로 그럴 필요가 없는 고립된 개인은 국가의 일부가 아니며, 따라서 짐승이거나 신일 것이다.

이렇게 사람은 본질적으로 정치적 공동체, 즉 전체의 일부가 되도록 되어 있으며, 모든 사람들에게는 어떤 공동체를 이루려는 잠재적인 충동이 있다. 그럼에도 이런 공동체를 처음으로 건설한 이는 가장 큰 혜택을 입은 사람이다. 사람은 완성되었을 때 동물 중에서 가장 뛰어난 존재지만, 법과 정의가 없으면 가장 나쁜 동물로 전락하고 만다.

불의는 쓸모있는 도구가 있을 때 더 심각한 것이 된다. 그런데 사람은 날 때부터, 예를 들어 언어 같은 쓸모있는 도구를 갖고 태어난다. 이런 도구들은 도의적인 덕이나 사려분별을 위한 것이지만, 때로는 그 반대의 목적을 위하여 사용될 수도 있다. 그렇기 때문에 덕이 없으면 사람은 가장 추악하고 야만스러운 존재며, 탐욕과 무절제함이 다른 동물보다 더 강하다. 사람은 국가의 정의를 통해 구원받는다. 정의란 옳고 그름을 판별하는 것인데, 이것을 정치적 공동체가 실현하기 때문이다.

제3장

위의 분석을 통하여 국가를 구성하는 요소들이 무엇인지 확인했다. 이제는 가정이 어떻게 운영되는지 알아보고자 한다. 왜냐하면 모든 국가는 수많은 가정들로 이루어졌기 때문이다. 가정의 운영은 여러 부분으로 나누어서 볼 수 있다. 완전한 가정은 노예와 자유인으로 이루어져 있다. 어떤 대상을 연구할 때에는 먼저 가장 단순하고 기초적인 요소로 나누어 보아야 한다. 가정에서 가장 기본적이고 단순한 요소는 주인과 노예, 남편과 아내, 부모와 아이들의 관계이다. 따라서 우리는 먼저 이 관계들의 각 성격과 이들이 갖고 있어야 하는 성질을 살펴보아야 한다.

살펴볼 요소는 셋이다. 먼저 주인과 노예의 관계, 그리고 아내와 남편의 관계, 끝으로 부모와 아이들의 관계다. 이 세 가지 연구 대상 외에 또 한 가지의 요소가 있는데, 어떤 사람들은 이것을 가정운영의 전부와 같다고 생각하고, 어떤 사람들은 가장 중요한 부분이라고 생각한다. 이것은 '재산을 얻는 기술'이다.

먼저 주인과 노예에 대해 살펴보자. 이것은 실체적 이유에서 실제 생활의 필요에 관련되는 교훈을 얻기 위해서이고, 이론적인 이유에서 현재 일반적으로 갖고 있는 의견보다 더 우월한, 즉 이 문제에 대해 과학적인 지식을 늘려갈 만한 견해를 얻기 위해서이다. 어떤 사람들은 노예를 부리는 것이 과학의 한 형태라고 주장한다. 그들은 우리가 시작하면서 말한 것과 마찬가지로 가정의 운영, 노예를 부리는 것, 정치인의 권위, 왕의 통치 등이 모두 같은 것이라고 생각한다. 또 다른 견해에 따르면 주인과 노예의 구별은 법률이나 관습에 의한 것인데, 이것은 자연에 배치되는 것이라는 점이다. 예를 들어,

플라톤은 주인과 노예의 관계는 힘에 기초를 두고 있는 것이며, 정의와는 아무 관계가 없다고 한다.

제4장

재산은 가정의 일부이며 재산을 얻는 기술은 가정운영의 일부라고 생각할 수 있다. 생존에 필요한 조건들이 갖추어져 있지 않는 한 잘사는 것은 둘째치고 우선 살 수조차 없기 때문이다. 또한 특정한 기술을 제대로 사용하기 위해 필요한 연장이 있는 것처럼, 가정운영에서도 그에 필요한 도구가 있다.

끝으로 우리는 이 도구들 중의 어떤 것은 생명이 있고, 어떤 것은 생명이 없는 것이라고 생각할 수 있다. 예를 들어, 배의 키잡이 도구 중에서 키는 생명이 없는 것이고 망보는 사람은 생명이 있는 도구다. 어떤 기술에서든 아래에 두고 부리는 사람은 도구나 다름없기 때문이다. 이런 전제들을 근거로 재산은 모두 생활을 영위하는 목적을 위한 도구이며, 일반적으로 재산이라 하면 이 도구들을 모두 합한 것을 이르는 것이고, 노예는 생명이 있는 재산 목록이며, 하인이나 시중꾼들은 다른 도구보다 우선적으로 필요한 도구들이다. 즉, 생명이 있는 도구들이 생명이 없는 도구들에 앞서 있어야 한다고 결론을 내릴 수 있다.

가정을 운영하는 사람이 하인이나 노예가 필요하지 않은 경우는 꼭 한 가지 경우밖에 없다. 이것은 생명이 없는 도구들이 마치 다이달로스(Daidlos)가 만든 동상이나 헤파이스토스(Hephaistos)가 만든 델피의 청동 제단처럼 명령에 따라서 또는 주인의 뜻을 헤아려서 스스로 일을 하는 경우다. 호메로스는 이런 것들을 다음과 같이 시로 읊었다.

> 그것들은 스스로 움직여서 올림포스 산 위에 있는
> 신들의 회의 장소로 들어갔다.

다시 말하면 베틀의 북이 혼자서 천을 짜고 현악기의 픽이 스스로 하프를 연주하는 식이다.

그러나 여기에서 우리는 또 한 가지 확실히 해둘 것이 있다. 우리가 방금 말한 베틀의 북 같은 도구는 생산을 위한 도구지만, 노예나 다른 가재도구

같은 재산 품목들은 직접적인 행동을 위한 도구이다. 북에서는 직접적인 사용과는 다른, 별개로 존재하는 어떤 것, 즉 생산품이 나온다. 그러나 옷이나 침대 같은 가재도구들은 그저 사용을 하는 것뿐이다. 생산과 행동은 종류가 서로 다르며 서로 다른 도구들을 사용하는 것이므로, 거기에 쓰는 도구들도 이 차이에 상응하는 것이 있다고 덧붙일 수 있겠다. 생활은 행동이지 생산이 아니다. 그리고 노예는 생활을 목적으로 하는 도구이다. 그러므로 행동의 영역에 속한다고 볼 수 있다.

노예의 본성을 완전하게 설명하기 위해서는 한 가지를 더 살펴보아야 한다. '재산의 품목'이란 말은 '부분'이라는 말의 의미와 비슷하게 사용된다. 그런데 '부분'이란 그 자체와는 다른 어떤 것의 일부일 뿐만 아니라 다른 어떤 것에 모두 다 속하는 것이며, 이 속한다는 사실 이외에는 따로 생명을 갖거나 존재하지 않는다. 이것은 재산의 한 품목이나 어떤 것의 일부라는 개념에서 마찬가지로 적용된다. 즉, 주인은 주인이라는 사실 외에 자신의 생활과 존재를 가진다. 그저 노예의 주인일 뿐 노예에게 속하지 않는 것이다. 반면, 노예는 주인의 노예일 뿐만 아니라 노예로서 주인에게 속하여 있다.

이제까지의 탐구에서 우리는 노예의 본성과 그 능력이 어떤지 분명하게 알 수 있다. 우리는 다음과 같은 정의를 내릴 수 있다. 첫째, '누구든지 본성 때문에 그 자신의 주인이 될 수 없고 타인에게 속하는 사람은 그 자신의 본성에 따라서 노예이다.' 둘째, '누구든지 사람으로서 재산의 품목인 사람은 타인의 소유물이다.' 셋째, '재산의 품목은 행동을 목적으로 하는 도구이며 양도될 수 있다.'

제5장

다음으로 우리는 본성적으로 여기에 정의되어 있는 사람이 존재하는지 그 여부를 생각해 보아야 한다. 다른 말로 하면, 어떤 사람들에게 노예 상태가 더 낫고 올바른 조건인가 또는 그 반대인가, 그리고 노예제도는 자연에 역행하는 것인가를 생각해 보아야 한다. 이 문제는 철학적으로 이성에 입각하여 살펴보든지, 또는 경험적으로 실제 사실에 따라 살펴보든지 어려운 것은 아니다.

주인과 노예의 관계인 지배·피지배의 관계는 필연적인 일들의 범주에 속할 뿐만 아니라, 편리한 일들의 범주에도 속한다. 그리고 태어날 때부터 지배하도록 되어 있는 집단과 지배당하도록 되어 있는 집단의 사람들이 있다. 또한 지배적·피지배적 요소들에도 여러 종류가 있다. 현실이 이러하므로 좀 더 나은 피지배 요소를 지배하는 것은 열등한 요소를 지배하는 것보다 더 좋은 것이다. 예를 들어, 짐승을 부리는 것보다는 사람을 지배하는 것이 더 낫다. 어떤 기능을 수행하는 데 있어 그 요소가 훌륭하고 고차원인 경우, 그 기능도 더 고차원적이고 훌륭해지기 때문이다. 그리고 어떤 요소는 지배하고 다른 요소는 지배를 받는 경우, 이 두 요소가 합하여 짝을 이룬다고 할 수 있다. 한 개 이상의 부분으로 이루어져서 하나의 공통된 실재를 이루는 복합체가 있는 모든 경우, 그 부분들이 사람의 몸처럼 연결되어 있거나 주인과 노예의 관계처럼 따로 떨어져 있건 간에 언제나 지배적 요소와 피지배적 요소를 찾아낼 수 있다.

이처럼 지배·피지배 요소가 함께 있는 것은 자연의 전반적 구성에 따라 생명이 있는 존재에서 언제나 발견할 수 있다. 이것은 또한 생명이 있는 존재나 생명이 없는 존재에도 마찬가지이다. 왜냐하면 음악의 화음처럼 무생물에도 지배 원칙을 발견할 수 있기 때문이다. 그러나 자연에서 생명이 없는 부분에 관한 이러한 생각은 좀더 통속적인 연구방법에 속할 것이다. 여기에서 우리는 생명이 있는 존재들이 영혼과 육체로 이루어진 맨 처음의 것이며, 이 중에서 자연적으로 영혼이 지배적이며 육체는 피지배적인 것이라고 말하는 것으로 그치는 것이 좋겠다.

생명이 있는 존재에 대하여 연구할 때, 자연이 의도하는 것을 알아내기 위해서는 변질된 것이 아닌 자연적 상태에 있는 사물에 주의를 집중해야 한다. 그러므로 육체나 영혼 모두 가장 좋은 상태에 있으며, 영혼이 분명하게 육체를 지배하고 있는 사람을 연구대상으로 해야 한다. 때로는 타락한 상태에 있는 사람에게 그 반대인 경우가 있기 때문이다. 즉, 부자연한 상태에 있는 악하고 타락한 자는 육체가 영혼을 지배하는 경우가 있다.

이미 앞에서 말했듯이 생명체에 있어서는 주인이 노예에게 행사하는 방식이나 정치가가 시민에게 행사하는 방식의 지배적 권위의 두 형태가 함께 있는 것을 관찰할 수 있다. 영혼은 주인이 노예를 다스리는 것과 같은 종류의 권위로 육체를 지배한다. 정신은 정치가나 군주와 같은 종류의 권위로써 육망을 다스린다. 사람의 내적 생활 영역에서는 육체가 영혼의 지배를 받는 것이 분명히 자연적이고 유익하다. 또한 영혼의 감정적인 부분이 정신과 이성적인 부분의 지배를 받는 것이 자연스럽고 이롭다. 반면에 이 둘이 균형을 이루거나 지배·피지배 관계가 거꾸로 된다면 언제나 해롭다.

사람과 관련하여 짐승에게도 똑같이 말할 수 있다. 길들여진 짐승이 야생 짐승보다 더 좋은 성질을 가지며, 사람이 다스리는 것이 짐승들에게 더 좋다. 이는 보호되기 때문이다. 남성과 여성의 관계도 자연적으로 우월한 자와 열등한 자의 관계, 즉 지배자와 피지배자의 관계다. 이 일반적인 원칙은 인간들 사이의 관계에도 적용된다. 따라서 주인과 노예의 관계에도 적용된다.

육체가 영혼과 다른 것처럼, 짐승이 사람과 다른 것처럼, 신분이 낮은 부류는(이들은 주로 육체를 사용하는 일을 하며, 그 이상의 성과를 내지 못하는 사람들의 경우이다) 본질적으로 노예이며, 앞에 언급한 그 원칙에 의하여 주인에게 지배를 받는 것이 그들에게 더 좋다. 만약 어떤 사람이 다른 사람의 소유물이 될 만한 소질이 있거나(이것이 사실상 노예가 되는 이유가 되기도 한다), 그 자신은 이성이 결핍되어 있지만 다른 사람이 이성을 갖추고 있다는 것을 알 정도의 이성이 있다면 본질적으로 노예이다. 그렇지만 이성을 이해하지 못하고, 본능에만 의존하는 동물과는 다르다. 그러나 노예의 쓰임새는 길들인 짐승의 쓰임새와 별로 다를 바가 없다. 둘 다 그들 소유자의 필요를 충족시키는 데 육체적 노동을 제공하는 것이다.

이제까지는 정신적인 차이에 대해서만 논해 왔다. 그러나 자연은 자유인과 노예 사이에 육체적인 차이를 만들어 놓았다. 노예에게는 힘든 역할을 위한 힘을 주었고, 자유인에게는 육체노동에는 쓸모없지만 시민생활의 여러 가지 목적을 위한 육체적 특징과 당당한 체구를 주었다. 시민생활은 보통 병역과 평화시의 여러 가지 직책으로 구분된다. 그러나 때로는 자연이 의도하는 것과 반대되는 일이 일어난다. 어떤 노예는 자유인의 체구를 갖고 있고, 또 어떤 노예는 자유인 같은 영혼을 갖고 있다. 그러나 만일 자연의 의도가 실현된다면, 즉 신의 형태가 사람의 형태와 다른 정도로 사람들의 육체가 서로 다르다면 열등한 계층이 우월한 계층의 노예가 되어야 한다는 점에 모두가 의견을 같이 할 것이다.

또 육체적인 차이의 경우보다 영혼의 차이가 있는 경우에 이 원칙이 훨씬 더 올바르게 적용되어야 할 것이다. 그러나 물론 육체의 우열을 판단하기보다 영혼의 우열을 판단하는 것이 훨씬 더 어려운 것은 있다.

따라서 자연적인 조건들이 노예라면, 그들에게는 노예상태가 올바르며 이로운 것이 분명하다.

제6장

그러나 반대 의견을 갖고 있는 사람들도 어떤 의미에서는 옳다고 생각하기 쉽다. '노예제' 또는 '노예'라는 말은 두 개의 서로 다른 의미로 사용될 수 있다. 우리가 앞에서 지적했듯이 자연적으로 존재하는 노예제가 있는 반면에 법률 또는 더 정확히 관습에 의해서 존재하는 노예나 노예제도도 있다. 전쟁에서 패배한 자들은 승리자들의 소유물이 된다고 정하는 법은 사실상 관습의 하나이다. 그런 관행으로 노예제가 정당화될 수 있다는 원칙에 대하여 많은 법률가들이 '불법이라고 제소'를 한다. 그들은 이 원칙이 자연법을 어긴 것이며, 보다 나은 힘에 의해 정복당한 자가 힘으로 그를 정복한 자의 노예가 된다는 것은 사악한 생각이라고 주장한다. 그러나 이 원칙을 반대하는 반면에 이것을 지지하는 사람들도 있고, 심지어는 학식과 사려분별이 있는 사람들 사이에도 다른 의견이 많다.

이렇듯 서로 다른 생각과 반론들이 중복되는 원인은 다음에서 찾아보아야 한다. 즉, 선에 물질적인 수단이 갖추어져 있을 때는 타인을 복종시킬 막강한 위력을 갖는다. 반대로 승리자는 언제나 어떤 종류의 선이든 뛰어난 면이 있는 것이다. 이렇게 권력과 선, 또는 어떤 종류의 선이 연관이 되므로 '권력은 선과 함께 있다'라는 생각이 나오게 된 것이다. 그리고 노예제 원칙에 대한 찬반 양론이 모두 이 생각을 똑같이 갖고 있으므로, 이들 사이의 논쟁이 유독 정의의 문제에 집중하게 된 것이다.

이 문제에 있어 한쪽은, 정의란 사람들 사이의 서로 선의의 관계라고 생각하며 따라서 관습에 의하여 강행되는 노예제와 함께 할 수 없는 것이라고 주장한다. 반면에 다른 한쪽은, 나은 자의 지배는 그 자체로서 정의이며 따라서 노예제는 정당한 것이라고 주장한다. 둘 다 정의에 관한 관념이 분명하지 못하므로 이렇듯 문제 전반이 애매하게 되는 것이다. 만약 이 의견들을 저마다 서로 별개의 것으로서 (공통의 입장이 없는 것으로) 비교해 보면, 둘 다 모두

조리가 없고 설득력도 없다는 것이 드러난다. 진리는 이 가운데 어느 것도 아닌 다음과 같은 것이다. 즉, 선을 갖고 있으며 동시에 나은 힘이 있는 자가 못한 자들을 지배하고 이들의 주인이 되어야 한다는 것이다.

우리는 다른 방법에 의해 일반적으로 같은 결론, 즉 나은 선은 노예를 소유하고 지배하는 기초라는 결론에 이를 수 있다. 어떤 사람들은 전쟁으로 생긴 노예제는 합법적이며, 언제 어디서나 올바르다고 주장하는 것이, 어떤 형태의 정의(왜냐하면 법도 정의이므로)에 따른 것이라고 생각한다. 그러나 이것은 자가당착이다. 왜냐하면 첫째로 전쟁의 이유가 올바르지 못할 수 있으며, 이런 경우에는 아무리 합법적일지라도 이 전쟁 뒤에 생긴 노예제는 정의롭지 못한 것이기 때문이다. 둘째로 노예에 알맞지 않은 사람은 진정한 노예라고 주장할 수 없다. 그런 견해를 받아들인다면, 훌륭한 사람들도 자신이나 그들의 부모가 포로가 되어 노예로 팔린다면 노예나 노예의 자손이 되는 결과가 된다. 이런 이유로 그리스인들은 전쟁포로를 노예로 하는 원칙을 지지하면서도 그런 사람을 노예라고 부르기를 꺼리며 야만인만을 노예라고 부르려 한다. 그러나 이런 말을 사용함으로써 그들은 이미 자기들의 견해가 잘못이라는 것을 증명하는 셈이며, 우리가 처음에 이야기한 자연적인 노예와 같은 의견을 피력하는 셈이다. 결과적으로 그들은 야만인들처럼 본질적으로 노예인 사람들이 있는 반면에, 그리스인들처럼 본질적으로 자연인인 사람들이 있다는 것을 인정할 수밖에 없다.

노예제와 마찬가지로 귀족제에 대해서도 같은 방식으로 생각을 할 수 있다. 그리스인들은 자기 나라에서뿐만 아니라 어디에서나 절대적으로 자신들을 귀족이라고 생각하지만, 야만인들에 대해서는 자기 나라에서만 귀족으로 여긴다. 즉, 어떤 형태의 자유와 귀족 신분은 절대적이지만 다른 형태의 것은 상대적일 뿐이라고 전제하는 것이다. 여기에서 우리는 테오텍테스(Theodektes)의 희곡 중에 헬레네(Helene)가 하는 말을 떠올리게 된다.

신들의 후예인 아버지와 어머니 가계에서 태어난
금지옥엽(金枝玉葉) 같은 나를 누가 감히 하녀라고 부른단 말인가?

이러한 말들을 사용할 때, 사람들은 노예와 자유인, 또 귀족과 천민을 구별하기 위하여 선의 유무를 판정하는 하나의 기준을 사용한다. 그들은 사람은 사람에게서 나며 동물은 동물에게서 난다고 주장한다. 그러나 때로는 자연이 이러한 결과를 내려고 바라면서도 그렇게 하지 못하는 경우가 있다.

따라서 앞에서 살펴본 것과 같은 다른 견해들에는 어느 정도 이유가 있으며, 실제로 모든 노예나 자유인이 모두 자연적인 노예나 자연적인 자유인이 아닐 수 있다는 것이 분명하다. 또한 자연적인 자유인과 노예의 구별이 사실인 경우도 있다. 이런 경우에는 자연적인 자유인이 주인이 되고 자연적인 노예는 노예가 되어서, 노예는 지배를 받고 자유인은 자연적으로 타고난 주인으로서의 지배를 행사하는 것이 이롭고 올바르다. 그러나 주인이 올바르게 지배하지 못하는 것은 주인과 노예 둘 다에게 불리한 일이다. 육체와 영혼처럼 전체와 부분은 같은 이해를 갖고 있다. 그리고 노예는 생명체이지만 주인의 한 부분이라는 의미에서 주인의 일부다. 그래서 주인과 노예 사이에는 모두 자신들의 위치를 자연적으로 차지했을 때 공통의 이해와 우정의 관계가 성립하는 것이다. 그러나 만일 이렇지 못하고 노예제가 그저 법적인 제재나 나은 힘에 따랐을 때는 반대로 이해의 갈등과 적대관계가 생기게 된다.

제7장

앞의 논의를 통해 주인의 권위와 정치가의 권위는 서로 다르며, 모든 종류의 권위가 같은 것은 아니라는 점이 분명해졌다. 정치가의 권위는 자연적으로 자유인에게 행사되는 것이며, 노예주인의 권위는 자연적인 노예에게 행사되는 것이다. 또한 가장이 가정 내에서 행사하는 권위는 군주의 권위와 같다. 이는 가정이 왕정처럼 다스려지기 때문이다. 반면에 정치가의 권위는 자기와 동등한 자유인들에게 행사하는 것이다. 앞장의 마지막에서 논한 것처럼 노예주인이란 자유적인 노예들을 다스리는 성품을 타고난 사람이므로, 주인이 되는 것은 어떤 체계적인 지식을 배워서가 아니라 타고난 재질 때문인데, 이것은 일반적으로 노예나 자유인에게 모두 적용된다. 그러나 주인으로서 또는 노예로서 배울 수 있는 체계적 지식이 있기도 하다. 노예로서 배울 지식은 옛 시라쿠사의 어떤 학자가 고용된 하인들에게 어떻게 그들의 일상 임무를 잘 수행할 수 있는지 가르쳤다는 것과 같은 성질일 것이다.

그러한 지식은 더 확대될 수 있다. 예를 들면 요리법이나 다른 비슷한 형태의 기술을 요하는 가사일 같은 것을 포함할 수 있다. 이런 지식이 있을 수 있는 이유는 비록 다 같은 일상적인 일들이라 하더라도, 기술을 필요로 하는 일들은 보다 더 훌륭하게 생각되기 때문이다. 그래서 다음과 같은 속담이 있다.

    노예보다 높은 노예도 있고,
    주인보다 높은 주인도 있다.

이런 형태의 모든 지식은 필연적으로 노예에게나 필요한 지식이다. 그렇다면 주인으로서 필요한 지식은 무엇일까? 그것은 바로 노예 다루는 방법이다. 주인됨은 그저 노예를 소유하고 있어서가 아니라 노예를 다루는 데에 있기 때문이다. 이 주인에게 필요한 지식이란 그다지 어마어마하고 굉장한 것이 아니다. 주인은 그저 노예가 할 수 있는 일을 시키기만 하면 된다.

그러므로 그렇게 할 수 있는 위치에 있는 사람들은 대리감독인에게 노예를 부리는 일을 맡기고, 남는 여가를 정치나 철학에 쓴다. 소유하기 위하여 노예를 얻는 기술은 주인 노릇을 하는 기술이나 노예의 일을 하는 기술과는 다르다. 이것은 물론 이 기술을 올바르게 사용했을 때의 이야기다. 왜냐하면 이 경우에 있어 이 기술은 어떤 면으로 전쟁의 기술 또는 사냥의 기술일 수도 있기 때문이다.

노예와 주인의 구별과 정의에 대해서는 이 정도로 충분할 것이다.

제8장

노예는 재산의 한 품목이라는 것을 살펴보았으므로 이제 정상적인 방법, 즉 분석적·생성적 방법에 따라서 여러 형태의 재산과 그것을 얻는 기술에 대하여 이야기해 보자. 여기서 제기되는 첫 번째 문제는 재산을 얻는 기술이 가정을 운영하는 기술과 같은가, 그것의 한 부분인가, 아니면 그것에 보조적인 것인가 하는 것이다. 또한 만일 보조적이라면 북을 만드는 기술이 옷감을 짜는 기술에 보조적인 의미인가 아니면 청동을 만드는 기술이 조각술에 보조적인 의미인가 하는 문제이다. 이 두 개의 보조적인 기술은 서로 다른 방법으로 주된 기술에 도움이 된다. 즉, 전자는 도구를 제공하는 것이고, 후자는 자료를 제공하는 것이다. '자료'란 생산품이 만들어지는 물체를 뜻한다. 예를 들어, 양털은 옷감 짜는 사람에게 천을 만드는 물체가 되는 것이고, 청동은 조각가에게 마찬가지 역할을 하는 것이다. 가정을 운영하는 기술이 재산을 얻는 기술과 같지 않음은 명백하다. 후자의 기능은 경우에 따라서 자료나 도구 같은 것을 마련하는 것이지만, 전자의 기능은 마련된 것을 사용하는 것이다. 왜냐하면 가정운영의 기술이란 바로 가정 자원을 어떻게 사용하는지를 다루는 것이기 때문이다. 그러나 획득의 기술이 가정운영의 기술과 같지 않다면, 가정운영의 일부인가 또는 별개의 것인가 하는 문제에는 논쟁의 여지가 있다.

만일 재산을 얻는 일을 하고 있는 사람이 어떤 다른 곳에서 재산을 얻을 수 있는지를 생각해야 한다면, 그리고 재산이나 부가 서로 다른 여러 부분들을 포함하고 있다면, 우리는 획득이라는 것 전반을 살펴보기 전에 먼저 이 여러 부분들을 고찰해 보아야 한다. 또 농사가 획득 기술의 일부인가 아니면 별개의 기술인가 하는 점을 생각해 보아야 한다. 사실 우리는 생활필수품을 마련하는 것과 관련된 직업이나 벌이의 모든 형태에 대해 이 질문을 제기해야 한다. 이것은 또한 다음과 같은 것을 살펴볼 수 있다. 세상에는 여러 가지 다른 생존 형태가 있으며, 그 결과로 동물 세계나 인간 세계에 서로 다른 여러 생활방식이 있다. 생존의 수단 없이는 살아갈 수 없기 때문이다. 그리고 동물 세계에서는 생존 수단의 차이에 따라 생활방식에 여러 가지로 차이가 생기는 것을 볼 수 있다.

어떤 동물은 무리를 지어서 살며, 또 어떤 동물은 흩어져 고립된 채 산다. 이것은 모두 저마다의 생존 수단이 편리하다고 생각되는 데에 따른 것이다. 즉, 어떤 동물은 육식이며 어떤 동물은 초식이고 또 다른 동물은 잡식이다. 이렇게 자연은 저마다 더 편안하고, 생존에 필요한 것을 더 잘 얻을 수 있도록 서로 다른 생활방식을 구분해 놓았다. 같은 종류의 식물이 같은 부류에 속하는 모든 짐승들에게 맞지 않는 것처럼, 초식동물에게서도 마찬가지지만 육식동물들 사이에서도 그 종류에 따라서 생활방식이 서로 다름을 볼 수 있다.

이것은 인간 세계에서도 마찬가지이다. 즉, 사람들의 생활방식도 상당히 차이가 난다. 가장 게으른 것은 유목민들이다. 그들은 별로 마음을 쓰지 않고 한가로이 가축에게서 생존 수단을 얻는다. 그리고 가축들이 목초지를 찾아서 이동해야 하듯이 그들도 이들을 좇아서 살아 있는 농장을 일궈야 한다. 수렵생활을 하는 사람들도 있는데, 이들 또한 수렵방식에 따라서 여러 갈래로 나뉜다. 어떤 사람들은 해적질로 생활을 한다. 어업에 알맞은 호수나 늪지대, 강, 또는 바닷가에 사는 사람들은 고기를 잡는 것으로 생활하며, 또 어떤 사람들은 조류나 야생동물을 사냥하며 산다. 그러나 대부분의 사람들은 땅에서, 그리고 농작물에서 생계를 얻는다.

자신의 노동에 의존하는 직업을 가진 사람들, 즉 교환이나 상행위로 살아가지 않는 사람들만 생각해 보면, 사람들의 생활방식은 대략 다섯 가지로 분류할 수 있다. 바로 목축·농업·해적질·어업 그리고 수렵이다. 그러나 어떤 사람들은 여러 가지 업종에 동시에 종사하면서 살아간다. 즉 어느 한 생활방식으로 생활이 충족되지 못하여 부업으로 모자라는 부분을 보충하면서 안락하게 사는 사람들도 있다. 예를 들면, 어떤 사람들은 목축을 하면서 해적질도 하고, 또 어떤 사람들은 농사를 지으면서 사냥도 한다. 자기 필요와 취미에 따라서 비슷하게 결합시켜 다른 생활방식들을 겸용하는 것이다.

이런 식의 재물들은 모든 생물들에게 태어날 때부터 성장이 끝날 때까지 제공해 주는 자연의 선물이다. 어떤 동물들은 새끼가 태어나면 그 새끼가 자라서 스스로 먹이를 마련할 수 있을 때까지 살아갈 수 있는 양식을 준다. 알로 번식하는 곤충이나 동물들이 주로 그렇게 한다. 태생(胎生)동물들은 일정한 기간 동안 새끼들의 성장에 필요한 젖을 자신의 몸에 갖고 있다.

마찬가지로 우리는 다 성장한 생물에게도 양식이 마련되어 있다고 믿지 않을 수 없다. 식물은 동물에게 생존 수단이 되기 위하여, 그리고 동물은 사람에게 생존 수단이 되기 위하여 존재한다. 가축들은 사람에게 노동력과 식량을 준다. 야생 짐승들도 대부분의 경우 사람에게 식량뿐만 아니라 의류나 생활에 도움이 되는 다른 일용품을 준다. 자연은 목적 없이는 아무것도 만들지 않으므로 모든 동물들은 본디 사람을 위하여 만들어졌음에 틀림없다. 또한 전쟁술도 어떤 의미에서는 재물을 얻을 수 있는 자연적인 한 방식이라는 결론을 내릴 수 있다. 수렵은 전쟁술의 일부이며, 우리는 야생 짐승만을 사냥하는 것이 아니라 자연적으로 타인에게 지배를 받아야 마땅한 인간들도 사냥해야 한다. 왜냐하면 이런 전쟁은 자연적으로 정당하기 때문이다.

여기에서 어떤 형태의 재산 획득도 가계운영 기술의 일부라는 결론이 나온다. 이것은 가계를 운영하는 사람이 직접 구하거나 자신이 제공하거나 마련할 수 있어야 하는 획득 방법이다. 왜냐하면 그것은 생활에 필요하며, 국가나 가정에 쓸모가 있고, 저장할 수 있는 물품들을 대주기 때문이다. 이들은 진정한 부를 구성하는 물품들이라고 볼 수 있다. 그리고 좋은 생활을 위하여 충족한 재산이 무제한적인 것은 아니기 때문이다. 이것을 솔론(Solon)은 다음과 같이 시로 읊었다.

 부의 한계란 사람들에게 정해진 일도
 알려진 일도 없다.

 가계운영 기술에 필요한 재산에 대해서는 정해진 한계가 있다. 이것은 다른 기술에 필요한 수단들에 한계가 있는 것과 같다. 모든 기술에 필요한 도구들은 수단이 되는 기술의 필요에 따라서 양과 크기로 한계가 정해지는데, 부는 가정 또는 국가에 필요한 도구들의 집합이라고 정의할 수 있다.
 따라서 가정을 운영하는 사람들이나 정치인들이 행해야 하는 자연적인 획득의 기술이 있음이 명백하다. 그리고 그것이 존재하는 이유도 명백한데, 자연이 마련한 것을 사람이 자기 필요를 위하여 얻는 것은 당연하기 때문이다.

제9장
 특별히 정당한 '획득의 기술'이라 불리는 또 다른 형태의 재산 획득의 일반적 기술이 있다. 이 두 번째 형태의 기술적 특징 때문에 부와 재산은 한계가 없는 것이라는 의견이 생기게 된 것이다. 많은 사람들이 이 두 번째 형태의 재산 획득 기술이, 앞에서 우리가 살펴본 다른 형태의 기술들과 비슷한 점이 많으므로, 그들과 같은 것이라고 주장한다. 사실 그것은 같은 것은 아니지만 그렇다고 전혀 다른 것도 아니다. 우리가 앞에서 언급한 기술들은 모두 자연적인 기술이지만, 이 두 번째 형태의 것은 자연적이 아니고 어떤 종류의 경험과 숙련의 산물이다.
 이 기술에 대해서 다음과 같이 살펴보고자 한다. 모든 재산 품목들은 두 가지의 가능한 용도가 있다. 이 두 가지 용도 모두 그 품목 자체에 속하는 것이지만, 그 정도와 방식은 서로 다르다. 첫 번째 용도는 관련된 품목의 본성에 특유한 것이고 두 번째 것은 그렇지 않다. 예를 들면, 신발은 신을 수도 있고 또 다른 물건과 교환할 수도 있다. 이 두 가지 용도는 모두 신발 자체의 용도다. 신발을 필요로 하는 사람에게 그 대가로 돈이나 음식을 받는 사람도 신발을 신발로써 사용하는 것이다. 그러나 신발은 교환을 목적으로 만들어진 것이 아니므로 그러한 사용은 신발의 본성에 맞는 특유한 사용이라고 할 수는 없다. 이것은 다른 재산에도 해당되는 것이다. 왜냐하면 모든 재산 품목은 교환이 가능하기 때문이다. 이러한 사실은 자연스러운 것으로서, 어떤 사람은 자기가 필요로 하는 것보다 더 많은 것을 갖고 있고, 어떤 사람은 부족하게 갖고 있음으로써 발생하는 것이다. 그러므로 우리는 상행위가 재산을 모으는 일의 일부가 아니라는 것을 알 수 있다. 만일 이것이 자연적 획득의 일부라면, 거래 양측에 필요를 충족할 정도로만 이루어지면 될 것이다. 그런데 실제로 상행위는 거래하는 한쪽이 이윤을 남기고 다른 쪽은 손해를 보는 것이다.

첫 번째 형태의 공동체, 즉 가정에서 교환의 기술은 분명히 필요치 않다. 가족 구성원은 모든 것을 공유하기 때문이다. 교환은 공동체의 규모가 부락의 정도로 확대되었을 때에야 그 필요가 생기게 된다. 부락의 구성원들은 여러 가족들로 나뉘어 서로 다른 여러 물품들을 갖고 있었는데, 필요에 따라서 이들은 물물교환 형식으로 서로 바꾸었다. 오늘날에도 미개인들은 같은 방법을 사용하고 있다. 이러한 방식으로 쓸모있는 물품들은 서로 직접 교환되었지만, 이 거래는 더 이상 발달하지 못했다. 예를 들면 포도주와 밀이 교환되거나 다른 비슷한 물품들이 서로 교환되었다. 이런 방식에 따르면 교환 기술은 자연에 어긋나는 것도 아니고, 결코 어떤 형태로건 획득의 기술이 될 수는 없었다. 교환은 단지 충족을 위한 자연적 요구만을 만족시켜 주는 데 불과했다.

그럼에도 두 번째 의미로서의 획득의 기술이 발전된 것이다. 다음의 과정을 통해 그 원인을 추리할 수 있다. 사람들이 그들에게 없는 물자들을 수입하고 남아도는 것들을 수출하면서, 사람의 필요에 따른 공급이 차츰 외국 자원에 의존하게 되었다. 이런 방식에서 불가피하게 유통화폐가 생기게 되었다. 화폐제도가 생겨나게 된 이유는 필요한 모든 물품들이 쉽게 운반될 수 있는 것이 아니기 때문이다. 따라서 사람들은 교환 목적을 위해 그 자체로서 쓸모있는 물자와, 생활필수품을 얻는 데 다루기 편리한 물품을 주고받기로 합의했다. 그런 물품이란 철·은 또는 이와 비슷한 금속들이다. 처음에는 그 가치가 단순히 무게와 크기로 결정되었으나, 차츰 그 금속들에 일정한 양을 나타내는 표시를 해서 그때그때마다 가치를 결정해야 하는 수고를 덜도록 했다.

이런 방식으로 화폐의 사용이 시작된 다음에는 교환의 필연적인 과정에서 새로운 재산 획득의 형태가 생겨나게 되었는데, 이것이 바로 이득을 목적으로 하는 상행위이다. 처음에는 아마 이것이 단순한 방식으로 이루어졌을 것이다. 그러나 몇 번의 경험을 통해 언제 어디서 교환을 해야 가장 큰 이익을 얻을 수 있는지를 알게 되었을 때부터 그것은 복잡해져갔다. 그 결과로 재산을 모으는 기술이란 특히 돈을 버는 것을 의미하게 되었고, 그 기능이란 돈을 많이 벌 수 있는 재원을 찾아내는 능력이라는 생각이 나오게 되었다. 이 견해를 뒷받침하여 재산 획득 기술이란 부와 돈을 만드는 것이라고 주장하며, 이런 견해를 갖고 있는 사람들은 재산 획득 기술이 유통 화폐를 대상으로 한다는 근거로, 부는 단순히 화폐의 축적에 불과하다고 생각한다.

이에 반대하는 또 다른 견해도 있다. 이 주장에 따르면 화폐는 가짜 부이며 그저 관행에 불과하다. 또한 본질적으로 화폐란 허구다. 왜냐하면 A 화폐를 사용하는 사람들이 B 화폐를 사용하기로 결정한다면, 그 화폐는 더 이상 아무런 가치도 소용도 없게 되기 때문이다. 그리고 때로는 화폐를 잔뜩 갖고 있어도 생존에 필요한 물품을 구하기 어려울 수 있다고 주장한다. 화폐를 잔뜩 갖고 있으면서도 굶어죽을 수 있는 것을 부라고 부르는 것은 터무니없다는 것이다. 이것은 미다스(Midas) 왕이 자신의 탐욕스러운 소망에 따라서 그가 만지는 모든 물건이 곧 금으로 바뀌어 버렸다는 우화에서 볼 수 있다.

이런 주장을 근거로 이 두 번째 견해를 갖고 있는 사람들은 부와 그것을 얻는 기술에 관한 다른 개념을 찾아내려고 하는데, 이런 시도는 올바른 것이다. 자연적인 획득의 기술과 자연적인 부는 다른 것이다. 획득 기술의 자연적인 형태는 가정의 운영과 관련이 있지만, 다른 형태의 획득 기술은 단지 상행위에 불과하며, 화폐를 벌어들이는 것이고, 그저 물품의 교환을 수단으로 할 뿐이다. 이 두 번째 형태의 기술은 화폐의 힘에 의존하는 것이라고 할 수 있는데, 그것은 화폐가 상거래의 시작이며 그 목표이기 때문이다. 또 다른 차이점은 이 두 번째 형태의 기술로 만들어지는 부는 한정이 없다는 것이다. 의술은 건강을 유지하도록 하는 데 있어 아무 한계도 설정하지 않는다. 그리고 일반적으로 모든 기술은 저마다 그 기술의 목적을 최대한 실현하려 하므로, 목표를 추구함에 있어 어떤 한계도 인정하지 않는다. 그렇지만 의술이나 다른 기술들은 일반적으로 목표를 달성하는 데 있어서 사용하는 수단에 한계를 설정하고 이를 지킨다. 왜냐하면 목표 자체가 수단의 한계를 구성하기 때문이다. 상행위로써 재산을 모으는 기술에서도 마찬가지이다. 그것이 추구하는 목표에는 한계가 없다. 그 목표는 앞에서 말한 부이며 그저 돈을 버는 것이다. 그러나 상행위를 통해 재물을 모으는 것과는 달리 가정운영 기술을 통한 재산 획득에는 한계가 있다. 그리고 이 기술의 목적은 한없는 부가 아니다. 따라서 이런 관점에서 살펴보면 모든 부에는 한계가 있음에 틀림없는 것으로 보인다. 그러나 실재로는 그 반대의 일이 일어난다. 즉, 재산을 모으는 일을 하는 사람들은 쉬지도 않고 끝도 없이 돈을 더 많이 벌려고 하는 것이다.

이 모순의 원인은 두 개의 서로 다른 획득 방식들 사이에 깊은 연관이 있다는 데에 있다. 그들은 같은 대상을 다루며 같은 획득의 분야에서 활동하므로 중복된다. 그러나 그들은 서로 다른 방식으로 활동한다. 한쪽이 목적으로 삼는 것은 그저 재산을 모으는 데 불과하며 다른 쪽의 목적은 이와는 아주 다르다. 이렇게 두 가지 방식이 중복되므로 어떤 사람들은 단순한 축재가 가계운영의 목적이라고 믿으며, 이런 사고방식 때문에 돈으로 부를 저축하며 또 한없이 모으는 데 집착하는 것이다.

그러나 이러한 마음가짐의 근본적인 원인은 훌륭한 삶보다 생계에 대한 걱정이 더 크다는 사실이다. 그리고 사람들의 삶에 대한 욕망이 한없으므로, 삶을 지탱해 주는 물질적 욕심도 한없이 커진다. 좋은 생활을 목표로 하는 사람들까지도 물질적인 향락을 얻는 수단을 추구한다. 그리고 그들이 추구하는 바가 이것을 얻으려는 활동에 달려 있는 것처럼 보이므로 그들은 완전히 돈을 버는 일에 몰두하게 되는 것이다. 이런 이유로 다른 형태, 즉 저차원적인 획득의 기술이 유행하게 되었다. 향락은 물질적 여유를 가지고 있느냐에 달려 있으므로, 사람들은 향락에 필요한 여유를 만드는 기술에 오로지 몰두한다. 그리고 만일 그들이 원하는 바를 그 기술로 얻을 수 없으면 그들은 다른 수단을 사용한다. 즉, 본성을 어기는 방식으로 모든 능력을 동원해서 목적을 이루려고 한다. 예를 들면 용기의 본래 기능은 돈을 버는 것이 아니고 자신감을 주는 것이다. 무술 또는 의술도 마찬가지이다. 어느 것도 돈을 모으는 기술은 아니다. 무술은 전쟁에서 이기는 것을, 그리고 의술은 건강을 가져다주는 것을 목적으로 한다. 그러나 어떤 사람들은 마치 돈을 버는 것이 유일한 목적이고 모든 것은 이 목적에 바쳐야 하는 것으로 생각하며 모든 능력을 재산 획득의 기술들로 변화시킨다.

이제까지 불필요한 획득 기술의 형태에 대해 살펴보았다. 우리는 그 기술의 본성과 왜 사람들이 그런 기술을 필요로 하는지 깨달았다. 또한 그 기술은 다른 기술과 다르게 생활필수품을 조달하는 기능을 하며, 따라서 끝없는 목표를 갖는 것이 아니고, 일정한 한계를 갖는 가정운영 기술의 일부라는 것을 살펴보았다.

제10장

앞장에서 이야기한 것은 우리가 처음에 제기한 다음과 같은 질문을 명확하게 해결해 주었다. 획득의 기술이 가정을 운영하는 자나 정치인의 영역에 속하는 것인가 아니면 그들의 영역 밖에 있는 것인가? 말하자면, 그 부는 그들에 의해 내세워진 것이다. 정치인의 기술이 사람들을 만들어내는 것과는 관계가 없고 자연이 공급해 놓은 사람들을 다스리기만 하면 되는 것처럼, 사람들의 생존에 필요한 수단은 육지나 바다 또는 다른 어떤 것이든 자연이 마련하여 주었음에 틀림없다고 주장할 수 있다. 그렇다면 이런 논거에서 가정을 운영하는 사람의 임무는 그가 이미 갖고 있는 것을 잘 경영하는 것이다. 옷감을 짜는 기술은 양털을 만드는 것과는 상관이 없다. 양털을 사용하는 방법과 질이 좋고 적합한 양털과 그렇지 못한 것을 구별해 낼 줄 알아야 하는 건 직공이다. 똑같은 원리가 가정운영에도 적용된다. 이와 같지 않다면, 가정운영 기술이 부를 얻는 기술의 한 부분이며, 의술은 그 기술의 일부가 아닌가 하는 질문이 제기될 수 있다. 또한 가정 구성원들이 우선 생명을 유지해야 하고 생존에 필요한 다른 필수품들을 필요로 하는 것과 마찬가지로 건강도 유지해야 한다고 주장할 수 있을 것이다. 가정 운영자나 정치인들이 주장하는 것처럼 그 구성원들의 건강을 돌보아야 한다는 합리적인 견해에도 일리가 있다. 그러나 건강의 유지는 이들의 책임이 아니라 의사들의 책임이라는 견해도 고려해 봐야 한다. 재산 문제에서도 마찬가지이다. 가정을 운영하는 자가 재산 획득의 문제도 돌봐야 한다는 것에는 일리가 있지만, 관점을 달리하여 생각해 보면 이것은 그의 업무가 아니며 획득은 보조적인 기술에 속할 뿐이다.

앞서 살펴본 것과 같이 재산의 공급은 자연이 마련해 준 것으로서 운영 이전에 이미 있어야 하는 것으로 봐야 한다. 세상에 태어나는 모든 생물에 대하여 자연은 생존수단을 보장해 주어야 한다. 이것은 짐승의 새끼들이 태어나는 것을 가능하게 했던 모체로부터 영양을 공급받는다는 사실로 미루어 알 수 있다. 따라서 획득 기술의 자연적 형태는 어느 경우나 항상 자연에서 또는 짐승에게서 과실이나 필요품을 얻는 것이다. 이미 말한 것과 같이 이 기술에는 두 가지 형태가 있다. 하나는 상거래와 관련된 것이고, 다른 하나는 가정 운영에 관련된 것이다. 이 둘 중에 후자가 필요하며 또 떳떳한 것이고, 전자는 비난을 받아 마땅한 교환의 방법이다. 그것으로 얻는 이득은 자연적으로 만들어진 것이 아니고 다른 사람의 희생으로 얻어진 것이기 때문이다. 대금업자는 가장 미움을 받는데, 이것은 당연한 일이다. 그들은 화폐의 본래 기능인 유통 과정이 아니라 화폐 그 자체로부터 이득을 얻기 때문이다. 화폐는 교환 수단으로 생겨난 것이지, 이윤을 높이기 위한 것이 아니다. 이윤은 단지 돈으로부터 낳은 돈이라고 하겠는데, 흔히 '새끼를 친다'라고 부른다. 마치 새끼가 그 부모를 닮는 것처럼 돈이 늘어난 것인 이자는 그것을 낳은 원금과 같은 것이기 때문이다. 그러므로 이것을 얻는 여러 방식 중에서 왜 대금업이 가장 비자연적인지 이해할 수 있을 것이다.

제11장

우리는 순수 이론적인 면과 관련하여 획득의 기술이라는 주제를 충분히 살펴보았다. 이제는 실제 사용에 관하여 살펴보아야 한다. 이런 문제들은 이론적으로는 자유롭게 다루어도 좋으나 실제로는 주변 환경에 따라서 다루어야 한다. 실제 사용되는 여러 가지 획득 기술은 다음과 같다. 첫째는 목축인데, 우리는 어떤 종류가 가장 이득이 많이 나는가, 그리고 어떤 땅에서 어떻게 다루어야 가장 이로운가를 알아야 한다. 예를 들면 말·소·양 또는 다른 가축들을 기르는 방법을 바로 알아야 한다. 경험에 의해서만 어떤 종류의 가축이 다른 것과 비교해서 이득이 더 남는가, 또는 어떤 땅에서 어떤 종류가 잘 되는지를 알 수 있다. 왜냐하면 어떤 종류는 어떤 땅에서 잘 되지만, 다른 종류의 가축은 또 다른 땅에서만 잘 되기 때문이다. 두 번째로는 농업인데, 이것은 곡물 경작과 포도와 올리브 등의 과수 재배·양봉, 또 생계에 도움이 되는 어류나 조류를 기르는 것이다. 이것들이 바로 자연적이고 올바른 형태의 재산 획득, 즉 생산의 기술로서 가장 중요하다. 그 다음은 교환 방법으로 재산을 모으는 기술 중에 가장 중요한 것이 상업이다. 상업에는 해운·운수·판매 이 세 가지가 있으며, 이들 중 어떤 것은 안전성이 높고 다른 것은 이익률이 높다는 차이가 있다. 두 번째는 투자를 하여 이득을 남기는 것이고, 세 번째는 보수를 받고 용역을 제공하는 서비스업이다.

교환의 이 마지막 업종, 즉 서비스업에는 숙련된 기술공이 하는 일이 있고, 육체적인 노동만을 할 수 있는 비숙련공이 하는 일이 있다. 획득 기술의 세 번째 형태는 첫 번째와 두 번째의 중간쯤 되는 것이다. 왜냐하면 이것은 첫 번째 자연적 형태의 획득 기술과 두 번째 교환 형태의 획득 기술 요소를 동시에 갖고 있기 때문이다. 이것은 땅속에서 나오는 물건들이지만 과실을 맺지는 않으며, 역시 쓸모있는 생산물들을 대상으로 하는 것이다. 예를 들면 임업이나 광업 등을 말한다. 광업에는 여러 업종이 있는데, 땅에서 나는 금속에도 여러 종류가 있기 때문이다.

이제까지 여러 가지 형태의 획득에 대해 일반적으로 언급했다. 이들에 대해 보다 자세히 살펴본다. 실제로는 쓸모가 있겠지만 더 이상 늘어 놓으면 지루해질 것이다. 그러므로 다음과 같이 정리하기로 한다. 고도의 기술을 필요로 하는 업종은 우연의 요소가 가장 적은 것이다. 가장 나쁜 것은 몸에 해가 많이 미치는 업종이며, 가장 천한 것은 육체적인 힘을 가장 많이 사용하는 직업이고, 가장 저급한 것은 사람다운 우수함을 필요로 하지 않는 직업이다.

여러 학자들이 이 문제들에 대해 저술했다. 파로스(Paros)의 카레티데스(Charetides)와 레므노스(Lemnos)의 아폴로도로스(Apollodoros)는 곡물 경작과 포도와 올리브와 같은 과수원 경작에 대해 책을 썼고, 다른 사람들은 또 다른 문제들에 대해 글을 썼다. 이 문제들에 관심이 있다면 이 책들을 참고

하여 연구하는 것이 좋겠다. 또한 여러 사람들이 부를 모은 방법들에 대해 쓴 이야기들을 수집하는 것도 좋겠다. 이런 저술들은 모두 부를 모으는 방법을 중요하게 생각하는 사람들에게는 쓸모가 있다. 예컨대 밀레투스(Miletos)의 탈레스(Thales)에 관한 글로 엮어져 있는데, 탈레스가 지혜롭기로 이름났기 때문에 그에 관한 이야기 역시 꽤 알려진 것이다. 이것은 돈을 버는 한 방법에 관한 이야기지만 일반적으로 적용될 수 있는 원칙도 포함하고 있다. 사람들이 탈레스가 가난한 것을 비웃으며 철학이란 쓸모없는 것이라고 조롱했다고 한다. 그러나 그는 기상학의 지식으로 그해에 올리브 수확이 많을 것을 예견하고 일찌감치 그가 갖고 있는 적은 돈으로 밀레투스와 키오스(Chios) 섬에 있는 올리브유 짜는 기계를 모두 빌리는 데 보증금을 걸어 놓았다. 그때는 다른 경쟁자가 없어서 싼 값으로 계약을 할 수 있었다. 그런데 수확기가 되고 모두 기름 짜는 기계가 필요하게 되자, 그는 부르는 것이 값이 된 그 기계를 빌려 주었다. 그는 이렇게 큰 재산을 만듦으로써 철학자도 맘만 먹으면 큰 부자가 될 수 있지만, 단지 그것이 철학자의 관심사가 아닐 뿐이라는 것을 보여주었다고 한다. 이것은 탈레스가 그의 지혜를 증명한 이야기로 알려져 있지만, 앞에서 말한 것처럼 그가 사용한 계획은 결과적으로 독점의 창조였는데 획득의 기술에 있어 일반적으로 적용될 수 있는 원칙을 담고 있다. 따라서 어떤 국가나 개인은 돈이 필요할 때 이 같은 방법을 사용한다. 즉 물품의 공급을 독점하는 것이다.

시칠리아에 있는 어떤 사람은 자기가 맡은 돈으로 철물점의 철물들을 모두 매점해서, 소매상들이 철물을 사려고 했을 때 그 사람에게서밖에 살 수 없도록 했다. 그는 값을 크게 올려 받지 않았는데도 50탤런트의 비용을 들여 100탤런트의 이윤을 남겼다. 이 투기가 시라쿠사의 지배자인 디오니시오스(Dionysios)에게 알려지자, 그는 이 사람에게 번 돈은 갖되 시칠리아를 떠나라고 명령했다. 그 이유는 그가 자신의 이익에 해로운 돈벌이 방법을 발견했기 때문이었다. 그의 착상은 탈레스와 같은 것이었다. 이 두 사람이 한 짓은 사적인 독점이었다. 그러나 이런 방법들을 알고 있는 것은 개인에게나 마찬가지로 정치인에게도 쓸모가 있는 것이다. 즉 국가는 가정과 같지만 그보다 더 재원이 필요하며, 따라서 재물을 얻는 방법을 더 잘 알고 있어야 한다. 이런 이유로 정치적으로 입신출세하려는 사람들 중에 어떤 이들은 그들의 정치적인 활동을 재정적인 문제에만 국한한다.

제12장

앞에서 우리는 가정운영에 필요한 세 부분의 기술에 대해 정리해 보았다. 첫 번째 부분은 노예를 다스리는 것이고, 두 번째는 부모로서의 권위를 행사하는 것이고, 세 번째는 남편으로서의 권위를 행사하는 것이다. 남편이나 가장에 대해서는 앞으로 따로따로 살펴보아야 한다. 이는 가장이 부인과 아이들을 지배하며, 이 지배관계는 가정에서 자유인의 구성원들로서 관계지만, 저마다 지배의 성격이 다르기 때문이다. 아내에 대한 남편의 지배는 동료시민에 대한 정치인의 지배와 같으며 아이들에 대한 지배는 군주의 신하에 대한 지배와 같다. 자연적인 상태에서 이상이 있는 경우를 제외하고는 남성이 여성보다 지배에 더 적합하며, 나이가 들고 성숙한 사람이 젊고 미성년인 사람보다 지배에 더 알맞다. 헌정 국가와 같은 지배관계에서는 대부분 시민은 통치하고 차례로 통치당한다. 정치적 공동체의 구성원들은 본질적으로 평등하며 차이가 없는 것을 목표로 한다. 그런데 이런 목적에도 불구하고 사실 시민의 일부가 지배하고 있을 때 다른 일부는 지배를 당한다. 지배하는 시민들은 자신들을 다른 시민들과 겉으로, 또 말하는 방식이나 경칭 등으로 구별하려고 한다. 이것은 아마시스(Amasis)가 발 씻는 대야를 부숴 신상을 만들게 함으로 존경심을 우러나게 한 것을 생각나게 한다.

남자와 여자의 관계는 정치인이 동료시민을 다스리는 관계가 영구화된 것과 같다. 반면에 아이들에 대한 부모의 지배는 군주가 신하를 지배하는 것과 같다. 아버지의 권위는 그가 당연히 받아야 하는 애정과 연장자로서의 권리에서 나오는 것이므로 그의 위치는 왕권과 같은 성질의 것이다. 따라서 호메로스가 모든 신과 사람들의 왕인 제우스를 '모든 인간과 모든 신의 아버지'라고 불렀던 것이다. 왕은 신하들보다 자연적으로 나아야 하지만 동시에 그들과 같은 사람들이어야 한다. 젊은이에 대한 연장자의 관계, 그리고 자식에 대한 부모의 관계도 마찬가지다.

제13장

앞의 논의에서 가정 운영은 생명이 없는 재산보다 사람들과 더 관련되어 있으며, 재산을 잘 유지하는 것보다 사람들을 잘 유지하는 것에, 끝으로 노예의 덕성보다 자유인의 덕성에 더 관련되어 있다는 것이 분명해졌다. 여기에서 노예에 대해 예비적인 질문을 제기해도 좋겠다. 노예는 주인의 도구로서 힘든 노동에 종사하는 것 이상의 어떤 '선'을 갖고 있는가? 즉 절제·인내·정의 또는 다른 도덕적인 성질에 속하는 고차원의 가치를 갖는가? 아니면 그가 제공하는 육체적 노동 이외에는 아무런 선도 없는가? 이 질문은 어떤 대답에도 모두 곤란한 문제를 제기한다. 만일 노예들이 고차원의 선을 갖는다면, 자유인과 무엇이 다른가? 만일 아무런 선이 없다면 그 역시 놀라운 일이다. 그들도 이성이 있는 인간이기 때문이다. 그러나 이렇게 노예에 대해 제기되는 질문은 아내와 아이들에 대해서도 거의 똑같이 제기될 수 있다. 그들도 고차원의 선을 가질 수 있는가? 아내도 절제 있고, 용감하고, 정의롭다는 뜻에서 선해야 하는가? 아이에게 절제가 있다 없다 말할 수 있는가? 이 문제의 답은 과연 긍정인가 아니면 부정이 되어야 하는가?

답을 내리기 전에 좀더 논의해야 할 것이 있다. 이 문제를 우리는 일반적인 형태로 살펴보아야 한다. 자연적으로 지배하는 자의 선은 자연적으로 지배받는 자의 선과 같은가 아니면 다른가? 만일 둘 모두 같은 선을 갖고 있다면, 왜 그들 중의 하나는 영원히 지배자가 되고 다른 하나는 영원히 지배를 받아야 하는가? 둘의 차이는 그저 정도의 차이에 불과할 수는 없다. 왜냐하면 지배자와 피지배자 관계는 서로 다른 종류의 차이이며 정도의 차이와는 아무 관련이 없기 때문이다.

반대로, 그들 중 하나는 도덕적인 선이 있고 다른 하나는 없다면, 이것도 이상한 일이다. 둘 모두에게 절제와 정의로움을 갖추지 않는 한, 어떻게 지배자가 올바르게 다스리며 피지배자가 올바르게 다스려질 수 있겠는가? 또한 방종하고 비겁한 자는 의무를 전혀 수행할 수 없을 것이다. 이제 다음과 같은 결론이 나온다. 즉, 두 계급이 모두 함께 선을 갖추고 있어야 하지만 그 선의 종류는 다른 것이다. 이것은 마치 피지배층들 사이에서도 서로 다른 계층에 따라 서로 다른 선이 있는 것과 같다.

여기에서 제시된 지배자와 피지배자는 서로 다른 선을 갖고 있다는 견해로 우리는 영혼의 본성을 바로 깨달을 수 있다. 영혼에는 본디 두 가지 요소가 있는데, 하나는 지배적 요소이고 다른 하나는 피지배적 요소이다. 이들 요소는 서로 다른 선을 갖고 있는데, 그것은 이성적이며 지배적 요소에 속하는 선과 비이성적이며 피지배적 요소에 속하는 선이다. 영혼도 이렇다면, 가정과 국가에도 적용될 수 있을 것이다. 따라서 우리는 자연적으로 지배적인 요소와 피지배적인 요소가 공존하는 것이며, 어디서나 두루 쓰이는 일반 법칙이라는 결론을 내릴 수 있다. 노예에 대한 자유인의 지배와 여성에 대한 남성의 지배, 아이들에 대한 성인의 지배는 저마다 그 종류가 다르다. 이 모든 사람들이 공통으로 영혼의 서로 다른 부분들을 소유하고 있지만, 그 소유의 정도는 다르다. 노예는 사고 능력이 없으며, 여성은 사고 능력은 있지만 그 소유의 형태가 분명하지 않으며, 어린아이는 사고가 제대로 성숙되지 못한 형태로 있다.

이것은 도덕적 선의 소유에 있어서도 마찬가지다. 모두 그것을 갖고 있지만 각자가 그 기능을 수행하는 데 필요한 만큼만 갖고 있다. 따라서 지배자는 이성적 사고에 바탕을 둔 완벽한 형태로 도덕적 선을 가지고 있어야 한다. 왜냐하면 그의 기능을 전체적인 성격에서 전적으로 고려하자면 우두머리 장인(匠人)을 요구하는 것이며, 이성이야말로 그런 우두머리 장인이기 때문이다. 그러나 다른 사람들은 그들의 특별한 위치에 따라서 필요한 정도로만 도덕적 선을 갖는다. 따라서 도덕적 선은 위에 언급한 모든 사람들이 갖추어야 하는 것이지만, 절제—마찬가지로 인내와 정의도—는 소크라테스가 주장한 것처럼, 여자도 남자와 같지는 않다. 예를 들어, 남자에게 인내는 지배와 관련되어 나타나는 것이고 여자에게는 봉사와 관련되어 나타나는 것이다. 다른 형태의 선도 마찬가지이다.

주제를 더 자세하게, 그리고 부분별로 나누어 살펴보면 이 결론은 더욱 분명하게 드러난다. 일반적인 개념으로 말을 하거나, 선은 '영혼의 좋은 상태' 또는 '올바른 행동'이라고 주장하거나, 또는 이와 같은 종류의 말을 하는 것은 자기 기만의 잘못을 저지르는 것이다. 그런 일반적인 정의들을 하는 것보다 고르기아스(Gorgias)가 한 것처럼 선의 서로 다른 형태들을 단순하게 늘어놓는 방법이 훨씬 더 좋다. 따라서 우리는 시인 소포클레스가 여자에 대해 한 다음 말이 일반적인 진리라고 생각한다.

침묵은 여자의 영예.

그러나 이 진리는 남자에게는 적용되지 않는다. 어린아이는 어설프며, 따라서 그의 선은 분명히 그의 현존재에 관련되는 것이 아니고 그가 성년이 되었을 때의 존재와 그의 보호자에 관련되는 것이다. 마찬가지로 노예의 선도 그 주인과의 관계에서 생각해야 할 문제다.

노예에 대해 살펴보면서 우리는 노예란 생활에 필요한 목적들에 쓸모있는 것이라고 결론을 내렸다. 그렇다면 노예가 필요로 하는 선은 보잘것없는 것이 분명하다. 즉 무절제나 비겁함으로 인하여 자신의 의무를 수행하는 데 결함이 없도록 하는, 그 정도의 선밖에는 필요로 하지 않을 것이다. 만일 이것이 사실이라면, 직공들도 선이 필요치 않겠는가 하는 질문이 제기된다. 그들도 때때로 무절제 때문에 일을 제대로 못하기 때문이다. 그러나 직공들의 경우는 노예의 경우와는 다르지 않은가? 노예는 주인의 생활을 위한 수행자이지만, 직공은 자기 주인에게 그 정도로 매달려 있지는 않다. 그에게 있어야 하는 선은 그의 예속적 위치 정도에 비례한다. 기계 일을 하는 직공은 그 예속적인 지위가 한정되어 있으므로 노예보다는 예속이 덜하다. 또한 노예는 자연적으로 노예 계급에 속하지만, 구두 만드는 직공이나 다른 직공들이 노예 계급에 속하는 것은 아니다.

따라서 한 가정의 가장은 노예에게 우리가 이야기한 종류의 선이 있도록 해야 하며, 특정한 일들에 대해 지시를 내리는 운영자로서가 아니라 도덕적 안내자로서 그렇게 해야 한다. 이런 이유로 우리는 노예에게는 이성이 없다는 사람들의 논리, 그리고 노예는 그저 개별적인 명령을 따라서 일을 해야 한다고 주장하는 사람들에게 동의하지 않는다. 아이들에게보다 노예들에게 훈계가 더 필요한 것이다.

이로써 이 문제들에 대해서는 충분히 살펴본 셈이다. 아직 남아 있는 다른 문제들이 있다. 즉 남편과 아내의 관계, 부모와 자식들의 관계, 이 관계들에 관련된 사람들이 지닌 고유한 선의 성질, 서로의 교제에서 무엇이 선하고 악하며 따라서 어떻게 선을 추구하고 악을 피하는가 이런 것들이다. 이 모든 문제들은 나중에 정부의 형태들에 대해 논하면서 다룰 것이다. 이 문제를 미루는 이유는, 모든 가정은 국가의 일부이며, 남편과 아내의 세계, 부모와 자식들의 세계는 모두 가정의 일부분이기 때문에, 이 모든 부분의 선은 전체의 선과 연관되어서 생각해야 하기 때문이다. 따라서 우리는 어린아이와 여자들의 선이 국가의 선에 관련된다고 생각하는 한에서는, 어린아이와 여자들의 교육을 다루기 전에 정부에 대해 생각해 봐야 한다. 어린아이와 여자들의 선은 국가의 선과 관계가 깊다. 여자는 전체 자유인 인구의 반이다. 또 아이들은 장래의 국가 운명에 참여할 인물들이다.

우리는 이미 가정의 어떤 면들에 대해서 살펴보았고, 다른 문제들에 대해서는 나중에 다시 살펴볼 것이다. 그러므로 이제는 가정에 대해서는 여기서 논의를 끝내고 새로운 문제를 살펴보아도 좋을 것이다. 먼저 이상적인 정부 형태에 관한 사람들의 이론들을 연구해 보자.

제2편 이상국가에 대한 견해

제1장

여기에서 우리의 목적은 가장 이상적인 생활방식을 위해 가장 좋은 형태를 가진 정치공동체는 어떤 것인가 하는 것이다. 먼저 우리가 생각하는 것과는 다른 형태의 이상적인 정부들을 살펴보자. 훌륭히 통치되는 나라들에서 실제로 시행되고 있는 정치 형태뿐만 아니라 좋은 명성을 얻은 정부들의 이론적인 형태까지도 살펴보아야 한다. 이런 탐구의 결과로 우리는 두 가지 이득을 얻을 수 있다. 첫째 우리가 연구하는 분야에서 무엇이 쓸모있고 무엇이 올바른지 알아낼 수 있다. 둘째 우리가 조사한 정부 형태와는 다른 어떤 것을 찾으려면, 어떤 대가를 치르고라도 자신의 창의력만을 나타내려는 사상가들과는 달리, 기존 정부 형태들에 결함이 있기 때문에 그렇게 한 것임을 보여줄 것이다.

이런 논의에서 가장 적절한 출발점을 찾기 위해 다음 세 가지 대안 중 하나를 선택해야 한다. 첫째 모든 시민들은 모든 것을 공유해야 한다. 둘째 아무것도 공유해서는 안 된다. 셋째 어떤 것은 공유하고 어떤 것은 공유해서는 안 된다. 시민들은 아무것도 공유해서는 안 된다는 두 번째의 것은 분명히 불가능하다. 국가는 근본적으로 사람들의 공동체이며 그 구성원들은 먼저 거주지가 같아야 하기 때문이다. 어떤 국가든 일정한 지역을 차지하고 있으며, 또 국가는 그 시민들에게 공통적으로 속하는 것이다. 그러므로 우리는 앞에 말한 첫 번째와 세 번째 대안 가운데 하나를 선택해야 한다. 국가가 잘 운영되려면 가능한 한 모든 것을 공유해야 할까, 아니면 어떤 것은 함께 갖고 어떤 것은 사유로 해야 할까? 첫 번째 것을 택한다면 시민들은 아내와 아이들과 재산을 함께 갖을 수 있게 된다. 이것은 플라톤의 《국가》에서 밝힌 것인데, 그 책에서 소크라테스는 처자식과 재산을 공유하는 것이 필요하다고 주장하고 있다. 따라서 우리는 현재의 상태, 즉 사유재산과 개별적인 가족제도를 그대로 유지하는 것이 좋은가, 아니면 《국가》에 설명되어 있는 생활의 규칙을 따라야 하는가 하는 문제가 제기된다.

제2장

아내를 함께 갖는 체제를 만드는 데에는 어려운 점이 많은데, 그중에서도 특히 두 가지의 큰 어려움이 있다. 그것을 합법화시키기 위한 소크라테스의 주장 역시 엄격한 논리적인 귀결로 보이지 않는다. 국가를 위해 필요하다고 설명하는, 그 목적을 위한 수단으로서 내세운 그의 계획은 실현하기 어려운 것이다. 그럼에도 그는 그의 계획의 방향에 대해서는 아무런 언급이 없다. 소크라테스가 전제로 한 목적은 '가능한 한 최대한의 일치성이 전체 국가에서 가장 좋은 것이다'라는 원칙에 포함되어 있다. 그러나 계속해서 하나의 단위로만 되어가는 국가는 결국에는 국가가 아닌 것으로 변질되고 말 것이다. 국가란 본질적으로 어떤 종류의 집합체이다. 만일 국가가 하나의 동질적 단위가 된다면, 그것은 국가라기보다 가정이 될 것이고, 나아가 가정이라기보다는 개인이 되고 말 것이다. 왜냐하면 우리는 국가보다는 가정이, 가정보다는 개인이 한 개의 동질적 단위에 가깝다고 생각하기 때문이다. 따라서 우리가 이러한 목표를 이룰 수 있다 하더라도 그렇게 해서는 안 된다. 그런 일이 일어난다면 국가가 파괴되고 말 것이기 때문이다.

여기에는 또 다른 반론이 있다. 국가는 여러 사람으로 구성되어 있을 뿐만 아니라 여러 다른 종류의 사람들로 구성되어 있다. 같은 사람들끼리는 국가를 이룰 수 없기 때문이다. 국가는 군사동맹과는 다른 것이다. 군사동맹은 본질적으로 그 동맹의 구성원들이 서로 제공할 수 있는 도움을 위해 이룩된 것으로서, 그 효용이란 순전히 양적인 크기에 있다. 즉, 그 동맹 구성원들 사이에 아무런 차이가 없다 하더라도 동맹의 규모만 크다면 좋은 것이다. 이것은 마치 저울에서 추의 무게만이 문제가 되는 것과 같다. 국가는 이것과는 본질적으로 다르다. 국가의 구성원들은 각기 다른 능력을 갖고 있어서 서로 보완적인 역할을 하고, 각기 서로 다른 봉사를 교환함으로써 모두 더 높고 더 나은 삶을 이룰 수 있게 되는 것이다. 이러한 관점에서 국가는 또한 부족과도 다르다. 즉, 고대 그리스 산 속에 있었다는 이상향 아르카디아처럼 그 부족민들을 여러 개의 부락으로 흩어 놓지 않고 한 연방제 안에 통합하고 있는 부족일지라도 그것은 국가가 아니다. 국가와 같은 진정한 통일체는 종류가 다른 여러 가지 요소로 이루어져야 한다.

국가는 서로 다른 요소로 구성되며, 서로 다른 능력을 교환하는 것이라는 앞의 논의에서 하나의 결론을 끌어낼 수 있다. 즉, 국가의 안녕은 그 구성요소들이 각기 다른 봉사를 하는 것에 달려 있다. 이것은 내가 이미《윤리학》에서 주장한 원칙이다. 이 원칙은 자유롭고 평등한 시민들 사이에서도 지켜져야 한다. 그들 모두가 동시에 지배할 수는 없기 때문이다. 예를 들어 그들은 1년씩 관직을 맡거나 기간이나 승계절차를 달리하여 번갈아 가면서 정치를 담당해야 한다. 이처럼 구두공이나 목수가 직업을 바꾸게 되면 같은 사람이라 할지라도 구두공이나 목수가 아닌 것과 같이, 모든 시민은 지배자가 될 수 있다.

기술이나 기능적 직업에서 지켜지는 원칙이 정치적인 분야에서도 적용된다면 더 좋은데, 이런 점에서 가능하다면 한 사람이 어디에서든 지배자가 되는 것이 더 좋다. 그러나 모든 시민들은 평등하므로—또한 논란이 있긴 하지만 관직이 좋은 것이건 나쁜 것이건 모든 사람들이 관직에 참여하는 것이 올바르다는 이유도 있으므로—이러한 이상이 불가능할 때는, 동등한 사람들이 번갈아 가면서 관직을 떠나고, 관직을 떠나서는 모두 같은 지위를 갖는 식으로, 그것을 모방하거나 비슷하게 제도를 시행할 수 있다. 이것은 시민들이 당분간은 마치 다른 부류의 사람이 되는 것처럼, 교대로 일부는 지배를 하고 다른 일부는 지배를 받는다는 것을 의미한다. 어떤 사람이 한 관직을 가지면 다른 사람은 다른 관직을 맡게 되는데, 이렇듯 관직의 여러 종류의 차이가 바로 국가의 구성요소라는 것을 증명하는 것이다.

앞의 논의로 다음과 같은 점이 분명해졌다. 첫째 국가의 본질이란 어떤 사상가들이 주장하는 것처럼 한 개의 단위가 아니며, 둘째 국가의 최고선이라고 주장된 것이 사실은 국가를 파멸시킨다는 것이다. 그러나 모든 사물의 '선'은 그것을 파괴하는 것이 아니라 그 본질을 보존하는 것이어야 한다. 국가를 극단적으로 단일화하려는 정책이 올바르지 않다는 것을 또 다른 방향에서 살펴볼 수 있다. 가정은 개인보다 더 높은 차원의 자급자족을 이룩할 수 있는 제도며, 국가는 또한 가정보다 더 높은 차원의 자급자족을 이룩할 수 있는 제도이다. 그러나 국가는 국가를 구성하는 사회가 자급자족을 이루기에 충분할 만큼 다양화되고 성장할 때에만 이 목표를 이루고 완전한 국가가 된다. 즉, 더 높은 차원의 자급자족이 가장 바람직하다는 전제에서, 단일성의 정도가 적을수록 더 바람직하다는 결론을 내릴 수 있다.

제3장

이제 목적의 비판에서 수단의 비판으로 옮겨가 보도록 하자. 정치적 공동체의 최고선이 가능한 한 최대의 단일성이라고 하더라도, 이 단일성은 모든 사람이 같은 사물을 동시에 '내 것이다', '내 것이 아니다'라고 말하는 방식에서 나오는 것은 아니다. 그런데 소크라테스의 견해에 의하면 그것이야말로 한 국가의 완전한 단일성의 목표라는 것이다. '모든 사람'이라는 말은 '모든' 각자가 내 것 또는 내 것이 아닌 것이라는 두 가지 의미를 갖고 있다(모든 개개인의 의미로 사용될 수도 있다). 첫 번째 의미에서 이해한다면, 소크라테스가 실현하려고 하는 목표는 어느 정도 실현될 수 있을 것이다. 그렇다면 모든 사람들은 제각기 같은 사람을 가리켜 '나의 아내' 또는 '나의 아들'이라고 부를 것이며, 재산이나 다른 일에 대해서도 같은 방식으로 부를 것이다. 그러나 처자식을 함께 갖고 있는 모든 사람이 그들에 대해 실제 '나의 아내' 또는 '나의 아들'이라고 말하는 것은 '저마다 개별적으로' 그렇게 하는 것은 아니다. 그들은 '나의 아내' 또는 '나의 아들'이라고 부르겠지만 개인적으로가 아니라 집단적으로 그렇게 한다.

재산의 경우에도 마찬가지다. 모든 사람이 그것을 '나의 것'이라고 부르지만 그것은 '저마다 개별적으로' 그런 것이 아니라 '모두 집단적으로'라는 의미에서 그렇다. 따라서 '모든'이란 말의 사용에 오류가 있음에 틀림없다. 그것은 '양쪽 모두', '나머지의', '……까지도'라는 말과 같이, 그 말의 애매성 때문에 실생활에서 논란을 일으키기 쉽고 논리에 있어서 억지 주장을 낳기 쉽다. 따라서 우리는 '모든 사람들이 같은 사물을 '나의 것'이라고 부른다'는 공식은 '저마다 개별적으로'라는 첫 번째의 의미에서 볼 때는 훌륭한 것 같지만 실현 불가능하고, '모두 집단적으로'라는 두 번째 의미에서는 국가의 전체적인 조화에 기여하지 못할 것이라고 결론내릴 수 있다.

그것은 전체적인 조화에 기여하지 못할 뿐만 아니라 해를 가져온다. 사람들이 최대한 함께 갖는 것은 언제나 최소한의 돌봄을 받는다. 사람들은 자신의 것에는 최대한의 주의를 기울이지만 공동의 것에는 덜 관심을 쏟기 때문이다. 아무튼 그들은 저마다 개인적으로 관련되어 있는 한에서만 주의를 기울인다. 특별히 주의를 기울여야 할 이유가 있을 때조차도 다른 사람들이 그것에 주의를 기울인다고 생각할 때는 자신의 의무를 소홀히 하기 쉽다. 이러한 일은 바로 집안에서 일어난다. 일꾼이 많은 것이 일꾼이 적을 때보다 오히려 효율적이지 못할 때가 있다. 플라톤의 계획에 따르면 다음과 같다. 시민이 저마다 천여 명의 아들을 갖게 된다. 이 아이들은 개별적인 시민 따로따로의 아들이 아니고 모든 아버지에게 동시에 아들이어야 한다. 그 결과는 모든 아버지들이 똑같이 모든 아들들에게 관심이 없거나 소홀하게 되는 것이다.

이와 같은 원리에 의해서이거나 그 반대인 어떤 아이를 '나의 아이'라고 할 때, 모든 시민은 부분적으로만 그렇게 부른다. 즉, 그는 그 아이가 전부 '나의 아이'라는 뜻이 아니고 시민들 전체의 수로 나누어지는 부분에 한해서만 그렇게 부른다. 그가 '그 아이는 나의 아이다' 또는 '그 아이는 아무개의 아이다'라고 말할 때, '나의 아이' 또는 '아무개의 아이'라는 말은 여기에 관련된 전체, 천 명 또는 몇 명이건 시민의 전체 수를 염두에 두고 사용된 것이다. 그리고 나서도 그는 확신을 가질 수 없다. 왜냐하면 누가 자신의 아이를 낳았는지 또는 자신의 아이가 있는 경우 그 아이가 살아남았는지 아무런 증거가 없기 때문이다. 2천 명 또는 1만 명의 시민들이 각자 이 부분적인 의미에서 어떤 아이를 '나의 아이'라고 부르는 체제와, 오늘날 정상적으로 쓰이는 의미로써 '나의 아이'로 부르는 체제와 어떤 것이 더 나은가?

실제로는 A라는 사람이 '나의 아들'이라고 부르는 한 사람을 B라는 사람은 '나의 형제'라고 부르며, C라는 사람은 '내 사촌', D, E, 등은 '내 친척'이라고 부른다. 왜냐하면 그는 그들과 모두 멀거나 가깝게 혈족이거나 결혼으로 어떻게든 연결이 되기 때문이다. 또한 사람을 부를 수 있는 이러한 여러 가지 방식 이외에도 X와 Y라는 사람은 또 다른 방식으로 그를 '나의 친척' 또는 '나의 부족인'이라고 부를 수 있다. 플라톤의 방식대로라면 어떤 사람의 아들이 되는 것보다 그 사람의 사촌이 되는 것이 더 낫다. 플라톤의 체제를 따를지라도 어떤 시민들은 진정한 형제·자식, 또는 아버지·어머니를 추측으로 알아낼 수 있는 가능성을 가지고 있다. 부모와 아이들 사이의 유사점은 서로의 동일성으로 인해 틀림없이 어떤 결론을 이끌어 낼 수 있기 때문이다. 이러한 사실이 실생활에서 일어난다는 것이 몇몇 지리학 저술가들에 의해 사실로 기록되고 있다. 그들에 따르면 리비아 북부의 거주민들은 아내를 함께 가졌는데, 그러한 결합으로 생겨난 아이들도 그들 아버지와의 유사성으로 구별될 수 있었다고 한다. 사실 인간 세계에서의 여성과 동물 세계에서의 암말 또는 암소와 같은 종류들은 아버지 쪽을 닮은 자손을 출산하려는 강한 자연적 경향을 보이고 있다. '믿을 만한'이라고 불리는 파르살로스(Pharsalos)의 암말이 그 좋은 예이다.

제4장

처자식을 함께 가지는 체제에는 또 다른 어려움들이 있는데, 이는 체제를 아무리 지지해도 막기 어려울 것이다. 그 예로 우리는 폭력, 무의식적인 살인이나 고의적인 살인, 싸움, 또는 비방의 경우를 들 수 있다. 이러한 사건들은 부모나 가까운 친척에게 저질러지는 것과 친척관계가 아닌 사람들에게 저질러지는 것은 다르다. 즉, 이런 경우에는 인간의 가장 신성치 못한 행위인 것이다. 이러한 사건은 사람들이 누가 자기의 친척인가 알고 있는 경우보다는 모르고 있는 경우에 일어날 가능성이 더 크다. 왜냐하면 이러한 사건이 일어날 경우 누가 자기와 친척관계인가 알고 있는 경우에는 관례에 따른 속죄를 할 수 있지만 모르는 경우에는 아무것도 행할 수 없기 때문이다. 또한 플라톤이 그가 구상한 국가의 젊은이들이 연장자들의 아들이 되도록 만든 다음, 젊은이들과 '연인' 관계인 연장자가 그 젊은이들과 육체적인 관계를 갖지 못하도록 규정하는 정도로 만족하고, 젊은이들이 '연인들'로서 행세하거나 다른 친밀한 관계를 갖지 못하도록 금하지 않은 것은 놀라운 일이다. 이런 친밀한 관계가 부자 사이나 형제 사이에 일어난다면, 그것은 가장 추악한 일이다. 실제로 그렇게 하지 않더라도 이런 형태의 애정을 마음에 품는 것 자체만으로도 옳지 못한 일이다. 플라톤이 지나친 쾌락의 추구가 옳지 못하다는 근거에서만 남성간의 육체적인 동성연애 관계를 갖지 못하도록 규정하고, 이 '연인들'이 부자 사이이거나 형제 사이일 수도 있다는 점에 대해서는 무관심하게 생각하고 있다는 점 역시 놀라운 일이다.

처자식을 함께 가지는 제도가 지배계급들보다 피지배계급인 농부들 사이에서 시행된다면 플라톤의 목적에 더 이로울 것으로 보인다. 우애의 정신은 처자식을 함께 가질 때 더 적어지기 쉽다. 그리고 피지배계급이 잘 복종하고 혁명 같은 것은 꿈에도 생각지 못하게 하려면 그들 사이에 우애의 정신이 없어져야 한다. 일반적으로 플라톤이 제시하는 것과 같은 체제는 올바른 헌정체제가 낳게 되는 결과와는 정반대되는 결과를 불러올 것이 틀림없다. 또한 그것은 플라톤이 생각하고 있는 처자식을 함께 가지는 목적 자체에도 반대되는 결과를 낳을 것이다. 일반적으로 우애란 국가의 주된 선이라고 여긴다. 왜냐하면 우애야말로 내부 분열에 대한 가장 좋은 방지책이기 때문이다. 플라톤도 특별히 '국가의 동일성'에 대한 이상을 높이 내세우고 있다. 그것은 이 동일성이야말로 일반적으로—그리고 플라톤이 분명히 밝힌 것과 마찬가지로—우애의 결과라고 생각되기 때문이다. 《향연(Symposion)》의 주장을 인용해 보자. 플라톤은 이미 잘 알려져 있는 것과 같이 이 책의 '사랑'에 관한 이야기 중에서 아리스토파네스의 입을 빌려 자신들의 '우애' 관계를 초월하여 하나의 동질체로 바뀌기를 바라는, 그래서 둘이 아닌 하나가 되기를 바라는 두 연인에 관하여 이야기하고 있다.

　이 연인들의 경우에 하나가 되려는 욕망이 너무 지나친 결과 두 사람이 전혀 새로운 존재가 되기 위해 모두 죽거나 한 사람이 다른 사람에게로 흡수되기를 바란다. 그러나 정치적인 공동체의 경우 성에 대한 욕구가 너무 지나치면 다른 결과가 나오게 될 것이다. 즉, 우애관계가 흐리멍덩하게 되고 마는 것이다. 예를 들어, 앞에서 살펴본 것과 마찬가지로 아버지는 아들을 보고 '나의 아들'이라고 부르기를 꺼리고 아들도 아버지를 보고 '나의 아버지'라고 부르기를 꺼리게 될 것이다. 마치 단맛이 나는 포도주에 많은 물을 섞으면 아무 맛도 없는 혼합물이 나오는 것처럼, 가족 내에서 부르는 이름들이 플라톤식의 질서체제에서와 같이 의미가 없게 된다. 아버지가 아들을 아들로서, 또는 아들이 아버지를 아버지로서, 그리고 형제들이 서로를 형제로서 대해야 할 이유가 별로 없는 경우에는, 가족적인 감정이 엷어져서 의미를 잃게 되는 것이다. 사람들에게 특별히 어떤 대상에 관심을 갖게 하고 애정을 느끼게 하는 것은 두 가지가 있다. 그 대상이 자신에게 속하거나 아니면 그 대상을 좋아해야 한다. 플라톤적인 질서 아래에 사는 사람들에겐 이 두 동기 중 어떤 것도 존재할 수 없다.

또 다른 하나의 문제가 있다. 이것은 플라톤의 계획 중 계급의 이동이라고 부를 수 있는 부분에 관한 것이다. 플라톤의 질서에서는 농부나 장인과 같이 낮은 계급의 부모에게 태어난 아이들이 자질이 뛰어나면 나은 지배계급으로 옮겨가야 하고, 거꾸로 나은 계급의 부모에게 태어난 아이들이 뒤떨어지면 낮은 계급으로 내려가야 한다. 실제로 그러한 이전이 시행되기는 어렵다. 아무튼 그런 아이들을 이동시켜 새로운 지위에 배속시키는 사람들은 그 아이들이 누구며 그 아이들을 누구에게 맡기는가 하는 것을 알아야 될 것이다. 더구나 앞에 이미 언급한 폭력, 비자연적 애정, 살인의 문제들이 플라톤의 계획 중 이 부분에서는 더욱 날카롭게 제기될 것이다. 계급을 이동하게 되면 지배자 계급에서 낮은 계급으로 이전된 사람들은 지배자들을 가리켜, 비록 그들과 실제로는 연관성을 갖고 있음에도 형제·아들·아버지·어머니 등으로 부르지 않게 될 것이며, 이것은 나은 계급으로 이전된 사람들에게도 마찬가지일 것이다. 따라서 그런 사람들은 앞에서 말한 죄악들을 저지르는 데 대하여 인척관계가 주는 방지책도 완전히 잃게 될 것이다.

이것으로 처자식을 함께 갖자는 생각에서 제기되는 문제들을 모두 다룬 셈이다.

제5장

다음으로 살펴봐야 할 것은 재산 문제이다. 이상적인 질서 아래에서 사는 시민들에게 적절한 재산관계란 무엇인가? 그것은 공산주의 체제인가, 사유재산 체제인가? 이 문제는 처자식을 함께 갖는 제안과는 별도로 그 자체로 생각할 수 있는 문제이다. 오늘날 보편적으로 시행되고 있는 것과 마찬가지로, 가족은 저마다 독자적으로 존재한다고 할지라도 재산에 관련된 문제들은 여전히 토론의 대상이 되고 있다. 재산의 소유와 사용은 모두 공동으로 해야 하는가? 우리는 가능한 세 가지 대안을 고려해 볼 수 있다. 첫째 땅은 따로따로 소유하되 작물은 공유로 하여 공동으로 소비하는 체제인데, 이것은 실제 몇몇 야만 부족들이 시행하고 있다. 둘째 이와는 반대로 땅의 소유와 경작은 공동으로 하되 작물은 개인들에게 나누어 주어 각자 소비하도록 하는 것이다. 이것 역시 몇몇 야만족들이 실시하고 있다. 셋째는 땅과 그 작물의 소비를 모두 함께 하는 체제다.

마치 농노나 노예처럼 토지를 경작하는 사람들이 토지를 소유하는 시민들과 다른 집단인 경우, 이 문제를 다루기에 더 쉬울 것이다. 그러나 토지를 소유하는 시민들이 동시에 그 토지의 경작자인 경우, 재산 문제는 매우 큰 어려움을 일으킬 것이다. 사람들이 노동과 그 보상을 공평하게 나누지 않으면, 일은 더 많이 하고 보수는 덜 받는 사람들이 보상을 많이 받으면서 일을 적게 하는 사람들에게 불평을 터뜨리게 될 것이다. 실로 사람들이 함께 살며 어떤 형태의 인간 활동을 같이 한다는 것이 어려운 일이라는 것은 널리 알려진 진리이다. 더욱이 재산의 문제가 연관되어 있을 때는 특히 그렇다. 예를 들어, 그저 여행길의 동반자에 지나지 않는 사람들의 경우를 생각해 보자. 그들은 보통 일상적인 문제들에 관하여 다툼을 하고 하찮은 일로 화를 낸다. 또한 하인들 중에 우리가 가장 쉽게 화를 내게 되는 자들은 특별히 매일매일의 일상적인 일을 하는 자들이다.

이러한, 그리고 또 다른 많은 문제들이 재산을 공유하는 체제에 연관되어 있다. 만일 관습이나 적절한 법률 시행으로 개선된다면 현재 시행되고 있는 사유재산 체제가 훨씬 나을 것이다. 이 체제는 두 체제의 장점을 모두 갖게 될 것이며 공산 체제의 장점과 사유재산 체제의 장점을 결합하게 될 것이다. 그것이 이상적일 것이다. 왜냐하면 재산은 일반적으로 사유제도여야 하지만, 한 가지 점에 대해서는, 즉 그 사용에 있어서 공동이어야 하기 때문이다. 모든 사람들이 이해의 영역을 달리하는 경우, 분쟁이 일어날 공동의 근거는 없을 것이다. 이 경우 저마다 자신의 소유물을 위해 일하고 있다고 생각할 것이므로 소득의 양이 증가할 것이다. 또한 이러한 제도에선 플라톤의 계획에서처럼 법적 강제가 아닌 도의적인 선에 따라 각자의 재산은 모든 사람의 필요에 봉사하기 위해 있는 것이 될 것이다. 이것은 '친구의 물건은 내 것이다'라는 속담과 그 정신이 같다. 오늘날에도 어떤 나라들에서는 이러한 계획의 윤곽이 뚜렷하게 실시되고 있으므로, 이 계획은 불가능한 것이 아니다. 특히 훌륭한 법질서를 가지고 있는 국가들에서는, 이러한 계획의 어떤 요소들을 이미 실시하고 있으며 여기에 다른 요소들을 추가할 수 있을 것이다.

이 나라들에서 시민들은 자신의 재산을 소유하고 있다. 그러나 그 재산의 사용에 있어서, 각자는 자기 재산의 일부를 친구들이 쓰도록 하고 또 다른 부분을 모든 동료시민들과 공동으로 즐길 수 있도록 한다. 예를 들어, 스파르타에서 시민들은 서로의 노예나 말이나 개 등을 마치 자기 것처럼 사용한다. 또한 여행 도중에 필요하면 다른 시민들에게 속해 있는 시골 농장에서 식량을 얻는다. 재산은 사유로 하되 사용을 공동으로 하는 체제가 보다나은 체제임이 분명하다. 입법자는 사람들에게 재산을 이런 방식으로 다루도록 해야 할 것이다.

생각해 봐야 할 또 다른 문제가 있는데, 이것은 쾌락의 문제다. 여기에서도 역시 선의 문제에서처럼 어떤 사물을 자신의 것이라고 생각하는 것은 커다란 차이를 나타낸다. 자연적인 감정의 만족은 쾌락을 가져온다. 그리고 자신을 위하는 것은 단순히 우발적인 충동이 아니고 자연적으로 심어진 감정이다. 이기심은 비난을 받아 마땅한 것이지만 진정한 비난 대상은 이기심 자체가 아니고 지나친 이기심이다. 이것은 마치 우리가 구두쇠를 비난하는 것과 같다. 즉 돈을 아끼는 자체를 비난하는 것이 아니라 지나치게 아끼는 것을 비난하는 것과 마찬가지라는 것이다. 자기 자신·돈·재산 등을 좋아하는 단순한 감정은 일반적인 일이다. 또한 친절한 일을 하거나 동료나 손님이나 친구들에게 도움을 주는 것도 매우 즐거운 일이다. 그런데 이렇게 친절한 일을 하거나 도움을 주는 것은 재산이 사유제도일 때만 가능하다. 국가가 지나친 일체성을 강요하는 체제 아래에선 이런 즐거움들, 즉 자연적인 이기심의 만족이나 다른 사람을 도와주는 만족이 어려울 뿐만 아니라 두 가지 종류의 좋은 행위마저도 파괴되어 버린다. 그 가운데 하나는 성적 관계에서의 절제이다. 즉 절제를 지켜서 다른 사람의 부인을 사랑하지 않는 것은 도의적 가치가 있는 행동이다. 나머지 하나는 재산을 사용하는 데 있어서 너그러움의 문제이다. 지나치게 일체화되어 있는 국가에서는 아무도 너그러움을 보이거나 너그러운 행동을 할 수도 없다. 너그러움의 기능이란 재산을 적절하게 사용하는 데 있기 때문이다.

플라톤이 내놓은 입법은 겉으로 보기에 꽤 매력 있어 보이고 자비로운 것처럼 생각된다. 이것을 듣는 사람은 한결같이 서로 아름다운 우애감을 갖게 되리라고 생각하면서 그 의견을 기쁘게 받아들인다. 특히 오늘날의 정부 형태에서 존재하는 악들이 재산 공유제도가 없기 때문에 생겨났다고 비난을 받으므로 더욱 그렇다. 그러나 이 악 가운데 어느 것도 공산주의가 없기 때문에 생겨난 것은 아니다. 이 악들은 모두 인간성이 간사하고 악함에서 나오는 것일 뿐이다. 사실 재산을 공유로 하고 그것을 공동으로 운영하는 사람들이, 재산을 사유로 하고 있는 사람들보다 훨씬 더 분쟁이 많다는 것은 자명하다. 그럼에도 재산을 함께 갖는 결과로 싸우는 사람들의 수가 재산을 사유로 하고 있는 많은 사람들과 비교하여 아주 작은 수에 불과하므로, 우리는 그릇된 견해를 갖기 쉬운 것이다.

또 다른 문제를 고려하지 않을 수 없다. 우리는 사람들이 재산을 함께 가지면 없애 버릴 수 있는 악들뿐만 아니라 같이 없어질 이로운 점도 고려해야 한다. 플라톤이 오류를 저지른 이유는 그의 주장의 근거가 되었던 일체성의 성격에 대한 전제가 잘못되었기 때문이었다. 일체성이 어느 정도까지는 가정이나 국가에 필요하다는 것은 사실이다. 그러나 전체적인 일체성은 그렇지 않다. 어느 정도에 이르면 국가는 일체성을 높이려다가 국가로서의 성격을 잃어버리게 된다. 이 지경에 이르지 않고도 국가가 국가로서의 성격을 그대로 지닐 수는 있지만 거의 본질을 잃게 되는 지경에 이를 수 있는데, 이 경우에는 나쁜 국가가 될 것이다. 이것은 마치 음악에서 어떤 주제를 하나의 박자로 처리해 버리거나 화음을 같은 음으로 만들어 버리는 것과 같다.

앞에 이미 이야기한 것과 마찬가지로 국가는 많은 사람들의 집합체이다. 따라서 교육은 이 집합체를 공동체로 만들고 그것에 일체성을 주는 수단이다. 그러므로 교육제도를 도입하고, 이 제도를 통해 그의 이상국가의 선을 이룰 것이라고 믿는 사람이, 그럼에도 철학이나 관습 그리고 법률이라는 방법을 취하지 않고 그가 실제로 제의한 것과 같은 방법으로 국가를 올바르게 하려고 기대한다는 사실은 놀라운 일이다. 이러한 입법의 예는 스파르타와 크레타에서 발견할 수 있는데, 거기에서는 식사를 함께 하는 제도를 법으로 채택함으로써 재산제도가 공동 사용에 기여될 수 있도록 해 놓았다.

우리가 무시할 수 없는 또 하나의 문제가 있는데, 이것은 실제 경험을 통해 알 수 있다. 즉, 플라톤이 새로운 발견으로서 내놓았던 계획들이 정말로 좋은 것이었다면 옛날에 이미 우리가 주목했을 것이다. 왜냐하면 벌써 그것들 중 대부분이 사람들에게 이미 알려진 것들이기 때문이다. 단지 그중 일부는 학문적으로 체계화되어 있지 못했고, 또 다른 일부는 알려지기는 했지만 실행되지 못했을 뿐이었다. 만일 우리가 플라톤이 내세운 질서대로 건설하는 것을 실제로 관찰할 수 있다면, 그의 생각들이 어느 정도로 가치가 있는지 알아내기는 쉬울 것이다. 모든 국가에서 언제나 그 구성원들이 여러 계급으로 나누어져 있는 것을 기본으로 한다. 어떤 때는 함께 식사하기 위한 집합체의 형태를 갖고, 또 어떤 때는 씨족이나 부족의 형태를 갖는다. 따라서 플라톤이 내놓은 입법은 결국 지배계급이 토지를 경작하지 않는다는 원칙으로 귀결되는데, 이 원칙을 스파르타인들은 이미 시도했다.

사실 플라톤이 내세운 질서의 전반은 비판의 대상이 될 수 있다. 플라톤은 자기가 계획한 질서에서 서로 다른 구성원들의 위치를 설명하지 않았으며, 또 그것을 설명하기란 쉬운 일도 아니다. 지배계급이 아닌 시민 대중, 다른 말로 하면 농부들은 결과적으로 거의 모든 시민에 해당된다. 그런데도 플라톤은 그들의 위치를 정의하지 않은 채 내버려 두었다. 그는 이 농부들이 지배계급들과 마찬가지로 재산을 함께 갖는 것인가 사유로 하는 것인가를 설명하지 않았고, 또 그들이 처자식을 함께 가지는가 저마다 따로따로 가정을 이루는가 하는 것도 말하지 않았다.

우리는 세 가지 방안을 가지고 이들을 하나하나 검토할 수 있는데, 첫 번째로 생각할 수 있는 경우는 모든 것(처자식과 재산)을 함께 갖는 것이다. 그렇다면 이 경우에 그들과 지배계급들 사이의 차이는 무엇인가? 그들이 지배계급의 지배를 받아들임으로써 얻는 이익이란 무엇인가? 또한 크레타에서처럼 어떤 정책적인 변화가 있지 않는 한 그들이 어떻게 그런 지배를 받아들이게 되는가? 크레타에서는 농노들이 주인들과 마찬가지의 일반적인 특권을 누리도록 허용되었으며, 단지 체육과 무기 소유만을 금지했다. 두 번째 경우는 농부계급에 있어서 재산과 결혼제도들이 오늘날 대부분의 국가에서 시행되고 있는 것처럼 되는 것이다(즉 사유재산과 개별적인 가족제도다). 이 경우 공동체의 기본이 되는 질서는 무엇인가 하는 의문이 제기된다. 이런 경우에는 불가피하게 한 국가 내에 두 개의 국가가 생겨날 것이며, 이 두 국가는 서로 대립하게 될 것이다. 즉, 지배계급은 점령군의 성격을 띠는 집단이 될 것이고 농부들이나 장인들 그리고 또 다른 계층의 사람들은 일반 시민의 위치에 서게 될 것이다. 또한 농부들은 개별적인 가족제도와 사유재산 제도를 가지고 있다 할 경우, 플라톤이 현실국가에서 존재하는 것으로 주장한 모든 사회악, 그리고 법적인 소송이나 행동들이 이들 국가에도 그대로 존재하게 될 것

제2편 이상국가에 대한 견해 299

이다. 사실 플라톤은 농부들에게 좋은 교육의 덕택으로 복잡한 법률—경찰이나 시장법칙 그리고 이와 비슷한 다른 법규들과 같은 법칙—이 필요 없으리라고 말했다. 동시에 그는 지배층에만 교육의 기회를 부여해 놓은 것이다.

플라톤이 내놓은 질서에서 또 다른 하나의 문제는 농부들이 재산을 운영하는 데 하나의 조건을 붙여 놓은 것이다. 그 조건이란 농부들이 생산물 일부를 지배계급에게 바쳐야 한다는 것이다. 이 조건 때문에 농부들은 스파르타의 농노들이나 테살리아(Thessalia)의 농노들이나 또는 다른 국가들의 농노들보다 훨씬 더 자존심이 강해질 것이고, 따라서 더 다루기 어렵게 될 것이다. 아무튼 플라톤의 계획은 농부들이 지배층과 마찬가지로 공산주의 체제에서 사는가 또는 다른 체제에서 사는가를 언급하지 못했다. 그것은 이 문제와 연관된 다른 문제들에서도 아무런 이야기가 없다. 그 문제들이란 정치체제 내에서 농민들의 위치, 그들이 받는 교육의 성격, 그들이 지켜야 할 법률의 성격 등이다. 지배계급의 공동생활이 유지되려면 농부계급이 어떻게 이루어져야 하는가는 가장 중요한 문제임에도 알아내기 힘들게 된 것이다.

세 번째 마지막으로 생각할 수 있는 경우는 농부들이 처자식은 함께 갖고 재산은 사유로 하는 체제이다. 이 경우 남자들이 농사일을 돌보는 사이에 누가 가정일을 돌볼 것인가? 또한 다른 경우지만 앞에 말한 첫 번째 경우에서, 즉 처자와 재산이 모두 공유인 경우에 누가 가정일을 돌볼 것인가? 플라톤은 동물 세계에서 알 수 있듯 여자도 남자와 같은 일에 종사해야 한다고 했는데, 이것도 기이한 일이다. 왜냐하면 동물들은 인간 세계의 여자와 달리 집안에서 할 일이라고는 없기 때문이다.

플라톤이 내놓은 통치 방식에도 위험한 요소가 있다. 그의 이상국가에서는 한 집단이 영구적으로 지배자이다. 이러한 체제에서는 특별히 뛰어나지 못한 사람들에게서도 불평과 불만이 나오게 마련이다. 더욱이 기개가 넘쳐 흐르는 무사계급에서는 특히 그럴 것이다. 그가 한 집단의 사람들을 영구적인 지배자가 되도록 한 이유는 분명하다. '사람의 영혼에 깃들어 있는 신성한 황금'은 시대가 변하여도 한 집단에서 다른 집단으로 옮겨가지 않는다. 다시 말해 그것은 영원히 일정한 집단의 사람들에게만 있어야 하는 것이다. 그는 이러한 근거에서 다음과 같이 말했다. "신이 사람을 만들 때 어떤 사람에게는 금을 섞었고, 다른 사람들에게는 은을 섞었으며, 장인이나 농부가 될 나머지 사람들에게는 청동과 쇠를 섞어 넣었다." 여기서 플라톤의 지배계급에 관한 일반적 계획에 또 다른 반대를 내놓아야 한다. 플라톤은 입법의 목적이 되는 것은 전체국가의 행복이어야 한다고 내세우면서 지배계급은 아무 행복도 누리지 못하도록 해놓았다. 어떤 국가의 전부 또는 대부분, 아니면 적어도 어느 부분이 행복하지 않은 한 국가 전체가 행복할 수는 없다. 행복하다는 것은 균등하다는 것과는 그 질이 다른 문제다. 균등하다는 것은 부분들에 있어 존재하지 않으면서도 전체적으로는 존재할 수 있다. 그런데 행복하다는 것은 그렇게 될 수 없는 것이다. 또 다른 문제가 제기된다. 만일 지배계급이 행복할 수 없다면 그 국가에 어떤 요소가 없기 때문인가? 분명히 장인 또는 다른 평민 대중에게 아무런 행복도 없기 때문이다.

따라서 우리는 다음과 같은 결론을 내릴 수 있다. 플라톤이 생각한 이상국가는 우리가 위에 말한 여러 어려운 문제들과 그에 못지않게 심각한 다른 문제들을 내놓는다.

제6장

플라톤의 후기 작품인 《법률》도 마찬가지이다. 따라서 거기에 논의된 정치질서를 간단하게 살펴보는 것이 좋겠다. 이렇게 하는 또 다른 이유는 《법률》에서는 그에 관하여 충분히 이야기하고 있지만, 《국가》에서는 몇 가지 문제들만 해결하려고 했기 때문이다. 즉, 주로 처자식을 함께 갖는 제도와 공산주의 체제를 확립하는 적절한 방법, 그리고 헌정체제에서 권력을 나누는 적절한 방법만을 다루었다. 《국가》에서 그는 국민을 두 부분으로 나누는 것으로 만족했다. 한 부분은 농부계급이고 다른 부분은 군인계급이었다. 그리고 군인계급에서 명상적이고 주권을 갖는 완전한 지배자계급의 인원이 보충된다. 그러나 첫 번째 부분, 즉 농부들과 장인들에 관하여 《국가》는 그들이 관직을 담당해야 하는가 또는 무기를 소유하고 병역의 의무를 져야 하는가 하는 점에 대해서는 정하지 않은 채 언급하지 않고 있다. 《국가》에서는 여자도 병역 의무를 담당하고 남자 지배계급과 마찬가지로 교육을 받아야 한다고 씌어 있다. 그러나 이것을 빼버리면 저술의 나머지 부분은 주제와는 상관없는 지엽적인 문제들과 지배계급이 받아야 하는 교육의 성격에 관한 논의로만 가득 차 있다.

《법률》의 대부분은 입법과 관련하여 기술하고 있다. 플라톤은 헌정적 질서에 대해서는 별로 언급을 하지 않았다. 또 그는 현존하는 국가들이 이룩하기에 더 쉬운 형태의 정부를 설치하려 한다고 말하면서도, 다른 형태의 정부, 즉《국가》에서 기술한 것과 같은 정부를 꺼집어낸다. 남편들이 처자식과 재산을 함께 갖는 것을 빼면 다른 모든 점에서《법률》이나《국가》에서 나오는 제도들이 똑같다. 교육도 똑같으며, 이러한 국가에 사는 구성원들은 힘들고 천한 일에 종사하지 않고 자유로운 생활을 하도록 되어 있으며, 식사를 다 같이 함께 하는 제도도 마찬가지이다. 차이점이라고는《법률》에서는 여자도 남자와 마찬가지로 공동식사에 참여하며, 무기를 소지하는 시민전사의 수가 5천 명인데 반해《국가》에서는 1천 명에 불과한 것이다.

플라톤의 저술은 모두 독창적이다. 이 저술들에서 우리는 창의력, 새로운 견해, 또한 탐구정신을 발견할 수 있다. 그러나 모든 것에서 완성이란 어려운 것이다. 예를 들어, 방금 언급한 시민의 수를 생각해 보자. 5천 명 정도의 사람들이 일을 하지 않고 생활하려면 바빌론 정도의 땅이 필요할 것이고, 그와 비슷한 정도의 제한 없는 공간이 필요하다. 게다가 여기에 이들의 몇 배가 될 여자들과 하인들의 수를 생각하면 더욱 그렇다. 자유롭게 이상향을 구하는 것은 괜찮지만 뚜렷하게 불가능한 것은 피해야 한다.

《법률》에서는 법을 시행할 때 입법자가 주의해야 할 점이 두 가지 있다고 서술하고 있다. 첫째는 영토고, 둘째는 그 영토의 거주자이다. 그러나 세 번째 요소가 있다. 만약 어떤 국가가 고립되어 살지 않고 다른 국가들과 정치적인 관계를 맺고 있다면, 그 국가의 입법자는 인접국가들도 고려해야 한다. 예를 들어, 자신의 영토 내에서만 사용하기 좋은 전쟁기구를 쓸 것이 아니라 외국에서도 사용하기 좋은 전쟁기구도 익혀야 한다. 그런 생활방식이 개인이나 국가 전체에 이상적인 생활방식이 아니라고 해도, 적에 대해서는 공격할 때나 후퇴할 때나 강력한 군사력을 가져야 한다.

군사력 비축량과 마찬가지로 재산의 양 또한 생각해 보아야 한다. 플라톤이 한 것과는 좀 다른 양식으로, 다시 말하면 좀더 정확하게 재산의 한계를 정해야 한다. 《법률》에서 플라톤은 재산의 양은 '절제 있는 생활을 위하여 충분한' 정도여야 한다고 말한다. 이것은 '좋은 생활을 위하여 충분한' 정도라고 말하는 것과 마찬가지이다. 사실 이런 표현은 좀더 일반적인 의견을 나타낼 수 있다는 이점이 있다. 그러나 인간에게 '절제 있는 생활'이란 불행한 생활일 수도 있다는 문제에 부딪친다. 플라톤보다 더 나은 정의를 하려면 '절제 있고 넉넉한 생활을 위하여 충분한' 정도라고 말해야 할 것이다. 이 두 목적은 언제나 결합되어 있어야 한다. 왜냐하면, 이들이 따로 떨어지면 넉넉함이란 사치가 되기 쉽고, 절제는 모자란 것이 되기 쉽기 때문이다. 그런데 재물의 바람직한 사용에 있어서는 이 두 가지 목표만 생각하면 된다. 우리는 재물을 온순하거나 남자다운 방식으로 사용할 수는 없지만, 절제 있으면서 동시에 넉넉하게 사용할 수는 있다. 따라서 재물 사용에 관련된 두 가지 원칙은 절제와 넉넉함이다.

재산의 양에 관한 플라톤의 견해에 대해 다른 입장을 내놓을 수 있다. 플라톤은 토지자산을 시민들에게 고르게 나누면서 여기에 상응하는 시민들의 수를 확실하게 다루지 않는다. 이것은 좀 이상한 일이다. 그는 출산아 수에는 아무 제한을 두지 않고, 아무리 아이들이 많이 태어난다고 할지라도 자식이 없는 집도 있으므로 생산율이 현 인구수준을 유지하기에 충분할 것이라고 믿으며, 그 근거로서 실제로 이런 현상이 현존 국가들에서 일어나고 있다고 했다. 그러나 《법률》에서 상정한 국가들에서는 현존 국가들에서보다 인구 수준이 훨씬 더 정밀하게 유지되어야 한다. 사람의 수가 아무리 많다고 할지라도 재산은 언제나 다 함께 나누어야 하며 그럼으로써 아무도 모자라서는 안 된다는 것이다. 그러나 플라톤이 생각한 국가에서 재산은 재분배될 수 없으므로, 초과된 인구가 생긴다면 그 수가 많건 적건 간에 가질 재산이 아무것도 없을 것이다.

재산을 제한하기보다 인구를 제한하거나 일정한 수준 이상으로 생산하지 못하도록 하는 것이 더 필요하다고 생각했어야 한다. 만약 인구가 제한되어 있다면 유아 사망의 경우나 출산 불능 부부들의 경우를 생각하여 여유를 두고 생산율을 정해야 할 것이다. 만약 출산율을 제한하지 않으면 필연적인 결과로 빈곤이 생기며, 빈곤은 또한 내분과 사회악을 낳게 된다. 고대 입법자 가운데 한 명인 코린토스(Korinthos)의 페이돈(Pheidon)은, 시민들이 처음에는 토지소유의 규모가 모두 달랐을지라도 가족이 가진 토지의 수와 시민의 수가 똑같이 유지되어야 한다고 주장했다. 그러나 우리가 《법률》에서 볼 수 있는 것은 페이돈의 정책과는 정반대이다.

플라톤의 계획 중에서 이 부분에 관하여 좀더 개선의 여지가 있는 것은 다음 기회에 살펴보기로 한다. 여기에서는 플라톤이 한 가지 빠뜨린 점에 유의하지 않을 수 없다. 플라톤은 지배자가 어떻게 피지배자와 구별되어야 하는지를 설명하지 않고 있다. 그는 단순히 직위를 사용해서 지배자와 피지배자의 관계는 다른 종류의 양털로 짜여진 천의 날줄과 씨줄 같다고 했다. 한편 플라톤은 한 사람의 재산이 5배까지 늘어날 수 있도록 허용한 반면에 왜 토지의 규모는 그 소유를 늘릴 수 없는지 설명하지 않고 있다. 농장의 분배도 고려해 보아야 할 문제이다. 왜냐하면, 그것은 가계를 운영하는 효율성에 별로 이롭지 않기 때문이다. 플라톤은 시민 개개인이 위치가 서로 다른 두 채의 집을 갖도록 배정한다. 두 집에서 효율성의 손실 없이 산다는 것은 어려운 일이다.

플라톤이 《법률》에서 제시한 체제는 민주정치도 과두정치도 아닌 그 중간 형식으로서, 흔히 '혼합 정체(polity)'라고 불리는 법치적 민주정의 하나이다. 예를 들어, 시민들은 무기를 소지하는 사람들로 구성된다. 만일 이러한 정치질서를 이룩하는 데 있어서 플라톤의 견해가, 대부분의 국가가 가장 쉽게 이룩할 수 있는 형태를 나타낸 것이라고 한다면, 그의 논리는 옳다고 할 수 있다. 그러나 만일 플라톤이 그의 최초의, 또는 이상적 국가에 가장 가까운 국가조직 형태를 말하려 하였다면, 그는 잘못을 저지른 것이다. 사람들은 스파르타의 정치질서나 《법률》에서 묘사된 것보다 더 귀족적인 성격을 띤 다른 형태의 정치질서를 높이 살 것이다.

어떤 사상가들은 이상적인 정치질서란 현존하는 질서들의 혼합체라고 주장하며, 이러한 이유로 스파르타의 질서를 칭찬한다. 이 사상가들은 스파르타의 질서가 세 가지 요소, 즉 군주정치, 과두정치, 민주정치를 모두 구비하고 있다고 생각한다. 그런데 문제는 이 세 가지 요소에 대한 그들의 해석이 서로 다르다는 것이다. 이들 중 어떤 사람들은 군주정치는 두 명의 왕에 의한 정치고, 과두정치는 원로원에 의한 정치고, 민주정치는 민중의 대표인 감독관에 의한 정치라고 한다. 그러나 다른 사람들은 감독관에 의한 정치는 정말로 참주정치며, 스파르타의 공동식사 제도, 그리고 일상생활의 일반적 관습에서 민주정치적인 요소가 있다고 생각한다. 스파르타의 정치질서에 대한 이런 비슷한 의견이든 이와 다른 해석이든 간에, 《법률》은 결과적으로 가장 좋은 정치질서는 민주정치와 참주정치로만 구성된 것이라는 주장이다. 그러나 이 정치형태들은 헌정질서가 아니거나 가장 나쁜 정치질서라고 분류할 수밖에 없는 것들이다. 둘 이상의 질서를 뒤섞은 것이 더 올바른 접근 방법이다. 왜냐하면 더 많은 요소로 구성된 정치질서일수록 더 좋은 것이기 때문이다. 플라톤에 대하여 또 다른 반론을 제기할 수 있다. 바로《법률》에서 말한 정치질서는 사실상 군주정치의 요소는 없고, 다만 과두정치와 민주정치의 요소들만 있으며, 그중에서 특히 과두정치의 요소가 강하다는 것이다.

이것은 그가 제안한 관리들을 임명하는 방법에서 뚜렷하게 드러난다. 또 이것은 사실 민주정치와 과두정치를 섞은 면도 있는데, 이미 선출된 한 집단 사람들로부터 최종적으로 관리가 될 사람을 고르기 위해서 추첨이라는 방법을 사용하는 것이다. 그러나 과두정치적인 두 가지의 면모가 있는데, 첫째로 부유층 시민들은 관리의 선출을 위하여 의무적으로 의회에 참석해야 하는 반면에 다른 시민들은 참석하지 않아도 된다는 것이다. 두 번째로는 부유한 계급에서 더 많은 수의 관리들을 확보하려고 하고, 가장 좋은 관직은 가장 넉넉한 계층 출신들로 채우려고 하는 것이다.

대의원 선출 방법 또한 과두정치이다. 사실상 모든 시민들은 이 선거에 참여할 의무가 있다. 그러나 이 일반적 의무는 제1 부유 계층 출신의 후보자들, 그리고 같은 수의 제2 부유 계층 출신의 후보자들을 선출하는 예비선거에만 적용된다. 제3계층과 제4계층 출신 후보들의 예비선거에는 제1계급과 제2계급 사람들만 투표할 의무가 있다. 이 모든 것은 예비선거의 과정과도 연관된다. 플라톤에 따르면 예비선거에서 선출된 사람들 전체의 명단에서 각 계급별로 같은 수의 사람들이 선출되어야 한다. 이러한 선거제도의 결과는 가장 넉넉하고 가장 높은 계급 출신의 선거인들이 언제나 다수를 이루게 되는 것이다. 왜냐하면 평민 중 많은 사람들이 투표할 의무가 없으므로 기권을 하기 때문이다.

가장 좋은 정치질서의 성격을 살펴볼 때 언급할 문제들에 비추어 보면, 가장 좋은 정치질서란 민주정치와 군주정치를 혼합하여 형성하면 안 된다는 것이 분명하게 증명된다. 또한 예비선거와 최종선거의 이중적 과정으로 관리들을 선출하는 방식에도 위험성이 있다는 점을 덧붙여 두어야 할 것이다. 한 집단의 사람들, 비록 그것이 작은 집단이라 할지라도 연합하여 행동하기로 결정하면, 선거의 결과를 좌우할 수 있게 될 것이다. 《법률》에서 주장한 정치질서에 제기되는 문제점들은 대략 이제까지 말한 것과 같다.

제7장

새로운 정치질서를 만들려고 하는 계획들은 이 밖에도 많이 있다. 그 가운데 어떤 것은 이 분야에 문외한들이 내놓은 것이고, 또 다른 계획들은 철학과 정치에 정통한 사람들이 내놓은 것이다. 이 제안들은 모두 앞서 말한 플라톤의 계획보다 기존 정치질서들에 훨씬 더 가까운 것이다. 처자를 함께 가진다거나 여자들까지 공동식사를 해야 한다는 것처럼 기발한 제안을 한 사상가는 없다. 반대로 다른 사상가들은 일상생활의 직접적인 필요성들을 출발점으로 한 것이다. 그래서 어떤 사람들은 재산문제가 잡음이 가장 잘 일어나는 문제라서 이 문제를 알맞게 규제하는 것이 다른 어떤 것보다 중요하다고 주장한다. 칼케돈(Chalkedon)의 팔레아스(Phaleas)는 처음으로 시민들 사이의 분쟁을 막기 위하여 재산을 규제해야 한다고 주장한다. 그는 모든 시민이 똑같은 양의 재산(즉 토지에 있어서)을 소유하도록 제안했다.

그는 새로운 식민지가 설립될 때에 별 어려움 없이 이 제안을 실현할 수 있을 것이라고 생각했다. 이미 존재하고 있는 국가들에서는 어려운 점이 더 많지만, 그럼에도 다음과 같은 방법으로 가능한 한 가장 빠른 시일 내에 평등을 확립할 수 있다. 그 방법이란 넉넉한 사람은 지참금을 주기만 하고 받지 않으며, 반대로 가난한 사람들은 지참금을 받기만 하고 주지 않으면 된다는 것이다. 《법률》을 저술할 때 플라톤은 재산이 일정한 수준까지 제한이 없어야 하고 그 수준 이상에서는 제한을 가하는 것이 좋다고 했다. 즉, 아무도 재산을 가장 적게 갖고 있는 사람보다 다섯 배만큼 가지면 안 된다고 한 것이다.

이러한 입법을 내놓은 사람들은 재산의 양을 규제하려면 동시에 가족의 어린아이들 수도 규제해야 된다는 걸 언제나 잊어버리고 만다. 그러나 이것은 옳지 못한 일이다. 만일 아이들 수가 재산의 양으로 볼 때 부양할 수 있는 한계를 넘어선다면, 어쩔 수 없이 그 법을 없애야 한다. 그 결과 이외에도 많은 사람들이 안락한 생활에서 궁핍한 생활로 굴러 떨어져야 한다는 것은 유감스러운 일이다. 이러한 운명에 처한 사람들이 혁명적으로 변하지 말란 법은 없다. 과거에는 그러한 평등이 정치적 공동체의 성격에 영향을 미친다는 점을 분명하게 인식한 사람들이 있었다. 아테네에서 솔론(Solon)의 입법을 예로 들 수 있다. 다른 국가들에서도 사람들이 자기 마음대로 땅을 얻지 못하도록 방지한 입법들을 발견할 수 있다. 마찬가지로 재산의 매매를 못하도록 방지한 입법도 있었다. 예를 들어, 로크리아(Lokria)인들에게는 재난이 닥쳐서 재산을 팔 수밖에 없다는 것을 입증하지 못하면 재산을 팔 수 없도록 정한 법이 있었다.

또한 처음에 구분된 토지를 유지해야 한다고 정한 입법들도 있었다. 예를 들면, 레우카스(Leukas)에서는 그런 법을 잘 지키지 않은 결과로 정치질서가 지나치게 빈민적이 되었다. 즉, 그 결과 필요한 법적인 자격(일정 토지량)을 가지지 못하게 된 사람들이 관직을 맡게 된 것이다. 그러나 이러한 사실에서 나온 재산의 평등에 찬성하는 논의에도 불구하고, 재산의 평등이 확립되어 있긴 하지만 그것은 불완전한 체제다. 왜냐하면 개개인이 가지고 있는 재산의 양이 지나치게 많아서 사치에 흐르거나, 또는 지나치게 적어서 모자라게 되거나 하는 경우가 있을 것이기 때문이다. 따라서 재산평등의 일반적인 원칙을 확립하는 것만으로는 충분하지 못하고 고정적이며 절제 있는 양의 재산을 모두 가질 수 있도록 하는 것이 필요하다. 그러나 개인에게 저마다 같은 양의 적절한 재산을 준다 하더라도 아무런 이득도 없을 것이다. 사람들의 재산보다도 사람들의 욕망을 평준화시키는 것이 더 필요한데, 이것은 사람들이 법의 영향을 받아 알맞게 훈련이 되지 않는 한 이룩될 수 없다. 팔레아스는 이것이 바로 자신이 주장하는 것이라고 대답할지도 모른다. 왜냐하면 그의 견해에 따르면 평등은 국가에서 이중적으로 추구되어야 하며, 평등은 교육의 평등과 재산의 평등을 동시에 의미하는 것이기 때문이다.

그러나 그 경우에 우리 모두가 똑같이 수긍할 수 있는 교육의 성격이란 무엇인가. 만약 그것이 모든 사람에게 그저 똑같이 같은 것을 의미한다면 아무 이득도 없을 것이다. 왜냐하면 교육은 모든 사람에게 같으면서도 부를 탐내는 성향이나, 관직을 탐내는 성향, 또는 이를 모두 탐내는 성향을 낳을 수 있는 성격을 갖고 있기 때문이다. 이것은 또한 또 다른 문제를 일으킨다. 다시 말해 시민 사이의 분쟁은 재산의 불평등뿐만 아니라 시민들이 차지하고 있는 관직의 불평등에서도 일어난다. 그러나 우리는 여기에서 차이점을 염두에 두어야 한다. 재산의 분배는 관직의 분배와는 반대 방향으로 작용한다. 즉, 재산의 분배가 불평등할 때 대중은 혁명적이 되며, 관직의 분배가 평등할 때는 지식층이 혁명적이 된다. 호메로스의 시 중에 다음 구절은 바로 이것을 지적한 것이다.

관직과 명예는 선인이나 악인에게 모두 똑같다.

여기에서 우리는 시민 불화의 원인뿐만 아니라 일상적인 범죄의 원인도 생각해 보아야 한다. 어떤 범죄들은 생활필수품의 모자람 때문에 일어난다. 이 점에서 팔레아스는 재산의 평등은 사람들이 단순히 춥고 배가 고파서 물건을 훔치는 것을 방지해 줄 것이라고 생각한다. 그러나 물자의 모자람만이 범죄의 원인은 아니다. 사람들은 단순히 범죄를 저지르는 즐거움 때문에 또는 욕구불만을 풀어버리기 위해 범죄를 저지르기도 한다. 사람들은 단순히 생활필수품에 대한 욕구 이상의 욕망에 시달림을 받는데, 이 시달림에서 벗어나기 위해 범죄자가 된다. 또한 세 번째로 생각해 보아야 할 요소가 있다. 사람들은 그들이 이미 느끼고 있는 욕망에서 벗어나기 위하여 범죄를 저지를 뿐만 아니라, 고통이 없는 쾌락을 즐기기 위해 새로운 욕망을 품기도 한다.

이 세 종류의 범죄에 대한 구제책은 무엇인가? 첫 번째 범죄에 대해서는 약간의 재산이나 일거리가 있으면 된다고 대답할 수 있다. 두 번째 범죄에 대해서는 절제 있는 성질이 필요하다. 세 번째 범죄에 대해서는 다음과 같이 말할 수 있을 뿐이다. 즉, 자신의 노력으로만 순수한 쾌락을 얻으려는 사람은 철학의 도움 이외에는 아무런 만족도 얻을 수 없다. 왜냐하면 철학의 즐거움 이외의 다른 쾌락들은 다른 이들의 도움을 필요로 하기 때문이다. 그러므로 생활필수품의 모자람으로 인한 범죄의 유형만 취급하는 팔레아스의 구제책만으로는 부족하며 이상의 다른 구제책들이 필요하다는 것이다. 가장 나쁜 범죄는 생활필수품을 얻기 위해서가 아니라 사치와 허영 때문에 저질러진다. 사람들은 단지 추위를 피하기 위하여 참주가 되는 것은 아니다. 참주는 단순한 도둑이 아니며, 그 범죄는 엄청나기 때문에 참주를 암살하는 사람에게 주어지는 명예 또한 큰 것이다. 이렇게 해서 우리는 팔레아스가 제안한 정치질서의 일반적인 계획은 작은 범죄만을 막을 수 있는 걸 깨달았다.

팔레아스에 대하여 또 다른 비판을 할 수 있다. 그는 정치질서가 내적으로 제대로 운영되도록 하기 위해 계획의 자세한 부분까지도 거의 마련해 놓으려고 했다. 그러나 국내적인 문제뿐만 아니라 모든 인접국가와 외국에 대한 국방의 문제도 해결할 수 있는 계획이 마련되었어야 한다. 어떤 정치질서를 건설하는 데 있어 군사력이 고려되어야 함에도 팔레아스는 여기에 대해 아무것도 말하지 않았다. 정치질서에 적용이 되는 것이 또한 재산문제에도 적용된다. 부는 내적으로 시민들의 정치활동을 위한 근거로서 적절해야 할 뿐만 아니라 외부에서 오는 위험을 막는 데 필요한 자원으로서도 적절해야 한다. 이 두 번째 관점에서 생각해 보면 재산의 적절한 양을 짐작할 수 있다. 국가의 재물은, 너무나 많아서 이웃의 더 강력한 국가들을 유혹하게 되어서는 안 된다. 또 너무 적어서 실력이 똑같거나 비슷한 국가와의 전쟁에서 그 부담을 견딜 수 없어도 안 된다. 팔레아스는 이 점에 관하여 아무런 시사도 하지 않았다. 우리는 재산이 풍부하다고 해서 언제나 이롭지 않다는 것을 잊어서는 안 된다. 또 그 재산이 얼마나 있어야 알맞은지는 다음과 같은 시사를 통해 알 수 있을 것이다. 더 강한 이웃이 당신이 가진 부가 탐나서 당신과 전쟁을 하는 것이 아니라, 당신이 보다 덜 가졌기 때문에 전쟁을 해야 한다는 것이다.

우리의 논의를 입증할 수 있는 역사적인 사건이 하나 있다. 페르시아의 아우토프라다테스(Autophradates)가 아타르네오스(Atarneos) 시를 공격하려고 계획하고 있을 때, 그 도시의 지배자인 에우불로스(Eubulos)는 그에게 자기 도시를 공격하는 데 필요한 시간을 고려해 보고, 그 정도의 시간 동안 포위를 하는 데 필요한 비용을 계산해 보라고 부탁했다. 그는 만일 그보다 훨씬 적은 액수의 돈을 받더라도 당장에 도시를 넘겨주겠다고 말했다. 그래서 아우토프라다테스는 조금 생각해 보고 그 도시를 공격하는 것을 단념해 버렸다.

재산 분배의 내적 효과에 관한 주제로 돌아가서, 우리는 모든 시민에게 평등한 재산을 주는 제도가 서로의 알력을 방지하는 데 도움이 된다는 점을 인정해야 한다. 그러나 전체적으로 보면 이 이점은 대단한 것은 아니다. 교육을 받은 사람들은 이 체제에 대해 불만스럽게 생각할 것이며, 자기 자신들은 다른 사람들보다 더 나은 대우를 받아야 한다고 생각할 것이다. 사실상 우리가 실제로 관찰해 보면 이들은 바로 이 이유 때문에 반란을 일으키고 내분을 불러온다. 순수한 평등에 대해서는 일반적으로 모두 싫어하게 될 것이다. 사람의 나쁜 본성은 채울 수 없는 컵과 같다. 한때는 한 사람의 일당이 2오볼(고대 아테네 화폐 단위)로 충분했던 시기가 있었다. 그러나 이것이 습관이 되자 사람들은 더 많은 돈을 바라게 되고, 결국은 끝없이 돈을 받지 않으면 만족하지 않게 되었다. 이처럼 욕망의 본성은 끝이 없다. 그리고 대중은 욕망의 충족을 위해서 산다. 이러한 악의 구제책은 재산을 평등하게 하는 데서가 아니라 훌륭한 본성을 가진 자는 탐욕을 부리지 않도록 훈련하고 본성이 훌륭하지 못한 자는 사회적으로 낮은 위치에 놓이도록 하면서도 불공평한 취급은 받지 않도록 해줌으로써 이룩될 수 있다.

재산의 평등에 대한 팔레아스의 제안에는 불완전한 점이 또 있다. 그는 토지재산만을 평등하게 하려고 했는데, 부에는 노예·가축·돈 등도 있고, 그 이외에 우리가 동산이라고 부르는 재산도 많이 있다. 재산을 적절히 평등하게 하려면 마땅히 이 모든 형태의 부를 평등하게 나누도록 하든지, 알맞은 한계를 부과하든지, 그렇지 않으면 모두를 자유방임에 맡겨야 한다. 팔레아스가 내놓은 입법을 보면 시민의 수를 아주 적게 정한 것이 분명하다. 모든 장인들은 공적인 노예가 되도록 하고 있으며, 따라서 시민측에 속할 수 없다. 장인들의 한 부류, 즉 공적 재산에 고용되어 있는 자들은 공적인 노예가 될 수 있을 것이다. 그렇다면, 에피담노스(Epidamnos)에서 시행된 것이나, 또는 디오판토스(Diophantos)가 일찍이 아테네에서 시행하려고 했던 계획과 비슷한 방식으로 되어야 할 것이다.

이제까지 팔레아스가 내놓은 정치질서에 관하여 살펴보았으므로 그의 제안들이 좋은지 나쁜지는 각자가 판단할 수 있을 것이다.

제8장

에우리폰(Euryphon)의 아들이며 밀레투스의 시민인 히포다모스(Hippodamos)는 정치 경험이 없었지만 처음으로 가장 좋은 정치질서 형태를 다루려고 한 사람이다. 그는 도시를 여러 구역으로 나누는 도시계획을 생각해냈고, 페이라에오스(Peiraeos)를 규칙적인 도로로 정비해 놓기도 했다. 다른 사람의 관심을 끌기 좋아해서 이상한 짓을 하기도 했다. 그래서 사람들은 그가 너무 거짓으로 꾸미며 인위적인 방식으로 생활한다고 생각했다. 그는 긴 머리를 하고, 값비싼 장식품으로 치장했지만, 여름에나 겨울에나 싸구려 천으로 만든 누더기 같은 옷을 입고 다녔다. 그는 또한 도시계획에 대해서 뿐만 아니라 자연계에 대해서도 많은 것을 알리려고 했다. 그가 건설하려고 한 국가는 시민의 수가 1만 명이며 세 계급으로 나뉘어 있었다. 첫 번째 계급은 장인들이며, 두 번째 계급은 농부들이고, 세 번째는 무장을 한 군인계급이다. 영토도 마찬가지로 세 부분으로 나누었는데, 첫 번째 부분은 종교적 목적을 위한 것이고, 두 번째 부분은 공공의 목적으로 사용하는 것이며, 세 번째 부분은 사유재산을 목적으로 했다. 첫 번째 부분은 국가의 여러 신들의 정규적인 제사 비용에 쓰이도록 했고, 두 번째 부분은 군대를 유지하기 위한 것이며, 세 번째 부분은 농부계급의 사유재산으로 했다.

히포다모스는 법률에도 세 등급만 있어야 한다고 하였는데, 이들은 각각 이유 없는 폭력행위, 재산의 손상, 그리고 살인에 적용되는 것이며, 그는 이 세 가지가 모든 법적 소송이 일어나는 주된 문제들이라고 생각했다. 그는 또한 최고법정은 하나만 있어야 한다고 제안했는데, 제대로 판결이 안 된 모든 문제들은 이 최고법정에서 판결받도록 했다. 이 법정은 이러한 목적으로 선출된 원로들로 구성되는 것이었다. 그는 법정에서의 판결은 투표함에 조개껍질을 넣는 방식이 아니라 판사들이 저마다 조개껍질에다 판결을 쓴 것을 제출하는 방식으로 행해야 한다고 주장했다. 만약 판사가 피고에게 틀림없는 유죄라고 판결을 내린다면 그는 자기 조개껍질에 판결을 쓰고, 틀림없는 무죄라고 판결을 내리면 아무것도 쓰지 않으며, 조건부의 판결을 내리고자 하면, 즉 부분적으로 유죄라거나 부분적으로 무죄라는 판결을 내리고자 하면 그 판결의 내용을 정확하게 써야 한다. 히포다모스는 일반적인 투표 방법을 반대했다. 이 제도에 따르면 사건이 유죄·무죄의 경계가 명백하지 않은 경우에도 판사가 틀림없는 무죄 또는 틀림없는 유죄의 판결을 내려야 하므로 판사로서의 선서를 어겨야 한다는 것이다.

그는 또 국가에 이로운 발명을 한 사람에게 명예를 부여하는 입법을 제안했다. 나아가 이제까지 어떤 나라도 만들어본 일이 없는 새로운 입법인 양, 전투중에 전사한 사람의 자손은 공적인 비용으로 돌봐야 한다고 제안했는데, 사실 그러한 법률은 이미 아테네와 다른 나라에도 있었다. 행정관리에 대해서는 모두 시민들에 의해 선출되는 게 옳다고 생각했으며, 이미 말한 것과 마찬가지로 시민은 세 계급으로 구성되어 있으며, 그들이 선출하는 관리들은 세 가지 문제, 즉 공적인 문제들, 외국인에 관련된 문제들, 그리고 고아들에 관한 문제들에 종사해야 했다.

이러한 것들이 히포다모스가 주장한 정치제도에서 중요하고 가장 뚜렷한 특징이다. 이 계획들에 대해 우리가 제기해야 할 첫 번째 비판은 시민들을 여러 계급으로 나누는 것에 대해서이다. 장인, 농부 그리고 군인계급은 모두 실질적인 선거권을 갖는다는 의미에서 정치질서에 참여한다. 그러나 농부들은 무기를 지니지 않으며, 장인들은 토지도 무기도 가지지 못한다. 결과적으로 이 두 계급은 무기를 가진 군인 계급의 노예가 되고 말 것이다. 따라서 이 두 계급은 국가의 관직을 맡을 수 없다. 왜냐하면 무기를 가진 계급의 구성원들만이 필연적으로 장군과 경찰관리들에 임명될 것이고, 따라서 중요하고 높은 관직들은 주로 이들이 맡게 될 것이기 때문이다. 그러면서도 만일 이 두 계급의 구성원들이 수동적인 참정권으로 정치질서에 참여할 수 없다면, 그들이 어떻게 이러한 정치질서를 우호적으로 받아들일 수 있겠는가? 이에 대해 무기를 지닌 계급이 다른 두 계급보다 더 나아야 한다고 답변할 수 있을 것이다. 이 답변에 대해서 우리는 무기를 지닌 계급이 다른 계급들보다 나으려면 그 수 또한 많지 않으면 어려울 수밖에 없다고 대답할 수 있다.

그러나 이 경우 무기를 지니지 않은 두 계급이 능동적인 참정권을 실행하는 면에서 정치질서에 참여하거나, 관리들의 임명을 좌우해야 할 필요가 있겠는가? 또한 농부들이 국가에 실질적으로 어떤 쓸모있는 구실을 하고 있는가 하는 더 큰 질문을 제기할 수도 있다. 장인들은 모든 국가에서 필요하다는 것과, 히포다모스가 내세운 국가에서도 다른 국가에서와 마찬가지로 장인들은 기술을 가지고 생활할 수 있다는 것을 인정할 수 있다. 그러나 농부의 경우는 다르다. 만약 농부들이 군인계급에게 생존수단을 제공하는 것이라면 그들이 국가에서 떨어질 수 없는 일부라고 생각하는 것은 정상적이다. 왜냐하면 그들은 중요한 계급에게 생활을 제공함으로써 곧 국가에 중요한 공헌을 하기 때문이다. 그러나 히포다모스의 계획에 따르면 농부들은 토지를 사유재산으로 가지며 사사로운 이득을 위해 땅을 경작한다.

또 하나의 문제는 군인들의 생활수단이 되며 공동재산인 세 번째 부분의 토지에 관한 문제다. 만일 군인들이 이 공유지에서 농사를 짓는다면 군인계급과 농부계급 사이에, 히포다모스가 설정하려고 한 것 같은 구별이 존재하지 않게 될 것이다. 반대로 만일 이 공유지에서 농사 짓는 사람들이 사유재산을 갖고 있는 농부계급이나 군인계급과는 별도로 존재한다면, 우리는 국가에 네 번째 계급이 있다고 생각해야 한다. 그러면 이 계급은 아무것에도 참여할 수 없으며 정치질서에서 완전히 소외된 존재가 될 것이다. 사실 또 다른 세 번째 대안이 있는데, 그것은 사유지를 경작하는 농부계급이 공유지도 경작해야 한다는 것이다. 그러나 이 경우에 경작자는 저마다 자신과 군인계급 두 가족의 생계를 충분히 돌볼 만큼의 수확을 얻기는 어렵게 될 것이다. 또 새로운 질문이 제기될 수 있다. '왜 사유지에서 공유지를 떼어놓고 시작하느냐? 모든 땅을 사용하여 단일한 구획으로서 저마다의 몫을 경작함으로써 농부들이 자신의 생활을 이룩하며 동시에 군인계급을 돌보는 그런 체계로부터 왜 시작하지 않는가?' 불행하게도 이 모든 문제들에 대해 히포다모스의 생각에는 혼돈이 있다.

우리는 또한 사법 판결을 내리는 방식에 대해 그가 내세운 법률에 동의할 수가 없다. 그는 판사가 판결을 내리는 소송이 단순한 논점을 제공한다고 할지라도 판사는 판결에 있어 뛰어나야 한다고 한다. 이것은 결과적으로 판사가 중재인이 되어야 한다는 것을 말한 것이다. 중재재판소에서는 중재인이 여럿이 있는 경우라 할지라도, 그들이 서로 어떤 결정을 내려야 하는가에 대해 의논할 수 있으므로, 조건부 판결이 가능하다. 그러나 법정에서는 그런 판결이 불가능하다. 왜냐하면 대부분의 법률은, 판사들에게 서로 협의하는 것을 허용하지 않고 오히려 판사들이 의견을 나누지 못하도록 하는 특별한 법적 조처를 취하고 있기 때문이다. 따라서 이런 경우 판결이 곤란한 상황에 빠지게 되리라는 것을 쉽게 예상할 수 있다. 어떤 판사가 원고가 요구하는 것보다 더 적은 액수로 손해배상을 물어주어야 한다는 의견을 갖고 있다고 상상해 보자. 예를 들어, 원고가 20미네(minae)를 요구하는 소송을 했는데, 한 판사는 10미네의 판결을 내리고(일반적으로 원고는 더 많은 액수를 요구하고 판사는 그보다 더 적은 액수의 판결을 하는데), 다른 판사는 5미네의 판결을 하고, 또 다른 판사는 4미네의 판결을 내린다고 하자. 이러한 면에서 여러 판사들이 청구된 금액에 대해 서로 다른 액수를 주도록 조건부 판결을 내리게 되는 것은 분명하다. 그러나 이것이 다는 아니다. 우리는 분명하고 무조건적인 판결을 내리는 판사도 고려해 보아야 한다. 그래서 어떤 판사는 소송을 청구한 금액 모두를 주도록 판결을 내리고, 다른 판사는 아무것도 주지 말라는 판결을 내릴 수도 있다.

이런 경우 여러 가지의 서로 다른 판결들을 어떻게 종합적으로 평가할 수 있겠는가? 소송 자체가 명확하고 절대적인 형태로 되어 있다면, 틀림없는 무죄 또는 틀림없는 유죄의 명확한 판결을 내릴지라도 판사는 판사로서의 선서를 어기지 않을 수 있다. 예를 들어, 만약 피고에 대한 손해배상 청구액이 20미네인 경우에 판사가 무죄 판결을 내린다고 해서 피고가 아무것도 물어내지 않아도 된다는 것은 아니다. 판사는 단지 피고가 20미네를 배상하지 않아도 된다고 판결을 한 것뿐이다. 판사는 원고가 주장한 20미네를 피고가 배상하지 않아도 된다고 믿음에도 피고에게 패소 판정을 내리는 경우에 한해서만 선서를 어긴 것이 된다.

히포다모스가 제기한 또 다른 문제, 즉 국가에 쓸모가 있는 개선책을 생각한 사람에게 명예를 주어야 하는가 하는 문제에 대해서, 그런 입법이 그럴듯하게 들리지만 실제로 이는 제대로 제정될 수가 없다고 반론을 제기할 수 있다. 그렇게 하면 개선하려는 사람에게 거짓 중상이 나올지 모르며, 따라서 정치적인 분쟁이 많이 생길 것이다. 또한 어떤 사상가들은 전통적인 법률을 개선할 목적으로 다른 더 좋은 법률로 바꿨을 때, 국가들이 손해를 보는가 이득을 보는가에 관하여 의문을 제기한다. 만일 우리가 이 문제에 대해 법을 바꾸는 것이 이롭지 못하다는 입장을 취한다면, 히포다모스의 주장에 쉽게 동의하기는 어렵다. 왜냐하면 실제로 법률이나 정치질서에 대해 파괴적인 변화들이 오히려 공동 이익에 이바지한다는 명목으로 제의될 수 있기 때문이다. 여기서 이에 관한 우리의 견해를 좀더 명확하게 하는 것이 좋겠다.

앞서 말한 바와 같이, 의견 차이는 있지만 변화가 더 바람직해 보일 경우가 있다. 다른 분야의 지식에서는 그러한 변화가 이로운 것으로 분명하게 밝혀졌다. 그 증거로는 의학·체육, 그리고 일반적으로 모든 형태의 인간의 기술과 직능에 있어서 전통적인 방식을 바꾼 것을 들 수 있다. 정치도 기술의 한 형태거나 직능이라면, 이것은 정치에 있어서도 마찬가지라고 주장하는 것이 논리적일 것이다. 변화가 일어났던 이유는 옛날의 관습이 지나치게 단순하고 야만적이었다는 사실에 의해 명시된다. 그리스인들은 무장을 하고 돌아다녔고 서로 상대에게서 색싯감을 샀다. 사실 옛날 관습의 낡은 찌꺼기들은 아직도 여기저기에 남아 있는데, 그것들은 매우 터무니없는 것들이다. 예를 들어, 키메(Kyme)에는 살인에 관한 법률이 있는데, 만일 원고가 자신의 친척들 중에서 일정한 수의 증인을 세울 수 있으면 피고는 살인의 죄과를 짊어지게 된다.

  일반적으로 사람들은 전통을 그대로 따르지 않고 그것을 일반적인 선에 따라 고치려고 한다. 그리고 우리에게 알려진 맨 처음 인간들도, 그들이 '땅에서 태어났거나' 어떤 큰 재난의 생존자였거나 간에, 오늘날의 평범한 또는 어리석기조차 한 사람들과 비슷했으리라는 것이 거의 확실하다. '땅에서 태어난' 사람들에 관한 이야기는 실제로 그렇다. 그러므로 그들의 생각을 그대로 지켜나가는 것은 어리석은 일이 될 것이다. 그러나 불문율과 관련된 이러한 생각 외에도, 성문법을 고치지 않고 그대로 두는 것이 좋은 정책은 아니라고 주장될 수 있다. 그 이유는 일반적으로 모든 다른 과학에서처럼 정치 조직의 문제에서도 모든 규칙이 올바르게 세워지기는 불가능하기 때문이다. 규칙들이란 모두 일반적인 용어로 표현되어야 하지만 실제 사람들의 행위는 개별적이며 특수적이다. 따라서 때때로 그리고 경우에 따라 우리는 법률이 바뀔 수 있다고 생각하지만, 사실을 다른 각도에서 보았을 때 커다란 주의가 요구된다고 할 수 있다.

  개선이 필요해 보이는 것은 매우 적으며, 사람들이 가벼운 마음으로 법률을 폐기하는 습관에 젖는 것이 좋지 않다는 것을 반성해 보면, 입법이나 통치에 있어서 설사 어떤 모자람이 있을지라도 그것을 그대로 두는 것이 좋다는 것은 확실하다. 사람들이 정부에 복종하지 않는 습관에 빠지게 되면 일어날 손해보다는 고침으로써 얻는 이득이 더 적을 것이다. 또한 어떤 기술을 개량하는 것은 법을 개정하는 것과는 다르다. 법이 사람들을 복종하게 만드는 근거인 정당성은 습관에서 나오며, 이 습관을 제외하면 아무것도 없는 셈이다. 그런데 습관이라는 것은 시간이 지나야만 성립될 수 있다. 따라서 기존의 법률을 새로운 법률로 쉽게 바꾸면 법의 일반적인 권위가 약화될 것이다.

또 다른 의문은 법을 고칠 수 있다 하더라도 이것은 모든 법, 그리고 모든 정치질서에 그대로 타당한 것인가 또는 그렇지 않은 것인가, 또한 어떤 사람이라도 기존 체제의 변경을 시도할 수 있는가, 아니면 특정한 사람들만이 그렇게 할 수 있는가 하는 것이다. 이 대안들 중에 어떤 것을 선택하느냐에 따라 커다란 차이가 생긴다. 따라서 이 문제는 다음 기회로 미루고 여기에서는 다루지 않기로 한다.

제9장

스파르타와 크레타의 정치질서를, 또는 다른 나라의 정치질서를 살펴보면 두 가지 문제가 제기된다. 첫째로 이상적 체제의 기준에서 판단했을 때 그들의 제도 중 어떤 것이 좋은가 나쁜가 하는 것이다. 둘째는 그중의 어떤 특정한 규정이 실제로 확립된 그들 정치질서의 성격과 원칙에 어긋나는가 하는 것이다. 질서가 잘 잡힌 국가에서는 여가, 즉 노동의 필요로부터 자유가 있어야 한다는 것이 일반적으로 인정되고 있다. 그러나 어떤 방식의 조직에 의해 이 여가가 확보될 수 있는가 하는 점은 알기 어렵다. 테살리아(Thessalia)의 페네스타이(Penestai) 농노제도는 이러한 방식 가운데 하나이지만, 그곳의 농노들은 때때로 지배자에게 반란을 일으켰다. 스파르타의 노예들도 마찬가지로, 마치 매복해 있는 것처럼 그들의 주인이 곤경에 처하기를 기다렸다가 반란을 일으키곤 했다.

사실 크레타에서는 이와 비슷한 일들이 한 번도 일어난 일이 없다. 아마도 그 섬의 인접 도시들이 서로 적대관계에 놓여 있을지라도 반란을 일으킨 농노들과는 결코 동맹관계를 맺지 않기 때문일 것이다. 그러나 스파르타의 이웃나라들인 아르고스(Argos), 메세니아(Messenia), 아르카디아(Arkadia)는 모두 스파르타의 적대국이었다. 그리고 이것이 스파르타 노예들의 잦은 반란의 원인이었다. 테살리아의 예도 마찬가지이다. 테살리아에서 초기 농노들의 반란은 테살리아인들이 이웃나라 사람들인 아카이아(Achaia)인, 페르하이비아(Perrhaibia)인, 마그네시아(Magnesia)인 등과 전쟁중이었기 때문에 일어난 것이다. 농노를 다루는 일은 외적인 어려움이 없을지라도, 그 자체만으로도 힘든 일이다. 농노들과 어떤 입장에서 관계를 유지해야 하는가를 결정하는 것은 쉬운 일이 아니다. 만일 느즈러진 마음으로 다룬다면 그들은 곧 자만심이 생겨서 그들이 주인과 평등해야 한다고 주장하게 될 것이다. 만일 그들을 매우 엄격하게 다루면 원한을 갖고 모의를 하기 시작할 것이다. 노예체제를 유지하는 데 이러한 어려움을 겪고 있는 국가들은, 그들의 생활방식을 조직하는 데 있어 가장 좋은 길을 발견하지 못한 셈이다.

스파르타의 정치질서에 대한 또 다른 비판은 이 질서는 여자들에게 너무 너그럽다는 것이다. 이 때문에 스파르타는 정치질서의 목표나 시민 전체의 행복을 이루는 데 어려움을 겪게 된다. 마치 남편과 아내가 똑같이 가족의 기본적인 부분인 것처럼 국가도 거의 같은 수의 남자와 여자들로 구성되어 있다고 생각되어야 한다. 따라서 위치가 적절하게 규정되어 있지 않은 정치질서에서는 시민들의 반은 제대로 법적인 고려를 받지 못하고 있다고 생각할 수밖에 없다. 이러한 일이 실제로 스파르타에서 일어났다. 스파르타의 법률을 만든 입법자는 전체 시민을 강건하게 만들려고 했다. 그러나 남자들에 대해서는 이러한 목적을 이루는 것이 등한시되었다. 왜냐하면 여자들은 사치와 방종에 젖은 생활을 하고 있었기 때문이다.

이러한 정치질서에서 일어나는 불가피한 결과는 바로 부의 숭배다. 이것은 대부분의 군인과 무사 계층에서 일어나는데, 시민들이 자기 부인의 지배를 받는 경우에 특히 그렇다. 공공연하게 동성애적 관계를 인정하는 켈트(Kelt) 사람들과 기타 소수의 민족은 여기에서 예외로 한다. 아레스와 아프로디테가 짝지어지는 신화를 처음 만든 사람에게는 지혜가 있었다. 이것은 모든 전사들이 여자나 남자에게 열정적인 감정을 갖는 경향이 있다는 사실을 보여준다. 스파르타에서는 여자와 격정적인 관계를 갖는 것이 일반적인 경향이었다. 그 결과 여자들의 전성기에 있어서는 대부분의 권한이 여자들 손에 떨어지게 되었다. 그러나 국가의 지배자들이 사실상 여자의 지배를 받는 것과 여자들이 실제로 지배자가 되는 것에 무슨 차이가 있겠는가? 결과는 마찬가지다. 그러한 결과들의 예를 하나 들어 보자. 스파르타의 여자들은, 일상생활에서가 아닌 전쟁 때에 꼭 필요한 사람들의 용감성에도 나쁜 영향을 끼쳤다.

테베(Thebe)의 침입 동안에 다른 나라의 여자들과는 달리 스파르타의 여자들은 아무짝에도 쓸모없었고, 적보다도 오히려 더 많은 혼란을 야기시켰다. 여자들이 방종한 생활을 즐기는 것은 스파르타에서 처음 시작된 것으로 보이는데 그 원인은 쉽게 이해할 수 있을 것이다. 남자들이 오랜 기간 동안 외국에 원정을 나가고 집에 없는 일이 있었다. 아르골리스(Arggolis), 메세니아, 아르카디아 사람들과 계속 전쟁이 있었기 때문이다. 군인으로서의 생활을 하면서 스파르타 사람들은 일정한 소양을 갖추게 되었고, 따라서 평화를 되찾게 되었을 때는 입법자가 마음대로 국정을 다룰 수 있도록 허용했다. 실제로 스파르타의 전설적 입법자 리쿠르고스는 전통을 따라 여자까지도 법적 규제의 대상이 되도록 하려고 시도했다. 그러나 스파르타인들이 이에 반대했으므로 그는 이러한 시도를 포기할 수밖에 없었다. 그러나 우리는 무엇이 실제로 일어났으며 이 스파르타 체제에서 결함의 원인이 무엇인가를 이렇게 설명할 수 있는 반면에, 무엇이 역사적으로 변명의 여지가 있는가 없는가 하는 것을 논의하는 것이 아니라, 실제로 무엇이 옳고 그른가를 결정하는 것이 우리의 관심사임을 기억해야 된다.

앞에서 이미 말한 바와 같이 스파르타에서 여자들의 이러한 지위상 결함은, 정치질서에 있어서 서로 잘 어울리지 않는 현상을 일으킬 뿐만 아니라, 탐욕스러운 일을 키울 가능성이 높다. 따라서 이제 앞에서 관찰한 것을 염두에 두고, 스파르타에서의 재산 분배의 불평등에 대해 비판해 보는 것이 자연스럽다. 어떤 스파르타인들은 지나치게 많은 재산을 소유하게 된 반면에, 다른 사람들은 아주 조금밖에 갖지 못하게 되었다. 그래서 토지는 대부분 몇몇 사람들 손에 들어가게 되고 만 것이다. 이 문제는 스파르타의 법률에 의해 아주 잘못 취급되었다. 스파르타의 입법자는 스파르타 시민 소유인 땅을 매매하지 못하도록 했는데, 이것은 옳은 일이었다. 그러나 입법가는 사람들이 원하면 자기 재산을 다른 사람에게 주거나 유산으로 남겨줄 수 있도록 했다. 사실 이것은 불가피하게 매매를 허용하는 것과 똑같은 결과를 낼 수밖에 없다.

실제로 온 국토의 5분의 2 정도가 몇몇 여자들에게 속해 있는데, 이것은 여자 상속인들이 많고 또 지참금을 주는 관례 때문에 그렇게 된 것이다. 지참금 제도를 없애 버리든지 아니면 그것을 소액 또는 알맞은 액수로 고정시키는 것이 더 좋았을 것이다. 이제 법에 의하여 빈부를 막론하고 그가 원하면 여자를 그의 상속인으로 하는 것이 용인되고, 또는 그가 유언을 남기지 못하고 죽는 경우에는 딸의 보호자 입장에 있는 사람이 마음대로 딸을 결혼시켜 버릴 수 있었다. 그 결과 스파르타의 국토는 1500명의 기병과 3만 명의 보병을 유지할 수 있었음에도, 그 숫자는 기원전 369~362년 테베의 침공 때까지 점차 1000명 미만으로 줄어들게 된 것이다. 스파르타의 재산 규제 방법에 결함이 있다는 것은 역사가 분명하게 보여준다. 스파르타는 전쟁에서 단 한 번의 패전조차 극복할 능력이 없었는데, 그것은 인력이 모자라기 대문에 패망하고 만 것이다.

전하는 말에 따르면, 초기 왕정 때에 스파르타는 이방인에게도 시민권을 주는 관습이 있었고, 그 결과 장기간에 걸친 전쟁을 치르면서도 인력이 모자라는 어려움을 겪지 않았다고 한다. 실제로 한때는 스파르타의 시민 수가 1만 명까지 이르렀다고 한다. 이 말이 사실이건 거짓이건 간에 스파르타가 재산 배분을 평등하게 유지해서 시민의 수를 보충했더라면 더 좋았을 것이다. 그러나 이 개혁에 방해가 된 것은 바로 스파르타인들이 출산율을 높이기 위해 채택한 법이었다. 스파르타인들은 시민의 수를 가능한 한 많이 늘리려고 한 나머지, 그 권유책으로 아들 셋만 낳으면 아버지를 병역에서 면제시켜 주며, 아들 넷을 낳으면 모든 세금을 면제시켜 주는 입법을 추진했다. 그러나 많은 자녀들에게 재산을 나누어 주게 된다면 많은 시민들이 반드시 빈곤하게 될 수밖에 없다.

그들의 정치조직에 대해서도 비판의 여지가 있다. 스파르타의 감독자들(Ephors)은 중요한 문제들에 관하여 최고의 권위를 갖는다. 이들은 일반 평민들 전체에서 뽑히는데, 때로는 생활수단이 없기 때문에 매수되기 쉬운 가난한 사람들이 이 관직을 얻는 일이 일어난다. 이 약점은 과거에도 가끔 드러났다. 최근에는 안드로스(Andros)에서 이런 일이 일어났는데, 감독자들 중 몇몇이 뇌물을 받고 국가 전체를 패망시키려 한 것이다. 이 제도의 또 다른 결점은 이 제도가 너무 중요하며 독재적인 성격을 띠므로 왕까지도 감독자에게 잘 보이려고 애를 써야 한다는 것이다. 그 결과 부패 가능성 이외에도 정치질서 전반이 왕정과 마찬가지로 감독자들의 지나친 권력 때문에 어려움을 겪는 것이다. 또한 그것은 귀족정치에서 민주정치의 방향으로 흐르는 경향이 있다.

그러나 감독자 제도는 전체 정치질서를 서로 단결시키는 응집력이 된다는 것 또한 인정해야 한다. 국가의 최고 관직에 참여하는 권리를 부여함으로써 일반 국민은 만족스러워 한다. 이 제도의 영향 때문이건 우연의 결과이건 간에, 이것은 스파르타의 정치에 이로운 영향을 미치게 된 것이다. 만일 어떤 정치질서가 유지되어 나가려고 한다면, 국가의 모든 요소들이 그 질서의 존속을 기꺼이 원해야 한다. 그런 의지는 스파르타의 각 요소들 속에 존재하고 있다. 스파르타에서는 두 명의 왕이 명예를 가지고 있으므로 이 질서의 존속을 원하고, 상류계급은 원로원에 참여할 수 있으므로 만족하며, 일반대중도 감독자 제도에 참여할 수 있으므로 만족하고 있어서 기존 질서의 존속을 원하기 마련이다.

이런 장점을 갖고 있지만 감독자 제도는 단점도 안고 있다. 모든 사람이 이 관직을 맡아볼 수 있다는 것은 정당하며 적절한 것이기도 하지만, 현재 시행되고 있는 선거 방식은 너무 유치하여 온당치 못하다. 또한 감독자들은 평범한 사람임에도 중요한 문제를 결정할 권한을 갖는다. 따라서 그들이 문제를 마음 내키는 대로 처리하지 않고 법률 형식을 갖추어 규정되어 있는 원칙에 따라 처리하도록 한다면 더 좋을 것이다. 결국 그들의 생활방식은 국가의 목적과 맞지 않는다. 그들에게는 너무 많은 자유가 허용되어 있다. 이와 반대로 일반시민들에게는 너무 엄격한 생활을 요구하여 사람들은 이를 견디지 못하며 비밀스러운 감각적 쾌락으로 숨어버린다.

원로원 제도 또한 문제점이 있다. 이 회의의 구성원들이 청렴하며 남자다운 덕성을 갖추도록 적절한 훈련을 받은 사람들이라면, 이 제도가 국가에 이롭다고 생각할 수도 있을 것이다. 물론 그렇다고 할지라도 원로원 의원들이 중요한 문제를 결정하는 종신직 판사가 되어야 하는가 하는 데는 의심의 여지가 있다. 사람은 몸과 마찬가지로 마음도 나이의 영향을 받기 때문이다. 그러나 실제로 의원들의 훈련이 만족스럽지 못하여 입법자까지도 그들의 사람됨을 믿지 못하게 되는 경우에는 이 의회가 안전한 제도라고 생각할 수 없다. 경험으로 미루어 보아 의원직을 맡았던 사람들이 뇌물이나 인간 관계의 영향을 받아서 공적인 일을 처리한 일이 있었던 것이 분명하다. 이러한 이유 때문에 오늘날에 시행되고 있는 것처럼 이들의 행동이 감사를 받게 되었다. 사실 감독인들은 모든 관리들의 행동을 조사할 수 있는 권한을 가진 것으로 보인다. 그러나 이것은 그들에게 너무 큰 특권이며, 의원을 조사하는 방식에도 문제점이 보인다.

의원을 뽑는 방식 또한 문제가 있다. 최종 선거는 어린이 장난처럼 환호하는 방식으로 이루어진다. 또한 선거에 뽑히기 위해 공개적으로 선거 유세를 하도록 되어 있는 것도 온당치 못하다. 관직을 맡을 만한 사람은 본인이 그 관직을 원하거나 원치 않거나 간에 그것을 맡도록 해야 한다. 후보자가 자기를 선출해 달라고 요청하도록 하는 것은, 입법자가 분명히 정치질서 전체에 불어 넣으려고 하는 정신에서 행동하는 것이다. 다시 말해 이렇게 규정한 것은 모든 시민들이 명예나 관직에 관하여 야심을 갖도록 하는 것을 원했기 때문이다. 왜냐하면 그런 야심 없이는 아무도 의원이 되려고 입후보를 하지 않을 것이기 때문이다. 그러나 야심과 탐욕은 거의 모든 고의적인 범죄에 동기가 된다.

군주제의 일반적인 문제, 그리고 국가가 왕을 갖는 것이 좋은가 나쁜가 하는 문제는 다음 기회로 미루는 것이 좋겠다. 그러나 만일 왕이 있어야 한다면, 현재 스파르타에서 따르고 있는 원칙은 피하는 것이 좋을 것이다. 즉, 왕은 그 사람의 행동과 성격을 살펴 뽑아야 한다. 지금의 체제에서는 입법자까지도 왕이 명예롭고 훌륭하게 행동하도록 할 수 없다는 생각을 가졌음에 틀림없다. 아무튼 그는 왕들이 그가 정한 목적에 비추어 충분히 훌륭하다는 것을 믿지 않는 것으로 보인다. 이러한 불신은, 실제로 왕들을 반대파들과 한데 묶어 외국에 사절로 보내는 사례에서 엿볼 수 있으며, 왕들과 그 반대파들 사이에 의견의 분열이 있는 것이 정치적 안전판이 된다는 일반적인 견해에서도 찾아볼 수 있다.

공동식사 제도(스파르타인들은 이것을 피디티아(phiditia)라고 부른다)를 만들 그 즈음에 이것을 규제하기 위하여 만든 법적인 조처도 또한 비판의 여지가 있다. 공동식사를 위한 모임의 비용은 크레타에서처럼 공공기금에서 지불되어야 한다. 그러나 스파르타의 규칙은 어떤 시민들이 너무 가난해서 비용을 부담할 수 없음에도, 저마다 자기 몫을 가져오도록 되어 있다. 당연하게도 입법자의 의사와는 정반대의 결과가 되고 만 것이다. 공동식사 제도는 민주적인 목적을 가졌다. 그러나 스파르타에서 시행되고 있는 규칙은 그 반대의 현상을 일으킨다. 매우 가난한 시민들은 공동식사에 참여하기 어렵다. 그럼에도 스파르타 체제의 전통적 규정에 따르면 자기 몫을 가져올 수 없는 사람은 정치적 권리를 누릴 수 없게 된다.

어떤 저술가들은 또한 해군 제독의 관직에 관련된 법률을 비판했는데, 이것도 일리가 있다. 이 법률은 분쟁의 원인이 되기 때문이다. 해군 제독의 관직은 종신직으로서, 원수의 위치를 갖는 왕들에 대한 견제를 위해 만들어 놓은 제2의 왕권과 같다.

스파르타의 입법 목적과 의도는 또 다른 관점에서 비판할 수 있다. 그런데 플라톤이 이미 그의 《법률》에서 이 비판을 했다. 전체 입법체제가 선의 한 요소 또는 한 부분만을, 즉 전쟁에서의 선을 육성하도록 되어 있다. 왜냐하면 그러한 종류의 선은 권력을 얻는 데 아주 쓸모가 있기 때문이다. 그 결과 반드시 다음과 같은 일이 일어났다. 즉, 스파르타인들은 전쟁을 하는 동안에는 안정되어 있었지만, 전쟁에 이겨서 제국을 건설하자마자 무너지고 만 것이다. 그들은 평화가 가져다주는 것을 제대로 이용할 줄 몰랐으며, 전쟁 훈련 이외의 더 좋은 어떤 교육에도 익숙하지 못했다. 마찬가지로 스파르타에는 심각한 또 다른 문제점이 있다. 그들은 사람들이 추구하는 '가치'는 사람들이 선해야만 이룰 수 있고 악하면 이룰 수 없는 것으로 생각한다. 그들이 선한 것이 생활에서 '가치'에 이르는 길이라고 생각하는 것은 옳다. 그러나 그들이 이들 '가치'가 선보다는 더 좋은 것이라고 믿은 일은 잘못이다.

스파르타의 또 다른 문제점은 공공재정의 상태다. 국가가 큰 전쟁을 치를 때에도, 국고는 비어 있고 세금은 제대로 납부되지 않는다. 토지의 대부분은 시민들의 소유인데, 그 토지세를 매겼을 때 모든 사람들이 납세를 소홀히 했다. 이로써 스파르타 체제가 해로운 결과를 낳게 된다. 결국 이 체제는 사사로운 탐욕을 부채질하는 반면에 국가 재정을 빈곤하게 만든다. 이것으로서 스파르타의 정치질서를 살펴보았으며, 앞에 언급한 것이 특별히 비판받아야 하는 결함들이다.

제10장

크레타의 정치질서 형태도 스파르타와 비슷하다. 그러나 크레타의 정치질서는 한두 면에서는 스파르타와 같은 수준이지만 전체적으로 보아 뒤떨어진다. 전해 내려오는 이야기에 따르면 스파르타가 크레타의 질서를 모방했다고 한다. 일반적으로 더 오래된 제도들이 그 뒤에 나온 제도들보다 더 정교하기 마련이다. 전설에 따르면 리쿠르고스는 카릴로스(Charillos) 왕에게 통치자의 직무를 물려준 다음에 해외로 나가서 대부분의 시간을 크레타에서 보냈는데, 그는 크레타와 조금 연고가 있었다고 한다. 즉 크레타의 도시국가 중의 하나인 릭토스(Lyktos)는 본디 스파르타의 식민지로 그 주민들은 스파르타 사람들이었다. 이들 스파르타의 개척민들은 그들이 옮겨갈 즈음 원주민들이 시행하고 있던 법을 따랐다. 스파르타의 크레타 이주민들이 이 오래된 법률을 따랐다는 사실은 왜 그 법률들이, 미노스(Minos) 당시에까지 거슬러 올라갈 수 있는 법률 체계로서 아직도 이 섬의 농노들 사이에 유지되고 있는지 이해하는 데 도움을 준다.

이 섬은 그리스 세계에 있어 제국을 유지하기에 훌륭한 위치를 갖고 있고, 또한 천연적으로 설계된 것처럼 보인다. 동부 지중해 전체를 지배하기에 이로운 위치를 가지고 있어서, 이 바다의 해변에 거의 모든 그리스인들이 정착했다. 또 서쪽으로는 펠로폰네소스 반도에서 멀지 않으며 동쪽으로는 로도스(Rhodos) 봉과 크리오(Krio) 봉을 돌아 아시아의 한 귀퉁이와 가까이 있었다. 이렇게 보면 미노스 왕이 해양제국의 건설에 성공한 이유를 알 수 있다. 그는 몇 개의 인접도시를 복속시키고 몇 개를 식민지로 만들었으며, 마침내 시칠리아까지 공격했는데, 결국 그는 그곳의 카미코스(Kamikos) 부근에서 죽었다.

크레타 제도들의 일반적 형태는 스파르타와 비슷하다. 스파르타인들을 위하여 땅을 경작했던 노예들은 크레타의 페리오에키(Perioeki), 즉 농노에 속한다. 그리고 두 국가가 공동식사 제도를 갖고 있었는데, 스파르타인들은 예전에는 이것을 안드레이아(andreia)라고 불렀다. 그런데 크레타인들은 아직도 이 용어를 쓰고 있으며, 이것은 스파르타인들이 크레타로부터 배웠다는 한 증거다. 크레타와 스파르타의 정치질서 체제에도 또한 비슷한 점이 있다. 스파르타의 감독자들은 크레타의 코스모이(Cosmoi)와 같은 위치를 차지한다. 유일한 차이는 스파르타의 감독인들은 다섯 명인데, 코스모이는 열 명이라는 것이다. 스파르타의 원로들과 비슷한 제도가 크레타에도 있는데, 크레타는 원로원을 의회(Boule)라고 부른다(스파르타에서는 게로시아(Gerousia)). 스파르타와 같이 크레타는 옛날에는 군주정이었지만 뒤에 이를 폐기했고 오늘날에는 코스모이가 군대를 통솔한다. 크레타의 시민들은 일반의회에 참석할 수 있는 권리가 있지만, 의회의 권한은 그저 원로들 또는 코스모이가 내린 결정을 비준하는 데 그친다.

크레타의 공동식사 제도는 스파르타보다 낫다. 스파르타에서는 시민들이 저마다 자기에게 할당된 몫을 가져와야 하며, 그렇게 못하면 정치적 권리를 법적으로 빼앗긴다. 크레타에서는 공동식사 제도가 공적인 성격을 띤다. 공유지에서 사육된 가축, 농작물과 농노들에게서 거둬들인 현물은 모두 공동기금이 되는데, 그중의 반을 종교의식과 공공업무 수행에 사용하고 나머지 반을 공동식사를 마련하는 데 쓴다. 이렇게 해서 남녀노소를 막론하고 모든 사람이 공금으로 똑같이 식사를 할 수 있게 되는 것이다. 크레타의 법률들 중에는 국가를 위해 단식을 하도록 권장하는 목적의 기발한 방법들이 있다. 또한 여자들이 아이를 너무 많이 갖지 않도록 남자들로부터 여자를 떼어놓는 조항도 있으며, 동성연애 관계를 금지하는 조항도 있다. 이것이 옳은가 그른가 하는 문제는 다음으로 미루기로 한다.

앞에서 살펴본 것처럼 크레타의 공동식사 제도가 스파르타의 제도보다 나은 반면에 코스모이는 감독자 제도보다 뒤떨어진 제도이다. 코스모이는 감독자 제도의 단점, 즉 적절한 자격이 없음에도 우발적으로 임명이 된다는 문제점을 가지고 있으면서도 감독자 제도와 같은 정치적인 장점은 없다. 스파르타의 체제 아래에서는 모든 시민이 감독자가 될 수 있고 모든 국민이 최고 관직을 누리는 데 참여할 수 있으므로 사람들은 기존 정치질서를 지지하게끔 된다. 그러나 크레타에서의 코스모이는 감독자가 일정한 가문에서만 나오며 전체 국민에서 선출되는 것은 아니다. 또한 원로회의의 구성원들은 그 나름대로 코스모이의 관직을 담당했던 제한된 부류의 사람들에서만 나온다.

이 크레타 원로회의는 스파르타 원로회의와 마찬가지의 근거에서 비판될 수 있다. 그들은 종신직이며 감사를 받지 않는데, 이것은 분에 넘치는 특권이며, 성문법에 따르지 않고 그들의 재량에 따라 행동하는 권한은 매우 위험하다. 코스모이 제도에 관해서는 이렇게 덧붙여 두겠다. 국민들이 그것에서 소외되어 있음에도 현실에 만족하고 있다 해서 그것이 적절하게 조직되어 있다는 증거는 아닌 것이다. 코스모이는 감독자와 달리, 그들의 권한을 자신의 이익을 위해 사용할 수 있는 기회가 없다. 그들은 부패의 위험이 없는 섬에서 살고 있기 때문이다.

이 제도의 문제점에 대비한 크레타인들의 구제책은 기이하며, 헌정질서적인 국가라기보다는 독단적인 과두정치에 속하는 것이다. 연합체는 되풀이해서 자신의 동료들이나 사적인 개인들의 집단에 의해 형성되어 코스모이들을 관직에서 몰아내며, 그들은 임기가 끝나기 전에 관직에서 또한 사임할 수 있다. 이런 모든 문제들이 법에 의하여 규제된다면 더 좋으리라는 것에는 의문의 여지가 없다. 이러한 일들을 그저 개인의 의사에 맡겨놓는다면 공적인 활동을 위해서는 위험한 기준이 될 것이다. 그러나 더 나쁜 것은 때때로 강력한 귀족들이 정의에 복종하기를 꺼릴 때 흔히 하는 것처럼 코스모이들의 직권을 정지시키는 관행이다. 이것은 크레타의 체제가 헌정적인 요소를 조금 갖고 있을지라도 사실은 헌정질서가 아니고 독단적인 과두정치의 한 형태에 불과함을 보여주는 것이다. 크레타의 귀족들은 국민들과 자신의 추종자들을 여러 파벌로 분열시키고 이 분열을 근거로 파벌의 수만큼이나 많은 왕정을 세운 다음에 골육상쟁의 싸움을 일으키곤 한다. 그것이 지속되는 한 이러한 사태는 국가의 멸망과 정치적 사회의 해체를 의미할 뿐이다. 이러한 지경에 이르는 국가는 위태롭다. 왜냐하면 그 국가를 공격하려는 자들이 유리한 입장을 갖게 될 것이기 때문이다. 그러나 앞에서 말한 것과 마찬가지로 크레타는 지리적 위치 덕분에 이러한 위험을 벗어나게 된다. 그리하여 지리적인 거리는 다른 곳에서 이방인들을 몰아내는 법률로 이루는 것과 같은 효과를 낸다. 크레타의 지리적 고립은, 왜 이곳의 농노들은 순종하는데 스파르타의 노예들은 가끔 반란을 일으키는가 하는 것을 설명해 준다. 크레타에는 나라 밖의 영토가 없다. 요즘에 와서야 외국의 영향력이 이 섬에 침투하게 되었는데, 그 결과 크레타 제도들의 취약점이 드러나게 되었다.

크레타적인 정치질서에 대해서는 이것으로 충분할 것이다. 다음에는 카르타고로 옮겨가기로 한다.

제11장

카르타고(Karthago)의 정치질서는 일반적으로 좋은 질서라고 하며, 또한 여러 면에서 독특한 점이 있다고 한다. 그러나 그에 대해 중요한 문제는 이 정치질서가 여러 점에서 스파르타의 정치질서와 비슷하다는 것이다. 실제로 여기에서 우리의 관심이 되는 세 개의 정치질서, 즉 크레타·스파르타·카르타고의 정치질서는 모두 서로 밀접히 연관되어 있으며, 이들 이외의 다른 정치질서들과는 뚜렷하게 차이가 난다. 카르타고의 여러 제도들에는 확실히 좋은 점이 있다. 카르타고가 많은 인구에도 불구하고 같은 정치체제를 견고하게 지킨다는 사실은 그것이 좋은 정치질서를 갖고 있다는 증거이다. 카르타고는 이렇다 할 내분이 없었으며, 또한 누가 참주정치를 하려고 시도한 일도 없었다.

카르타고와 스파르타의 정치질서는 서로 비슷한 점들이 많다. 카르타고의 '회식하는 사람들'의 공동식사는 스파르타의 피디티아(phiditia)와 비슷하다. 또 104인의 관직은 감독자 제도와 비슷한데, 그 차이는 카르타고에서는 관리 선출을 그 사람의 공적에 따라서 하지만, 스파르타의 감독자 제도는 이런 것을 생각하지 않고 아무렇게나 충원을 한다는 점이다. 결국 카르타고의 왕들과 원로회의는 스파르타의 왕들과 원로회의와 비슷하다. 그러나 여기에서도 역시 카르타고의 제도가 더 좋은데, 그것은 카르타고의 왕들은 스파르타에서처럼 그저 별 공적 없이 평범한 한 가문에서 언제나 나오는 것이 아니기 때문이다. 카르타고의 왕들은 당시의 뛰어난 가문 출신으로서 선임제가 아니라 선거로 뽑는다. 아무튼 왕들은 상당한 권력을 갖는다. 그리고 만약 왕들이 대단하지 않은 인물들이라면 많은 해독을 미칠 수 있으며, 이러한 일이 실제로 스파르타에서 일어났다.

카르타고의 제도 중에서 원칙에서 벗어난 것으로 비판할 만한 대부분은, 여기에서 우리의 관심이 되고 있는 정치질서들의 공통된 모습이다. 그러나 카르타고의 정치질서의 독특한 점은 그것이 일반적으로 귀족정치 또는 '혼합정치'의 원칙에 기반을 두고 있는 반면에, 때로는 민주정치의 방향으로, 때로는 과두정치의 방향으로 빗나가기도 한다는 것이다. 민주정치의 방향으로 빗나가는 경우는 왕들과 원로들이 서로 합의를 하면, 의회에 어떤 문제를 제출할 것인가 또는 그렇게 하지 않을 것인가를 자유롭게 결정할 수 있는 반면에, 의회도 마찬가지로 그들이 제출하는 문제에 관하여 합의가 되어 있지 않다면 어떤 문제고 자유롭게 다룰 수 있다는 것이다. 또 왕들과 원로들이 합의해서 어떤 제안을 내놓는 경우, 의회는 그저 정부의 결정을 듣고 그것을 승인하는 역할만을 하는 것은 아니다. 의회는 최종 결정을 할 권한을 갖고 있으며 의회의 어느 의원이라도 자기 뜻에 따라 그 제안에 반대할 수 있다. 스파르타와 크레타의 정치질서에서는 의회가 이러한 권리를 누리지 못한다.

이와 반대로 과두정치의 방향으로 빗나가는 경우도 많이 있다. 첫째로 중요한 문제들을 맡아보는 5두제, 즉 5인의 집회는 서로 추천하여 인원이 충원돼야 한다는 규칙이다. 둘째로, 이렇게 충원된 5인 집회가 국가의 최고 권위체인 100인 회의를 선출한다는 규칙이 있다. 끝으로 이 5두제의 구성원들은 다른 관리들보다 오래 관직에 머물 수 있다는 규칙이 있다. 실제로 그들의 정상적인 임기 이전이나 이후에도 관직에 남아 있는 것이다. 반면에 귀족정치적인 모습으로서 관리들이 봉급을 받지 않는다는 규칙을 들 수 있다. 그리고 모든 법률 소송이 어떤 관리들의 집단에 의해 결정이 되며, 스파르타의 경우처럼 어떤 것은 어떤 사람이 결정하고 또 다른 것은 다른 사람이 결정하는 제도가 없다는 것도 귀족정치라고 볼 수 있다.

또한 카르타고 체제에 있어서 귀족정치에서 과두정치의 방향으로 빗나가는 가장 중요한 모습을 살펴보아야 한다. 이것은 카르타고에 국한된 것이 아니고 일반적으로 유행되는 여론의 경향이다. 즉 가난한 사람들은 관리가 되어도 그들의 의무를 이행할 여유가 없어서 좋은 관리가 될 수 없기 때문에, 관리를 선출할 때 사람의 공적이나 자질뿐만 아니라 생활의 근거도 고려하여 선출해야 한다는 의견이다. 만일 부를 기준으로 하는 선거가 과두정치의 특징이고, 공적을 기준으로 하는 선거가 귀족정치의 특징이라 한다면, 카르타고 정치질서 형성의 기반이 되는 체제는 이 둘의 어느 것과도 다른 것으로 보일 것이다. 카르타고의 관리 선거에 있어서, 특히 최고 관직인 왕들과 장군들의 선거에 있어서는 이 둘의 입장이 모두 고려된다. 귀족정치의 순수한 원칙에서 이렇게 빗나간 것은 첫 입법자의 실책이라고 보아야 한다. 처음이자 가장 커다란 의문은, 어째서 자질 뛰어난 사람들이 관직에 있을 때뿐만 아니라 관직에 있지 않을 때에도 여가를 즐길 수 있는 위치에 있게 해주며, 그들의 천품에 맞지 않는 직업을 갖지 않도록 보장해 주었느냐 하는 것이다. 여가를 갖고 있는 사람을 관직에 등용하기 위해서는 부를 고려해 넣는 것이 옳다고 인정한다 하더라도, 최고 관직들을(왕과 장군들) 사고팔 수 있도록 하는 카르타고의 관례는 비판받을 만하다.

이러한 성격의 규칙은 자질보다 부를 더 명예로운 위치에 올려놓게 하며, 온 국가에 탐욕 정신을 불어넣는다. 국가의 우두머리들이 사물에 부여하는 가치는 필연적으로 일반대중의 의견을 결정하는 것이다. 공적이 명예로운

제2편 이상국가에 대한 견해 327

자리를 차지하지 못하는 정치질서에서는 귀족정치가 튼튼하게 유지될 수 없다. 그 밖에도 돈으로 관직을 사들이는 사람들은 자연히 이 거래에서 이윤을 남기려는 습관에 빠지게 될 것이다. 만일 가난하지만 정직한 사람들도 이득을 남기려 한다면, 이보다 더 나쁜 사람들이 돈이 떨어졌을 경우, 어떻게 이러한 습관을 절제할 수 있겠는가? 따라서 다음과 같은 결론을 내릴 수 있다. 가장 높은 장점을 가지고 가장 좋은 정치를 할 수 있는 사람들이 통치를 해야 한다. 그리고 입법자들이 시민들 중 훌륭한 사람들에게 늘 재산을 마련해 주지는 못하더라도, 적어도 그들이 관직을 맡고 있는 동안에는 여가를 가질 수 있도록 해주어야 한다.

  카르타고에서 흔히 있는 일인데, 한 사람이 여러 관직을 맡는 것도 좋지 않은 법으로 보인다. 어떠한 일이든 한 사람이 하나의 일을 맡아할 때 가장 잘 운영된다. 입법자는 이 원칙이 제대로 지켜지도록 유의해야 하며, 실제로 멋대로 실행되고 있는 것처럼 같은 사람이 피리도 연주하고 동시에 구두장이도 하는 일이 없도록 해야 한다. 따라서 어떤 국가가 클 경우에는 관직을 여러 사람들에게 나누어 주는 것이 더 민주적이고 더 정치인다운 것이다. 우리가 앞에서 이미 살펴보았듯이 그것은 모든 관련된 사람에게 더 공평한 것이므로 더 민주적이며, 또한 저마다 직분이 더 잘, 그리고 더 신속하게 이루어지므로 더 정치인답다. 관직들을 나누는 제도의 이점은 육군, 해군 분야에서도 분명하게 드러난다. 양쪽에 모두 권위를 행사하고 복종하는 습관이 이 분야에 관련된 모든 사람과 병역 전체에 걸쳐 해당된다고 할 수 있다.

  카르타고인들이 귀족정치 원리에 기초를 두고 있다 하더라도 실제는 과두정치이다. 그러나 부의 확산을 장려함으로써 그들은 과두정치의 위험을 피하는 정치질서를 갖고 있다. 때때로 인구의 일부분을 위성국가에 식민으로 보내는데, 이 정책은 정치질서의 문제를 보완하며 또 안정성을 주는 데 이바지한다. 그러나 이것은 우연의 결과라고 할 수 있는데, 내분의 위험은 우연스레 방지하는 것이 아니라 입법이 진정한 수단이 되어야 한다. 현재 상태에서는 우연히 사태가 역전되어 만일 대중이 지배자들에게 반란을 일으킨다면, 법률로 국내의 평화를 확보할 수가 없다.

  정당하게 높이 평가되고 있는 스파르타, 크레타, 카르타고의 정치질서의 성격은 앞에 말한 것과 같다.

제12장

 통치의 문제들에 대해 견해를 기록으로 남겨놓은 사람들을 두 부류로 나눌 수 있다. 그 일부는 어떤 종류건, 어떤 명칭이건 간에 실제 정치에 참여한 일이 전혀 없으며, 일생을 개인의 자격으로만 산 사람들이다. 이 부류에 속하는 사람들이 남겨놓은 것에 대해서 주목할 만한 가치가 있는 것은 사실 모두 이미 말한 셈이다. 그런데 또 다른 부류의 사람들은 입법자로서 적극적인 역할을 해 온 사람들이다. 어떤 사람들은 자신의 나라에서, 또 어떤 사람들은 외국에서 말이다. 즉 이들은 개인적으로 통치에 관련이 있었던 사람들이다. 이 두 번째 부류의 사람들을 보다 자세히 나눌 수 있는데, 이들 중 일부는 법전 편찬에만 관련했고, 다른 사람들은 법전과 함께 헌법도 만든 사람들이다. 리쿠르고스와 솔론은 모두 후자에 속한다. 그들은 법전을 만들었을 뿐만 아니라 헌법도 만들었다. 스파르타 헌법에 대해서는 이미 이야기했다. 어떤 학파에 따르면, 솔론은 세 가지 업적을 이룬 훌륭한 입법자였다고 생각된다. 그는 지나치게 절대적인 과두정치를 없애버리고, 백성을 노예 상태에서 해방시켰다. 또한 정치질서가 훌륭하게 조절되고 있는 '예부터 내려오는 민주주의'를 제정했다. 이 질서에서 아레오파고스(Areopagos) 의회는 과두정치적 요소를 대표하며, 행정관리들을 선거하는 방식은 귀족정치적 요소를 대표하고, 대중의 법정 체제는 민주정치적인 요소를 대표한다.

 그러나 이들 중의 두 요소, 즉 의회와 행정관리를 선거하는 방식은 실제로 그의 이전 시대에도 있었으며, 그는 단지 이 제도를 지속시켰던 것으로 보인다. 그러나 그는 분명히 모든 시민이 법정의 구성원이 될 수 있도록 함으로써, 민주주의의 원칙을 도입했다. 이러한 이유 때문에 그를 비판하는 사람들은, 그가 그 구성원이 추첨으로 결정되는 이 대중법정이 모든 경우에 있어 최고의 권위를 갖도록 함으로써 다른 요소들을 파괴해 버렸다고 비난한다. 나중에 이 법정의 권력이 강해지면서 솔론의 후예들은 일반사람들이 참주에게 아부하듯 백성들의 비위를 맞추려고 했기 때문에 결국 정치질서를 현재와 같은 지나친 민주주의의 형태로 바꾸고 말았다. 에피알테스(Ephialtes)와 페리클레스(Perikles)는 아레오파고스 의회의 권한을 줄였으며, 페리클레스는 법정 구성원들에게 일당을 지급하는 체제를 도입했다. 그래서 모든 대중 선동가들이 차례로 백성들의 권한을 늘려서, 결국은 정치질서가 오늘과 같은 형태를 갖게 되었다.
  그러나 이러한 사태의 발전은 솔론이 계획적으로 설계한 것이 아니고 우연에 의한 것이라고 보인다. 페르시아전쟁 중에 해양 제국을 세우는 데 주동이 된 국민 대중은 자만하게 되었고, 선량한 시민들의 반대에도 하잘것없는 선동가들이 그들의 입장을 대변하도록 한 것이다. 솔론은 백성들에게 필요한 최소한의 권한만을 부여했다. 그는 백성들에게 단순히 관리를 선출하여 그들에게 책임을 묻는 권리만을 주었다. 민중이 이 기본적인 권리를 누리지 못한다면 노예나 다름없으며, 따라서 정부의 적이 될 게 틀림없기 때문이다. 이러한 권리를 부여했음에도 그는 어떤 제한을 두었다. 즉, 저명인사와 부유한 사람들만이 관직에 뽑힐 자격이 있었으며, 행정관리들은 토지자산에서 500단위의 수확을 내는 수입이 있는 계층인 펜테코시오메딤니(Pentekosiomedimni), 200단위의 수입을 갖는 계층인 제우기타이(Zeugitai), 그리고 300단위의 수입을 갖는 계층인 히페이스(Hippeis) 출신만 등용되었으며, 맨 아래 계급, 즉 200단위 이하의 수입을 갖는 계층인 테테스(Thetes)는 아무 관직도 맡을 수 없었다.
  솔론과 리쿠르고스 이외에 잘레우코스(Zaleukos)는 이탈리아 남부에 있는 에피제피리움(Epizephyrium)의 로크리아인들에게 법을 만들어 주었고, 칼키스(Chalkis)의 개척민들이 이룬 시칠리아와 이탈리아의 여러 도시들, 그리고 자신의 나라를 위하여 법을 만든 칸타나(Kantana)의 카론다스 같은 사람들이 있다. 그러나 어떤 저술가들은 더 이전으로 거슬러 올라가서 오노마크리토스(Onomakritos)가 최초의 입법전문가였다고 주장한다. 그는 로크리아인이었는데 예언자로서 크레타를 방문하는 도중에 교육을 받았다고 하며, 또한 탈레스의 동료였다고 한다. 또한 리쿠르고스와 잘레우코스는 탈레스의 제자였고, 카론다스는 잘레우코스의 제자였다고 한다. 이 견해는 시대의 전후관계를 너무 무시하는 것이다. 그러나 우리는 입법자 명단에 테베를 위하여 법을 만든 코린토스의 필로라오스(Philolaos)를 포함시켜야 할 것이다. 그는 박키아다이(Bakchiadai) 집안에서 태어났지만 디오클레스(Diokles)의 친구며 연인이기도 했다. 디오클레스는 올림픽 경기의 우승자였는데, 자기 어머니인 알키오네(Alkyone)가 근친상간적으로 자기를 좋아하는 데 환멸을 느껴 코린토스를 떠났다. 이때 필로라오스가 그를 따라 테베로 가서 그곳에서 함께 살다가 죽었다.

　오늘날에도 그들의 무덤을 볼 수 있는데, 이 무덤들은 서로 잘 보이도록 되어 있지만, 하나는 코린토스 땅쪽을 향해 있고, 다른 하나는 반대 방향을 향하고 있다. 이야기에 따르면 이 두 친구는 이런 방식으로 묻히도록 미리 준비했다고 한다. 즉, 디오클레스는 자기 과거를 회상하기도 두려워서 자기가 묻혀 있는 무덤에서 절대로 코린토스가 보이지 않기를 원했으며, 필로라오스는 코린토스가 보이기를 원했다고 한다. 이러한 이유로 그들은 테베에 정착하게 되었으며, 필로라오스가 그 도시를 위해 법을 만들게 되었다. 그가 제정한 법 가운데는 가족의 구성원을 다룬 법률들이 있다. 이것은 '양자(養子)의 법'이라고 불리는데, 가족이 가지고 있는 땅의 수를 변동 없이 언제나 일정하게 유지하려고 만든 것이다.

　카론다스의 입법 중에서 유일하게 독특한 면은 거짓 증언을 한 사람들을 고소하는 것이다(그는 거짓 증언을 탄핵하는 것을 처음으로 제정한 사람이다). 그러나 법률들의 일반적인 엄밀성에 있어서 그는 현대의 입법자들보다 훨씬 뛰어난 입법자임을 보여주었다. 팔레아스가 제안한 입법의 독특한 면모는 재산의 평등화다. 플라톤의 입법은 독특한 면모들이 너무나 많다. 즉 처자식과 재산을 공동으로 하는 것, 여자도 공동식사를 하는 제도, 음주 연회석상에서 술에 취하지 않은 사람이 사회를 봐야 한다는 음주 규칙, 또 군인들은 두 손을 모두 사용해야 하므로 두 손을 똑같이 쓸 수 있도록 훈련받아야 한다는 군인훈련 규칙 등이다.

　드라콘(Drakon)도 여러 가지 법을 만들었는데, 기존 헌법의 구조를 바꾸는 것은 아니었다. 이 법률들은 형벌의 양을 정하는 데 있어 모진 점 이외에는 언급할 만한 특징이 없다. 드라콘과 마찬가지로 피타코스(Pittakos)도 법률을 제정했을 뿐 헌법을 제정하지는 않았다. 그가 만든 독특한 법 가운데 하나는 술 취한 사람이 범죄를 저질렀을 때는 정상적인 상태의 사람보다 형벌을 더 많이 받아야 한다는 것이다. 그는 술 취한 사람이 술을 안 먹는 사람보다 폭력범죄를 훨씬 더 자주 저지른다는 것에 주목했다. 그러나 그는 음주자들에게 특별한 고려를 해주어야 한다고 주장하는 대신에 공공정책의 입장에서 이들에게 더 무거운 형벌을 주어야 한다고 했다. 레기움(Rhegium)의 안드로다마스(Androdamas)도 트라케(Thrake)의 칼키디아 이주민 정착지를 위해 법을 만들었다. 그가 만든 법들은 살인 또는 여자의 재산상속 문제 같은 것을 다루지만 언급할 만한 특이점은 없다.

　이것으로 두 가지 형태의 정치질서, 즉 실제로 행해지고 있는 것과 정치이론가들이 계획한 것에 관련된 문제들에 대해서 탐구를 끝맺는 것이 좋겠다.

제3편 시민과 정치질서에 대한 이론

제1장

국가의 기본 질서와 정부형태를 다루면서 각 형태의 본질과 속성을 살펴보려는 자는, 가장 우선적인 관심을 국가 자체에 두어야 한다. 즉, '국가의 본질은 무엇인가?' 이 질문을 먼저 제기해야 한다. 그렇게 하는 데는 세 가지 이유가 있다. 첫째로 국가, 또는 '도시국가'의 본질이란 현재 논란이 많은 문제다. 어떤 사람은 '이러이러한 행동을 하는 것이 국가다' 주장하는 반면에, 다른 사람들은 '그런 일을 하는 것은 국가가 아니라 정부 또는 참주일 뿐이다' 말한다. 둘째로 정치인과 입법자의 모든 활동은 분명하게 국가에 관련된 것이다. 그러므로 그런 활동을 이해하기 위해서는 국가를 이해해야 한다. 끝으로 정치체제 또는 정치질서는 도시국가의 거주민들 사이에 정치권력의 배분을 규정하기 위해 세워진 조직이다. 그래서 우리는 그 조직을 이해하기 위하여 도시국가를 먼저 이해해야 한다.

먼저 도시국가 또는 국가란 단일한 '전체'를 구성하는 다른 것들과 같은 방식으로 '복합체'의 범주에 속하지만, 그럼에도 여러 개의 서로 다른 부분으로 이루어진 '전체'이다. 그러므로 국가의 본질을 다루기 전에 국가를 구성하고 있는 시민의 본질을 말해야 한다. 바꾸어 말하면 국가는 시민들로 이루어진 복합체이다. 따라서 우리는 누구를 시민이라고 부르는 것이 옳은가, 그리고 시민이란 무엇인가를 살펴보아야 한다. 시민의 본질은 국가의 본질과 마찬가지로 쟁점이 많다. 그리고 시민을 정의하는 데 있어서도 일반적인 합의가 없다. 즉, 때때로 민주정치에서의 시민인 자가 과두정치에서는 시민이 아닐 수도 있다. 엄격한 의미에서는 시민이라고 부를 수 없으면서도 그저 명칭만이 시민인 사람들, 예를 들어 귀화한 시민은 우리의 고려 대상에서 제외해도 좋을 것이다. 본디 의미에서의 시민이란 일정한 장소에 거주한다고 해서 되는 것은 아니다. 외국인과 노예도 일정한 지역에 거주하고 있기 때문이다. 또한 법정에서 고소를 하거나 피소될 수 있는 정도의 사회적 권리를 갖고 있는 사람들도 시민이라고 부를 수 없다. 일정한 조약에 의하여 외국인일지라도 이런 권리를 가질 수 있기 때문이다. 그렇지만 거주하고 있는 외국인이 이렇게 한정된 권리마저도 누리지 못하는 곳도 많이 있다. 이런 곳에서는 사회적인 권리를 제한된 정도로나마 누리기 위해서 그들은 법적 보호자를 선택해야 한다.

따라서 우리의 논의 대상에서 단지 고소를 하거나 피소당할 권리만을 가지고 있는 사람들은 제외해도 좋겠다. 마찬가지로 너무 어려서 시민 명단에 올릴 수 없는 어린아이들이나 정치적인 의무에서 면제되어야 할 만큼 늙은 사람들도 대상에서 빼는 것이 좋겠다. 어린이나 늙은이들도 시민이라고 부를 수도 있겠지만, 그렇게 하는 데는 일정한 조건이 붙어야 한다. 즉, 어린이는 아직 제대로 성숙하지 않은 시민이며, 늙은이는 이미 연한이 지난 시민이라는 유보조건이나 다른 단서를 덧붙여야 한다. 여기에 적용해야 하는 정확한 용어는 문제가 되지 않는데, 그 이유는 이미 그 의미가 명확하기 때문이다.

우리는 보완되어야 할 결격사유가 없는, 그리고 엄격하게 유보사항이 없는 의미에서 시민이란 무엇인가를 정의해야 한다. 다시 말해 미성년, 소년, 또는 투표권을 박탈당했거나 유배를 당하는 등 이러한 결격사유가 없는 시민을 정의해야 하는 것이다(결격사유가 있는 시민들도 마찬가지 질문을 제기하고 해답을 찾아야 한다). 이렇게 엄밀한 의미에서의 시민은 다음과 같은 기준에 의하여 정의될 수 있다. 이 기준이란 '관직과 법정의 운영에 참여하는 사람'이라는 것이다. 관직은 두 종류로 나눌 수 있다. 어떤 관직은 시간적으로 오래 계속되지 않는다. 다른 말로 하면 단일 임기 이상으로는 맡을 수 없거나, 두 번째 임기를 맡으려면 일정한 간격을 두어야만 하는 것들이다. 또 하나는 시간적으로 제한되어 있지 않다. 예를 들어, 대중법정의 판사직이나 대중의회의 구성원 관직 같은 것이다. 법정 판사나 의회 구성원들은 '관직'을 소유하고 있는 사람들이 아니며, 그들의 위치 때문에 '관직'을 담당하는 것은 아니라고 주장할 수도 있다. 그러나 국가에서 가장 중요한 지위를 실제로 차지하고 있는 사람들을 관리의 범위에서 제외하는 것은 터무니없는 일일 것이다. 따라서 이런 주장은 말장난에 지나지 않는 하찮은 것으로 무시해 버려도 좋겠다. 문제는 우리가 판사나 의회 구성원에게 공통된 요소를 포기하거나, 또는 이 둘이 모두 갖고 있는 위치를 기술하기 위한 하나의 단어를 갖고 있지 않다는 것이다. 명확한 분석을 위하여 그것을 '임기가 일정하지 않은 관직'이라고 부르기로 하자. 이런 근거 앞에서 시민이란 이렇게 정의된 관직에 참여하는 사람들이라고 규정할 수 있다.

시민이라는 이름을 갖는 사람들의 위치를 가장 만족스럽게 포괄할 수 있는 시민의 정의에 대한 일반적인 성격은 대략 앞에서 말한 것과 같다. 그러나 어려움은 여전히 남아 있다. 시민의 자격은 다음과 같은 사물의 특정한 부류에 속하는 것이다. 사물의 기반이 되는 조건들이 서로 다르고, 이 기본 조건들이 종류와 그 성질에 있어서 서로 달라서 어떤 것은 일차적으로 중요하며 또 다른 것은 부차적인 의미를 갖는 식으로 이어지는 것이다. 이 특정한 부류에 속하는 사물들을 생각해 본다면 아무런 공통요소가 없고, 공통적인 요소가 있더라도 그 정도가 보잘것 없는 것이다. 헌법들은 분명히 종류가 서로 다르며, 어떤 것은 좋고, 어떤 것은 못하다. 왜냐하면 단점이 많고 변태적인 헌법들은 반드시 단점이 없는 헌법들보다 뒤떨어지기 때문이다. 나중에 어떤 의미에서 '변태적인'이라는 용어를 사용하는가를 설명하겠다. 따라서 저마다 다른 종류의 헌법 아래에서는 시민들 또한 반드시 서로 다르게 될 것이다.

따라서 우리가 정의한 시민이란 특정하게 그리고 특별하게 민주정치 아래에서의 시민이라는 결론을 내릴 수 있다. 다른 종류의 정치질서 아래에서 살고 있는 시민들에게도 이 정의가 적용될 수 있겠지만, 반드시 그런 것은 아니다. 예를 들어, 대중적 요소가 전혀 없는 국가들도 있다. 그런 국가들은 정기적인 의회의 소집이 없고 단지 특별히 소집된 회의들만이 있다. 그리고 법정의 구성에 관한 한 사건의 판결을 특별한 기구에게 맡기고 만다. 예를 들어, 스파르타에서는 감독자들이 계약 사건들을 맡으며(전체가 한 기구로서 그렇게 하는 것이 아니고 저마다 개별적으로 그렇게 한다), 원로회의는 살인 사건들을 담당하고, 또 다른 기구들은 다른 사건들을 맡는다. 카르타고에서도 이것은 마찬가지인데, 여러 관리들의 집단이 저마다 사건들을 판결할 권리를 가진다.

그러나 시민에 관한 우리의 정의는 이런 문제점들에도 불구하고 얼마쯤 수정을 가하여 그대로 사용할 수 있다. 우리는 민주정치가 아닌 정치질서에 있어서 의회와 법정의 구성원들이 한없이 그 관직을 맡는 것은 아니라는 점에 유의해야 한다. 그들은 이 관직을 일정 기간 동안만 맡으며, 이런 정치질서 아래에서 그들이 다수건 소수건 간에 그런 임기를 갖는 사람들에게 심의에 참여하고 판결을 하는(모든 문제에 대해서거나 몇몇 문제에 한해서거나) 시민의 기능이 맡겨진다. 이렇게 살펴보면 시민 자격의 본질이 분명하게 드러난다. 따라서 우리는 마침내 다음과 같이 정의를 내릴 수 있다. 심의와 사법적인 관직에 참여할 수 있는 권리를 갖고 있는 자는 이로써 국가의 시민 지위를 얻는다. 그리고 가장 간단하게 국가를 정의하자면, 자급자족 생활을 이룰 수 있는 알맞은 수의 사람들로 이루어진 단체이다.

제2장

실제적인 목적에서 흔히 시민을 '어버이가 모두 시민인 자'로 정의하며, 어버이 가운데 어느 한쪽만이 시민인 자는 시민이 아닌 것으로 정의한다. 그러나 가끔 이런 요구조건은 조상의 2대, 3대, 또는 그 이상까지 거슬러 올라가기도 한다. 이런 대중적이며 피상적인 정의 때문에 어떤 사상가들은 다음과 같은 의문을 제기한다. '그러면 3대 또는 4대 조상은 어떻게 시민이 되었는가?' 레온티노이(Leontinoi)의 고르기아스(Gorgias)는 아마도 반쯤은 역설적으로 또 반쯤은 이런 문제점을 의식하면서 다음과 같이 말했다. "절구는 절구의 장인이 만든 것처럼, 라리사(Larissa)인은 행정관리가 만들었다." 그러나 사실 이 문제는 매우 간단하다. 만일 조상들이 그 당시에 우리가 정의한 것과 같은 헌정적인 권리를 누렸다면 그들은 틀림없이 시민들이었다. 국가를 처음 만든 사람들이나 그 국가에 처음으로 살았던 사람에까지 어버이가 모두 시민이어야 한다는 요구조건을 적용할 수는 없다.

이보다 더 심각한 문제는 정치질서의 혁명 같은 변화 결과로 정치적인 권리를 얻은 사람의 경우다. 한 가지 실례로 아테네의 클레이스테네스(Kleisthenes)의 행동을 들 수 있는데, 그는 참주들을 추방한 뒤에 많은 외국인과 노예계급에 속하는 외국인 거류민을 아테네의 부족들에 등록시켰다. 시민의 무리가 이렇게 불어나는 경우에 제기되는 문제는 '누가 실제로 시민인가?' 하는 게 아니라 '그들이 시민이 된 것은 정당한가?' 하는 옳고 그름의 문제이다. 그러나 다음과 같은 또 하나의 질문이 제기될 수도 있다. 즉, '부당한 절차로 시민이 된 사람도 실제로 시민일 수 있는가? 그리고 부당한 시민이란 현실적으로 시민이 아니라는 것과 같은 의미인가?' 이 문제에 대해서는 쉽게 답할 수 있다. 관직을 갖고 있는 사람들 중에는 그런 관직을 갖는 것이 부당한 사람도 있다. 그러나 우리는 그들이 정당하게 관리가 된 것은 아니라고 말하면서도 그들을 관리라고 부른다. 시민의 경우도 같다. 그들이 관직을 갖고 있다는 사실이 시민으로 정의한다. 이는 시민에 대한 우리의 정의에 따르면 시민은 심의와 사법적인 관직에 참여하기 때문이다. 따라서 입헌정치의 변화 이후에 이런 자격을 얻은 사람도 시민이라고 불러야 한다.

제3장

앞에 말한 사람들이 시민으로 된 것이 옳은가 그른가 하는 것은 또 다른 문제지만, 제1장 앞부분에서 이미 말한 문제와 밀접하게 연관된다. 이 의문이 제기하는 문제는, 어떤 행위가 국가의 행위이며, 또 어떤 행위가 국가의 행위가 아니냐 하는 것이다. 예를 들어, 과두정치나 참주정치가 민주정치로 바뀌는 경우를 생각해 볼 수 있다. 그런 경우 어떤 사람은 공적인 계약을 실제로 행하지 않으려고 한다. 이는 국가가 아니라 참주가 그들과 계약했기 때문이라는 것이다. 또 어떤 사람은 비슷한 성격의 다른 의무를 실행하지 않으려고 한다. 그들은 어떤 정치질서는 힘에 의해서만 존재하며, 공동의 선을 위하여 존재하는 것이 아니라고 주장한다. 그러나 이런 주장은, 그런 민주주의 정부에서 이루어진 행동일지라도 그 민주정치가 힘에 의존하여 존재했다고 생각한다면, 참주정치나 과두정치에서 이루어진 행동이나 마찬가지로 국가에 의한 행동이 아니라는 결론에 이르게 한다. 그러나 여기에 제기된 문제는 또 다른 의문과 밀접하게 연관되는 것으로 보인다. 즉 '어떤 원칙 앞에서 국가는 그 본질을 유지하는가, 거꾸로 말하면 국가가 그 본질을 잃으면 전혀 다른 국가가 되는가?' 하는 것이다.

이 의문을 다루는 가장 확실한 방식은 단순히 영토와 주민을 살펴보는 것이다. 이 근거 앞에서 우리는 한 국가의 영토와 주민은 둘 또는 그 이상으로 나뉠 수 있다. 즉, 주민의 일부는 영토의 한 부분에 거주하고, 다른 일부는 다른 부분에 거주하는 것이다. 이 어려움을 심각하게 생각할 필요는 없다.

여기서 제기되는 문제는 '도시국가' 또는 국가라는 용어가 다른 여러 의미로 쓰인다는 사실을 생각하면 쉽게 해결될 수 있다. 어떤 국가의 인구가 단 하나의 영토에 거주하는 경우를 생각해 본다 하더라도, '언제, 또는 어떤 조건 하에서 이 국가가 진정한 본질을 갖는 것이라고 봐야 하는가?' 이런 의문은 여전히 남는다.

국가의 본질은 그것을 둘러싼 성벽으로 이루어지는 것은 아니다. 온 펠로폰네소스반도를 한 성벽으로 둘러쌀 수는 있지만, 그렇다고 해서 그것이 단일국가가 될 수 있겠는가? 이야기에 따르면 사흘 동안이나 바빌론에 외적이 점령한 일이 있었는데 주민들은 이 사실을 몰랐다고 한다. 바빌론은 아마도 이런 엉터리 국가 중의 하나였다고 생각할 수 있다. 한 도시보다 더 큰 규모의 주민을 갖는 어떤 도시국가도 마찬가지 성격을 갖는다고 생각할 수 있다. 이 문제는 다음 기회에 다시 본의하도록 남겨두는 것이 좋겠다. 도시국가의 적절한 규모를 결정하는 것, 그리고 한 민족으로만 구성되어야 하는가, 아니면 여러 민족으로 구성되는 것이 좋은가를 결정하는 문제는 정치가가 정해야 할 문제다. 그러므로 그것은 도시국가의 본질론과 관계되기보다는 정치가의 기술과 관련하여 생각해야 할 것이다.

이제 종족의 문제로 관심을 돌려 보도록 하겠다. 강이나 샘은 언제나 물이 흘러들어오고 흘러나가지만 여전히 같은 강이고 같은 샘이라고 말한다. 이 예에서 보듯 단일 주민이 단일 영토에 거주한다는 것을 전제로 하고, 거주민들의 종족이 똑같은 한에서는(물론 언제나 사람들은 나이를 먹어 죽고, 새로운 세대가 탄생하여 자라나겠지만) 국가의 본질이 하나라고 말할 수 있는가?

만약 도시국가가 공동체의 한 형태이고, 또 이 공동체의 한 형태가 어떤 정치체제 또는 정치질서로서 시민들의 공동체라고 한다면, 정치질서가 어떤 종류의 변화를 겪어서 다른 정치질서로 바뀔 때, 국가 역시 이미 하나의 국가가 아니고 그 본질이 변하리라는 결론이 나오게 된다. 연극에서 하나의 비유를 인용할 수 있다. 어떤 때는 희극을 상연하며 어떤 때는 비극을 상연하는 합창단이 언제나 같은 것은 아니며, 설령 그 구성원들이 같다고 할지라도 그 본질은 다르다고 말할 수 있다. 이것은 합창단이나 다른 종류의 공동체, 또는 모든 복합체 일반에도 마찬가지로 적용된다. 만일 어떤 복합체의 배열 조직이 달라진다면, 그것은 다른 복합체가 된다. 같은 음정들로 이루어진 화음이라 할지라도 '양식' 또는 그 배열 조직이 도리아(Doria)풍인가, 또는 프리기아(Phrygia)풍인가에 따라서 다른 화음이 된다. 사실이 이렇다면, 우리가 국가의 본질을 결정하는 데 염두에 두어야 하는 기준은 그 국가가 갖는 정치질서이다. 종족을 기준으로 삼는 것은 알맞지 않다. 같은 집단 사람들이 한 국가에 거주하건 전혀 다른 집단 사람들이 살건 우리는 이것을 같은 국가 또는 다른 국가라고 자유롭게 부를 수 있다. 국가가 새로운 질서를 취하는 경우에 공적인 의무를 부인하는 것이 옳은가 그른가 하는 것은 이와는 전혀 다른 문제이다.

제4장

이제까지 논의한 문제들에 관련된 의문은, 좋은 사람으로서의 우수함과 좋은 시민으로서의 우수함이 같은 것인가 또는 다른 것인가 하는 점이다. 이 의문을 제대로 연구하려면, 먼저 시민의 덕에 관한 일반적인 시점을 기술하여야 한다. 선원들도 그들이 수행하는 역할에 따라서 차이가 난다. 어떤 사람은 노젓는 사람이고, 어떤 사람은 항해사이고, 어떤 사람은 파수꾼이고, 또 다른 사람들 역시 이와 같은 방식으로 능력에 따라서 다른 직함을 가질 것이다. 그러므로 선원 각자의 우수성을 가장 정확하게 정의한다는 것은 관련된 각자에 따라서 다르다는 것이 분명하다. 그러나 안전한 항해는 모든 사람이 일하는 같은 목표이며, 공통적으로 모두에게 적용되는 우수성의 정의가 있다는 것 또한 분명하다.

이것은 선원과 마찬가지로 시민들에게도 그대로 적용된다. 그들은 활동하는 능력은 다르다 하더라도 모두 같은 목적을 갖고 있다. 그들이 추구하는 공동목표는 바로 그들의 공동체가 안전하게 운영되는 것이다. 그리고 이 공동체란 정치질서에서 성립된다. 그래서 우리는 시민의 우수성이란 정치질서에 따라 상대적인 것이라는 결론에 도달하게 된다. 여러 종류의 서로 다른 헌법이 있는 경우, 시민으로서의 우수성에는 다른 여러 종류가 있게 되며, 한 가지의 절대적인 것이 있을 수 없다는 말이 된다.

따라서 선량한 사람으로서의 덕을 소유하지 않고도 좋은 시민이 될 가능성이 있다는 것은 확실하다. 그러나 우리는 다른 방식으로, 즉 이 문제를 최선의 이상적인 정치질서의 문제와 관련하여 살펴봄으로써 똑같은 결론에 이를 수 있다. 만약 한 국가가 전적으로 선량한 사람으로만 구성될 수 없다면, 또 그럼에도 국가의 시민 개개인이 자기에게 속한 구실을 잘 실행해야 한다면, 또한 그 시민이 그의 구실을 수행하는 것이 자신의 우수성에 달려 있다면, 그렇다면 모든 시민이 똑같아질 수는 없으므로, 선량한 시민의 우수성이란 선량한 사람의 우수성과 같을 수 없다. 바꾸어 말하면, 둘에 공통되는 단일한 우수성이란 있을 수 없다는 것이다. 선량한 시민으로서의 우수성은 시민 각자에게도 마찬가지로 있어야 한다. 그것이 어떤 국가가 최선의 국가가 되는 데 필요한 조건이기 때문이다. 그러나 좋은 사람으로서의 우수성은, 우리가 좋은 국가의 모든 시민이 또한 선량한 사람이어야 한다고 주장하지 않는 한 모든 사람에게 속할 수 없다.

또 다른 문제가 있다. 국가는 서로 다른 요소들로 이루어져 있다. 마치 생물이 영혼과 육체로 구성되어 있으며, 영혼은 이성과 육체의 서로 다른 요소들로 구성되어 있고, 가정이 남편과 아내로 이루어지고, 재산은 주인과 노예로 이루어져 있는 것과 마찬가지로, 국가 또한 서로 다른 요소들로 이루어져 있다. 이들 다른 요소들 중에는 이미 말한 남편과 아내, 주인과 노예와 같은 여러 요소들뿐만 아니라, 지배자와 피지배자, 군인과 시민과 같은 요소들도 있다. 이렇게 국가를 구성하고 있는 다양한 요소들과 마찬가지로, 모든 시민들에게 공통된 단 하나의 우수성이란 있을 수 없으며, 이것은 마치 연극에서의 합창단 지휘자와 그 공연자 사이에 공통된 유일한 우수성이 있을 수 없는 것과 같다.

이런 생각으로 미루어 보면, 선량한 시민으로서의 우수성과 선량한 사람으로서의 우수성이 모든 경우에 같은 것은 아니라는 것이 분명하다. 그렇다면 어떤 경우에 같지 않게 되는가 하는 의문이 생길 수 있다. 지배자와 정치가의 경우가 그러할 것이다. 우리는 좋은 지배자를 '선량한' 그리고 '사려깊은' 사람이라고 부르며, 정치가는 '사려깊은' 사람이어야 한다고 말한다. 사실 어떤 사람들은 지배자를 위한 교육은 처음부터 보통 사람들과는 종류가 다른 것이어야 한다고 생각하는 사람들이 있다. 그리고 실제로 관찰해 보면 왕의 아들들은 승마와 전쟁 기술에 특별한 훈련을 받는다. 그래서 에우리피데스의 작품 중 어떤 왕은 다음과 같이 말한다.

나에게는 정교함이 필요 없고,
국가가 가장 필요로 하는 것을 원할 뿐이다.

　이것은 지배자에게는 특별한 교육이 필요하다는 뜻을 담고 있다. 따라서 우리는 지배자의 경우에 좋은 시민으로서의 우수성은 좋은 사람으로서의 우수성과 똑같다고 생각할 수 있다. 그러나 신하들 또한 시민이라는 사실을 기억해야 하는데, 그들의 경우는 좀 다르다. 따라서 좋은 시민으로서의 우수성은 특별한 경우, 즉 시민이 지배자로 활동하고 있는 경우에는 좋은 사람으로서의 우수성과 똑같다 하더라도, 모든 경우에서 똑같은 것은 아니라는 결론이 나온다. 명령과 마찬가지로 복종의 덕을 필요로 하는 일반시민으로서의 우수성은 지배자의 우수성과는 다르다. 아마도 이런 이유 때문에 페라이(Pherai)의 참주인 이아손(Iason)은 이렇게 말했을 것이다. "그가 참주이었을 때를 빼고는 언제나 허기진 사람이었다." 이 말은 그가 개인 신분으로는 사는 것을 견딜 수 없어했다는 것을 의미한다.
　반면에 사람들은 어떻게 지배하고 어떻게 복종하는가를 함께 아는 이중의 능력을 높이 평가한다. 그리고 그들은 훌륭한 시민으로서의 우수성은 이러한 이중적 능력을 잘 행사하는 데 있다고 생각한다. 선량한 사람으로서의 우수성은 지배하는 범주에 속하고, 반대로 선량한 시민으로서의 우수성은 지배·피지배의 두 범주에 동시에 속하는 것이라고 생각한다면, 이 둘의 우수성은 같이 평가될 수 없다. 지금까지 우리는 사람들이, 지배자와 피지배자는 같은 종류의 지식이 아니라 서로 다른 종류의 지식을 가져야 하며, 시민은 그들의 지식을 동시에 함께 가져서 양쪽의 활동에 함께 참여해야 한다고 생각한다는 것을 알아냈다. 그러므로 우리는 이제 토론의 다음 단계로 넘어갈 수 있겠다. 조정을 필요로 하고 또 인정해야 할 충돌되는 견해가 있다. 우리는 이 조정을 구하기 위하여 지배와 피지배의 다른 종류를 구별해야 하고, 또 시민이 배울 필요도 없는 피지배의 어떤 종류가 있다는 것을 밝혀야 할 것이다.
　주인이 노예에게 행사하는 규칙이 있는데, 이것은 노역에 관련된 규칙의 하나이다. 지배자가 피지배자들이 어떻게 일을 해야 하는가를 알 필요는 없으며, 단지 피지배자의 능력을 사용할 줄만 알면 된다. 사실 피지배자들이 노역을 할 수 있는 능력은 그 성격이 예속적이다. 노역은 실제로 노예에게만 국한되는 것이 아니라 더 넓은 국면을 갖는다는 것을 알아야 할 것이다. 예속적인 지위에는 여러 가지 형태가 있는데, 이것은 사회에서 해야 할 노역에도 여러 가지 형태가 있기 때문이다. 이런 노역 중의 하나는 육체노동자들에 의해서 제공되는 것이다. 육체노동자들이란 말 그대로 자기 손으로 일하여 먹고 사는 사람들이며, 노역에 종사하는 장인·기계공 등도 이 부류에 속한다. 이런 이유로 어떤 나라들에서는 노동계급은 예전, 즉 극도의 민주주의 형태가 시작되기 전에 관직에 취임할 수 없도록 되어 있었다. 이제 막 언급한 것과 같은 종류의 지배를 받는 사람들이 종사하는 직업은 좋은 사람, 정치인, 좋은 시민은 개인적 욕망을 충족시키기 위할 때를 제외하고 결코 배울 필요가 없다. 만일 그들이 습관적으로 그것을 실행하면 주인과 노예 사이의 구별이 없어질 것이기 때문이다.

그러나 예속적 위치에 있는 사람들을 지배하는 자들이 실행하는 종류의 규칙을 제외하고는 출신이 지배자와 비슷하거나 또는 자유로운 사람들에게도 적용되는 규칙이 있다. 그것은 정치적 규칙인데, 지배자는 첫째 종류의 규칙과는 달리 피지배를 받으면서, 그리고 남에게 복종을 하면서 이것을 배우기 시작해야 한다. 이것은 마치 누구나 기병사령관이 되기 위해서는 다른 사령관 밑에 근무하면서 배워야 하고, 보병사령관이 되려면 다른 장군 밑에서 근무하면서 먼저 대령 노릇을 하거나 그 이전에 대위 노릇을 하면서 배워야 하는 것과 마찬가지이다. 따라서 '먼저 남에게 지배를 받아 보지 않고는 좋은 지배자가 될 수 없다' 이 말은 옳다. 지배자와 피지배자는 정치적 규칙의 이런 체제 밑에서 서로 구별되는 우수성을 갖는다. 그렇지만 좋은 시민은 자유인으로서 지배를 하며 동시에 자유인으로서 지배를 받기에 필요한 지식과 능력을 두루 갖춰야 한다는 것은 마땅하다. 그리고 시민으로서의 우수성이란, '자유인을 이런 두 입장에서 모두 다룰 수 있는 지식'에 있다고 정의할 수 있다.

정치적 규칙과 그런 규칙의 체계하에서 시민의 우수성이라는 성격에 관하여 살펴볼 때, 선량한 시민의 우수성이 선량한 사람의 우수성과 같은 것이 아닌가 하는 의문으로 돌아가게 된다. 선량한 사람은 선량한 시민이나 마찬가지로 이런 두 입장에서 필요한 지식을 갖추어야 한다. 따라서 지배할 때 필요한 절제와 정의는 특별한 성질을 가지며, 이와 똑같이 자유로운 국가의 국민이 되기 위해 요구되는 절제와 정의도 특별한 성질을 갖는다는 전제 위에서, 선량한 사람의 우수성, 예를 들어 그의 정의도 어느 한쪽만의 우수성이 될 수 없다. 그것은 다른 종류의 우수성, 즉 지배자로서 행동할 때 그에게 적합한 우수성과 일반국민으로서 행동할 때 적합한 우수성을 모두 포함할 것이다. 지배자로서 행동하는 사람의 절제와 용기가 국민으로서 행동하는 사람의 그것과는 다른 것처럼, 남자의 용기와 절제는 여자의 그것과는 다르다는 것을 알 수 있다. 어떤 남자가 용감한 여자가 갖고 있는 정도의 용기만을 갖고 있다면, 그는 비겁하다고 생각될 것이다. 거꾸로 여자의 겸손함이 좋은 남자에게 알맞은 겸손함보다 더 크지 못하다면 그녀가 건방지다고 생각될 것이다. 가정에서 남자의 구실은 여자의 구실과는 다르다. 남자의 구실은 얻는 것이고, 여자의 구실은 이것을 유지하고 저장하는 것이다.

'사려깊음'은 지배자만이 특별히 갖춘 형태의 선이다. 다른 형태의 선(절제·정의·용기)은 비록 지배자가 가진 그 성질이 국민이 가진 성질과 다르다 하더라도, 지배자나 피지배자에게 똑같이 속해야 하는 것으로 보인다. 피지배자들에게 특별히 있는 형태의 선은 '사려깊음'이 될 수 없고, '올바른 의견'이라고 정의하는 것이 나을 것이다. 피지배자는 피리를 만드는 사람에 비교될 수 있다. 지배자는 피리를 만드는 사람의 피리를 사용하는, 피리 부는 사람과 같다.

선량한 사람의 우수성과 선량한 시민의 우수성이 같은가 다른가, 또는 어떤 의미에서 그것이 같으며 어떤 의미에서 서로 다른가를 다루는 것은 이것으로 충분할 것이다.

제5장

시민의 자격에 대해 살펴보아야 할 문제가 하나 더 있다. 시민의 자격은 진정한 의미에서 관직에 참여할 수 있는 권리를 가진 사람들에게만 국한되어야 하는가, 아니면 기계공들 또한 시민계층에 포함되어야 하는가? 만일 국가의 관직에 참여할 수 없는 기계공들도 시민계급에 포함된다면, 우리는 좋은 시민으로서의 우수성을 결코 이룩할 수 없는 사람들을 시민의 일부로 갖게 될 것이다. 이와 반대로 만약 기계공들을 시민이라고 부를 수 없다면 그들은 어떤 계층에 속해야 하는가? 그들은 거류민도 아니고 외국인도 아니다. 그러면 그들의 신분은 무엇이란 말인가? 이것은 단정하기 어렵다. 그러나 이 문제는 해결하기 어려울 만큼 심각한 것은 아니다. 실제로 노예나 자유인들은 앞에서 언급한 어느 범주로도 분류할 수 없다. 국가의 존립에 '필요조건'이 되는 모든 사람을 시민에 포함시킬 수는 없다. 마찬가지로 곧 시민이 된다고 하더라도 어린아이들 역시 성인과 같은 의미에서의 시민은 아니다. 성인들은 절대적인 의미에서의 시민이다. 어린아이들은 제한된 의미에서만, 그리고 그들이 아직 성숙하지 못했다는 유보조항을 갖고서야 시민이 될 수 있다.

고대의 어떤 나라들에서는 기계공 계층이 실제로 노예나 외국인만으로 이루어져 있었다. 이 점을 보면 오늘날에도 왜 기계공 중 많은 수가 노예들이나 외국인들인가를 이해할 수 있을 것이다. 가장 우수한 형태의 국가에서는 기계공이 시민이 될 수 없을 것이다. 기계공이 시민이 될 수 있도록 허용한다면, 우리가 이미 다뤘던 시민의 우수성은 시민 전체 또는 명목상으로 자유인인 사람들에게 적용되는 것이 아니라 노역에 종사하지 않아도 되는 사람들에게만 적용될 것이다. 노역에 종사하는 사람들은 두 부류로 나눌 수 있다. 첫째는 개인을 위해 일하는 노예들이고, 둘째는 온 공동체를 위해 일하는 기계공들과 노동자들이다.

이런 기본 입장에서 출발하여 조금 더 탐구해 보면, 이들 기계공과 노동자들의 위치는 곧 분명해진다. 실제로 논의의 목적이 파악된다면 우리는 이미 이 점을 분명하게 할 만큼 충분히 논의했다고 할 수 있다. 정치질서에는 여러 가지가 있다. 시민에도 여러 부류가 있다. 더욱이 일반국민으로서의 시민에는 여러 부류가 있음에 틀림없다. 어떤 종류의 정치질서에서는 기계공과 노동자가 시민이 될 필요가 있을 것이며, 다른 종류의 정치질서에는 그것이 불가능할 것이다. 예를 들어, 관직이 개인적인 우수성과 가치에 따라 나누는 '귀족정치'라고 불리는 형태의 정치질서에서는 그것이 불가능할 것이다. 왜냐하면 기계공이나 노동자로서 생활하는 사람들은 개인적인 우수성과 가치를 추구할 수 없기 때문이다.

과두정치의 경우는 조금 다르다. 과두정치에서도 노동자는 시민이 될 수 없다. 왜냐하면 관직에 참여하려면 그 자격 요건으로 재산이 많아야 하기 때문이다. 그러나 기계공은 관직을 가질 수도 있다. 왜냐하면 단순한 이유로 장인들은 때때로 부자가 되기 때문이다. 그러나 과두정치 시절에 테베에서는 10년 동안 시장에서 물건을 팔아 본 일이 없는 사람이 아니면 관직을 맡을 수 없는 법이 있었다. 이와 반대로 법에서 외국인을 시민이 되도록 허용하는 너그러운 정치질서도 많이 있다. 예를 들어, 어떤 민주정치 아래에서는 자기 어머니가 시민인 사람은 시민의 자격을 가질 수 있다. 또한 사생아들에게도 똑같은 특권을 주는 나라도 많이 있다. 그러나 시민의 자격을 그렇게 널리 확대하는 정책은, 진정한 시민의 수가 모자라기 때문에 임시로 펼치는 정책이다. 그리고 시민 수의 감소만이 그런 입법의 원인이 된다. 인구가 다시 늘어나면 노예인 아버이에게서 태어난 아들들이 가장 먼저 시민의 자격을 빼앗긴다. 그 다음에 이방인 아버지와 시민인 어머니 사이에서 태어난 사람들이 자격을 빼앗긴다. 결국 시민의 자격은 어버이 모두 시민인 사람에게만 한정된다.

이러한 논의는 두 가지 사실을 증명한다. 첫째, 시민에는 여러 부류가 있으며, 시민의 명칭은 관직과 국가의 명예에 참여할 수 있는 자들에게만 적용될 수 있다는 것이다. 그리하여 호메로스는 《일리아스》에서 어떤 사람이 '명예도 없이 마치 이방인처럼' 취급당한다고 쓰고 있다. 그리고 관직이나 국가의 명예에 참여하지 못하는 사람들은 외국인 거류민과 마찬가지이다. 분명하지 않은 이유로 사람들에게 관직이나 명예에 참여할 수 있는 기회를 주지 않는 단 하나의 목적은 다른 사람들을 속이려고 하는 것뿐이다.

다음과 같은 문제의 탐구를 통해서 우리는 두 가지 결론을 끌어낼 수 있다. '선량한 사람으로서의 우수성이 선량한 시민으로서의 우수성과 같은가, 다른가?' 첫째, 어떤 나라에서는 선량한 시민과 선량한 사람이 같으며 어떤 나라에서는 다르다. 둘째, 앞 형태의 국가에서는 선량한 시민들이 모두 선량한 사람은 아니며, 단지 그들 중 정치인의 위치를 갖고 있는 사람들만이 선량한 사람들이다. 다른 말로 하면, 혼자서 또는 다른 사람과 함께 공적인 일 처리를 지휘하거나 지휘할 수 있는 사람만이 선량한 사람이다.

제6장

이제 시민의 자격은 정의되었으며 또 결정되었다. 다음은 정치질서의 문제를 살펴보아야 한다. 정치질서에는 한 가지 형태가 있는가, 아니면 여러 형태가 있는가? 만일 여러 가지 형태가 있다면 이 형태의 수는 얼마이며 그들은 어떻게 다른가? 정치질서는 '일반적으로 관직에 관한, 특별히 최고 권위를 갖는 특별한 관직에 관한 도시국가의 조직'이라고 정의할 수 있다. 주권체는 어디에서나 국가 최고기관이다. 실제로 주권체가 바로 입헌정치질서이고 정치질서 자체이다. 예를 들어, 민주주의 국가에서는 국민(demos)이 주권체이며, 반대로 과두정치에서는 몇몇(oligoi)이 그 위치를 갖는다. 이 주권체들 사이의 차이 때문에 정치질서의 두 면이 서로 다르다고 말한다. 우리는 또한 이들 이외의 다른 형태의 정치질서에도 똑같은 논리를 적용할 수 있다.

먼저 두 가지 문제를 확실히 해야 한다. 즉 국가 존립 목적의 성격, 그리고 사람과 사람들의 공동체를 복속시키는 여러 종류의 권위들이다. 첫째 문제에 대해서는 제1권에서(거기에서 우리의 주된 관심은 가정의 운영과 노예들을 부리는 일이었다) 이미 '사람은 본질적으로 정치적 공동체에서 살도록 되어 있는 동물이다' 말했다. 따라서 사람들은 서로 도와줄 필요가 없는 경우에도 자연적인 충동 때문에 사회적인 생활을 하길 원한다. 그러나 그들은 또한 각자가 이룩할 수 있는 좋은 생활의 정도에 따라 공동이해에 따라 모이기도 한다. 좋은 생활이라는 것은 공동체 전체나 우리 개개인에게 있어서나 주된 목적이다. 그러나 사람들은 단순히 생존하기 위해서도 함께 모여서 정치적 공동체를 이루며 유지한다. 왜냐하면 생존에 따르는 악이 지나치게 크지 않은 한 단순히 살아간다는 것 자체만으로도 약간의 선이 있기 때문이다. 분명한 사실은 대부분의 사람들이 상당한 고통을 견디어내고라도 생존에 집착한다는 것이다. 이것은 생명 자체가 일종의 건강한 행복, 그리고 자연적인 쾌락의 성질을 갖고 있음을 암시하는 것이다.

이제까지 우리는 국가의 존재 목적에 대해서 살펴보았다. 이제 두 번째 문제로 들어가 보자. 사람들이 흔히 말하는 여러 종류의 권위 또는 지배체제를 구별하는 것은 쉬운 일이다. 그리고 사실 우리도 때때로 일반대중을 위한 저술에서 이들을 정의한 일이 있었다. 노예에 대한 주인의 지배는 한 종류의 권위 형태이다. 여기에서 자연적인 주인과 자연적인 노예를 결합하는 공동이해가 존재함에도, 이 지배는 주인의 이해를 위하여 우선적으로 행사되는 것이며 노예의 이해라는 것은 부수적일 뿐이다. 그런데 이러한 지배 형태가 존속되려면 노예의 생존이 유지되어야 한다. 처자식, 그리고 가정 일반에 대한 지배는 둘째 종류의 지배체제인데, 우리는 이것을 가정경영이라 불렀다. 여기에서 지배는 피지배자의 이해를 위해서, 지배자와 피지배자 둘에 공통된 어떤 이득을 이루기 위해서 행사된다. 그러나 근본적으로 이 지배는 피지배자의 이해를 위해서 행사되며, 의술과 체육에서도 마찬가지이다. 그렇지만 경우에 따라 어떤 기술은 그것을 행하는 자를 위하여 시행되기도 한다. 선장이 선원의 한 사람인 것과 마찬가지 방식으로, 체육교사가 때때로 자기가 훈련시키고 있는 사람들 중의 하나가 될 수 있다. 그래서 체육교사나 선장은 우선적으로 그의 권위에 복속되어 있는 사람들의 선을 생각해야 한다. 그러나 자신이 훈련받는 사람이 되는 경우에 그는 부수적으로 그 선의 이익을 나누어 가질 수 있게 된다. 그래서 선장은 선원 중의 한 명이며, 체육교사도 교사이면서 동시에 자기가 훈련시키는 자들의 한 사람이 되는 것이다.

  이 원칙은 정치적 관직을 갖고 있는 사람들이 행사하는 셋째 종류의 지배에도 적용된다. 어떤 국가의 정치질서가 평등과 동등의 원칙 위에 세워졌을 때, 시민들은 번갈아 가며 관직을 맡는 것이 옳다고 생각한다. 아무튼 이것은 자연적인 체제이며, 사람들이 차례대로 관직을 맡아야 한다고 생각한다. 자신이 재임 기간 동안에 다른 사람의 이해를 돌봐 준 것과 마찬가지로, 다른 사람들도 자기의 이해를 돌보아 주어야 하는 의무를 떠맡으리라고 생각했던 시대에 채택되었던 체제이다. 그러나 오늘날은 사정이 바뀌었다. 관직과 공공재산을 다루는 데서 나오는 이득 때문에 사람들은 계속해서 관직을 맡으려고 한다. 이것은 관직을 맡고 있는 사람들을 병자처럼 만들어서, 그 관직을 영구히 맡음으로써만 영원히 건강할 수 있는 것이다. 아무튼 관직에 대한 그들의 열성이야말로 병든 사람과 같다. 여기에서 나오는 결론은 분명하다. 공동이해를 돌보는 정치질서는 절대적 정의의 기준에서 판단해 보면 올바른 정치질서이다. 지배자가 개인적 이해만을 돌보는 정치질서는 모두 잘못된 정치질서이거나 올바른 형태의 왜곡이다. 이것은 도시국가는 자유인들의 공동체인데 정부는 독재체제이기 때문이다.

제7장

  다음에 살펴봐야 할 주제는 다른 정치질서들의 다양한 수와 성격이다. 먼저 올바른 정치질서의 종류를 탐구해 보는 것이 좋을 듯하다. 올바른 정치질서가 어떤 것인가를 확실히 해두면 여러 형태의 타락된 정치질서들은 분명해질 것이다. '정치질서(politeia)'라는 말은 '주권체(politeuma)'와 같은 말이다. 모든 국가에서 주권체는 최고 권위체며 최고 권위체는 반드시 한 사람이나 소수, 또는 다수의 사람으로 이루어져야 한다. 이런 근거에서 우리는 한 사람, 소수의 사람, 또는 다수의 사람이 공동이익을 위하여 통치하는 경우, 그들이 통치하는 정치질서는 반드시 올바른 정치질서라고 말할 수 있다. 반면에 1인이건 소수인이건 사사로운 이익을 추구하는 정치질서는 왜곡된 형태의 정치질서이다. 그들은 모든 사람의 이익을 고려하지 않음으로써 올바른 기준을 벗어난 것이며, 그래서 딜레마에 빠지게 된다. 정치질서에 참여하지만 그들의 이해를 받지 못하는 사람들을 시민이라 부를 수 없다. 그들을 시민이라고 부르려면 그들도 사회에서 어떤 혜택을 받아야 한다.

일반적인 언어 용례에 따르면, 한 사람이 통치하는 정부 형태들 중에서 왕정은 공동의 이해를 향하는 정치 형태를 뜻한다. 소수인(또는 1인 이상)에 의한 정부 형태들 중에서 귀족정치가 그 형태에 해당한다. 이런 이름이 이 형태의 정부에 주어지는 것은 가장 좋은 사람들(aristoi)이 통치를 하거나, 또는 그 목적이 국가와 국민들을 위해 가장 좋은 것(ariston)이라는 이유 때문이다. 결국 공동이익을 위해 대중이 국가를 통치하는 경우, 이런 형태의 정치를 부르는 이름은 모든 정치질서에 공통이 되는 속칭으로서 그저 정치, 또는 '혼합정치'라고 부른다. 이렇게 부르는 데에는 그럴 만한 이유가 있다. 한 사람이나 소수의 사람이 뛰어나게 우수할 수는 있다. 그러나 많은 수의 사람들에게서 모든 종류의 뛰어난 우수성을 기대할 수는 없다. 많은 이들에게서 특히 기대할 수 있는 것은 군사적인 우수성 정도일 뿐이다. 이런 이유로 말미암아 군부가 이 정치질서에서는 최고의 권위체가 되며, 무기를 가진 사람들이 정치적 권리를 갖는다.

위의 세 가지 형태에 상응하는 세 가지 형태의 그릇된 정치질서가 있다. 즉, 참주정치는 왕정의 타락된 형태이고, 과두정치는 귀족정치의 타락된 형태이며, 민주정치는 혼합정치의 타락된 형태이다. 참주정치는 한 사람이 자신의 이익만을 위하여 통치를 하는 것이고, 과두정치는 부자들의 이익만을 위한 정치이고, 민주정치는 가난한 계층 사람들의 이익을 위한 정치이다. 이 세 가지 형태 가운데 어떤 것도 시민 전체의 이익을 위한 것은 아니다.

제8장

얼마쯤 문제를 안고 있는 이들 정체에 대하여, 우리는 저마다의 성격을 좀 더 자세하게 살펴보아야 한다. 이는 우리가 어떤 학문 분야에 있어서 실제적인 고려를 하는 것이 아니라 철학적인 탐구방식을 추구할 때, 아무 소홀함이나 빠뜨림 없이 모든 특별한 경우에 관한 진리를 확립하는 것이 올바르기 때문이다. 앞에서 말한 것과 같이, 참주정치는 주인이 노예를 취급하듯이 시민을 취급하는 독재정치에 속한다. 과두정치는 재산을 가진 사람들이 그 정치질서에서 최고의 권위체를 이루는 경우에 존재한다. 반대로 민주정치는 최고 권위체가 유산계급이 아닌 가난한 계급의 사람들로 구성될 때 존재한다.

여기에서 제기되는 첫 번째 문제는 방금 말한 민주정치와 과두정치의 정의에 관련된 것이다. 우리는 민주정치를 다수인들이 주권을 갖는 것으로 정의했다. 그러나 어떤 국가에 있어서 주권을 갖는 다수가 부자인 경우를 상상할 수 있다. 마찬가지로 과두정치는 일반적으로 소수인이 주권을 갖는 것이라고 한다. 그러나 가난한 계층 사람들이 부자보다도 소수이면서도 활동력이 강해서 그 정치질서에서 최고 권위체를 구성하는 경우도 상상할 수 있다. 앞서 말한 어떤 경우에서도 이전에 이들 정치질서에 대해 내린 정의가 올바르다고 할 수 없다. 우리는 이 두 요소들을 결합하여 이 문제를 극복하려고 시도할 수 있다. 즉 부를 소수와 결합시키고 가난은 다수와 결합시키는 것이다. 이런 근거에서 과두정치는 소수인 부자들이 국가의 관직을 맡는 정치질서이며, 마찬가지로 민주정치는 다수인 가난한 사람들이 국가를 지배하는 정치질서라고 정의할 수 있다. 그러나 이렇게 하면 또 다른 하나의 문제가 생긴다. 만일 새로운 정의가 완벽해서 이 정의에 포함되어 있는 것 이외의 다른 형태의 민주정치나 과두정치가 존재하지 않는다면, 우리가 방금 상상할 수 있다고 한 정치질서를 어떤 이름으로 불러야 하는가. 즉, 넉넉한 사람들이 다수를 이루고, 가난한 소수가 그 정치질서의 최고 권위체를 이룩하는 경우에 무엇이라고 불러야 하는가?

이렇게 생각해 보면 수의 요소, 즉 과두정치에서 최고 권위체가 적은 수라거나 민주정치에서 최고 권위체가 많은 수라는 요소는 단순히 일반적으로 부자는 적은 수고 가난한 자는 많은 수라는 사실에 기인하는 우연적인 속성에 불과한 것으로 보인다. 따라서 처음에 언급했던 원인들, 즉 수의 많고 적음은 사실 과두정치와 민주정치 사이의 차이에 대한 원인은 아니다. 민주정치와 과두정치 차이점의 근거는 부와 빈곤이다. 그들의 수가 많거나 적거나 간에 통치자가 자신의 넉넉함 덕분으로 지위를 얻게 된 것이라면, 과두정치가 되어야 한다. 마찬가지로 가난한 사람들이 지배를 하는 정치질서는 반드시 민주정치라고 해야 한다.

지금 말한 것과 마찬가지로 대개 부자는 적은 수이며 가난한 자들은 많은 수이다. 소수만이 부자지만 모든 사람들이 자유인의 지위를 갖고 있다. 그리고 이것이 과두정치와 민주정치가 서로 정권다툼을 하는 근거인 것이다.

제9장

다음으로 우리는 과두정치나 민주정치를 지지하는 사람들이 저마다 주장하는 색다른 원칙들은 무엇이며, 정의에 관한 과두적인 또는 민주적인 개념들은 무엇인지 확실히 해 둘 필요가 있다. 과두정치를 주장하는 사람들과 민주 정치를 주장하는 사람들은 모두 정의에 관한 하나의 개념을 갖고 있다. 그러나 이 둘은 모두 그 개념을 확대하는 데 실패하며, 이들 중에 어느 쪽도 정의의 진정한 개념을 그 전체에 걸쳐 피력하지 못한다. 예를 들어, 민주정치에서 정의란 관직의 배분에 있어서 평등을 의미하는 것으로 생각된다. 그것은 사실 평등을 뜻하지만, 이미 평등한 사람들을 위한 것이지 모든 사람을 위한 평등은 아니다. 또한 과두정치에서는 관직을 나누는 데 불평등이 올바른 것이라고 간주된다. 사실 이것은 옳지만 단지 불평등한 사람들에게만 적용되며 모든 사람들에게 적용되는 것은 아니다. 민주정치를 주장하는 사람들이나 과두정치를 주장하는 사람들은 모두 이 요소를 생각하지 않으므로 그릇된 판단을 하는 것이다. 그 이유는 그들은 자신의 입장에서 모든 일을 판단하는데, 원칙적으로 대부분의 사람들은 자신의 이해와 관련이 되어 있는 것에 대해서는 잘못 판단하기 때문이다.

정의는 사람에 따라 상대적이다. 그리고 올바른 분배라는 것은 내가 이미 《윤리학》에서 지적한 바와 같이 그것을 받는 사람들의 가치에 따라 주어지는 것들의 상대적인 가치가 상응하는 분배를 말한다. 때문에 여러 사람들 사이에서 올바르게 관직을 나누려면, 사람들 저마다의 개인적 가치와 장점들을 고려해 보아야 할 것이다. 그러나 민주정치를 주장하는 사람들과 과두정치를 주장하는 사람들은 사물에 대해서는 의견이 같은 반면, 사람에 있어서는 무엇이 평등인가에 대해 의견을 달리한다. 이런 의견 차이의 주된 이유는 조금 전 말한 것처럼, 그들은 자신의 경우에 대해서는 판단을 잘못하기 때문이다. 그렇지만 이것 말고도 다른 이유가 있다. 즉, 그들은 어떤 종류의 정의 개념을 믿고 주장하는데, 그것에 너무 빠져들어서 자기들이 믿는 정의의 개념이 절대적이고 완벽한 것이라는 잘못을 저지르는 것이다. 과두정치를 주장하는 사람은 어떤 면에서의 우월성, 즉 그들의 경우에 있어서는 부가 모든 면에서 낫다고 생각하며, 민주정치를 주장하는 사람들은 또한 어떤 점에 있어서의 평등, 예를 들어 자유인으로 태어났다는 사실이 모든 점에서의 평등을 의미한다고 믿는다.

그러나 양측이 모두 진정으로 중요한 요소, 즉 국가가 존재하는 목적의 본질에 대해서 말하지 못하고 있다. 만약 사람이 함께 모여서 공동체를 이룩한 목적이 재산에 있다면, 국가에 사람이 참여하는 것도(즉 관직이나 명예 등) 그들의 재산 상태에 비례해야 할 것이며, 과두정치의 원칙이 이때에는 타당할 것이다. 100파운드의 기금에 1파운드만 낸 사람이 나머지를 모두 낸 사람과 똑같이 이 기금을 함께 갖거나(또는 이 기금에서 나오는 이자를 나누어 갖거나) 하는 것은 옳지 못하다고 하는 주장이 매우 강력해 보인다. 그러나 국가의 목적은 그저 생존만이 아니며, 좋은 생활의 질이 목적이 되어야 한다. 만약 생존만이 국가의 목적이라면, 노예들의 국가도 있을 수 있고 동물들의 국가까지도 있을 수 있다. 그러나 우리가 알고 있는 한 그런 국가는 있을 수 없다. 왜냐하면 노예와 동물들은 진정한 행복을 누릴 수도 없고 자유로운 선택을 할 수도 없기 때문이다. 마찬가지로 모든 침해에 대한 공동방어를 위하여 동맹을 만들거나 교환을 원활히 하고 경제적인 교류를 증진하는 것도 국가의 목적은 아니다. 만일 그런 것이 목적이라면 에트루리아(Etruria)인들과 카르타고인들은 하나의 국가에 속해야 할 것이다. 이것은 또한 서로 간에 통상조약을 맺고 있는 모든 사람들에게 똑같이 적용되어야 할 것이다.

이런 국민들은 수입과 수출에 관하여 일정한 합의를 하고 있는 것은 사실이다. 이런 조약들은 올바른 거래를 확립하기 위한 것이며 공동방어를 위한 상호방위조약을 갖고 있다. 반면에 그들은 이런 일들을 다루기 위한 국가의 공동관청을 갖고 있지는 않으나 저마다 한정된 자신의 관청을 갖고 있다. 서로가 다른 쪽 사람들에 대해서는 그 사람됨의 질을 올바르게 하는 것에 대해 아무런 관심도 없다. 그들 중 누구도 조약의 대상에 속하는 자가 부정의와 어떤 형태의 악덕이라도 당하거나 행하지 않도록 주의하지 않으며, 오직 그들이 서로 억울함이 없도록 하는 것이다. 그러나 잘 지켜지는 좋은 법률 체제를 확보하려고 노력하는 국가에 있어서 언제나 주된 관심이 되는 것은 국가에서 선과 악을 고려하는 것이다. 명백한 결론은, 이름만이 아니고 진실로 국가라고 불릴 수 있는 국가는 선을 고취하는 목표에 헌신해야 한다는 것이다. 그렇지 않다면 정치적 공동체는 그 구성원들이 서로 멀리 떨어져 사는 보통 형태의 동맹체와 단지 공간에 있어서만 차이가 나는 동맹체에 지나지 않을 것이다. 또한 법률도 당위적인 상태인 국가의 구성원들을 선하고 정의롭게 이끄는 대신 단순한 조약에 불과한 것이 되고 말 것이다. 또는 소피스트인 리코프론(Lykophron)이 말한 바와 같이 "서로 간에 사람들의 권리를 보장하여 주는 것"을 넘지 못할 것이다.

　이런 것은 쉽게 증명될 수 있다. 마치 메가라(Megara)와 코린토스의 도시국가가 하나의 성벽으로 둘러싸여 있는 것처럼, 만일 두 개의 다른 장소가 하나로 결합한다고 할지라도, 그들이 하나의 국가가 되는 것은 아니다. 또 결혼을 하는 것이 도시국가의 특징인 사회생활의 한 형태긴 하지만 한두 도시국가의 시민들이 서로 결혼한다고 해서 두 도시가 한 개의 국가로 되는 것은 아니다. 또한 사람들이 서로 떨어져 살고 있지만, 서로 만날 수 있는 정도로 멀리 떨어져 있지 않으면, 그들 사이의 거래 과정에서 서로 불이익을 입히는 것을 막기 위하여 공통의 법체제를 갖고 있을지라도 하나의 국가가 되는 것은 아니다. 예를 들어, 어떤 사람은 목수, 다른 사람은 농부, 또 다른 사람은 구두장이, 나머지 사람들은 다른 물품을 생산하는 것을 생각해 볼 수 있다. 그리고 모두 만여 명쯤 인구를 가진 경우를 상상해 볼 수 있다. 그러나 이 사람들이 물품의 교환과 동맹 같은 것만을 위해 합쳐 있다면, 그들은 아직 국가의 단계에 이르지 못했다. 그 이유는 무엇인가? 그런 공동체가 지리적 근접성이 결여되어 있기 때문은 아니다. 이러한 구성원들이 같은 장소에 모여 있을 수 있다. 그러나 만일 그것이 전부라면, 즉 저마다 그의 개인 집을 국가처럼 생각하거나 그들 모두가 침략자에 대한 공동 행동에만 서로의 도움을 한정한다면(마치 방어를 위한 동맹만이 문제인 것처럼), 또는 한마디로 말해서 이 사람들 간의 접촉하는 정신이 그들이 함께 모인 이후에도 서로 떨어져 살고 있었던 때와 같다고 한다면, 이렇게 새로운 기반 앞에서 형성된 공동체라고 할지라도 정확히 말해서 국가라고 할 수는 없다.

따라서 국가란 같은 장소에서 함께 살기 위한 공동체가 아니며, 교환을 순조롭게 하거나 서로간에 옳지 못한 것을 막기 위해 생겨난 공동체도 아닌 것이 분명하다. 실제로 이것들은 국가가 존재하기 이전에 있어야 하는 조건들이다. 그러나 이들 조건이 모두 있다고 해서 그 자체로서 도시국가를 이룩하는 데 충분한 것은 아니다. 국가를 구성하는 것은 가정과 부족들이 좋은 생활을 하도록, 즉 완전하고 자족적인 생존을 이룩하도록 하기 위한 것이다. 그러나 사람들이 같은 장소에 거주하며 서로간에 결혼을 하지 않으면 이런 마지막 단계에 이를 수 없다. 이런 이유로 여러 공동사회의 생활을 위한 제도들, 즉 결혼관계, 친척집단들, 종교집단들, 그리고 일반적이고 사회적 오락 등이 국가에 생겨나게 된다. 그러나 이 제도들은 우정관계이며, 그것은 공동사회 생활을 추구하는 데 존재하는 우정이다. 도시국가의 목표와 목적은 좋은 생활이다. 그리고 사회생활의 제도들은 그 목적에 대한 수단이다. 국가는 가족들과 촌락들이 완전하고 자족적인 생활을 하도록 결합함으로써 구성된다. 그리고 우리의 정의에 따르면 그런 생존은 진정한 행복과 선의 생활에 있다.

따라서 정치적 공동체는 사회적 생활을 위한 것이 아니라 좋은 행동을 위해 존재한다는 것이다. 이런 결론을 통해서 우리는 정의의 올바른 개념을 얻을 수 있다. 이런 성격을 가진 공동체에 가장 많이 이바지하는 사람들은 국가에서 출신과 가문이 그들과 똑같지만(또는 그들보다 더욱 훌륭하더라도) 시민적인 우수성이 그들만 못한 사람들이나 또는 부에 있어서 그들을 훨씬 넘어서지만 우수성에 있어서 그들만 못한 사람들보다 참여도가 더 크다. 이제까지 살펴본 것을 통해서 정치질서에 관한 논쟁은 모두 정의의 부분적인 개념만을 주장하였다는 것이 분명해졌다.

제10장

국가에서 어떤 사람의 집단이 최고 권위를 가져야 하는가를 살펴볼 때에 하나의 문제가 제기된다. 그것은 대중인가, 부자인가, 또는 자질이 훌륭한 사람인가, 모든 사람 가운데 가장 뛰어난 한 사람 또는 참주인가. 그 대안은 많다. 그러나 어떤 것을 선택하든 그 결과가 좋지 않은 것으로 보인다. 사실 어떻게 그런 결과를 피할 수 있겠는가? 만약 가난한 사람들이 그들이 많은 수라는 이유로 부자들의 소유물을 자기들 마음대로 나누어 갖는다면 어떻게 되겠는가? 이것은 옳지 못한 짓이 아니겠는가? 민주주의자는 다음과 같이 대답할 것이다. '맹세코 그렇지 않다. 이것은 주권을 가진 국민이 합법적으로 그렇게 선포한 것이다.' 여기에 대해 우리는 '그러나 이것이 극단의 부정의가 아니라면 무엇이 부정의겠는가?' 이렇게 대답할 수 있을 것이다. 어떤 종류건 다수가 소수의 소유물을 자기들 마음대로 나누어 갖는다면, 이 다수는 분명히 국가를 망치고 있는 것이다. 그러나 선은 결코 선한 성질을 가진 어떤 것도 파괴하지 않으며, 정의는 그 본질상 국가에 대하여 파괴적일 수 없다. 따라서 이런 종류의 법, 즉 어떤 다수에 의해 정해진 약탈의 법은 올바른 것일 수 없다. 이것이 정당하다면 참주의 행동도 반드시 올바른 것이어야 한다. 왜냐하면 참주는 가난한 사람들이 부자를 위압하듯이 그의 우월한 권력을 이용하여 강제하기 때문이다. 그렇다면 부자로 이루어진 소수인이 통치를 하는 것은 올바른가? 그들도 마찬가지로 대중의 재산을 빼앗고 압수한다면 그들의 행동을 올바르다고 할 수 있겠는가? 만일 올바르다고 할 수 있다면, 그 반대의 경우인 가난한 사람들의 행동도 올바르다고 해야 한다. 분명히 이 모든 압제의 행동들은 천하고 옳지 못하다. 그렇다면 자질이 훌륭한 사람들이 권위를 갖고 모든 문제들에서 최고 결정권을 가져야 하는가? 이런 경우 나머지 사람들은 반드시 아무 명예도 얻을 수 없게 될 것이다. 왜냐하면 그들은 국가의 관직을 갖는 명예를 누릴 수 없기 때문이다. 우리는 관직을 명예라고 한다. 그리고 하나의 집단 사람들이 영원히 관직을 갖게 되는 경우, 그 공동체의 나머지 사람들은 반드시 아무 명예도 얻을 수 없게 된다. 그렇다면 가장 좋은 한 사람이 통치하는 것이 다른 어떤 대안들보다 더 나은가? 이것은 더 과두적이다. 왜냐하면 이 경우 명예를 갖지 못하게 되는 사람들의 수가 더 많기 때문이다. 또 다른 대안이 하나 더 있다고 할 수도 있다. 즉, 어떤 사람이 최고 권위를 갖도록 하는 것은 옳지 못하다는 것이다. 이는 사람들의 영혼이 때때로 격정에 사로잡혀 혼란스러워지기 때문이다. 그래서 최고 권위는 법에 있도록 하는 것이 더 좋다는 주장이다. 그러나 이것이 그 문제를 해결하는 것은 아니다. 그렇지만 법 자체가 과두정치 또는 민주정치의 방향으로 기울 수 있다. 그렇다면 법의 주권이 여기에 제기되어 있는 문제들에 어떤 차이를 일으키는가? 앞에서 이미 말한 결과들이 똑같이 일어나게 될 것이다.

제11장

다른 대안들에 대한 논의는 뒤로 미루기로 하자. 그러나 앞에서 말한 대안들 중에 첫 번째 것, 즉 몇몇 훌륭한 사람들보다 대중이 최고 권위를 가져야 한다는 주장은 비록 얼마쯤 문제가 있기는 하지만 진리를 내포하고 있는 듯하다. 다수에 의한 정치를 지지하여 이렇게 말할 수 있다. 개인으로서 사람들은 좋은 자질을 갖지 못할지도 모르지만, 집합적으로 그리고 한 집단으로 모이면 몇몇 훌륭한 사람들보다 그 자질이 더 뛰어날 수 있다. 많은 사람들이 돈을 내서 마련한 잔치는 한 사람의 비용으로 하는 잔치보다 더 훌륭할 수 있다. 마찬가지 방식으로, 많은 사람들이 모이면 저마다 자기 몫만큼 선과 도덕적인 사려분별을 가져올 수 있어서 마치 여러 개의 발과 손과 감각을 가지고 인격과 지성의 자질도 갖춘 한 인간의 본성과 비슷하게 될 것이다.

이런 이유 때문에 다수는 소수보다 음악이나 시인의 작품을 더 잘 판단할 수 있다. 즉, 어떤 사람은 어떤 부분을 감상하고 다른 사람은 다른 부분을 감상해서 그들이 함께 모이면 모든 것을 감상하게 되는 것이다. 우수한 사람이 군중 속의 한 개인과 다른 이유는, 보통 분산되고 어수선하게 흩어져 있는 요소들이 이 사람에게 하나로 결합되어 있기 때문이다. 이것은 일반적으로 아름답지 못한 사람으로부터 아름다운 사람을 구별하는 요인이며, 또한 예술적 표현이 일상적인 실재와 다른 원인이다. 왜냐하면 만일 이런 요소들을 개별적으로만 본다면, 어떤 예술작품에 대해 이 사람의 눈이 어떤 사람의 눈보다 못하고 또 다른 면모는 다른 사람보다 못하다고 말할 수 있기 때문이다.

그러나 이 원칙이 모든 대중체나 거대한 군중의 모임에 똑같이 적용되는

지는 확실하지 않다. 우리는 다음과 같이 말할 수 있을 것이다. '천만에, 그것이 절대로 적용될 수 없는 집합체도 있다는 것은 분명하다. 왜냐하면 이 논의는 짐승들에게도 적용되기 때문이다. 그러면 이런 군중들과 짐승의 무리와 다른 점이 무엇인가?' 그렇지만 이런 의문에도 불구하고 우리가 피력한 견해는 어떤 사람들에 있어서는 사실이다.

따라서 우리는 앞장에서 제기된 '어떤 사람들의 집단이 최고 권위를 가져야 하는가?' 하는 문제와 거기에 따르는 또 한 가지의 문제, '일반시민들 또는 자유인들, 즉 넉넉하지도 못하고 특별히 뛰어난 것이 없는 그런 부류의 일반시민들은 적절하게 권위를 행사해야 하는가?' 하는 문제를 해결할 수 있는 가능성이 보인다. 어떤 면에서 보면 이런 부류의 사람들이 최고 관직에 참여하는 것은 옳지 못하다고 할 수 있다. 왜냐하면 그들은 정의롭지 못해서 나쁜 짓을 할 수도 있고 사려분별이 없어서 실수를 저지를 수도 있기 때문이다. 그러나 다른 면에서 보면 그들을 어느 정도 권력의 향유에 참여하지 못하도록 하는 데에는 중대한 위험이 따른다. 왜냐하면 많은 수의 가난하면서도 정치적 권리가 없는 시민들로 이루어진 국가는 필연적으로 적으로 가득 찬 국가일 수밖에 없기 때문이다.

여기에 대한 대안은 시민들이 심의와 사법적인 기능에 참여할 수 있도록 하는 것이다. 그래서 솔론이나 또 다른 몇몇 입법자들은 시민들에게 관리를 선출하는 기능과 관직의 임기가 끝난 다음에 그 관리들에게 책임을 묻는 두 가지 일반적 기능을 주었지만, 그들이 관직을 맡는 권리는 주지 않았다. 일반인들이 함께 모였을 때 그들은 상당히 훌륭한 이해력을 보여준다. 그래서 이들이 더 훌륭한 계층의 사람들과 섞이면 국가에 이로운 기여를 하게 되는 것이다. 이것은 마치 순수한 음식물을 다른 음식물과 섞어서 혼합물을 만들 때, 이 혼합물이 소량의 순수한 음식물보다 더 영양이 많은 것과 같다. 그러나 일반시민들 개개인은 불완전한 판단밖에 못한다.

한편 이런 국민에게 심의와 사법적 기능을 부여하는 정치질서에는 조금 문제가 따른다. 첫째 문제는 의료시술이 제대로 되어 있을 때의 진단 기능은, 환자를 돌보고 환자의 고통을 치료해주는 것을 직업으로 하는 사람들, 즉 직업적 의술인들에게 속해야 한다는 주장에서 나오는 것이다. 예술이나 다른 종류의 직업에서도 이것은 마찬가지로 적용된다고 할 수 있다. 그리고 여러 의사들이 모여 다른 의사의 행동을 평가하는 것과 마찬가지로, 다른 직업을 갖고 있는 사람들도 같은 직업에 종사하는 사람들이 그들의 행동을 평가해야 한다. 그러나 '의사'라는 말은 세 가지의 다른 뜻으로 사용된다는 것에 주목할 필요가 있다. 일반적인 개업의도 의사라 부르고, 치료 과정을 지휘하는 전문가도 의사라고 부르며, 또한 의술의 일반적인 지식을 조금 갖고 있는 사람도 의사라고 부른다. 거의 모든 기술 분야에서 이 마지막 형태의 사람들을 찾아볼 수 있다. 그리고 우리는 그들이 개업의나 전문의들과 마찬가지의 판단능력이 있는 것으로 여긴다. 이제 관심을 돌려 선거 문제를 살펴보면, 마찬가지의 원칙이 적용되는 것으로 보인다. 올바르게 선거하는 것도 마찬가지로 전문가들이 하는 일이라고 주장될 수 있다. 기하학자를 선택하려면 기하를 잘 아는 사람이 필요하며, 키잡이를 고르려면 키잡는 기술에 능숙한 사람이 필요하다. 그리고 어떤 직업이나 기술에 있어서, 선택할 수 있는 능력을 가진 비전문가가 있다 하더라도 그들은 전문가보다는 기술의 정도가 뒤떨어진다.

이렇게 보면 일반인들이 관리의 선거에 있어서나 관리들의 행사를 조사하는 데 있어서나 최고 권위를 갖도록 하면 안 되는 것 같다. 그러나 이런 주장은 그 근거가 확실하지 않다. 첫째로, 우리는 일반대중들에게 발견할 수 있는 여러 성질의 결합에 관한 우리의 이전 주장을 기억할 필요가 있다. 물론 그것은 그들이 성격상 천하지 않다는 것을 가정한 뒤의 일이다. 각 개인은 사실 전문가보다 못한 판단을 내릴 수밖에 없을 것이다. 그러나 사람들이 모두 함께 모일 때는 전문가보다 더 훌륭한 판단을 내리거나 적어도 전문가보다 못하지는 않을 것이다. 둘째로, 물건을 만드는 기술자가 유일한 판단가가 아닐 뿐만 아니라 가장 좋은 판단가도 아닌 기술이 있다. 이들 생산물이 그 분야에 아무 기술도 소유하고 있지 못한 사람들에게서도 인정받을 수 있는 기술들이다. 예를 들어 가옥은 건축자 이외에 다른 사람들도 이해할 수 있는 것이다. 사실 집을 실제로 사용하는 사람 또는 그 집을 소유하고 있는 사람이 건축가보다 훨씬 더 제대로 판단할 것이다. 같은 방식으로, 항해사는 조선 기술자보다 키를 더 잘 판단할 것이다. 그리고 음식을 먹는 사람이 요리사보다 연회에서 더 좋은 감식가가 될 것이다.

사람들의 권리에 관한 우리의 주장이 직면하는 첫 번째 문제는 이런 탐구로 충분히 답변이 될 것이다. 그러나 첫 번째 문제와 연결되는 또 다른 문제에 부딪치게 된다. 자질이 뛰어나지 못한 사람이, 자질이 훌륭한 시민들에게 위임되어 있는 것보다 더 중요한 문제들에 관하여 최고 권위를 갖는다는 것이 불합리하게 보인다. 관리의 선거와 그들의 임기가 끝난 뒤에 그 업적을 감사하는 것은 가장 중요한 문제들이다. 그러나 우리가 살펴본 것과 같이 이런 문제들이 대중들로 구성된 회의에 위임되어 있으며, 또한 대중집회가 그런 문제들에 관하여 최고 권위를 갖고 있는 정치질서도 있다. 이런 어려움에 겹쳐서, 심의적이고 사법적인 기능을 갖고 있는 의원의 자격은 나이를 가리지 않고 별로 재산이 없는 사람에게도 부여하도록 되어 있다. 그러나 재무담당 관리나 장군, 또는 다른 최고 관직들을 담당하고 있는 사람들에게는 그 자격 요건으로 많은 재산을 갖고 있어야 한다는 것을 요구한다. 그러나 이 문제도 첫 번째 문제와 마찬가지 방식으로 해결될 수 있다. 결국 현재 정치질서에서 시행되는 것이 올바른 것이다.

  사법정·평의회(boulé), 또는 의회(ecclésia)에서 관직을 담당하고 있는 것은 개별 구성원들이 아니라 전체로서의 법정, 전체로서의 평의회, 전체로서의 대중의회 자체이다. 그리고 각 개별 구성원은 평의회이거나 의회, 또는 법정이거나 단지 전체의 일부에 지나지 않는다. 따라서 의회·평의회·법정을 구성하는 일반국민은, 자질이 뛰어난 시민들에게 위임되는 것보다 더 중요한 문제를 다루는 데 있어 최고 권위를 갖는 것이 정당하며 적절하다. 또한 이런 제도 구성원들의 재산을 모두 합치면, 개인으로서나 소집단의 구성원으로서 최고 행정관직을 담당하고 있는 사람들의 재산보다 더 크다고 할 수 있다.

  이상으로 지금까지 논의된 문제들을 마무리할 차례다. 첫 번째에 관한 논의는 다른 것들에 앞서는 한 가지 결론을 낳게 한다. 즉, 올바르게 제정된 법률이 맨 나중에 최고 권위를 가져야 한다는 것이다. 그리고 한 사람에 의해서 행사되거나 또는 한 집단에 의해서 행사되거나 간에, 사람에 의한 통치는 모든 우발적인 경우를 포함할 수 있는 일반적인 법칙들을 만드는 것이 어렵다. 따라서 법률이 정확한 판단을 할 수 없는 문제들에 대해서만 최고 권위를 갖도록 해야 한다. 그러나 올바르게 제정된 법률이 어떻게 되어야 하는가는 아직 분명하지 않다. 그리고 여기에서 우리는 아직도 앞장의 끝에서 말한 어려움에 부딪쳐 있다. 즉, 법 자체가 어떤 일정한 계급에 이롭게 기울어져 있을 수 있다는 것이다. 그 법들이 어떤 정치질서에 속해 있느냐에 따라서 좋을 수도 나쁠 수도 있고, 또는 정당할 수도 부당할 수도 있다. 한 가지 확실한 사실은 법률들은 정치질서에 맞도록 만들어져야 한다는 것이다. 만약 이것이 사실이라면, 올바른 정치질서에 알맞게 제정된 법률은 반드시 올바르며, 틀리거나 그릇된 정치질서에 맞게 만들어진 법률은 정당하지 못할 수밖에 없다는 결론이 나온다.

제12장

모든 학문이나 기술에서 목표로 하는 것은 선이다. 모든 학문과 기술에서 가장 뛰어난 것, 즉 정치기술과 정치학의 궁극적인 목표는 최고선이다. 이것은 사람들이 가장 높이 추구하는 선이다. 정치 분야에서의 선은 정의이다. 그리고 정의는 공동이해를 높이는 방향으로 나아가는 데 있다. 일반적으로 정의는 어떤 종류의 평등에 있다. 이 견해는 윤리에 대해 우리가 내린 철학적 결론과 어느 정도 들어맞는다. 바꾸어 말하면, 정의는 두 가지 요소, 즉 사물과 이 사물들이 배정되는 사람들을 포함하고 있으며, 평등한 사람은 평등하게 사물의 배정을 받아야 한다고 생각한다. 그러나 여기에서 등한히 해서는 안 되는 하나의 문제가 제기된다. 평등한 자와 불평등한 자를 구별하는 것도 좋지만, 어떤 점에서 평등하고 불평등하다는 말인가? 이것은 몇 가지 문제를 제기하며, 우리에게 정치에 관한 철학적 사고를 하도록 한다. 관직과 명예가 어떤 면에서는 우월성을 근거로 해서—그 밖의 모든 점에서는 비슷하며 아무런 차이가 없을지라도—불평등하게 나누어진다고 주장할 수 있다. 이런 견해에 따라 서로 차이가 나는 사람들에게는 그들의 자질에 따라 정의로운 것에서도 차이가 있어야 한다고 주장할 수 있다.

이런 이론을 받아들인다면, 피부색이 좋다거나 키가 크다거나, 또는 어떤 다른 비슷한 이점이 있다고 해서 그 사람들에게 정치적인 권리를 더 많이 주어야 한다는 주장이 성립될 것이다. 그러나 이 주장은 명백히 틀린 것이 아닌가? 이 점을 확실히 살펴보기 위해서는 다른 학문과 기술에 비추어 살펴보아야 한다. 만일 우리가 연주실력이 똑같은 여러 명의 피리 부는 사람들에게 피리를 나누어 줄 경우, 출신 성분이 더 좋다 하여 피리를 더 많이 주지는 않을 것이다. 집안이 좋다고 해서 피리를 더 잘 연주한다는 이유가 없기 때문이다. 따라서 피리를 더 잘 부는 사람에게 그 피리를 더 잘 대어 주어야 한다. 아직도 논점이 확실하지 않다면, 이 논의를 조금 더 진행해 보면 확실하게 될 것이다.

어떤 사람이 피리를 연주하는 데는 뒤떨어진다고 생각해 보자. 그는 집안이나 외모가 피리를 연주하는 능력보다 더 훌륭할 수도 있다. 전반적으로 비교해 볼 때, 외모나 집안이 뛰어난 사람이 피리 연주를 더 잘하는 사람보다 더 나은 위치에 있을 수도 있다. 하지만 그럼에도 피리 연주를 잘하는 사람이 피리의 공급을 더 잘 받아야 한다는 것은 사실이다. 출생이나 부유함 같은 자질이 낫다고 하더라도 맡은 역할의 수행에 있어서 기여할 수 있어야 한다. 그런데 피리를 연주하는 데 관한 한, 재산이나 출신 같은 것은 아무것도 기여할 수 없다.

또 다른 반론이 있다. 만일 우리가 이런 주장, 즉 관직과 명예는 뛰어난 자질에 근거하여 배당되어야 한다는 주장을 받아들인다면, 모든 자질이 다른 똑같은 단위로 측량될 수 있어야 한다. 예를 들어, 일정한 정도의 키는 일정한 정도의 다른 자질보다 낫다고 계산하는 것에서 시작해서, 키 일반이 부와 집안 일반과 어떻게 비교가 되는지 계산하도록 되어야 한다. 만일 이 입증을 받아들인다면 모든 성질은 서로 같은 단위로 계량될 것이다. 즉, 키에서는 A가, 선에 있어서 훌륭한 B보다 더 뛰어나다고 치면, 일반적으로 키는 선보다 뛰어난 정도가 덜하지만 서로 똑같은 단위로 측량될 것이다. 만약 어떤 자질의 X만큼의 양이 다른 자질의 Y만큼의 양보다 '더 나은' 것이라면 Y 이외의 어떤 양은 분명히 X의 일정량과 같을 것이다. 그러나 이렇게 다른 성질의 것을 단순하게 비교하여 계산할 수는 없다. 왜냐하면 질이 다른 사물은 양의 면으로 취급될 수 없으며, 똑같은 단위로 측량될 수 없기 때문이다. 따라서 정치적 문제에서 어떤 종류의 우수성에 근거를 두고 권위의 행사를 정당화하려는 주장에는 아무 근거도 없다는 것이 명백하다. 어떤 사람은 동작이 빠르고 어떤 사람은 동작이 느릴 수 있다. 그렇다고 해서 앞의 사람이 정치적 권리를 더 많이 갖고 뒤의 사람이 정치적 권리를 덜 가져야 한다는 이유는 되지 못한다. 동작이 민첩한 사람이 동작의 민첩함 때문에 상을 받는 것은 체육경기에서나 가능하다.

정치적 권리를 내세우기 위해서는 국가를 구성하는 요소들에 어떤 기여를 할 수 있어야 한다. 그래서 집안이 좋고 자유인 출신이며 부자인 사람들이 명예와 관직을 요구할 수 있는 좋은 기반을 가진다. 관직을 담당하는 사람은 반드시 자유인이어야 하며 납세자여야 한다. 국가는 생활수단이 없는 사람들만으로 구성될 수 없는데, 이것은 마치 국가가 노예들만으로 구성될 수 없는 것과 마찬가지이다. 그러나 만약 부와 자유인이라는 점이 필요한 요소라고 한다면, 정의와 용기 또한 필요한 요소라고 덧붙여야 한다. 한 국가 안에서 함께 살아가기 위해서 이들도 갖추어야 하는 요소들이기 때문이다. 한 가지 차이점은, 부와 자유는 국가가 단순히 존재하는 데 필요한 것이며, 정의와 용기는 국가에서 좋은 생활을 누리기 위해 필요한 요소라는 점이다.

제13장

만일 우리가 국가의 존재에 기여한다는 점에서 생각한다면, 앞에 말한 모든 요소들, 또는 적어도 그들 중 몇 가지는 관직과 명예를 수용하는 데 있어 인정해 주어야 하는 것이라고 주장하는 것이 올바를지도 모른다. 그러나 국가에 있어 좋은 생활을 생각해 본다면, 앞에서 이미 살펴본 것과 같이 교양과 선이 가장 정당한 주장을 갖고 있다고 할 수 있다. 반면에 한 가지 면에서만 동등한 사람들이 모든 점에서도 똑같은 권리를 요구하는 것이나, 또는 한 가지 면에서만 우월한 사람이 모든 면에서 남보다 나은 권리를 주장하는 것은 모두 옳지 않다는 우리의 원칙을 따라서, 이런 주장들을 모두 그릇된 형태라고 생각하는 정치질서들을 살펴보고자 한다.

우리는 이미 국가를 구성하는 서로 다른 요소들에 기여하는 사람들이 어떤 권리를 요구하는 것이—비록 그중 누구도 절대적으로 정당하지는 못하지만—옳다는 것에 일리가 있다는 것을 살펴봤다. 넉넉한 사람들은 다른 사람들보다 땅을 많이 갖고 있다는 점에서 정당하다는 주장을 한다. 이것은 또한 공공의 이해에 관한 문제기도 하다. 일반적으로 부자들은 계약 문제에 있어서 가난한 사람들보다 더 믿을 수 있다. 자유인과 출신이 귀족인 사람은 자유라는 데 있어서 고귀하다고 주장한다. 출신집안이 좋은 시민은 출신이 천한 사람들보다 진정한 의미에서 시민이다. 그리고 집안이 좋은 것은 자신의 나라에서는 명예가 된다. 더욱이 훌륭한 집안의 후예들은 본질적으로 자질이 더 훌륭하기 쉽다. 집안이 좋다는 것은 그 집안 사람들 전체가 좋다는 것이기 때문이다. 마찬가지로 성격이 선한 사람도 정당한 요구를 할 수 있다. 왜냐하면 우리의 견해에 따르면 정의의 덕은 반드시 다른 모든 덕이 여기에 수반되며(그래서 일반적인 덕이나 선과 같게 할 수 있다), 사회적 관계에서 나타나는 덕이기 때문이다. 그러므로 정치적 사회의 존재에 기본적인 요소 중 하나다. 한편 다수는 소수보다 더 많은 권리를 요구할 수 있다는 주장이 있을 수 있다. 왜냐하면 이들을 함께 합쳐서 소수와 비교해 보면, 소수보다 더 강하고 넉넉하고 더 훌륭하기 때문이다.

이들 경쟁적인 요구와 주장을 갖는 사람들이, 예를 들어 선한 사람, 넉넉하며 출신이 좋은 사람, 그리고 일반시민들이 같은 하나의 국가 내에서 모두 함께 사는 경우를 가정하여 보자. 누가 통치를 하는가에 관하여 항의를 할 것인가 분쟁을 일으킬 것인가 하는 의문이 있을 수 없겠는가. 우리가 앞에서 말한 각 정치질서에서도 누가 지배해야 한다는 데 대하여 논란의 여지가 있는 문제는 아니었다. 이 정치질서들은 어떤 집단이 최고 권위를 갖는가 하는 것에 따라서 달라진다. 그중 하나인 과두정치는 최고 권위가 부유한 사람들에게 있는 것이 특징이고, 다른 하나인 귀족정치는 훌륭한 사람들에게 주어지는 것이 특징이다. 그러나 우리가 현재 논의하고 있는 문제는 이와 다르다. 이것은 서로 다른 집단들이 동시에 자기네들이 통치해야 한다고 주장할 때, 과연 누가 통치해야 하는가 하는 것을 결정하는 문제이다. 예를 들어, 훌륭한 사람들의 수가 매우 적은 경우를 상상해 보자. 그들의 주장에 대해 어떻게 결정을 내려야 하는가. 다만 그들이 수행해야 하는 기능에 비해 너무 수가 적다는 점만을 고려하여 그들이 국가를 제대로 운영할 수 있겠는가, 또는 국가를 구성할 만큼 수가 많은가 하는 점을 물어보아야 하는가. 여기에 훌륭한 사람들에게뿐만 아니라 정치적인 관직과 명예를 요구하는 모든 사람들에게 적용되는 문제가 제기된다.

마찬가지로 부유하다는 이유로, 또는 출신집안이 좋다는 이유로 소수자가 통치를 해야 한다는 주장에는 아무런 정당성이 없다고 생각할 수 있으며, 이런 생각에는 분명한 이유가 있다. 만일 한 사람이 다른 사람보다 부유하다면, 이 한 사람이 앞에 말한 것과 같은 원칙에 따라 다른 사람을 지배해야만 한다. 마찬가지로 어떤 한 사람이 뛰어나게 출신집안이 훌륭하다면, 집안이 좋다는 이유로 정권을 요구하는 다른 사람을 지배해야 할 것이다. 귀족정치에서도 선 또는 자질의 문제에 같은 논리가 적용될 수 있다. 만일 어떤 한 사람이 주권체에 속해 있는 다른 훌륭한 사람보다 더 훌륭하다고 하면, 이 한 사람이 귀족정치에 통용되는 정의의 원칙에 따라 최고 권위를 가져야 한다. 다수가 통치권을 가져야 하는 이유가 다수는 언제나 소수보다 더 힘이 강하다는 것이라면, 한 사람이 다른 모든 사람보다 더 힘이 강한 경우, 또는 소수이지만 1인 이상의 집단이 나머지 사람들보다 더 강한 경우 논리적으로 그 한 사람이나 집단이 다수를 대신하여 최고 권위를 가져야 한다는 결론을 내릴 수밖에 없다.

이렇게 고려해 볼 때 사람들이 통치권의 근거로서, 또는 다른 사람들을 자기의 통치에 복종시키는 근거로서 내세우는 어떤 원칙, 즉 부·출신·선, 그리고 다수의 힘도 올바르지 못하다는 것이 증명되는 것 같아 보인다. 예를 들어 선의 근거에서 일반 시민에 대하여 최고의 통치권을 가져야 한다고 주장하는 사람을 생각해 보자. 또는 부의 근거에서 그런 주장을 하는 사람을 생각해 보자. 이들 둘의 주장은 모두 대중에게 정당하게 도전받을 수 있다. 왜냐하면 다수가 소수보다 더 훌륭하지 못하거나 더 부유하지 못할 이유라고는 아무것도 없기 때문이다. 이 마지막 논의는 때때로 제기되는 다른 교묘한 문제들을 해결할 수 있도록 해준다. 그 문제란 아래와 같다. 전체적으로 보아서 실제로 다수가 소수보다 낫다고 가정해 보자. 그런 경우 법률을 가능한 한 올바르게 시행하려고 하는 입법자는 어떤 정책을 취하는 것이 옳은가? 그는 자질이 훌륭한 사람들의 이익을 위한 방향으로 법을 만들어야 하는가, 또는 다수의 이익을 위한 방향으로 법을 만들어야 하는가?

어느 하나의 이익이 독점적으로 고려되어서는 안 된다고 대답할 수 있다. 즉, '올바른' 것은 '평등하게 올바른' 것으로 이해되어야 한다. 그리고 '평등하게 올바른' 것은 국가 전체에 이익이 되며, 그 국가 시민 전체의 공동의 선을 위한 것이다. 상식적인 의미에서, 시민이란 번갈아서 지배를 하고 또한 지배를 받는 시민생활에 참여하는 모든 사람을 말한다. 시민이란 말의 특정한 의미는 정치질서에 따라서 다르다. 그리고 이상적인 정치질서에서의 시민이란, 선에 부응하는 생활방식을 성취하려는 목적을 갖고 지배를 하며 또한 지배를 받는 능력과 용의가 있는 사람을 말한다.

이제까지 우리는 다수가 공동으로 소수를 지배하는 경우를 생각해 보았는데, 이제 그 반대의 경우를 보기로 한다. 만약 선에 있어서, 다른 사람보다 뚜렷하게 뛰어난 한 사람이 있는데(또는 여러 명이 있지만 완전한 국가를 형성하기에는 그 수가 충분하지 못하다면) 그의 정치적인 능력이나 선이 다른 사람들의 정치적인 능력이나 선에 비교할 수 없을 만큼 훌륭하다면, 그 자나 그 사람들은 이미 국가의 일부로 취급될 수 없다. 선과 정치적 능력에 있어 다른 사람들보다 뚜렷하게 뛰어나기 때문에, 그들을 다른 사람과 똑같이 취급한다면 부당한 일이 될 것이다. 왜냐하면 이런 사람은 거의 사람 사이에 있는 신과도 같기 때문이다.

이렇기 때문에 일반적으로 법률은 반드시 출신과 능력이 평등한 사람들에게만 국한되어 있다. 다른 사람보다 절대적으로 뛰어난 사람들에게 대립되는 법이란 있을 수 없다. 이런 사람들은 그들 출신이 법이다. 이들을 위하여 법을 만들려는 것은 어리석은 일일 것이다. 그런 시도를 하는 사람이 있다면 그들은 안티스테네스(Antisthenes)의 우화에서, 토끼가 모든 동물들은 평등한 권리를 갖는다고 주장하는 연설을 할 때, 사자들이 했다는 말을 인용하여 대답할 것이다. 이 우화에서 사자들은 이렇게 물었다고 한다. '너희의 발톱과 이빨은 어디에 있는가?'

이런 이유로, 왜 민주주의 국가들이 도편추방제도(투표에 의해 일정한 사람을 일정 기간 동안 국외로 추방하는 제도)를 제정하는지 설명이 된다. 그런 국가들은 먼저 평등을 보장하는 것을 목적으로 한다. 그리고 이 목적을 위하여 부나 정치관계, 또는 다른 형태의 정치적 힘 때문에 영향력이 너무 많다고 생각되는 사람들에게 도편추방 선고를 내리곤 했다. 또한 전설에 나오는 이야기를 인용할 수 있다. 아르고(Argo)호(그리스 전설에 나오는 배로 말을 할 수 있었다고 한다)의 선원들은 이런 이유로 헤라클레스(Herakles)를 뒤에 남겨두고 떠나 버렸다. 또한 아르고호도 헤라클레스가 배에 타는 것을 거부했는데, 그것은 그가 다른 모든 사람보다 너무 뛰어났기 때문이었다. 이런 견지에서 참주인 페리안드로스(Periandros)가 그의 동료 참주인 트라시불로스(Thrasybulos)에게 준 충고에 대해 참주정치의 비판가들이 내린 탄핵은 정당하다고 볼 수 없다. 전해 오는 이야기에 따르면, 트라시불로스는 조언을 구하러 사절을 보냈다고 한다. 페리안드로스는 아무 대꾸도 하지 않고 그저 그가 서 있던 옥수수 밭에서 삐죽하게 나온 옥수수 이삭을 비틀어 꺾어 버려서

표면을 완전히 반듯하게 만들어 놓았다. 그 사람은 이런 행동의 의미를 이해하지 못하고 그저 보고했지만, 트라시불로스는 그의 조언이 국가에서 뛰어난 사람을 없애버리라는 것이라고 추측했다.

이런 정책에서 이득을 얻을 수 있는 것은 참주들만은 아니다. 또한 이런 정책을 참주만이 실천하는 것도 아니다. 과두정치와 민주정치는 둘 다 같은 입장에 놓여 있다. 그리고 도편추방은 그 방식대로 뛰어난 영향력을 가진 사람들을 끌어내리거나 추방하는 것과 같은 효과를 낸다. 패권을 잡은 국가들도 마찬가지 정책을 다른 국가들과 국민들에게 적용한다. 예를 들어 아테네인들은 사모스(Samos), 키오스(Chios), 레스보스(Lesbos)에게 같은 방식으로 행동했다. 아테네인들이 제국을 완전히 통솔하게 되자, 그들은 이전의 조약들을 어기고 다른 나라들을 자기 앞에 격하시켰다. 마찬가지로 페르시아의 왕도 계속 메디아(Media), 바빌로니아, 또 한때 그들이 제국을 갖고 있었다는 기억 때문에 주제넘은 생각을 하는 그의 영토 내의 다른 지방들의 권력을 축소시켰다.

우리가 현재 논의하고 있는 문제는 옳건 그르건 간에 모든 형태의 정부에 공통된 것이다. 만일 나쁘거나 그릇된 형태의 정부가 그들의 편파적인 이득을 위하여 이런 평준화 정책을 채택한다면, 공동의 선을 지향하는 형태의 정부들에서도 이것은 마찬가지이다. 이런 균형의 법칙은 학문과 기술 일반에서도 발견할 수 있다. 화가는 화폭에 사람을 그릴 때 아무리 아름답다고 할지라도, 발 하나가 균형의 한계를 넘어서도록 허용하지는 않는다. 조선 기술자는 배의 고물이나 다른 부분이 불균형하게 만들지 않는다. 합창 지휘자는 다른 합창대원들보다 목소리가 훨씬 더 좋고 음성이 훨씬 더 큰 가수를 합창대에 넣어주지 않는다.

군주 역시 강제 추방을 실시하며 도시와 조화를 이루어 살 수 있다. 만약 그의 정부가 국가의 이익을 위한 것이라면 말이다. 그래서 도편추방제도가 좋다고 생각하는 주장은 인정받은 탁월함의 형태와 관련하여 하나의 정치적 정의의 기초 위에 서 있다. 입법자가 처음 헌법을 만들 때, 이런 구제책이 필요 없도록 만든다면 확실히 더 좋을 것이다. 그러나 그렇게 할 필요가 생겼을 때 차선의 방법은 이런 조정을 적용하려고 하는 것이다. 실제로 국가들이 이런 정신으로 이 정책을 적용한 적은 없다. 각자는 모두 자신의 특이한

정치질서의 이해가 요구하는 바를 고려하는 대신에, 파벌 정신에서 도편추방을 해왔다.

그릇된 형태의 정부에 관한 한, 저명한 사람을 추방하는 것은 분명히 그들 입장의 편의에 따른 것이다. 그럼에도 그것이 절대적으로 정당하지 않다는 것 또한 분명하다. 그러나 이상적인 정치질서에서 그런 방식을 사용하는 데에는 심각한 문제가 제기된다. 이 문제는 정치적인 힘, 부, 또는 친지관계가 없다는 것 같은 점에서의 뛰어남에 관하여 제기되는 것은 아니다. 진정한 문제는 그보다 '선에 있어 뛰어나게 훌륭한 사람을 만나는 경우에 어떻게 해야 하는가?' 하는 점이다. 우리는 아무도 그 사람이 추방당하여 망명생활을 하는 것이 옳다고 말하지는 않을 것이다. 그러나 그 사람이 다른 사람들의 지배를 받아야 한다고 말하지도 않을 것이다. 그렇게 한다면 그것은 마치 인간들이, 제우스와 그들 인간 사이에 관직을 교대하는 어떤 체제에 따라 제우스 신을 지배하겠다고 주장하는 것과 같다. 하나뿐인 대안은, 이것이 또한 자연스러운 방식으로 보이는데, 다른 모든 사람들이 뛰어난 선을 갖고 있는 사람에게 기꺼이 복종하는 것이다. 따라서 그런 사람들은 그들 국가에서 영구히 왕이 될 것이다.

제14장

이제 왕정을 살펴보는 것이 좋을 듯하다. 왕에 의한 정부는 우리 견해로 보면 올바른 정치질서의 하나이다. 우리가 생각해야 하는 문제는, 이런 형태의 정부가 올바르게 통치되어야 하는 국가나 영토를 위해 올바른 방법인가, 또는 이 방법보다 다른 어떤 형태가 더 편리하다거나, 또는 적어도 모든 경우에서 편리하지는 않더라도 어떤 경우에서는 더 편리하지 않은가 하는 것이다. 우리는 먼저 왕정에는 한 가지 종류만 있는가 아니면 다양한 여러 종류가 있는가 하는 것을 결정해야만 한다. 왕정 안에는 여러 종류가 있으며, 제각기 나름대로 실시하는 통치체제는 똑같지 않다는 것을 쉽게 알 수 있다.

우선 첫째로, 스파르타의 정치질서에서 찾아볼 수 있는 왕정이 있다. 이것은 입헌왕정으로서는 가장 강한 형태라고 알려져 있다. 그러나 사실은 그렇지 않다. 스파르타의 왕들은 일반적인 최고 권위가 있는 것이 아니며, 스파르타의 영토 외부에서 전쟁을 지휘할 권력과 종교적인 의식 수행에 관련된 문제를 다루는 권리만 있을 뿐이다. 따라서 스파르타와 같은 나라의 왕들은 독립된 군대통솔권과 영구 임기를 갖는 장군과 같은 성질의 것이다. 이런 왕들은 생사여탈의 권력을 갖는 것이 아니며, 그런 권력을 갖는다면 이 형태의 왕정으로서는 특정한 변형으로만 가능하다. 예를 들어, 영웅시대에 왕들은 강자의 권리에 의해서 군사 원정 때 사람들을 사형시킬 수 있었다. 그 증거로 호메로스를 인용할 수 있다. 호메로스는 《일리아스》에서 아가멤논에 대해, 그는 의회에 나가서는 비난을 감래하였지만 전쟁터에 나가면 생사여탈의 권력을 행사했다고 표현했다. 하여간 호메로스에 따르면 아가멤논은 다음과 같이 호령한다.

누구든지 전쟁터에서 달아나는 자를 발견하면,
그자는 살 생각을 안 하는 것이 좋으리.
개와 독수리가 그자를 찢어 삼킬 것이니.
나는 죽음을 주는 권리를 갖고 있기 때문이다.

따라서 우리는 이 형태의 왕정은 사실 종신직 군사령관 제도라고 할 수 있다. 또한 이 같은 왕정에는 두 가지 다른 형태가 있는데, 하나는 세습제이고 다른 하나는 선거제이다.
다른 형태의 왕정을 몇몇 야만인들 사이에서 찾아볼 수 있다. 이런 왕정들은 참주정과 비슷한 점을 갖고 있지만, 그럼에도 입헌적이며 세습적인 것이다. 그 이유로는 이들 야만인들이 그리스인들보다 성격이 더 굴종적이기 때문이다. 아시아인들은 유럽인들보다 더 굴종적이다. 그들은 불평을 하지 않고 독재적인 통치를 용납한다. 따라서 야만인들 사이에서의 왕정은 참주정치의 성격을 갖는다. 그러나 이것은 입헌적이고 세습적이므로 동시에 안정성을 갖는다. 또한 그런 나라들에서 사용되는 왕의 근위대는 왕에게 알맞을 만한 것이고 참주에게는 맞지 않은 것임을 알 수 있다. 왕은 신하들 중에서 나온 병사들의 호위를 받는데, 참주들은 외국인 용병의 호위를 받아야 하기 때문이다. 왕들은 헌법정신에 들어맞으며 또한 신하와 백성의 동의에 근거를 두고 통치하기 때문에 호위병이 신하들로 이루어져 있지만, 참주는 국민의 의사에 반대하여 통치를 하므로 신하들로부터 자기를 보호하여 줄 외국

제3편 시민과 정치질서에 대한 이론 367

인 호위병이 필요하다.

  이것이 군주정치의 두 가지 형태이다. 세 번째 종류의 왕정은 고대 그리스인들 사이에 존재했으며, 전제정치(Aisumnēteia)라는 이름으로 불리었다. 이것은 대략 선거된 형태의 참주정치라고 할 수 있다. 야만인들 사이에 있는 왕정의 형태와 이것의 차이는 세습제가 아니며 입헌제도 아니라는 점뿐이었다. 어떤 전제군주들은 종신토록 통치했으나, 다른 사람들은 일정한 기간에 한해서 재직했고, 또는 일정한 의무만을 수행했다. 예를 들어, 피타코스는 미틸레네(Mitylene)에서 안티메니데스(Antimenides)와 서정시인인 알카이오스(Alkaios)가 지휘하는 망명자들의 침입을 막도록 선출되었다. 피타코스의 선출을 두고 알카이오스는 연회석의 노래 가운데 하나에서 아래와 같이 신랄하게 꼬집었다.

    천민 태생인 피타코스는
    쓸개 없고 하늘로부터 저주받은 이 도시 위에
    참주로서 군림하게 되었는데,
    이것은 시민들이 떠들썩한 선거로
    온갖 예찬을 아끼지 않고 선출해 만든 것이다.

  이들 전제정치는 이중의 성격을 갖고 있었으며, 그것은 오늘날에도 그렇다. 즉, 그들은 독재적 권력을 휘두르는 참주정치였지만, 선거제도를 채택했고 신하들의 동의에 기초를 두었다는 점에서 왕정이었다. 한편 네 번째 형태의 왕정이 또 하나 있는데, 이것은 영웅시대의 왕정 형태이며 입헌제였고, 국민의 동의에 근거를 둔 세습제였다. 왕의 가계를 처음 연 사람은 전쟁이나 기술에서 국민들에게 혜택을 입힌 사람들이었다. 이들은 국민들을 하나의 생활 공동체로 모았거나 그들에게 영토를 마련해 주었다. 그래서 이들은 일반적인 동의에 의해 왕이 되었으며, 그들의 후계자에게 세습되는 왕정을 확립한 것이다. 그런 왕들은 세 가지 최고 기능을 갖고 있었다. 전쟁에서는 사령관이었으며, 사제를 필요로 하지 않으면서 제물을 바치는 종교적인 기능을 수행했고, 또한 법적인 소송에서는 판사였다. 어떤 때는 선서를 하고 판결했으며, 어떤 때는 선서도 없이 판결했다. 선서할 때의 형식은 그들이 갖고 있는 홀(笏)을 치켜드는 것이었다.

고대에 그들은 도시·촌락, 그리고 외교 문제까지 포함하는 영구적인 권위를 가졌으나, 후대에 이르러서 그들의 특권 중에 어떤 것은 자발적으로 철회되었으며, 또 어떤 것은 대중들이 강제로 빼앗았다. 결국 대부분의 권위에 있어서 왕들에게 남겨진 유일한 특권은 전통적으로 제물의 관리를 관장하는 것뿐이었다. 진정한 왕정이 아직도 존재한다고 말할 수 있는 경우에도 왕의 유일하고 효과적인 권력은 외국에 원정을 가는 경우 군사를 지휘하는 것이었다.

따라서 왕정에는 모두 네 가지 형태가 있다. 첫째, 영웅시대의 왕정으로서, 일반적인 동의에 근거를 두고 있지만 왕이 수행하는 기능은 몇 가지로 한정되어 있다. 왕은 장군, 법관 그리고 종교 의식의 우두머리이다. 둘째, 야만인들 사이의 왕정 형태로서, 왕은 세습권에 의해 전제적이지만 입헌적인 권위를 행사한다. 셋째, 독재정치라고 불리는 왕정으로서, 선거 형태를 가진 참주정치다. 넷째, 스파르타 형태의 왕정으로서, 대략 세습권리에 의해 군대를 영구히 지휘하는 것으로 정의된다.

이 네 가지 형태의 왕정은 앞에 말한 것과 같은 방식에서 서로 다르다. 그러나 이들 모두와도 다른 다섯 번째 형태의 왕정이 있다. 이것은 절대왕정의 형태로서, 단 한 사람이 부족이나 도시국가가 공적인 문제에 대해 행사하는 것과 같은 권력을 갖고 모든 문제에 관하여 최고 권위를 갖는 것이다. 이는 가정에 대한 가부장적 제도와 상응하는 것이다. 가부장적 지배가 가족에 대하여 왕정인 것처럼, 거꾸로 왕정은 국가·부족, 또는 부족들의 집합에 대한 가부장적 지배라고 보아도 좋다.

제15장

실제적인 목표를 위해서는 이 다섯 가지 형태의 왕정 중에 두 가지, 즉 이제 막 언급된 것과 스파르타 형태의 왕정만을 살펴보면 된다. 나머지 세 형태의 대부분의 예는 이 두 가지 형태 사이의 중간에 해당한다. 이들 형태에서의 왕정은 절대왕정(pambasileia)에서보다는 좀 작은 정도로, 그러나 스파르타적 형태보다는 큰 정도로 최고 권위를 갖고 있다. 중간 형태의 것들은 두 양극을 연구함으로써 이해될 수 있으므로, 실제로 우리 연구는 두 가지 문제에 국한된다. 첫째 문제는 종신적 장군이(세습제이거나 어떤 방식의 순번제이거나) 통치체제로서 편리한가 편리하지 못한가 하는 것이다. 둘째 문제는 모든 문제에 있어 한 사람이 최고 권위를 갖는다는 것이 편리한가 그렇지 못한가 하는 것이다.

첫째 문제는 정치질서의 형태라기보다 법 시행 분야에 속하는 것이다. 종신직 장군은 어떤 정치질서 상태에서든 존재할 수 있다. 따라서 이 문제는 당분간 생각하지 않기로 하자. 절대왕정의 형태는 문제가 다르다. 그것은 정치질서의 한 형태이며, 따라서 우리는 그것을 철학적으로 연구하고 그것에 내포된 여러 문제점들을 간단하게 살펴보아야 한다.

우리의 연구는 당연히 아래와 같은 일반적 문제에서 출발해야 한다. '최선의 사람 하나에게 지배받는 것이 더 좋은가, 아니면 가장 좋은 법에 의해 통치를 받는 것이 더 좋은가?' 왕정이 좋다고 주장하는 사람은, 법이란 단순히 일반법칙들을 제시할 수 있을 뿐이라고 말한다. 즉, 법은 여러 가지 색다른 경우에 합당한 판결을 제시할 수 없으며, 따라서 법 조문의 지배란 어떤 분야에서든 어리석다고 말한다. 이집트에서 의사는 4일이 지난 뒤에는 치료 규칙을 바꿔도 된다. 단 이 기간이 지나기 이전에 바꾸는 의사는 그 결과에 대하여 책임을 져야 한다. 이런 입장을 따른다면, 법조문, 또는 법의 지배에 근거를 둔 정치질서는, 엄격한 법칙에 의한 의술적 치료가 가장 좋은 치료는 아닌 것과 같은 방식으로, 그리고 같은 이유 때문에 가장 좋은 정치질서라고는 할 수 없다.

그러나 일반법칙은 지배자의 마음속에 있어야만 한다는 사실을 상기해야 한다. 감정적인 요소가 전혀 없는 것이 감정적인 요소가 개입되는 것보다 낫다. 법에는 감정적인 요소가 없는데, 사람의 마음에는 언제나 그러한 요소가 있어야만 한다. 그러나 여기에 대해서는 다음과 같이 대답할 수 있을 것이다. 개인의 마음은 이런 결점이 있는 대신에 또한 이점도 있다. 즉, 그것은 특별한 문제들에 대해 더 잘 생각할 수 있고 더 적절한 판결을 할 수 있다. 이렇게 생각해 보면 가장 좋은 한 사람이 입법자가 되어야만 하고 나라에는 일정한 법이 있어야 하며, 이 법은 모든 경우에서 최고 권위를 가져야 한다. 단 정곡을 찌르지 못하는 경우에는 아무런 권위도 갖지 못할 것이다. 그러나 법만으로는 전혀 판결될 수 없거나 올바르게 판결될 수 없는 문제들이 많이 있다. 여기서 법으로 판결하기 어려운 문제들을 결정하는 권능이 한 사람에게 있어야 하는가 또는 국민 전체에 있어야 하는가의 문제가 발생한다.

실제로 오늘날의 국민들은 집회에서 심의적이고 사법적인 권능을 모두 지니고 있다. 그리고 이들은 이 두 가지 권능을 두루 갖추어 특별한 경우들이 관련되어 있는 결정을 내린다. 이들 집회의 개별적인 구성원은 가장 좋은 1인보다 아마도 못할 것이다. 그러나 국가는 많은 개인으로 구성되어 있으며, 많은 사람들이 비용을 들여 마련한 잔치가 한 사람이 준비한 잔치보다 더 나은 것처럼, 여러 문제에서 대중이 어느 한 개인보다 더 나은 결정을 할 수 있다. 또한 사람의 수가 많으면 부패의 위험성이 적다. 마치 물의 양이 많으면 양이 적을 때보다 오염될 위험성이 적은 것처럼, 전체 국민은 소수인들보다 부패의 위험성이 적다. 한 사람의 판단은 그 사람이 격분했거나 이와 비슷한 감정의 영향 아래 있을 때는 변질될 수밖에 없다. 그러나 전체 국민이 분노하거나 동시에 감정적인 결정을 하기는 어려울 것이다. 우리는 이 국민들이 모두 자유인이며, 법에 어긋난 일은 않고, 또한 법 밖에서 행동하는 것은 그 성격상 법률의 대상에서 제외하지 않을 수 없었던 일에 국한한다고 전제한다. 이런 제한들이 사람의 수가 많은 경우에는 쉽게 지켜지지 않을 것이라는 반론이 제기될 수 있다. 그러나 좋은 사람이며 동시에 좋은 시민인 한 집단의 사람들을 상정할 때에, 모두 좋은 사람인 한 집단의 사람들과 훌륭한 한 사람의 지배자 중에서 어느 쪽이 부패 위험성이 더 적은가? 아무래도 집단이 아니겠는가? 그러나 반대가 있을 수 있다. 즉 한 집단의 사람들에게는 파벌이 조성되기 마련인데, 한 사람의 경우에는 파벌의 영향을 받지 않아도 된다는 것이다. 이런 반론에 대한 답변으로서, 여러 사람들로 된 집단이 한 사람과 마찬가지로 좋은 성격을 갖고 있을 수 있다고 말할 수 있다. 모두가 좋은 사람인 몇 명의 통치자들에 의한 정치를 귀족정치라 부르고 한 사람이 통치하는 것을 왕정이라고 부른다면, 우리는 국가를 위해 귀족정치가 왕정보다 좋다고 할 수 있다(왕의 지배가 친위대 세력에 의해 지지를 받건 안 받건 간에). 단, 모두 똑같이 선한 집단의 사람들을 찾아낼 수 있다는 전제에서만 그렇다.

고대에 왕정이 널리 실시되었던 이유는 아마도 뛰어나게 선한 사람을 찾아내기 어려웠기 때문이었을 것이다. 그 당시에는 국가의 인구가 적었기 때문에 더욱 그랬을 것이다. 왕으로 지목된 또 다른 이유는, 그들이 모두 국가에 혜택을 입힌 사람들이었기 때문이다. 이런 것은 좋은 사람들 모두가 해야 하는 것이지만 오직 한 사람만이 그렇게 할 수 있었다. 나중에는 똑같이 선한 사람들이 여러 명 나오게 되자, 그들은 한 사람에 의해 지배받는 것을 용납하려 하지 않고, 그들이 공동으로 참여할 수 있는 제도를 세우려고 했으며, 따라서 헌법을 만들게 되었다. 오래지 않아 지배계층의 질이 추락하였고 공공재산을 횡령하여 자신들의 부를 축적하게 되었다. 이렇게 명예 대신에 부를 중시하게 되면서 과두정치가 탄생하게 되었다고 추론할 수 있다. 그보다 더 나중에는 과두정치가 참주정치로 바뀌게 되고, 참주정치에서 다시 민주정치로 바뀌게 되었다. 그 이유는 정부의 관리들이 관직에서 나오는 이득에 욕심을 내어, 관직을 담당하는 사람을 점점 더 적은 수로 국한하게 되었기 때문이다. 이런 정책이 대중의 힘을 강하게 만들었으며, 결국 대중들이 혁명을 일으켜 민주정치를 설립하게 되었다. 오늘날에 와서는 국가의 규모가 그보다 더 커졌으므로 이제 다른 형태의 정치질서가 거의 존재할 수 없다고 말해도 과언이 아닐 것이다.

　만약 군주정치와 귀족정치의 상대적인 장점을 고려하는 방향으로 돌아가 본다면, 또 다른 두 가지의 문제를 제기할 수 있다. 첫째는 국가들을 위한 가장 좋은 정부 형태로 왕정을 받아들인다면, 왕위 계승에 관한 문제는 무엇인가? 왕의 후손이 왕이 되어야 하는가? 만약 그 후손들이 평범한 사람에 불과하다면 결과는 좋지 못할 것이다. 왕정애호가는 왕이 자손에게 왕좌를 물려줄 권리가 있음에도, 그렇게 하지 않을 것이라고 말한다. 그러나 어느 왕이고 이렇게 행동하리라고 믿기는 어렵다. 그것은 인간의 본성으로 미루어 봐서 기대하기 어려울 정도의 선을 요구하기 때문이다.

　또 다른 문제는 왕의 친위대에 관한 것이다. 왕은 신변을 돌보는 군대로 자기에게 잘 복종하지 않는 자를 강제할 수 있어야 하는가? 그런데 만일 그렇지 않다면 어떻게 그가 통치할 수 있겠는가? 그가 법에 의하여 다스리는 최고 통치자이며, 또 법률을 어기거나 임의적으로 행동한 일이 없었다고 하더라도, 법을 지키기 위해서는 반드시 병력이 필요하다. 법으로 통치하는 이런 종류의 왕의 경우, 이 문제를 해결하기는 쉽다. 왕은 일정한 양의 무력을 가져야 한다. 즉, 국민 전체의 무력보다는 적지만 그 국가 내의 어느 한 개인이나 집단의 힘보다는 강한 힘이 필요한 것이다. 옛날에 어떤 사람이 참주나 독재자의 명칭을 갖고 국가의 수반이 되었을 때, 그의 친위대는 이런 성격을 띤 것이었다. 또한 시라쿠사의 참주 디오니시우스(Dionysius)가 호위대를 요구했을 때, 한 평의원이 국민에게 충고한 것도 어느 정도 규모의 병력을 주어야 하는가였다.

제16장

 이제까지 우리는 자기 임의로 행동하는 것이 아니라, 법에 따라서 행동하는 왕에 대해서 언급했다. 그러나 이제 우리가 해결해야 할 문제는, 무엇이건 자기 마음대로 하는 왕의 경우이다. 앞장에서 언급한 것과 같이 법에 따라서 행동하는 왕정은 그 자체로서는 정치질서의 한 형태가 아니다. 종신 군사령관 제도는 민주정치나 귀족정치 같은 형태의 정치질서에도 존재할 수 있다. 또한 일반행정의 영역에서도 한 사람이 최고 권위를 갖도록 하는 다른 여러 형태들의 정치질서를 갖는 국가들이 많다. 예를 들어, 에피담누스에 이런 종류의 관리가 있으며, 이보다는 권한이 좀 제한되어 있지만 오푸스(Opus)에도 같은 종류의 관리가 있다. 그러나 팜바실레이아(pambasileia)라고 불리는 절대왕정은 왕이 모든 문제를 자기 재량대로 다스리는 정치질서 형태이다. 한 사람이 국가의 다른 모든 사람들에 대해 최고 권력을 갖는다는 것은, 그 국가가 평등한 사람들로 구성되어 있는 경우에는 자연스럽지 못하다는 견해를 갖고 있는 사람들이 있다. 이 주장에 따르면, 자연적으로 동등한 사람들은 같은 권리와 가치를 지녀야 하며, 따라서 동등한 사람들에게 동등하지 못한 배분을 하는 것(또는 반대로 동등하지 못한 사람들에게 동등한 것을 배분하는 것)은 마치 체격구조가 다른 자에게 같은 음식과 의복을 나누는 것처럼 옳지못한 일이다. 마찬가지로, 관직과 명예를 나누는 데 있어서도 그것은 나쁜 방식이다.
 여기에서 나온 결론은 평등한 사람들은 통치도 하고 통치를 받기도 하는 것이 올바르며, 따라서 관직은 교대되어야 한다는 것이다. 그러나 여기에 이를 때 이미 우리는 법에 다다르게 된다. 왜냐하면 관직의 교대를 규정하는 이런 제도를 마련해 주는 것은 법이기 때문이다. 따라서 법에 의한 통치가 한 시민에 의한 통치보다 더 좋다는 것이다. 같은 주장을 따르면, 개인이 지배하는 것이 더 좋다고 할지라도 이 개인들은 '법의 수호자' 또는 법의 대리인이 되어야 한다고 주장할 수 있다. 국가에 관직이 있어야 한다는 것은 인정하지만, 모든 사람들이 똑같으며 평등한 시민인 경우 이 관직을 한 사람이 맡는 것은 옳지 못하다고 주장한다.

만약 법으로 결정을 내릴 수 없는 경우가 있다면, 사람 역시 해답을 줄 수 없을 것이다. 법은 관직을 맡는 사람들을 그 법의 정신에 익숙하도록 훈련하는 것이며, '법에 명문으로' 규정되어 있지 않은 문제들도 이들에게 판결하고 해결할 수 있도록 하는 것이다. 또한 그것은 이들이 경험의 결과로 기존 법률보다 더 좋아 보이는 개선을 하도록 허용하는 것이다. 그러므로 법이 통치해야 한다고 주장하는 사람은 신과 이성만이 통치해야 한다고 주장하는 것으로 볼 수 있으며, 사람이 통치해야 한다고 주장하는 사람은 정치에 동물적 요소를 첨가시키는 것과 같다. 욕망은 이 동물적 성격을 가진 것이며 정열은 관직을 맡은 사람들이 가장 좋은 인간들인 경우에도 이들을 타락시킨다. 따라서 법은 신과 이성의 순수한 목소리처럼 '어떤 감정의 요소도 없는 이성'이라고 정의할 수 있겠다.

앞에서 이미 언급한 의술과 같은 기술의 비유는 잘못된 것이다. 의사는 개인적인 동기 때문에 이성에 어긋난 짓을 하지는 않는다. 의사는 환자를 고쳐주고 돈을 받을 뿐이다. 그러나 우리는 의사와 정치가 사이에는 치명적인 차이점이 있다는 것을 기억해야 한다. 관직에 있는 정치인들은 적을 괴롭히고, 친구에게 호의를 베풀기 위하여 여러 가지 일을 하는 관습이 있다. 만일 환자들이, 의사가 자기들의 적과 공모하여 사리사욕을 채우기 위해 자신을 파멸시키려고 한다는 의혹을 품는다면, 그들은 교과서에 있는 규칙을 따라서 치료받기를 더 원할 것이다.

그러나 의사들은 자신이 아플 경우에는 치료를 위해 다른 의사를 부른다. 그리고 훈련사들은 자신이 훈련하기 위해서는 다른 훈련사들의 지도를 받는다. 이것은 모두 그들이 자신의 문제를 진실하게 판단할 수 없다고 느끼기 때문이다. 그러므로 정의를 구하는 데 있어서 사람들은 중립적인 권리를 찾아야 하는 것이며, 법이 바로 중립적인 권위이다. 그러나 관습에 기초를 둔 법이야말로 성문법보다 더 높은 권위를 가지며, 또 더 중요한 문제에 관련되어 있다. 이것은 사람에 의한 지배가 성문법에 의한 지배보다 더 안전하다고 할지라도 관습법의 지배보다 더 안전하지는 않다는 것을 암시해 준다.

한 사람의 지배에 대하여 반대해야 할 또 한 가지의 이유는, 지배자 한 사람이 여러 가지 일에 대해 동시에 두루 관심을 집중시키는 것은 불가능에 가깝기 때문이다. 그래서 그 지배자는 그를 도와줄 여러 관리들을 임명할 필요가 생긴다. 그러나 이 관리들을 처음부터 갖고 있는 것과, 나중에 한 사람의 선택으로 임명되도록 하는 것 사이에 어떤 차이가 있단 말인가? 이 논의를 끝맺기 위해 이미 말한 요점 하나를 덧붙인다. 만약 어떤 좋은 사람이 그가 다른 사람들보다 낫다는 이유에서 남을 다스릴 권위를 갖는 것이 정당하다면, 좋은 사람이 둘이 있다면 한 명이 있는 것보다 더 나을 것이다. 이것을 호메로스는 시로 읊고 있다.

두 사람이 함께 가는데,
한 사람은 다른 사람보다 앞서 본다.

또한 호메로스는 아가멤논의 입을 빌려 다음과 같이 기원한다.

네스토르(Nestor)처럼
나도 열 명의 고문이 있었으면.

오늘날에도 우리는 많은 관리를 갖고 있다. 예를 들어 판사는 법이 판결하기 어려운 문제들의 판결을 내리는 권한을 갖고 있는데, 그의 판결권은 그런 문제들에만 국한된다. 아무도 법으로 다룰 수 있는 문제들에 대해서는 법이 가장 좋은 지배자이며 가장 좋은 판사라는 사실을 의심하지 않기 때문이다. 그러나 법이 모든 문제를 포괄할 수 없고, 또 법 영역 내에 포함될 수 없는 문제들이 있다. 그로 인하여 이런 문제가 생긴다. '최선의 법 또는 최선의 사람 그 어느 쪽의 지배가 나은가?' 세심한 심사숙고가 필요한 영역에 속하는 세부 사항들은 분명히 법으로 규정할 수 없는 문제들이다. 법의 지배를 주장하는 사람들도 그런 문제들이 사람에 의해 판단되어야 한다는 것을 부인하지 않는다. 그들은 다만 그런 문제들은 한 사람보다 여러 사람이 판단하는 것이 더 좋다고 주장한다.

법의 훈련을 받은 관직에 있는 사람은 좋은 판단을 할 것이다. 그리고 한 사람이 여러 사람보다 더 잘 보고, 더 잘 판단하며, 더 잘 행동한다는 것은 언어도단으로 보인다. 왜냐하면 한 사람의 감각기능은 제한되어 있는 반면에, 여러 사람은 그만큼 많은 기능을 할 수 있기 때문이다. 사실 왕들은 개인적인 친구나 정치적 지지자들을 동료로서 이용하여 그들의 눈, 귀, 코, 그리고 사지를 자기 것처럼 사용한다. 왕의 동료들은 그의 친구임에 틀림없다. 만약 친구가 아니라면 왕의 정책에 따라서 행동하지 않을 것이다. 그러나 그들이 개인적인 친구이든 정치적인 지지자이든 그들 또한 똑같으며 평등한 사람이다. 사람들의 친구는 다 똑같기 때문이다. 그리고 그의 친구들이 관직을 가져야 한다고 생각함으로써, 그는 또한 그와 똑같으며 평등한 사람들이 관직을 가져야 한다고 믿게 되는 것이다.

이런 것들이 왕정의 원칙에 반대하는 사람들이 주장하는 요지이다.

제17장

그러나 이런 주장들은 부분적으로만 사실이다. 즉, 특정 사회에 적용되어 있을 때만 진실이며, 달리 적용될 때는 진실이 아니다. 어떤 사회는 그 성격상 전제적 형태의 지배를 받아야 하고, 다른 사회는 왕이 다스려야 하며, 또 어떤 사회는 헌법정신에 따른 통치를 해야 한다. 그리고 이 사회들이 저마다 자기에게 알맞게 통치받는 것이 올바르며 또한 편리하기도 하다. 그러나 본질상 참주정치나, 또는 그릇된 형태의 정치질서에 의하여 통치되어야 하는 사회는 없다. 그런 형태의 지배 아래에 있는 사회들은 비자연적인 상태에 있는 것이다. 앞서 언급한 것은, 그 구성원이 똑같고 평등한 집단에서는 한 사람이 다른 사람들에 대하여 절대적인 권위를 갖는다는 것이 정당하지도, 편의적이지도 않다는 것을 보여주기에 충분하다. 선한 자가 역시 선한 자의 주인이어서는 안 되고 또한 악한 자가 역시 악한 자의 주인이어서도 안 된다. 한 사람이 갖고 있는 선의 우월함이 특별한 성격을 띤 것이 아닌 한, 그 사람이 다른 사람보다 뛰어난 선을 가졌다 해도 그는 지배하는 권리를 가져서는 안 된다. 이제 우리는 그 특별한 성격이란 무엇인가를 살펴보아야 한다. 그렇지만 사실 그것은 어떤 의미에서는 이미 앞에서 설명했다.

우리는 먼저 어떤 종류의 집단이 왕정과 귀족정치, 입헌적인 정부에 알맞은가를 결정해야 한다. 왕정에 알맞은 사회는 자연적으로 정치적 지도능력이 뛰어난 특별한 사람, 또는 뛰어난 인종을 생산할 수 있는 사회이다. 또한 자유인이 알맞은 방식으로 정치적 지배능력이 뛰어난 사람들에게 복종하는 사회는 귀족정치에 알맞다. 입헌적 정부에 알맞은 사회는 부유한 사람들 사이에, 자질과 공적에 따라서 관직을 배분하는 법체제 아래에서 통치를 할 수도 있고 통치를 받을 수도 있으며, 군사적 능력을 갖고 있는 한 집단의 사람들이 자연적으로 존재하는 사회다.

　가족 전체 또는 한 사람일지라도 다른 사람들을 훨씬 넘어설 만큼 뛰어난 자질을 갖고 있는 경우, 이 가족에게 왕권과 절대적 권위를 부여하거나, 또는 이 한 사람을 왕으로 삼는 것이 옳을 것이다. 그러나 문제는 단지 무엇이 올바르냐 하는 것만은 아니다. 정의는 어떤 형태의 정치질서를 확립하는 데 있어, 그것이 귀족정치이거나 과두정치이거나 또는 민주정치이건 간에 언제나 그 근거로서 인용된다. 이 모든 형태의 정치에서 정의가 어떤 종류의 우수성을 인정하고 있다는 것을 다 같이 주장한다. 그렇지만 이 정의의 종류는 정부 형태에 따라서 다르다. 여기에 우리가 앞에서 언급할 필요성을 느꼈던 특별한 근거가 있는데, 그것은 무엇이 적절한가 하는 것이다.

　뛰어나게 우월한 사람을 처형하거나, 영구히 추방하거나, 또는 도편추방하여 일정한 기간 동안 망명하도록 하는 것은 분명히 적절치 못한 일일 것이다. 또한 그에게 윤번제 관직 담당 체제에서 차례를 따라 지배를 받도록 요구하는 것도 적절치 못한 일일 것이다. 본질적으로 전체는 부분보다 뒤떨어질 수 없도록 되어 있다. 그리고 다른 사람보다 아주 나은 사람과 다른 사람들과의 관계는 전체와 그 전체의 부분들과의 관계와도 같다. 이제 남은 한 가지 길은 그에게 사람들이 복종해야 하며, 임기에 관계 없이, 즉 다른 사람과 교대하지 않고 주권력을 가져야 한다는 것이다.

　이것이 왕정에 대한 우리의 결론이며, 또한 아래의 세 가지 문제, 즉 왕정의 다른 형태는 어떤 것들인가, 그것은 국가에 이로운가 그렇지 못한가, 만일 이롭다면 어떤 국가의 어떤 조건에서 이로운 것인가 하는 문제의 답변도 될 것이다.

제18장

올바른 정치질서에는 세 가지 형태가 있으며, 이들 중에 가장 좋은 것은 가장 좋은 사람들에 의하여 통치되는 것이라고 규정했다. 이것은 1인, 한 가족 전체, 또는 여러 명의 사람들이 다른 사람들보다 뛰어난 선을 가졌고 지배자나 피지배자 모두 그들의 역할을 수행하기에 적합할 때 이룩할 수 있는 형태이다. 우리는 연구를 시작할 때 좋은 사람으로서의 선과 좋은 시민으로서의 선이 같아야 한다는 것을 밝혀냈다. 따라서 사람이 선을 이룩하는 것과 똑같은 방식과 수단으로 귀족정치나 왕정의 유형을 따른 국가를 건설해야 한다는 결론에 도달한다. 그래서 좋은 사람을 만드는 훈련과 행동의 관습은 일반적으로 훌륭한 정치가나 훌륭한 왕을 만드는 훈련과 행동의 관습과 같을 것이다. 이런 문제들이 해결되었으므로 우리는 다음에 '어떤 조건에서 가장 좋은 정치질서 형태가 나올 가능성이 많으며, 또한 그것은 어떻게 설립될 수 있는가?' 하는 질문을 제기하여, 가장 좋은 정치질서 형태를 다루도록 해야 한다. 이 문제를 제대로 연구하기 위해서는 가장 바라는 생활양식의 성격을 결정하는 게 필요하다.

제4편 실제적 정치질서와 그 형태

제1장

　세부적인 문제의 연구에 집착하지 않고 분야 전반을 포괄적으로 연구할 때, 모든 실제적인 학문과 기술에 적용되는 규칙이 있다. 그것은 바로 저마다 자기 주제의 범주에 속한 서로 다른 모든 것을 살펴보아야 한다는 것이다. 예를 들어, 육체적 훈련의 기술은 다음과 같은 점을 고려해야 한다. 첫째, 어떤 형태의 체질에 어떤 형태의 훈련 방법이 알맞은가. 둘째, 이상적인 훈련 방법은 어떤 것인가. 즉, 가장 좋은 체구를 타고난 사람을 위한 가장 좋은 훈련 방법과 가장 좋은 장비(왜냐하면 이상적인 훈련 방법이란 그런 체격을 타고난 사람을 위한 훈련 방법임에 틀림없기 때문이다)는 무엇인가. 셋째, 대부분의 보통 체격을 가진 사람들에게 일반적으로 적용될 수 있는 훈련의 형태는 무엇인가(왜냐하면 그것도 또한 육체적 훈련 기술로 해결되어야 할 문제들 중의 하나이기 때문이다). 이것이 다가 아니다. 넷째, 육체적인 훈련을 바라면서도, 경기에 필요한 수준의 기술과 조건을 갖추는 것은 바라지 않는 사람들도 있다. 이런 경우에 체육지도자와 체육교사는 또 다른 의무가 있는데, 그것은 그 사람이 바라는 정도의 능력 수준을 갖도록 해주는 것이다. 육체적 훈련 기술에서의 이런 진리는 의술·조선술·재단술, 그리고 다른 모든 기술에서도 마찬가지이다.

　이 결과, 정치학 연구도 하나의 학문의 대상이어야 한다는 결론에 이른다. 첫째, 정치학의 연구는 가장 좋은 정치질서란 무엇인가를 고려하고, 정치질서가 이상적 상태에 접근하는 것을 방해하는 외적 요소가 없는 경우, 이상적인 상태에 가깝게 가려면 어떤 성질들을 갖고 있어야 하는가를 살펴보아야 한다. 둘째로, 정치학은 어떤 국가에, 어떤 정치질서에 알맞은가 하는 점을 고려해야 한다. 가장 좋은 정치질서는 일반적인 국가 운영으로는 달성하기 어렵다. 그러므로 좋은 입법자와 진정한 정치인은 무엇이 절대적으로 가장 좋은 것인가 하는 것뿐만 아니라, 현실적 조건 아래에서 가장 좋은 것은 무엇인가 하는 점에 대해서도 주의를 기울여야 한다. 셋째로, 정치학은 또한 어떤 가설에 기초를 두고 있는 정치질서를 고려해야만 한다. 바꿔 말하면, 정치학자는 있는 그대로 주어진 일정한 정치질서를 살펴서 그것이 어떻게 발생했으며 어떻게 하면 가장 오랫동안 지속될 수 있는가를 연구할 수 있어야만 한다. 우리가 가정하는 국가는, 이상적으로 가장 좋은 정치질서를 갖고 있지도 않고(또는 이상적인 질서의 기본적 필요조건조차 갖고 있지 않고), 주어진 조건에서 가능한 가장 좋은 정치질서도 갖고 있지 못하며, 그저 뒤떨어진 형태의 정치질서만을 갖고 있는 경우로서 논할 수 있어야 한다. 넷째로, 이 모든 기능 이외에 정치학은 국가들 일반에 가장 알맞은 형태의 정치질서에 관한 지식을 제공해 주어야 한다. 정치 문제를 다루는 대부분의 저술가들이, 다른 면에서는 훌륭함에도 실제적인 효용 문제를 다루는 것에는 실패하고 만다.

우리는 가장 이상적인 정치질서를 공부하는 것으로 족하지 않다. 실제로 시행 가능한 형태의 정치질서를 연구해야만 하며, 그와 함께 국가들에 일반적으로 가장 알맞으며 운영하기에 가장 쉬운 형태의 정치질서도 마찬가지로 연구해야 한다. 실제로 저술가들은 두 계층으로 나뉜다. 어떤 사람들은 그들의 연구를 최고의 완성된 형태에만 국한시키는데, 이것은 처음부터 많은 유리한 조건을 필요로 하는 것이다. 또 다른 사람들은 실제로 도달할 수 있는 형태에 관한 연구를 하는데, 그럼에도 기존 정치질서들은 연구하지 않고, 단순히 스파르타적 또는 다른 주어진 정치질서를 찬양하는 데 그친다.

우리가 제안할 정치질서 체제는 사람들이 쉽게 받아들일 수 있으며 기존 체제에 쉽게 적용할 수 있는 것이어야 한다. 기존 정치질서를 개혁하는 것은 새로운 정치질서를 건설하는 것만큼 어려운 문제이며, 이것은 마치 어떤 교훈을 처음 배우는 것이 나중에 이것을 잊어버리는 것만큼 어려운 것이나 마찬가지이다. 따라서 진정한 정치인은 우리가 이제 막 언급한 문제들에만 관심을 국한시키지 말고, 앞에서 말한 것과 같이 기존 헌법을 개선할 수도 있어야 한다. 그렇게 하려면 세상에 정치질서가 몇 가지 종류나 있는지 알아야 한다. 실제로 사람들은 민주정치나 과두정치에는 한 가지 종류만 있다고 생각하는데, 이것은 잘못이다. 이런 잘못을 피하기 위하여 우리는 여러 가지 정치질서를 알아야 한다. 그리고 그들이 구성되는 다른 방법이 몇 가지나 있는지 알고 있어야 한다.

정치학자들은 법의 분야에서도 똑같이 서로 다른 경우를 구별하려고 노력해야 하며, 절대적으로 가장 좋은 법률과 각 정치질서에 알맞은 법률을 구별할 줄 알아야 한다. 우리가 '각 정치질서에 알맞다'라는 말을 사용하는 것은, 법률이 정치질서에 알맞도록 만들어져야지(실제에 있어서도 언제나 그렇다), 정치질서가 법에 맞도록 만들어질 수는 없기 때문이다. 그 이유는 다음과 같다. 정치질서란 '국가에 있어서 관직의 조직이며, 관직의 배분 방법을 결정하고, 최고 권위를 정하며, 그 정치공동체와 구성원들 모두가 추구해야 하는 목적의 성격을 규정해 놓은 것'으로 정의할 수 있다. 법은 정치구조와 구별되는 것으로서, 관리들이 그들의 권한을 행사하며, 법률을 위반하는 자를 감시하고 제재하는 규칙을 말한다. 법과 정치질서의 관계를 이렇게 생각해 보면, 우리는 언제나 모든 정치형태의 종류와 그 종류의 수를 염두에 두어야 한다. 그것은 각 정치질서에 알맞은 법률들을 시행하기 위해서도 필요하기 때문이다. 민주정치, 또는 독재정치에 한 가지 형태만이 있는 것이 아니고, 같은 법률이 모든 과두정치와 민주정치에 똑같이 이로울 수는 없다.

제2장

처음에 우리가 정치질서에 대해 논의할 때, 우리는 올바른 정치질서의 세 가지 형태를 구별했다. 즉 왕정, 귀족정치, 그리고 혼합정치이다. 또한 이 형태들에 상응하는 세 가지 그릇된 정치질서를 구별했다. 즉, 참주정치는 왕정의 왜곡이고, 과두정치는 귀족정치의 왜곡이며, 민주정치는 혼합정치의 왜곡이다. 이중에서 귀족정치와 왕정은 이미 살펴보았다. 이상적 정치질서를 탐구한다는 것은 결국 여기서 말한 두 가지 정치질서를 살펴보는 것을 뜻한다. 왜냐하면 그들은 모두 이상적 정치질서와 같이 근본이 선이며 선을 실행하기 위해 필요한 수단들이 알맞게 갖추어진 사회를 목표로 하기 때문이다. 앞에서 우리는 또한 귀족정치와 왕정의 차이점이 가지는 성격을 정의했으며, 언제, 그리고 어디에서 왕정이 설립되어야 하는가를 설명했다. 따라서 이제 우리는 모든 정치질서 또는 입헌정치에 공통된 것을 통틀어서 부르는 혼합정치와 그 외에 과두정치, 민주정치, 참주정치에 대하여 논의하면 될 것이다.

　이들 그릇된 형태들 중에 어느 것이 최악이며, 어느 것이 그 다음으로 나쁜가 하는 것은 뚜렷하다. 첫째의 것, 즉 올바른 정치질서 중에서 가장 완벽한 것의 그릇된 형태는 반드시 최악의 것임에 틀림없다. 왕정은 내용 없이 단순한 이름에 불과하든가, 아니면 왕에게 위대한 개인적 우월성의 기초를 두어야 한다. 따라서 참주정치는 가장 나쁜 것이며, 모든 그릇된 정치질서 가운데 진정한 정치질서에서 가장 멀리 떨어져 있다. 과두정치는 귀족정치에서 멀리 벗어난 것으로서 그 다음으로 나쁘다. 민주정치는 이중에서 나쁜 정도가 가장 덜하다. 플라톤은 《폴리티코스(Politikos)》에서 이미 같은 견해를 밝혔지만, 다른 원칙을 사용했다. 그의 원칙에 따르면, 모든 정치질서는 나쁜 형태뿐만 아니라 좋은 형태를 가질 수 있다. 예를 들어, 과두정치는 좋을 수도 있고 나쁠 수도 있다. 이런 원칙에 의해 그는 민주정치의 좋은 형태를 좋은 형태의 정치질서 중에서 가장 나쁜 것으로 등급을 매겼으며, 민주정치의 나쁜 형태를 나쁜 형태의 정치질서 중에 가장 좋은 것으로 규정했다. 우리의 견해는 이 두 정치질서가 어떤 형태를 취하건 간에 잘못되었다는 것이다. 어떤 형태의 과두정치가 다른 형태의 과두정치보다 더 좋다고 말하는 것은 옳지 못하다. 그저 한 형태의 과두정치가 다른 형태의 과두정치만큼 나쁘지는 않다고 말할 수 있을 뿐이다.

　그러나 지금 이 문제는 잊기로 하자. 우리는 가장 먼저 민주정치와 과두정치가 각각 여러 형태를 가지고 있다는 가정 위에서 여러 정치질서의 형태를 구별하고 열거해 보아야 한다. 둘째로, 어떤 형태의 정치질서가 이상적이지는 못하지만 가장 일반적으로 마땅하며 좋은지 살펴보아야 한다. 또 여기에서 이 일반적 형태의 정치질서 이외에 좀더 귀족정치적이며 잘 조직된 성격을 갖고 있지만 그럼에도 대부분의 국가에서 채택하기에 알맞은 다른 정치질서를 찾아낼 수 있는지 살펴보아야 한다. 셋째로, 일반적으로 정치질서에 관련하여 어떤 주권체에 어떤 정치질서가 바람직한가를 찾아보아야 한다. 예를 들어, 어떤 종류의 주권체에는 과두정치보다 민주정치가 필요할 것이며, 다른 종류의 주권체에는 민주정치보다 과두정치가 필요할 것이다. 넷째로, 이런 여러 정치질서 가운데서 어느 하나를 설립하려고 하는 사람이 있다면 어떻게 일에 착수해야 하는지를 고찰해 보아야 한다. 즉 민주정치와 과두정치의 서로 다른 형태로 나타날 수 있는지 생각해 보아야 한다. 다섯째로, 이런 주제들에 관하여 우리의 능력이 닿는 한 간략히 설명한 뒤에 마지막 문제를 다루려고 노력해야 한다. 정치질서 일반 또는 개별적 정치질서가 어떻게 파괴되는가, 또는 어떻게 하면 유지될 수 있는가, 특별히 이런 결과는 어떠한 양식으로 행하여지는가를 확인하고 그 원인을 밝히는 데 노력을 기울일 것이다.

제3장

여러 가지의 다른 정치질서들이 존재하는 이유는 모든 국가가 저마다 서로 다른 부분을 갖고 있기 때문이다. 먼저, 모든 국가는 분명히 여러 가족으로 구성되어 있다. 둘째, 수많은 시민은 여러 계급으로 나뉘어 있다. 즉 부유한 계급, 가난한 계급, 중산 계급으로 나뉘는데, 부자는 군인의 중장비를 가지며 가난한 자는 그렇지 못하다. 셋째, 평민들(dêmos)은 여러 직업, 즉 농업·상업·기계공예 등에 종사하고 있다. 넷째, 저명인사들 사이에도 차이점이 있는데, 즉 부와 재산의 양에 따른 차이점은 예를 들어 말을 갖고 있는 것 같은 데에서 드러난다. 아주 넉넉한 사람만이 말을 가질 수 있기 때문이다. 이 이유로 군대의 주력이 기병이었던 고대 나라들은 과두정치의 본고장이 되었고, 이 과두정치의 나라들은 이웃나라들과의 전쟁에 기병을 사용했다. 에우보이아(Euboia) 섬에 있는 에레트리아(Eretria)와 칼키스, 그리고 마이안드로스(Maiandros)에 있는 마그세시아, 소아시아의 많은 다른 도시국가들이 그 예이다. 유명한 사람들 사이에는 부 이외에도 다른 차이점들이 있다. 출신의 차이, 자질의 차이가 있으며, 또 같은 종류의 다른 요소들에 근거를 둔 다른 차이점들도 있다. 이런 요소들은 우리가 귀족정치를 논의하면서 국가 생활에 필요한 요소들을 구별하고 열거할 때 국가의 부분들이라고 기술한 것들이다.

국가는 이런 요소들로 구성되어 있다. 어떤 때는 이 부분들이 모두 정치질서의 통제에 참여하며, 어떤 때는 그 둘 중의 몇몇만이 참여하고, 또 어떤 때는 그들 중의 많은 요소가 참여한다. 따라서 뚜렷하게 종류가 다른 여러 정치질서가 있을 수밖에 없다. 이 정치질서들을 통제하는 데 참여하는 부분들은 서로 그 종류가 다르며 따라서 그들은 서로 달라야 한다. 정치조직이란 국가의 관직들에 관한 조직이다. 이 조직에 따라서 시민들간에 관직을 나누는데, 그 기준은 관직을 받는 사람들의 권력, 또는 관직을 받는 사람들 모두에게 존재하는 하나의 평등이다. 이 권력이란 부자로서의 권력 또는 가난한 자의 힘을 말하며, 평등이 기준인 경우에는 부자와 가난한 자 모두에 공통적으로 존재하는 평등을 뜻한다. 그러므로 국가의 여러 부분이 갖는 차이점과 우수성에 따라 관직을 나누는 그 방식의 수만큼 많은 정치형태가 있을 수 있다.

실제로 정치형태에는 두 종류밖에 없다는 의견이 흔히 있다. 보통 말을 할 때, 바람을 대략 남풍과 북풍으로만 표현하고 방향이 다른 바람을 이 둘의 변형으로서만 취급하는 것처럼, 정치질서도 민주적 또는 과두정치적이라고만 표현한다. 이런 근거 앞에서 귀족정치는 과두정치의 하나라고 분류하여 과두정치의 범주에 넣고, 마찬가지로 '혼합정치'라고 불리는 정치질서는 민주정치의 범주로 분류한다. 이것은 마치 서풍을 북풍의 하나로 분류하고 동풍을 남풍의 하나로 분류하는 것과 같다. 어떤 사람들은 음악의 형식에서도 똑같이 양분법이 사용된다고 생각한다. 모든 음악은 도리아(Doria) 형식이거나 아니면 프리기아(Phrygia) 형식이라고 기술하며, 다른 형식은 이 두 가지 중에 어느 한 가지라고 말한다. 현재로서는 이것이 정치질서에 관한 지배적인 견해이지만, 우리는 이미 앞에서 암시한 것처럼 그들을 다른 기준에서 분류하는 것이 더 좋으며, 그렇게 함으로써 진리에 더 가깝게 갈 수 있음을 확인하였다. 이 기준 위에서, 우리는 한두 개의 '올바른' 또는 제대로 구성된 정치형태를 가려낼 것이다. 다른 것들은 가장 좋은 질서에 대한 왜곡일 뿐이다. 이것은 마치 음악에서, 제대로 맞추어진 형식의 그릇된 모습을 갖는 것과 같다. 이런 그릇된 형태들은 정상보다 더 엄격하고 지배적인 경우에 과두정치가 되며, 부드럽고 좀 느슨해질 때는 민주정치가 된다.

제4장

오늘날 일부 학자들은, 민주정치를 단순히 다수가 최고 권위를 갖는 정치형태라고 바로 정의하고 마는데, 이것은 옳지 못하다. 과두정치에서도, 그리고 사실상 모든 정치질서에서 다수가 언제나 최고 권위를 갖는다. 마찬가지로 과두정치도 소수가 최고의 주권을 갖는 형태라고 단순히 정의하여 버릴 수는 없다. 전체 인구가 1300명인데, 그중에 1000명이 넉넉한 사람들이라고 가정해 보자. 그리고 나머지 300명이 가난하지만 자유인 태생이며 그래서 부 이외에는 부자들과 똑같음에도 이들에게 아무 관직도 주지 않는 경우를 가정해 보자. 아무도 여기에 민주정치가 있다고 말할 수 없을 것이다.

또는 가난한 사람이 소수임에도 다수인 부자들보다 더 강력한 경우를 생각해 보자. 부를 소유하고 있는 다수가 명예나 관직에 참여할 수 없는 그런 정치질서를 아무도 과두정치라고 부르지 않을 것이다. 따라서 자유인이 최고 권위를 갖는 경우에는 언제나 민주정치이고, 부자가 권력을 쥐고 있는 경우는 언제나 과두정치라고 하는 것이 더 옳을 것이다. 실제로 앞의 것은 그 수가 많고 뒤의 것은 그 수가 적다. 다시 말해 자유인으로 태어난 사람은 많지만 부자인 사람은 적다. 그렇지만 숫자만 문제가 되어, 신장에 따라(이디오피아에서는 그렇게 한다고 한다), 또는 미모에 따라 관직을 맡긴다면 과두정치가 될 것이다. 왜냐하면 키가 크거나 잘생긴 사람은 언제나 적은 수일 수밖에 없기 때문이다.

그렇지만 민주정치와 과두정치를 빈부의 기준으로만 구별하는 것은 충분하지 못하다. 이것은 숫자에 따라서만 구별하는 것보다 더 좋지 못하다. 우리는 민주정치 국가나 과두정치 국가가 모두 다른 많은 부분으로 이루어졌다는 사실을 떠올려야 한다. 따라서 이것을 알맞게 구별하기 위해서 다른 기준을 사용해야 한다. 예를 들어, 소수의 자유인 출신이 다수의 비자유인 출신을 다스리는 정치질서에 민주정치라는 용어를 적용할 수는 없다. 이런 체제가 한때 이오니아 만에 있는 아폴로니아(Apollonia)와 테라(Thera)에 있었다. 이 둘 모두 가문이 가장 좋은 사람들, 즉 본디 정착민들의 후예들만이 명예와 관직을 독차지했는데, 이들은 전체 인구 중 아주 적은 몇몇에 불과했다. 또한 부자들이 단지 가난한 사람들보다 그 수가 많다는 이유 하나만으로 최고 권위를 갖는 정치질서에도, 과두정치라는 용어를 적용할 수 없다. 그 정치질서의 예가 이전에 콜로폰(Kolophon)에 있었는데, 거기에서는 리디아(Lydia)와의 전쟁 이전에 시민들의 대다수가 많은 재산을 가지고 있었다. '민주정치'라는 용어는 많은 수의 자유인 출신이며 가난한 사람들이 정부를 통제하는 정치질서에만 제대로 적용될 수 있다. 마찬가지로 '과두정치'라는 말은 적은 수의 집안 좋고 넉넉한 사람들이 정부를 통제하는 정치질서에만 제대로 적용할 수 있다.

  이 세상에는 여러 가지 정치질서가 있다는 일반적인 사실과 그 사실의 원인이 무엇인지 이제 입증되었다. 다음으로는 이제 막 말한 두 가지 정치질서 이외에 왜 더 많은 정치질서들이 있으며, 그것들의 성격은 어떠하며, 그것들의 존재 이유는 무엇인가 하는 점을 설명할 것이다. 우리는 앞서 이미 말했듯이 모든 국가는 단일 단체가 아니며 여러 부분들로 이루어졌다는 원칙을 전제로 시작하는 것이 좋겠다.

  여기서 생물학적 비유를 들어 보자. 만일 우리가 여러 다른 종류의 동물들을 분류하는 목적을 갖고 있다면, 모든 동물에 있어서 필요한 기관들과 부분들을 열거하는 것부터 시작해야 한다. 예를 들어, 여기에는 감각기관들, 입이나 위 같은 음식을 섭취하고 소화하는 기관들, 그리고 운동을 위한 기관들도 포함될 것이다. 그 다음으로 우리는 이들 기관에는 여러 형태가 있다고 또 가정을 할 것이다. 다른 말로 하면 입·위·감각기관·운동기관들에는 여러 다른 종류가 있다는 것이다. 그래서 우리는 이 여러 형태들이 여러 가지 방식으로 결합되어서 서로 다른 여러 가지 동물들이 생겨나게 된다는 결론에 이를 수 있을 것이다. 왜냐하면 같은 종류의 동물이 입 또는 귀 등에 여러 다른 변형이 있을 수는 없기 때문이다. 그래서 여러 변형들의 가능한 결합방식이 여러 가지 있으므로 여러 가지 동물이 있게 된다. 다른 말로 하면, 동물의 종류나 그 수는 필요한 기관들의 가능한 결합방식의 수와 같게 될 것이다.

  앞에서 말한 정치질서에서도 마찬가지이다. 우리가 여러 차례 살펴본 것과 마찬가지로, 국가도 여러 부분(요소)으로 이루어져 있다. 이 부분들 중 하나는 식량 생산에 종사하는 사람들의 집단인데, 이들은 농부계급이라고 불린다. 둘째 부분은 기계공 계급으로서 도시국가에 반드시 필요한 여러 가지 기술공예에 종사한다. 그들 중에 어떤 이들은 생활필수품들을 만들고, 또 어떤 이들은 사치품 또는 좋은 생활을 영위하는 데 필요한 물품들을 만든다. 셋째 부분은 상업계급이라고 부를 수 있는데, 여기에는 상인이나 소매상들로서 매매에 종사하는 모든 사람들을 포함한다. 넷째 부분은 농업노동자들로서 구성된 농노계급이며, 다섯째 부분은 군대인데, 이 요소도 국가가 다른 나라의 노예가 되지 않으려면 앞의 네 요소에 못지않게 필요하다. 왜냐하면 그 본성이 자연적으로 굴종적인 사회를 어떻게 국가라는 이름으로 부를 수 있겠는가? 국가의 본질은 독립과 자급자족이다. 그리고 노예의 표지는 독립성의 결여이다.

따라서 이 주제가 플라톤의 《국가》에서 독창적이긴 하지만 만족스럽지 못하게 다루어졌음을 보게 된다. 플라톤은 국가를 구성하는 가장 필요하고 중요한 네 요소는 직조자·농부·구두장이·건축가라고 정의하며 이를 이론의 출발점으로 삼았다. 그 다음에 그는 이 네 가지 요소가 자급자족적이 아니라는 근거 앞에서 또 다른 부분들을 덧붙였는데, 이들은 대장장이, 가축을 돌보는 목축업자, 상인, 소매상들이다. 이들이 그가 말한 '최고의 국가' 전체를 구성하는 부분들이다. 그런데 이것은 마치 국가가 선을 이룩하기 위해서라기보다 생활필수품의 공급을 위해 존재한다고 말하는 것과 같고, 또한 국가에 농부가 필요한 만큼 구두장이도 필요하다고 하는 것과 같다. 그러나 그는 도시의 영역이 넓어져 이웃나라의 영토와 접촉이 생기고, 그 결과 전쟁이 일어나기까지에는 군인계급을 허용하지 않는다. 그의 처음 네 가지 요소는 공동체를 구성하는 요소의 수가 몇 개이건 간에 정의를 실행하고 또 무엇이 올바른가를 결정해 주는 어떤 권위체가 존재해야만 한다.

만약 생물에 있어 정신이 육체보다 더 근본적인 요소라고 한다면, 국가에 있어서도 인체의 정신에 해당하는 부분들은 육체적 욕망에 해당하는 부분보다 더 근본적인 요소로 보아야 한다. 국가에 있어 정신에 해당하는 부분이란 군대, 정의의 법적 조직에 관련된 부분, 그리고 정치적 상식에 관계하는 심의에 종사하는 부분 등을 의미한다. 이 세 가지 기능들, 즉 전쟁·정의·심의가 서로 다른 범주에 속하는지 또는 단 하나의 범주에 속하는지는 우리의 논의와 아무 관계 없는 문제이다. 흔히, 군인으로서 복무하는 사람이 동시에 농지를 경작하기도 한다. 따라서 국가를 구성하는 고차원적 요소와 마찬가지로 저차원적 요소가 국가의 부분으로 여긴다면, 적어도 군대가 필요한 부분이라는 일반적인 결론에 이르게 된다.

국가의 일곱째 부분은 부자들의 집단인데, 이들은 그들의 재산으로 국가에 봉사한다. 여덟째 부분은 관리들로서 관직을 맡아 국가에 봉사하는 사람들이다. 정부 없이는 어떤 국가도 존재할 수 없으므로 국가에 봉사를 하고 관직의 의무를 실행할 수 있는 자가 영구히 또는 차례대로 있어야 한다. 그 다음으로는 이제 막 말한 두 가지 요소만이 남았는데, 즉 심의 기능을 맡은 부분과 소송자들의 권리를 결정해 주는 부분이다. 이들은 어떤 국가에서든 존재해야 하며, 또한 선하고 올바른 근거 앞에서 존재해야 하는 부분들이라면 정치 분야에서 자질을 가진 사람이 또한 있어야만 한다.

우리는 여기서 어려움에 부딪치게 된다. 일반적으로 다른 요소들에 속하는 서로 다른 능력을 한 사람 또는 같은 집단의 사람에게 결합된 예를 들어, 똑같은 사람이 병사·농부, 그리고 장인의 역할을 할 수도 있다. 또한 의회에서 심의 역할을 하고 동시에 법정에서 사법적인 역할을 하기도 한다. 또한 모든 사람이 자신에게 정치적인 능력이 있다고 생각하며, 누구나 대부분의 관직을 맡을 수 있다고 생각한다. 그러나 한 가지 불가능한 일이 있는데, 그것은 부자인 동시에 가난한 자일 수는 없다는 것이다. 이렇게 보면, 이 두 계급, 즉 부자와 가난한 사람이 어떻게 특별하고 독특한 의미에서 국가의 구성부분으로 볼 수 있는지 설명된다. 물론 이것이 다는 아니다. 이들 계급 중의 하나는 소수이며 다른 계급은 다수이기 때문에, 이들은 서로 반대되는 부분들로 보인다. 이런 이유로 그들은 정치질서를 자기 계급의 이익에 알맞도록 구성한다. 또한 같은 이유로 사람들은 세상에 단 두 가지의 정치질서, 즉 민주정치와 과두정치만이 있다고 생각한다.

세상에는 여러 정치질서가 있고 그 사실에는 원인이 있다는 것을 확인하였다. 앞서 말한 바에 의해서 참으로 뚜렷하게 되었지만, 나는 이제 이 두 가지 정치질서, 즉 민주정치와 과두정치에는 또한 여러 형태가 있다는 것을 설명하고자 한다. 이들 정치질서가 서로 다른 것은 서민층과 귀족층이 서로 다르기 때문이다. 서민에 관한 한 일부는 농사를 짓고, 둘째 부류는 기술과 장인의 일을 하고, 셋째 부류는 물품을 매매하는 시장일을 하며, 넷째 부류는 해양에 관계되는 일을 하는데, 이 안에는 또다시 해군과 해운업, 어업과 나룻배 일 등 여러 종류가 있다. 이렇게 세분된 직업에 종사하는 사람들이 인구의 상당 부분을 차지하는 곳도 많다. 예를 들어서 타라스(Taras)와 비잔티움에서 어업에 종사하는 사람들이나 아테네의 해군들, 아이기나(Aigina)와 키오스의 상선 선원들, 테네도스(Tenedos)의 사공들이 그렇다. 다섯째 부류는 미숙련 노동자들과 너무 가난해서 여가를 즐길 수 없는 사람들로 구성되어 있다. 여섯째는 부모 중의 하나라도 자유인 출신이 아닌 사람들로 구성되어 있다. 그리고 비슷한 성격을 가진 다른 부류의 사람들이 있을지도 모른다. 귀족계급에도 부·가문·자질·교양과 같은 차이에 따라서 여러 다른 부류로 나뉜다.

민주정치의 첫째 형태는 평등의 원칙을 가장 엄밀하게 따른다는 것이다. 이 형태에서 부자가 특권을 갖지 않는 것과 마찬가지로 가난한 자라 하더라도 어떤 특권도 갖지 않으며, 둘 중의 어느 하나도 주인이 되어서는 안 되고 다 같이 평등하도록 되어 있다. 왜냐하면 만일 우리가 어떤 사상가들처럼 자유와 평등이 민주정치에서 발견될 수 있는 것이라고 생각한다면, 자유와 평등이 가장 잘 발견될 수 있는 것은 즉, 모든 사람이 가능한 한 최대한도로 똑같이 정치적 권리에 참여하는 것이다. 이런 정치질서는 민주정치일 수밖에 없다. 왜냐하면 평민은 다수고, 다수의 의사가 최고 권위이기 때문이다. 민주정치의 둘째 형태는 비록 적은 금액이기는 하나 재산의 자격 요건에 따라 관직이 배분되는 것이다. 이 자격을 갖춘 자는 관직에 참여할 수 있는 권리가 있고, 재산을 잃은 자는 여기에서 제외된다. 셋째는 자유인 태생으로서 결격 요건이 없는 시민은 모두 관직을 맡을 수 있지만 어쨌든 법이 최고 권위인 형태다. 넷째 형태는 누구나 시민이기만 하면 관직을 맡을 수 있지만 전자에서와 마찬가지로 최고 권위는 법인 형태이다. 민주정치의 다섯째 형태는 시민의 신분을 갖고 있는 모든 사람에게 관직을 맡도록 허용하는 점에서 넷째의 것과 같지만, 여기에서는 법이 아니고 국민이 맨 나중에 최고 권위를 갖는다. 이것은 법 대신에 대중들이 결정하는 법령이 최고 권위를 가질 때 일어난다. 그리고 이것은 대중 선동과 같은 형태의 지도자들에 의해 나타난 결과다.

법을 준수하는 민주정치에선 대중 선동가가 없다. 여기에서는 시민들 중에 훌륭한 사람들이 국정을 맡아본다. 대중 선동가들은 법률이 최고 권위를 갖지 못하는 국가에서 나온다. 그러면 국민이 독재자가 되는 것이다. 즉 많은 구성원으로 만들어진 한 독재체제를 이루는데, 다수가 개개인으로서가 아니라 집합적으로 최고 권위를 행사한다. 호메로스가 "많은 주인의 지배를 받는 것은 좋지 못하다" 말하는 것이 무엇을 의미하는 것인지, 다시 말해 다수의 집단적 지배를 뜻하는 것인지, 개인 자격으로서 행동하는 여러 관리들의 지배를 뜻하는 것인지는 확실하지 않다. 그것이 어떻든 간에 이런 민주정치는 독재자의 성격을 띠며, 법으로 다스리는 것이 아니므로 곧 독재정치를 하려고 든다. 그것은 정치가 점차 독재적이 되어가며, 아첨꾼이 명예를 갖게 되고, 1인이 통치하는 참주정치 형태와 비슷하게 된다. 이 둘 모두 비슷한 기질을 보인다. 둘 다 더 나은 시민들에게 독재자들처럼 행동하며, 민주정치에서 법령이란 참주정치의 칙령과도 같다. 한 사람에게 있어 대중 선동가의 관계는 다른 사람에게 있어 아첨꾼이 갖는 관계와 같다. 두 경우에 모두 총애를 받는 자들의 영향이 지배적으로 된다. 즉, 참주정치에서는 아첨꾼이, 이것의 다른 형태인 민주정치에서는 대중 선동가가 큰 영향력을 갖게 되는 것이다.

대중 선동가들은 모든 문제를 국민의 결정에 돌림으로써, 법치의 지배를 법령의 지배로 대치해 버리고 만다. 일단 모든 문제에 있어 국민 전체가 최고 권위를 갖게 되면, 대중 선동가들이 국민의 결정을 좌우하게 된다. 대중은 그저 그들의 지도를 따르게 됨으로써 대중 선동가들의 위치가 튼튼하게 되는 것이다. 더욱이 관리들에 불만을 가지고 있는 사람들은 '국민이 결정해야 한다'라고 주장한다. 국민은 이런 권유를 즐겁게 받아들여서 모든 관리들의 권위는 파괴되고 마는 것이다. 이런 형태의 민주정치가 진정한 정치조직이 아니라는 견해는 꽤 일리가 있는 견해로 보인다. 법률이 최고 권위를 갖지 못하는 곳에 정치조직은 있을 수 없다. 모든 문제에서 법이 최고 권위를 가져야 하며, 관리들과 시민체는 구체적 내용에 대해서만 결정해야 한다. 여기에서 나오는 결론은 뚜렷하다. 민주정치도 정치의 한 형태일지 모르나, 모든 것이 단순히 법령에 의해 운영되는 이 특정한 체제는 진정한 의미에서 민주정치가 아니다. 법령은 일반적인 규칙이 될 수 없으며 어떤 정치질서도 일반적 규칙에 기초해서는 안 된다. 민주정치의 다른 형태와 이 형태들의 정의에 대해서는 이것으로 마무리하기로 한다.

제5장

과두정치에 대해서도 여러 형태가 있는데, 그중 하나로서 관직을 맡으려면 일정한 재산의 자격 요건을 갖추어야 하는데, 이런 곳에서는 가난한 자들이 다수임에도 헌정적인 권리에 참여하지 못하도록 배제하지만 새로이 이 요구조건을 충족시킬 수 있는 사람들에게는 참정권을 준다. 둘째 형태는 재산의 자격 요건이 높고, 정부에 결원이 생기면 선거는 이와 같은 높은 요건을 갖고 있는 사람들에 의해서만 실시된다. 일정한 자격을 가진 사람들 전체에서 선거가 실시되는 경우, 이 정치질서는 귀족정치의 방향으로 흐를 수 있으며, 특권 집단만이 선거를 하는 경우에는 과두정치라고 할 수 있다. 셋째 형태는 세습적인 것인데, 자손들이 부친을 승계하는 것이다. 넷째 형태는 세습제라는 점에서 셋째의 것과 같지만, 법치 대신에 개인적 지배체제를 갖고 있다는 차이점이 있다. 과두정치 형태들 중에서 이 형태는 군주정치 중의 참주정치의 위치에 해당하며, 민주정치들 중에서 맨 나중에 말한 형태에 해당한다. 이런 과두정치를 '왕조정치 또는 족벌정치'라고 부른다.

민주정치와 과두정치의 몇 가지 달라진 형태는 앞에서 말한 것과 같다. 그러나 현실에서는 때때로, 법적으로는 민주정치적이 아닌 정치질서가 국민들의 습관과 훈련에 따라 민주적으로 운영되는 경우가 있음을 주목해야 한다. 이와 반대로 정치질서가 법적으로는 민주정치적인 성향을 갖게 되어 있으나 국민의 훈련과 관습에 따라 과두정치 쪽으로 기울도록 운영되는 경우들도 있다. 이런 것은 특히 혁명 뒤에 일어난다. 즉 정치적 기질이 일시에 바뀌는 것이 아니며, 혁명의 첫 단계에서는 승리한 측이 반대편을 너무 탄압하지 않고 현상을 그대로 유지하는 데 만족한다. 그 결과 혁명을 일으킨 예전의 법은 그대로 남아 있지만 혁명의 주동자가 실권을 장악하는 것이다.

제6장

이제까지 살펴본 것만으로도 민주정치와 과두정치에는 많은 달라진 형태들이 있다는 것이 충분히 증명되었다. 즉, 앞에서 말한 여러 집단의 사람들이 정치적 권리에 참여하거나, 아니면 그들 중 누구는 참여하고 누구는 참여하지 못하는 것이다. 농민계급과 중산계급이 그 정치질서 아래에서 최고 권위를 가질 때, 그들은 정부를 정치의 원칙 아래 운영한다. 이들은 일을 해서 먹고 살 수는 있지만 여가를 즐길 수는 없으므로, 법을 최고 권위로 해놓고 국민회의의 집회는 최소한으로 제한한다. 또한 다른 국민들도 재산에 대한 법적인 자격 요건을 갖추면 정치적 권리에 참여하도록 허용된다.

일반적으로 모든 시민에게 국정에 참여할 권리를 허용하지 않는 체제는 과두정치이며, 그것을 허용하는 체제는 민주정치라고 할 수 있다. 따라서 어떤 민주정치에서는 필요한 자격 요건을 갖추고 있는 시민이 모두 참정권을 허용받지만, 재산이 넉넉지 못하면 정치활동에 필요한 여가를 즐길 수 없다. 이것이 민주정치의 한 형태이고, 이런 이유들로 인해서 위와 같은 특성이 나오게 된다. 두 번째 형태는 논리적으로 그 다음에 오는 기준에 근거를 두고 있는데, 그 기준은 가문이다. 여기에서는 출생에 결격 사유가 없는 한 모두에게 법적으로 참정권이 있지만, 실제로 그들은 여가가 있을 때만 참정권을 행사할 수 있게 된다. 이런 민주정치에서는 법이 최고의 권위를 갖게 되는데, 이것은 사람들에게 정치활동을 할 수 있는 비용을 마련해줄 수단이 없기 때문이다. 세 번째의 형태에서는 자유인으로 태어났다는 한 가지 조건만 갖추면 누구나 입헌정치의 권리를 가질 수 있지만, 앞에서 말한 이유 때문에 실제로 권리를 행사하지 못한다. 여기에서도 반드시 법의 지배가 나오게 된다.

민주정치의 네 번째 형태는 시간적으로 국가들의 실제적 발전에 있어 가장 최근에 나온 것이다. 여기에서는 두 가지 이유의 영향, 즉 국가의 처음 규모에 비해 인구가 크게 증가한 것과 국가의 재원이 꽤 늘어났다는 것 때문에 모든 사람들이 똑같이 정치적 권리를 갖는다. 이것은 대중이 수적으로 우세하기 때문이며, 또한 모든 사람들이 정치활동에 참여할 수 있는 것은 국가가 보수를 지급해 주는 제도로 가난한 사람들까지도 여가를 가질 수 있게 되었기 때문이다. 사실 가난한 사람들이 보수를 받는다면 다른 계층보다 더 많은 여가를 갖는다고 할 수 있다. 그들은 개인적인 일을 돌봐야 하는 의무 때문에 지장을 받지 않는 반면에, 부유층은 오히려 지장을 받기 때문에 때때로 의회나 법정에 결석을 하는 결과가 나오게 된다. 이런 조건들에서는 가난한 대중이 그 정치질서에 있어 법 대신에 최고 권리를 갖게 된다.

민주정치의 형태는 이렇게 다양하며 그 원인들도 다양하다. 과두정치의 형태로 관심을 돌려 보면, 우리는 먼저 시민 대다수가 유산층이고, 어느 정도 재산을 가진 사람은 모두 정치적 권리를 누릴 수 있는 형태를 먼저 꼽을 수 있다. 이렇게 일반대중이 정치적 권리를 누리도록 되어 있기 때문에, 이 형태에서는 최고 권위가 사람에게 있지 않고 법에 있게 된다. 이런 형태의 온건한 과두정치는 군주의 개인적인 지배와는 완전히 다르다. 그리고 국민들이 모든 일에서 벗어나 여가를 즐길 수 있을 만큼 넉넉하지도 않고, 국가의 지원에 의존해야 할 만큼 가난하지도 않기 때문에, 그들은 자신이 통치하겠다고 주장하는 게 아니라 법의 지배를 요구하게 된다. 둘째 형태의 과두정치는 유산계급의 수가 더 적고 그들이 가지고 있는 재산이 더 클 때에 생기게 된다. 이런 조건들에서 유산계급은 더 큰 권력을 가지며, 정치적 권리를 더 많이 요구하게 된다. 그래서 그들은 다른 계급의 사람들을 선택하여 주권체에 참여시킬 수 있는 권리를 떠맡으며, 아직은 법 없이 지배할 만큼 강력하지는 못하므로 이런 목적을 가진 법을 제정한다.

여기에서 한 단계 더 나아가면 셋째 형태의 과두정치가 나타나는데, 이것은 사정이 더욱 나빠져 앞에서보다 더 적은 수의 사람이 더 큰 재산을 가지게 될 때 일어난다. 지배하고 있는 과두체제의 구성원들은 이제 모든 관직을 완전히 독차지하는 동시에, 자손들이 그 아버지들을 계승해야 한다는 법에 따라 행동한다. 사정이 가장 나빠져서 재산 규모나 개인적인 지식을 통한 영향력이 극대화되었을 때, 네 번째 그리고 최종적인 형태의 과두정치가 나타난다. 이렇게 나타난 왕조정치 형태의 과두정치는 왕의 개인적인 통치와 비슷하며, 이제는 최고 권위를 갖는 것은 법이 아니라 사람이다. 이 넷째 형태의 과두정치는 맨 나중 형태의 민주정치와 비슷하다.

제7장

아직도 민주정치와 과두정치 이외에 두 가지 정치질서가 남아 있다. 이들 중의 하나는 앞서 이미 말한 것과 마찬가지로, 왕정·과두정치·민주정치·귀족정치라고 불리는 네 가지 형태의 정치질서에 포함된다. 그러나 이 네 가지의 형태 이외에 다섯째 형태가 또 있다. 이것은 모든 형태들의 공통적인 것을 통틀어서 '법치적 민주정치' 또는 '혼합정치'로 불리지만, 흔히 있는 것이 아니어서 다른 형태들의 정치질서를 분류하려고 시도한 학자들이 간과하곤 하였다. 그래서 보통 학자들은 플라톤이 《국가》에서 언급한 것과 마찬가지로, 그저 네 가지 형태를 열거하는 것에서 그치고 마는 것이다. '귀족정치'라는 이름은 첫째의 부분에서 이미 다루어진 형태의 정치질서에 적용하는 것이 옳다. 엄격하게 말하여 귀족정치라고 부를 수 있는 단 하나의 정치질서는, 그 구성원이 어떤 기준과 관련되어 상대적으로 '선할' 뿐만 아니라 도덕적 질에서도 절대적으로 '최선'이어야 한다. 그런 정치질서에서만 좋은 사람과 좋은 시민이 절대적으로 같을 수 있다. 다른 정치질서에서는, 선이란 그저 특별한 정치질서 또는 특별한 기준에 대한 상대적인 선일 뿐이다.

그러나 또 다른 형태의 정치질서가 더 있는데, 이들은 과두정치나 또는 '혼합정치'와 달라서 귀족정치라고도 부를 수 있는 것들이다. 이것은 관직의 선출이 재산뿐만 아니라 도덕적인 미덕에도 근거를 두고 있는 경우이다. 이런 형태의 정치질서들은 방금 말한 두 가지 형태와 다른 것이며, 따라서 귀족정치라고 불리게 된 것이다. 이렇게 부르는 것은 올바르다. 왜냐하면 공공정책으로 선을 권장하지 않는 국가에서도 명망 있고 자질이 훌륭하다고 평판이 난 사람들을 발견할 수 있기 때문이다. 따라서 카르타고의 정치질서처럼 세 가지 요소, 즉 부(富), 선(善), 수(數)를 모두 고려하는 경우 그것은 귀족적인 정치질서라고 부를 수 있다. 또한 스파르타처럼, 선과 수의 두 가지 요소만을 고려하며, 따라서 민주적이고 귀족적인 원칙이 혼합되어 있는 정치질서에 대해서도 마찬가지로 적용할 수 있다. 귀족정치 중에는 첫째의 가장 좋은 형태 이외에도 이들 두 가지 형태의 귀족정치가 있다고 할 수 있으며, 또한 그들 이외에도 특히 과두정치적인 성향을 갖는 소위 혼합정치의 여러 변형의 형태를 포함할 수 있다.

제8장

이제 혼합정치라고 불리는 정치질서의 형태와 참주정치의 형태를 다루는 문제가 남아 있다. 우리가 조금 전 언급한 귀족정치의 형태들과 마찬가지로 혼합정치 또는 법치적 민주정치는 그릇된 형태의 정치질서가 아니다. 그러나 이 모든 정치질서는 사실 올바른 정치질서의 가장 좋은 형태에 미치지 못하며, 따라서 그릇된 형태들에 속하는 것으로 생각할 수 있다. 또한 처음에 그들이 속한다고 생각되는 그릇된 형태들은 자신에 의해 야기되는 것이라는 점을 덧붙일 수 있을 것이다. 참주정치를 맨 끝에 언급하는 것이 자연스럽고 올바를 것이다. 왜냐하면 우리는 정치질서를 연구하고 있으며, 모든 정치형태 중에서 참주정치야말로 정치적인 요소를 가장 적게 가지고 있기 때문이다.

이것이 왜 우리가 이런 순서로 탐구를 하는가의 이유이다. 이제 우리는 혼합정치를 다루어야 한다. 이미 과두정치와 민주정치의 성격을 정의했으므로 혼합정치의 특성은 더 뚜렷하게 드러날 것이다. 혼합정치란 일반적으로 말해서 두 정치질서의 혼합이라고 말할 수 있다. 그러나 보통은 이 말을 민주정치 쪽으로 기우는 혼합정치 형태에만 사용하며, 과두정치 쪽으로 기우는 형태들은 귀족정치라 부르고 혼합정치라 부르지 않는다. 그 이유는 교양과 품행은 넉넉한 계급들과 더 관련이 많기 때문이다. 또한 넉넉한 사람들은 일반적으로 여러 이점들을 갖고 있다고 생각하는 사실을 주시해야 하는데, 범죄자들은 이런 이점들이 없기 때문에 범죄를 저지르게 된다. 이런 이유로 그들은 '신사' 또는 '귀족'으로 불린다. 귀족정치는 뛰어난 시민들에게 우월권을 주는 것을 목적으로 하기 때문에, 사람들은 이 용어의 사용을 확대하여 과두정치까지도 신사들이 지배하는 국가라고 설명한다.

사람들은 흔히 뛰어난 시민들이 아닌 가난한 계급이 통치하는 국가는 훌륭히 통치될 수 없다고 생각한다. 또한 법의 지배 아래 있지 않은 국가에는 귀족정치가 존재할 수 없다고 생각한다. 그러나 아무리 좋은 법 체제를 갖고 있다 하더라도 실제로 복종하지 않으면 법의 지배는 확립될 수 없다. 우리는 법의 지배에는 두 가지 의미가 있다는 것을 구별해야 한다. 첫째는 제정된 법에 대한 복종을 의미하며, 두 번째는 복종되는 법이 또한 잘 제정되었다는 것을 의미한다(잘못 제정된 법도 복종될 수 있다). 두 번째 의미는 또다시 두 가지로 나누어진다. 사람들은 자기들에게 가능한 대로 가장 좋은 법에 복종할 수도 있고, 또는 절대적으로 가장 좋은 법에 복종할 수도 있는 것이다.

귀족정치의 근본적인 특징은 자질에 따라 관직을 나누는 것이다. 부가 과두정치의 기준이며, 자유인 출신이라는 것이 민주정치의 기준인 것처럼 자질이 귀족정치의 기준이기 때문이다. 다수결의 지배라는 원칙은 모든 정치질서에 존재한다. 과두정치, 귀족정치, 민주정치에서와 마찬가지로, 정치적 권리를 갖고 있는 사람들 중에 다수가 결정하는 것은 최종적이며 최고 권위이다. 혼합정치라고 불리는 형태의 정치질서는 대부분의 국가에서 더 높은 이름으로 수식되어 있다. 혼합정치가 혼합하려고 하는 것은 그저 부자와 가난한 자, 또는 부자와 자유인 출신뿐이다. 그러나 부유한 사람들은 보통 신사의 지위를 갖는다고 생각한다.

실제로 혼합정치의 질서 형태에서 똑같다고 할 만한 요소는 셋이 있는데, 자유인의 신분, 부, 자질이 그것이다. 귀족 출신이라는 것이 때때로 네 번째 요소라고 생각되지만, 사실 뒤에 나온 두 가지 요소의 필연적 결과에 불과하며 상속된 부와 자질의 혼합에 지나지 않는다. 따라서 엄밀하게 혼합정치라는 말은 두 가지 요소, 즉 부자와 가난한 자의 혼합에 대해 사용해야만 한다. 그리고 '귀족정치'라는 말은 세 가지 요소의 혼합에만 국한해 사용해야 하는데, 이것은 사실 첫 번째의 진정한 형태를 제외하고는 그렇게 불리는 다른 형태보다 더 귀족적이다. 지금까지 왕정, 민주정치, 과두정치 이외에 또 다른 형태의 정치질서가 있다는 것을 살펴보았다. 또한 이 형태들의 본성은 무엇이며, 귀족정치의 여러 형태들은 어떻게 다른가, 그리고 끝으로 귀족정치들과 혼합정치들 사이에 큰 차이가 없다는 것을 살펴보았다.

제9장

이어서 혼합정치라고 하는 정치질서가 어떻게 민주정치, 과두정치와 더불어 존재하게 되었으며, 또 어떤 방식으로 조직되어야 하는지를 살펴보자. 또한 이런 탐구과정에서 민주정치와 과두정치의 특색이 무엇인지도 뚜렷하게 드러날 것이다. 우리는 먼저 이 두 가지 형태 사이의 차이점을 밝히고, 이 둘에서 그들의 구성요소인 특성들을 취하여 결합물을 만들어내야 한다. 그런 결합이나 혼합물을 만드는 데 기준이 되는 세 가지의 서로 다른 원칙이 있다. 첫째는 민주정치적이고 과두정치적인 규칙들을 함께 사용하는 것이다. 그 예로 법정 출석에 관한 규칙을 들 수가 있다. 과두정치에서는 부자들이 법정에 출석하지 않으면 벌금형을 받으며, 가난한 자들은 출석한다고 하더라도 수당을 받지 못한다. 이와 반대로 민주정치에서는 가난한 자는 법정에 출석을 하면 수당을 받으며, 부자들은 출석을 하지 않아도 벌금형을 받지 않는다.

이 두 가지 규칙을 함께 결합해 사용하는 것은 이 둘의 공통적 입장 또는 중간적 입장을 채택하는 것이다. 그리고 그런 방식은 두 정치질서의 혼합인 혼합정치의 특징이 된다. 이것이 두 요소를 결합하는 하나의 요소이다. 둘째 방식은 두 개의 서로 다른 규정들의 평균을 내거나 중간을 취하는 것이다. 예를 들어, 한 정치질서는 의원에게 재산의 자격 요건을 전혀 요구하지 않거나 그 자격 요건이 매우 낮다. 그러나 다른 정치질서는 높은 자격 요건을 요구한다. 이 경우에는 둘을 함께 사용해 공통된 규칙을 찾아낼 수 없으므로 둘 사이의 평균을 내야 한다. 세 번째 결합 방식은 과두적 규정의 일부와 민주적 규정의 일부를 혼합하는 것이다. 예를 들어, 관리 임명에 있어 추첨 방식을 사용하는 것과 재산의 자격 요건이 요구되는 것은 과두정치적인 것으로 생각되며, 그것이 요구되지 않는 것은 민주정치라고 생각된다. 따라서 여기에서 귀족정치 또는 혼합정치의 적절한 방식은 각각의 제도에서 하나의 요소를 택하는 것이다. 즉, 과두정치에서 관리들은 투표로 임명되어야 한다는 규칙을 취하고, 민주정치에서는 재산의 자격 요건이 필요 없다는 규칙을 취한다.

이제까지 혼합의 일반적인 방법을 취급했다. 민주정치와 과두정치를 잘 혼합했는가를 판단하는 기준은 혼합된 정치질서가 이 둘의 어느 것으로나 공평하게 진술될 수 있어야 한다는 점을 덧붙일 수 있다. 이렇게 말할 수 있을 때는 혼합이 훌륭하게 되었음에 틀림이 없다. 그것을 일반적으로 두 극단 사이의 중간이라고 말할 수 있는데, 이 중간에서 두 극단의 특성을 모두 찾아볼 수 있다. 스파르타의 정치질서가 한 예이다. 스파르타의 정치조직이 여러 민주정치적 면모를 갖고 있다는 근거에서 그것을 민주정치라고 말하는 사람이 많다. 먼저 청소년 교육에 관한 한, 부유층 자제들도 가난한 집의 자제들과 마찬가지의 대우를 받으며, 그들은 모두 가난한 집의 자제들도 할 수 있는 수준의 교육을 받는다. 성인들도 똑같은 정책을 시행하며, 성인이 된 다음에도 똑같은 대우를 받는다. 넉넉한 자와 가난한 자가 아무 차별을 받지 않는 것이다. 공동식사에서 음식은 모두 같으며, 넉넉한 자의 의복은 가난한 자도 마련할 수 있는 종류의 것이다.

스파르타를 민주정치라고 말하는 두 번째 근거는, 국민이 양대 정치제도 중의 하나인 원로원에 대표를 선출할 수 있는 권리가 있으며, 나머지 다른 하나의 제도인 감독기관에 선출될 수 있는 권리가 있다는 것이다. 반면 스파르타의 정치질서가 여러 가지 과두정치적인 요소를 갖고 있다는 근거에서 과두정치라고 말하는 사람도 있다. 예를 들어, 관리들은 모두 투표로 지명을 받으며, 추첨으로 선출되는 관리는 하나도 없다. 또한 사형이나 추방의 형벌을 내릴 수 있는 권리는 몇몇이 장악하고 있으며, 이와 비슷한 면모들도 상당히 많다. 제대로 된 혼합정치는 민주정치와 과두정치적인 요소를 함께 포함하고 있으면서 동시에 두 요소 중에 어느 것도 포함하고 있지 않은 것처럼 보여야 한다. 그것은 자신의 본질적인 힘에 의하여 안정성을 유지해야 하는 것이며, 외부의 지원에 의존해서는 안 된다. 또한 본질적인 힘은 다수가 그 정치체제의 존속을 찬성한다는 것이 아니라(나쁜 정치질서에서도 이런 일은 일어날 수 있다) 국가 내의 어떤 부분도 다른 정치질서로 이전할 것을 찬성하지 않는다는 사실에서 나와야 한다.

우리는 이제까지 혼합정치와 이른바 귀족정치라 불리는 혼합정치의 다른 형태들이 편제되어야 하는 방식을 다루었다.

제10장

이제 참주정치를 살펴보려 한다. 참주정치에 대해서는 길게 이야기할 것이 없지만, 정치질서의 분류에 포함되어 있으므로 연구 대상이 되어야 한다. 왕정에 대해서는 이미 처음 부분에서 논의되었다. 왕정에 대해 논의하는 과정에서 우리는 그것을 가장 흔히 사용하는 의미에서 살펴보았다. 즉, 우리는 왕정이 국가에 해로운가 이로운가를 연구했으며, 어떤 사람이 왕이 되어야 하며, 왕은 어떤 부류의 출신이어야 하는가, 그리고 어떻게 왕이 되어야 하는가 등을 살펴보았다. 그 과정에서 또한 두 가지 형태의 참주정치를 구별했는데, 이를 그 맥락에서 다룬 것은 그것이 모두 법에 복종하는 방식으로 운영되는 정부 형태로서, 어떤 의미에서 그들의 성격이 왕정과 중복되기 때문이었다. 이 두 형태란 첫째 몇몇 야만인들 사이에서 찾아볼 수 있는 절대권을 가진 선거 군주제와 둘째 독재자라고 불리는 같은 형태의 군주로서, 초기 그리스인들 사이에서 존재했다. 이 두 형태에는 조금 차이가 있다. 그러나 그들은 모두 반은 왕정이고 반은 참주정치라고 이를 수 있다. 왕정이라고 이를 수 있는 것은 정부가 국민의 동의에 근거를 두고 있으며, 법적인 기반 앞에서 통치를 하기 때문이다. 참주정치라고 부르는 것은 그것이 주인과 노예의 관계와 같은 성격을 띠며, 지배자의 의사에 따라 통치되기 때문이다. 그러나 셋째 형태의 참주정치가 있는데, 이것이 바로 가장 흔하게 참주정치라고 알려져 있는 것이다. 이것은 절대왕정과 반대되는 것이다. 이 셋째 형태의 참주정치는 한 사람이 어떤 형태의 책임도 지지 않고, 신하와 백성들의 이득보다 자신의 이득을 목적으로 자기와 같거나 나은 사람들을 지배하는 경우에 존재하게 된다. 따라서 그것은 힘에 의한 통치며, 자유인은 결코 그런 체제를 자발적으로 견디지 않을 것이다.

  방금 말한 근거로 참주정치의 형태들은 이와 같으며, 그 수(數)도 앞에서 말한 것과 같다.

제11장

  이제 대부분의 국가와 대다수의 사람들에게 가장 좋은 정치질서와 가장 좋은 생활방식이 무엇인지 살펴보아야 한다. 그렇게 할 때, 보통 사람들이 이를 수 없을 정도의 우수성의 기준이나, 예외적인 재능과 특별한 시설을 요구하는 교육수준, 또는 이상적인 상태를 성취하는 정치질서를 기준으로 하지 않을 것이다. 우리는 그저 대부분의 사람들이 참여할 수 있는 종류의 생활과 대부분의 국가가 누릴 수 있는 종류의 정치질서에만 관심을 집중할 것이다. 우리가 방금 다룬 이른바 귀족정치들은 한 극단에서는 대부분의 국가가 이를 수 있는 경지 밖에 있거나, 다른 극단에서는 혼합정치라고 부르는 정치질서에 너무도 밀접하여 따로 논의할 필요 없이 그것과 같은 것으로서 다루어야 한다. 우리가 방금 제기한 문제들은 모두 한 무리의 근본적인 원칙들에 비추어 해결될 수 있다. 우리가 《윤리학》에서 나온 논제들 첫째, 진실로 행복한 생활이란 모든 장애에서 벗어난 선의 생활이며 둘째, 선이란 중용에 있는 것이라는 것을 진실이라고 받아들인다면, 가장 좋은 생활방식은 중용, 즉 모든 개인이 이룩할 수 있는 중용에 있다는 결론이 나온다. 더욱이 시민들이 좋은 생활방식을 갖고 있는가, 나쁜 생활방식을 갖고 있는가를 결정하는 것과 같은 기준들이 정치질서의 평가에도 마찬가지로 적용되어야 한다. 왜냐하면 정치질서란 시민들의 생활방식이기 때문이다.

  모든 국가의 시민들을 넉넉한 계급, 가난한 계급, 그리고 중간을 형성하는 중산계급으로 구분할 수 있다. 일반적인 원칙으로서 절제와 중용이 언제나 가장 좋다는 것은 이미 인정했다. 따라서 우리는 모든 재산의 소유에 있어서 중간상태가 가장 좋은 것이라고 결론지을 수 있다. 이런 상태에 있는 사람들은 이성에 가장 잘 따른다. 극단에 속하는 사람들, 즉 지나치게 아름다운 사람이나 지나치게 튼튼한 사람, 지나치게 가문이 좋은 사람이나 지나치게 넉넉한 사람, 또는 다른 극단으로 가서 지나치게 약한 사람이나 지나치게 비천한 사람들은 이성에 따르기가 어렵다. 첫 번째 부류에 속하는 사람들은 폭력이나 중대한 범죄를 저지르는 경향이 있으며, 두 번째 부류의 사람들은 불량배가 될 경향이 많다. 그리고 대부분의 나쁜 짓은 폭력이나 불량성에서 나온다. 중산계급의 또 하나의 장점은 야망이 적다는 것인데, 이 야망이란 군사적인 영역이나 시민사회의 영역에 있어서 국가에 위험한 것이다. 그리고 너무 많은 이점을 누리는 사람들, 즉 힘·부·친지관계 등의 이점을 누리는 사람들은 남에게 복종하기를 꺼리며 또 복종할 줄도 모른다. 이것은 그들에게 있어서 처음부터, 즉 어린 시절의 가족 생활로부터 나온 결함인데, 사치스런 생활에 젖어서 학교에서조차도 규율 있는 습관을 배우지 못하기 때문이다. 그러나 반대편 극단에 있는 매우 가난한 사람들에게도 결함이 있다. 그들은 너무 저속하고 겁이 많다.

그리하여 한 계급은 마치 노예처럼 복종하는 것밖에 모르고, 또 한 계급은 노예의 주인처럼 어떤 권위에 대하여 복종하지 않고 지배하는 것밖에 모른다. 그 결과로 국가는 자유인이 아니라 단지 노예와 주인으로만 이루어져서, 한쪽에는 부러움과 시기심만 있고 다른 한쪽에는 멸시만이 있는 국가가 되고 만다. 이것은 우애의 정신이나 정치 공동체의 기질과는 거리가 멀다. 공동체는 우애에 근거를 두고 있으며, 우애 대신에 적대심이 널리 퍼진 경우에 사람들은 같은 길을 걸으려 하지 않을 것이다. 국가는 가능한 한 평등하며 동등한 사람들로 구성된 사회가 되고자 한다. 그리고 다른 어떤 계급보다 중산계급이 이런 구성을 갖추고 있다. 따라서 국가를 자연적으로 구성하고 있는 요소들의 관점에서 볼 때, 중산계급에 기초를 두고 있는 국가가 가장 좋은 질서를 갖고 있음에 틀림없다. 중산계급은 국가 내에서 가장 안정적이다. 그들은 가난한 사람들처럼 다른 사람의 물건을 탐하지도 않고, 또한 가난한 사람들이 부자의 물품을 탐내듯이 아무도 그들의 소유를 탐내지 않을 것이다. 다른 사람에 대하여 모함하지 않고, 다른 사람들로부터 모함받지도 않으므로, 그들은 위협이 없는 생활을 한다. 우리는 포킬리데스(Phokylides)의 기도를 감상해 보는 것이 좋겠다.

가운데 있는 사람들은 좋은 점이 많다.
나도 국가의 중산계급에 속했으면 좋으리.

이제까지 살펴본 것에 따르면 다음과 같은 점이 뚜렷하게 드러난다. 첫째, 정치적 공동체의 가자 좋은 형태는 권력이 중산계급의 손에 있는 사회이며, 둘째, 중산계급이 많은 국가들이 좋은 정부를 이룩할 수 있다. 중산계급의 규모는 가능하다면 다른 계급을 합한 것보다 더 강할 정도로 크거나, 적어도 두 계급 중 어느 하나보다는 더 강할 정도로 커야 한다. 왜냐하면 이런 경우에 어느 한쪽에 중산계급이 가세하면 힘의 균형을 기울게 할 것이고, 그래서 서로 적대하는 두 극단 중의 어느 하나가 지배적으로 되는 것을 방지하기에 충분할 것이기 때문이다. 따라서 국가의 구성원들이 알맞은 재산을 갖고 있는 것이 국가에게 가장 다행한 일이다. 어떤 사람들은 재산이 많고 다른 사람들은 재산이 전혀 없는 경우, 결과적으로 극단적인 민주주의가 단순한 과두정치로 변질되거나, 아니면 이 두 극단에서 모두에 대한 반발로 참주정치가 생겨날 수도 있다. 참주정치는 가장 무분별한 형태의 민주주의나 참주정치에서 나온다. 그러나 중간 정도의 정치질서나 그와 비슷한 정치질서에서는 나올 가능성이 훨씬 적다. 그 원인에 대해서는 뒤에 혁명과 정치질서의 변화를 다룰 때 설명한다.

  중간 형태의 정치질서가 가장 좋다는 것은 분명하다. 중산계급이 클 경우에는 시민들 사이의 분열이나 파벌이 생길 가능성이 가장 적기 때문이다. 일반적으로 큰 국가들은 많은 중산계급을 갖고 있으므로 파벌이 덜하다. 반대로 작은 국가들에서는 전체 인구가 단지 두 계급으로만 나누어지기 쉽다. 중간에는 아무것도 없으며 거의 모든 사람이 부자거나 가난뱅이일 뿐이다. 일반적으로 과두정치보다 민주정치가 수명이 더 길고 안전한 이유는 그들의 중산계급이 과두정치에서보다 수가 더 많고, 정부의 참여도가 더 크기 때문이다. 중산계급이 없고 가난한 사람들의 수가 압도적으로 많은 민주정치에서는 말썽이 생기며, 그 체제는 곧 무너지고 만다. 또한 중산계급 가치의 증거로서 가장 훌륭한 입법자는 중산계급에서 나왔다는 사실을 고려해야 한다. 솔론도 중산계급 출신이었는데, 이것은 그의 시를 보면 알 수 있다. 리쿠르고스도 마찬가지였으며(어떤 사람은 그가 왕족 출신이었다고 함), 카론다스나 대부분의 다른 입법자의 경우도 마찬가지다.

  이와 같은 고찰로 미루어 보면, 왜 대부분의 정치질서들이 민주정치가 아니면 과두정치인가 하는 것이 설명된다. 첫째로, 대부분의 국가에서 중산계급은 일반적으로 수가 적은데, 그 결과 주된 두 계급인 유산층이나 일반대중 가운데 어느 하나가 유리한 입장에 서게 되면, 곧 중용의 도를 벗어나서 자기 계급의 이득에 맞는 방향으로 정치질서를 만들기 때문에, 경우에 따라 민주정치나 과두정치가 발생한다. 둘째로, 대중과 넉넉한 계급 사이에는 파벌적인 분쟁과 투쟁이 쉽게 일어나며, 때에 따라서 어느 쪽이 이기건 이긴 쪽이 공동이해와 평등의 원칙에 근거를 둔 정치질서를 세우기를 거부하며, 승리의 노획물로서 정치적인 권리를 더 많이 차지하려고 하기 때문에, 저마다 원칙에 따라 민주정치나 과두정치를 세운다. 셋째로, 그리스에서 주도권을 잡은 두 국가, 즉 아테네와 스파르타의 정책 또한 비난을 받아야 한다. 저마다 모두 자기 형태의 정치질서에만 관심을 두고 있다. 아테네인들은 자기 영향력 아래에 있는 국가들에 민주정치를 수립했고, 스파르타는 과두정치를 수립했다. 저마다 모두 자신의 이익만을 생각하고, 지배하에 있는 국가의 이익은 조금도 생각하지 않았던 것이다.

　이러한 이유들이 중간 또는 혼합 형태의 정치질서가 왜 설립된 일이 없는가, 또는 기껏해야 왜 몇몇 경우의 몇몇 나라에만 설립되었는가를 설명해 준다. 정권을 잡았던 수많은 사람들 중에서 이제까지 테라메네스(Theramenes) 단 한 명만이 그런 형태의 정치질서를 설립하는 데 동의했다. 그리고 이제는 이 두 나라가 제각기 평등 체제를 원하지도 않고, 그 대신에 완전히 국가의 주도권을 잡거나 아니면 패배하는 경우 승리자에게 복종하는 것이 습관이 되어 버렸다.

　그렇다면 무엇이 가장 좋은 정치질서이며, 또 그 이유는 무엇인지 뚜렷해진다. 먼저 가장 좋은 정치질서가 무엇인가를 결정하고 나면, 다른 것들을 (우리가 이미 구별한 민주정치와 과두정치의 서로 다른 변형된 형태를 포함하여) 한데 묶어, 그들의 질이 좋고 나쁨에 따라 첫 번째, 두 번째 등으로 나열하는 것은 쉬운 일이다. 최선의 정치질서에 가장 가까운 것은 언제나 다른 것보다 좋은 것임에 틀림없다. 특별한 환경과 연관하여 판단하지 않는다면, 중용에서 가장 멀리 떨어져 있는 것이 언제나 다른 것보다 나쁜 것임에 틀림없다. 내가 '특별한 환경과 연관하여'라는 말을 쓰는 것은 다음과 같은 이유에서이다. 즉, 어떤 종류의 정치질서가 본질적으로 더 나은 것일지는 모르나, 어느 경우에는 다른 종류의 질서가 국민에게 더 알맞을 수도 있다는 것이다. 그리고 이런 일은 흔히 일어난다.

제12장
　우리가 여기에서 살펴볼 문제는 '어떤 그리고 어떤 종류의 정치질서가 어떤 종류의 사람들에게 알맞은가?' 하는 것이다. 이 질문에 답하기 위하여 먼저 모든 정치질서에 적용되는 일반적인 원칙을 하나 전제해야 한다. 그것은 존속되기를 바라는 국가의 어떤 정치질서가 그것을 바라지 않는 부분보다 더 강력해야 한다는 것이다. 여기에서 우리는 모든 국가의 성립에 있어서 질과 양이 두 구성요소라는 사실을 기억하게 된다. '질'이란 자유인 태생·부·교양, 그리고 훌륭한 집안 같은 것이며, '양'이란 수적인 우세를 말한다. 질은 국가를 구성하는 한 부분에 속하며, 양은 다른 부분에 속한다. 예를 들어, 천민 출생인 사람들이 집안이 좋은 사람들보다 수가 더 많으며, 가난한 자들이 부자들보다 수가 더 많다. 그러나 어느 한편의 수적인 우세는 다른 한쪽의 질적인 우세에 필적하기에 충분하지 못할 수 있다. 따라서 수와 양이 상호관계에 있어 균형을 이루는 위치에 있어야 한다.
　그런 근거 위에 우리는 세 가지 주장을 내세울 수 있을 것이다. 첫째, 가난한 자의 수가 부자들의 높은 질보다 더 우세한 경우 자연스레 민주정치가 나타날 것이다. 또한 민주정치가 특별히 바뀐 형태는 저마다의 경우에 따라서 대중들이 나타내는 특별한 형태의 우수성에 달려 있을 것이다. 예를 들어, 평민의 대부분이 농부라면 우리는 첫 번째 형태, 즉 빈농 형태의 민주정치를 갖게 될 것이며, 만약 그들이 기계공들이나 노동자들이라면, '극단적' 형태의 민주정치를 갖게 될 것이다. 그리고 '빈농' 형태와 '극단적' 형태의 민주정치 중간에 해당하는 형태들에서도 마찬가지일 것이다. 둘째, 부유한 사람들과 귀족들의 질적인 우수성이 수적인 열세를 보충하고도 남는 경우에는 그 과두정치의 집권자가 갖는 우월성에 따라 과두정치에서도 여러 형태로 달라진다.
　덧붙이자면 입법자는 언제나 중산계급 출신들을 그가 설립하는 어떤 정치에 포섭해 두어야 한다. 만약 그가 만드는 법률이 과두정치라면, 그는 중산계급이 그 법의 혜택을 받을 수 있도록 해놓아야 한다. 만일 민주적인 법률을 만든다면, 그는 중산계급이 이 법률을 지지하도록 애써야 할 것이다. 셋째, 중산계급의 수가 다른 두 계급을 합한 수보다 큰 경우, 또한 그것이 두 계급 중 어느 하나보다 큰 경우에 혼합정치를 확립할 수 있을 것이다. 그런 경우에는 부자들이 가난한 사람들과 결합하여 중산계급을 반대할 위험성이 없다. 왜냐하면 앞의 두 계급 중 어느 쪽도 다른 쪽의 지배를 받아들이지 않으려 하기 때문이다. 그리고 만약 그들이 혼합정치보다 그들의 공동이익에 알맞은 정치질서를 발견하려고 노력한다 하더라도 그런 것을 발견해 낼 수 없다. 두 계급 중 어느 쪽도 그들 중 하나가 지배하게 되는 체제를 용납하지 않기 때문이다. 즉, 그들은 서로간에 신뢰가 거의 없다. 언제나 신뢰를 가장 잘 받을 수 있는 입장은 중재자이며, '중간에 있는 사람'이 중재자인 것이다. 혼합정치에서 요소들의 혼합이 더 훌륭하고 균형이 있을수록 정치질서의 수명은 길어질 것이다. 여기에서 귀족정치적 질서를 확립하려고 하는 사람들이 흔히 실수를 저지른다. 그런 사람들은 부자들에게 더 많은 권력을 줄 뿐만 아니라, 가짜 권리로 대중을 속임으로써 그들을 기만한다. 거짓 이득은 언제나 장기적으로 진정한 악의 원인이 된다. 그리고 부자들이 저지르는 권리침해는 일반대중이 저지르는 것보다 정치질서에 더 파괴적인 영향을 끼친다.

제13장

그럴듯한 가짜 권리를 주어 대중을 속이려고 하는 정치적 술책에는 다섯 가지가 있다. 그것은 각각 의회, 관리직, 법정, 무기 소지, 운동에 관련된 것들이다. 의회는 누구에게나 개방되어 있지만 결석에 대한 벌금은 부자에게만 내려지거나 아니면 훨씬 큰 액수의 벌금이 매겨진다. 관리직에 대해서는 일정한 재산 요건에 의하여 자격을 갖춘 자들은 어떤 핑계를 대도 관리직을 거절할 수 없는 반면 가난한 자들은 그렇게 할 수 있다. 법정에 대해서도 부자들은 결석하면 벌금형을 받지만, 가난한 사람들은 결석을 해도 아무 벌도 받지 않는다. 카론다스가 만든 법에 있는 규칙과 같이 가난한 사람들은 가벼운 벌금형을 받는 반면에 부자들은 무거운 벌금형을 받기도 한다.

어떤 국가에서는 의회와 법정의 출석에 관하여 등록한 사람들은 모두 출석하고 주장을 할 수 있으나 등록한 뒤에 출석을 안 한 자는 무거운 벌금이 매겨진다. 여기서의 목적은 사람들이 벌금을 받을지도 모른다는 두려움 때문에 등록하지 못하도록 해서, 궁극적으로는 그들이 법정과 의회에 출석하지 않도록 하는 것이다. 무기 소유와 운동에서도 마찬가지 방식이 적용된다. 가난한 사람들은 무기를 소지하지 않아도 되지만 부자들은 무기가 없으면 벌금을 받는다. 가난한 사람들은 신체 훈련에 참석하지 않아도 벌금을 받지 않는 반면에 부자들은 벌금을 받는다. 그래서 부자들은 벌금형 때문에 출석을 해야 하는 반면에 가난한 자들은 아무 벌금 조항이 없으므로 마음대로 결석해도 괜찮도록 되어 있다.

이제까지 말한 법정의 술책들은 모두 과두정치적인 것들이다. 민주정치들도 이에 맞먹는 술책들이 있다. 즉 가난한 사람들은 의회와 법정에 출석하려면 수당을 지불하고 부자들은 결석해도 벌금형을 받지 않는다. 만약 우리가 이 두 원칙을 공평하게 섞으려면, 서로의 요소들을 결합해야 한다. 달리 말하면, 가난한 자들에게 출석 수당을 주는 동시에 부자들이 결석하면 벌금을 매기는 것이다. 이렇게 하면, 모두 공통의 정치질서에 참여할 수 있게 될 것이다. 그렇지 않으면 그 정치질서는 어느 한쪽에만 속하게 될 것이다. 혼합정치, 즉 여러 요소가 혼합된 국가의 정치질서는 무기를 지닌 사람들로만 구성된 시민들에게, 즉 일정한 재산을 갖고 있는 시민들에게 기반을 두어야 한다. 그러나 이 자격을 절대적으로 정의하거나, 또는 모든 경우에서 일정한 양의 재산을 고정해 말할 수는 없다. 우리는 언제나 정치적 권리를 갖는 사람들이 그렇지 못한 사람들보다 다수여야 한다는 원칙을 기억하고, 저마다의 경우에서 요구할 수 있는 최고 액수를 찾아내고, 모든 경우마다 그 액수를 정해 줄 수 있도록 해야 한다.

가난한 사람들은 정치적 특권을 누리지 못할지라도 난폭한 취급을 당하거나 재산의 침해를 받지만 않는다면 불평하지 않고 가만히 있는다. 그러나 절제란 언제나 쉬운 일이 아니며, 정치적인 권리를 누리는 사람들이 가난한 사람들에게 언제나 인간적으로 대우해 주는 것은 아니다. 예를 들어, 전쟁시기에 가난한 사람들은 국가의 보조가 없으면 병역에 복무하기를 꺼린다. 그러나 보조가 있으면 기꺼이 전장으로 나간다.

어떤 국가에서는 실제로 군에 복무하고 있는 사람들뿐만 아니라 이전에 복무를 한 일이 있는 사람들까지도 시민으로 해주는 일이 있다. 예를 들어 테살리아(Thessalia) 남쪽에 있는 말리아(Malia)의 정치제도는 이 둘에게 모두 선거권을 주었다. 그렇지만 관직에 대한 피선거권은 실제로 복무하고 있는 사람에게만 국한했다. 고대 그리스에서 왕정 다음으로 나타난 첫 번째 형태의 정치질서에서는 군인들이 성장하고 따라서 기마병들이 정부를 형성하였다(그 당시에는 군사력이나 군사적 우월이 기마병에 달려 있었다. 전략 체제 없이 보병은 쓸모가 없었으며, 그런 체제를 갖는 데에 필요한 경험과 규칙이 예전에는 없었으므로, 군사력이란 기마병을 말하는 것이었다). 그러나 국가의 규모가 커짐에 따라, 그리고 보병이 더 큰 힘을 갖게 됨에 따라 정치적 권리를 누리는 사람들이 늘어나게 되었다. 이런 이유로 당시에는 오늘날에 우리가 혼합정치라고 부르는 정치질서를 민주정치라는 이름으로 불렀다. 예전의 정치질서가 과두정치적이었고 그보다 더 오래된 옛날에는 군주정치였다는 사실은 당연하다. 국가의 인구가 소규모였을 때에는 중산계급의 규모도 크지 않았으며, 조직이 별로 없고 수가 적은 민중은 쉽게 위로부터의 통치를 용납했다.

이제까지 우리는 연구계획에서 말한 다섯 가지 주제 중 세 가지를 살펴보았다. 첫째, 왜 정치질서는 다양한가 그리고 왜 흔히 열거하는 질서들 이외에도 다른 형태들이 존재하는가를 설명했다. 민주정치도 여러 개의 형태가 있으며 다른 정치질서도 마찬가지이다. 우리는 또한 여러 형태들 사이의 차이점을 설명했으며, 여러 정치질서 특성의 원인을 설명했다. 둘째, 우리는 대부분의 경우 무엇이 가장 좋은 정치질서인가를 설명했다. 셋째, 여러 정치질서 가운데 어떤 정치질서가 어떤 시민에게 알맞은가를 설명했다.

제14장

이제 다음 문제를 연구해야 하는데, 이것은 일반적으로 논하는 데 그치지 않고 각 정치질서마다 개별적으로 특정 정체와의 관계에서 기반을 찾아낼 것이다. 먼저 모든 정치질서에는 세 가지 요소, 또는 '권력들'이 있으며, 좋은 입법자는 이 세 가지 요소의 주제에 관하여 각기 무엇이 국가에서 가장 좋은가를 생각해야 한다. 만일 이 세 가지 모두 제대로 이루어져 있다면, 그 정치질서는 제대로 구성될 것이다. 그리고 그들이 서로 다르게 구성되어 있는 경우에는 정치질서 또한 다르게 될 것이다. 이 세 가지 요소 중에서 첫 번째 것은 심의의 요소로서 공동관심사와 그것의 알맞은 조직에 관한 것이다. 두 번째 요소는 관리직에 관한 요소이다. 그리고 여기에서 이 관리들이 무엇이어야 하며, 어떤 일을 담당해야 하고, 관리직을 맡는 사람들은 어떻게 임명되어야 하는가를 결정해야 한다. 세 번째는 사법적 요소이며, 이 요소를 어떻게 조직하는 것이 옳은가 하는 문제이다.

　심의적 요소는 다음 사항들에 대해 최고 권위를 갖는다. 전쟁과 평화의 문제, 그리고 동맹을 맺고 동맹을 해체하는 일, 법률을 제정하는 일, 사형·망명·재산몰수에 관련된 경우들, 관리들을 임명하고 그들의 임기가 만료되었을 때 그들이 한 일에 대해 책임을 묻는 일들이다. 이 요소는 세 가지 다른 방식으로 조직할 수 있다. 첫째는 모든 시민에게 그것을 다루는 문제에 관한 결정권을 주는 것이며, 둘째는 일부 시민에게 모든 문제에 관한 결정권을 주는 것이고(그 문제들을 모두 하나의 관직 또는 여러 관직들에게 합동으로 회부하거나, 다른 문제들은 다른 관직에 회부함으로써), 셋째로는 어떤 문제들에 대해서는 모든 시민에게 결정권을 주고, 다른 문제들에 대해서는 일부 시민들에게만 결정권을 주는 방식이다.

　이런 방식들 중 모든 시민에게 모든 문제에 관한 결정권을 주는 방식은 민주정치의 특성이다. 여기에 함축된 평등은 바로 국민이 바라는 것이다. 그러나 이것을 실시하는 것은 서로 다른 방식으로 할 수 있다. 첫째, 모든 시민들이 순서대로 문제를 토론하기 위하여 집회를 하며, 한꺼번에 모두 모이지는 않는 방식이다. 이것이 밀레투스인 텔레클레스(Telekles)의 정치질서 방식이었다. 또한 이 방식이 달라진 다른 몇 개의 정치질서들의 예를 들 수 있는데, 이것은 여러 관리들이 모임에 한꺼번에 참석하여 토의하지만, 시민은 여러 부족들에서 또는 부족들 내의 최소 단위들에서 대표를 뽑아서 모임에 참여함으로써 결국은 시민이 모두 순서대로 모임에 참여해야 하는 것이다. 또한 모든 시민이 순서대로 심의에 참여하는 이 방식의 일부로서, 시민은 특정한 목적, 즉 법을 만들거나 정치적인 문제를 다루거나, 또는 관리들의 발표를 듣기 위해서만 모이는 것이다.

　이 첫 번째 방식을 실행하는 두 번째 방법은 단지 세 가지 목적만을 위하여 모든 시민들이 함께 모여 의논한다. 그것은 관리들을 임명하고 심사하는 일, 법을 제정하는 일, 전쟁과 평화를 취급하는 일이다. 다른 문제들은 각 분야를 담당하는 관리들에게 위임해 버린다. 그러나 그 관리들을 임명하는 문제는 선거나 추첨을 통해 모든 시민들이 결정하는 것이다. 세 번째 방식은 시민이 두 가지 목적, 즉 관리를 지명하고 심사를 하는 일과 전쟁·외교 정책의 문제를 토의하기 위해서만 모이며, 다른 일들은 관리들의 기구에 위임하는 방식이다. 이 관리들은 가능한 한 선거제이며, 여기에는 경험과 지식이 많은 사람들이 임명되어야 한다. 네 번째 방식은 사람들이 모두 함께 모여 모든 문제에 대해 논의하는 방식이다. 관리들의 기구는 예비조사를 하는 것을 제외하고는 어느 문제에 대해서건 아무런 결정권이 없다. 오늘날 극단적인 민주정치는 이런 방식으로 운영된다. 극단적인 민주정치란 앞에서 암시한 것과 같이 과두정치 중에서 왕조적인 형태와 비슷하며, 왕정 중에서 참주정치 형태와 비슷하다.

의회의 권력배분을 조직하는 이 방식들은 민주정치적인 것이다. 두 번째의 조직체제는 역시 서로 다른 여러 방식으로 실행될 수 있는데, 시민들 중의 일부가 모든 문제를 심의하는 것이다. 이 두 번째 체제를 실제로 행하는 방식 중의 하나는 심의기구 구성원들이 재산에 있어 어느 정도 자격을 가져야 선출될 수 있도록 하며, 따라서 의원의 수가 상당히 많게 만드는 것이다. 또한 의원들은 법에 따라 변경이 금지된 문제들은 바꿀 수 없으며 그저 규칙에 복종해야 한다. 또한 자격 요건에 필요한 정도만큼 재산을 지닌 사람은 모두 심의권을 갖도록 허용되어야 한다. 여기에서 우리는 과두정치적인 요소를 볼 수 있는데, 이 과두정치적인 요소가 혼합정치적인 성격을 띠는 것은 그 요소가 온건하기 때문이다. 이 체제를 실행하는 두 번째 방식은 심의기구 구성원의 자격이 선택된 몇 명에게만 있지만, 이 사람들은 이전과 마찬가지로 법이 정하는 바에 준해서 행동하도록 하는 것이다. 이것은 과두정치의 특징적인 한 방식이다. 이 체제를 실행하는 또 다른 방식은 심의의 권한을 갖는 사람들이 스스로 자기를 뽑아 충원하거나, 또는 단순히 세습제로 계승하거나 하는 것이며, 법을 뒤집을 수 있는 권한을 갖는 것이다. 이것은 필연적으로 과두정치의 조직 방식이다.

세 번째의 조직 체제는 시민 일부가 어떤 문제들에 대해서만 토의할 뿐 모든 문제를 토의하지는 않는다는 것이다. 예를 들어, 모든 시민이 전쟁과 평화, 그리고 관리들의 심사에 관하여 논의하는 권한은 행사할 수 있지만, 그 밖의 문제에 대해서는 관리만이 결정권을 가지며, 또한 이들 관리는 선거를 통해 임명된다. 이런 경우 이 정치질서는 귀족정치이다. 또 다른 대안은 어떤 결정 사항들은 선거를 통해 지명된 사항들에 귀속하며, 다른 사항들은 추첨을 통해 지명된 사람들이 결정하는 것이다(이 경우 추첨 대상은 전원일 수도 있고, 미리 예선에서 뽑혀진 후보들일 수도 있다). 또는 선출된 사람들과 추첨으로 임명된 사람들이 함께 모여 토론하는 혼성 기구에서 모든 문제를 결정하는 것이다. 그런 조직 방식은 부분적으로 귀족정치에 가까운 혼합정치의 특성이며, 순수한 혼합정치의 특성이기도 하다.

이런 것들은 서로 다른 정치질서에 상응하는 심의기구의 다른 형태들이다. 각 정치질서는 우리가 구별한 어떤 체제 또는 다른 체제들의 근거 앞에서 조직된다.

민주정치, 특히 오늘날에 민주적이라고 하는 형태의 민주정치(이런 형태의 민주정치에서는 국민의 권위가 법보다 낫다)의 이해에 맞는 정책은, 과두정치들이 법정의 집회에 적용하는 방식을 심의기구에 적용해서 질을 개선하는 것이다. 그것은 법정이 필요로 하는 사람들을 강제로라도 출석시키는데, 출석하지 않는 경우 벌금형에 처한다. 이것은 사람들에게 수당을 주어 출석하도록 하는 민주정치 방식의 반대라고 할 수 있다. 민주정치 의회에 이런 의무적 출석 방식을 적용하면 좋을 것이다. 모든 사람이 함께 나랏일을 논의할 때 토론의 결과는 훨씬 더 좋기 때문이다. 즉, 일반대중이 귀족과 섞이고, 또한 귀족이 일반대중에 섞여서 논의하는 게 바람직하다.

또한 국가의 여러 계급이 선거나 추첨 어느 것에 따라 선출되든 간에, 심의기구에 똑같은 수의 대표를 내면 민주정치에 이롭게 된다. 그리고 일반 평민의 수가 정치적 경험을 지닌 귀족들보다 훨씬 많은 경우, 의회의 출석에 대한 수당을 모든 시민에게 주지 않고 귀족들과 수에 있어 균형을 이룰 만큼의 수의 시민들에게만 주거나, 또는 귀족들에 대한 일반시민들의 수적인 우세를 물리치기 위하여 추첨을 사용하는 것이 민주정치에 이로울 것이다.

과두정치들의 이해에 알맞은 정책은 평민에서 몇몇 대표를 심의기구에 호선하거나, 또는 다른 방식을 사용하여 '예비위원회' 또는 '법적 감시위원회'라는 이름으로 일부 나라들에서 존재하는 제도를 만들고, 이 제도의 구성원들이 이미 앞서 말한 문제를 시민들이 다루도록 한다. 이 나중의 방식에 의하면 일반국민들은 심의 권리에 참여하지만 헌정의 규칙을 폐기할 수는 없다. 과두정치의 이해에 맞는 또 다른 일련의 정책은, 정부가 제출한 것과 똑같거나 적어도 합치되는 조치들에만 국민들이 투표할 수 있도록 하거나, 또는 다른 방식으로 전체 국민이 의견을 낼 수는 있지만 심의기구는 관리들의 집단으로 이루어지게 한다. 혼합 정치에서 행해져야 하는 것의 반대가 과두정치에서는 규칙이 되어야 한다. 국민의 제안을 거부하는 데 있어서 다수는 최고 권위를 가지나, 제안을 통과시키는 데 있어서는 그렇지 못하며, 그들이 통과시키는 어떤 제안도 관리들에게 회부되어야 한다. 혼합정치에서 채택되는 실제는 이와는 반대이다. 소수의 관리들이 제안을 거부하는 데 있어서는 최고 권위를 가지나 그들을 통과시키는 데 있어서는 그렇지 못하며, 그들이 통과시키는 어떤 제안이든 다수가 최종적으로 결정하도록 회부된다. 정치질서에 있어서 심의적 또는 최고 권위를 갖는 요소에 관한 우리의 결론은 이와 같다.

제15장

다음으로 다룰 문제는 행정적 요소, 즉 관리의 분배이다. 정치질서 중 이 요소는 심의적인 요소와 마찬가지로 여러 가지 방식으로 조직할 수 있다. 이런 경우에는 다음 세 가지 점에서 살펴볼 수 있다. 첫째, 관리의 수 둘째, 관리가 다룰 문제들 셋째, 관리의 임기이다. 어떤 나라에서는 임기가 6개월이며, 다른 나라에서는 그보다 짧고, 또 다른 나라에서는 1년이며, 또 다른 나라에서는 그보다 더 길다. 우리는 이 기간들을 비교하는 것으로 만족하지 않고, 관직이 종신직이어야 하는가, 또는 장기간이어야 하는가, 또는 단기간이어야 하는가, 그리고 한 사람이 중임할 수 있는가, 아니면 한 번의 임기밖에 할 수 없어야 하는가 등의 문제를 일반적으로 논의해 보아야 한다. 또한 넷째로 다른 문제점 가운데 하나인 관리 임명의 방법을 살펴보아야 한다. 이것은 또 세 개의 의문, 즉 누가 피선의 자격이 있는가, 누가 선거권이 있는가, 선거는 어떤 방식으로 행해져야 하는가를 제기한다.

우리는 먼저 이 의문에 저마다 적용할 수 있는 여러 방식들을 구별해야 하며, 그 다음으로 그 근거 앞에서 특별한 형태의 정치질서에 맞는 특별한 형태의 관리제도를 결정해야 한다. 그러나 먼저 관리의 정의에 대한 문제와 맞닥뜨리게 된다. 즉 '관리'라는 말에 무엇을 포함시켜야 하는가? 정치적 공동체는 많은 수의 서로 다른 관리를 필요로 한다. 따라서 선거나 추첨을 통해 어떤 관직에 임명되는 사람들을 모두 관리라고 할 수는 없다. 예를 들어, 공적 의식을 관장하는 사제들을 관직에 포함할 수는 없다. 사제들의 관직은 정치적 관직과 다른 것으로 취급되어야 한다. 연극 제작에 관련된 관리들도 마찬가지이며, 전령 또는 외국에 사절로 가도록 뽑힌 사람들도 마찬가지이다. 공적 의무의 일반적 범위는 다음 세 부류로 나눌 수 있다. 첫 번째 부류는 정치적인 것이다. 여기에서 하는 일은 어떤 특정한 행동 분야에 있어서 전체 시민이나(예를 들어, 장군이 전장에서 시민군을 지휘하는 것 같은) 시민들의 어떤 일부를(예를 들어, 부녀자와 아동들을 감독하는 사람들이 일을 지시하듯이) 지시하는 것이다. 두 번째 부류는 경제적인 기능인데, 이것은 분배하기 위한 곡식을 측량하도록 선출된 관리들을 예로 들 수 있다(이런 관리들은 여러 국가에 있다). 세 번째는 종속적인 또는 부역을 하는 부류로, 부유한 국가들에서 공적인 노예들이 수행하는 것 같은 의무들이다.

　이 모든 관직들 중에서 일반적으로 관리라는 칭호는 대체로 어떤 일정한 분야에서 토의하고, 결정하며, 지시를 내리는 임무를 띠고 있는 사람들에게만 적용되어야 한다. 특히 관리의 특별한 표지가 되는 것은 지시를 내리는 의무이다. 그러나 이것은 모두 형식의 문제로서, 실제로는 거의 아무런 중요성이 없다. 이 문제는 단순히 용어상의 문제에 지나지 않으므로 여기에 관하여 법정에서 결정이 내려진 일은 없다. 그것은 단지 사변적 연구의 기회를 제공해줄 뿐이다.

　모든 정치질서, 특히 작은 나라들의 정치질서를 연구할 때, 국가의 존립을 위하여 어떤 종류의 관리가 필요하며 그 수는 어느 만큼이어야 하는가, 그리고 어떤 종류의 가치—그것이 필요치 않다고 할지라도—가 좋은 정치질서를 확보하는 데 필요한가 하는 것을 구분하는 것이 더 중요한 문제이다. 큰 나라들에서는 독립된 기능을 수행하기 위하여 각각 독립된 관리를 두는 것이 가능하며 동시에 옳은 일이다. 큰 나라에서는 시민의 수가 많아 많은 사람들이 관직을 맡기에 편리하기 때문이다. 그리하여 어떤 관직은 한 사람이 보유하여 평생 맡을 수도 있고, 다른 관직은(한 번 이상 맡을지라도) 긴 간격을 두고서 맡을 수도 있다. 이렇게 하면 편리한 것은 말할 것도 없고, 한 사람이 여러 일을 맡지 않고 한 가지 일만을 맡아보므로 더 주의를 기울일 수 있다는 이점이 생긴다.

반대로, 작은 나라에서는 많은 기능을 소수 사람들이 장악해야 한다. 작은 나라에서는 시민의 수가 적어 많은 사람들이 관리가 되기 어렵다. 만일 많은 사람들이 관직을 맡는다면, 누가 그들의 후계자가 될 것인가? 사실 작은 나라도 때때로 큰 나라와 마찬가지로 관리의 임기나 의무에 관한 규정을 필요로 한다. 그러나 큰 나라는 자주 관리를 필요로 하지만, 작은 나라는 단지 오랜 간격을 두고서만 관리를 필요로 한다. 따라서 작은 나라가 여러 가지 의무들을 한몫에 그들 관리에게 지우면 안 된다는 이유는 없다. 그들의 관직은 서로 충돌되는 것이 아닐 것이다. 아무튼 인구가 적을 때는 관리를 팔방미인으로 만들 필요가 있다.

그러나 이 문제를 맨 마지막으로 해결하기 전에 여러 가지 문제를 살펴보아야 한다. 첫째로, 한 관리가 얼마나 많은 관직을 맡을 수 있는가를 결정하는 데 도움을 줄 수 있는 것은, 국가가 얼마나 많은 관직을 필요로 하며, 또한 절대적으로 필요하지는 않더라도 역시 갖추어야 하는 관직들은 몇이나 되는지 미리 알아야 하는 것이다. 둘째로, 여러 다른 장소에서 활동하는 지방관리가 주의를 기울여야 하는 문제는 어떤 것이며, 지역 전체를 관장하는 중앙관서가 어떤 문제를 담당해야 하는지 빠뜨리지 말고 살펴보아야 한다. 질서 유지가 그 한 예이다. 시장 질서를 유지하기 위해서는 관리가 필요하다. 그런데 한 곳 외에 또 다른 곳의 질서를 유지하기 위해서 또 다른 한 관리가 필요한지 아니면 한 관리가 모든 곳의 질서유지를 도맡는 것이 좋은지 질문을 제기해야 한다. 셋째로, 다루어야 하는 문제를 근거로 하여 의무를 배정해야 하는가, 또는 관련된 사람들의 부류에 따라 책임을 나누어야 하는가 또한 생각해야 한다. 예를 들어, 모든 질서 유지 문제를 맡아보는 관리 한 명을 두어야 하는가, 아니면 아이들만 맡는, 또는 부녀자들만을 맡는 관리를 따로 두어야 하는가 고려해야 한다.

넷째로, 정치질서들의 차이점을 고려해 보아야 한다. 이것은 관리제도가 정치질서에 따라 다른가 또는 모든 정치질서에서 마찬가지인가 하는 문제를 제기한다. 모든 정치질서, 즉 민주정치·과두정치·귀족정치·군주정치에서 마찬가지로 똑같은 관리제도―유일한 차이점은 개인적으로 관리들이 똑같은 또는 비슷한 사회계급에서 나오는가, 또는 서로 다른 정치계급에서는 서로 다른 계급에서 나오는가 하는 것뿐이다―로 정부가 구성되는 것이라고 말할 수 있는가? 예를 들어, 귀족정치에서 관리는 교육을 받은 계급에서 나오며, 과두정치에서는 넉넉한 계급에서 나오며, 민주정치에서는 자유인에서 나오는 식이다. 또는 관리제도도 관리들과 마찬가지로 서로 다른 정치질서에서는 어떤 면으로 차이가 난다고 할 수 있을까? 그리고 유보 조항으로서 어떤 경우에는 똑같은 관리제도가 알맞고 다른 경우에는 관리제도란 서로 차이가 나게 마련이라고 덧붙일 수 있는가? 예를 들어, 어떤 정치질서에서는 관리들이 강력한 것이 알맞고, 다른 질서에서는 관리들이 허약한 것이 알맞을 수도 있다.

사실 어떤 관리제도들은 어느 일정한 정치질서의 형태에서만 보이는 완전히 독특한 것이다. 예비의회가 한 예이다. 그런 기구는 민주정치와는 맞지 않으며, 민주정치에서는 일반의회가 알맞은 제도다. 사실 국민을 대신하여 예비적 심의의 임무를 띠고 있는 종류의 기구가 있어야 한다. 그렇지 않으면 국민들은 자신의 일상적인 일을 돌볼 수 없게 될 것이다. 그러나 그런 기구의 규모가 작으면 그것은 과두정치적인 제도가 되는데, 예비의회는 적은 수이기 때문에 언제나 과두정치일 것이다. 일반의회와 예비의회가 함께 있는 경우에는 예비의회가 일반의회에 대한 전제의 역할을 한다. 그것 역시 과두정치적인 요소이다. 그리고 일반의회는 민주정치이다. 그러나 극단적인 형태의 민주정치들에서는 의회 자체의 권위까지도 파괴되고 만다. 이 경우에는 국민들이 직접 모여서 국가 전반의 업무를 논의한다. 이것은 의회에 출석하는 사람들에게 높은 수당을 주는 경우에 흔히 일어난다. 이 경우 사람들은 자기 일을 돌볼 필요가 없어서 자주 집회를 하며, 그들 스스로 모든 문제를 결정한다.

부녀자와 아이들을 맡아 질서를 유지하는 관리들과, 비슷한 감독의 임무를 띤 다른 관리들은 민주정치보다 귀족정치에 더 알맞다. 관리들이 가난한 사람들의 부인이 오고 가는 것을 규제하기는 불가능하기 때문이다. 그들은 과두정치에도 알맞지 않다. 과두정치에서는 관리들의 부인이 지배받기에는 너무 우월하기 때문이다.

이런 문제들에 관하여 지금까지 충분히 살펴보았다. 이제 우리는 관리들의 임명에 관하여 보다 상세하게 설명해 보자. 여기서의 차이점들은 다음 세 가지 요소와 연관되어 있는데, 이 세 가지 요소가 결합하여 모든 가능한 여러 가지 방식들이 나오게 된다. 첫째, 임명을 하는 사람들 둘째, 선거에 뽑힐 자격이 있는 사람들 셋째, 임명의 기구이다. 이 세 가지 요소가 저마다 몇 가지 대안을 갖고 있다. 첫째 요소에서는 임명하는 사람들이 시민이거나 시민의 일부일 수 있다. 둘째 요소에서는 선출될 자격이 있는 사람들이 시민이거나 시민의 일부일 수 있는데, 그것은 재산의 조건·출생·자질, 또는 이와 비슷한 기준에 따라 결정된다. 예를 들어, 메가라에서 선출될 자격이 있는 사람들은, 망명에서 돌아와 본주민에 대항하여 함께 싸운 사람들뿐이다. 셋째 요소인 임명의 기구는 선거를 통할 수도 있고 추첨을 통할 수도 있다. 우리는 이 두 대안을 한데 합쳐서 사용할 수도 있는데, 이런 경우에 아래와 같은 결과가 나올 것이다. 첫째 경우, 어떤 관직에 대해서는 임명을 하는 사람들이 시민이며, 다른 관직에 대해서는 시민의 일부만일 수도 있으며, 둘째 경우, 어떤 관직에 대해서는 선출될 자격이 있는 사람들은 시민 전체이고, 다른 관직에 대해서는 시민의 일부만일 수도 있다. 셋째 경우, 어떤 관직에 대해서는 임명의 방식이 선거이고, 다른 관직에서는 추첨일 수 있다.

  각 대안에 대해서 네 가지 방식이 가능하다. 모든 시민이 임명하는 방식은 다음과 같은 것을 의미한다. (1)모든 시민이 선거로 모든 시민 중에서 관리를 뽑는 방식, (2)모든 시민이 추첨으로 모든 시민 가운데 관직을 뽑는 방식(앞서 말한 두 가지 경우에서 모든 시민 중에서 관리를 뽑는 것은, 모든 부분, 즉 부족·구역, 또는 씨족들 같은 순서에 따라 관리를 뽑아 결국은 모두가 관리가 될 수 있도록 하거나 모든 시민 중에서 계속 관리를 뽑거나 할 수 있다), (3)모든 시민이 일정한 부분에서 선거로 관리를 뽑는 방식, 또는 (4)모든 시민이 일정한 부분에서 추첨으로 관리를 뽑는 방식이다. 그러나 모든 시민은 관리를 임명하는 기구로서, 어떤 관직은 이들 중에 어떤 한 방식으로 임명하고, 다른 관직들은 다른 방식으로 임명할 수도 있다.

  마찬가지로 시민 중의 일부가 관리를 임명하는 방식은 아래와 같은 사실을 의미한다. (1)선거로 모든 시민 가운데 관리를 뽑거나, (2)모든 시민 가운데 추첨으로 관리를 임명하거나, (3)일정한 시민의 한 부분에서 선거로 관리를 뽑거나, (4)일부 시민 가운데 추첨으로 관리를 뽑는 것이다. 그러나 여기에서도 관리 임명권을 갖는 일부 시민이 어떤 관직에 대해서는 이들 방법 중에 어느 하나를 통해 관리를 임명하고, 다른 관직은 다른 방식으로 임명할 수 있다. 즉, 어떤 관직에 대해서는 '선거를 통해 모든 시민으로부터' 관리를 임명하여, 다른 관직에 대해서는 '추첨을 통해 모든 시민으로부터' 관리를 임명할 수 있다. 또 어떤 관직에 대해서는 '선거를 통해 시민의 일부로부터' 관리를 뽑고, 다른 관직에 대해서는 '추첨을 통해 시민의 일부로부터' 관리를 임명할 수 있다. 그래서 다른 두 개의 결합 방식을 제외하고, 모두 열두 개의 방식이 있는 셈이다.

먼저 민주정치적인 방식에 두 가지가 있는데 (ㄱ)모든 시민이 추첨이나 선거를 통해 모든 시민 가운데 관리를 뽑는 방식과, (ㄴ)모든 시민이 선거와 추첨 두 가지를 통하되 어떤 경우에는 한 방식을 사용하고 다른 경우에는 다른 방식을 사용하여 모든 시민 가운데 관리를 뽑는 방식이 있다.

둘째로, 혼합정치에 알맞은 아래와 같은 여러 가지 방식들이 있다. (ㄱ)하나는 모든 시민이 모든 시민 가운데 관리를 뽑는 방식, 선거나 추첨 가운데 한 방식을 사용하거나 아니면 두 가지 방식을 모두 사용하여 관리를 뽑는 방식이지만, 순서에 따라 각 부분별로 관리를 뽑으며 시민 전체에서 계속적으로 뽑지 않는다. (ㄴ)다른 방식은 모든 사람이 모든 시민 가운데 어떤 관직에 관리를 임명하지만, 다른 관직들에 대해서는 일부 시민들만 관리를 뽑는다. 역시 선거나 추첨 가운데 한 방식을 사용하거나 또는 두 방식을 다함께 사용한다. (ㄷ)혼합정치에—그렇지만 과두정치 쪽으로 기우는 혼합정치에—맞는 또 다른 방식은, 시민의 일부가 전체 시민 가운데 관리를 임명하되 어떤 관직은 선거로 임명하고 다른 관직은 추첨으로 임명한다. (ㄹ)혼합정치에—귀족정치와 거의 같은 혼합정치에—맞는 마지막 방식은 시민의 일부가 시민 전체와 일부 시민 가운데 동시에 관리를 임명하는 것, 즉 어떤 관리는 시민 전체 가운데, 다른 관리는 시민 일부로부터 임명하는 것이다. 이 경우 모두 다 선거를 통하거나 추첨을 통하거나, 어떤 관직은 선거로, 다른 관직은 추첨으로 한다. 셋째로, 과두정치에 맞는 방식은 시민의 일부가 시민의 일부로부터 선거·추첨, 또는 이 둘의 혼합 방식으로 관리를 임명하는 것이다. 끝으로, 귀족정치에 맞는 방식은 선거 방식에 의하여 일부 시민이 모든 시민 가운데 관리를 임명하거나, 또는 모든 시민이 일부 시민 가운데 관리를 임명하는 것이다.

관리 임명에 사용할 수 있는 서로 다른 방법들의 수는 이와 같으며, 이들은 서로 다른 형태의 정치질서에 이와 같이 분포되어 있다. 어떤 방식이 각각의 경우에 편리하며, 또한 각 경우에 어떻게 임명해야 하는가를 이해하기 전에, 여러 다른 관직의 기능이 갖는 성격을 이해해야 한다. 관리는 세수의 관리나 군대의 통솔 같은 기능을 한다. 예를 들어, 장군의 기능과, 시장에서 계약을 감독하는 임무를 띤 관리의 기능은 그 종류에서 차이가 난다.

제16장

심의적·행정적·사법적인 세 권한 중에서 이제 우리가 논의해야 할 것은 마지막 것만 남았다. 법정에 관련된 문제들을 결정하는 데에도 다른 분야에서 사용했던 것과 같은 방식을 따라야 한다. 여기에서 차이점이 생기는 세 가지 문제는 (1)법정의 구성원 자격 문제, (2)그들의 권한, (3)법정의 구성원들을 임명하기 위한 기구의 문제이다. 구성원의 자격 문제는 법정이 모든 시민들로 이루어져야 하는가, 또는 일부 시민으로만 이루어져야 하는가의 문제를 제기하며, 권한의 문제는 법정에 얼마나 많은 종류가 있는가 하는 문제를 제기하고, 임명의 기구 문제는 임명을 투표로 하는가 아니면 추첨으로 하는가의 문제를 제기한다.

먼저 법정의 종류는 어떤 것들이 있는지 알아본다. 여기에는 여덟 가지가 있다. 먼저 관리의 행동을 감사하기 위한 법정이 있고, 둘째로 공동이해에 반하는 범죄를 다루는 법정이 있으며, 셋째로 정치질서에 관련된 문제들을 다루는 법정이 있고, 넷째로는 관리와 일반인들을 모두 포함하는 것인데, 벌금의 액수에 관한 분쟁을 다루는 것이 있고, 다섯째로는 일반인들 사이의 계약을 다루는 것으로서, 상당한 정도의 액수가 문제되는 경우이다. 여섯째는 살인을 다루는데, 여기에는 여러 분야가 있을 수 있으며, 이들은 한 집단의 판사들 밑에서 한데 합쳐지거나, 서로 다른 집단의 판사들에게 저마다 귀속되거나 한다. 이들 중에는 고의적인 살인이 있고, 본의 아닌 살인이 있고, 살인행위 자체는 인정하나 그 이유에 관하여 논란이 많은 경우가 있고, 이전에 본심이 아닌 살인을 저질러 추방을 당했던 사람들이 귀국해서 고의로 저지른 살인행위가 있다. 마지막 분야의 예는 '프레아토(Phreatto)의 법정' (옛날 아테네에서 피고는 배 위에서, 판사들은 육지에서 재판을 진행했다고 한다)이라고 알려져 있는 아테네의 법정이다. 그러나 이런 사건들은 큰 국가에서도 흔히 일어나는 것은 아니다. 일곱째 이방인을 다루는 법정도 두 가지 분야가 있는데, 하나는 이방인과 이방인 사이의 문제를 다루며, 다른 하나는 이방인과 시민 사이의 문제를 다룬다. 끝으로 여덟째는 개인들 사이의 적은 액수의 돈이 관련된 계약문제를 취급하는 법정이 있다. 이것은 겨우 1드라크마, 5드라크마 또는 그보다 좀 많은 액수의 돈이 걸린 분쟁을 다룬다. 여기에서도 결정은 내려져야 하지만 큰 법정까지는 갈 필요가 없다.

마지막 세 가지 종류의 법정에 대해서는 더 깊이 들어갈 필요가 없고, 여기서는 첫째부터 다섯째의 법정에만 관심을 국한시켜 자세히 다루기로 한다. 왜냐하면 이들은 모두 정치적인 성격을 갖고 있으며, 제대로 살펴보지 않으면 내분과 정치질서의 착란을 일으킬 문제들을 다루기 때문이다. 여기에서 우리는 다음 체제 중 하나를 가져야 한다. 첫째, 모든 시민이 우리가 구별한 문제들에 관하여 판단을 내릴 수 있는 자격을 가져야 하며, 그런 목적을 위해 투표나 추첨을 통해 선출되어야 한다. 둘째, 모든 시민이 이런 문제에 대해 판단할 자격이 있지만 그들 중에 어떤 사람들에 대해서는 투표로 법정 구성원을 정하며, 다른 사람들에 대해서는 추첨을 통해서 정한다. 셋째, 모든 시민이 판단할 자격이 있지만 단지 이 문제들 중에 어느 일부에 대해서만 그러하며, 그 부분에 관련된 법정은 마찬가지로 부분적으로는 투표 방식을 통해, 그리고 부분적으로는 추첨 방식을 통해 구성원을 뽑는다.

이것은 아래의 네 가지 서로 다른 체제를 뜻한다. 만약 부분적 방식을 따른다면, 즉 시민 전체가 아니라 일부 시민만이 법정의 구성원이 될 자격이 있다면, 같은 수의 체제가 있게 될 것이다. 그 경우에는 다음과 같은 여러 경우를 생각할 수 있다. 첫째, 시민의 일부로부터 투표로 뽑힌 판사가 모든 문제에 관하여 판결을 내리는 경우 둘째, 시민의 일부로부터 추첨으로 뽑힌 판사가 모든 문제에 관하여 판결을 내리는 경우 셋째, 투표로 시민의 일부 가운데 뽑힌 판사들이 일정한 문제들을 판결하며, 추첨으로 뽑힌 판사들이 다른 문제들을 판결하는 경우 넷째, 마찬가지로 부분적으로는 투표와 부분적으로는 추첨을 통해 뽑힌 판사들이 일정한 수의 법정에서만 재판하는 경우이다. 방금 말한 것과 마찬가지로, 이 마지막 네 가지 체제들이 앞에서 말한 네 개의 체제에 그대로 정확하게 상응하는 것을 알 수 있을 것이다.

여기에 더하여 우리는 두 종류의 체제들을 연결하여 사용할 수 있다. 예를 들어, 어떤 법정은 시민 전체에서 그 구성원을 뽑으며, 다른 법정은 시민의 일부에서 구성원을 뽑고, 또 다른 법정은 혼성된 구성원을 가지며(이 경우에는 똑같은 법정이 전체 시민에서 뽑힌 구성원과 일부 시민에서 뽑힌 구성원들로 함께 구성되어 있다), 또한 법정 구성원들이 투표나 추첨의 어느 한 방식을 통하여, 또는 이 둘의 혼합에 의하여 임명될 수도 있다.

  이것으로 법정을 구성할 수 있는 가능한 체제를 모두 알아보았다. 첫 번째 체제, 즉 법정 구성원이 모든 시민으로부터 나오며, 또한 법정이 모든 문제를 판결하는 것은 시민적이다. 두 번째 체제, 즉 구성원이 일부 시민에서 나오며, 법정이 모든 문제를 판결하는 것은 과두정치이다. 세 번째 체제, 즉 어떤 법정의 구성원들은 모든 시민들로부터 나오고, 다른 법정의 구성원들은 일부 시민들로부터 나오는 것은 귀족정치와 혼합정치의 특징이다.

제5편 혁명의 원인과 정치질서 변화

제1장

　이제 우리는 처음 계획했던 첫 번째의 네 가지 문제에 관해서는 논의를 끝마쳤다. 결론에서는 마지막 문제만 살펴보면 된다. 여기에서 우리는 정치질서에서 변화가 생겨나는 일반적인 원인을 고려해 보고, 그들의 수와 성격을 살펴볼 것이다. 또한 각 정치질서가 타락하기 쉬운 특별한 방식에 대해서도 논의해 보도록 하겠다. 즉, 어떠한 하나의 정치질서가 어떤 특정한 정치질서로 가장 쉽게 변할 수 있는가를 알아보는 것이다. 그 뒤에 우리는 정치질서의 안정성을 집단적으로 그리고 개별적으로 확보할 가능성이 높은 정책들을 제시해야 하고, 특정한 각 정치질서를 확립하는 데 가장 좋은 방법들을 지적해야 한다.

　우리는 논의의 근거로서 먼저 전제로 삼아야 할 것이 있다. 그것은 세상에 서로 다른 여러 정치질서들이 있는 이유는 이미 말한 것과 같이 비록 인류가 그 달성에는 실패하지만 언제나 정의와 비례적 평등의 원칙을 인식해 왔다는 사실이다. 예를 들어, 민주정치는 어떤 한 면에 있어서 평등한 사람들이 모든 면에서, 그리고 절대적으로 평등하다는 생각을 바탕으로 발생한다. 사람들은 그들이 모두 평등한 자유인 출신이라는 사실이 곧 모두 절대적으로 평등하다는 것을 의미하는 것이라고 여기는 것이다. 마찬가지로 과두정치는 어떤 면에서 불평등한 사람은 모두 다 불평등하다고 하는 의견에서 나온다. 부의 관점에서 우월한 사람이 자신들을 절대적으로 우월한 것으로 쉽게 생각하는 것이다. 그런 저마다의 의견들에 따라 행동함으로써, 민주정치를 주장하는 자들은 그들이 평등하다는 근거에서 모든 일에 똑같은 몫을 주장하며, 과두정치를 주장하는 자들은 그들이 평등하지 않고 보통 사람보다 낫다는 근거에서 남보다 더 많은 몫을 요구한다.

　이렇게 민주정치와 과두정치가 모두 하나의 정의에 근거를 두고 있지만,

둘 다 절대적인 정의에는 미치지 못한다. 이런 이유 때문에 둘 다 그들이 갖고 있는 정의의 개념에 일치되는 것만큼의 정치적 권리를 누리지 못하게 되면 소요를 일으키는 것이다. 덕이 뛰어난 사람들만이 당연히 절대적으로 낫다고 여길 수 있으므로, 이들이 이 소요를 일으키려고 한다면 가장 정당화될 수 있지만 이들은 그런 짓을 잘 하지 않는다. 좋은 가문 출신은 보통 사람보다 더 많은 몫을 요구한다. 왜냐하면 그들은 선조가 자질과 공적과 함께 부를 가지고 있었으므로 고귀하다고 생각되기 때문이다. 이것이 반란의 원천이며 근원이고, 소요를 일으키는 원인이 되는 것이다.

이렇게 보면, 정치질서에서 변화가 일어나는 두 개의 서로 다른 방식이 설명될 것이다. (1)어떤 때는 반란이 기존 정치질서에 반대하는 것이며, 또한 그 성격을 바꾸려는 의도에서 일어난다. 즉 민주정치를 과두정치로, 과두정치를 민주정치로 바꾸려 하며, 또는 민주정치와 과두정치를 혼합정치와 귀족정치로, 또는 반대로 혼합정치와 귀족정치를 민주정치와 과두정치로 바꾸려 하는 것이다. (2)그러나 때때로 그것은 기존 정치질서 자체에는 영향을 미치지 않는다. 반란을 일으키는 세력은 세 방향 중에 하나를 따를 것이다. 첫째는, 기존의 정부 체제, 예를 들어 과두정치나 군주정치는 그대로 유지하려고 하면서 관리직을 장악하려고 할 것이다. 둘째로, 어떤 정치질서를 더 강력하게 하거나 더 온건하게 하는 것을 원할 수 있다. 예를 들어, 과두정치를 더, 또는 덜 과두정치적으로 만들려고 하거나, 민주정치를 더 또는 덜 민주정치적으로 만들려고 할 수 있는 것이다. 마찬가지로 어떤 다른 형태의 정치질서에 있어 그 질서를 더욱 강화하거나 또는 완화하거나 하려고 할 수도 있다.

셋째, 반란을 일으키는 정당이 정치질서의 어느 한 부분만을 바꾸려고 할 수도 있다. 예를 들어, 어떤 특정한 관직을 설치하거나 폐기할 수 있는데, 어떤 저술가들은 리산드로스(Lysandros)가 스파르타의 왕정을 없애려고 했으며, 파우사니아스(Pausanias) 왕은 감독인 제도를 없애려 한 것을 사례로 삼는다. 또한 에피다우로스(Epidauros)에서도 정치질서를 부분적으로만 변경하여 부족 족장들 회의가 민주정치의 성격을 가지는 의회로 바꾸었다. 그러나 그곳은 오늘날까지도 관리의 임명이 표결에 붙여질 때 공공의회에 출석할 수 있는 관리들은 시민체 중의 시민들뿐이며, 집정관이 1인만 있는 것과 같은 과두정치적인 면모를 지니고 있다.

　어떤 곳의 경우에도 소요의 원인은 불평등에서 찾을 수 있다. 그리고 예를 들어 평등한 사람들 사이에서 행해지는 세습 왕정의 체제와 같이 불평등만이 존재하는 곳에서 모든 소요의 밑바탕에는 평등에 대한 갈망이 있는 것이다. 그러나 평등에는 두 종류가 있다. 첫째 '수적 평등'은 수와 양적인 면에서 평등하게 또는 똑같이 취급받는 것을 의미한다. 둘째 '자격에 비례하는 평등'이란, 비례적 평등의 근거에서 처우를 받는 것을 의미한다. 예를 들면, 수적으로는 3과 2의 차이는 2와 1의 차이와 같지만, 비례적으로는 4와 2의 차이가 2와 1의 차이와 같은데, 그것은 2가 4에서 차지하는 비중은 1이 2에서 차지하는 비중과 같기 때문이다. 사람들은 추상적으로 정의란 비례 문제라는 원칙에 쉽게 의견을 같이한다. 그러나 이 장의 앞부분에서 살펴본 것과 같이, 그들은 실제 문제에서는 의견을 달리한다. 어떤 사람들은 어떤 면에서 평등하면 다른 면에서도 평등하다고 볼 수 있다는 식의 주장을 하며, 다른 사람들은 어느 면에서 나으면 모든 면에 있어 우월성을 주장할 수 있다는 식으로 내세운다.

　사람들이 이렇게 두 가지 방식의 의견을 갖는 결과로 두 가지 형태의 정치질서, 즉 민주정치와 과두정치가 특히 지배적으로 된다. 좋은 자질과 가문은 몇몇 사람들만이 갖고 있지만 민주정치와 과두정치가 기초를 두고 있는 다수자나 부자들은 이보다 훨씬 더 많기 때문이다. 어떤 국가에서도 가문이 좋고 자질이 훌륭한 사람들을 100명이나 찾아낼 수는 없다. 그러나 그만큼 넉넉한 사람들을 찾아낼 수 있는 국가는 많다. 그러나 절대적으로, 그리고 모든 면에서 과두정치적, 또는 민주정치적 평등의 개념 중 어느 하나에 기초를 둔 정치질서는 바람직하지 않다. 이런 정치질서는 수명이 길지 못하다는 사실이 그것을 증명하고 있다.

　그 이유는 간단하다. 첫 시작에서 실수를 저지를 때 그 결말은 반드시 나쁠 수밖에 없는 것이다. 올바른 방식은 어떤 경우에는 수적인 평등의 원칙을 사용하고, 또 다른 경우에는 자격에 비례하는 평등의 원칙을 사용하는 것이다. 그러나 민주정치가 과두정치보다 안전하고, 소요에 의한 고민이 덜한 형태의 정부인 것으로 보인다. 과두정치에서는 두 종류의 소요가 일어나기 쉬운데, 첫째는 과두적 정당 그 자체의 당원들 내부에서 일어나며, 두 번째는 그 정당과 국민의 정당 사이에서 일어난다. 하지만 민주정치에서의 위험은 과두적인 정당에 대항한 소요만 있을 뿐이다. 그리고 민주적 정당들 자체 내에서는 적어도 언급할 만한 내분이 없다. 민주정치는 또한 과두정치보다 여기에서 우리의 관심이 되어 있는 모든 정치 형태들 중에 가장 안정된 형태의 정부, 즉 중산계급에 기초를 둔 혼합정치에 더 가깝다는 이점을 갖고 있다.

제2장

소요가 일어나게 하고 정치질서의 일반적 운영에 변화를 불러오는 여러 원인들을 살펴봐야 하기 때문에, 그들의 기원과 원인에 관한 일반적 의견에서 시작하는 것이 좋겠다. 그것에는 세 가지가 있는데, 먼저 그것들의 윤곽을 그려 보는 것으로 시작해야 할 것이다. 우리가 연구해야 하는 세 가지 문제는, 첫째 소요에 이르게 하는 마음 상태, 둘째 그런 행동의 목표, 셋째 정치적 소요와 서로간의 내분이 시작되는 계기이다.

사람들에게 혁명을 바라게끔 하는 감정의 주된 원인, 그리고 일반적 원인은 앞에서 말하였다. 어떤 사람들은 마음이 평등에 대한 열정으로 가득 차 있기 때문에 소요를 일으킨다. 이런 열망은 그들 자신이 사회적으로 이점을 차지하고 있는 사람들과 평등함에도 다른 사람들보다 별다른 혜택을 받지 못한다고 생각하는 데서 나온다. 또 다른 사람들은 마음이 불평등, 즉 그들의 우월성에 대한 열정으로 가득 차 있으므로 소요를 일으킨다. 이런 태도는 그들이 사실 다른 사람들보다 우월함에도 아무 특혜를 받지 못하고 단지 다른 사람들과 같거나 그보다 못한 대우를 받는다고 생각하는 데서 비롯된다. 이런 열정들은 모두 일리가 있을 수도 있지만 그렇지 못할 수도 있다. 그래서 열등한 사람들은 평등하게 되기 위해 혁명가가 되며, 평등한 사람들은 나은 사람이 되기 위해 혁명가가 된다.

소요를 일으키는 마음의 상태는 바로 이것이다. 그들이 추구하는 목표는 이득과 명예다. 또한 반대로 손해와 불명예에서 벗어나기 위하여 반란을 일으키는 경우도 있다. 반란을 일으키는 사람들이 단순히 자신이나 친구들이 어떤 종류의 벌이나 불명예를 피하게 하려는 의도를 가질 수도 있는 것이다.

정치적 소요의 원인과 계기, 다시 말해 이런 마음가짐을 부추기고, 방금 말한 목표들을 추구하도록 하는 것은 하나의 입장에서 보면 일곱이라고 할 수 있지만 다른 관점에서 보면 그 이상이다. 이들 중 두 계기, 즉 이득과 명예는 방금 말했지만, 서로 다른 방식으로 작용한다. 왜냐하면 방금 살펴본 것과 같이 사람들은 스스로 이득과 명예를 얻으려고 내분을 일으킬 뿐만 아니라 다른 사람이 자신보다 더 많은 몫을—어떤 경우는 정당하게, 또 어떤 경우는 부당하게—차지하는 것을 보고 그것들에 대한 욕구에서 서로를 자극하기 때문이다. 이득과 명예 이외에 또 다른 계기들은 오만, 공포, 어떤 형태의 우월성의 존재, 경멸, 또는 국가의 한 부분의 불균형한 비대 등이다. 내분에 이르는 또 다른 네 개의 계기는 다른 방식으로 일어나지만, 선거 음모, 고의적인 태만, 하찮은 변화에 대한 부주의, 그리고 국가의 구성 요소들의 불균형들이다.

제3장

이런 계기들 중에서 오만과 이익 추구가 어떤 영향을 미치며, 이것이 어떤 방식으로 소요에 이르는가 하는 것은 거의 뚜렷하다. 관직에 있는 자들이 오만 무례하고 또 개인적 이득을 추구할 때에, 시민들은 소요를 일으키게 되는데, 다른 사람들을 공격할 뿐만 아니라 그런 사람들에게 권력을 준 정치질서 자체까지 공격하게 된다. 덧붙이자면, 때때로 개인적 이득은 개인들을 희생해 가면서 추구되며, 때로는 대중들까지도 희생시키면서 추구된다는 사실을 염두에 두는 것이 좋겠다. 명예가 어떻게 소요의 계기가 되며, 어떤 영향을 미치고, 어떻게 소요를 일으키는가 또한 뚜렷하다. 사람들은 자신이 불명예를 당하거나, 다른 사람들이 명예를 얻는 것을 볼 때 소요를 일으킨다. 만일 명예의 수여나 불명예의 부과가 부당한 것이라면 모두 정당한 것이 못 되지만, 정당한 사유가 있다면, 당연히 명예나 불명예를 감수해야 한다. 어떤 형태의 우월성의 존재가 소요를 일으키는 동기가 되는 것은, 어떤 한 사람 또는 한 집단의 사람들이 그 국가에서 지나치게 반대한 권력을 차지하고 있어서 시민 일반의 힘을 합쳐도 당해내지 못할 정도에 이를 때이다. 이는 결과적으로 왕정이나 '집단적' 과두정치를 낳는 조건이 되는 것이다. 이런 이유 때문에 아르고스와 아테네 같은 여러 국가들이 도편추방 정책을 사용하게 된 것이다. 그러나 먼저 그 같은 사람들이 생기도록 방치했다가 뒤에 처방책을 강구하는 것보다, 그런 사람들이 처음부터 우월한 자가 생기지 않도록 주의하는 것이 더 좋은 정책이다.

공포는 두 부류의 사람들, 즉 처벌을 두려워하는 범죄자들과, 해를 입을 것을 예측하여 선수를 치고자 하는 사람들에게 있어 소요를 불러오는 계기가 된다. 후자의 예로 로데스(Rhodes)에 있었던 일을 인용할 수 있다. 여기에서 귀족들이 평민으로부터 여러 소송을 받아 두려워한 끝에 평민들에 대하여 반란을 일으켰다. 경멸도 소요와 폭동의 원인이 된다. 우리는 이것을 과두정치에서 볼 수 있는데, 정치적 권리를 누리지 못하는 사람들이 다수자이고, 자기들이 더 강대하다고 생각할 때 반란을 일으킨다. 또한 민주정치들에서도 이런 것을 볼 수 있는데, 부자들이 주변에 널리 퍼진 무질서와 무정부 상태를 멸시하는 경우에 일어난다. 멸시 때문에 붕괴한 민주정치의 예가 몇 개 있다. 테베에서는 오에노피타(Oenophyta) 전투(기원전 456년) 이후의 실정으로 민주정치가 파멸했으며, 메가라에서는 무질서와 무정부 상태로 말미암아 패전한 결과로 민주정치가 멸망했고, 시라쿠사에서는 겔론(Gelon)의 참주정치 발생 이전에 민주정치가 붕괴하기 시작했으며, 로데스에서도 방금 말한 귀족들의 반란이 있기 직전의 시기에 같은 일이 일어났다.

국가의 한 부분의 불균형한 비대도 정치질서를 변화시키는 계기가 된다. 이것을 우리 몸에 비유하여 생각하면 알기 쉽다. 육체는 여러 부분으로 이루어져 있으며, 육체의 균형을 유지하려면 모든 부분이 균형 있게 자라나야 한다. 발이 4엘(ell)만큼이나 크고, 몸의 다른 부분이 18인치밖에 되지 않는다면 그런 몸을 가진 사람은 살아갈 수 없을 것이다. 또는 이런 경우 이 불균형한 팽창이 양적으로뿐만 아니라 질적인 변화를 불러올 경우, 그것은 어떤 다른 짐승의 형태로 바뀔 수도 있을 것이다. 국가도 마찬가지이다. 국가도 여러 기관으로 이루어져 있으며, 그중 한 부분이 때로는 모르는 사이에 불균형하게 커질 수도 있다. 예를 들어, 민주정치와 혼합정치에서 가난한 자들의 수가 알지 못하는 사이에 늘어나는 경우가 있다.

이와 같은 불균형은 우연한 재화의 결과일 수도 있다. 예를 들어, 타라스(Taras)에서는 페르시아 전쟁(기원전 480년) 직후에 이웃 이아픽스(Iapyx) 부족과의 전쟁에서 패전을 하고 많은 수의 귀족들이 전사한 결과 혼합정치가 민주정치로 바뀌고 말았다. 또는 아르고스에서는 스파르타의 왕 클레오메네스(Kleomenes)의 손에 '일곱번째의 사람들'이 죽었기 때문에, 농노들 중에 일부를 시민으로 인정해 줄 필요가 있었다. 그래서 정치질서가 민주정치로 바뀌었다. 또 아테네에서는 펠로폰네소스전쟁 중에 보병대가 자주 참패함으로써 등록된 모든 시민들이 병역의 강제의무를 지는 체제가 되어 상류계급의 수가 줄어들게 되었다. 이것이 민주정치의 성장을 촉진시켰다. 이들은 모두 불균형하게 커졌기 때문에 과두정치 또는 온건한 정치질서에 나타난 변화의 실례이다. 그러나 민주정치에서도 같은 이유로, 가능성이 적은 것이기는 하나 비슷한 변화들이 또한 일어날 수 있다. 부자들의 수가 더 많아지거나 재산이 늘어나면, 민주정치는 과두정치나 족벌정치로 바뀐다.

다음으로 우리는 변화의 '부수적인' 계기로 바꾸어, 먼저 선거 경쟁의 효과를 살펴보는 것이 좋겠다. 그런데 이것은 실제로 소요를 일으키지 않고도 정치적 변화의 원인이 될 수 있다. 예를 들어, 헤라이아(Heraia)에서는 선거 결과가 음모로 조작되었기 때문에, 결국 투표 대신 추첨을 사용했다. 고의적 부주의 또한 변화의 계기가 될 수 있는데, 기존 정치질서에 충성스럽지 않은 사람들도 최고 관리직에 허용될 수 있다. 에우보이아의 오레우스(Oreus)가 그 좋은 예이다. 헤라클레오도로스(Herakleodoros)가 관리가 되자 과두정치가 무너졌고, 그 뒤에 그는 그것을 민주정치 또는 오히려 혼합정치로 만들고 말았다. 또 다른 계기로는 하찮은 변화들을 등한히 하는 것이 있다. 작은 변화들을 소홀히 하면 제도들의 모든 체계가 알게 모르게 큰 변화를 일으킬 수 있다. 예를 들어, 암브라키아(Ambrakia)에서는 관직에 필요한 재산의 자격 요건이 처음에는 소액이었지만, 결국은 완전히 없어지게 되었는데, 소액의 자격 요건이 있거나 아무것도 없거나 별 차이가 없다는 생각에서 그렇게 된 것이다.

민족 간의 차이가 소요의 원인이 될 수 있는데, 아무튼 그들이 동화될 때까지는 이런 위험이 있다. 즉 국가는 우연한 시기에 우연히 사람들이 모여 구성될 수는 없으며, 또 하루아침에 생겨난 것도 아니기 때문이다. 국가의 창립 당시 또는 그 이후에, 다른 식민지의 외래자들이 들어와 살도록 허용한 대부분의 국가들이 소요로 시달림을 받았다. 예는 많이 있다. 아카이아(Achaia)인들은 트로이젠(Troizen) 출신의 정착자들과 함께 시바리스(Sybaris)를 건설하는 데 참여했으나, 나중에 자신들의 수가 늘어나자 그들을 쫓아내고 말았다. 그런데 이 때문에 그 국가는 저주를 받게 된 것이다. 투리오이(Thourioi)에서는 시바리스인들이 그곳을 함께 개척한 다른 이주민들과 다투었다. 그들은 자신이 그 땅의 소유자라는 근거에서 특별한 권리들을 요구했지만 결국 내쫓기고 말았다. 비잔티움에서는 나중에 온 이주민들이 본디 살고 있던 개척민들에 대하여 음모를 꾸미다가 발각되어 강제로 내쫓기고 말았으며, 안티사(Antissa)의 본디 개척민들도 마찬가지로 처음에는 키오스의 망명인들에게 그곳에 거주하기를 허용했다가 나중에 추방하고 말았다. 반대로 작클레(Zagkle)에서는 원주민들이 사모스(Samos)인들에게 거주를 허용했다가 자신들이 추방당하고 말았다. 흑해 연안의 아폴로니아(Apollonia)에서는 새 이주민들이 들어와서 소요가 일어났으며, 시라쿠사에서는 참주정치가 끝난 뒤에 용병들과 이방인들에게 정치적 권리를 부여했다가 결국 소요와 내란이 일어나게 되었다. 암피폴리스(amphipolis)에서는 원주민들이 칼키디아(Chalkidia)의 개척민들을 들어오도록 허용했다가, 이들에게 거의 모두가 내쫓기고 말았다.

앞에서 이미 살펴본 것과 같이, 과두정치에서 민중이 자기들이 일으키는 소요가 정당하다고 생각하는 근거는, 그들이 실제로는 똑같은 사람들임에도 평등한 권리를 받지 못하고 부당하게 취급당했다고 생각하는 것이다. 민주정치에서 귀족들이 소요를 일으키는 근거는, 그들이 민중보다 우월함에도 평등한 권리밖에 갖지 못한다고 생각하기 때문이다.

영토가 적합하지 않는 것 또한 소요의 계기가 된다. 이것은 국가의 단일성 유지에 자연적으로 적합하지 못한 영토를 갖고 있는 도시국가들에서 일어난다. 클라조메나이(Klazomenai)에서는 본토의 키트로스(Chytros)의 교외에 사는 사람들이 섬에 사는 주민들과 불화가 잦았다. 콜로폰(Kolophon)과 그 항구인 노티오스(Notios) 사이에도 마찬가지로 사이가 좋지 않았다. 또한 아테네에서도 비슷한 차이점이 있었는데, 항구인 피라에우스(Piraeus)의 거주자들은 아테네의 거주자들보다 더 민주적이다. 전쟁에 견주어 보면, 전쟁에서는 개천의 장애물과 마찬가지로 아무리 작은 것이라 하더라도 그것을 건너기 위해 연대가 흩어져야 하는 것처럼, 도시국가에서도 차이가 있으면 분열을 불러올 수 있다. 아마도 가장 커다란 구분은 덕과 악덕 사이의 구분이며, 그 다음으로 부와 빈곤의 구분이 있다. 또한 다른 구분들도 있는데, 이들은 다른 차이점에서 나오며, 어떤 것은 더 크고 어떤 것은 더 작다. 이들 중에 영토의 차이로 일어나는 분열도 포함할 수 있을 것이다.

제4장

그러나 소요는 작은 계기에서 일어남에도 여기에서 야기되는 문제는 작지 않다. 거기에는 커다란 이해 관계가 문제되는 것이다. 비록 작은 소요들일지라도 여기에 정부의 관리들이 연관되면 문제가 확대된다. 시라쿠사의 역사상에 그런 예가 있는데, 관직에 있었던 두 젊은 사람이 애정 문제로 다툰 것을 발단으로 정치적인 혁명이 일어나게 된 일이 있었다. 이 둘 중 한 사람이 없는 사이에(둘이 동료 사이였는데도 불구하고), 다른 한 사람이 그의 애인을 유혹하여 변심하게 만들었다. 여기에 상처를 입은 그는 화가 난 끝에 그의 동료의 부인을 유혹하여 관계를 맺음으로써 보복을 했다. 둘은 이 문제와 연관하여 모든 시민을 자기들의 다툼에 끌어들이고, 끝내 나라를 두 파당으로 분열시켰다.

여기에서 얻을 수 있는 교훈은, 지도자급의 영향력 있는 사람들이 관련된 분열이나 다툼은 처음 시작부터 주의를 하여 바로 가라앉혀야 한다는 사실이다. '시작이 반이다'라는 속담처럼 과오는 시초에 존재하는 것이며, 처음에 저지른 작은 실수가 나머지 일에 있어서 실수 전체와 같게 된다. 일반적으로 유명한 사람들 사이의 불화는 결과적으로 국가 전체에 영향을 미친다는 사실이다. 이것은 페르시아전쟁 이후 헤스티아에아(Hestiaea)에서 있었던 사건들에서 볼 수 있다. 상속의 분배 문제에 관하여 두 형제가 다투었는데, 그들 중의 더 가난한 쪽이 다른 편이 재산을 밝히거나 그들의 아버지가 이루어 놓은 재화의 수량을 공개하지 않는다는 근거에서 민중의 지원을 받았고, 한편 상대는 재산이 많았기 때문에 부유층의 도움을 확보했다.

또한 델포이에서도 모든 불화의 시작은 한 결혼문제에서 나온 분쟁이었다. 신랑이 신부를 데리고 가기 위해 신부 집에 왔다가 어떤 사고가 일어났는데, 이것은 나쁜 조짐이라 해석하고 신부를 남겨두고 떠나고 말았다. 신부 친척들은 모욕을 받았다 생각하고 보복으로 제사 때의 공물 중에 몇 가지 신성한 물건들을 그의 짐에 집어넣고 그가 공물을 훔치려 했다고 트집을 잡고 그를 죽여 버렸다.

마찬가지로 미틸레네(Mitylene)에서도 여자 상속인들의 결혼에 관한 분쟁이 수많은 곤란한 일들의 시초였다. 여기에는 파케스(Paches)가 점령한 아테네와의 전쟁도 포함되어 있다. 부유한 시민인 티모파네스(Timophanes)가 두 딸을 남겨놓고 죽었다. 다른 시민인 덱산드로스(Dexandros)가 자신의 아들들과 이 여자 상속인들을 결혼시키기 위하여 청혼을 했는데, 그만 실패하고 말았다. 그렇게 되자 그는 소요를 부추겼으며, 그가 아테네의 영사 노릇을 했기 때문에 아테네인들을 꾀어서 여기에 개입하도록 했다.

또한 포키스(Phokis)에서는 한 여자 상속인의 결혼 분쟁이 끝내 온 포키스가 관련된 신성 전쟁의 시작이 되었다. 이 분쟁에는 므나손(Mnason)의 아버지 므나세아스(Mnaseas)와 오노마르코스(Onomarchos)의 아버지 에우티크라테스(Euthykrates)가 관련되어 있었다. 에피담노스(Epidamnos)에서의 정치적 혁명의 원인이 된 것도 결혼문제였다. 어떤 사람이 그의 딸을 한 남자와 약혼시켰는데, 나중에 관리가 된 이 남자의 아버지로부터 벌금형을 받았다. 이렇게 되자 모욕을 받은 것으로 생각하고 그 국가를 전복시키기 위해 정치적 권력을 박탈당한 계급들과 연합하여 정치질서를 뒤집어엎은 것이다.

정치질서는 관리 중 한 사람 또는 국가의 어떤 부분이 세력을 키우거나, 명성을 얻음으로써 과두정치·민주정치·혼합정치의 그 어떤 방향으로 변화될 수 있다. 예를 들어, 아테네의 아레오파고스(Areopagos) 의회는 페르시아전쟁 동안에 명성을 얻어서, 그 결과로 당분간 정치질서가 엄격하게 되어 과두정치의 방향으로 변했다. 그 뒤에 사태가 바뀌어 해군에 복무하던 평민들의 공으로 살라미스(Salamis)에서 승리를 얻게 되었으며, 아테네를 위하여 해군력에 의존하는 제국을 확보하게 되었는데, 이 결과 민주정치가 강화되었다. 아르고스의 귀족들도 만티네아(Mantinea)에서 스파르타인들과 전투(기원전 418년)가 벌어졌을 때 훌륭히 싸워 명성을 얻었는데, 여기에 자극을 받아 민주정치를 억누르려고 했다. 반대로 시라쿠사에서는 아테네와의 전쟁에서 승리한 것이 주로 평민들의 공이었으므로, 이들이 결국 기존의 혼합정치를 민주정치로 바꾸어 버리고 말았다. 칼키스에서는 국민들이 귀족들과 연합하여 참주인 폭소스(Phoxos)를 없애버렸는데, 여기에서 그들이 행한 역할 때문에 확고한 위치를 확보했다. 이와 거의 비슷하게 암브라키아에서도 민중들이 모반인들과 힘을 합쳐 참주인 페리안드로스를 추방했는데, 그 다음에 그들은 정치질서를 대중적인 형태로 바꾸어 버리고 말았다.

일반적으로 경험은 다음과 같은, 언제나 기억해야 하는 교훈을 가르쳐 준다. 즉 국가에 새로운 권력을 확보한 어떤 개인이나 집단 즉 관리들의 집단, 부족 등도 소요를 일으키는 경향이 있다. 그리고 성공을 거둔 사람들의 명예를 시기하는 사람들이 소요를 시작하거나, 아니면 성공을 거둔 자들이 자신이 남보다 낫다고 생각해서 다른 사람들과 평등한 신분에 머물러 있기를 거부함으로써 소요가 일어난다.

보통 적대 관계에 있다고 간주되는 국가의 부분들, 예를 들어 부자와 평민들의 세력이 똑같으며, 결정적인 역할을 할 중간계급이 없거나 거의 적을 때에 소요가 일어난다. 왜냐하면 그들 중 어느 한쪽이 뚜렷하게 뛰어날 때는, 다른 한쪽은 자기보다 분명히 더 강한 상대와 싸우는 모험을 하려 들지 않기 때문이다. 이런 이유에서 덕이 있고 뛰어난 사람들은 원칙적으로 소요를 일으키려고 하지 않는다. 그들은 언제나 적은 수의 입장에 있다.

위와 같은 것이 모든 정체들이 빠지기 쉬운 소요, 변혁의 발생과 원인이 되고 있는 것이다. 정치적 변혁은 때로는 힘에 의하여 이루어지고 때로는 기만에 의하여 이루어진다고 할 수 있을 것이다. 힘은 초기 단계나 후기 단계에서 사용될 수 있다. 기만 역시 두 단계에서 사용될 수 있다. 기만은 때때로 초기 단계에서 사용된다. 이런 방식에서의 변화는 당분간 모든 사람의 동의를 얻어 이루어지지만, 이런 변경을 한 사람들은 그 다음에 가서는 모든 반대에도 실권을 장악한다. 기원전 411년에 아테네에서 있었던 400인의 혁명도 이와 같은 경우에 해당한다. 그들은 먼저 스파르타에 대한 전쟁을 하면 페르시아 왕이 자금 지원을 해 주리라는 보장을 함으로써 국민을 기만했으며, 이런 기만행위 뒤에 영구히 정치질서를 장악하려 했다. 그러나 때로는 처음에 설득을 한 다음 나중에도 비슷한 정책을 추구해서 일반적인 동의를 얻음으로써 정권을 유지하려고 한다. 간단히 살펴보아 모든 정치구조에 영향을 미치는 변혁은 기술한 바와 같은 원인에서 발생한 것이라 할 수 있겠다.

제5장

우리는 먼저 서로 다른 정치질서들을 개별적으로 보고, 그 다음으로 이들 일반적 명제들에 비추어 이 형태들 각각에 어떤 일이 일어나는지를 연구해 보아야 한다.

민주정치에서 변혁은 흔히 민중 선동가들의 무분별한 방종 때문에 일어난다. 이것은 두 가지 형태로 나타난다. 때때로 그들은 부자들을 거짓 비난함으로써 개별적으로 공격하며, 그래서 그들이 서로 단결하도록 한다. 왜냐하면 가장 사이가 나쁜 적일지라도 공통의 위험 앞에선 단결하기 때문이다. 때로는 부자에 대항하라고 민중들을 부추겨서 같은 계급인 부자를 공격한다. 이러한 결과는 여러 경우에서 볼 수 있다. 코스(Kos)에서는 불성실한 민중 선동가들이 득세하고 귀족층이 그들에 대하여 단결함으로써 민주주의가 뒤집어졌다. 로데스에서도 같은 일이 생겼는데, 여기에서는 민중 선동가들이 처음에 의회와 법정에 출석하는 수당을 주는 제도를 도입하고, 필요 기금을 확보하기 위하여 전투용 배의 사령관들이 장비를 갖추는 데 쓰기로 된 비용 지불을 중지했다. 그 결과 배의 사령관들은 조선업자들로부터 제기된 소송에 견디다 못해 힘을 합하여 민주정치를 뒤집어 엎었다.

흑해에 있는 헤라클레이아(Herakleia)에서는 식민지가 건설되자마자, 민중 선동가들의 행동 때문에 민주정치가 멸망하고 말았다. 그들은 귀족들을 부당하게 취급했고, 그렇게 함으로써 그들을 몰아내었지만, 귀족들은 힘을 합하여 그곳으로 되돌아와서는 민주정치를 뒤집어 엎었다. 메가라(Megara)에서도 비슷한 방식으로 민주정치가 멸망했다. 민중 선동가들은 부유층의 재산을 빼앗을 구실을 찾는 데 혈안이 되어 많은 귀족들을 추방했지만, 그 결과 추방당한 자들의 수가 너무 많아졌기 때문에 그들은 귀환하여 평민들을 전투에서 패배시키고 과두정치를 세우고 말았다. 키메(Kyme)에서의 민주정치도 같은 운명을 맞이했는데, 이것은 트라시마코스(Thrasymachos)에 의하여 뒤집어졌다. 대부분의 다른 그리스 도시국가들에서의 변혁을 조사해 보면, 일반적으로 이렇다는 것을 보여주기에 충분하다. 때때로 민중 선동가들은 민중의 환심을 사기 위해 부자들의 재산을 나누어준다든지 공공의 부담을 지워 해를 입힘으로써 그들이 단결하도록 만든다. 때로는 부자들이 파산하도록 하거나 그들의 수입을 해친다. 때로는 부자들의 재산을 압수할 수 있도록 하기 위하여 법정에서 허위 고소를 한다.

옛날에는 민중 선동가 또한 장군이었으므로 민주정치가 참주정치로 바뀌었다. 초기 참주 중의 대부분은 민중 지도자들이었다. 왜 한때는 이랬는데 오늘날에는 그렇지 않은가 하는 이유는 사회 발전의 문제다. 웅변술이 아직 낮은 수준이었던 옛날에는 민중 선동가들은 언제나 군사령관들로부터 나왔다. 수사학의 기술이 발달된 오늘날에는 말재주가 있는 사람들이 민중 선동가가 된다. 그러나 이런 사람들은 전쟁 기술이 없으므로 참주가 되려고 하지 않는다. 그렇지만 여기저기에 예외적인 경우는 있다. 왜 옛날에는 참주정치가 더 자주 있었는가 하는 또하나의 이유는, 그때는 높은 관직들이 개인에게 맡겨졌기 때문이다. 예를 들어, 밀레투스의 참주정치는 트라시불로스(Thrasybulos)가 여러 중요한 문제에 있어서 최고권력을 가지고 있던 관직을 맡았기 때문에 발생하게 되었다.

또 다른 이유는 옛날에는 도시들의 규모가 작았다는 사실이다. 일반적으로 국민들은 시골에서 매일매일 자기 농토에 얽매여 살았다. 따라서 군사적 능력이 있는 지도자는 참주정치를 세울 기회가 있었다. 일반적으로 자기 국민의 신임에 힘입어 그렇게 했다. 그리고 이 신임의 근거는 국민들이 부유한 사람들에게 갖는 적대감이었다. 그래서 아테네에서 페이시스트라토스(Peisistratos)는 평야의 당(가난한 자들의 당인 해안의 당에 반대되는 부자들의 당)에 대한 봉기를 지도함으로써 참주가 되었다. 테아게네스(Theagenes)는 강가에 있는 그들의 땅 바깥에서 가축들을 방목하고 있던 부유한 지주들을 적발하여 이 가축들을 도살한 뒤에 메가라의 참주가 되었다. 시라쿠사에서는 디오니시오스가 다프나이오스(Daphnaios)와 또 다른 부자들을 탄핵함으로써 참주의 지위를 얻었다. 부자들에 대한 그의 적대심 때문에 국민들은 그를 좋은 민주주의자로 신임한 것이다.

민주정치는 조상 전래의 전통적인 형태로부터 요즘에 이르기까지 여러 변화가 있었다. 어떤 자격 제한도 없이 투표로 관직을 채우며, 전체 국민이 투표를 하는 경우에는 관직을 맡으려는 후보자들은 민중 선동가 노릇을 하기 시작하며, 나아가 그들 자신을 법률보다 위에 두려고 한다. 이런 결과를 막기 위해서는, 모든 민중에게 투표권을 주지 않고 부족들로 하여금 저마다 선출하게 하는 것이다. 이와 같은 것들이 민주정치에서 일어나는 혁명의 주된 원인이라고 할 것이다.

제6장

과두정치에서 변혁이 일어나는 데에는 두 가지의 분명하고 가장 뚜렷한 방식이 있다. 첫째로, 과두 집정자가 국민을 억누르는 경우이다. 그런 경우 어떤 지도자라도 그들의 투사가 될 수 있는데, 그것은 지도자가 지배계급 자체로부터 나온 경우에 특히 그렇다. 낙소스(Naxos) 섬의 리그다미스(Lygdamis)의 경우가 이랬는데, 그는 나중에 그 섬의 참주가 되었다. 지배계급 밖에서의 저항운동에서 시작되는 소요는 몇 가지 다른 형태를 취한다. 때로는 넉넉하지만 관직에서 소외된 사람들이 과두정치를 무너뜨린다. 이것은 관직을 담당한 사람들의 수가 매우 제한되어 있을 때 일어난다. 이런 일이 마실리아(Massilia), 이스트로스(Istros), 헤라클레이아, 그리고 다른 도시들에서 일어났다. 과두정치들에 있어 관직에 참여하지 못한 사람들은 계속 소란을 일으켜 결국 어떤 형태로든 참여할 수 있게 되기까지 소란을 일으켰는데, 처음에는 가정에서 형들에게 관직을 주고 다음에는 동생에게도 주었다. 어떤 나라에서는 아버지와 아들이, 또 다른 나라에서는 형과 동생이 함께 관직을 맡는 것이 금지되어 있다. 마침내 마실리아의 과두정치는 오히려 혼합정치의 성격을 더 많이 갖는 것으로 바뀌고 말았다. 이스트로스에서는 민주정치가 되고 말았고, 헤라클레이아의 과두정치는 처음에는 소집단이 장악하고 있었으나, 뒤에 600명이나 되는 사람들이 관직을 담당하게끔 되었다.

크니도스(Knidos)에서도 과두정치의 변화가 있었는데 상당히 격렬했다. 여기서는 귀족계급 자체 내에서 소요가 일어났다. 그들 중에 아주 적은 몇몇만이 관직을 맡았는데, 만약 아버지가 관직을 맡았으면 아들은 그 자격을 잃었으며, 만약 어느 가정에 형제가 여럿 있다면 그중에서 장남만이 관직을 맡을 자격이 있다는 규칙이 시행되었다. 이 내적 소요 과정에 국민들이 개입했다. 그래서 귀족들 중에서 지도자를 추대하고 지배계급을 공격하여 승리를 거두었다. 언제나 있는 일이지만 그들의 적은 내분 때문에 망한 것이다. 에리트라이(Erythrai)에서도 비슷한 일이 일어났다. 그곳은 예전에 바실리다이(Basilidai)의 씨족이 과두정치적으로 통치했으며, 정부는 신중하게 국정을 운영했지만, 국민들은 자기들이 소외되어 있는 것을 못마땅히 여기고 정치 질서를 바꾸고 말았다.

둘째로, 과두정치는 그 구성원들이 개인적인 경쟁 때문에 민중 선동가 노릇을 할 때 내부에서 혼란이 일어난다. 이것은 두 가지의 서로 다른 방식으로 일어날 수 있다. 그중 하나는 과두적 지배자 자신에 대해서 민중 선동적 역할을 하는 것이다. 비록 소수집단이라 하더라도 민중 선동가가 나올 수 있다. 아테네에서 30인의 시대(기원전 404년에 30인이 아테네 국정을 맡던 시대)에 카리클레스(Charikles) 무리가 지배자 30인의 비위를 맞춤으로써 권력을 장악했으며, 400인의 시대(기원전 411년에 400인이 아테네 국정을 맡던 시대)에 프리니코스(Phrynichos) 무리도 집정관 400인에 아첨하여 권력을 잡았다. 과두정치의 구성원들이 민중 선동가의 노릇을 하는 또 다른 방식은 민중을 상대로 하는 것이다. 라리사(Larisa)의 경우가 그랬는데, 여기에서는 호민관을 민중이 선출하기 때문에 민중의 비위를 맞추었다.

또한 이런 일들은 아비도스(Abydos)에서와 같이 과두정치에서 일어났다. 이곳에서는 집정관이 그들 계급에 속한 사람들만에 의해서 선출되지 않았다. 이곳 집정관은 군인을 비롯한 온 국민을 포함하는 광범한 투표권을 갖는 민중에 의해서 선출되었다. 반면에, 피선거권이 정치적 구락부의 구성원들이나 큰 재산을 갖고 있는 사람들에게만 제한되는 과두정치의 형태를 띠고 있었다. 법정이 최고 권위를 갖는 주권체에 속하지 않는 사람들로 구성되어 있는 과두정치에서도 마찬가지의 문제가 발생하였다. 이런 경우 사람들은 자기에게 유리한 판결을 확보하기 위하여 민중 선동가의 책략들을 부리기 시작한다. 이 결과 내분과 정치질서의 변화가 생기게 되는데, 흑해 연안의 헤라클레이아에서 이런 일이 일어났다. 과두정치 구성원 몇몇이 과두정치를 더 소수에게 국한시키려고 하는 경우에도 어려운 일들은 생긴다. 그러면 권리의 평등을 부르짖는 사람들이 국민의 협력을 얻을 수밖에 없게 된다.

과두적 집정자들이 내부에서 혼란될 수 있는 또 다른 방식은, 자기들의 사유재산을 방종한 생활로 탕진하는 경우에도 또한 과두정치에 변혁이 일어난다. 그들은 자신이 참주가 되려 하거나 다른 사람을 참주로 세우려고 한다. 시라쿠사에서 히파리노스(Hipparinos)는 이런 방식으로 디오니시오스를 참주로 세웠다. 암피폴리스에서는 클레오티모스(Kleotimos)라는 이름을 가진 사람이 칼키디아의 이주민을 입국시키고, 정착한 뒤에 그들을 부추겨서 부자들을 공격하게 했다. 또한 아이기나(Aigina)에서도 비슷한 이유로 카레스(Chares)와 교섭을 한 사람이 정치질서를 바꾸려고 했다. 이런 사람들은 때로는 바로 정치적인 변화를 일으키려고 시도하며, 때로는 공금을 횡령하는 데 그친다. 그러나 그것도 결국은 소요에 이르게 되는데, 이때 죄인들 스스로 소요를 일으키거나 또는 흑해 연안의 아폴로니아(Apollonia)에서 일어났던 것같이 그들의 그릇된 행동을 반대하는 사람들이 일으키거나 한다. 일치 단결된 과두정치는 내부에서 쉽게 뒤집히지 않는다. 파르살로스(Pharsalos)의 정치질서가 그 예가 된다. 즉 지배자들의 수는 소수라 하더라도 그 구성원들이 서로 올바르게 처신하기 때문에 많은 인구를 통치할 수 있다.

또한 과두정치가 내부에서 붕괴될 수 있는 또하나의 방식은 과두정치 체제 내부에 또 하나의 과두체가 만들어지는 경우이다. 이런 경우, 통치자의 수가 매우 적은 데도 이들조차 모두 최고 관직에 참여하지 않을 경우 과두정치는 무너진다. 옛날에 엘리스(Elis)에서 이런 일이 일어났다. 통치제는 소수 원로원 의원들의 수중에 있었지만, 원로원 의원으로 지명을 받는 사람들은 아주 적은 몇 명에 지나지 않았다. 원로원 구성원은 90명이었는데, 모두 종신으로 관직을 담당했다. 그리고 그들은 스파르타의 원로원 의원들과 비슷하게, 일정한 가문에 특혜를 주는 방식으로 선출되었기 때문에 그 속에 들어가는 사람이 적었던 것이다.

과두정치는 전시에나 평화시에나 마찬가지로 변혁이 일어날 수 있다. 전시에는 과두적 집정자들이 민중의 불신임 때문에 어쩔 수 없이 용병을 고용해야 하는 경우 변혁이 일어난다. 만일 한 사람이 이 용병들의 지휘권을 갖게 되면, 코린토스에서 티모파네스(Timophanes)가 한 것처럼, 흔히 그 자신이 참주가 되기 쉽게 된다. 만약 지휘권이 몇 사람의 수중에 있게 된다면, 그들은 도당(dynasteia)을 지어 정권을 장악하고 만다. 때로는 과두 집정자들은 이런 일이 일어날까 두려워 민중의 봉사가 절실하게 되는데, 이렇게 되면 민중에게 정치질서에 참여할 권리를 내주게 된다. 평화시에는 과두체제 구성원들이 서로의 불신으로 국내 안전 유지를 용병이나 중립적인 중재자―때때로 이렇게 권력을 위임받은 사람이 적대하는 두 파벌 모두에게 주인으로서 군림하게 된다―에게 위임하여 변화가 일어난다. 알레우아드(Aleuad) 씨족 중의 한 사람인 시미아스(Simias)의 통치 시절에 라리사에서 이런 일이 일어났다. 이피아데스(Iphiades)도 그중의 하나인 파벌들이 서로 싸우고 있는 동안에 아비도스에서도 이런 일들이 일어났다.

또한 결혼과 법적 소송의 문제 때문에 과두 집정자들의 내부에 소요가 일어날 수 있다. 이런 것들은 어느 한 파가 다른 일파를 불쾌하게 만들게 되어 내부 분열이 일어나게 된다. 결혼 문제 때문에 분열이 생기는 몇 가지 예는 이미 앞에서 인용했다(제4장 참조). 또한 결혼 문제에서 부당한 취급을 받은 것에 분개하여 디아고라스(Diagoras)가 에레트리아(Eretria)에서 기사들로 이루어진 과두정치를 타도하였던 것에 관해서도 언급하는 것이 좋겠다. 테베와 헤라클레이아에서는 법정에서의 판결 때문에 내분이 일어났다. 이 두 경우 모두 범죄는 간통이었는데, 이들에게(헤라클레이아에서는 에우리티온(Eurytion)이었고, 테베에서는 아르키아스(Archias)였다) 가해진 형벌은 정당하였지만 그 집행이 당파의식에 의해 행해졌기 때문이다. 그들의 정적들은 이들을 대중 앞에서 형틀에 묶음으로써 복수를 하였다. 또한 과두정치의 지배계급 구성원들이 과두정치가의 지나친 폭정에 분개하여 정권을 뒤집은 일도 종종 일어났다. 예를 들어, 크니도스와 키오스의 지나친 과두정치에서 이런 일이 일어났다.

끝으로, 때로는 우연한 사고 때문에 정치질서의 변혁이 일어날 수 있다. 혼합정치라고 불리는 정치와 의회와 법정의 구성원이 되거나 다른 관직을 담당하기 위하여 재산의 자격 요건을 필요로 하는 과두정치의 형태들에서 이런 일이 일어난다. 이 자격 요건들은 기존 조건들을 기초로 정치적 권리를 제한하는 방식으로 즉, 과두정치에서는 소수에게, 그리고 혼합정치에서는 중산계급에게 처음부터 고정되어 있었는지도 모른다. 흔히 일어나는 일이지만, 그 다음에 평화의 기간이 오래되거나 아니면 다른 운이 좋은 일이 있어서 물질적으로 풍요한 시기가 올 수 있다. 이 결과, 같은 재산이 이제는 예전보다 몇 배나 되는 높은 값으로 평가될 수 있다. 이렇게 되면 온 시민이 모든 권리를 누리게 된다. 이런 변화는 때로 조금씩 눈에 띄지 않게 이루어지지만, 때로는 급격히 일어난다.

과두정치에서 소요와 변혁의 원인은 이와 같다. 일반적인 관찰 하나를 덧붙이고자 한다. 때로는 민주정치와 과두정치가 모두 반대되는 정치 형태로 변화하지 않고 그들 형태의 변형으로 바뀐다. 예를 들어, 법으로 제한된 민주정치와 과두정치가 절대적인 체제로 바뀌기도 하는데, 마찬가지로 그 반대도 일어날 수 있다.

제7장

귀족정체에서는 다른 이유도 많지만, 소수인에게만 관직과 명예를 제한하는 데서 소요가 일어난다. 앞에서 말했듯이 과두정치에서도 이런 원인 때문에 소요가 발생하며, 귀족정치도 어떤 의미에서는 과두정치이기 때문에 당연히 이런 원인에 영향을 받게 된다. 비록 이유는 다르지만, 두 형태의 정치질서 모두 지배계급은 소수인데, 이런 공통점에서 볼 때 귀족정치도 하나의 과두정치로 볼 수 있다. 이런 원인에서 나오는 소요는, 특히 민중이 그들도 자질에 있어 지배자들만큼 훌륭하다는 확신으로 흥분해 있을 때 잘 일어난다. 스파르타의 파르테니아이(Partheniai : 기원전 8세기 말에 타라스를 식민지로 개척한 사람들)라고 불리는 사람들이 바로 이 경우이다. 그들은 스파르타의 귀족 자손들이었는데, 그들의 권리를 되찾기 위하여 음모를 꾸몄지만 그만 발각이 되어서 타라스에 개척민으로 추방되었다고 한다. 똑같은 공적이 있는 훌륭한 사람이 높은 관직자로부터 모욕을 당하였을 때도 일어날 수 있는데, 스파르타의 왕이 리산드로스(Lysandros)를 잘못 대우했던 것이 그 예이다. 또는 아게실라오스(Agesilaos) 왕의 통치 아래 스파르타 귀족들에 대하여 음모를 꾸민 지도자였던 키나돈(Kinadon)과 같이, 기개가 높은 사람이 명예와 관직에서 제외되었을 때에도 또한 소요가 일어날 수 있다. 지배계급 중의 일부 사람들이 지나치게 가난해지고, 다른 사람들은 지나치게 넉넉해질 때도 일어날 수 있는데, 이런 소요는 특히 전쟁 때 일어난다. 예를 들어, 스파르타에서 메세니아 전쟁 중에 이런 사건이 일어났다. 이것은 티르타이오스(Tyrtaios)의 시 〈법의 지배〉를 보면 증명이 된다. 이 시는 전쟁으로 인해 가난뱅이가 된 사람들이 토지재산을 다시 나누어줄 것을 바라며 읊은 것이었다. 높은 지위를 갖고 있지만 그보다 더 높은 일을 해낼 수 있는 능력이 있는 사람은 자신이 하나뿐인 지배자가 되기 위하여 소란을 일으키려 할 것이다. 페르시아전쟁 중에 스파르타의 집정관이었던 파우사니아스(Pausanias)가 그 실례이며, 카르타고에서는 하노(Hanno)가 또 하나의 예이다.

실제로 귀족정치나 혼합정치가 멸망하는 주된 원인은 그 정치질서 자체가 정도에서 벗어났기 때문이다. 이들 모두 멸망의 원인은 서로 다른 요소들을 제대로 결합시키지 못한 것이다. 혼합정치에서는 그 요소들이 민주정치와 과두정치이며, 귀족정치에서는 이 둘과 또 한 가지 자질의 요소가 덧붙여진다. 그러나 귀족정치에서도 진정한 문제는 처음 두 요소를 결합시키는 것인데, 대부분의 귀족정치가(또 혼합정치가) 실제로 결합시키려고 노력하는 유일한 요소들이다. 귀족정치와 혼합정치라고 불리는 정치질서의 유일한 차이점은 같은 두 가지 요소를 어떤 방식으로 혼합시키는가 하는 데 달려 있다. 또한 이것이 왜 앞엣것이 뒤엣것보다 더 안전한가 하는 이유이기도 하다. 이 요소들의 혼합 방식이 과두정치에 가까우면 귀족정치라고 불리며, 이 혼합 방식이 민주정치에 가까우면 혼합정치라고 부른다. 이렇게 보면, 왜 뒤엣것이 앞엣것보다 더 안정되어 있는가를 이해할 수 있을 것이다. 그것은 수가 많을수록 힘 또한 강한 것이며, 대중들은 평등한 권력 배분을 받고 있는 경우에는 만족하기 때문이다. 그러나 부자들은 다르다. 정치질서에 따라 그들이 나은 위치를 갖게 되면, 그들은 교만해지기 쉽고 또 더 많은 권력을 바라게 된다. 그러므로 정치질서가 균형잡히지 못하고 어느 방향으로 치우칠 때, 그 정치질서는 그 방향으로 변화하는 경향이 있다. 따라서 혼합정치는 민주정치로 바뀌며, 귀족정치는 과두정치로 바뀐다.

그러나 반대 방향으로 변화가 일어날 수도 있다. 예를 들어, 귀족정치가 민주정치로 바뀔 수 있는데, 이것은 가난한 계급이 자신이 부당하게 대우를 받는다고 느껴 그 질서의 본디 성향을 반대 방향으로 바꿀 수도 있기 때문이다. 혼합정치도 마찬가지로 과두정치로 바뀔 수 있는데, 즉 모든 혼합정치를 확고히 하는 유일한 원리는 비례에 따른 평등인 것이며, 만인으로 하여금 자기에게 알맞은 처우를 받도록 하는 것이다. 투리오이의 귀족정치에 이런 변화가 일어났다. 거기서 첫 단계로, 관직을 담당하기 위하여 요구되는 높은 재산의 자격 요건에 대한 반동으로, 관직의 수를 늘리고 동시에 재산의 자격 요건을 낮추는 변화가 일어났다. 그 다음 단계로, 귀족들이 불법적으로 모든 토지를 빼앗아 버렸으므로(정치질서가 과두정치적인 편향성을 띠었으므로 이들이 탐욕을 부릴 수 있었다) 내란이 일어나게 되었다. 여기에 민중들이 전쟁에서 단련되었기 때문에 수호대보다 우세하게 되었다. 그래서 법이 허용하는 것보다 더 많은 토지를 갖고 있는 사람들은 재산을 포기해야 했다.

또한 모든 귀족정치적 제도는 과두정치적인 것이었으므로 귀족들에게 탐욕을 부리기 쉽게 되었다. 예를 들어, 스파르타에서 재산이 점차 소수집단의 수중으로 흘러들어가는 것을 볼 수 있었다. 또 일반적으로 귀족들은 너무 많은 권력을 갖고 있어서 그들이 원하는 것은 무엇이나 하며, 그들이 원하는 대로 결혼을 할 수 있다. 남부 이탈리아 로크리(Locri)의 한 시민의 딸과 시라쿠사의 디오니시오스와의 결혼 때문에 이 도시가 망한 것도 이렇게 설명할 수 있다. 이 결혼의 결과로 로크리에 시라쿠사의 참주정치가 성립하게 되었다. 이런 일은 민주정치나 제대로 균형잡힌 귀족정치에서는 결코 일어나지 않았을 것이다.

모든 국가에서 혁명이 하찮은 일을 계기로 일어난다는 것을 이미 지적한 바 있다. 특히 귀족정치에서 그렇다. 귀족정치에서의 변혁은 점진적이어서 인식하기 어렵다. 시민들은 처음에는 그 정치질서의 어느 한 요소를 포기하며, 그 뒤에는 그보다 좀더 중요한 다른 면들을 바꾸는 것이 더 쉽게 된다. 마침내 그들은 국가의 전체 체제를 바꾸게 된다. 이런 일은 실제로 투리오이의 정치질서에서 일어났다. 여기에서 장군의 관직은 임기인 5년이 지난 다음에야 다시 맡을 수 있다는 법이 있었다. 그런데 몇몇 젊은 사람들이 군인다운 자질이 있어 군인들 사이에서 명성을 얻게 되었다. 이 젊은이들은 집정관들을 무시하고, 쉽게 자기들의 뜻을 이룰 수 있다고 계산한 나머지 이 법률을 고치려고 했다. 이들의 목적은 장군들이 계속 재직할 수 있도록 하는 것이었는데, 이렇게 되면 임기가 끝난 다음에도 민중들이 계속 쉽게 자기들을 선출하리라는 것을 알고 있었기 때문이다. 이런 제안을 심사하는 의무를 갖고 있는 관리(평의회라 함)들은 처음에는 법률 개정을 반대하려고 했지만 결국은 동의를 하게 되었는데, 이들은 이 법률만 개정하면 정치의 다른 부분은 건드리지 않을 것이라 생각했다. 그러나 또 다른 개정이 논의되게 되었으며, 그들은 반대하려 했지만 속수무책으로 당하고 말았다. 끝내는 정치의 모든 체제가, 혁명가들로 구성된 귀족정치적 집단이 최고 권위를 갖는 형태로 바뀌고 만 것이다.

모든 정체는 내부에서와 마찬가지로 외부에서도 침식당할 수 있다. 이것은 이들이 가까운 이웃에 있거나 멀리 떨어져 있더라도 반대되는 강력한 형태의 정치질서와 부딪쳐 있을 때 일어난다. 아테네와 스파르타 제국이 위세를 떨치던 시대에 이런 일이 일어났다. 아테네인들은 곳곳에서 과두정치를 없앴으며, 스파르타인들은 그들 나름대로 민주정치를 억눌렀다.

제8장

이제까지 서로 다른 여러 국가의 정치질서에서 혁명과 소요의 원인을 일반적으로 설명했다. 이제 정치질서 일반, 그리고 다른 형태의 질서들을 저마다 유지하고 보존하는 방법들을 알아보고자 한다. 우리는 하나의 일반 논제에서 시작할 수 있다. 정치질서를 파괴하는 원인을 파악하는 것은 또한 그들의 보존을 확실하게 하는 것을 아는 것과도 같다. 반대되는 결과는 반대되는 원인에서 나온다. 파괴와 보존은 서로 상반되는 결과들이다. 이런 근거에서 우리는 다음과 같은 몇 가지 결론을 내릴 수 있다. 첫째로, 여러 요소들이 잘 섞여 있는 정치질서에서는 매우 중요한 것이 한 가지 있는데, 그것은 모든 준법 행위를 잘 감시하며, 특히 하찮은 형태의 무법 행위에 주의해야 한다는 것이다. 하찮은 형태의 무법 행위는 부지불식간에 뿌리를 내릴 수 있는데, 이것은 마치 작은 지출일지라도 계속 되풀이하면 점차로 모든 재산을 파산시키는 것이나 마찬가지이다. 이런 지출은 단번에 행해지는 것이 아니기 때문에 알지 못하는 사이 스며들어 마침내 국가를 망하게 하고 말기 때문이다. '개별적인 것이 작을 때 이들의 모든 합 또한 작다'라는 논리적 오류가 우리를 잘못된 길로 이끄는 것과 마찬가지 방식으로, 우리의 마음도 이런 경우에 그릇된 생각을 하게 된다. 이 논리적 오류는 어떤 의미에서는 옳지만 다른 의미에서는 옳지 않다. 비록 적은 것들로 이루어져 있을지라도 전체 또는 모든 것의 합은 결코 적은 것이 아니기 때문이다.

따라서 하찮은 무법 행위를 방지해서 처음부터 말썽을 없애도록 주의를 기울여야 한다. 둘째로, 우리는 민중을 속이기 위한 책략들을 결코 믿어서는 안 된다는 원칙을 설정하는 것이 좋다. 실제로 이런 책략이 쓸모 없는 것임은 경험에 의해 입증되었기 때문이다. 우리는 이미 여기에서 말하는 바와 같은 정치적인 책략의 성격에 관하여 설명했다. 셋째로, 우리는 어떤 나라들에 있어서 그 정치체제 안정성의 진정한 원인이 그들 정치체제 자체의 견고성에 있다기보다, 지배자들이 참정권이 없는 사람들과 좋은 인간적인 관계를 유지하는 데 있다는 점을 주목해야 한다. 이것은 과두정치나 귀족정치에서도 마찬가지이다. 그런 나라들에서는 참정권이 없는 사람들도 부당한 처우를 받지 않는다. 반대로 그들 중에 지도자급 사람들은 정치적 권리에 참여할 수 있도록 혜택을 받는다. 그리고 그들 중에 야심이 있는 자들은 명예 문제에 관하여 부당한 취급을 받지 않으며, 그렇지 않은 일반인들은 돈이나 이득 문제에 관하여 나쁜 처우를 받지 않는다. 또한 이런 나라들에서는 관리나 다른 지배계급의 구성원들도 서로가 민주주의적 평등정신으로 행동한다.

민주정치를 주장하는 자들은 평등의 원칙을 확대하여 모든 민중을 포함시키려고 한다. 올바른 것은—올바를 뿐만 아니라 편리하기도 한 것은—이 원칙이 진정한 의미에서 '귀족들'에게도 모두 적용되어야 한다는 것이다. 따라서 지배계급의 수가 많은 나라에서는 민주정치 제도를 많이 갖고 있는 것이 편리할 것이다. 예를 들어, 관직의 재임 기간을 6개월로 한정해서, 귀족계급에 속하는 사람들은 차례대로 관리를 맡아볼 수 있도록 해 주는 것이 편리할 것이다. 귀족계급의 수가 많다는 것은 본질적으로 이미 하나의 민주정치라는 뜻이다. 그리고 앞에서 이미 살펴본 것과 같이, 왜 그런 계급에서 흔히 민중 선동가들이 나오는가 하는 것이 그 이유이다. 이런 정책이 채택될 때, 과두정치나 귀족정치들은 족벌정치의 수중에 떨어질 위험성이 적다. 재임 기간이 짧은 관리들은 재임 기간이 긴 관리들보다 해를 끼칠 가능성이 덜하다. 그래서 과두정치나 민주정치에서 관직의 재임 기간이 길면 참두정치가 나온다. 민주정치나 과두정치에서 참주정치를 세우려고 하는 사람들은 우두머리급 사람들이거나(즉 민주정치에서는 민중 선동가이며, 과두정치에서는 큰 집안의 가장들이다) 또는 오랜 기간 동안 주요한 관직을 갖고 있었던 관리들이다.

정치질서의 유지는 한 국가가 어떤 위협으로부터 멀리 떨어져 있어야 보전될 수 있고 또 이따금 그 반대도 성립한다. 위험이 임박해 있을 때에 사람들은 이를 경계하며, 따라서 그들의 정치질서를 더 확고하게 보존한다. 그러므로 넷째로, 그 정치질서를 보존하려고 하는 사람들은 모두 인위적으로라도 경각심을 드높여서 사람들이 경계를 하게 하고, 마치 밤에 보초를 선 사람들처럼 끊임없이 주의를 기울이도록 해야 한다. 다른 말로 하면, 먼 위협을 가깝게 느끼도록 되어야 한다. 다섯째로, 법률에 의존하여 귀족들 사이의 경쟁이나 분쟁을 통제하도록 노력해야 한다. 그리고 사람들 사이에 적대관계가 생기기 이전에도 그런 일이 일어나지 않도록 잘 지켜보아야 한다. 평범한 사람들은 앞에 닥칠 재앙의 발단을 알아차리지 못한다. 진정한 위정자만이 이를 미리 짐작할 수 있다.

과두정치와 혼합정치는 재산의 자격 요건과 관련된 평가체제 운영 과정에서 정치질서 변화가 일어날 수 있다. 예를 들어, 재산의 자격 요건 화폐 액수는 그대로인 반면에, 유통되는 화폐량은 크게 늘어나는 경우에 이런 변화가 일어나기 쉬울 것이다. 여섯째로, 이런 위험에 대처하기 위하여 정규적으로 현재의 모든 평가 총액과 지난해 총액을 비교해야 한다. 평가를 해마다 하는 경우에는 이 비교도 해마다 해야 하며, 규모가 큰 국가에서처럼 평가를 3~4년의 간격을 두고 하는 경우에는 이 간격에 맞추어 평가해야 한다. 만약 그런 경우, 그 정치질서 아래에서 의무적인 평가액이 지난 번에 고정되었을 때보다 화폐의 총액이 몇 배 더 많든지 또는 더 적다면, 여기에 상응하는 정도로 자격 요건을 높이든지 낮추든지 하도록 법을 만들어야 한다. 이런 정책을 채택한 과두정치와 혼합정치에서는 불가피하게 변화가 일어날 것이다. 어떤 경우에는 혼합정치에서 과두정치로, 그리고 과두정치에서 족벌정치로 변화가 일어날 것이며, 다른 경우에는 그 반대 방향으로 변화가 일어날 것이다. 즉 혼합정치에서 민주정치로, 그리고 과두정치에서 혼합정치 또는 민주정치로 변화할 것이다.

일곱째로, 민주정치와 과두정치가 함께 적용되는 법칙은—사실 이 법칙은 모든 정치질서에 적용된다—시민 일부분의 불균형한 팽창을 허용하지 않고, 낮은 관직은 오랜 기간 부여하고, 높은 관직은 짧은 기간 부여하는 것이 더 좋은 정책이다. 사람은 쉽게 나쁜 습관에 물든다. 그리고 누구나 운이 좋을 때에 악습에 빠지지 않고 지낼 수 있는 것은 아니다. 만일 이 원칙이 지켜지지 않았다면 모두 한꺼번에 주어졌던 영직을 한꺼번에 빼앗지 말고 조금씩 조금씩 여러 차례에 걸쳐서 빼앗아야 한다. 또한 알맞은 입법을 통해 어떤 사람이 부 또는 친지관계에 힘입어 나은 위치를 차지하는 위험에 대비하는 것도 좋은 정책이다. 만일 그렇게 할 수 없다면 그런 위치를 얻은 사람들은 외국으로 추방하여 없애야 한다.

사람들은 사생활에 관련된 상황에서 혁명가가 되기도 한다. 따라서 여덟째로, 기존 정치질서와 맞지 않게 사는 사람들을 감시하는 관직이 있어야 한다. 즉 민주정치에서는 민주적으로 살지 않는 사람들을, 과두정치에서는 과두정치적으로 생활하지 않는 사람들을, 그리고 다른 정치질서에서도 거기에 저마다 어울리지 않게 생활하는 사람들을 감시하도록 해야 한다. 마찬가지로 어떤 시기에 특별히 번창하는 사회의 일부를 감시해야 한다. 이렇게 일부 사람들이 급격히 번창함으로써 발생하는 곤란한 문제들을 고치려면, 첫째로 언제나 그 반대편 사람들에게 국정을 돌보고 관직을 담당하도록 해서 가난한 사람들과 넉넉한 일부 사람들 사이의 균형과 융합이 이루어지도록 해야 한다(여기에서 문제되는 두 부류의 사람들이란 귀족과 대중, 또는 넉넉한 층과 가난한 층을 말한다). 아니면 둘째로 중간계급, 또는 이 두 계급 사이에 개입할 수 있는 요소를 강화하도록 모색해야 한다. 그런 정책을 쓰면 불평등에서 나오는 분열을 방지할 수 있다.

 아홉째로, 모든 형태의 정치질서에서 가장 중요한 원칙은 집정관들이 관직을 그들의 사사로운 이득을 위하여 사용하지 못하도록 하는 조처를 취해야 한다. 이것은 입법에 의해서 뿐만 아니라 경제의 일반적 체제에 의해서도 다른 어떤 정치질서에서보다 특히 과두정치적 질서에서 주의를 요하는 문제이다. 민중은 관직에서 제외되는 것에 대해서는 그다지 감정이 상하지 않는다. 사실 자신의 사적인 사업에 전념할 수 있는 여가가 생긴 것을 좋아한다. 그들을 정말 분노하게 만드는 것은 자기들의 지배자가 공공의 재산을 남용하고 있다고 생각하는 것이다. 이들은 이 이중적 손실, 즉 관직과 이득을 동시에 손해 보는 것에 대하여 이중으로 격분하는 것이다. 만약 사람들이 관직을 이용하여 사적인 이득을 얻는 일을 하지 못하도록 하는 조처가 마련될 수 있다면, 민주정치와 귀족정치를 결합시킬 수 있는 방법, 다시 말해 유일하게 가능한 방법이 마련될 수 있을 것이다. 이렇게 되면 귀족들과 민중들이 함께 그들이 원하는 바를 얻을 수 있을 것이다. 즉 민주정치에 맞게 관직을 담당할 권리가 모두에게 개방되지만, 실제로는 귀족정치에 맞도록 귀족들만이 관직을 맡게 될 것이다. 따라서 사사로운 이득의 수단으로서 관직을 사용할 수 없게 된다면, 이 두 가지 효과를 동시에 이룰 수 있다. 가난한 자들은 더 이상 관직을 맡으려고 하지 않을 것이며(왜냐하면 관직을 맡는다고 해서 아무 이득이 생기지 않기 때문이다), 자신의 일을 돌보는 것을 더 좋아할 것이다. 부자들은 비용을 충당하기 위하여 공금의 보조를 받을 필요가 없기 때문에 관직을 맡을 수 있을 것이다. 그래서 서민들은 자기 일을 근면하게 돌보게 되어 부자가 될 수 있는 이점이 있고, 귀족들은 우연히 관리가 된 자들의 지배를 받지 않아도 되는 것을 좋게 생각할 것이다. 공금횡령을 방지하기 위해서는 임기가 끝난 관리들이 시민이 있는 앞에서 공금을 인계해 주어야 하며, 재산목록은 모든 씨족·부족·구역에 저마다 보관되어야 한다. 또 다른 방식으로 어떤 관리도 사사로이 이득을 남기지 못하도록 법으로 좋은 명성을 얻은 사람에게 명예를 주도록 정해야 한다.

  끝으로, 두 개의 서로 다르지만 또 상응하는 규칙을 시사할 수 있는데, 하나는 민주정치를 위한 것이고 다른 하나는 과두정치를 위한 것이다. 민주정치에서는 부자들을 보호해 주어야 한다. 그들의 재산을 재분배의 위협으로부터 안전하게 지켜 주어야 할 뿐만 아니라, 사람들의 재산에서 나오는 생산품도 마찬가지로 안전하게 보호해 주어야 한다. 어떤 정치질서 아래에서도 몰지각하게 이루어진 것처럼 재산을 평등하게 나누는 일은 결코 허용하면 안 된다. 부자들이 기꺼이 그렇게 하려고 할지라도 그들이 연극제의 합창단에 필요한 비용이나 횃불경주의 비용을 부담하거나, 또는 그런 종류의 다른 봉사 같은 비용이 많이 들지만 쓸모없는 공적 봉사를 하지 못하도록 금지하는 것도 좋은 정책이다.

  이와 반대로 과두정치에서는 가난한 사람들에게 많은 관심을 기울여야 한다. 그들에게 수당이 있는 관직들을 배정해 주어야 하며, 만일 부자가 그들에게 모욕을 하는 경우에는 같은 계급의 사람들에게 무례를 저질렀을 때보다 더 엄한 형벌을 가해야 한다. 또한 유산 상속도 세습에 의하여 상속되지 않고 민회에서 이루어져야 한다. 또 한 사람이 한 번 이상 유산 상속을 할 수 없도록 되어야 한다. 이런 체제 아래에서는 재산이 좀더 고르게 분배될 것이며, 더 많은 가난한 사람들이 넉넉한 위치로 올라설 수 있을 것이다. 재산 이외의 문제들에서도 정치적 권리를 덜 갖고 있는 사람들에게 평등한 지위나 우선권까지도 주어야 한다. 즉, 민주정치에서는 넉넉한 사람들에게, 과두정치에서는 가난한 사람들에게 그런 혜택을 주어야 하는 것이다. 그러나 헌법에 따른 최고 관직들은 예외이다. 이 관직들은 완전한 정치적 권리를 갖고 있는 사람들만이 맡아보거나 그들이 주로 담당하도록 해야 한다.

제9장

  최고 관직을 담당해야 하는 사람들은 세 가지 자격 요건을 갖추어야 한다. 첫째는 기존 정치질서에 대한 충성이며, 둘째는 그 관직의 의무를 이행하는 데 있어서 고도의 행정 능력을 갖추어야 한다. 셋째는 덕과 정의를 갖추어야 하는데, 그것은 각 정치질서의 성격에 알맞은 특정한 형태로 갖추고 있어야 한다. 만일 정의의 원칙이 정치질서에 따라 변하는 것이라면, 정의의 성격 또한 거기에 상응하는 여러 가지가 될 것이기 때문이다. 어떤 한 사람이 이 세 가지 자격을 모두 갖추고 있지 않은 경우에는 문제가 생긴다. 즉 어떠한 선택을 해야 하는가 하는 문제이다. 예를 들어, A는 두 번째 자격을 갖추고 있으며 군인으로서의 능력도 있지만, 성격이 좋지도 못하고 그 정치질서에 충성심도 없을 수 있다. B는 성격이 올바르고 정치질서에 충성심도 있지만, 능력이 모자랄 수 있다. 이런 경우 어떠한 선택을 해야 하는가? 여기서 우리는 두 가지 점을 생각해야 할 것이다. 즉 전체적으로 보아 어느 것이 더 흔히 있는 자격이며 어느 것이 더 드문 자격인가 하는 것이다. 그래서 군대의 관직에는 덕성보다 군인으로서의 경험을 더 고려해야 한다. 왜냐하면 군인으로서의 능력은 드문 것이고 덕을 가진 사람은 많기 때문이다.

재산 관리직이나 재무담당 관직에는 이것과 반대되는 원칙에 따라야 한다. 그런 관직은 보통 이상의 덕성을 요구하는 것이지만, 그 관직에 필요한 지식이란 우리가 모두 갖고 있는 정도이다. 이 세 가지 자격 요건에 관하여 또 다른 문제가 하나 제기된다. 만약 어떤 사람이 능력과 정치질서에 대한 충성의 두 요건을 갖추고 있다면, 그 사람은 세 번째 자격 요건인 덕성도 갖추어야 하는가? 아니면 일반 사람들의 이해를 돌보기 위해서는 처음과 두 번째 자격 요건만으로도 충분한가? 이 의문은 다른 문제를 제기함으로써 답변할 수 있다. 이 첫째의 두 자격 요건을 가지고 있는 사람들도 감정적 욕구를 조절하지 못할 수 있지 않은가? 사실 자기의 감정을 억누를 수 없는 사람은 자신에 관한 지식이나 자신에 대한 충성을 갖고 있을지라도 자신의 이해를 돌볼 수 없으며, 마찬가지로 공적인 이해에도 봉사할 수 없지 않겠는가?

이제까지 정치적 안정성을 꾀하는 것으로 논의된 모든 법적 원칙들을 지킬 때, 그 정체는 유지되기 쉬우리라고 생각할 수 있다. 여기에서 우리는 되풀이해서 논의한 가장 중요한 근본적인 원칙, 즉 어떤 정치질서가 존속되기를 바라는 사람들의 수가 그것을 바라지 않는 사람들의 수보다 더 많아야 한다는 원칙에 주목하는 것이 좋겠다.

덧붙여서, 또 다른 한 가지 일을 기억해야 한다. 그렇지만 이것은 그릇된 형태의 정부들에서는 실제로 잊혀지고 만다. 바로 중용의 가치이다. 민주적이라고 생각되는 많은 조치들이 실제로는 민주정치의 기반을 파괴하며, 과두정치적이라고 생각되는 많은 조치들이 실제로 과두정치의 기반을 파괴한다. 이런 정부 형태의 어느 한쪽을 지지하는 사람들은 자신이 좋아하는 정부 형태가 유일하게 올바른 것이라고 생각하면서 일들을 극단적으로 밀고 나간다. 그들은 코에 균형이 필요한 것과 마찬가지로 정치질서에 균형이 필요함을 깨닫지 못한다. 코는 이상적이고 곧은 형태에서 어느 정도 빗나가 조금 구부러지거나 뭉툭할지라도 보기에 멋있고 좋아 보일 수도 있다. 그러나 이 빗나간 정도가 이들 중에 어느 한쪽으로 크게 치우치게 되면, 그 코는 얼굴의 나머지 부분과 조화되지 못하게 되며, 만일 그 정도가 더 심해지면 전혀 코 같아 보이지도 않을 것이다. 왜냐하면 그 코는 이 두 상반되는 극단 중의 어느 한쪽으로 지나치게 치우치면 다른 한쪽으로부터 너무 멀리 떨어지게 되기 때문이다. 코나 신체의 어느 다른 부분에 관하여 이와 같은 것은 정치질서에 관해서도 마찬가지이다. 과두정치나 민주정치가 모두 비록 이상적인 정부 형태에서 벗어나는 것일지라도, 그런 대로 견딜 수 있는 정부 형태일 수 있다. 그러나 그들 중에 어느 하나를 그 방향으로 더욱 더 밀고 나가면, 그것은 점점 더 나쁜 정치질서가 되며, 결국은 정치질서라고 할 수 없는 것이 되고 말 것이다.

따라서 입법자나 정치가들의 의무는 어떤 민주정치적인 법령 중 어느 것이 민주정치를 보존해 주며, 또한 어떤 것이 파괴하는가를 알아야 하며, 마찬가지로 어떤 과두정치적인 대책이 과두정치를 존속시키며 또한 망치는가를 알아야 한다. 이 정치질서들 중에 어느 것도 부자계급과 시민계급을 함께 그 질서 내에 포함시키지 않으면 존재하거나 존속할 수 없다. 따라서 평등한 소유의 체제가 이들 가운데 어느 하나에 도입된다면, 그 결과 반드시 새로운 다른 형태의 정치질서가 생겨나게 될 것이다. 그래서 부와 가난을 없애는 급진적인 입법은 이것과 함께 이것 위에 기초를 둔 이전의 정치질서들도 없애고 말 것이다.

과두정치나 민주정치에서와 마찬가지로 정치인들은 공통된 잘못이 있다. 예를 들어, 국민의 의사가 법보다 나은 형태의 민주정치에서는 민중 선동가들이 실수를 저지른다. 민중 선동가들은 언제나 국가를 두 부분으로 나누어 부자들을 공격한다. 한편 그들은 자신들의 주장을 언제나 지속시킬 것을 공언해야 하는데, 과두정치에서도 마찬가지의 정책을 추구해야 한다. 과두정치가는 국민을 위하여 말한다고 해야 하며, 그가 하는 선서도 현재 하고 있는 것과는 정반대의 것이어야 한다. 즉 '나는 민중에게 악의를 품을 것이며, 그들에게 내가 할 수 있는 모든 나쁜 짓을 행할 것이다' 이렇게 선서해야 하지만, 오히려 이것과는 정반대의 소신을 가져야 하며 그것을 드러내 보여주어야 한다. 그리고 '나는 민중에게 나쁜 짓을 하지 않겠다' 분명히 선언해야만 한다.

그러나 정치질서의 안정성을 확보하기 위하여 우리가 찾아낸 모든 수단 중에 가장 훌륭한 것은 시민을 그들 정치질서의 정신으로 교육시키는 것이다. 이것은 오늘날에 일반적으로 등한시되고 있다. 만일 시민들이 교육의 영향이나 습관에 따라 그 정치질서에 맞는 성향, 즉 민주정치적인 법률들이 있는 나라에서는 민주적인 성향을 가져야 하며, 과두정치적인 법률들이 있는 곳에서는 과두적인 성향을 갖도록 조정되지 않으면, 시민 일반의 동의에 의한 가장 좋은 법률이라도 아무 이점이 없다. 개개인과 마찬가지로 국가에서도 멋대로 행동하는 성향이 있을 수 있으므로 모두에게 교육이 필요한 것이다.

시민을 그들 정치질서 정신으로 교육하는 것은, 과두정치를 지지하는 사람들이나 민주정치를 주장하는 사람들을 좋아하게끔 하는 데에 있지 않다. 그것은 과두정치나 민주정치가 존속할 수 있게 하는 데 있다. 오늘날 실제는 이와 매우 다르다. 과두정치에서는 지배계급의 자손은 사치로운 생활을 하는데, 서민의 자손은 운동이나 날마다 노동으로 단련되어 세상을 뒤바꿀 의지와 힘을 쌓아간다. 그리하여 극단적 형태의 민주정치에서는—이런 형태의 민주정치가 특별히 민주적이라고 여긴다—그들의 진정한 이해와 정반대되는 정책을 추구한다. 이런 행동을 하는 이유는 자유에 관하여 그릇된 개념을 갖고 있기 때문이다. 일반적으로 민주정치의 특징이라고 하는 두 가지 개념이 있는데, 그중 하나는 다수 주권의 개념이며, 다른 하나는 개인들의 자유 개념이다. 민주정치를 주장하는 자들은 정의란 평등에 있는 것이라고 전제를 함으로써 시작한다. 다음에 그는 평등을 대중의 뜻이 최고 권위라는 것과 동일시하게 된다. 끝내는 '자유와 평등'이 '좋아하는 것을 마음대로 하는 것'에 있다는 생각을 갖게 된다. 그런 생각으로, 극단적인 민주정치에서는 저마다 자기 좋은 대로 살게 된다. 에우리피데스(Euripides)는 말한다. "그가 바라는 어떤 목적이건 간에." 이것은 천한 자유의 개념이다. 정치질서의 규칙에 따라 생활하는 것은 노예 생활이 아니라 구제로 생각해야 한다.

일반적으로, 정치질서의 변화와 파괴를 유발시키는 원인들은 이와 같으며, 그들의 보존과 안정을 확보하는 수단도 앞에서 말한 것과 같다.

제10장

우리는 이제 군주정치의 정부에 관해서 그 파괴의 원인들과 보존 수단들을 생각해 보아야 한다. 일반적으로 고유한 의미에서 정치질서들에 관하여 이미 앞에서 말한 것은 왕정과 참주정치에게도 거의 마찬가지로 적용된다. 왕정은 귀족정치의 성격과 같다. 참주정치는 과두정치와 민주정치의 극단적인 형태들의 혼합체이며, 이런 이유로 다른 어떤 형태의 정부보다 국민에게 해독을 끼치는 것이다. 참주정치는 두 개의 나쁜 형태들로 구성되어 있으며, 이 둘의 나쁜 면과 잘못을 모두 갖고 있다. 이 두 군주정치의 기원은 서로 정반대이다. 왕정은 대중보다 더 나은 계층의 사람들을 도와 주려는 목적으로 생겨났으며, 이 계층들에서 왕이 나온다. 그리고 그들이 차지하는 위치의 근거는 성격과 행동에 있어서 그들이나 그들의 가족이 뛰어나다는 사실이다. 이와 반대로 참주들은 백성과 대중에서 나오며, 유명한 사람들로부터 그들을 보호하고 상류계급에게 부당한 일을 당하지 않도록 해 주는 목적을 갖는다. 우리는 이 사실을 역사 속에서 찾을 수 있다. 대부분의 참주들은 민중 선동가로서 정치생활을 시작했는데, 그들은 저명한 인사들을 비방함으로써 백성의 신임을 얻었다.

그러나 국가의 인구가 불어나고 있던 시대에 이런 방식으로 많은 참주정치가 발생한 것은 사실이라 하더라도, 그 이전에는 다른 방식으로 참주정치가 생겨나기도 했다. 그 가운데 어떤 것은 왕의 야심 때문에 생겨났는데, 이들 야심적인 왕은 전통적인 권력의 한계를 넘어서서 더 전제적인 권위를 가지려고 한 것이다. 또 다른 참주정치들은 처음에 최고 집정관에 뽑힌 사람들이 만들었는데, 옛날 집정관들은 일반직이든 성직이든 간에 임기가 오래 계속되는 관습이 있었으므로 그렇게 하기가 더욱 쉬웠다. 또 다른 참주정치는 과두정치에서 한 사람을 주요 관직들을 감독하는 직책에 임명하는 관행에서 나왔다. 이런 방식들로 야심이 큰 사람이 원하기만 하면 쉽게 그의 목적을 이룰 수 있는 기회가 주어졌다. 이미 처음부터 그는 권력을 갖고 있었으므로, 어떤 경우에는 왕으로, 다른 경우에는 다른 고위 관직을 갖고 있는 사람으로서 참주정치를 설립하는 데 아무런 곤란이 없었다.

그리하여 아르고스의 페이돈이나 다른 많은 사람들이 왕으로 시작해서 결국 참주가 되었고, 이오니아와 팔라리스의 참주들은 높은 관직을 차지함으로써 참주정치를 이룩했다. 레온티노이의 파나이티오스, 코린토스의 킵셀로스, 아테네의 피시스트라토스, 시라쿠사의 디오니시오스, 그리고 다른 곳의 다른 많은 참주들은 민중 선동가들로 시작하여 참주가 되었다.

우리가 이미 살펴본 바와 같이 왕정은 귀족정치의 성격을 띠는 것이라 할 수 있다. 귀족정치와 마찬가지로 왕정도 자질과 공적에 기초를 두고 있다. 그것이 기초를 두고 있는 자질은 개인적이거나 가족적인 성질에 있을 수도 있으며, 또는 남에게 베푼 이로운 일일 수도 있고, 또는 이 두 가지와 능력을 결합한 것일 수도 있다. 왕의 지위에 오른 사람들은 모두 실제로 그들이 살고 있는 도시나 지방에 이로운 일을 했거나 그렇게 할 수 있는 능력을 가진 사람들이었다. 그들 중 어떤 사람들은 아테네의 코드로스(Kodros)처럼 국가를 패전에서 구한 사람들이었으며, 다른 사람들은 페르시아의 키로스(Kyros)처럼 조국을 해방시켰고, 또 다른 사람들은 스파르타나 마케도니아의 왕들처럼, 또는 에피로스(Epiros)의 몰로시아(Molossia) 왕들처럼 국가의 영토를 확정했거나 차지했다. 사회의 보호자 위치에 있는 것이 왕의 목표다. 즉, 재산을 갖고 있는 사람들이 부당한 처우를 받지 않도록 보호하며, 민중을 오만한 처사나 압제정치로부터 구하는 것이다. 우리가 이미 살펴본 것과 마찬가지로 참주정치란 이것과 정반대다. 참주정치에서는 참주의 개인적 이득이 되지 않는 공적인 이해는 무시되고 만다. 참주의 목적은 자신의 쾌락이며, 왕의 목적은 선이다. 우리는 여기에 따르는 결과들을 알 수 있다. 참주는 부를 탐하지만, 왕은 명성을 가져다 주는 것을 추구한다. 왕의 근위대는 시민으로 이루어진 군대인 반면에, 참주의 호위병은 외국인 용병이다.

분명히 참주정치는 과두정치와 민주정치의 해악을 함께 갖고 있다. 과두정치에서와 마찬가지로 참주정치에서도 그 목적은 부에 있다. 왜냐하면 참주 자신의 사치한 생활과 호위병을 유지하는 것은 그의 부를 통해서만 가능하기 때문이다. 또한 참주정치는 과두정치에서 민중을 불신하는 습관과 그 결과로 민중이 무기를 갖지 못하도록 하는 정책을 취한다. 참주정치는 또한 민중을 억누르며, 그들을 도시에서 내쫓아 지방으로 흩어지게 하려는 점에서 과두정치와 공통점을 갖는다. 참주정치가 상류계급에 대한 적대적인 태도, 공개적이거나 비밀스레 그들을 파멸시키는 정책, 그들을 몰아내려는 습관 등을 취하는 것은 민주정치에서 나오는데, 이것은 그들을 자기 권력에 대한 경쟁자나 방해물로 생각하기 때문이다. 실제로 귀족들은 참주의 장애물 이상이다. 또한 그들은 참주를 음해하려는 데 적극적인 사람들이기도 하다. 왜냐하면 어떤 경우에는 그들이 지배자가 되려고 하는 욕망을 가지고 있기 때문이며, 다른 경우에는 노예가 되려고 하지 않기 때문이다. 이렇게 보면 페리안드로스가 동료 참주인 트라시불로스에게 준 충고를 이해할 수 있다. 페리안드로스는 곡물밭에서 특별히 키가 큰 곡식들을 자기 지팡이로 때려눕혔다. 그것은 그가 특별히 뛰어난 시민들을 없애야 한다는 것을 암시한 것이다.

군주정치 체제를 시행하고 있는 나라들에서 혁명의 원인은 보통 정상적인 정치질서를 갖고 있는 나라들의 혁명 원인과 마찬가지로 고려되어야 한다는 점은 이미 앞에서 말했다. 부당한 억압·공포, 그리고 멸시 때문에 때때로 시민들은 군주에 대하여 반란을 일으킨다. 가장 빈번하게 혁명의 원인이 되는 부당한 억압의 형태는 모욕이다. 그러나 재산을 빼앗는 것도 때로는 똑같은 효과를 갖는다. 혁명의 시작은 참주정치나 왕정에서도 일반 정상적인 정치질서에서와 같다. 최고 지배자들은 부와 명예를 누리는데, 이것들은 누구나 바라는 욕망의 대상이다. 혁명분자들은 때로는 최고 지배자를 공격하며 때로는 그의 관직을 공격한다. 모욕적인 언행 때문에 분발해 일어났다면 지배자 개인을 직접 공격한다.

모욕적인 언행에는 여러 가지가 있지만 어떤 것이건 간에 공통적으로 분노를 자아낸다. 지배자를 홧김에 공격하는 자들은 복수를 하려고 하는 것이지 야심 때문에 그렇게 하는 것은 아니다. 하르모디오스(Harmodios)와 아리스토기톤(Aristogiton)이 아테네의 페이시스트라토스의 아들들을 공격한 것은, 그들이 하르모디오스의 누이에게 불명예스러운 짓을 했고, 그래서 그를 욕되게 했기 때문이었다. 하르모디오스는 그의 누이를 위하여 공격했고, 그 친구인 아리스토기톤은 그를 위하여 여기에 가담했다. 암브라키아의 참주인 페리안드로스는 그가 좋아하는 동성애 상대와 술을 마시다가 그에게 "아직

나의 아이를 갖지 않았는가?" 물었는데, 이것이 혁명의 발단이 되었다. 파우사니아스(Pausanias)는 필리포스(Philippos) 왕이 아탈로스(Attalos)와 친구들이 그를 모욕하도록 했기 때문에 필리포스를 공격했다. 그리고 데르다스(Derdas)는 그가 젊었을 때 그에게 모욕을 주었다는 이유로 아민타스(Amyntas) 왕을 공격했다. 키프로스의 에바고라스(Evagoras)는 그의 아들이 어떤 내시의 처를 빼앗아 욕되게 했기 때문에, 그 내시에게 공격을 받고 죽었다.

어떤 왕들이 국민에 가한 파렴치한 행동 때문에 또한 많은 반란이 일어났다. 그 한 예가 크라타이오스(Krataios)가 아르켈라오스(Archelaos)를 공격한 것인데, 그 원인은 아마도 그가 언제나 아르켈라오스의 교제 관계에 불만이 많아 하찮은 일로도 공격을 가할 이유가 되기에 충분했을 것이다. 그렇지 않으면, 아르켈라오스가 그의 딸 중 하나를 그에게 주기로 약속한 다음에 그 것을 지키지 않고, 시라스(Sirras)와 아리바이오스(Arribaios)와의 전쟁 중에 곤경에 빠지자 맏딸을 엘리메이아(Elimeia)의 왕에게 시집보내 버렸고, 둘째 딸은 그의 아들인 아민타스에게 주어 버린 것이 원인이었는지도 모른다. 둘째딸을 아민타스에게 준 것은, 그렇게 하면 그가 클레오파트라에게서 난 그의 아들과 사이좋게 지내리라고 생각했기 때문이었다. 아무튼 크라타이오스가 앙심을 품은 것은 주로 애정문제 때문이었다. 그리고 라리사의 헬라노크라테스(Hellanokrates)도 같은 이유로 공격에 가담했다. 왜냐하면 그 역시 아르켈라오스의 총애를 받았지만, 약속한 대로 그가 자신을 자기 고향으로 돌려보내 주지 않았기 때문이다. 그는 아르켈라오스가 그를 좋아하는 것이 진실되고 열정적인 사랑 때문이 아니고 오만한 성격 때문이라고 생각했다.

또 다른 예로는, 아이노스(Ainos)의 파로온(Parrhon)과 헤라클리데스(Heraklides)는 아버지의 앙갚음을 하기 위하여 트라케(Thrake) 왕 코티스(Kotys)를 죽였는데, 그것은 아다마스(Adamas)가 코티스에게 반란을 일으킨 것이 그가 어렸을 적에 코티스가 무례한 짓을 했다고 그를 병신으로 만들었기 때문이다. 모욕적인 언행은 또한 육체적인 폭력 형태를 취할 수도 있다. 그런 짓을 당하면 사람들은 흔히 분노에 찬다. 그들이 모욕을 당했다고 느꼈을 때는 왕가와 관련이 있는 사람들이나 왕의 관리까지도 죽이려고 한다. 예를 들어, 미틸레네(Mytilne)의 펜틸로스(Penthilos) 집안 사람들이 돌아다니면서 막대기로 사람들을 두드리고 다니자, 메가클레스(Megakles)와 친구들이 그들을 공격하여 죽이고 말았다. 나중에 스메로디스(Smerdis)는 자기 아내 앞에서 매를 맞고 끌려가자, 결국 펜틸로스를 죽이고 말았다. 또한 데캄니코스(Dekamnichos)는 아르켈라오스에 대한 반란을 처음으로 부추기는 지도적 역할을 했다. 그가 화가 난 원인은, 아르켈라오스가 그를 시인인 에우리피데스에게 넘겨주어 매를 맞도록 했기 때문이었다. 에우리피데스가 그에게 화가 난 원인은, 그가 에우리피데스에게서 입냄새가 난다고 말했기 때문이었다. 그리고 비슷한 이유 때문에 살인이나 모반이 일어났다.

이전에 이미 살펴본 것과 마찬가지로, 공포도 군주정치나 정치질서를 갖고 있는 나라들에서는 반란의 원인으로 작용한다. 페르시아의 근위대장인 아르타파네스(Artapanes)가 그의 군주인 크세르크세스(Xerxes)를 죽인 것은 두려움 때문이다. 그는 크세르크세스가 다리오스(Darios)를 죽이지 말라고 명령했음에도, 그 명령을 저녁식사 중에 해서 크세르크세스는 기억을 잘 못할 것이고, 그래서 용서받으리라 생각하고 다리우스를 교수형에 처하고 말았다. 그런데 그 일이 드러나자 처벌받을 것을 두려워한 나머지 크세르크세스를 죽였던 것이다.

때때로 군주들은 신하에게 멸시를 받고 공격을 당한다. 아시리아의 사르다나팔로스(Sardanapalos)가 여자들과 함께 섞여서 머리를 빗고 있는 광경을 어떤 사람이 보았는데, 그 사람이 그만 사르다나팔로스를 죽이고 말았다. 아무튼 떠도는 이야기라서 사실 그대로가 아닐지도 모르지만, 만약 그에게 일어난 일이 아니라면 다른 사람에게 일어났던 일은 틀림없을 것이다. 시라쿠사의 디오니시오스 2세는 이와 비슷하게 업신여김을 받아 공격을 당했다. 그 공격자는 디오니시오스가 신하들에게 업신여김을 당하며 언제나 술에 취해 있는 것을 보았기 때문에 공격했다. 지배자의 친구들까지도 어떤 때는 그를 업신여기기 때문에 공격한다. 그가 그들에게 갖는 신뢰감 때문에 멸시감이 생기고, 결국 그들은 그가 아무것도 알아차리지 못한다고 믿게 된다.

어떤 반란자들은 또한 일종의 경멸감에서 그들이 쉽게 권력을 장악할 수 있다 믿고 반란을 일으킨다. 그들은 자신이 강력하며, 이 강력함 때문에 어떤 위험도 무릅쓸 수 있다고 생각하므로 쉽게 큰일을 꾀한다. 이런 이유로 장군들이 군주를 공격하는 것이다. 예를 들어, 키로스는 아스티아게스(Astyages

를 공격했는데, 이것은 그의 사치에 빠진 습관과 보잘것없게 된 능력을 깔보았기 때문이다. 트라케인인 세우테스(Seuthes)는 장군이었을 때 아마도코스(Amadokos) 왕을 공격했는데, 이것도 비슷한 이유 때문이었다. 때로는 한 가지 이유 때문이 아니라 여러 가지 이유 때문에 반란을 일으킨다. 예를 들어, 경멸은 탐욕과 결부될 수 있는데, 미트리다테스(Mithridates)가 그의 아버지인 페르시아의 영주 아리오바르자네스(Arriobarzanes)를 공격한 것과 같은 경우이다. 그러나 여러 복합적인 원인에서 일어나는 반란은, 일반적으로 강인한 정열을 가진 자로서 군주에게 봉사하는 높은 군대의 직위를 갖고 있는 사람들이 일으킨다. 힘으로 무장된 용기가 배짱 좋은 행동으로 바뀌는 것이다. 그리고 이렇게 용기와 힘이 합치면 쉽게 승리를 이루리란 자신감에서 반란을 일으키게 되는 것이다.

명성을 얻기 위하여 반란을 일으키는 경우는 이제까지 우리가 언급한 경우와 성격이 다르다. 명성에 대한 욕구 때문에 반란의 위험을 무릅쓸 생각이 있는 사람은, 높은 명예나 큰 이득을 얻기 위하여 참주의 목숨을 노리는 사람들과는 다른 방식으로 행동한다. 명예나 이득을 사람들은 단순히 욕심이나 야심으로 움직이지만, 참된 명성을 바라는 사람은 마치 그가 동료들 중에서 어떤 명성을 얻음직한 큰 모험을 할 기회가 주어진 것처럼 높은 기개를 가지고 지배자를 공격할 것이다. 즉 그는 명성을 원하지 왕국을 원하는 것은 아니다. 그런 이유로 실제로 행동하는 사람들은 고작 몇몇이다. 그들은 실패하는 경우 그들의 안전에 관해서는 전혀 생각하지 않는다. 그들의 마음속에서는 디온(Dion)이 몇몇 부하들을 거느리고 디오니시오스 2세를 치기 위해 정벌의 항해에 나섰을 때와 같은 결심, 즉 거의 몇몇 사람만이 세울 수 있는 결심이 있을 것이다. 디온은 다음과 같이 말했다. "나의 마음은, 내가 어느 지경에까지 도달하건 간에 이 거사에서 그만큼 한 것으로 만족한다. 그렇다, 만일 내가 상륙한 바로 다음 죽는다고 할지라도 나로서는 그렇게 죽는 것으로 만족한다."

참주정치가 타도될 수 있는 방식 중 하나는 외부적인 원인들에 의한 것이다. 반대의 정치질서를 갖고 있는 다른 국가가 참주정치를 하고 있는 나라보다 더 강력할 수 있다. 서로 반대되는 정치적 원인의 대립 때문에 그런 국가는 참주정치를 쓰러뜨리려고 할 것이다. 의지와 그것을 뒷받침해 주는 힘이 있는 경우에는 언제나 길이 있다. 이런 상반되는 정치질서의 대립은 다른 형태들을 취할 수도 있다. 대중의 폭정이라는 극단적인 형태를 취하는 민주정치도, 헤시오도스가 "도공도 도공과 다툰다" 말한 것과 마찬가지로 참주정치와 다툼을 일으킨다. 왕정과 귀족정치는 이와 반대되는 이유로, 그리고 그들의 정치질서가 그 정신에 있어 반대되므로 참주정치와 다툰다. 이런 이유로 왕이 지배하는 스파르타는 대부분의 참주정치를 억눌렀으며, 시라쿠사도 좋은 정치질서를 갖고 있었던 기간 동안에 같은 정책을 추구했다.

참주정치는 또한 내적인 원인들로 무너질 수 있다. 참주정치를 하는 한 집안 내부에서 다툼이 일어날 수 있다. 이런 일은 시라쿠사에서 겔로(Gelo)의 집안에서 일어났으며, 우리 시대에서는 디오니시오스 2세 집안에서 다시 발생했다. 겔로가 세운 참주정치는 트라시불로스에 의하여 망했는데, 그는 겔로의 후계자인 히에로(Hiero)와 형제였다. 히에로가 죽자 그 다음 후계자인 겔로의 아들 비위를 맞추었으며, 자신이 권력을 장악할 야심에 차서 겔로의 아들을 쾌락에 빠진 생활을 하도록 유혹했다. 이렇게 되자 그 후계자의 친척들은 처음에는 트라시불로스를 내쫓고 참주정치를 지키기 위하여 파벌을 이루었다가 시기가 무르익자 가족 모두를 내쫓아 버렸다. 디오니시오스가 멸망한 것은 그의 친척인 디온 때문이었다. 디온은 백성의 지원으로 정벌길에 나서 디오니시오스를 내쫓았지만, 결국 자신도 죽고 말았다.

참주를 습격하게끔 유발하는 원인이 되는 것은 증오와 경멸의 두 가지 경우이다. 모든 참주들은 어쩔 수 없이 사람들의 마음속에 증오를 자아내게 한다. 그러나 흔히 참주정치들이 실제로 뒤집혀지는 원인은 경멸이다. 그 증거로, 자신의 노력으로 참주정치를 세운 참주는 일반적으로 그 자리를 끝까지 유지하지만, 후계자는 거의 즉시 그 자리를 잃고 만다. 사치스러운 생활을 하기 때문에 그들은 남에게 업신여김을 받으며, 그들을 죽이려고 하는 사람들에게 많은 기회를 제공한다. 증오는 분노를 포함하는 것으로 생각해야 하는데, 이것은 거의 마찬가지 효과를 내는 것이다. 실제로 흔히 분노는 더 효과적인 자극이다. 분노한 사람은 더 격렬하게 공격적이 될 것이다. 왜냐하면 그는 격정 때문에 쉬면서 생각을 할 수 없기 때문이다. 모욕을 당하는 것보다 더 사람의 자제력을 없애는 것은 없다. 페이시스트라토스 가문의 붕괴를 초래한 것이 이 이유며, 다른 많은 참주정치들도 같은 이유로 멸망했다. 그러나 증오는 보다 이성적이다. 사람들은 자기의 적을 고통을 느끼지 않고도 증오할 수 있다. 그러나 분노는 언제나 고통을 수반하며 이 고통이 계산하는 것을 어렵게 만든다.

요약하면 순수하고 궁극적인 형태의 과두정치와 극단적 형태의 민주정치를 뒤엎어버리는 경향이 있는, 앞에 이미 말한 모든 원인들이 참주정치에도 치명적인 것으로 생각되어야 한다. 실제로 이런 형태의 정치들은 집합적 참주정치에 불과하다. 왕정은 외부적 요인으로 붕괴될 가능성이 가장 적다. 따라서 그것은 오래 지속하는 경향이 있다. 그리고 그것이 붕괴하는 원인들은 일반적으로 내적인 원인이다. 그런 원인들은 두 가지 형태를 취할 수 있다. 하나는 왕가 내의 내분이며, 다른 하나는 왕이라기보다 참주처럼 지배를 하려고 하는 것인데, 즉 아무런 법적 제한 없이 더 큰 특권을 주장하는 것이다. 왕정은 이제 한물 간 정치형태이다.

그리고 오늘날 나오는 그런 형태의 정부는 개인적인 정부거나 아니면 참주정치이다. 왕정은 중요한 문제들에서 최고 권위를 갖는 왕이 국민의 동의로 다스리는 정부이다. 국민은 일반적으로 평등해서, 왕의 자리에 알맞는 위엄과 위풍을 갖춘 뛰어난 사람은 아무도 없다. 따라서 그런 형태의 정부에 대해 동의의 근거는 없다. 그래서 그것이 사기나 힘에 의하여 강요될 때는 즉시 참주정치의 한 형태로 볼 수 있다. 세습적인 군주정체는 이제까지 말하지 않은 또 다른 원인에 의해서 뒤집히기 쉽다. 이런 형태의 왕들은 흔히 신하의 경멸을 사거나, 아니면 그들이 왕으로서의 위엄이 있을 뿐이지 참주 같은 권력은 없다는 것은 잊어버리고 남을 욕되게 하거나 해를 끼치는 짓을 저지른다. 그 다음에 그들을 뒤엎어버리기란 쉬운 일이다. 신하가 기꺼이 신하 노릇을 하려고 하지 않으면 이미 왕은 왕이 아니다. 그렇지만 참주정치에서는 신하가 기꺼이 복종을 하건 하지 않건 간에 참주는 그대로 참주일 수 있는 것이다. 군주정치 형태의 정부들이 뒤집히는 것은 이런, 그리고 이와 비슷한 이유들에서 비롯한다.

제11장

군주정치 형태의 정부들을 일반적으로 살펴보면, 그들은 모두 파멸을 불러오기 쉬운 원인들과 반대되는 방식에 의하여 보존된다고 할 수 있다. 이를 자세히 살펴보면, 먼저 왕정의 경우 왕은 절제 정책에 의하여 왕위를 보존한 다고 말할 수 있다. 그가 특권을 갖는 영역이 작으면 작을수록 왕의 권위는 손상을 받지 않고 더 오래 유지될 수 있다. 국민의 주인이라기보다 평등한 사람으로서 행동하면 국민은 그를 덜 시기할 것이다. 이것이 몰로시아 (Molossia)인들 사이에서 왕정이 오래 살아남은 이유이다. 스파르타의 왕정 이 오래 존속되는 이유도 부분적으로는 2인의 왕 사이에 처음부터 권력을 분립했다는 데 있으며, 부분적으로는 그 이후 테오폼포스(Theopompos) 왕 이 추구한 일반적으로 온건한 정책과, 무엇보다도 그가 감독인의 관직을 둔 데 기인한다. 결국 그는 장기적으로 스파르타의 왕정에서 왕의 본래 권력의 일부를 없애버림으로써 스파르타의 왕정을 강화했다고 할 수 있다. 따라서 그가 왕정의 중요성을 축소했다기보다 확대했다고 하는 것이 일리가 있겠 다. 그의 부인이 그에게 아버지로부터 물려받았던 것보다 더 작은 권한을 아 들들에게 물려주게 된 것을 부끄럽게 생각하지 않는가 물었을 때, 그가 한 답변은 바로 이 점을 지적하고 있다. 그는 아래와 같이 답변했다고 한다. "천만에, 그렇지 않다. 나는 그들에게 훨씬 더 오래 지속될 권력을 남겨준 다."

참주정치는 완전히 정반대되는 두 가지 방법에 의하여 보존될 수 있다. 그 들 중의 하나는 전통적인 방법인데, 대부분의 참주들이 아직도 그대로 따르 고 있는 통치 방식이기도 하다. 이들 중에 많은 것이 코린토스의 페리안드로 스가 처음 시작한 것이라 한다. 그러나 그중 여러 면모는 또한 페르시아의 통치 체제에서 나온 것이다. 이 방법은 우리의 논의 과정에서 참주정치를 보 존시키는 경향이 있는 것으로(그것이 보존되어질 수 있는 한에서는) 이미 말한 몇 가지 조치를 포함한다. 예를 들어, 여기에는 뛰어난 사람을 제거하거나 기개 가 높은 사람을 없애는 방식이 포함되어 있다. 그러나 또 다른 조치들도 포 함되어 있다.

그 가운데 첫 번째 정책은 공동식사제, 클럽, 교육 또는 이와 비슷한 성격 을 가진 어떤 것도 금지하는 것이다. 다른 말로 하면, 국민 서로 간의 신뢰 와 높은 기개의 두 가지 성향을 자아냄직한 어떤 것에 대해서도 기피하는 태 도를 말한다. 두 번째 정책은 문화적인 목적을 위한 집회, 또는 비슷한 성격 을 가진 어떤 모임도 금지하는 것이다. 한마디로 말하면 모든 수단을 다하여 국민들이 가능한 한 서로에게 이방인처럼 되도록 하는 것이다. 국민이 서로 친숙해지면 언제나 신뢰가 생기기 때문이다. 세 번째 정책은 모든 도시 거주자들이 언제나 공적인 장소에 나타나고, 늘 궁전 문 부근에 서성거리도록 하는 것이다. 이것은 지배자가 피지배자들의 행동을 살펴볼 수 있도록 하며, 피지배자들이 날마다 복종의 습관으로 굴종적이 되도록 하기 위한 것이다. 이런 방식의 정책은 또한 페르시아인들과 야만인들 사이에 공통적인 비슷한 성격을 가진 다른 조치들을 포함하는데, 이들은 모두 참주정치를 증진시키는 일반적인 효과를 낸다.

네 번째 정책은 모든 사람들의 언행에 관하여 정규적으로 정보를 얻으려고 하는 것이다. 이것에는 비밀경찰이 있어야 하는데, 시라쿠사의 여자 정보원이나 참주 히에로가 모든 사회적인 집회와 공적인 모임에 보낸 염탐꾼 같은 것이다. 사람들은 비밀경찰을 두려워하여 본심을 털어놓기를 꺼리며, 본심을 털어놓는 경우에는 드러나기 쉽다. 또 다른 정책은 친구와 친구 사이에, 대중과 귀족 사이에, 그리고 부자들 중의 일부와 다른 사람들 사이에 불화를 만들어, 서로 믿을 수 없는 씨를 뿌리는 것이다. 끝으로 참주들은 또한 그들의 피지배자들을 가난하게 만드는 정책을 쓰는데, 이것은 부분적으로는 시민으로 이루어진 군대를 유지할 수 있는 수단을 갖지 못하도록 하기 위한 것이며, 또한 부분적으로는 그들이 날마다 생계를 유지하는 일에만 정신을 쏟아 나머지 모의를 할 여유가 없도록 하기 위한 것이다.

이 정책의 한 예는 이집트에서 피라미드를 건축한 것이며, 또 다른 하나는 킵셀로스가 가문이 사원에 막대한 시주를 한 것이다. 세 번째로는 페이시스트라토스 집안이 올림포스의 제우스 신을 위하여 사원을 건설한 것이며, 네 번째의 예는 폴리크라테스(Ploykrates)가 사모스의 기념비를 추가하여 세운 것이다. 이런 행동들은 모두 똑같은 목적을 갖고 있다. 바로 참주의 신하와 백성들을 더욱 가난하게 하며 그들의 여가를 빼앗기 위한 것이다. 세금 부과도 비슷한 결과를 낸다. 시라쿠사의 예를 인용할 수 있는데, 여기에서 디오니시오스 1세의 참주정치 기간 동안에는 5년을 기한으로 하여 국민들이 국가에 모든 재산을 납부하도록 되어 있었다. 이런 정책의 성질은 또한 참주들을 전쟁 도발자로 만들게 했는데, 즉 그들의 백성을 언제나 한눈 팔 수 없이 바쁘게 만들고 계속적으로 지도자를 필요로 하게끔 만드는 목적을 갖는 것이다. 왕들은 그들의 친구에 의하여 왕이 되고 또한 유지된다. 그 반면에 참주들은, '모든 사람들이 내가 망하기를 바라지만 그렇게 할 수 있는 힘을 가장 많이 갖고 있는 사람은 친구들이다' 이런 원칙 아래에서 누구보다도 친구들을 불신한다.

그래서 가장 나쁜 민주정치에서 사용되는 사악한 방법은 모두 참주정치에서도 찾아볼 수 있다. 그들은 가족 내에서 여성이 영향력을 갖도록 부추기는데, 이것은 부인들이 남편들에 관한 이야기를 하도록 하기 위한 것이며, 또 마찬가지 이유로 노예들에게 너그럽다. 노예와 부녀자들은 참주들에 대하여 모의를 할 가능성이 적으며, 사실 그들은 참주정치 아래에서 더 형편이 좋으므로 참주의 지배를 좋아할 수밖에 없다. 또한 그들은 참주와 같이 최고 권위를 행사할 수 있는 민주정치를 좋아한다. 이런 이유로 이 두 형태의 정부에서는 모두 아첨꾼들이 명예 있는 지위를 차지한다. 민주정치는 '민주정치의 아첨꾼들'이라고 부를 수 있는 민중 선동가들을 좋아하며, 참주들은 비굴한 친구들을 좋아한다. 참주 주변에 있는 측근들이 하는 일이 바로 이것이다. 그러므로 참주정치란 나쁜 사람들을 친구로 선택하는 체제이다. 참주들은 아부를 좋아하는데, 자유인의 정신을 가진 사람은 아무도 몸을 굽혀 그런 일을 할 수 없다. 좋은 사람이 친구가 될 수도 있으나 그는 어쨌든 아첨꾼은 되지 않을 것이다. 나쁜 사람들은 아첨할 준비가 되어 있을 뿐만 아니라 또한 나쁜 목적을 위한 좋은 도구가 된다. '못이 못을 없앤다'라는 속담은 이것을 이르는 말이다. 참주들은 독립성과 존엄성을 갖고 있는 사람을 결코 좋아하지 않는 습관이 있다. 참주는 그런 성격을 자신만이 독차지하려고 한다. 그는 경쟁이 될 만한 위험을 보이거나 독립적인 행동을 하는 사람은 누구나 자신의 특권을 좀먹으며 최고 권력을 깎는다고 생각한다. 따라서 그런 사람을 자신의 권위를 파괴하는 사람으로 미워한다. 또한 참주는 시민보다 외국인과 함께 식사하거나 자리하기를 더 좋아한다. 시민은 적이지만 외국인은 아무런 반대도 하지 않는다고 생각하기 때문이다.

참주의 기법은 이와 같으며, 그의 권위를 유지하기 위하여 사용하는 수단들은 앞에 말한 것과 같다. 그러나 그들은 결국 나쁜 짓의 밑바닥을 맴돈다. 참주는 세 개의 주된 부류로 요약하여 분류할 수 있는데, 이들은 저마다 참주들이 추구하는 세 가지 목표에 상응하는 것이다. 그들의 첫 번째 목표와 목적은 피지배자들의 기개를 꺾어놓는 것이다. 그들은 기개가 없는 사람은 결코 누구에 대해서도 음모를 꾸미지 못한다는 것을 알고 있다. 그들의 두 번째 목적은 서로 불신을 자아내는 것이다. 국민들이 서로 신뢰를 갖지 않는 한 참주정치는 결코 뒤집어지지 않는다. 이 이유 때문에 참주들은 언제나 좋은 사람들을 꺼려한다. 좋은 사람들은 그들의 권위에 이중적으로 위험하다는 것을 잘 알고 있기 때문이다. 좋은 사람들은 마치 노예처럼 통치를 받는 것이 부끄러운 일이라고 생각하므로 위험하다. 또한 그들은 서로 일반적으로 충성심이 있으며 다른 사람을 배신하지 않으려고 하므로 위험하다. 참주들의 세 번째이자 마지막 목적은 피지배자들이 어떤 행동도 취할 수 없도록 만들어 놓는 것이다. 아무도 불가능한 일을 시도하지는 않는다. 따라서 누구도 모두가 행동을 취할 수 없을 때는 참주정치를 뒤집으려고 하지 않을 것이다.

우리는 여기에서 참주들이 흔히 쓰는 정책의 기본이 되는 세 가지 원칙을 세울 수 있다. 그들이 취하는 조치도 결국 이 세 가지 생각 중 하나로 이해할 수 있는데, 첫째로 국민들 사이에 서로 불신을 부추기는 것, 둘째로 그들이 어떤 행동도 취하지 못하도록 하는 것, 셋째로 그들의 기개를 꺾어 놓는 것 등이다. 또한 여기에서 참주정치를 유지하는 두 가지 주요 방법 가운데 하나를 이야기했다. 그러나 행동 방향이 거의 첫 번째 것과 반대되는 두 번째 방법이 있다. 잠시 뒤로 돌아가서 왕정들을 파괴하는 원인을 살펴보면, 이 두 번째 방식의 성격을 이해할 수 있을 것이다. 우리는 왕정을 파괴하는 방식 중의 하나가 그 정체를 보다 더 참주정치의 성격을 갖도록 변화시키는 것이라는 점을 살펴보았다. 이것은 참주정치를 보존하는 방식의 하나가 그것이 보다 더 왕정의 성격을 갖도록 하는 것임을 암시해 준다. 여기에는 한 가지 조건이 따른다. 이렇게 개혁된 참주일지라도 그대로 권력을 유지하며, 국민의 동의가 있건 없건 지배하는 위치에 있어야 한다는 것이다. 권력까지도 넘겨줘 버리면 참주정치 자체를 없애는 일이 되고 말 것이다.

따라서 참주정치의 근본적인 조건으로서의 권력은 그대로 유지되어야 한다. 그러나 그 이외로는 참주가 왕의 역할을 잘 해내는 연기자로서의 구실을 하거나 적어도 그렇게 해내는 듯이 보여야 한다. 먼저 그는 국가재산에 깊은 관심을 갖고 잘 돌보는 것처럼 보여야 한다. 그는 평민의 불만을 일으키는 행동, 예를 들어 함부로 선물을 주는 짓을 삼가야 한다(생활고로 허덕이는 국민들에게서 억지로 돈을 거두어 들여서 이를 창녀나 이방인, 사치품 교역에 탕진하면 이런 불만이 나오기 마련이다). 또 수입과 지출을 기록하여 결산해야 하는데, 이것은 여러 참주들이 실제로 실시한 정책이다. 이런 통치 방식으로는 그는 참주라기보다 대리인 같아 보일 것이다. 그렇다고 해서 그가 국정을 통제하는 동안 적자를 낼 걱정은 없다. 그리고 만일 그가 나라에서 멀리 떨어져 있어야 한다면, 적자를 내게 되는 것이 국내에 돈을 잔뜩 남겨두는 것보다 이롭다는 것을 깨닫게 될 것이다. 그 경우에, 그가 임명하는 섭정은 자신이 정권을 장악하려고 할 가능성이 적기 때문이다. 그리고 외국에서 전쟁을 수행하는 참주는 실제로 시민들보다 섭정을 더 두려워해야 한다. 섭정은 뒤에 남지만 시민들은 지배자와 함께 전쟁터로 가기 때문이다.

그 다음 두 번째로, 그는 세금을 매기고 다른 기부금을 거두어들이되, 공공 업무를 위해서나 필요한 때는 군사적으로 긴급한 필요에 사용하기 위한 의도에서 그렇게 하는 것처럼 보이는 방식으로 해야 한다. 사사로운 수입이 아니라 공공 세수를 취급하는 보호자나 대리인의 역할을 해야 한다.

참주는 가혹하지 않으면서 위엄이 있어 보여야 하며, 그의 앞에 오는 사람은 두려움보다 경외감에서 행동하도록 몸가짐을 가져야 한다. 이것은 그가 존경심을 낳도록 하지 못하면 이룩할 수 없는 목표다. 따라서 그는 다른 능력은 없더라도 군인다운 능력을 갖추도록 노력해야 하며, 유능한 군인이라는 인상을 주어야 한다. 즉, 개인적으로 소년이나 소녀는 말할 나위도 없고 국민 중 누구의 정절도 범했다는 혐의를 받아서는 안 되며, 그의 측근들도 마찬가지로 그런 의심을 받아서는 안 된다. 그의 집안 부녀자들도 다른 여자들과의 접촉에 있어 똑같은 규칙을 지켜야 한다. 흔히 여자의 거만함 때문에 참주정치들이 망하곤 했다. 개인적인 취향에서는 오늘날의 참주들과 정반대여야 한다. 이들은 새벽에 시작하여 계속 며칠을 즐기는 것으로 만족하지 않고, 사람들이 그들의 행동과 즐거움을 부러워하리라고 여기는 것이다.

참주는 쾌락에 있어서 절도를 지켜야 한다. 만일 그렇게 하지 못하겠으면, 적어도 쾌락을 꺼리는 사람이라는 인상을 주어야 한다. 술주정뱅이나 정신이 흐린 사람은 쉽게 경멸을 당하고 공격을 받지만, 정신이 똑바르고 경계를 늦추지 않는 사람은 그런 일을 당하는 법이 없다. 사실 참주는 우리가 참주의 특징으로 기술한 거의 모든 것에 정반대가 되어야 한다. 그는 그가 살고 있는 도시를, 그가 참주가 아니고 마치 그 도시의 이득을 돌보는 일을 맡은 사람처럼 설계하고 미화해야 한다. 그는 또 종교의식에 대하여 특별한 열성을 보여야 한다. 사람들은 참주가 신을 두려워하며 신에게 관심을 기울인다고 생각하면 그들이 부당하게 취급받는 것을 덜 두려워한다. 신들이 그와 좋은 사이라고 생각하면, 그에 대하여 음모를 꾸미기를 더 머뭇거리게 된다. 동시에 참주는 종교적인 열성을 보이되 어리석음에 빠져서는 안 된다. 또한 계급과 지위는 말할 것도 없고 좋은 사람들에게 명예를 부여해야 하는데, 이 사람들이 만일 자기 동료 시민들이 자유롭게 자기들 사이에서 명예를 나누어 가진다면 결코 그 이상으로 명예를 얻지는 못했으리라고 생각할 만큼 부여해 주어야 한다. 그리고 그런 명예는 직접 나누어 주어야 하지만, 모든 형벌은 관리나 법정이 내리도록 해야 한다.

  모든 형태의 군주정치적 정부에 공통되는 주의사항은 어떤 한 사람을 높은 지위로 승진시켜서는 안 된다는 것이다. 만약 승진을 꼭 해야만 한다면 여러 사람을 함께 시켜주어야 한다. 그렇게 하면 그들은 서로서로를 감시하게 될 것이다. 그러나 꼭 어느 한 사람을 높은 자리로 승진시켜 주어야 한다면, 결코 용감한 정신을 갖고 있는 사람을 택해서는 안 된다. 용감한 정신을 갖고 있는 사람은 어떤 행동 분야에서나 가장 먼저 행동을 취한다. 그 반대로 만약 사람을 권좌에서 없애야 한다면, 이 제거의 과정이 점진적이어야 하고, 단번에 그의 권리를 모두 빼앗아서는 안 된다. 참주는 어떤 형태의 난폭한 짓도 삼가야 하는데, 무엇보다도 두 가지 짓, 즉 육체적인 모욕을 가하는 것과 젊은이의 정조를 빼앗는 짓을 하면 안 된다. 또 명예 감각이 예민한 사람과 상대하고 있을 때는 특히 행동을 조심해야 한다. 금전 문제에서 거만한 행동을 하면 돈에 관심이 많은 사람들이 이를 분하게 여기지만, 명예에 관련된 문제에서 오만한 태도를 보이면 명예와 덕성이 있는 사람의 분노를 산다.

  따라서 참주는 그런 행동을 삼가야 한다. 아니면 적어도 어떤 형벌을 지울 때는 오만함에서가 아니라 아버지 같은 입장에서 버릇을 들이기 위하여 그렇게 한다는 점을 뚜렷이 해야 한다. 또한 젊은이들과 애정 관계에 있을 때는 권력을 함부로 행사해서가 아니라, 진정한 사랑에서 그렇게 하는 것으로 여기게 해야 한다. 그런 경우에 모두 그가 남에게 가한 명예훼손에 대하여 더 큰 명예를 수여하여 보상을 해 주어야 한다.

암살은 큰일 뒤에 살아서 달아날 생각을 않는 사람들이 이를 기도할 때 가장 위험하며, 따라서 이를 가장 조심해야 한다. 이런 이유로 자신이나 또는 그들이 애착을 느끼는 사람들을 욕되게 했다고 생각되는 사람들을 특별히 조심해야 한다. 격분하여 움직이는 사람들은 자신을 돌보지 않는다. 헤라클레이토스의 말은 이를 증명한다. "기세가 높은 사람과 싸우기는 어렵다. 왜냐하면 그는 기꺼이 생명으로 대가를 치르려 하기 때문이다."

사회정책 문제에서 볼 때, 참주는 국가가 두 계층, 즉 부자와 가난한 자로 이루어져 있음을 생각해야 한다. 가능하면, 이 두 계층이 모두 참주의 권력 덕택에 생활의 안전을 꾀할 수 있으며, 서로 상대에게서 해를 입지 않는다고 생각하게끔 해야 한다. 그러나 만약 어느 한쪽이 다른 쪽보다 강력하면, 참주는 그쪽을 특히 자기편이 되도록 해야 한다. 어느 한쪽의 힘을 자기 힘에 더하게 되면, 그는 지위에 대한 어떤 위협에도 견뎌낼 수 있을 것이다.

이런 일들을 자세하게 다룰 필요는 없다. 일반적인 목적은 충분히 분명하다. 참주는 그의 신민에게 전제자로서가 아니라 민중의 대리인이나 왕으로 보여야 한다. 그는 자신의 이득을 추구하는 자가 아니고 공공 복리의 수탁자로 보여야 하며, 자신의 생활 목표로써 지나침이 없는 절제를 추구해야 한다. 그는 귀족들과의 사교를 가져야 하지만 동시에 대중의 호감을 사도록 해야 한다.

그런 방법으로 얻을 수 있는 이득은 두 가지가 있다. 첫째로는, 그의 지배가 더 훌륭해지고 더 좋은 통치가 될 것이다. 그의 신민들은 굴욕에서 해방되어 좀더 나은 사람들이 될 수 있고, 그 자신도 증오와 공포의 대상이 되지 않을 것이다. 둘째로, 그의 지배가 더 오래 유지될 것이며, 그 자신도 완전히 선한 성향은 아닐지라도 적어도 반은 선하다면 어쨌든 완전히 악한 것은 아닌 인격이 될 것이다.

제12장

그러나 여러 정치질서 가운데 과두정치와 참주정치가 가장 수명이 짧다. 가장 오랫동안 지속되었던 참주정치는 시키온(Sikyon)의 오르타고라스(Orthagoras)와 그의 후손들에 의한 것이었는데, 한 세기 동안 계속되었다.

이들의 통치가 그렇게 오래 간 이유는 신하와 백성들에게 절제있게 행동했고, 일반적으로 법률에 잘 복종했기 때문이었다. 그들 중의 하나였던 클레이스테네스(Kleisthenes)는 군인다운 자질이 뛰어났으므로 국민에게서 경멸을 받지 않았으며, 이 집안은 신하와 백성의 생활에 관심을 기울여서 대중의 호감을 샀다. 클레이스테네스에 관한 기록에 따르면, 그는 경기에서 자기에게 패배 판정을 내린 심판에게 상을 내렸다고 한다. 시키온 광장에 있는 좌상이 그를 닮았다고 하는 사람들도 있다. 아테네의 참주 페이시스트라토스에 관해서도 비슷한 이야기가 있다. 그는 아레오파고스(Areopagos) 의회가 다투는 한 소송사건에서 자신이 피고로 법정에 나가는 것을 허용했다고 한다.

두 번째로 오래 지속된 것은 코린토스의 킵셀로스 가문의 참주정치인데, 이것은 73년 반 동안 계속됐다고 한다. 킵셀로스는 3년 동안 참주 노릇을 했으며, 페리안드로스는 40년 반 동안을, 그리고 고르디아스(Gordias)의 아들인 프삼메티코스(Psammetichos)는 3년 동안 참주 노릇을 했다. 이 참주정치가 오랜간 이유도 시키온에서와 마찬가지였다. 킵셀로스는 신하와 백성의 호감을 사고, 통치 기간 내내 호위병을 두지 않았다. 페리안드로스도 비록 전제군주였지만, 훌륭한 군인임을 보여주었다.

세 번째로 오래간 참주정치는 아테네의 페이시스트라토스 가문이었지만, 이 경우에는 통치가 계속적이 아닌 간헐적이었다. 페이시스트라토스는 통치 기간 동안 17년만 참주 노릇을 했으므로 가족 전체의 통치 기간은 모두 35년으로 한정된다.

다른 참주정치 중 가장 오래간 것은 시라쿠사의 겔로와 히에로의 참주정치였다. 그렇지만 이것 역시 상대적으로 기간이 짧았으며, 모두 합해 겨우 18년 동안 지속되었다. 겔로는 7년 동안 참주 노릇을 했으며 재위 8년째에 죽었다. 히에로는 10년 동안 통치했고 트라시불로스는 통치 10개월 만에 쫓겨났다. 이처럼 참주정치들은 일반적으로 모두 수명이 매우 짧았다.

이리하여 우리는 입헌적 정치질서와 군주정치들의 유지와 파괴를 일으키는 거의 모든 원인들을 다루었다. 결론적으로, 플라톤이 《국가》에서 정치질서를 대상으로 다루었지만 그것은 결함이 많다는 점을 알 수 있다. 첫째로, 플라톤은 자신의 제일의 이상적 정치질서에 특수한 변화 원인을 특별히 지적하지 못했다. 그는 아무것도 영원히 계속하지 못하며, 모든 것은 일정한 기간이 지나면 변화한다고 말한다. 그는 계속해서 말하기를, 일반적으로 일어나는 변화의 근원은 숫자의 체제에서 찾을 수 있다고 한다. 즉 그 변화의 기원이 4대 3이라는 수가 5와 합할 때 두 가지의 조화를 낳는다는 것이다(그는 도형의 산술치가 세제곱이 될 때에 변화가 일어난다는 말을 덧붙이고 있다). 여기에서 함축된 의미는, 자연은 때로 결코 교육할 수도 없는 악인을 낳는다는 것이다. 아마도 이 뜻 자체는 틀린 것이 아닐 것이다. 결코 교육할 수도 없고 좋은 사람으로 만들 수도 없는 사람이 있을 수 있다.

그러나 왜 이것이 《국가》에서 말한 이상국가의 특유한 변화의 원인이 되어야 하는가? 이것은 오히려 모든 국가에 공통되며, 존재하는 모든 사물에 공통된 성질이 아니겠는가? 또 다른 문제점이 있다. 그는 시간의 경과가 만물이 바뀌는 원인이라고 하는데, 이것을 가지고 처음 시작할 때 동시에 시작하지 않은 사물들이 동시에 변화를 일으키는 일을 설명할 수 있겠는가? 변하는 시기가 다가오기 하루 전에 생겨난 것도 동시에 변하는가?

또한 왜 이상적인 국가가 스파르타 형태의 국가로 바뀌어야 하는가 이런 의문을 제기해야 한다. 원칙적으로 정치질서들은 비슷한 형태로 변하기보다 반대되는 형태로 바뀐다. 플라톤은 스파르타 형태의 정치질서가 과두정치로 바뀌고, 과두정치는 민주정치로 바뀌며, 민주정치는 참주정치로 바뀐다고 말했는데, 그가 주장한 이 다른 변화들에 대해서도 같은 논점이 적용된다. 사실 이와 정반대의 일도 마찬가지로 일어날 수 있다. 예를 들면, 민주정치는 과두정치로 변할 수 있으며, 민주정치가 군주정치로 바뀌기보다는 더 쉽게 과두정치로 바뀔 수 있다.

변화의 과정이 참주정치에 이르면 플라톤은 거기에서 멈추고 만다. 그는 그들이 변화하는지 또는 변화하지 않는지, 그리고 만약 그들이 변화한다면 그 원인은 무엇이며, 어떤 정치질서로 변화하는지 설명하지 않는다. 이것을 설명하지 않는 이유는 어렵기 때문이다. 그의 주장에 따르면 이 문제는 해결될 수 없다. 왜냐하면 그에 따르면 참주정치는 회전하는 변화의 주기에 따라 계속성을 유지하기 위해서 첫 번째의 이상적 정치질서로 다시 되돌아가야 하기 때문이다. 그러나 실제로 참주정치는 또 다른 형태의 참주정치로 바뀐다. 예를 들어, 시키온에서의 참주정치가 미로(Myro) 치하의 참주정치 형태로부터 클레이스테네스 치하의 형태로 바뀌거나, 칼키스에서의 안틸레온

(Antileon)의 참주정치처럼 과두정치로 바뀔 수도 있으며, 시라쿠사의 겔로의 참주정치처럼 민주정치로 변화할 수도 있고, 스파르타에서의 카릴라오스(Charilaos)의 참주정치나 카르타고에서 일어났던 것처럼 귀족정치로 바뀔 수도 있다.

또한 과두정치에 이어서 참주정치가 생길 수도 있다. 시칠리아의 고대 과두정치들은 대개 이런 운명을 맞았다. 예를 들어 레온티노이에서 과두정치에 이어 파나이티오스(Panaitios)의 참주정치가 나타났으며, 겔라(Gela)에서는 한 과두정치에 이어서 클레안드로스(Kleandros)의 참주정치가 나타났고, 레기움(Rhegium)에서 또한 과두정치에 이어 아낙실라오스(Anaxilaos)의 참주정치가 나왔다. 또한 다른 많은 나라에서도 마찬가지로 변하였다.

플라톤이 스파르타 형태의 정치질서가 과두정치로 바뀌는 이유는 관리들이 돈을 좋아하게 되거나, 사리사욕을 탐하게 된다는 사실에만 있다고 생각한 것은 이상한 일이다. 그는 그 원인을 매우 나은 부를 갖고 있는 사람들에게 자연적으로 생기는 확신, 즉 국가에서 재산이 없는 사람들이 재산이 있는 사람들과 신분이 같다는 것이 부당하다고 생각하는 데에서 찾으려 하지 않았다. 실제로 많은 과두정치에서 사사로운 이익과 욕심을 내는 것이 금지되어 있으며, 이것을 금하는 특정한 법률들이 있다. 반면 카르타고는 민주적인 정치를 하고 있음에도 관리들이 흔히 사사로운 이익을 추구한다. 그럼에도 그 정치질서는 성격을 바꾼 일이 없다.

플라톤이 과두정치를 하고 있는 나라는 실제로 두 나라, 다시 말해 넉넉한 사람들의 국가와 가난한 사람들의 국가라고 말한 것은 사리에 맞지 않는다. 그런 나라에는 스파르타식의 국가나, 모든 시민이 재산에 있어 평등하고 자질이나 공적도 같은 수준인 어떤 다른 형태의 나라에 있어서보다 이런 성격이 더 많이 나타나게 되는가? 과두정치는 어느 한 사람도 그 이전보다 가난해지지 않았는데도 민주정치로 바뀔 수 있다. 그것은 가난한 자들이 다수가 된다는 단순한 이유다. 반대로, 역시 부유한 계층이 대중보다 더 강력하며, 대중은 수동적인 데 반하여 이들은 능동적이라는 단순한 이유 때문에, 민주정치가 과두정치로 바뀔 수 있다.

따라서 과두정치가 민주정치로 바뀌는 데에는 여러 가지 이유가 있다. 그러나 플라톤은 한 가지 이유, 즉 사치한 생활의 결과로 빚을 지게 되고 결국

가난해진다는 것에만 제한하여 설명한다. 이 주장은 대부분의 사람들이 처음에 부자였다는 전제를 해야 한다. 이것은 사실이 아니다. 실제로 지도적인 위치에 있는 사람들이 재산을 잃어버리는 경우에 혁명가로 바뀌기도 한다. 그러나 재산을 잃어버리고도 그다지 큰 문제가 되지 않을 수도 있다. 그 결과 일어나는 어떤 변화도 어떤 다른 형태의 정치질서로의 변화보다 민주정치로 변화하기가 더 쉽다.

또 다른 문제점이 있다. 명예나 관직에 얻지 못하거나 모욕이나 이치에 맞지 않는 대우를 받는 경우, 플라톤의 주장대로 지나친 자유의 감각 때문에 '자기 마음대로 행동하는' 방종으로 인하여 재산을 탕진하는 일이 없어도 내분이나 정치질서의 변화를 가져오기에 충분하다.

민주정치와 과두정치에는 여러 변형된 형태들이 있음에도 플라톤은 두 가지 형태 중 어느 하나만 있는 것처럼 그들의 변화를 논하였다.

제6편 안정기반을 위한 민주정치와 과두정치 건설방법

제1장

　우리는 이제까지 국가의 최고기관인 심의기관, 행정관직들의 구조, 사법기관에 대한 문제를 다루어왔다. 이에 따라 각 정치질서마다 그 형태에 알맞은 여러 성격을 살펴보았다. 또한 서로 다른 정치질서들이 파괴되거나 유지되는 원인들과 계기들을 다루었다. 민주정치와 다른 형태의 정치질서들은 저마다 변화된 형태들을 갖고 있다. 따라서 우리는 바뀐 형태들에 관하여 아직 남아 있는 문제들과 저마다 적합하고 이로운 조직의 방식은 무엇인가를 살펴보아야 한다. 우리는 또한 삼권의 각각을 조직하는 여러 방법들의 가능한 결합도 탐구해 보아야 한다. 왜냐하면 그런 결합의 결과는 여러 정치질서들을 서로 중복되게 하며, 성격이 조금씩 바뀌어 서로 닮게 되기 때문이다. 예를 들어, 귀족정치를 과두정치와 겹치게 하거나 혼합정치를 민주정치와 겹치게 하는 것이다.
　이런 가능한 결합들—이것은 사실 연구해 보아야 하지만 아직까지 논의되지는 않았다—을 예를 들어 설명할 수 있다. 심의기관과 행정관리를 선출하는 방식은 과두정치적인 기반에서 이루어질 수 있으면서, 그와 함께 사법기관들은 귀족정치적인 기반에서 구성된다. 사법기관들과 심의기관은 과두정치적인 기반에서 구성되며, 반면에 행정관리들을 뽑는 방식은 귀족정치적인 기반에서 이루어진다. 다른 방식으로도 똑같은 결과, 즉 정치질서의 부분 또는 요소들은 모두 똑같은 모습을 갖는 것은 아니라는 결과를 얻을 수 있다.
　우리는 이미 어떤 시민에게는 어떤 종류의 민주정치가 알맞은가를 설명했으며, 어떤 형태의 사회에 어떤 종류의 과두정치가 알맞으며, 어떤 국민에게 어떤 형태의 정치질서가 적합한가도 설명했다. 그러나 지금의 우리 목적은 다른 더 많은 것을 요구한다. 국가마다 어떤 종류의 정치질서가 가장 좋은가는 확실하지 않다. 우리는 또한 여러 변형들을 건설하는 적절한 방법을 확실하게 구별해야 한다. 우리는 이 문제를 간결하게 다루어야 한다. 우리는 민주정치를 논의하는 과정에서 민주정치와 반대되는, 과두정치라고 하는 것을 이해하게 될 것이다. 우리는 연구 목적을 위하여 민주정치의 모든 속성과 일반적으로 민주정치의 특징에 대한 모든 모습을 탐구해 보아야 한다. 이런 속성들을 모두 살펴보면 여러 형태의 민주정치를 설명할 수 있을 것이다. 그렇게 하면 왜 여러 형태가 있으며, 또 왜 그 형태들이 서로 다른가를 설명할 수 있을 것이다.

민주정치에는 왜 여러 형태가 있는지에 대해서는 두 가지 이유가 있다. 그 하나는 이미 말한 바와 같이 주민들 사이의 성격 차이이다. 어떤 곳에서는 국민들이 농민들일 수 있고, 기계기술자이거나 막벌이 노동자들일 수도 있다. 그들이 이루는 민주정치는 당연히 서로 다르게 된다. 그러나 기계기술자들에게 농부들을 섞이게 하거나, 또는 이 두 부류에 막벌이 노동자들을 더한다면 완전히 새로운 차이가 생겨나게 되는데, 이 차이는 나아지든지 보다 나빠지든지 할 뿐만 아니라, 그 본질 자체가 변하게 되는 것이다. 그러나 여기에서 우리의 관심은 이 첫 번째 원인이 아니다.

우리는 이와 다른 두 번째 이유를 살펴보아야 한다. 서로 다른 형태의 민주정치가 존재하게 되는 두 번째 이유는 민주정치의 특징이 되며, 그것의 속성이 여러 방식으로 결합될 때에 차이가 생겨나게 된다는 것이다. 어떤 민주정치는 이런 속성들을 조금만 갖고 있으며, 어떤 형태의 민주정치는 이런 모습들을 비교적 많이 갖고 있고, 또 어떤 것은 이와 같은 특징을 모두 갖고 있다. 그래서 민주정치의 모든 속성들을 개별적으로 탐구하는 것에는 이중적인 이점이 있다. 그런 연구는 어떤 사람이 원하는 새로운 형태의 민주정치를 만드는 데 도움이 될 뿐만 아니라, 또한 기존 형태를 개혁하는 데도 도움이 된다. 어떤 정치질서를 건설하는 사람들은 그 정치질서의 기반이 되는 사상들과 관련되는 모든 속성들을 함께 모으려고 한다. 그러나 우리는 정치질서의 파괴와 존속의 문제를 다룰 때 이미 논의한 것과 마찬가지로, 그들은 이 점에서 잘못을 저지르고 있다.

우리는 여기서 그와 같은 민주정치적 헌정질서의 조건, 도덕적 성향, 목표들을 살펴보기로 하자.

제2장

　민주정치 형태의 정치질서에서 기초가 되는 사상은 자유이다. 일반적인 견해로 자유는 민주정치 아래에서만 누릴 수 있는 것이다. 또한 이것이 모든 민주정치의 가장 큰 목표라고도 말한다. 자유는 여러 형태를 갖고 있다. 그 형태 중의 하나가 정치적인 것인데, 지배자와 피지배자의 상호 교환이다. 민주정치 정의 개념은 산술적 평등이지 비례적 평등이 아니다. 이 산술적 정의 개념에 따르면 당연히 대중이 최고 권위를 가져야 한다. 즉, 다수의 의사가 맨 나중이며 정의의 표현이다. 민주주의적 주장에 따르면, 모든 시민이 다른 시민과 평등한 기반에 서 있다. 그래서 민주정치에 있어 가난한 자들—그들은 다수이며, 그래서 다수 의사가 최고 권위를 갖는다—은 부자들보다 더 큰 세력을 행사한다. 이와 같은 것이 모든 민주정치주의자들이 정치질서의 목표로 삼는 자유의 한 가지 형태이다. 다른 형태의 자유는 시민적인 것인데, '자기가 원하는 대로 사는 것'이다. 민주정치를 주장하는 자들은 그것이 자유인의 특전이며, 이것은 노예의 특성이 그들이 원하는 대로 사는 것이 아닌 것과 같다고 주장한다. 이것이 민주정치의 두 번째 목표이다. 이상적으로는 어떤 정부의 간섭도 받지 않는 것이며, 만약 그렇게 할 수 없다면, 지배자와 피지배자의 상호 교환에서 나오는 것 같은 자유를 의미한다. 이런 방식으로 그것은 평등에 기초를 둔 일반적인 자유 체제에 이바지하는 것이다.
　이와 같은 민주주의의 이념과 근본을 바탕으로 하여, 우리는 이어서 민주정치의 속성들과 제도들을 논의할 수 있다. 행정기관의 측면에서 보면, 관리들은 모든 사람에 의해서 모든 사람으로부터 선출되며, 모든 사람이 각자를 지배하고, 각자는 또 모든 사람을 지배하는 체제이다. 모든 관직들—또는 어쨌든 실제적 경험과 직업적 기술을 필요로 하지 않는 모든 관직, 여기서는 관리에 대한 재산의 자격 요건이 있어서는 안 된다는 원칙이 있다—을 추천으로 뽑는 방식을 사용하거나, 적어도 이 자격 조건이 가능한 한 최저 수준이어야 한다는 것이다. 또한 군사적인 관직을 빼고는 똑같은 인물이 관직을 두 번 연임할 수 없거나, 또는 몇 번밖에는 연임할 수 없고, 그것도 몇몇 관직에만 한해서 그렇게 한다. 끝으로 모든 관직, 또는 가능한 한 많은 관직의 임기가 짧아야 한다는 원칙도 있다. 사법기관의 측면에서는 인민 법정의 체제가 있는데, 이것은 모든 시민이나 또는 모든 시민으로부터 뽑힌 사람들로 구성되며 모든 경우에, 또는 적어도 대부분의 경우에 가장 중대한 문제들, 즉 관청의 회계감사, 정치적인 문제들, 계약 문제 같은 것들을 결정하는 권한을 갖는다. 심의기관의 측면에서는, 인민 의회가 모든 문제에 관하여 최고 권위를 갖거나 적어도 가장 중요한 문제들에 관하여 최고 권위를 가진다. 이와 반대로 행정관리들은 어떤 문제에 관해서도 최종적 권한이 없으며, 가능한 한 최소한의 문제에만 결정권이 있다는 원칙이 있다.

민주정치에서 민회에 출석하는 모든 시민에게 수당을 주는 알맞은 수단이 없는 경우 행정관리들 중에 가장 인기가 있는 것은 평의회이다. 만일 그들이 보수를 받는 경우 이것으로도 그 관직의 권력을 빼앗기며, 우리가 앞에서 이미 살펴본 것과 마찬가지로, 그렇게 되면 민중은 모든 문제를 자기들 스스로 결정하게 된다. 민주정치의 다음 특징은 봉사에 대한 수당지불이다. 이상적으로는 모든 영역, 즉 민회·법정·행정관청들에 수당을 지불한다. 하지만 그렇게 할 수 없으면 적어도 법정, 평의회, 미리 예고된 대중의 의회 모임, 행정위원회, 그중에서도 구성원들이 함께 식사를 해야 하는 위원회에는 수당을 지불한다. 과두정치의 특징은 좋은 가문·부·교양인 반면에, 민주정치의 특징은 그 반대, 즉 천한 출신·가난, 보잘것없는 직업으로 나타난다. 민주정치의 또 다른 특징은 모든 종신 관직을 없애는 것이다. 또는 적어도, 만약 그 관직들이 옛날의 어느 시기로부터 없어지지 않고 남아 있다면 그 관직의 권력을 빼앗아야 하며, 또 그 관직은 선거에 의하지 않고 추첨으로 선출되어야 하는 것이다.

민주정치의 공통된 속성들은 이와 같다. 그러나 우리가 민주정치에 전형적이라고 생각하는 민중과 민주정치의 형태를 탐구해 보면, 민주정치적인 정의의 원칙, 즉 산술적 근거 위에 기초를 둔 만인에게 평등한 권리의 개념이라고 알려져 있는 것과 연관시켜야 한다. 여기에서 평등이란 빈민계급이 부자들보다 더 큰 권한을 행사하면 안 된다거나, 또는 다른 말로 하면, 빈민계급만이 최고 권위를 행사하면 안 되고, 수의 기초에서 모든 시민이 평등하게 권한을 행사해야 한다는 것을 의미할 수도 있다. 만약 이런 해석을 따른다면, 민주정치를 주장하는 사람들은 평등, 그리고 자유가 진실로 그들이 바라는 정치질서에 의해 이룩될 수 있다고 믿을 수 있을 것이다.

제3장

다음은 '실제로 이와 같은 평등은 어떻게 확보되는가?' 하는 문제를 제기한다. 시민들의 평가된 재산들은 두 개의 같은 조로 나누어, 한 조는 500명의 재산이 많은 사람들로 구성하고, 다른 조는 1000명의 재산이 적은 사람들로 구성해야 하는가? 그래서 이 1000명과 500명이 모두 같은 투표 권리를 갖도록 해야 할 것인가? 또는 다른 방식, 즉 개인이 아니라 재산에 기반을 둔 평등을 어떤 다른 체제로 계산해야 할 것인가? 예를 들어, 이 체제란 이전의 것처럼 재산을 두 개의 같은 조로 나누되, 한 조의 500명과 다른 조의 1000명에서 같은 수의 대표들을 뽑아서, 이 대표들이 선거와 법정을 운영하고 관리하도록 하는 것이다. 이런 근거에서 이루어진 정치질서는 민주정치의 정의 개념에 가장 일치하는 것이겠는가? 또는 재산보다 수에 근거를 둔 정치질서가 더 참되게 정의와 일치하겠는가? 민주정치를 주장하는 자들은 정의란 다수인의 의사라고 대답한다. 과두정치를 주장하는 사람들은 정의는 유산계급의 다수 의사이며, 그래서 재산의 비중을 근거로 결정이 내려져야 한다고 대답한다.

어느 쪽 원리나 모두 불평등과 부정의를 포함하고 있다. 만일 정의가 소수인의 의사라면, 이것의 논리적인 결과는 참주정치일 것이다. 왜냐하면 우리가 정의의 과두정치적 개념을 논리적인 결과로 밀고 나가면, 다른 모든 사람들의 재산을 합친 것보다 더 많은 재산을 가지고 있는 한 사람이 당연히 유일한 지배자가 될 것이라고 주장할 것이기 때문이다. 이와 반대로 만일 정의를 다수인의 의사라고 한다면, 이전에 살펴본 것과 마찬가지로 이 다수는 틀림없이 옳지 못한 행동을 할 것이며, 넉넉한 소수인의 재산을 빼앗고 말 것이다.

이런 입장에서 우리는 이 둘이 주장하는 정의에 따라서, '둘이 함께 합의할 수 있는 종류의 평등이란 무엇인가' 이런 의문을 제기해야 한다. 둘 다 시민에 의해서 결정된 것이 최고 권위를 가져야 한다는 데 의견을 같이 한다. 우리는 여기에 얼마쯤 수정을 가해야 한다. 국가는 넉넉한 층과 가난한 층의 두 계급으로 이루어진다. 따라서 우리는 최고 권위를 이 두 계급의 의사, 또는 두 계급 중 다수의 의사에 귀속하도록 할 수 있다. 그러나 이 두 계급이 의견을 같이 하지 못하고 어떤 문제에 대하여 대립하고 있는 경우를 생각해 보자. 이런 경우 다수며 동시에 대부분의 재산을 소유하고 있는 사람들의 의사에 최고 권위가 귀속되도록 해야 할 것이다.

예를 들어, 넉넉한 계급이 10명 있고 가난한 계급이 20명 있는데, 이 넉넉한 10명 중에 6명이 가난한 계급의 20명 중의 15명과 대립되는 결정을 내렸다고 하자. 이것은 넉넉한 계급의 4명이 가난한 계급의 다수와 의견이 같으며, 또한 가난한 계급의 소수인 5명이 넉넉한 계급의 다수와 의견이 같다는 것을 의미한다. 이런 경우, 두 요소를 한데 합쳐서 상대보다 재산이 더 많은 쪽이 최종 결정권을 가져야 한다. 물론 서로가 절대적으로 똑같아서 오늘날 국민의회나 법정이 같은 수로 나뉘어 있을 때 흔히 일어나는 것보다 더 어려운 문제를 제기하지 않을 수도 있다. 이런 경우에는 추첨으로 결정하거나, 다른 비슷한 방식을 쓰면 된다.

평등과 정의의 문제들에서, 진리가 어디에 있는지를 이론적으로 탐구하는 것은 매우 어려운 일이다. 하지만 사람들이 자신의 이기적 이해를 확보하기에 충분한 힘을 갖고 있을 때, 그들이 정의롭게 행동하도록 설득하는 것보다는 쉬운 일이다. 약한 사람은 언제나 평등과 정의를 바라지만, 강한 사람은 여기에 아무 관심도 기울이지 않는다.

제4장

앞서 이미 살펴본 것과 마찬가지로, 민주정치의 네 가지 변화된 형태 중에서 가장 좋은 것은 분류 순서 중에 첫 번째로 나오는 것이며, 그것은 가장 오래된 형태의 것이기도 하다. 그러나 그것이 첫 번째로 나오는 이유는 따로 있다. 나는 그들 국민을 자연적인 유별에 따라 논하는 것이다. 민주정치에서 가장 좋은 요소는 농민으로 이루어진 국민들이다. 따라서 국민의 대부분이 농업 또는 목축업으로 생활하는 곳에서는 민주정치를 건설하는 데에 아무 어려움도 없다. 이런 국민들은 큰 재산이 없기 때문에 부지런하게 일을 한다. 그래서 그들은 의회에 출석할 시간이 없게 된다. 그들은 생활필수품을 갖고 있지 못하므로 자신의 일에 집착하며, 자기 소유가 아닌 것은 탐내지 않는다. 사실 그들은 정치에 참여함으로써 큰 이득을 얻는 일이 없다면, 정치나 정부의 일보다도 자신의 노동을 더 즐겨할 것이다. 실제로 일반 민중은 명예보다는 물질적인 이득을 원하므로, 그들은 일할 수 있고 그들의 소득을 빼앗기지만 않는다면, 예나 지금이나 참을성 있게 참주정치를 견뎌내며 용납한다. 이것만 보아도 명예보다는 물질적 이익을 우선시하는 것을 잘 알 수 있다. 그들은 기회만 있다면 곧 부자가 되거나 적어도 가난에서 벗어난다. 더욱이 그들은 관리를 뽑고 그들에게 책임을 묻는 권리만 주어진다면, 노력과 지위에 관한 모든 욕망이 만족된다. 사실 그들이 이보다도 더 적은 권력으로 만족한 예가 많이 있다. 만티네이아(Mantineia)의 예를 들어 보면, 여기에서는 그들이 관리를 뽑는 권리가 없었으면서도(그 대신에 이 권리는 순번제에 의하여 국민들로부터 선택된 사람들에게 있었다), 아무튼 심의 권한을 행사했다. 그 제도는 그래도 민주정치 체제라고 보아야 하며, 만티네이아에서도 그렇게 했다.

　이미 말한 바와 같은 민주정치 형태에서는 모든 시민들이 관리를 뽑고, 그들을 조사하며, 법정에 출석하여 사건을 다루는 세 가지 권리를 가지며, 다른 한편으로는 가장 중요한 관리들은 선거로 선출하고 일정한 재산의 자격요건이 있는 사람들만 담당하도록 제한되어 있다. 관직의 중요성이 크면 클수록, 요구되는 재산의 소유 정도도 높을 수 있다. 이와는 다르게, 어떤 관직도 아무런 자격 요건이 요구되지 않지만, 실제로 능력이 있는 사람들만이 이에 임명되도록 할 수도 있다. 이런 방식으로 다스리는 국가는 틀림없이 좋은 정치를 할 수 있을 것이다. 최선의 사람들이 언제나 관직을 맡을 것이며, 국민들은 여기에 동의하고, 자질이 뛰어난 사람들에게 적대적인 감정을 갖지 않을 것이다. 자질이 뛰어나며 유명한 사람들도 다른 열등한 자들에게 지배를 받지 않도록 해 주고, 그들이 올바르게 통치할 수 있도록 해 주는(이것은 국민에게 감사권을 줌으로써 가능하게 된다) 체제 아래에서 반드시 만족하게 될 것이다. 이렇게 서로 의존적인 관계를 유지하고, 무엇이고 마음대로 할 수 있는 권리를 주지 않는 것이 누구에게나 항상 이롭다. 마음대로 행동할 수 있는 권리를 주게 되면 우리 모두에게 있는 나쁜 충동들에 대한 방비책이 없어지는 셈이다. 어떤 정치질서를 막론하고 책임을 지는 원칙이 있으면, 늘 가장 좋은 결과가 나오게 될 것이다. 즉, 가장 훌륭한 사람들이 정치를 맡아서 하되 그릇된 행동은 하지 않을 것이며, 그 반면에 일반 민중도 정당한 권리를 누릴 것이다.

　이런 농민 대중에 기초한 형태의 민주정치가 가장 좋다. 그 이유 또한 분명한데, 이런 정치질서의 기초가 되는 국민이 일정한 자질을 갖추고 있기 때문이다. 이런 국민을 만들려면 예전에 일반적으로 사용했던 법률들, 예를 들어 일정한 한도 이상의 토지 소유를 금하거나, 또는 적어도 시의 중심이나 경계로부터 일정한 거리 내에서는 이를 금지하는 법률 같은 것이 쓸모가 있다. 또한 꽤 많은 나라에서, 애초에 자기 가족에게 할당된 토지를 팔 수 없도록 하는 법률들이 있었다. 또한 옥실로스(Oxylos)에서 비슷한 법률이 있었는데, 이것은 토지 소유자의 재산을 일정한 비율로 쌓아두지 못하도록 하는 것이었다. 살로니카(Salonika) 부근의 도시 아피티스(Aphytis)의 법률 같은 것은 시정책으로서, 그리고 우리가 갖고 있는 목표를 달성하는 데 도움이 될 것으로서 채택해야 한다. 아피티스 주민들은 영토는 작고 인구는 많지만 모두 농업에 종사한다. 그 이유는 재산을 단일 단위로 평가하지 않기 때문이다. 평가를 하기 위해서 재산을 여러 부분으로 나눈다. 이 부분들은 규모가 아주 작아서 가난한 토지 소유자라고 할지라도 그 소유재산이 참정권의 자격 요건이기 때문이다.

농민 다음으로 가장 좋은 국민은 가축으로 생업을 유지하는 목축민이다. 그들의 특징은 대부분 농민들의 특징과 비슷하다. 그러나 체질이 강건하고 야외에서 야영할 수 있는 능력이 있으므로, 전쟁을 하기에 좋은 조건을 갖도록 특별히 훈련되었다. 민주정치의 다른 변형들의 기반이 되는 다른 부류의 사람들은 거의 예외 없이 이들보다 더 못하다. 그들은 어렵게 생활을 하고 있다. 그리고 기계공·상점주인·뜨내기 노동자들로 구성된, 국민이 종사하는 직종 중 어느 것도 도덕적으로 좋을 여지가 없다. 이들은 시장과 도시 중심가를 어슬렁거리며 돌아다니므로, 일반적으로 민회에 참여하기 쉽다. 농민들은 이와는 달리 농촌에 흩어져 있어서 자주 모이지 않으나 이런 모임을 가질 필요성을 느끼고 있다. 여기에 덧붙여서, 도시에서 멀리 떨어져 있는 곳에서는 좋은 민주정치나 훌륭한 혼합정치를 건설하기 쉽다. 이는 국민의 대다수가 도시 교외의 자기들 농토가 있는 곳에 살 수밖에 없으므로, 시내에서 사는 민중이 있다 하더라도 시골에 사는 주민들이 올 수 없는 경우에는 민회가 열려서는 안 되기 때문이다.

이렇게 해서 가장 훌륭한 형태의 민주정치를 어떻게 구성해야 하는가를 살펴보았다. 지금까지 이야기한 것으로 미루어 보아 다른 변형들이 어떻게 구성되어야 하는가도 뚜렷해진다. 그들 변형에서는 가난한 계급들이 차차 단계적으로 가장 훌륭한 형태의 민주정치에서 벗어나게 되며, 그렇게 배제된 사람들은 각 계급의 단계에서 더 하류계급이 된다.

민주정치의 맨 마지막 형태는 만인이 똑같이 참정권을 갖는 것이다. 하지만 법과 관습에서 제대로 규정되지 못하면 지탱할 수도 없고, 어느 국가나 모두 적용할 수 없는 것이다. 이 형태의 민주정치에—그리고 다른 정부 형태도 마찬가지이지만—파멸을 불러오는 원인들에 관해서는 이미 제5편에서 논의했다. 그런 민주정치를 형성할 때, 대중을 대표하는 정당의 지도자들은 보통 단순히 가능한 한 최대 한도로 국민의 수를 증가시킴으로써 대중의 세력을 강화하려고 한다. 그래서 법적으로 출생이 뚜렷한 사람들뿐만 아니라 사생아에게까지 시민권을 주며, 부계나 모계의 어느 한쪽만이 시민권이 있는 자에게도 시민권을 허용한다. 실제로 이런 국가에서는 이 정책만큼 '대중'에게 이로운 것이 없기 때문이다. 그러나 민중 지도자들은 보통 이런 정책을 추구하지만, 진실로 추구해야 할 정책은 이와 다르다. 국민의 수를 증가시키는 것에 서민계급의 수가 상류계급과 중간계급을 합한 수를 조금 넘어서는 정도에서 그쳐야 한다. 그 이상으로 더 늘어나서는 안 된다. 대중의 수가 초과하게 되면, 정치질서의 균형이 흐트러지며, 상층계급이 더욱더 민주정치에 대하여 불만과 불안을 갖게 될 것이다. 키레네에서는 이런 원인으로 혁명이 일어났다. 즉 작은 악은 무시될 수 있지만, 그것이 커졌을 때는 눈에 띄게 되기 때문이다.

이 최종적이며 가장 극단적인 형태의 민주정치를 건설하는 데 있어서 쓸모있는 또 다른 조치는, 아테네의 클레이스테네스가 민주정치의 세력을 강화하기 위해 도입한 대책이나, 키레네의 민주정부를 건설한 사람들이 채택한 대책과 같은 것이다. 이것은 예전에 있던 민족과 부족 이외에, 새로운 부족이나 씨족들을 여럿 창건하는 것이며, 사사로운 가족의 제사는 줄이고, 공적 의식으로 전환해야 한다. 또한 가능한 한 최대 한도로 시민들이 서로 섞이도록 하며, 낡은 결합 관계를 파괴하도록 모든 조치를 다하는 것이다. 또한 참주들이 채택하는 대책들도 마찬가지로 민주정치에 맞는 것이라고 할 수 있다. 우리는 그 한 예로써 노예에게 방종한 자유를 허용하며(이것은 어느 정도까지는 알맞기도 하고 이롭기도 하다), 부녀자와 아이에게도 많은 자유를 인정하고 또한 '원하는 대로 사는 것'을 허용해 주는 것도 예로 들 수 있다. 이런 정책을 쓰면, 이런 것을 허용하는 정치제도는 많은 지지자를 얻을 수 있다. 대부분의 사람들은 절제 있는 생활보다는 아무런 규율도 없이 사는 것을 더 좋아하기 때문이다.

제5장

단순히 민주정치제도를 확립하는 것이 이와 같은 국가를 세우려는 사람들이나 입법자들의 주된 임무가 결코 아니다. 이는 아무리 잘못 조직된 국가라도 2, 3일 동안은 지탱할 수 있기 때문이다. 그보다 더 어려운 일은 그것을 어떻게 보전하는가 하는 것이다. 따라서 입법자들은 여러 정치질서들의 보안작용과 파괴를 일으키는 원인들에 관심을 집중해야 하며—이 문제는 이미 취급되었다—이것을 근거로 정치질서의 안정을 꾀하도록 애써야 한다. 모든 파괴적 요소들은 경계해야 하는데, 무엇보다도 그 정치질서를 보존할 수 있게—그것이 성문법이든 불문법이건 간에—모든 국가보전책을 포함하는 법률을 만들어야 한다. 그들은 민주정치나 과두정치를 막론하고 진정 올바른 정책은 이 둘을 가능한 한 극단적으로 실현하는 것이 아니라 가능한 한 오래 유지하도록 해 주는 것이라는 믿음을 가져야 한다.

오늘날의 민중 선동가들은 민중의 비위 맞추기에 급급하여, 법정을 통하여 많은 사유재산을 빼앗아 이를 공공의 목적을 위하여 사용하도록 한다. 정치질서의 안녕에 마음을 쓰는 사람들은 이를 고치도록 애써야 한다. 빼앗은 재산을 국고로 돌릴 것이 아니라 신에 대한 공물이 되도록 법률을 제정해야 할 것이다. 그렇게 하면, 범죄를 저지른 사람들은 지금과 마찬가지로 법을 두려워할 것이며(왜냐하면 그들은 마찬가지의 벌금을 지불해야 하기 때문이다), 민중들은 이 벌금에서 아무 이득을 얻지 못하므로 모든 피고에게 쉽게 유죄라고 단정하지는 않을 것이다. 공적인 재판도 또한 될 수 있으면 적어야 한다. 그리고 벌금을 많이 매겨서 기소자들이 함부로 고소를 하지 못하도록 막아야 한다. 그런 소송은 보통 귀족들에 대해서 제기되며, 서민층에게는 제기되지 않는다. 그러나 어디에서건 가능하기만 하다면, 모든 시민들이 함께 그 정치질서와 그 질서 아래에서 정부에 귀속되도록 하는 것이 올바른 정책이며, 그렇게 할 수 없다면 적어도 시민이 지배자들을 적으로 여기지 못하도록 해야 한다.

그리고 가장 나쁜 민주정치에서 시민의 수는 다수이며, 그들에게 수당을 지불하는 제도 없이는 민회에 참석하도록 하기가 어렵다. 또한 아무런 재원이 없는 경우에는 그들에게 수당을 지불한다는 것은 귀족들을 억누르는 것이 되므로(여기에 필요한 자금은 재산세, 재산 몰수 또는 옳지 못한 법정을 통해 마련되어야 한다. 그런데 이 방법들은 모두 과거에 민주정치들을 망하게 한 원인이 되었다) 충분한 재원을 확보하고 있지 못하면, 민회의 개최를 적게 해야 하며, 대중 법정도 그 구성원 수는 많을지라도 법정을 여는 횟수는 적어야 한다. 이렇게 법정의 횟수를 제한하면 두 가지 이점이 있다. 첫째, 넉넉한 층은 법정에 관련된 비용을 두려워하지 않아도 된다. 그런데 넉넉한 계층들은 가난한 사람들만이 법정에 출석하는 수당을 받으며 부자들은 받지 못할 때에 법정에 드는 비용을 더욱 싫어한다. 둘째, 법정에서 다루는 사건들이 더 잘 다루어지게 될 것이다. 왜냐하면 그렇게 되면 부자들이 법정에 기꺼이 출석할 것이기 때문이다. 부자들은 여러 날에 걸쳐서 자기들 일을 돌보지 못하게 되는 것을 좋아하지 않지만, 잠깐 동안 일을 비우는 것은 별로 마음을 쓰지 않는다.

이와 반대로 국가가 수당을 지불하는 제도로 비용을 감당하기에 충분한 수입이 있는 경우, 오늘날 민중 선동가들이 추구하는 정책은 피해야 한다. 민중 선동가들은 여기에서 남은 돈을 백성에게 나누어 주는 버릇이 있다. 또한 백성은 한번 이 배당을 받으면 계속 요구한다. 이런 방식으로 가난한 자를 도우려는 것은 구멍 뚫린 항아리 물 채우려고 하는 것과 같다. 진정한 민주정치가의 의무는 민중이 지나치게 가난하지 않도록 돌봐야 하는 것이다. 가난 때문에 민주정치의 여러 결함이 일어날 수 있다. 이런 이유 때문에 일정한 물질적 여유를 지속적인 수준으로 확보해 주는 대책을 연구해야 한다. 이것은 모든 계급에 다같이 이롭다. 따라서 국가 세입의 수익을 창출하여 가난한 자들에게 생활자금으로 나누어 주어야 한다. 만일 가능하다면, 가난한 사람들이 일정한 토지를 구입하기에 충분한 자금을 주는 것이 이상적인 분배 방식이다. 그렇게 할 수 없다면 적어도 가난한 사람들이 장사나 농사를 시작할 만한 금액으로 나누어 주어야 한다.

만약 모든 가난한 사람에게 미칠 수 없다면, 부족별로 또는 다른 방식으로 차례에 따라 나눠주어야 한다. 또한 부자계급들은 가난한 사람들 계급이 의무적인 의회의 집회에 참석하는 데에 대한 수당을 기부해야 한다. 그 대가로 불필요한 공공봉사로부터 면제되도록 해야 한다. 카르타고 정부는 이와 같은 정책을 추구하여 백성의 지지를 얻었다. 이 정부는 정규적으로 국민 가운데 몇 사람씩을 뽑아 자기들 지배하에 있는 도시로 보내 넉넉해지도록 해 주었다. 지각 있고 사려 분별이 있는 귀족들은 가난한 자들이 생업을 찾도록 스스로 나서서 도와준다. 즉, 저마다 한 무리의 가난한 사람들을 맡아서 이 사람들이 생업을 시작할 밑천을 대주는 것이다. 타라스 사람들이 한 일도 본받을 만한 일이다. 그들은 가난한 사람들과 함께 그들의 재산을 나누어 사용함으로써 민중들의 호감을 샀다. 또한 그들은 모든 관직들을 두 부류로 나누었는데, 한 부류는 투표로 선출하고, 다른 부류는 추첨에 의하여 뽑았다. 추첨으로 뽑은 것은 백성들이 관직에 참여할 기회를 주는 반면에, 선거로 선출하는 것은 더 좋은 행정을 확보하는 데 도움이 된다는 생각에서였다. 각 관청의 구성원들을 두 부류, 즉 선출된 부류와 추첨에 의하여 임명된 부류로 나누어 똑같은 결과를 얻을 수 있다.

제6장

우리는 지금까지 민주정치가 어떻게 구성되어야 하는가를 설명했으며, 그 과정에서 실제로 과두정치는 어떻게 이루어져야 하는가도 살펴보았다. 이것은 과두정치의 바뀐 형태를 민주정치 형태와 비교해야 한다는 것을 의미한다. 과두정치 가운데 으뜸이고 가장 잘 균형이 잡힌 것은 법치적 민주정치와 비슷하다. 이런 형태의 과두정치에서는 하위 관직과 고위 관직의 두 가지 기준이 있어야 한다. 하위 관직의 명부에 이름이 오르면 말단관직에 임명될 자격이 있게 되고, 더 중요한 관직에 임명되려면 고위 관직의 명부에 이름이 올라야 한다. 반면에 이 평가 명단에 이름이 오를 만큼 충분한 재산을 모은 사람은 누구나 정치질서에 참여할 권리를 부여받아야 한다. 이런 방법으로 국민 대중 가운데 충분한 수의 사람들이 국정에 참여하게 되어서, 참정권을 누리는 사람들이 그렇지 못한 사람들보다 더 큰 세력을 이루게 된다. 새롭게 참정권을 부여받은 사람들은 백성들 가운데 더 나은 부분에서 뽑아야 한다.

그 다음 형태의 과두정치는 첫 번째 것과 같은 방식으로 구성되지만, 관직을 맡는 데 요구되는 자격 요건이 더 엄격하다. 이렇게 해서 우리는 결국 극단적 민주정치에 상응하는 과두정치의 바뀐 형태에 이르게 된다. 이 형태의 과두정치는 그 성격이 도당에 의한 정치에 가까우며, 참주정치와 가장 비슷하다. 그리고 이것이 과두정치 가운데 가장 나쁜 것이므로 모든 안전보장 대책이 필요하다. 육체가 튼튼한 사람은 신체적인 위험을 무릅쓸 수 있다. 이런 선원이 타고 있는 선박은 여러 어려움을 겪고도 침몰하지 않는다. 건전치 못한 조직이나 부패된 선원이 탄 선박은 작은 어려움도 견딜 수 없다. 정치 질서도 이와 마찬가지이다. 가장 나쁜 정치형태는 삼엄한 경계를 필요로 한다. 민주정치에서 일반적으로 시민수가 많은 것이 이 제도를 유지해 주는 요소이다. 즉, 인구수는 민주정치에서 비례에 따른 정의의 체제 역할을 하는 것이다. 이와 반대로 과두정치는 뚜렷이 민주정치의 안보 대책과 반대되는 방법으로 안전을 추구해야 한다. 그들 조직의 우수성으로 안전을 도모해야 한다.

제7장

민중을 네 가지, 즉 농부·공장인·상인, 일급근로자로 구분할 수 있듯이 군사적 세력도 또한 네 가지, 즉 기병·중보병·경보병 그리고 해군으로 구분할 수 있다. 어떤 나라가 기병을 사용하기에 적합한 입지 조건을 갖고 있을 때는 강력한 과두정치를 구성할 좋은 여건이 있다. 즉 그런 나라에 사는 사람들은 안보를 위해 기병이 필요한데, 말을 기를 여유가 있는 사람들은 큰 부자들뿐이다. 중보병을 사용하기에 알맞은 나라에서는 자연히 그 다음 형태의 좀 느슨한 과두정치가 나타난다. 왜냐하면 중보병이 되려면 경제적인 여유가 있어야 하며, 가난한 사람은 그렇게 할 수 없기 때문이다. 경보병이나 해군은 전적으로 민주정치적인 것이다. 오늘날처럼 경보병과 해군력이 큰 경우에서는 국내 정치에 내분이 생길 때 일반적으로 과두정치 쪽이 패배한다. 이런 상황에 대한 구제책은 기병과 중보병에 경보병을 알맞은 숫자로 결합시키는 장군들의 책략에서 볼 수 있다.

대중이 정치적 내분에서 넉넉한 계급을 패배시킬 수 있는 이유는, 경무장을 하고 기동력이 있는 군대가 기병이나 중보병을 쉽게 감당하여 처리할 수 있기 때문이다. 따라서 민중 출신들로만 이루어진 경보병의 군사력을 증강시키는 과두정치는 그 자신에 대한 도전 세력을 강화하는 것이나 마찬가지이다. 이런 결과를 막으려면 징집체제를 고쳐 연령별로 군에 소집하되, 과두지배자들의 아들들도 소년기에 경보병 무기 사용법과 전술 훈련을 받아야 한다. 그렇게 하면, 그들이 나이를 더 먹게 되었을 때 실제로 경보병 의무를 수행할 능력이 있게 될 것이다.

과두정치 아래에서 민중이 어떤 역할을 할 수 있도록 하는 데는 몇 가지 방법이 있다. 이 가운데 한 방법은 앞에서 말한 것과 마찬가지로, 재산의 평가 명단에 이름을 올리기에 충분한 재산을 모은 사람에게는 누구나 관직을 맡을 권리를 주는 것이다. 또 다른 방법은, 몇 년 동안 기계공의 일을 하지 않은 사람에게 관직을 담당할 권리를 주는 것인데, 이것을 실제로 행하는 예로서 테베를 들 수 있다. 세 번째 방법은 마살리아에서 행하고 있는 것인데, 실제로 그 당시에 시민이었든 시민이 아니었든 간에 관직을 담당할 공적이 있는 서민계급에게 정치 참여권을 부여하는 것이다.

반드시 완전한 시민의 자격을 갖춘 사람들만이 맡아야 하는 가장 중요한 관직들은, 보수가 없는 공공봉사를 수행하는 의무를 포함하는 것이어야 한다. 그렇게 함으로써 민중은 그와 같은 관직을 바라지 않을 것이며, 또한 그렇게 높은 대가를 지불하는 그들을 쉽게 용납하게 될 것이다.

이 고위 관리들이 관직에 취임하면서 상당한 기부를 하고, 재임 기간 동안 공공건물을 건설하는 것도 좋은 일이다. 국민은 이렇게 그들이 제공한 것을 즐기고, 도시가 그들이 헌납한 장식이나 기념품들로 꾸며지는 것을 보며 과두정치가 계속되는 것을 용납할 것이다. 그리고 이런 봉사를 한 상류층 사람들은 자신이 제공한 눈에 띄는 기념품들을 볼 수 있으므로 흡족해할 것이다. 그러나 오늘날의 과두정치자들은 이런 정책을 추구하지 않는다. 그들의 정책은 정반대로 명예와 이득을 탐할 뿐이다. 이렇게 보면, 이들이 하고 있는 과두정치는 그저 '지배자의 수가 적은' 민주정치라고 해도 좋을 것이다.

제8장

민주정치와 과두정치를 건설하는 방법에 관해서는 이것으로 충분할 것이다. 지금부터는 행정관직의 올바른 배분을 논의할 것인데, 관직의 수와 성격, 의무에 대해서는 이미 앞에서 말한 바 있다. 어떤 국가일지라도 절대적으로 필요한 관직들이 없으면 결코 존립할 수 없으며, 또한 훌륭한 조직과 질서를 확보해 주는 관직들이 없는 국가는 훌륭한 통치를 할 수 없다. 또한 우리가 이미 살펴본 것과 마찬가지로, 작은 나라에서는 관직 수가 적어야 하며 큰 나라에서는 관직 수가 많아야 한다. 따라서 우리는 어떤 관직은 통합할 수 있으며 어떤 것은 분리시켜야 하는가를 빼놓지 않고 탐구해야 한다.

필수적인 관직 중에서 첫 번째 것은 시장을 관리하는 관직이다. 이것은 계약관계를 조사하며 질서를 유지하는 관직을 말한다. 어떤 나라에서나 관직 서로 간의 물질적 필요를 충족하기 위해 매매행위가 있어야 한다. 매매행위는 또한 자급자족을 이루는 가장 손쉬운 수단이다. 그런데 일반적으로 자급자족이야말로 사람이 공통의 정치질서 아래에 모여 살게 되는 주된 목적이라고 한다.

여기에 따르는 두 번째 기능은 이와 아주 가깝게 관련된 것으로서, 좋은 질서를 유지하기 위하여 도시의 중심지에 있는 사유 및 공유 건축물을 감독하는 것이다. 즉, 장식가옥이나 도로들을 유지하고 수리하며, 수리경계선에 대한 분쟁을 막기 위하여 경계를 감찰하거나 정부가 관심을 써야 하는 다른 비슷한 문제 등을 관리하는 것이다. 이 기능을 담당하고 있는 관리를 일반적으로 시정감독관이라고 부른다. 그러나 인구가 더 많은 도시들에서는 여러 담당 부서들이 있어서 그 독자 영역, 즉 도시의 성벽을 유지하는 것, 수원을 감시하는 것, 도시 항구에 관해서 책임지는 것 등 저마다 역할을 분담하고 있다.

세 번째로 필요한 관직은 두 번째 것과 아주 가깝게 관련되어 있다. 그 기능들은 마찬가지이지만 도시 밖에서, 즉 교외나 시골에서 행사하는 점만이 다를 뿐이다. 이 관직을 맡아보는 관리를 지방관리인 또는 삼림감독관이라고도 부른다. 이렇게 별개의 기능을 갖고 있는 세 가지 관직 외에도, 세금을 받고 관리하며, 여러 관청들의 부서에 정해진 액수대로 이를 지불해 주는 네 번째 관직이 있다. 이 관직을 맡아보는 관리를 회계징수관 또는 재무관이라고 부른다.

다섯 번째 관직은 사사로운 계약과 법정 판결, 모든 공적 기소, 그리고 모든 예비적인 수속 등을 다룬다. 여러 나라에서 이 관직도 시정감독관과 마찬가지로 여러 부서로 나뉘어 있지만, 한 관리 또는 관리들의 위원회가 모든 업무를 통솔한다. 이 관직을 맡은 사람을 관리를 공공기록관·관리인·기록자, 또는 다른 비슷한 이름으로 부른다.

이제 이 다섯 번째 관직에 당연하게 따라오는 또 다른 관직을 알아볼 차례인데, 이 관직도 매우 필요하며 모든 관직 가운데 가장 어려운 것이기도 하다. 이 관직은 법을 어긴 자에 대한 선고를 집행하는 일을 맡는다. 즉, 공공명단에 이름이 나붙은 사람들로부터 국가에 바쳐야 할 벌금을 거둬들이며 죄수를 관리한다. 이것이 어려운 관직인 이유는 이 관직이 미움을 많이 사며, 상당한 이득을 볼 가능성이 많지 않는 한 사람들이 맡기를 꺼려하거나, 또는 그것을 맡는다고 하더라도 법이 요구하는 엄격성을 가지고 그 의무를 이행하는 것을 싫어하기 때문이다. 그러나 그럼에도 없어서는 안 될 관직이다. 고소를 하더라도 효과 있는 결말이 나오지 않는다면, 저마다 권리의 한계를 결정하기 위하여 고소를 하더라도 얻는 것이 없을 것이다. 만일 사람들이 소송에 결정을 내려주는 제도가 없어서 공동생활을 할 수 없다면, 마찬가지로 그런 결정을 감행할 제도가 공동생활에 있어야 할 것이다. 이 관직의 어려움에 비춰 보아, 이 관직의 의무는 전문화된 한 기구에만 맡겨져서는 안 된다. 그 임무들은 다른 여러 법정에서 나온 대표들의 손에 위탁되어야 하며, 마찬가지 방식으로 공적인 채무를 지고 있는 사람들의 이름을 써 넣은 사무도 여러 사람에게 분배하도록 해야 한다.

여기에 덧붙여, 이 임무를 여러 관리의 기구에 분담시키면 판결을 집행하는 데도 조금 도움이 될 것이다. 특히 임기가 끝나 관직에서 물러나는 관리들의 위원회가 선고한 형벌은, 새로 취임하는 관리들의 기구가 이를 집행하도록 남겨두는 것도 좋겠다. 만약 이것이 불가능해서 같은 임기 내에 관리들이 형벌을 선고하고 이를 집행까지 해야 한다면, 그것을 선고한 관리와 다른 관리들의 기구가 이 집행을 맡는 것이 좋다. 예를 들어 시장감독관이 선고한 형벌을 시정감독관이 집행하거나, 시정감독관이 선고한 형벌을 다른 관리들이 집행하는 것이다. 형벌을 집행하는 데 따르는 미움을 덜 살수록 그 형벌의 집행은 더 효과적이 될 것이다. 같은 기구가 형벌을 선고하며 동시에 이를 집행하기까지 하면, 이 기구를 구성하는 사람들은 이중으로 증오를 받게 될 것이다. 그러나 똑같은 집단의 관리들이 모든 형벌을 집행하게 되면, 이 사람은 모든 사람으로부터 미움을 받게 될 것이다. 또한 여러 나라에서 죄수를 관리하는 관직과 선고를 집행하는 관직이 나뉘어 있다.

예를 들어 아테네에서는 죄수를 관리하는 것은 '11인위원회'의 특별한 임무이다. 이렇게 보면 이 관직을 분산시키고, 이 관직에 형벌의 집행에서와 마찬가지로 정책적 조치를 적용하는 것이 좋다는 것을 알 수 있다. 간수직도 형벌을 집행하는 관직만큼 꼭 필요한 것이다. 그러나 이 관직은 사람들이 특히 꺼려한다. 그렇다고 나쁜 사람의 손에 맡길 수도 없다. 나쁜 사람들은 간수를 필요로 하며, 다른 사람을 지키기에 알맞지 않다. 그래서 우리는 다음과 같은 결론을 내릴 수 있다. 감옥을 감독하는 것은 그 의무를 위해서 임명된 하나의, 또는 영구적인 관리에 맡겨져서는 안 된다. 이 의무는 서로 다른 사람들이 번갈아 가면서 맡아야 한다. 이 사람들은 청소년층 시민들로부터 뽑고(즉 젊은이들에게 군대나 경찰의 훈련을 하는 나라들에서는), 관리들이 그들을 맡아야 한다. 국가에 꼭 있어야 할 이들 관직들을 먼저 뽑아야 한다.

그 다음 순서로는 여러 관직들이 있는데, 이들도 꼭 있어야 할 뿐만 아니라 그 중요성에서도 견줄 만하다. 이들 관직은 풍부한 경험과 높은 성실성을 요구한다. 이들 중에 무엇보다 먼저 국가를 지키는 관직과 군사적 기능을 가진 관직들을 꼽을 수 있다. 전시든 평화시든 그들은 도시의 성벽과 관문을 감독하며, 시민을 훈련하고 검열하는 일을 업무로 한다. 어떤 나라에서는 이런 여러 업무를 맡아보는 별도의 관직들이 있고, 어떤 나라에서는 적은 수의 관직만을 둔다. 작은 나라에서는 이런 문제들을 모두 맡아보는 관직 하나만을 두는 것으로 충분하다. 이런 관직을 담당한 사람을 보통 장군 또는 사령관이라고 부른다. 기병·경보병·궁수(弓手)·해군 등이 다른 용도의 군대로 저마다 조직되어 있는 경우에는 때때로 이들이 제각기 별개의 명령하에 있으며, 이런 경우에 이들을 지휘하는 관리는 제독·기병장군, 경보병장군으로 따로따로 불린다. 이들 밑에 있는 장교들은 해군사관·기병사관, 부대장교들로 불린다. 이들보다 작은 단위의 부대를 지휘하는 장교들도 이에 걸맞는 관직이름을 갖는다. 이 조직 전체가 한 부서를 형성하는데, 이것이 군사령부이다.

이제 위에서 말한 군사령부 조직에서 우리의 관심을 재무부서 조직으로 돌려보자. 국가의 관직들 몇몇이 많은 액수의 공금을 다룬다. 따라서 다른 관청들의 회계를 받고 감사를 하는 기능만을 수행하는 재무를 담당하는 별개의 관청이 있어야 한다. 장소에 따라 이 관직에 있는 사람을 부르는 이름이 다르다. 즉 감사관, 회계관, 검사관, 국고담당관으로 불린다.

이미 말한 여러 관직 외에도 다른 어떤 관직보다 더 국정 전반을 통제하는 또 하나의 관직이 있다. 이 관직은 많은 나라에서 의회에 안건을 상정하고 이를 마무리짓는 이중적 권한을 갖고 있다. 이 관리는 의회를 진행한다. 왜냐하면 정치체제를 통제하는 권위에 대하여 회의를 개최하는 역할을 맡아서 하는 관직이 있어야 하기 때문이다. 이 관직을 맡아보는 사람을 어떤 나라에서는 예비평의원이라고 부르는데, 이것은 이들이 심의 진행을 시작하기 때문이다. 그러나 민회가 있는 곳에서는 이들을 그저 평의회라고 부른다.

중요한 관직은 대체로 이와 같은 성격을 갖고 있다. 그러나 이 이외에도 국가적으로 섬기는 신들의 예배를 맡아보는 또 다른 업무의 분야가 있으며, 여기에는 사원관리자나 성직자와 같은 관리가 필요하다. 사원관리자란 사원 건물을 유지하고 수리하며, 여러 신들에게 예배를 하는 데에 배정된 재산을 관리하는 임무를 띠고 있다. 때때로 작은 나라에서는 이 업무 전반을 하나의 관직이 맡아본다. 다른 나라에서는 성직자 이외에도 제물을 감독하는 사람, 성역을 돌보는 사람, 종교적 재산을 돌보는 사람이 있기도 하다. 이들 관직과 아주 가깝게 관련되어 있는 또 하나의 관직이 있을 수 있다. 그것은 특별히 그 도시의 공동취사장에서 행해지는 모든 공적 제물을 관리하는 임무를 띠고 있기 때문에, 법적으로는 성직자의 소관 사항이 아니다. 이 관직을 맡아보는 사람을 어떤 나라에서는 통치자라고 부르며, 다른 곳에서는 왕이라고 부르고, 또 어떤 곳에서는 통령이라고 부른다.

모든 국가에 꼭 있어야 할 관직은 위와 같으며, 그들이 맡아보는 여러 기능에 따라 다음과 같이 분류할 수 있다. 먼저 공적 종교의식·군사문제·국고 수입과 지출에 관련된 기능들이 있다. 둘째, 시장·중심가·항구·농촌에 관련된 기능들이 있다. 셋째, 법정·계약 등기·형벌 집행·죄수 관리·관리들의 회계를 검열하며 조사하는 것과 관련된 기능들이 있다. 마지막으로 국가의 공적인 모든 평의회를 사퇴하는 관직들이 있다. 이외에도 평화롭고 넉넉한 나라에서는 도덕 문제와 사회 규율에 관심을 쓰는 특유한 관직들이 있다. 이 관직들은 부녀 보호, 법률 수호, 아동 보호, 체육지도자를 맡아보기 위한 것이다. 우리는 또한 체육경기·연극 경연, 그리고 다른 비슷한 관람거리를 감독하는 관직들도 포함시킬 수 있다. 이 관직 가운데 어떤 것은, 예를 들어 부녀와 아동 보호 관직은 분명히 민주정치에서는 맞지 않을 것이다. 가난한 사람은 노예를 갖지 않았으므로, 그의 부인과 아이들을 노예로 부릴 수는 없기 때문이다.

선거인이 최고 관리를 선출하는 것을 맡아보는 세 종류의 관직이 있다. 첫째로 법률 수호자, 둘째로 예비평의원, 셋째로 평의회이다. 첫째 것은 귀족정치에 알맞은 것이고, 둘째 것은 과두정치에 알맞으며, 셋째 것은 민주정치에 알맞다.

이것으로 우리는 거의 모든 종류의 관직을 대충 다루었다.

제7편 정치적 이상과 교육적 원리

제1장

 다음 주제인 이상적 정치질서의 성격 연구를 하기 전에, 먼저 가장 바람직한 생활방식이 어떠한 것인가를 살펴보고자 한다. 이것이 분명하지 못한 상태에서는 이상적 정치질서 역시 분명하지 못할 것이다. 그렇다면 예기치 못한 어떤 일이 일어나지 않는 한, 주어진 상황에서 가능한 가장 훌륭한 생활방식과 같을 것이다. 따라서 우리는 무엇보다도 먼저 모든 사람에게 가장 바람직한 생활방식의 개념에 관한 어떤 합의점을 찾아내야 한다. 그리고 그 다음으로 이와 똑같은 생활방식이 개인의 경우와 마찬가지로 공동체의 경우에도 바람직한 것인지 알아보아야 한다.
 가장 훌륭한 생활에 대해서는 이미 일반민중을 위한 과외의 토의에서 논한 것으로서 충분하다고 가정하고, 여기서는 그 안에 어떠한 것이 포함되어 있는가를 살펴볼 것이다. 어느 누구도 이의를 제기할 수 없는 가장 훌륭한 생활을 이루는 요소를 분류하는 방식이 하나 있는데, 여기에 대해서는 아무도 이의를 제기할 수 없을 것이다. 바로 이 구성요소를 외부적 선, 육체의 선, 영혼의 선으로 분류하는 것이다. 일반적으로 행복한 사람이라면 이들 서로 다른 '선'을 모두 갖추어야 한다는 데에 이의가 없을 것이다. 용기·절제·정의·지혜를 조금도 갖고 있지 못한 사람을 아무도 행복하다고 부르지 않을 것이다. 또한 자기 머리 위를 윙윙거리고 돌아다니는 파리를 두려워하거나, 갈증이나 공복감이 난다고 지나칠 정도로 낭비를 서슴지 않는 사람, 적은 돈을 위하여 가장 친한 친구도 파멸시키려는 사람, 어린아이나 정신병자와 마찬가지로 지각이 없고 방황하는 마음을 가진 사람을 아무도 행복하다고 하지 않을 것이다. 이런 명제들은 거의 모든 사람이 올바르다고 받아들일 것이다. 그러나 우리가 '이 선을 저마다 어느 정도로 갖추어야 하는가', 그리고 '어떤 선의 다른 선에 대한 상대적인 우월성은 어떤 것인가?' 이런 의문을 제기하면, 곧 의견 차이가 생기게 된다. 어떤 경우에는 선이 조금만 있어도 좋다고 본다. 그러나 부와 재산·권력·명성 등은 아무 한정없이 지나칠 정도로 욕심을 낸다. 이런 방식으로 행동하는 사람에게는 다음과 같은 말을 해 줄 수 있다. '이 문제들에 관해서는 현실이 당신에게 답변을 줄 것이다. 당신들은 영혼의 선이 외부적 선에 의하여 유지되거나 획득되지 않는다는 것을 알 수 있다. 또 당신은 사람들이 그것을 쾌락이나 선, 또는 이 둘에서 찾건 찾지 않건 간에 행복이란 자기의 개성과 정신을 최대한으로 계발하고, 외부 선의 획득을 절제 있는 한도로 제한한 사람에게 속하는 것이며, 그들이 사용할 수 있는 것보다 더 많은 외부적인 선을 얻었지만 영혼의 선이 모자란 사람에게 속하는 것이 아님을 알 수 있을 것이다.' 이 문제는 이론적으로 탐구해 보아도 쉽게 해결될 수 있다.

다른 모든 도구들과 마찬가지로 외부적 선은 당연히 한계가 있다. 실제로 모든 쓸모 있는 물건이 이런 성격을 갖고 있다. 그리고 이런 것들이 너무 많게 되면 사람에게 어떤 해독을 끼치거나 적어도 아무런 이득도 주지 않게 될 것이다. 그런데 영혼의 선들은 저마다 그 양이 크면 클수록 그 효용도 크다. 여기에서 '효용'을 이 선들의 특성이라고 말하는 것이 올바른지 아닌지는 확실치 않지만, 단순히 '가치'라고만 해서는 안 될 것이다. 일반적으로 우리는 다음과 같은 명제를 내세울 수 있다. 'A라는 사물의 가장 좋은 상태에 대한 B라는 사물의 가장 좋은 상태에 대한 관계는 A의 B에 대한 관계와 같다.' 따라서 만일 영혼이 우리의 육체나 재산보다 더 귀중한 것이라면—본질적으로 그리고 우리와의 관계에서도—영혼의 가장 훌륭한 상태도 당연히 우리의 재산이나 육체의 가장 좋은 상태와 마찬가지로 관계를 가질 것임에 틀림없다. 영혼을 위해서는 이들 다른 것, 즉 재산, 신체 건강이 바람직한 것이며, 올바른 지각을 가진 사람은 영혼을 위해서 이들을 얻으려 하는 것이지, 그와 같은 것들을 위하여 영혼을 필요로 하는 것이 아님을 덧붙여 둔다.

따라서 우리는 각 개인의 몫이 되는 행복의 양은 선과 지혜의 양과 똑같으며, 그가 행하는 선과 지혜로운 행동만큼 행복을 누리고 있다는 것을 인정할 수 있다. 신은 우리에게 이 결론을 증명해 준다. 신은 행복하며 즐거운 존재이고 그 존재의 성격 때문에 자신이 행복한 것이지, 다른 외부적인 선 때문에 행복한 것은 아니다. 이렇게 보면 왜 행복하다는 것과 운이 좋다는 것이 늘 다른 것인지 설명된다. 사건이나 우연에 의하여 영혼 외부의 선이 이루어질 수 있다. 그러나 누구도 단순히 사건이나 우연에 의하여 정의롭고 절제 있게 될 수는 없다.

그 다음으로는 도덕적으로 가장 좋은 국가가 행복하며 또한 정당하게 행동하는 국가라는 원칙에 이르게 된다. '올바르게 행하지' 않고는 정당하게 행동할 수 없다. 그리고 개인의 경우와 마찬가지로 국가도 선과 지혜 없이는 올바른 것을 행할 수 없다. 국가의 용기, 그리고 국가의 정의와 지혜는 개인이 이런 자질을 갖추었을 때 용감하며 정의롭고 지혜롭다는 평을 듣는 것과 같은 힘과 성격을 갖는 것이다.

이런 탐구는 적어도 우리 논의에 철학적인 서론으로서의 역할을 할 수 있을 것이다. 이 탐구는 우리가 말해야 하는 문제들을 다루고 있지만, 여기에서 관련된 논의를 모두 펼쳐 보일 수는 없다. 그것은 또 다른 연구분야에서 다루어야 할 문제이기에, 여기서는 다음과 같은 명제를 설정하는 것으로 충분할 것이다. '개별적으로 개인에서나 집단적으로 국가에서나 가장 훌륭한 생활방식은 생활이 선한 활동의 성격을 갖도록 해 주는 필수조건들이 제대로 갖추어진 선의 생활이다.'

이 명제에는 다른 의견이 있을 수 있다. 그러나 이 논의에서는 그대로 넘어가고, 우리의 견해에 동조하기를 거부하는 사람들의 주장에 답하는 것은 다음 기회로 미루고자 한다.

제2장

이제 국가의 행복이 개인의 행복과 똑같은가, 아니면 서로 다른가를 논의하고자 한다. 그 답은 뚜렷하다. 우리는 모두 그들이 똑같다는 데 합의했다. 개인의 복지가 그가 갖고 있는 부에 있다고 믿는 사람들은, 국가도 또한 넉넉할 때 전체적으로 행복하다고 생각할 것이다. 참주의 생활을 다른 생활방식보다 더 높이 여기는 사람들은, 가장 커다란 제국을 갖고 있는 나라가 가장 행복한 나라라고 생각할 것이다. 또 그들의 선에 따라 개인을 평가하는 사람은 국가의 행복도 그들의 선에 비례하는 것으로 여길 것이다.

여기에서 제기되는 두 가지 문제는 모두 다 어느 정도 탐구할 가치가 있다. 첫 번째는 '어떤 생활방식이 더 바람직한가, 다른 시민들과 함께 공적인 활동에 참여하는 것이 좋은가, 아니면 국가 안에서 이방인처럼 모든 정치사회에 벗어나 생활하는 것이 좋은가?' 하는 문제이다. 두 번째는 '우리가 국가 활동에 참여하는 것이 모든 사람에게 바람직할 것이라고 생각하건 다수에게만 바람직한 것이라고 생각하건 간에, 국가의 가장 좋은 정치질서와 또 그것의 가장 좋은 성향은 어떤 것인가?' 하는 것이다.

이 두 번째 문제는 개인에게 무엇이 좋은가 하는 문제를 제기하는 첫 번째 의문과는 달리 정치사상의 문제이며, 정치적인 사고를 요구하는 문제이다. 그리고 우리가 현재 이 분야에 속하는 논의를 하고 있으므로, 그것이 다른 어떤 문제보다 우리의 현재 연구범위에 속하는 것으로 보아야 할 것이다. 가장 좋은 정치질서에 관해서는 한 가지 분명한 점이 있다. 즉, 그것은 모든 부류의 사람이 가장 좋은 상태에서 행복하게 생활하도록 해 주는 정치 조직이어야 한다는 것이다. 그러나 다른 점에 관해서는 의견 차이가 나온다. 선의 생활이 가장 바람직하다는 의견에 동의하는 사람들까지도, 아래에 나오는 문제들에 관해서는 의견이 나뉜다. '어떤 생활방식이 가장 바람직한가? 행동과 정치적 생활인가 아니면 모든 외부적 상황에서 벗어난 생활, 예를 들어 어떤 사람들이 철학자로서 가치가 있는 유일한 생활방식이라고 보는 명상의 생활이 가장 바람직한 것인가?'

여기에서 우리는 예나 지금이나 선의 명성을 얻기 위하여 가장 열렬히 바라는 사람들이 분명하게 선택한 두 가지의 생활방식, 즉 정치적·공적 생활방식과 철학적 생활방식이 있다고 말할 수 있다. 이 둘 가운데 어느 쪽이 올바른가의 문제는 아주 중요하다. 왜냐하면 사사로운 문제거나 국가의 문제거나 간에 지혜는 언제나 더 높은 수준에 이르려는 목적을 갖고 있어야 하기 때문이다. 이웃 국가들에 대하여 어떤 권위를 행사하는 것을 싫어하는 사람이 있다. 그들은 그 권위가 전제적일 때, 이것을 최고의 부정의라고 생각한다. 그들은 또한 이 권위가 합법적인 것일 때에도, 또 이것이 다른 나라에 대한 부정의가 아닐지라도 자신의 복지에 장애가 되는 것으로 본다. 또 다른 사람들은 정반대의 견해를 취하여, 실제 정치적인 생활이야말로 사람에게 유일한 생활이라고 주장한다. 그들은 사사로운 생활은 공적인 생활이나 정치적 생활에 비해 아무런 행동의 전망이 없다고 믿는다. 실제 정치적 생활에 찬성하는 사람들은 그들의 주장을 이 정도에서 그친다. 다른 사람들은 이보다 더 나아가서, 전제적인 참주정치 형태의 정치질서가 행복을 주는 유일한 정치질서라고 주장한다. 그런데 어떤 나라에서는 정치질서와 법이 모두 이웃 국가들에 대하여 전제적인 권위를 행사하는 것을 목적으로 하고 이것을 기준으로 해서 이루어져 있다.

대부분의 나라에서 법은 그저 여러 가지가 뒤섞인 입법의 혼란에 지나지 않는다. 그러나 이 법률들이 하나의 목적에 집중되어 있는 곳에서는 그 목적이란 언제나 정복임을 인정할 수밖에 없다. 예를 들어 스파르타와 크레타에서 교육 제도와 대부분의 법률은 일반적으로 전쟁을 목표로 이루어진 것이다. 마찬가지로 다른 나라를 정복할 만큼 강력한 야만인들은 군사적 용맹성을 최고의 명예로 여긴다. 이것은 켈트인, 스키테스(Skythes)인, 페르시아인, 트라케(Thrake)인들에게서 흔히 볼 수 있는 것이다. 이들 가운데 어느 나라는 분명하게 군사적 자질을 적극적으로 드높이는 법률까지 있다. 예를 들어 카르타고에서는 새로운 전쟁을 할 때마다 군인들에게 새 팔찌를 장신구로 준다고 한다. 또한 옛날 마케도니아에서는 적을 하나도 죽이지 못한 사람에게는 허리띠 대신에 멜빵을 걸게 하는 형벌을 지우는 법이 있었다. 스키테스인들은 적을 하나도 죽이지 못한 사람에게는 어떤 축제에서 돌아가며 술을 마시는 공동의 친목 술잔으로 술을 마시지 못하도록 하는 관습이 있었다. 싸움을 좋아하는 이베리아인들도 비슷한 관습이 있었는데, 죽은 사람의 무덤 주위에 그가 생전에 죽인 적의 수만큼 뾰족한 돌로 둥글게 원을 만들어 놓는다.

민족에 따라 다르지만 어떤 것은 법으로 정해져 있고, 또 어떤 것들은 관습에 따른 것이다. 그러나 이 문제를 잘 생각해 보면, 정치가가 이웃 나라들의 의사를 생각하지 않고 지배하고 다스릴 계획을 세울 수 있다는 것이 매우 이상하게 들린다. 합법적이 아닌 일을 어떻게 법률가나 정치가가 온당하게 행할 수 있겠는가? 또한 자기가 하고 있는 일이 올바른가 그른가를 생각하지 않고 통치하는 것이 합법적일 수 있는가? 전쟁에 이긴 정복자라 할지라도 옳지 않을 수 있다. 이런 형태의 정치에 상응하는 것을 다른 어느 직업 분야에서도 찾아볼 수 없다. 의사나 항해사는 환자나 승무원을 다룰 때 결코 강압이나 속임수를 써서는 안 된다. 그러나 정치에 관해서는 대부분의 사람이 정복에 의한 지배가 진정한 길이라고 믿는 것 같다. 또 사람들은 자신은 결코 올바르거나 편리하다고 용납하지 않을 방식으로 남에게 행동하기를 부끄럽게 생각하지 않는다. 그들과 자신의 일에 관해서는 정의에 따른 권위를 요구한다. 그러나 다른 사람의 문제에 관해서는 정의에 관한 관심은 갖지 않는다. 만일 세상에 자유롭게 되어야 하는 요소와 함께 지배를 받아야 하는 요소가 포함되어 있지 않다면, 이 세상은 기이한 곳이 될 것이다. 사실이 그렇다면 지배는 지배를 받아야 하는 요소에만 한정되어야 하며 누구에게나 적용되어서는 안 된다. 우리는 연회나 축제에 음식으로 쓰기 위하여 사람을 사냥하진 않지만 야생동물은 사냥하는 것과 같다. 어떤 국가가 홀로 존속하며 그 자체로 고립되어 행복하게 사는 경우를 생각할 수 있다. 그런 나라가 어느 곳에서 홀로 존속하며, 좋은 법제도 아래에서 생활한다고 가정해 보자. 그 국가는 분명히 좋은 정치질서를 갖고 있을 것이다. 그러나 이 정치질서에는 전쟁이나 적국의 정복에 관한 아무 계획도 들어 있지 않을 것이다. 왜냐하면 이 나라에는 적이 없을 것이기 때문이다.

이제 지금까지 논의한 것으로 미루어 보아, 모든 군사 목적의 추구가 똑같이 좋다고 할지라도, 그들이 좋다는 것은 제한된 의미에서만 그러하다는 것이 분명하다. 전쟁의 추구는 인간의 다른 모든 목적들을 초월하는 주된 목적이 아니다. 그것은 인간의 주된 목적에 대한 수단일 뿐이다. 좋은 입법자가 어떤 국가나 사회, 또는 사람들에 관하여 입법을 할 때 염두에 두어야 할 주된 목적은 좋은 생활 속에서 사람들이 다른 사람과의 공동생활을 즐겨야 하며, 이것을 통하여 행복하게 살아야 한다는 것이다. 실제로 법률들은 환경에 따라서 여러 양상을 보일 수 있다. 만일 한 국가에 이웃한 다른 국가들이 많은 경우, 입법자의 의무는 그들의 서로 다른 성격에 따라 알맞은 군사훈련 방식을 마련하며, 일반적으로 이들이 저마다 제기하는 위협에 대처할 알맞은 방법을 찾는 것이다. 그러나 여기에서 제기된 이상적 정치질서가 추구해야 하는 목적은 나중에 다시 살펴보는 것이 좋겠다.

제3장

이제 우리는 선의 생활이 가장 바람직하다는 일반적 원칙을 받아들이는 데 합의하면서도, 선의 생활을 하는 올바른 방식에 관해서는 의견이 다른 사람들의 주장을 살펴보아야 한다. 따라서 서로 다른 두 학파의 견해를 논의해 보아야 한다. 그 하나는 자유로운 개인의 생활을 정치인의 생활과 구별하여, 다른 어떤 것보다도 자유로운 생활을 좋게 여기며 정치적 관직을 회피하는 사람들이다. 다른 하나는 정치인의 생활을 가장 좋은 생활로 생각하는 사람들이다. 그들은 아무것도 안하는 사람들은 '잘하는 것'이 아니라고 주장하며, 행복을 적극적으로 '좋은 일을 하는 것'과 동일시한다. 이 두 학파는 어떤 점에서는 옳지만 다른 점에서는 그르다. 첫 번째 학파는 자유로운 개인 생활이 많은 노예를 소유하고 있는 사람의 생활보다 더 좋다고 주장하는 점에서 옳다. 노동을 하는 노예들을 관리하는 것은 그다지 품위있고 훌륭한 일이 못 된다. 또한 노동에 관하여 지시를 내리는 것도 훌륭한 일이 아니다. 반면에 어떤 형태의 권위건 단순히 '지배'라고만 보는 것은 옳지 못하다. 자유인에 대한 권위는 노예에 대한 권위와 많이 다르며, 본질적인 자유인이 본질적인 노예와 다른 것만큼이나 차이가 난다. 그러나 이 문제에 관해서는 제1편에서 이미 충분히 이야기했다. 첫 번째 학파의 또 다른 잘못은 행동을 싫어하며 행동하지 않는 것을 찬양하는 것이다. 행복이라는 것은 행동하는 상태며, 선을 많이 이행하는 올바르고 절제 있는 사람들의 행동이다.

최고 권위가 가장 좋은 행동을 실천하는 힘이기 때문에, 그것이 모든 선 가운데 최고의 것이라는 뜻으로 해석될 수도 있을 것이다. 이런 견지에서 권위를 행사할 능력이 있는 사람은 그 권위를 결코 이웃사람에게 양도해서는 안 되며, 반대로 다른 사람에게서 권위를 빼앗아야 한다는 말이 된다. 즉 아버지는 자식을 전혀 생각하지 않고, 자식은 아버지를 전혀 마음에 두지 않으며, 어떤 친구도 자신의 친구를 생각하지 않아야 한다는 것이다. 모두 '가장 좋은 것이 가장 바람직하며, 잘하는 것이 가장 좋은 것이다'라는 원칙에 따라서 행동해야 한다. 만약 실제로 약탈과 폭력을 저지른 사람들이 최고로 바람직한 목표를 이룩한다면, 그런 견해에도 일리가 있을지 모른다. 그러나 그런 일은 일어날 수 없으며, 이렇게 된다고 가정하는 것은 사실상 그릇된 일이다. 행동하는 자신이 어느 정도로 남들에 비하여 뛰어나지 않으면 남편이 부인보다 뛰어나거나 부모가 뛰어나거나 하는 정도로 그 행동도 선하거나 뛰어날 수 없다. 그렇다면 나쁜 짓을 저지르는 자는 이 나쁜 짓을 저지르는 과정에서 이미 잃어버린 선에 상당한 이득을 결코 이룩할 수 없다. 똑같은 사람들로 이루어진 사회에서는 관직이 순번의 원칙에 의해 돌아가야 한다는 것이 올바르고 정의로운 것인데, 이것은 평등과 동등의 이념을 요구하는 것이다. 그러나 똑같은 사람들이 똑같지 못한 몫을 갖게 되거나, 똑같지 못한 처우를 받는 것은 모두 옳지 못하다. 그러므로 우리는 어떤 사람이 선에 있어 다른 사람보다 뛰어나고, 또한 실제로 가장 훌륭한 일을 할 수 있는 능력도 뛰어난 경우, 그 사람에게 복종하는 것이 정의로우며 그 사람을 따르는 것이 옳다는 결론에 이른다. 선 자체로는 충분하지 못하다. 선을 적극적으로 행동할 수 있는 능력이 따라야 한다.

 만일 우리의 견해가 옳다면, 그리고 행복이란 '좋은 일을 하는 것'이라고 생각한다면 실제 행동을 하는 생활이 가장 훌륭한 것이며, 이것은 모든 국가에서나 각 개인의 행동에서나 마찬가지이다. 그러나 흔히 생각하는 것처럼 실제 행동하는 생활은 다른 사람과의 관계가 연관되는 생활이 될 필요는 없다. 또한 우리의 생각이 행동에 의해서만 이룩될 수 있는 목표에 집중되어 있을 때에만 적극적인 것이라고 생각해서는 안 된다. 그것 이외의 아무 목표가 없는 사색, 그리고 순수하게 그 자체만을 위하여 하는 명상이나 일련의 사고가 더 적극적이라는 이름으로 불려야 한다. '좋은 일을 하는 것'이 우리가 추구하는 목적이다. 어떤 종류의 행동은 따라서 우리의 목적이며 목표이다. 외향적인 행동의 영역에서도, 행동은 자신의 생각에 근거하여 스스로 그런 행동을 한 사람들의 것이라고도 할 수 있다. 사실상 그렇게 하는 것이 가장 알맞으며, 이 말의 진정한 뜻이다. 따라서 다른 나라와 격리되어 있으며 독립된 상태에서 살기로 작정한 국가들을 적극적이지 않다고 할 필요는 없다. 그들은 국가 내의 여러 집단들 사이에서 활동을 벌일 수 있다. 즉 그 국가의 서로 다른 집단들은 서로 관련을 많이 갖게 될 것이다. 이것은 개인도 마찬가지이다. 만일 그렇지 않다면 신과 온 우주에 무엇인가 잘못된 것이 있을 것이다. 왜냐하면 신과 우주는 그들의 내부적 생활 이외에는 아무런 활동이 없기 때문이다.

 따라서 개인에게 가장 좋은 생활방법은 국가 전체와 국가의 모든 구성원들에게도 가장 좋은 생활방법임이 뚜렷하다.

제4장

 이런 일반적 고찰에 입각하여 우리가 이전에 한 이상국가에 관한 논의를 염두에 두고, 이제는 나머지 문제를 논의하기로 한다. 첫 번째로 제기되는 질문은 '이상적 국가를 건설하기 위하여 필요한 기반은 무엇인가?' 하는 것이다. 이상적 정치질서는 그 성격에 맞는 물질적 조건이 갖추어져 있어야 한다. 따라서 기본적으로 이상적일 뿐만 아니라 실제로 실천 가능한 여러 이상적 조건들을 생각해 보아야 한다. 이 조건들은 먼저 시민들과 영토를 포함한다. 모든 생산자들은, 예를 들어 직조 기술자나 조선 기술자는 생산 분야에 알맞은 재료가 있어야 한다. 이 재료들을 잘 준비하면 할수록 그들이 기술을 더 잘 발휘할 것이다. 생산자들이나 마찬가지로 정치가나 입법자도 알맞은 재료가 있어야 하며, 또한 이 재료들이 그들의 필요에 알맞은 상태에 있어야 한다. 국가에 꼭 있어야 할 첫 번째 요소는 인적 자원이다. 여기에 관하여 우리는 당연하게 필요로 하는 인구의 질과 양을 탐구해 보아야 한다. 두 번째 요소는 영토인데, 여기에 관해서도 우리는 질과 함께 그 양을 탐구해 보아야 한다. 대부분 사람은 국가의 행복은 국가가 큰 것에 달려 있다고 생각한다. 그들의 견해가 옳을지도 모르지만, 설령 옳다고 할지라도 국가가 크게 되거나 작게 되는 것이 무엇을 의미하는지 그들은 알지 못한다. 그들은 국가의 크고 작음을 수량적으로 보아 인구의 규모에 따라 크고 작음을 판단한다. 그러나 인구의 규모보다도 그 능력이 척도가 되어야 옳다. 다른 사물과 마찬가지로 국가도 어떤 기능을 수행해야 하는데, 이때 그 능력이 가장 큰 국가를 가장 위대한 국가로 보아야 한다. 마찬가지 방식으로, 히포크라테스를 그보다 몸의 크기가 더 큰 사람보다 '더 위대하다'고(사람으로서가 아니라 의사로서) 말하는 것이 당연하다. 그러나 국가를 그 인구의 크기에 따라 판단하는 것이 옳다고 할지라도, 어떤 단순한 우연적인 총계에 의하여 그렇게 판단하는 것은 옳지 못한 일이다. 우리는 국가가 많은 노예와 외국인 거류민, 그리고 외국인들을 포함한다는 사실을 생각해야 할 것이다. 만일 우리가 어떤 국가를 인구의 척도로 판단한다면, 그 인구라는 말은 국가의 구성원이며 국가 구성에 있어 근본적인 요소인 사람들에게만 한정해야 할 것이다. 이들의 수가 뛰어나게 많다면, 그 국가가 크다는 증거가 될 수도 있다. 그러나 싸움터로 기계공으로 이루어진 군대를 내보내며, 중무장한 보병은 조금밖에 없다면 결코 대국이라 할 수 없다. 즉, 대국이란 인구가 많은 국가는 아닌 것이다.

또 하나 탐구해야 할 문제가 있다. 경험에 따르면, 인구가 많은 나라는 일반적으로 준법의 습관을 확립하기가 불가능하지는 않더라도 매우 어렵다. 관찰해 보면, 통치가 잘 된다는 명성이 있는 나라는 반드시 인구를 어떤 방식으로 제한하고 있다. 그러나 이 점은 철학적인 근거에서 보아도 증명이 된다. 법이란 질서의 체제이다. 따라서 법에 대해 복종하는 일반적인 습관은 일반적인 질서 체제가 있어야 한다. 그러나 질서라는 것은 많은 수에 대해서는 불가능하다. 무한한 수에 대하여 질서를 창조하는 것은 신의 권능이며, 이 권능은 많은 수와 큰 공간의 아름다움이 따르는 온 우주를 하나의 질서로 통합하는 것이다. 따라서 우리는 가장 아름다운 국가가 앞에서 이미 말한 수준의 질서와 규모를 하나로 결합시키는 국가라고 할 수 있다. 그러나 또한 다른 모든 사물(동·식물 또는 무생물)과 마찬가지로 일정한 크기의 척도를 갖고 있다는 사실을 염두에 두어야 한다. 어떤 것도 그것이 너무 지나치게 작거나 지나치게 크다면 그 기능을 수행할 힘을 잃고 말 것이다. 그 경우 때로는 그 본성을 완전히 잃어버리게 되거나, 또는 그 정도에 이르지 않는다면 결함을 갖게 될 것이다. 예컨대, 배의 길이가 겨우 15cm이거나 4000m나 되는 배는 배가 아닐 것이다. 이보다는 좀 낫다고 할지라도, 그 배의 크기가 알맞지 않거나 거추장스럽게 크다면 항해에 어려운 점들이 생길 것이다. 국가에 관해서도 마찬가지이다. 인구가 너무 적은 국가는 자급자족을 이룰 수 없다. 국가는 그 정의에 따르면 자급자족인 사회이어야 한다. 인구가 너무 많은 국가는 물질적 필요에 관해서는 자급자족을 이룬다. 그런데 물질적 필요의 자급자족은 야만인들도 이룩할 수 있다. 그러나 이런 국가는 올바른 정치질서를 이룩할 수 없다는 이유 때문에 올바른 국가라고 할 수 없다. 누가 그렇게 엄청나게 많은 사람들을 통솔할 수 있겠는가? 그리고 스텐토르(Stentor : 호메로스의 《일리아스》에 나오는 트로이전쟁 당시의 목소리가 큰 전령) 같은 목소리를 갖고 있지 않는 한 누가 명령을 내릴 수 있겠는가?

따라서 국가를 이루는 첫 번째 단계는, 먼저 정치적 공동체의 형태와 모습을 갖추고, 좋은 생활방식을 이룩하는 목적을 위하여 자족할 정도의 인구를 필요로 하는 것이라고 할 수 있다. 이 첫 단계의 인구보다 더 많은 인구를 갖게 되면 더 큰 국가라고 할 수 있지만, 이런 인구의 증가는 앞에서 이미 살펴본 것처럼 한정없이 계속될 수는 없다. 무엇이 인구 증가의 한계인가는 우리가 실제 사실을 조사해 보면 쉽게 대답할 수 있는 문제다. 국가의 활동은 부분적으로는 통치자들의 활동이며, 부분적으로는 통치를 받는 이들의 활동이다. 통치자들이 하는 일은 결정을 내리고 명령을 하는 것이며, 통치를 받는 사람들이 하는 일은 통치자를 뽑는 것이다. 권리에 관한 분쟁 문제에 결정을 내리며, 또한 후보자들의 자질에 따라 정부의 관직을 나누어주기 위하여 국민은 서로 상대의 인품을 알아야 한다. 그렇지 못하면 관직을 나누어주는 일이나 결정을 내리는 일이 어렵게 될 것이다. 이 문제는 둘 다 즉흥적으로 행동하면 안 되는 문제다. 그러나 인구가 너무 많은 곳에서는 확실히 이런 일이 일어난다. 이런 조건들 아래에서는 또 다른 일이 일어난다. 즉, 이방인과 외국인 거주민들이 쉽게 정치적 권리를 행사하는 데 참여하게 된다. 이들이 쉽게 군중 사이에서 드러나지 않고 행동할 수 있는 것이다.

이렇게 살펴보면, 분명히 인구의 가장 알맞은 수준을 알 수 있다. 한마디로 말하면, '자급자족 생활을 이룩하기에 필요하면서, 동시에 쉽게 한 번에 알아볼 수 있는 최대한의 수'다. 이것으로 인구의 가장 알맞은 규모에 대하여 알아보았다.

제5장

영토 문제도 마찬가지이다. 땅의 성분에 관한 한 누구나 최대한의 자급자족을 확보해 줄 수 있는 영토를 좋게 생각할 것이다. 그리고 모든 것을 갖고 있으며 아무것도 모자라지 않은 상태이므로, 이런 땅에서는 모든 종류의 농작물을 생산할 수 있다. 영토의 규모와 범위는, 그곳에 살고 있는 사람들에게 여유 있는 생활과 절제 있는 생활을 할 수 있을 만큼 커야 한다. 이런 기준의 옳고 그름을 따지는 문제는, 나중에 재산과 생활수단, 소유의 일반적 문제를 고려하고, 소유와 사용 사이의 올바른 관계를 연구할 때 더 자세하게 논의해야 할 것이다. 사람들은 생활을 인색함과 낭비의 두 극단 중 어느 하나로 운영하는 경향이 있기에 이것도 매우 논란이 많은 문제이다. 영토의 일반적인 위치에 관해서는 아래와 같은 대책(비록 여기에는 군사 전문가들의 조언이 참고되어야 한다는 여러 문제가 제기되지만)을 쉽게 할 수 있다. 즉, 국가의 영토는 적에게는 접근하기 어려워야 하며, 국민들은 쉽게 밖으로 나갈 수 있어야 한다. 앞에서 이미 인구에 관하여 말한 것, 즉 쉽게 한 번에 알아볼 수 있어야 한다는 것은 영토에도 마찬가지이다. 또한 그런 영토에서는 쉽게 적의 공격을 막아낼 수 있다. 중심도시의 이상적인 위치는 그것이 지상로로나 바닷길로나 쉽게 접근할 수 있어야 한다는 것을 생각해 결정해야 한다. 여기에는 두 가지 문제가 따른다. 첫째, 앞에 말한 것과 마찬가지로 도시는 공동의 군사 중심지로서 영토의 어느 곳에나 쉽게 증원군을 보낼 수 있어야 한다. 두 번째는 도시가 또한 편리한 상업 중심지로서 국내에서 생산되는 식량 공급, 건축자재, 그리고 다른 산업자재들의 운반을 쉽게 다룰 수 있어야 한다.

제6장

질서가 잘 잡혀 있는 나라가 바다에 이웃해 있는 것이 이로운가 해로운가에 대한 문제에는 논쟁이 많다. 어떤 사람들은 바다에 이웃해 있으면 다른 법제도하에서 태어나고 교육을 받은 이방인이 많이 쏟아져 들어오고, 그 결과로 인구가 증가하게 되므로 질서 유지에 해롭다고 주장한다. 그들은 많은 상인들이 바다를 이용하여 상품을 수출하고 수입하므로 인구 증가가 당연하다고 주장하며, 이것을 좋은 정치에는 해로운 것으로 본다. 반면에 만일 이런 인구 증가를 피할 수 있다면, 국가의 영토나 도시가 바다와 연결되어 있는 것이 안보나 생활필수품 공급을 위해 더 좋다는 것은 분명하다.

안전을 확보하며 적의 공격에 더 쉽게 대처하기 위하여, 국가는 육지나 바다에서 똑같이 적을 막아낼 수 있어야 한다. 국가가 해군과 육군을 함께 사용할 수 있어서, 이들이 동시에 활동할 수 있거나 아니면 이 가운데 어느 한쪽에서 활동할 수 있다면, 공세를 취하여 침략자에게 타격을 입히는 것 이외에도 훨씬 더 이로운 위치에 있게 될 것이다. 마찬가지로 물자 공급을 확보하기 위해서 국가는 국내에서 생산되지 않는 물품을 수입하며, 그 대가로 국내 생산품 가운데 나머지를 수출할 수 있어야 한다. 국가는 자신을 위하여 상인으로서 행동해야 하지만, 다른 사람을 위해서는 상인 노릇을 하면 안 된다. 상업 중심지가 되는 국가는 단지 세금 징수로 인한 수입을 위해서만 그렇게 하는 것이다. 그리고 만일 국가가 이런 영리행위를 추구해서는 안 된다면, 당연히 그런 교역 중심지가 되어서도 안 된다. 오늘날 현실을 살펴보면 어떤 도시나 영토들은 흔히 수도에 편리하도록 자리한 항구나 부두를 갖고 있다. 즉, 이 항구들은 수도와는 별도로 따로 떨어져 있지만 거리가 그렇게 먼 것은 아니어서, 수도와 연결하는 성벽이나 다른 비슷한 요새로 연결될 수 있는 위치에 있다. 이런 방법에 따르면 항구나 부두에 연결되어 있는 이점을 확실히 확보할 수 있다. 위협적인 요소가 되는 불리한 점은 서로간에 거래를 할 수 있는 사람과 그렇게 할 수 없는 사람을 분명하게 지적하여 정의해 주는 입법으로 쉽게 대처할 수 있다.

해군력을 어느 정도 가지고 있으면 큰 이득이 된다. 이것은 그 자체적인 방위문제 이상의 의미를 갖는다. 또한 육군이나 해군으로 도와주거나 위협을 가할 수 있는 이웃나라들이 있을 수 있다. 그런 군사력의 실제 규모와 수는 그 국가가 추구하려는 생활방식에 달려 있으며, 그것에 의해 결정되어야 한다. 만일 국가가 다른 나라에 대해 지도적 역할을 행하며 다른 나라와 적극적인 관계를 가지려 한다면, 그 나라의 해군력은 여기에 관련된 활동들에 상당한 정도여야 한다. 해군의 노젓는 사람들 때문에 반드시 인구의 증가가 있어야 할 필요는 없다. 그런 사람들은 시민의 일부가 되어서는 안 된다. 그렇지만 해병은 완전한 자유인 계급에 속한다. 그들은 보병의 일부로 다루어야 하며, 배를 타면 통제와 지휘를 한다. 그러나 노젓는 사공은 이와는 다르며, 만약 쉽게 구할 수 있는 농장 노동자나 농노가 많이 있으면, 이들로부터 뱃사공을 쉽게 구할 수 있다. 현재 많은 나라가 실제로 이런 정책을 펴고 있음을 볼 수 있다. 예를 들어 헤라클레이아(Herakleia)에서는 다른 나라보다 수가 적은 시민에게서 꽤 많은 수의 삼단 노가 달린 배의 승무원을 확보한다.

영토·항구·도시·바다·해군력에 대한 논의는 이것으로 끝마친다.

제7장

우리는 이미 국가의 인구수를 정하는 데 있어서 알맞은 기준에 대하여 살펴보았다. 이제 국가를 이루는 사람들의 질에 관해 생각해 보고, 국민된 사람들이 어떤 종류의 자연적인 품성을 가져야 하는가를 탐구해 보고자 한다. 우리가 일반적인 입장을 취하여, 일정한 기준과 명성을 가진 그리스 국가들뿐만 아니라 사람이 살 수 있는 세계 전역에 걸쳐 분포되어 있는 다른 국가들까지도 살펴 본다면, 이 품성이 어떤 것이어야 하는지에 관하여 어떤 개념을 얻을 수 있을 것이다. 일반적으로 추운 나라에 사는 사람들, 특히 유럽의 추운 지방에 사는 사람들은 그 기질이 용감하지만 기술이나 지능이 모자란다. 그렇기 때문에 이들은 비교적 자유로운 상태에 남아 있지만, 정치적인 발전을 이룩하지 못하며 다른 사람들을 통치하는 능력도 없다. 아시아인들은 기술과 지능을 갖추고 있지만 기개가 모자란다. 이 때문에 그들은 계속 신하나 노예 노릇을 하는 것이다. 그리스 사람들은 지리적 위치가 이들의 중간이며, 기개와 함께 지능도 갖추고 있다. 이들 중 한 품성 때문에 이들은 자유인으로 남아 있으며, 다른 품성으로 말미암아 높은 수준의 정치적 발전을 이룩할 수 있다. 단지 정치적인 통일성만 이룩할 수 있다면 다른 민족을 통치할 수 있는 능력을 보여 줄 수 있을 것이다. 그리스 사람과 다른 나라 사람 사이에 있는 것과 마찬가지의 차이점을 그리스 사람에게서도 찾아볼 수 있다. 그리스 사람 가운데 일부는 그 품성이 한쪽에 치우쳐 있으며, 다른 일부는 기개와 지능이 훌륭하게 합쳐 있다.

이렇게 생각해 보면 입법자가 쉽게 선의 생활로 이끌 수 있는 부류의 국민은 지능과 기개가 결합된 품성을 자연적으로 타고난 사람들임을 알 수 있다. 어떤 사람들은 수호자 계급이 갖추어야 하는 것, 즉 그들이 아는 사람들에게 우호적이며 모르는 사람들에게 엄격한 태도는 기개가 높은 기질을 가진 사람들의 태도라고 한다. 기개는 우리의 영혼 가운데 사랑과 우정에서 드러나는 기능이다. 그 증거로 우리와 친분이 있는 사람이나 친구들이 우리를 무시했다고 생각할 때 우리는 더 크게 감정이 상한다. 아르킬로코스(Archilochos)가 그 친구들에 대하여 불만을 나타낼 때, 자연스럽게 그의 감정이 상했음을 말하게 된 것도 이와 같은 이유 때문이다. 그는 다음과 같이 말했다.

그대는 그들의 친구 집에서
창피함을 당했다.

우리 영혼 가운데 이런 기능은 우정이나 사랑에서만 나오는 것은 아니다. 그것은 우리에게, 모든 명령을 내리고 자유를 느끼는 능력의 근원이 된다. 그러나 사람들이 그들이 모르는 사람에게 몹시 모질게 대해야 한다고 하는 것은 옳지 못하다. 사람들은 누구에게나 모질게 대해서는 안 된다. 또한 도량이 넓은 사람은 실제로 나쁜 짓을 한 사람을 대할 때를 빼고는 품성이 엄격하지 않다. 이 경우에도 자신에게 나쁜 짓을 저질렀다고 생각하는 사람들이 아는 사람들이라면 그들은 더욱 모진 태도를 취하기 쉬운데, 그 이유는 앞에서 살펴본 것과 같다. 그러나 이것은 단지 우리가 생각할 수 있는 것에 불과하다. 그런 경우에 우리는 어떤 일로 우리에게 보답해야 할 처지에 있는 사람들이 우리에게 해를 끼치고 거기에 창피까지도 주는 것이며, 나쁜 짓을 하는 것과 동시에 은혜를 원수로 갚는다고 생각하게 된다. 어느 시인은 다음과 같이 읊었다.

　　동기간의 갈등이란 몹시 모질고 악한 것이다.

또 다른 시인은 다음과 같이 노래했다.

　　미칠듯이 사랑한 사람들도 서로 미워할 수 있네.
　　그들이 열정적으로 사랑했던 것만큼이나.

　일반적으로 말해서(철학적 논의에서 요구되는 정밀성의 정도는 감각인식의 자료를 다루는 데 필요로 하는 만큼 크지 않기 때문), 이상국가에 필요한 기본 조건들에 관하여 우리가 내린 결론은 대강 다음과 같다. 첫째로 시민체의 알맞은 규모, 시민의 자연적 품성에 알맞은 성격, 둘째로 영토의 알맞은 규모와 알맞은 땅의 품질에 관한 것이다.

제8장
　자연적으로 이루어진 다른 복합체와 마찬가지로, 국가에 있어 전체의 존속에 필요한 전제조건들은 제도 전체의 일부로서 구실하는 유기적 부분들이 아니다. 그렇다면 분명하게 우리는 단일한 전체를 이루는 국가나 다른 어떤 공동체의 존속에 필요한 요소들이 국가, 또는 그런 공동체의 '부분들'이라고 볼 수 없다는 결론에 이르게 된다.
　이것은 모든 구성원에게 공통되며, 그들 모두에게 똑같은 한 가지가 있어야 한다는 것을 의미한다. 구성원 각자가 이 요소를 가지고 있는 분량이 서로 다를 수 있다. 또 이 요소 자체도 식량·토지, 또는 다른 어떤 것일 수 있다. 그런데 어떤 목적에 봉사하는 수단과 그런 수단들이 봉사하는 목적 사이에는—수단은 생산을 하며, 목적은 생산물을 인수한다는 것을 제외하고는—똑같거나 공통된 것이 없다. 예컨대, 건축도구와 이것들을 사용하는 일꾼들, 그들의 행동으로 생산되는 결과의 관계를 살펴보자. 건축 기술자와 그가 지은 집 사이에는 아무런 공통된 것이 없다. 건축자의 기술은 도구에 지나지 않으나, 집은 목적이다. 이렇게 보면 국가가 재산을 필요로 할지라도, 재산은 국가의 일부가 아니라는 결론이 나온다. 재산은 실제로 여러 생명체와 무생명체를 포함한다. 그러나 국가는 똑같은 사람들의 공동체이며 똑같은 사람들만이 이룰 수 있는 공동체이다. 그리고 국가의 목적은 가능한 한 가장 좋은 것이고 가장 높은 수준의 생활이다. 가장 좋은 선이란 행복이며, 그것은 활동력과 선의 완전한 행사에 있는 것이다. 그러나 실제 생활에서는 모든 사람이 이렇게 할 수 있는 것은 아니다. 어떤 사람은 여기에 완전하게 참여하며 또 다른 사람은 부분적으로만 참여하거나 또는 전혀 참여하지 못한다. 그 결과는 뚜렷하다. 서로 다른 능력에 따라서 여러 종류의, 또 여러 가지 변형된 국가가 나타나며, 여러 정치질서가 나오게 된다. 여러 방법과 수단으로 행복을 추구하므로, 서로 다른 민족들은 자신을 위하여 서로 다른 생활방식과 역시 서로 다른 정치질서를 지어낸다.

　이제는 국가의 존속에 필요한 모든 요소들을 하나하나 늘어놓는 일이 남아 있다. 이들 요소들을 적은 명부는 우리가 국가의 구성 '요소들'이라고 부른 것과 함께 국가의 '조건들'이라고 이름지은 것들을 포함할 것이다. 그런 명부를 만들기 위해서 우리는 먼저 국가가 얼마나 많은 구실을 해야 하는지 알아보고자 한다. 그러면 국가가 포함해야 하는 요소들이 어느 정도인지 쉽게 알 수 있다. 첫째로 마련되어야 하는 것은 식량이다. 그 다음으로 기술과 기능이다. 왜냐하면 생활을 하는 데에는 많은 도구가 필요하기 때문이다. 셋째로는 무기이다. 국가 구성원들은 언제나 무기를 지녀야 하는데, 이것은 한편으로는 권위를 지키고 반항적 요소를 억누르기 위해서다. 또 다른 한편으로는 외부로부터의 침략 위협에 대처하기 위한 것이다. 넷째로 마련되어야 하는 것은 일정한 재산의 공급인데, 이것은 국내의 수요와 함께 군사용 목적에도 요구된다. 다섯째로는(실제로는 그 중요성에 비추어 보아 첫째임) 신들을 숭배하는 제도 확립, 또는 공공 예배 확립이다. 여섯째의 것, 그리고 가장 절실하게 중요한 것은 공동이해를 위하여 무엇이 필요하며, 사람들의 개인적인 거래에서 무엇이 정의인가를 결정하는 방법이다. 이런 것들이 국가가 필요로 하는 기능들이라고 할 수 있다. 국가는 우연히 이루어진 집단이 아니다. 우리가 계속 논의해 온 것과 마찬가지로 국가는 생활을 목적으로 하여 자급자족하는 집단이다. 만일 이 기능들 가운데 어느 하나라도 없다면, 그 국가는 완전한 의미에서 자급자족한다고 할 수 없다. 따라서 국가는 이 모든 기능을 해낼 능력이 있도록 이루어져야 한다. 따라서 국가는 필요로 하는 식량을 생산하는 농부 집단을 포함해야 하며, 또한 기술자·군사력·재산가 계급·성직자, 그리고 필요한 문제들을 결정하며 공공 이해가 무엇인지 결정하는 집단을 포함해야 한다.

제9장

이런 문제들은 해결되었지만 또 다른 문제가 남아 있다. 즉, 국가의 모든 구성원들이 이 모든 기능을 해내는 데 참여해야 하는가? (그것도 가능하다. 즉 똑같은 사람들이 모두 동시에 농사를 짓고, 기술자와 기능공의 구실도 하고, 나랏일을 논의하며, 법적 판결을 내리는 일도 할 수 있다) 아니면, 이런 기능을 맡아보는 개별 집단이 있어야 하는가? 또는 어떤 기능은 서로 다른 집단이 맡아서 하고, 다른 기능은 모두 함께 해야 하는가? 모든 정치질서에서 똑같은 체제를 따를 필요는 없다. 우리가 이미 탐구한 것과 같이 여러 가지 다른 제도가 가능하다. 모든 사람이 모든 기능에 참여할 수도 있고, 서로 다른 사람이 서로 다른 기능을 맡아서 할 수도 있다. 이렇게 여러 가지 방법들이 있으므로 서로 다른 정치질서가 나오게 된다. 즉, 민주정치에서는 모든 사람이 모든 기능에 참여하는 반면에, 과두정치에서는 이와는 반대되는 방법에 따른다. 여기에서 우리의 관심은 가장 좋은, 또는 이상적인 질서이다. 그런데 가장 좋은 정치질서란 그 제도 아래에서 국가가 가장 큰 행복을 이룰 수 있는 것이며, 이것은 우리가 이미 말한 것과 마찬가지로 선 없이는 불가능하다. 이런 원칙에 따르면, 이상적 정치질서를 가진 국가, 다시 말해 단순히 특정한 기준에 대하여 상대적으로 올바른 사람들로 구성되어 있는 국가는 그 시민이 천하고 선에 해로운 직업인 기계공이나 상점주인으로서 생활해서는 안 된다. 또한 그런 국가의 시민은 농사일을 해서도 안 된다. 즉 선을 키우기 위해서, 그리고 정치적 활동을 하기 위해서도 여가가 필요한 것이다.

그 반면에 군사문제와 공동이해를 논의하며 사법적인 판결을 내리는 집단은 둘 다 국가에 꼭 있어야 한다. 그것은 특정한 의미에서 국가의 '요소들'이다. 그들은 별도로 존재해야 하는가? 또는 이 두 가지 기능을 똑같은 하나의 집단 사람들이 맡아서 해야 하는가? 여기에 대한 답변은 어떤 의미에서, 그리고 어떤 견지에서 보면 똑같은 집단의 사람들이 이 기능들을 맡아봐야 하지만, 다른 의미에서나 관점에서 보면 별도로 존재해야 한다. 한편, 이 기능은 저마다 서로 다른 생활의 정수(精髓)를 필요로 한다. 즉 나랏일을 논의하는 것은 장년기의 지혜를 필요로 하며, 전쟁은 청년기의 활력을 요구한다. 이런 의미에서 보면 이 기능들은 저마다 서로 다른 집단의 사람들이 맡아 해야 한다. 반면에 힘을 사용하기에(또는 힘의 사용을 막기에) 충분한 활력을 갖고 있는 사람들은 영구히 타인에게 예속된 상태에 머물러 있으리라고 생각할 수 없다. 그러므로 두 가지 기능이 같은 집단의 사람들에게 속해야 한다. 그리고 우리는 군사력을 통제하는 것이 또한 정치질서의 미래 운명을 통제하는 것임을 살펴보아야 한다.

따라서 우리가 취할 수 있는 유일한 방도는 이 두 가지 정치적 권력을 똑같은 집단의 사람들, 즉 두 연령집단에 속하도록 해야 한다. 그러나 동시에 그렇게 하는 것이 아니라 차례를 밟아 그렇게 하도록 해야 한다. 자연은 젊음에 활기를 주고 나이를 먹음에 따라 지혜를 주도록 되어 있다. 그러므로 국가의 두 연령집단에 권력을 나눌 때, 이 자연 질서를 따르는 것이 현명하며 올바른 것이다. 왜냐하면 이런 근거에서 권력을 알맞게 나누는 것은 사람들의 자질에 따라 행사할 수 있는 권리를 주는 것이기 때문이다.

이런 권한을 행사하는 사람들은 또한 재산을 가지고 있어야 한다. 국가의 시민은 일정한 재산을 갖고 있어야 한다. 그리고 이런 사람들만이 국가의 시민이라고 할 수 있다. 기계 기술자 계급은 국가에 아무런 참여권이 없다. 그리고 선의 '생산자'가 아닌 어떤 계급도 국가에 참여할 수 없다. 이런 결론은 분명히 이상국가의 원칙에서 나오는 것이다. 이 원칙에 따르면 행복이 선과 함께 있어야 한다. 그런데 만일 이 견해를 모든 시민을 포용하도록 확대 적용하고 국가의 구성요소 중 어느 하나에만 한정하지 않는다면, 행복은 국가 전체에 귀속될 수밖에 없다. 농사짓는 사람들은 당연하게 노예나 야만족

출신의 농노들이어야 한다는 사실을 생각해 볼 때, 재산은 시민에게 속해야 한다는 또 하나의 근거가 나오는 셈이다.

우리가 늘어놓은 여섯 가지 요소 또는 계급들 중에 성직자 직책만이 남아 있다. 성직자 직책의 기본적 윤곽은 뚜렷하다. 농부 계급 또는 기계 기술자 계급 출신은 결코 성직자가 되어서는 안 된다. 신들을 예배하는 것은 시민이 해야 할 문제이다. 금방 말한 방식에 따르면, 시민은 두 집단, 즉 청년들의 군사적 집단과 장년이나 노년층의 나랏일을 논의하는 집단으로 나뉜다. 앞 집단 중에 더 늙은 사람들, 즉 이미 나이를 먹어 노쇠한 사람들이 신의 예배에 관한 일을 맡아서 해야 하며, 신에 봉사하는 일 속에서 휴식을 얻어야 한다. 따라서 성직자 관직은 이들에게 주어져야 한다. 이것으로서 국가를 구성하는 데 필요한 '조건들'과 국가의 구성 '부분들'에 대한 우리의 탐구는 끝났다. 농부들·기능공, 그리고 뜨내기 날품팔이, 노동자 집단들은 이 범주 가운데 첫 번째에 속한다. 두 번째 집단은 군인과 국정을 논의하며 사법 결정을 하는 집단을 포함한다. 이들은 저마다 다른 구성 요소이다. 이 기능의 분화는 어떤 경우에는 평생 계속되며, 다른 경우에는 일정한 기간이 지나면 연령에 따라 승계하는 것이다.

제10장

국가는 여러 계급으로 나뉘어야 하며, 군인계층과 농민계층은 따로 나뉘어야 한다는 것은, 국가에 관한 이론에서 새롭거나 최근에 이루어진 발견도 아니다. 오늘날에도 이집트에서는 이렇게 하고 있으며, 크레타도 마찬가지이다. 전하는 바에 따르면, 이것은 이집트에서는 세소스트리스(Sesostris)의 입법과 함께 시작되었으며, 크레타에서는 미노스 왕의 입법으로 시작했다고 한다. 공동식사 제도도 또한 매우 오래된 것으로 보인다. 그것은 크레타에서는 미노스 왕의 통치 때 시작되었지만, 이탈리아 남부에서는 이보다 역사가 오래된다. 그즈음을 기록한 역사가들은 전설적인 오이노트리아(Oinotria) 왕의 이야기를 하는데, 이 왕의 이름은 이탈루스(Italus)였으므로 그 이후부터 오이노트리아 사람들은 그들의 이전 이름을 바꾸어 '이탈리아인'이라고 불리게 되었다. 또 이 왕의 이름을 쫓아 스킬라키움(Scylacium)만에서 라메투스(Lametus)만을—이 두 만 사이의 거리는 반나절만 여행하면 갈 수 있을 정도의 거리다―연결하는 선의 남쪽에 있는 유럽의 돌출부에 '이탈리(Itali)'라는 이름을 붙였다. 이들 역사가에 따르면, 이 이탈루스 왕이 오이노트리아 사람들을 목축인에서 농경인으로 바꾸었다고 하며, 여러 가지 법률을 시행하였지만 그중에서 최초로 공동식사 제도를 시작했다고 한다. 이 제도와 그가 만든 법률들 중 일부는 오늘날에도 그의 후손들 사이에서 시행되고 있다. 앞에 말한 해안의 북서쪽으로 캄파니아(Campania)에 이르기까지 오피키(Opici)인들이 살았다. 이들은 아우소니아(Ausonia)인이라고 불렸으며, 오늘날에도 그렇게 불린다. 동북방 이아피기아(Iapygia)와 이오니아만 쪽으로 시리티스(Siritis)라고 불리는 땅에는 코니아(Chonia)인들이 살았다. 이들도 본디는 오이노트리아인이었다. 공동식사 제도가 시작된 것은 이탈리아 남부에서였다. 앞에 말한 다른 제도, 즉 시민이 여러 계급으로 나뉘는 것은 이집트에서 시작했다. 세소스트리스의 통치가 미노스의 통치보다 훨씬 먼저이기 때문이다. 우리는 또한 대부분의 다른 사회제도들이 저마다 그 기원을 달리한다고 믿을 수밖에 없다. 여러 다른 기회에, 그리고 오랜 시간에 걸쳐 만들어졌으므로 이것을 하나하나 셀 수 없을 정도다. 그런 근거에서, 이런 제도들이 마련된 뒤에는 생활을 장식하고 풍부하게 하는 발명들도 또한 점차로 생겨났으리라고 생각할 수 있다. 그리고 이 일반적인 원칙은 다른 분야에서와 마찬가지로 정치 분야에도 그대로 적용된다고 할 수 있다. 이집트 역사를 보면 모든 정치제도들이 매우 오래된 것임을 알 수 있다. 일반적으로 이집트인을 지상에서 가장 역사가 깊은 민족이라고 말한다. 그들은 언제나 일련의 법과 정치제도를 갖고 있었다. 우리는 이미 알맞게 만들어진 것을 물려받아서 이용해야 하며 결점은 보충하도록 노력해야 한다.

우리가 생각한 이상국가에서는, 무기를 가지고 정부 운영에 참여하는 계급이 토지를 소유해야 한다는 것을 이미 논의했다. 또한 왜 농사짓는 계급이 이들 두 계급과 별도로 존재해야 하는가, 영토 규모는 어느 정도여야 하는가, 그리고 토양은 어떤 종류여야 하는가도 이미 논의했다. 우리는 이제 토지 분배, 즉 땅을 어떻게 경작하며, 농사짓는 계급의 성격은 어떠해야 하는가를 다루어야 한다. 토지분배 문제에 관한 우리의 입장은 이 두 가지 일이 결부되어야 한다는 것이다. 한편으로는 어떤 학자들이 주장하는 것처럼 토지를 공유로 하면 안 되는 반면―그렇지만 친구들 사이에 소유물을 함께 사용하듯이 토지 사용은 함께 해야 한다—시민은 누구나 생계 수단을 갖고 있어야 한다. 일반적으로 공동식사 제도는 모든 좋은 질서를 갖고 있는 나라에 이롭다고 한다. 나중에 우리는 왜 이와 같은 견해에 동의하는지 그 이유를 설명할 것이다. 공동식사에 참여하는 권리는 모든 시민에게 평등하게 주어져야 한다. 그러나 가난한 사람들은 이 이외에도 다른 가계지출을 동시에 해야 하므로, 그들 수입으로는 그들에게 배정된 몫의 비용을 내기가 어려울 것이다. 따라서 공동식사 제도의 운영비용은 공금에서 지출해야 한다. 그리고 공적인 종교의식의 비용도 일반적으로 국고 부담으로 해야 한다.

따라서 우리는 국가 영토는 두 부분으로 나뉘어 있는 것이 좋다고 생각한다. 한 부분은 공용 재산이며, 다른 부분은 개인 소유자들에게 속하게 될 것이다. 이 두 부분은 또다시 저마다 두 부분으로 나뉘는데, 공용재산의 한 부분은 신들의 예배에 쓰여야 하며, 다른 한 부분은 공동식사 제도의 비용에 쓰이도록 해야 한다. 개인 소유자들에게 속한 땅은 역시 두 부분으로 나뉘어서, 한 부분은 국경에 있어야 하며 또 다른 부분은 도시에 가깝게 있어야 한다. 그래서 각자가 이 두 부분에 일정한 땅을 소유하도록 해서 모두 같이 두 부분들에 이해관계를 갖고 있도록 해야 한다. 이렇게 하면 두 가지 이로움이 있다. 그것은 평등과 정의를 요구하는 주장을 만족시키고, 또 국경에서 전쟁이 일어나는 경우 시민 사이의 단결을 더 쉽게 한다. 만약 그런 제도적 마련이 없다면 시민은 이웃국가와의 적대관계가 일어나는 것을 대수롭지 않게 생각할 것이며, 국경 부근에 땅이 없는 사람들은 이것을 지나치게 중대하게 생각하고 심지어 불명예까지도 감수하려 할 것이다. 이런 이유 때문에 어떤 나라들은 국경 부근에 사는 시민이 이웃국가들과의 적대관계를 논의하는 데 참여하지 못하도록 금지하는 법률을 갖고 있다. 그들의 개인적인 이해관계 때문에 판단에 나쁜 영향을 미칠 것이기 때문이다.

우리는 이런 방식으로 국가의 토지가 분배되어야 한다고 생각하며, 그 이유는 앞에 말한 것과 같다. 토지를 경작하는 계급은, 만일 그렇게 할 수만 있다면 노예가 되는 것이 이상적이다. 그러나 이 노예들은 한 인종 출신이어서는 안 되며, 용감한 기질을 갖고 있는 인종 출신이어서도 안 된다. 이렇게 하면 노동력의 공급을 잘 확보하는 이점이 있으며, 동시에 어떤 혁명적인 계획의 위험도 벗어나게 될 것이다. 만약 토지 경작을 노예로 메꿀 수 없으면,

차선책은 그리스인 출신이 아닌 농노 계급이 이를 맡아보는 것인데, 이들의 기질도 앞에 말한 것과 같아야 한다. 개인 재산에 고용된 농사꾼들은 그 재산의 소유자에 속해 있어야 한다. 공용 재산에 고용되어 있는 자들은 일반인에게 속해 있어야 한다. 우리는 나중에 노예들을 어떻게 다루어야 하는가, 그리고 왜 이들에게 궁극적으로는 노동의 보수로 해방시켜 줄 것을 약속하는 것이 현명한가를 논의할 것이다.

제11장

앞에서 이미 살펴본 것과 마찬가지로 국가의 도시는 사정이 허락하는 한 바다와 육지에 연결되어 있는 것이 좋고, 국토의 모든 지역에서도 마찬가지로 연결이 잘 되는 공동중심지이어야 한다. 내적으로는, 그리고 그 자체의 배치에서는 네 가지 문제를 고려해서 이상적인 도시설계를 해야 한다. 첫째로 가장 중요한 것은 위생이다. 동쪽으로 경사가 졌으며 그쪽에서 불어오는 바람에 노출되어 있는 도시들이 가장 위생에 좋다. 그 다음으로 좋은 것은 북풍을 막도록 되어 있는 도시인데, 이런 도시는 겨울철에 따뜻하기 때문이다. 다른 점은 두 가지 정치적 및 군사적 활동을 위하여 그 도시가 편리해야 한다는 것이다. 군사 활동이라는 목적을 위해서는, 그 도시의 거주인들이 밖으로 나가기는 쉽지만, 적이 접근하거나 에워싸기가 어려워야 한다. 또한 되도록 자연적인 물의 공급원과 강물을 갖고 있어야 한다. 만일 그런 공급원이 없는 경우에는, 오늘날처럼 빗물을 많이 저장해 둘 수 있는 대규모의 수원지를 만들어서 이를 대신하는 방법이 있으므로, 이 수원지가 전쟁으로 도시 주변의 영토와 연결이 끊겼을 때에도 주민들에게 물을 대줄 수 있을 것이다. 주민들의 보건·위생을 생각한다는 것은 그들의 거주지가 건강에 좋은 지역에 있거나 환기 또는 일조에 좋다는 것만을 뜻하는 것은 아니다. 그와 함께 좋은 식수를 사용할 수 있어야 한다는 것도 뜻한다. 이 문제는 가볍게 취급할 수 없다. 우리가 육체를 유지하기 위하여 가장 많이, 그리고 가장 흔히 사용하는 요소는 육체적 건강에 가장 중요한 관건이 된다. 물과 공기가 그렇다. 따라서 사려 깊게 국정을 처리하는 국가에서도 물이 위생상 좋지 못하거나 좋은 물의 공급이 알맞게 마련되지 못하다면, 식수는 다른 목적으로 사용하는 물과는 따로 대주어야 한다.

군사적 요충지를 계획할 때는 모든 정치질서에 한결같이 좋은 단일정책이란 없다. 도시 내의 요새는 과두정치와 군주정치에 알맞다. 평평한 평원은 민주정치 성격에 알맞다. 그러나 이 둘 모두 귀족정치에는 맞지 않는데, 여기에는 여러 개의 서로 다른 요충지가 더 낫다. 개인 집들을 배치할 때에 히포다모스(Hippodamos)가 도입한 새로운 형식에 따라 가로로 설계를 하면, 평화시에는 활동에 편리하고 보기가 좋다고 생각한다. 그러나 군사적 안전의 입장에서 보면, 이것과는 정반대의 형태가 더 바람직하다. 그리고 이 입장에서 보면 옛날식의 뒤죽박죽으로 된 시가지가 훨씬 더 좋다. 왜냐하면 이렇게 되면 외국 군대가 밖으로 나가거나 침략군이 침입해 들어오기가 어렵기 때문이다. 따라서 두 방식을 함께 채택해야 한다. 이런 방식은 포도나무 재배자들이 포도 '덩굴'을 심는 방식을 선택하면 된다. 다른 방식으로는 어떤 부분이나 구역에는 제대로 된 도시구획을 하고, 이것을 도시 전체에는 적용시키지 않는 방법도 있다. 이렇게 하면 군사 안보에도 좋고, 미관에도 좋을 것이다.

도시를 성벽으로 둘러싸서 요새로 만드는 것은 논란의 여지가 있다. 어떤 때는 군사적으로 낫다고 생각하는 국가들도 그런 성벽에 의존하지 않아도 된다고 주장한다. 그러나 이것은 고리타분한 생각이다. 왜냐하면 군사적으로 뛰어나다고 자부하는 국가들이 사실상 그렇지 못한 실례를 많이 알고 있기 때문이다. 비슷한 문제이지만 수적으로 얼마쯤 낫다는 국가와 다투는 경우라면, 성벽으로 방책을 쌓아 군사 안전을 이루려는 것은 명예로운 일이 못 된다. 그러나 때로는—이런 일은 늘 가능하지만—침략군이 너무 강해서 인간적이거나 심지어 초인간적인 용기만 갖고는 당해낼 수 없는 경우가 있다. 그렇다면 국가가 패망을 피하고 고통과 굴욕에서 벗어나기 위해서 가장 좋은 군사적 방법은 되도록 가장 튼튼한 성벽으로 방벽을 세우는 것이다. 이것은 특히 도시를 공격하기 위한 다른 무기들이 정밀도가 높아졌기 때문이다. 도시가 성벽으로 보호되면 안 된다고 하는 것은, 국가의 모든 영토를 침략에 무방비한 상태로 놓아두자고 하는 것, 또는 모든 고지의 요새도 평면과 같이 평평하게 만들자고 주장하는 것과 같다. 그것은 마치 개인 집에 사는 사람이 겁쟁이라는 소리를 듣지 않기 위하여 집 밖에 담장을 세우지 않으려는 것과 같다. 또한 성벽으로 방비된 도시에 살고 있는 사람들은 경우에 따라서 유동적으로 여유 있게 대처할 수 있다는 것을 생각해야 한다. 즉 성벽에 의존하여 전쟁을 할 수도 있고, 성벽에 의존치 않고 독자적으로 전쟁을 할 수도 있다. 그러나 성벽의 방비가 없는 국민은 이렇게 유동적으로 대처할 수 없다. 이런 주장을 받아들인다면, 결국 도시는 성벽으로 에워싸야 한다는 것뿐 아니라, 성벽은 언제나 훼손됨 없이 잘 보존되어야 하며 군사적인 필요와 함께 미적 감각을 충족시킬 수 있도록 되어야 한다. 특히 요즘 군사적인 발전에 따라 이런 요구가 생기게 된 것이다. 공격하는 군의 관심사는 어떻게 하면 이점을 얻을 수 있는지 새로운 방법을 찾아내는 것이다. 그러나 새로운 방법을 모색하는 것은 마찬가지로 방어를 하는 쪽의 관심사이기도 하다. 그 결과 이미 여러 발명이 나오게 되었다. 방어가 튼튼한 사람에게는 누구도 공격할 생각조차 하지 않을 것이다.

제12장

공동식사의 자리에서는 시민이 골고루 섞이도록 나누어 앉아야 하며, 성벽에는 곳곳에 파수막을 세워야 하고, 또한 알맞은 간격을 두고 감시탑을 만들어 놓아야 한다면, 이 파수막에도 공동식사장을 두어야 한다는 생각이 저절로 떠오르게 될 것이다. 그렇게 하는 것이 공동식사를 골고루 하게 하는 방법인데, 또 다른 방법도 있다. 관리들이 함께 식사를 하는 식탁은 공공의 종교의식에 사용되는 공적인 건물과 편리한 공유의 장소에서 함께 있도록 해도 좋을 것이다. 단, 그런 건물이 델포이의 신화에 따라서, 또는 법으로 다른 건물로부터 멀리 따로 떨어져 있어야 하는 경우는 예외이다. 이 장소는 높은 곳에 있어서 사람들이 올려다보고 훌륭한 장소로 생각하기에 충분할 만큼 눈에 띄는 곳이어야 하며, 부근에 있는 도시의 다른 부분보다 지형적으로 이로워야 한다. 이 장소의 바로 아래에 공공 광장을 만들도록 해야 하는데, 이런 광장을 테살리아에서는 자유 광장이라고 부른다. 이 장소에는 어떤 상품도 있어서는 안 되며, 기계 기술자나 농부, 또는 다른 사람들은 관리의 부름이 있는 경우에만 이 장소에 들어올 수 있도록 해야 한다. 만일 이 장소에 노인들의 휴식처를 마련한다면 더욱 유쾌할 것이다. 휴식을 위한 마련들은(공동식사를 위한 마련이나 마찬가지로) 나이가 다른 집단에 따라 서로 다르도록 해야 한다. 이 계획에 따른다면 어떤 관리들은 젊은 층과 함께 머무르고,

나이 많은 사람들은 다른 관리들과 함께 섞이도록 해야 한다. 관리들과 함께 있어서 그들의 관찰 대상이 된다는 것은, 무엇보다도 순진한 두려움, 그리고 참된 겸손의 마음을 갖는 데 도움이 될 것이다. 매매를 위한 시장은 공공 광장과는 따로 있어야 하며, 그것과는 얼마쯤 거리를 둔 곳에 있어야 한다. 시장은 해외에서 수입된 물건이나 국내에서 생산된 물건이나 함께 쌓아놓기에 편리한 장소에 있어야 한다.

나랏일을 맡아보는 사람들은 관리 이외에 성직자들도 있다. 그리고 성직자들의 공동식사 장소는 관리들이나 마찬가지로 사원의 건물과 함께 있어야 한다. 계약, 법률적 고소, 법정 소환, 그리고 그런 종류의 다른 일들을 맡아서 하는 관리들이 있어야 하는 장소는, 광장이나 일반을 위한 공공 휴식 장소 가까이 있어야 할 것이다. 그리고 여기에 시장이나 도시를 감독하는 임무를 맡고 있는 관리들도 추가할 수 있다. 이런 조건에 가장 알맞은 장소가 시장터다. 공공 광장은 이보다 좀 높은 곳에 자리하며, 우리 계획에 따르면 여가를 즐기기 위한 장소이다. 반면에 시장터는 업무활동을 하는 장소이다. 우리가 말한 일반적인 제도는 시골에도 그대로 적용되어야 한다. 거기에서도 또한 여러 관리들이—이들을 삼림감독, 전원감독이라고도 부른다—의무와 관련이 되는 감시초소와 공동식탁을 갖고 있어야 한다. 그리고 시골에는 여러 사원이 흩어져 있어야 하는데, 그들 중의 어떤 것은 신들을, 또 다른 것은 영웅들을 섬기는 것이다.

그러나 여기서는 너무 자세한 사항과 설명을 그만두고자 한다. 그런 문제들에 관해서는 이론을 만들기는 쉽지만 실현하기는 훨씬 더 어려운 것이다. 우리는 그런 사항들에 관하여 우리의 바람에 따라 여러 가지로 이야기하지만, 실제로 이런 일들은 우연히 결정되고 말기 때문이다.

제13장

우리는 이제 정치질서 자체에 관해 논의해 보고자 한다. 여기에서는 국가가 행복한 생활을 누리고 좋은 정치질서를 갖고 있기 위하여 필요한 요소들의 성격과 특성을 설명해야 한다. 언제 어디에서나 복지에는 두 가지 것이 있다. 첫 번째는 행동의 목표와 목적을 올바르게 정하는 것이다. 두 번째는 그 목적에 가장 알맞은 행동을 찾아내는 것이다. 이 두 가지 일, 즉 목적과 수단은 때로 일치하며 때로는 일치하지 못한다. 목표는 바르게 정했지만 실제 행동으로 옮기는 데 실패하며, 때로는 그 목적에 대한 수단은 모두 성공적으로 이행되었지만 애시당초 정한 목적이 보잘것없는 목적에 불과할 수 있다. 예컨대, 의사는 육체적 건강의 알맞은 성질을 잘못 판단할 수 있을 뿐만 아니라 자신이 실제로 마음먹은 목표에 이르기 위한 수단도 제대로 찾아내지 못할 수 있다. 모든 과학과 기술에서 올바른 길은 이 둘 모두 똑같이 파악하는 것이다. 바로 목적 자체와 그 목적에 맞는 행동들을 제대로 파악해야 하는 것이다.

좋은 생활, 즉 행복은 분명히 모든 사람이 목표로 삼는 것이다. 어떤 사람들은 그 목적을 이룰 수 있는 능력이 있고, 다른 사람들은 자신의 소질이나 또는 기회가 없어서 그 목적을 이루지 못한다. 우리는 좋은 생활을 위해서는 일정한 양의 물질적 조건이 충족되어야 한다는 사실을 기억해야 한다. 그런데 타고난 소질이 좋은 사람에게는 이 물질적 조건의 양이 많지 않아도 되지만, 타고난 소질이 보잘것없는 사람에게는 많은 물질적 조건이 필요하다. 또한 어떤 사람들은 처음부터 잘못 시작한다. 그들은 행복을 이룩할 능력이 있음에도, 행복을 그릇된 방향에서 찾으려고 하는 것이다. 여기에서 우리 연구 목적을 위하여 행복의 성격을 분명히 해두는 것이 필요하겠다. 우리가 목적으로 하는 것은 가장 좋은 정치질서를 찾아내는 것이다. 가장 좋은 정치질서란 최선의 방식으로 구성되어 있는 국가의 정치질서를 뜻한다. 가장 좋은 방식으로 구성된 국가는 행복을 이룰 가능성이 가장 큰 국가이다.

《윤리학》에서는 (거기에서 나온 논의가 바르다면), 행복이란 '완전한 수준으로, 절대적이며, 상대적이 아닌 방식으로 선을 실천하는 것과 그 힘'이라고 정의했다. '상대적'이란 필요하며 강제로 이행되는 행동 방식을 뜻한다. '절대적'이란 본질적인 가치를 갖고 있는 행동 방식을 뜻한다. 예컨대, 올바른 행동을 생각해 보면, 올바른 형벌을 가하는 것은 실제로 선의 행동이다. 그러나 그것은 행동자에게 강행되는 행동이며, 필요성으로서만 가치를 갖는다. 즉 개인이나 국가가 그런 행동을 취하지 않아도 된다면 더 좋을 것이다. 다른 사람에게 부나 명예를 주는 행동은 다른 범주에 속하며, 그것은 최고의 가치를 갖는 행동이다. 형벌을 지우는 행동은 어떤 의미에서 악을 선택하는 행동이다. 처음 말한 것 같은 종류의 행동들은 이와 반대되는 성격을 갖고 있다.

그들은 선의 창조이며 기반이다. 좋은 사람이라면 가난에서 오는 악·질병 또는 다른 생활에서의 불행한 일들을 잘 처리할 것이다. 하지만 행복이란 이런 것들과는 반대의 것이라는 사실은 그대로 존속한다고 말할 수 있다. 윤리학에 관하여 논하면서 다른 곳에서 말했던 것처럼, 진실로 선하고 행복한 사람은 자신의 선한 본성으로 절대적인 이점들을 바로 소유하고 있는 사람이다. 그가 그런 이점들을 사용하는 것도 또한 절대적인 선을 드러내는 것이며, 또한 절대적인 가치를 가질 것은 뚜렷하다. 그러나 사람들은 이런 사실만 보고, 외적인 이점들이 행복의 원인이라고 잘못 생각하게 되는 것이다. 이것은 마치 훌륭한 하프 연주가 그 연주자의 기술 때문이 아니고 악기 때문이라고 하는 것과 같다.

지금까지 논의해 온 것에 따르면, 국가의 어떤 요소들은 자연적으로 '주어져' 있거나 아니면 쉽게 손에 넣을 수 있어야 하며, 다른 것들은 입법자의 기술에 의하여 마련되어야 한다는 결론이 나온다. 따라서 우리는 우리 국가가 운명의 왕국으로서 가장 이상적인 조건을 갖도록 기원해야 한다. 이것은 자연적으로 '주어진' 것의 영역에서는 국가가 최대한도로 혜택을 받고 있다고 생각할 수 있기 때문이다. 국가의 선은 이와는 다르다. 여기에서 우리는 운명의 영역에서 벗어나 인간의 지식과 인간의 목적이라는 영역에 들어가는 것이다. 국가는 그 국가의 통치에 참여하는 시민의 선을 좇아 선하게 되는 것이다. 우리가 생각한 국가에서는 모든 시민이 정부에 참여한다. 따라서 우리는 어떻게 하면 좋은 사람이 될 수 있는가 탐구해 보아야 한다. 사실 우리 모두가 개별적으로 좋은 사람이 아닐지라도 집단적으로 좋게 되는 것은 가능하다. 그러나 이보다 개별적으로 시민이 저마다 선한 사람이 된다면 더 좋을 것이다. 모든 사람의 선은 제각기 선하다면 당연히 따라오게 마련이다.

개인이 선하고 덕성있게 될 수 있는 세 가지 수단이 있다. 이 세 가지는 우리가 태어날 때부터 갖고 있는 자연적인 천품과 우리가 형성하는 습관, 그리고 우리 내부에 있는 이성적인 원칙이다. 타고난 성품의 문제에서는 먼저 사람으로서 출발하는 것이며—즉 어떤 다른 종류의 동물이 아니며—, 또한 사람으로서도 일정한 육체와 영혼의 성질을 타고난 사람으로서 세상에 나오게 되는 것이다. 실제로 어떤 성질들은 처음에는 아무런 도움도 되지 않는다. 이들은 습관에 따라서 변화하기 때문이다. 즉, 자연은 이들을 사람 속에 중립적인 형태로 심어 놓았으므로 습관의 영향에 따라서 좋은 방향으로도 또 나쁜 방향으로도 바뀔 수 있다. 사람 이외의 다른 동물들도 어느 정도 습관에 의해 행동하기도 한다. 그러나 사람은 자연적인 충동과 습관 이외에도 이성적인 원칙에 의해서도 생활한다. 그리고 이런 타고난 성품은 독특하게 사람만이 갖고 있는 것이다. 따라서 사람의 세 가지 능력이 모두 일치되는 방향으로 조절되어야 한다. 흔히 사람들은 어떤 행동방식이 더 좋다는 확신이 서기만 하면, 이성의 원칙에 따라 습관과 자연적인 충동에 따르지 않게 된다. 우리는 제7장에서 시민이 입법자의 기술에 의하여 쉽게 태도가 이루어지려면 어떤 성품을 타고나야 하는가의 문제를 결론지었다. 시민이 그런 성품을 갖고 있다면 나머지 일은 모두 다 입법자가 마련하는 교육에 달려 있다. 시민은 그런 것을 부분적으로는 습관 훈련에서 배우며, 부분적으로는 교육 체제에서 배우게 된다.

제14장

정치적 공동체들은 모두 지배자와 피지배자로 구성되어 있다. 그러므로 우리는 이 두 가지가 평생 동안 서로 분리된 별개 집단이어야 하는지, 아니면 같은 집단에 함께 섞여 있어야 하는지를 논의하고자 한다. 교육 체제는 우리가 이 문제에 어떤 답변을 하는가에 따라 달라지게 될 것이다. 우리는 지배자와 피지배자 사이에 영구적인 구별이 확립되는 것이 분명히 더 좋은 환경임을 상상할 수 있다. 어떤 국가에서 한 계급이 다른 집단보다 훨씬 뛰어나 마치 영웅이나 신이 인간보다 뛰어난 것 같은 정도까지 된다면, 그들은 육체적으로나 정신적으로나 뚜렷하게 낫기 때문에, 피지배층에 대한 지배층의 우월성은 논란의 여지없이 뚜렷한 것이다. 그러나 이런 가정을 하는 것은 무리다. 또한 저술가인 스킬락스(Skylax)가 인도에서 존재한다고 주장한 왕과 신하와 백성 사이의 뚜렷한 차이 같은 것은 실제 생활에서는 찾아볼 수 없다. 결국 모든 사람이 함께 정치체제에 참여해야 하며, 이 제도 아래에서 차례대로 서로 바꾸어 가며 통치하기도 하고, 통치를 받기도 해야 한다. 이 결론은 여러 근거에서 옳다는 것을 증명할 수 있다. 똑같은 사람들로 구성된 사회에서 평등이란 모든 사람이 같은 권리를 가져야 한다는 것을 의미한다. 그리고 어떤 정치질서가 부정의한 원칙에 따른다면 그것은 유지될 수 없다.

그렇게 되면 통치를 받는 시민이나 시골에 사는 사람들까지 힘을 합하여 혁명을 일으킬 것이다. 또 집권층이 이들을 상대하기에는 너무 수가 적을 것이다. 반면에 통치자와 통치를 받는 사람 사이에 어떤 차이점이 있어야 한다는 것은 부인할 수 없는 사실이다. 입법자들은 통치자와 통치를 받는 사람이 차이가 나면서도 함께 정치에 참여할 수 있는가 하는 문제를 해결해야 한다. 우리는 이미 앞 장에서 이 문제를 어떻게 하면 해결할 수 있는가에 관하여 논의한 적이 있다.

우리는 우리가 필요로 하는 통치자와 통치를 받는 사람 사이의 구별을 자연이 제공해 준 것이라고 이미 암시한 바 있다. 자연은 일반적으로 똑같은 시민을 두 개의 다른 연령집단, 즉 청소년층과 노년층으로 나누어 놓았다. 이들 중 나이 어린 집단은 지배를 받아야 하고, 나이 많은 집단은 통치의 역할을 하도록 되어 있다. 젊은 사람들은 지배를 당해도 나쁘게 생각하지도 않고, 자신들이 통치자들보다 더 낫다고 생각하지도 않는다. 또한 젊은 사람들은 그들이 일정한 나이에 이르면 통치권을 인수하리라는 것을 알고 있으며, 이런 일은 일어나지 않을 것이다. 따라서 어떤 의미에서는 지배자와 피지배자는 같은 부류의 사람들이라고 말해야 하며, 다른 의미에서는 서로 다르다고 해야 한다. 그들의 교육문제에서도 이것은 마찬가지이다. 어떤 관점에서 보면 교육은 통치자나 통치를 받는 사람에게 마찬가지여야 하며, 다른 관점에서도 서로 달라야 한다. 격언에 이르기를, '만약 통치를 잘하려면 먼저 잘 복종하는 것을 배워야 한다'고 했다. 정부는 두 가지 다른 방식으로 운영될 수 있다. 첫째 방식은 통치자의 이익을 위하여 통치하는 것이고, 둘째 방식은 통치를 받는 사람의 이익을 위하여 통치하는 것이다. 앞 방식은 '독재정치(노예의 정부)'라고 부르며 뒤 방식은 '자유인의 정부'라고 부른다. 자유인의 정부에서 시민에게 부과되는 어떤 의무들은, 독재정치에서 강요되는 일들과 그 일 자체가 다른 것이 아니라 그 일들을 하는 목적이 다르다. 이것은 사실 자유인 중에서 청소년층이, 일반적으로 부역이라고 생각되는 많은 일을 수행해도 불명예가 아니라는 것을 뜻한다. 어떤 행동을 다른 행동에서 구별하여 명예롭다느니 또는 불명예스럽다느니 하는 것은 그 행동 자체의 내재적인 성격이 아니라 그 행동을 하는 목표와 목적이 관건이 되는 것이다.

우리는 통치에 참여하는 완전한 자격을 가진 시민의 우수성은 좋은 사람의 우수성과 같다고 규정했다. 또한 처음에는 통치를 받는 사람도 궁극적으로는 통치에 참여해야 한다고 전제했다. 이것으로써 입법자는 그의 시민이 좋은 사람이 되도록 노력해야 한다는 결론이 나온다. 따라서 그는 어떤 제도를 채택해야 이런 결과가 나올 것인가, 그리고 좋은 생활이 지향하는 목적이나 목표는 무엇인가를 알아야 한다.

영혼에는 두 가지 서로 다른 부분이 있는데, 첫째는 그 자체의 성격에 본질적으로 합리적인 원칙을 갖고 있다. 둘째는 이 원칙을 갖고 있지는 못하지만 그 원칙에 복종하는 능력을 갖고 있다. 우리가 어떤 사람을 '선하다'고 말할 때, 그의 영혼이 두 부분에 걸쳐 모두 훌륭하다는 것을 의미한다. 그러나 이 두 부분 중에 어느 쪽에 특히 인생의 목적이 존재하는 것일까? 이런 의문에 대한 답변은 우리가 방금 보여준 영혼의 분리를 받아들이는 사람에게는 의심의 여지가 없는 것이다. 자연의 세계나 인위의 세계를 막론하고 저차원은 늘 고차원을 위하여 존재하며, 이성적 원칙을 갖고 있는 영혼의 부분이 더 고차원의 부분이다. 그러나 영혼의 부분은 우리가 일반적으로 따르는 원칙에 따라 또다시 두 부분으로 나뉜다. 이 원칙에 따르면, 합리적 원칙은 부분적으로는 실제적이고 부분적으로는 사변적이다. 따라서 이 원칙을 갖고 있는 영혼의 부분도 이에 상응하는 두 부분으로 나뉘어야 한다. 우리는 또한 영혼의 여러 부분이 수직 계층적 상하관계를 갖고 있으므로, 이 부분들의 활동도 이런 관계를 갖고 있으리라는 점을 덧붙일 수 있겠다. 따라서 가능한 모든 활동을 이룰 수 있는 사람들이나 이 활동 가운데 두 가지만 이룰 수 있는 사람들은, 본질적으로 더 고차원인 부분의 활동을 더 좋아할 수밖에 없을 것이다. 우리는 언제나 우리가 이룰 수 있는 것 가운데서 최고의 것을 더 좋아하기 때문이다.

전반적으로 우리의 생활 또한 여러 부분으로 나뉘어 있다. 다시 말해 활동과 여가, 전쟁과 평화 등이며, 또한 활동 영역에서도 또다시 단순히 필요하거나 그저 쓸모있는 활동들, 그 자체로서 좋은 활동들을 나눌 수 있다. 우리가 인생의 여러 분야와 서로 다른 활동들에 대하여 갖는 선호는 당연히 우리 영혼의 여러 부분과 그 부분들의 서로 다른 분야에 대하여 갖는 선호감과 같은 방식으로 이룩될 것이다. 따라서 전쟁은 그저 평화에 대한 수단으로, 또 활동은 여가에 대한 수단으로, 그리고 단순히 필요하거나 그저 쓸모있는 행동들은 그 자체로 좋은 행동들에 한 수단으로 보아야 할 것이다. 올바른 정치인의 입법은 이런 모든 요소들을 충분히 고려해서 이루어져야 한다. 첫째로 그 입법은 영혼의 여러 부분과 서로 다른 활동들을 포함해야 한다. 그리고 이 분야에서 저차원보다 고차원을 추구하며, 수단보다 목적을 추구해야 한다. 둘째로 생활의 여러 다른 부분과 방식, 그리고 행동의 서로 다른 범주들을 포함하고, 이들을 위에 말한 것과 같은 시각으로 다루어야 한다. 국가의 시민은 활동에 찬 생활과 전쟁을 수행할 능력이 있어야 한다. 그러나 이보다 더 여가와 평화의 생활을 영위할 수 있어야 한다. 또한 그들이 필요하고 쓸모있는 행동들을 할 수 있어야 하는 것도 사실이지만, 이보다 더 그 자체로서 좋은 행동을 할 수 있어야 한다. 어린 시절과 아직 교육이 필요한 성년기의 여러 단계에서 따라야 할 일반적인 교육목표는 이와 같다.

　오늘날에 가장 좋은 정치질서를 갖고 있다고 하는 그리스 국가들과 그 국가들의 정치체제를 이룩한 입법자들은 모두 이런 이상에 미치지 못했다. 그들이 이룩한 정치질서들은 고차원적 생활목적을 생각하고 만든 것은 아니며, 또한 그들이 이룩한 법률이나 교육체제도 모든 덕성을 지향하도록 되어 있지 못하다. 오히려 그 반대로 그저 실용적이며 더 이득을 많이 내는 성격과 성질의 배양을 목표로 타락되어 간다. 이런 입장을 채택한 요즘 몇몇 작가들에서도 마찬가지 정신을 엿볼 수 있다. 그들은 스파르타의 정치질서를 찬양하며, 스파르타의 입법자가 전체 입법을 전쟁과 정복의 목표를 위하여 마련한 취지를 찬양한다. 이런 견해는 논쟁을 통하여 쉽게 반박할 수 있으며, 또한 이미 드러난 사실로 반박되었다. 대부분 사람은 제국의 원칙을 신봉한다. 이것은 제국을 이루면 물질적인 번영을 얻을 수 있다고 믿기 때문이다. 스파르타의 정치질서에 관하여 저술한 티브론(Thibron)도 다른 사람들과 마찬가지로 이런 뜻에서 스파르타의 입법자는 국민이 위험에 대처하도록 훈련시킨 결과 제국을 창설하게 되었다고 찬양한다. 오늘날 스파르타인들은 제국을 잃어버렸다. 그래서 우리는 스파르타가 행복한 공동체가 아님을 볼 수 있고, 또한 그들의 입법자가 올바르지 않았다는 것을 알 수 있다. 사실 스파르타가 오늘날과 같은 상태가 된 것은 그 입법자가 열심히 노력을 기울인 엉뚱한 결과이다. 스파르타인들은 그들이 만든 법률을 그대로 지켜왔음에도 생활을 가치 있게 만드는 모든 것을 잃었다. 아무튼 스파르타를 찬양하고 지지한 사람들은 입법자가 선택해야 하는 정부 형태에 관하여 오류를 저지른 것이다. 자유인에 의한 정부는 어떤 형태의 독재정치보다 선과 더 많이 연관되어 있으며, 훨씬 더 훌륭한 정부이다. 여기에서 한 가지 생각해 보아야 할 문제가 있다. 전쟁에서의 승리와 이웃국가들을 복종시키기 위해 국민이 훈련받는 국가를 행복하다고 생각할 수 없으며, 또한 그런 나라의 입법자들을 찬양할 수 없는 또 하나의 이유가 있다. 그런 정책에는 국내 생활에 해독을 끼칠 큰 위험이 따르는데, 어떤 시민이라도 할 수만 있으면, 그 나라 정부를 빼앗는 것을 목적으로 삼아야 한다는 것이 들어 있기 때문이다. 스파르타인들은 파우사니아스 왕이 바로 이런 일을 기도했다고 탄핵했다. 그리고 이 일은 그가 이미 그렇게 높은 관직을 갖고 있었음에도 일어났다.

정복이나 전쟁을 위하여 시민들을 훈련시켜야 한다는 주장이나 그런 정책들이 정치인답거나 실제로 쓸모있거나, 올바르지 못하다고 결론을 내릴 수 있다. 선은 개인이나 공동체에 있어 똑같다. 그리고 입법자는 시민의 마음속에 선을 불어넣도록 애써야 한다. 노예가 될 수 없는 사람들을 노예로 만들기 위하여 전쟁훈련을 시켜서는 안 된다. 국가의 목적은 다음과 같아야 한다. 첫째로 국민이 결코 남의 노예가 되지 않도록 하는 것이며, 둘째로 사람들이 지도력을 발휘할 수 있는 자리에 있도록 하는 것이다. 그러나 이 지도력은 일반적인 노예제도를 만들기 위한 것이 아니라 지배를 받는 자의 이익을 지향하는 것이어야 한다. 셋째로 사람들의 본성이 노예가 되어야 하는 자들의 주인 노릇을 할 수 있도록 하는 것이다. 입법자가 여가와 평화를 전쟁에 관련되는 입법의 주된 목적으로 삼아야 한다는 증거로서—이것이 실제로 모든 다른 입법의 목적도 된다—우리는 실제적인 증거를 인용할 수 있다. 전쟁을 주된 목적으로 삼는 나라들은 대체로 전쟁을 하는 동안에만 안전하다. 그들은 목적을 달성하여 제국을 이루면 바로 붕괴하며, 평화시에는 마치 사용하지 않은 칼처럼 그들의 기질을 잃어버리고 만다. 이것에 대해서는 입법자가 국민에게 여가를 알맞게 사용하도록 아무런 훈련도 시키지 않았기 때문에 비난을 받아도 마땅하다.

제15장

사람들의 맨 마지막 목적은 개인적으로 행동하건 집단적으로 행동하건 간에 같다. 따라서 가장 훌륭한 사람이 추구하는 기준은 최선의 정치질서가 추구하는 기준과 같다. 그러므로 여가를 바르게 쓰는 데 필요한 자질은 개인이나 마찬가지로 국가도 갖고 있어야 한다. 왜냐하면 우리가 여러 차례 주장한 것과 마찬가지로, 평화는 전쟁의 맨 마지막 목표이며, 여가는 일의 궁극적인 목적이기 때문이다. 여가를 바르게 쓰며 마음을 개발하는 데 필요한 자질에는 두 가지가 있다. 그들 중에 어떤 것은 여가의 기간 동안과 여가에 작용하며, 또 어떤 것은 직업 활동에 있어서와 그 활동기간 중에 작용하는 것이다. 여가를 이용할 수 있으려면 여러 가지 필요한 조건들이 충족되어야 한다. 이런 이유 때문에 국가는 절제의 자질을 갖고 있어야 하며, 또한 용기와 인내의 자질도 갖고 있어야 한다. 격언에 이르기를, '노예에게는 여가가 있을 수 없다' 했다. 용기 있게 위험에 대처할 수 없는 사람은 쉽게 다른 사람의 노예가 되고 말 것이다. 직업적인 일에 있어 활동하기 위해서는 용기와 인내의 자질이 있어야 한다. 그런데 여가 활동을 위해서는 지혜가 필요하다. 또한 절제의 정의는 이 둘에 모두 필요한 자질들이다. 이들은 평화와 여가의 시기에 특별히 필요하다. 또한 전쟁을 하는 시기에는 자동적으로 절제와 정의가 강조된다. 물질적인 풍요를 누리는 시기나 평화에 따르는 여가가 많은 시기에 사람들은 교만하기 때문이다. 따라서 인생에서 뛰어나게 성공을 거두고, 시인들이 노래한 '행복한 섬'의 주민처럼 세상에서 행복이라고 부르는 것을 모두 누리고 있는 사람들에게는 특별히 더 많은 정의와 절제가 요구된다. 그리고 이런 사람들이 여러 가지 풍성한 축복을 받아서 더 많은 여가를 가질수록 더 많은 절제와 정의, 그리고 지혜를 필요로 하게 될 것이다.

우리는 이제 왜 행복과 선을 이룩하려고 모색하는 국가가 이 세 가지의 덕성을 모두 갖추어야 하는지 이해할 수 있다. 만일 생활에서 선을 올바르게 사용하지 못하는 것이 부끄러운 것이라면, 여가 시간에 선을 올바르게 사용하지 못하는 것은 더 부끄러운 일이다. 또한 전쟁이나 직업적인 일에 종사하는 동안에 훌륭하게 처신하는 사람들이 평화와 여가의 기간 동안에 노예 수준으로 떨어지고 만다면, 특히 다른 사람의 지탄을 받아야 할 것이다. 우수함을 스파르타인과 같이 훈련으로 이룩하려고 해서는 안 된다. 그들은 가장 좋은 선의 성격에 관한 견해에 있어 이 세상의 다른 사람들과 같다. 스파르타인들이 다른 사람들과 다른 점은, 그들이 이 세상의 선을 획득하는 올바른 방법이 한 가지의 우수성을 개발하는 것이라고 생각했던 것뿐이다. 그들은 다른 어떤 것보다도 외부적인 선을 더 높게 생각했고, 그것이 주는 향락이 일반적으로 우수성을 여러 분야에 걸쳐 개발하는 데서 나오는 것보다 더 크다고 생각했기 때문에, 그들은 한 가지 분야만 개발했다. 그러나 우리는 모든 분야에 걸친 우수성을 이룩하도록 해야 한다. 또한 이미 논의한 것과 마찬가지로 이 우수성은 다른 어떤 목적보다 그 자체를 위하여 개발되어야 한다. 그렇지만 아직 문제가 남아 있다. '어떻게 그리고 어떤 수단으로 일반적인 우수성을 이룩할 수 있는가?'

이미 앞 장에서 나눈 것에 따르면, 우리가 일반적인 우수성을 이루는 데 필요한 방법단들은 자연적으로 타고난 소질·습관, 그리고 이성의 원칙이라고 말할 수 있다. 이들 중에 첫 번째 타고난 소질에 관한 한, 우리는 이미 시민이 어떤 소질을 갖고 있어야 하는가에 관하여 제7장에서 결론을 내렸다. 이제 나머지 두 가지만을 논의한 다음에, 좋은 습관을 갖도록 훈련하는 것과 합리적인 원칙을 잘 사용하도록 훈련하는 것 중에 어느 것이 먼저인가를 정하는 일이 남았다. 이 두 방식의 훈련은 되도록 서로 알맞게 조절되어야 한다. 그렇지 않으면 이성적 원칙이 최고의 이상을 이룩하지 못할 수도 있고, 습관을 통해 주어진 훈련도 마찬가지로 문제점을 드러낼 수 있다.

이런 결과를 염두에 두고 우리는 두 가지 것을 분명한 것으로 가정할 수 있다. 첫째, 사람의 생활 영역에서(이것은 모든 생활에서 일반적으로 그렇다) 첫 시작은 탄생이다. 그러나 그 시작에서 이루어지는 목적은 더 높은 목적을 향해 한 걸음 나아갈 뿐이다. 사람 본성의 궁극적인 목적은 이성적 원칙과 이성적 사고를 실현하는 것이다. 따라서 우리는 처음부터 시민의 훈련과 탄생을 이런 능력의 사용이라는 견지에서 규제해야 한다. 둘째로 영혼과 육체가 두 가지의 다른 것과 마찬가지로, 영혼에도 두 가지 부분이 있다. 즉, 비합리적인 것과 합리적인 것의 두 가지이다. 그리고 이 두 부분에 각각 상응하는 두 상태가 있다. 바로 육체적 욕구의 상태와 순수한 사고의 상태이다. 태어날 때 시간적으로는 육체가 영혼에 선행하며, 영혼 중에서도 비합리적인 부분이 합리적인 부분에 선행한다. 이것은 태어날 때부터 어린아이에게 육체적 욕구의 모든 표시로 분노와 억지, 욕망을 볼 수 있지만 추론이나 사색은 나이를 더 먹어야만 나타나는 기능임을 분명히 알 수 있다. 유아는 영혼보다 육체를 더 잘 돌봐 주어야 한다. 그리고 그들의 육체적 욕구는 그 다음으로 통제되어야 하는 부분이다. 그러나 그들의 욕구를 통제하는 것은 마음을 이롭게 하기 위한 것이다. 이것은 마치 육체를 보살펴주는 것이 영혼을 위한 것임과 같다.

제16장

만약 입법자는 처음부터 국가에 가능한 한 건강한 신체를 가진 아기들이 태어나도록 주의를 기울여야 한다고 가정한다면, 우선적으로 결혼문제에 마음을 써야 한다는 결론이 나온다. 입법자는 이 문제에 관하여, 결혼 당사자들의 적정 연령은 언제이며, 그들은 어떤 자질을 갖추고 있어야 하는지 생각해 보아야 한다. 결혼문제에 관하여 법률을 만들 때 고려해야 하는 첫 번째 문제는, 남편과 아내가 동거할 수 있는 기간이다. 결혼이 제대로 이루어지려면 부부가 동시에 성생활을 할 수 있는 시기에 이르러야 한다. 육체적인 능력에서 간격이 벌어지면 안 된다. 즉 남편이 아직도 아기를 생산할 능력이 있는데 아내가 임신이 불가능하거나, 또는 아내가 임신이 가능한 반면에 남편이 아기를 생산할 능력이 없게 되는 일이 있어서는 안 된다. 이런 일이 일어나면 결혼 당사자들 사이에 불화와 다툼이 일어나기 쉽다. 두 번째로 생각해야 할 문제는 아이들과 부모 사이의 나이 차이다. 한편으로는 나이 차이가 너무 크면 안 된다. 부모의 나이가 너무 많으면 아이들에게 부모다운 지도를 해 줄 수가 없고, 또한 아이들로부터 효도를 받을 기회도 없게 된다. 다른 한편으로는 나이 차이가 너무 적어서도 안 된다. 그렇게 되면 아이들이 부모와 거의 또래라 생각하고, 부모를 대할 때 공경하는 태도가 부족하기 쉬우며, 또 집안일의 처리에서도 의견 대립을 일으키기 쉽다. 세 번째로 입법자가 염두에 두어야 할 문제는 그 목적들에 부응할 수 있는 건강한 어린아이들이 생기도록 하는 것이다.

사실 이 모든 목적들은 단 하나의 정책을 사용함으로써 한꺼번에 이룰 수 있다. 일반적으로 남자는 생식 가능한 기간이 70세에서 끝이 나며, 여자는 50세에서 끝이 난다. 따라서 혼인관계의 시작은 부부가 이와 같은 시기에 맞추어야 한다. 그러므로 결혼은 늘 남자가 여자보다 20세 연상이어야 할 것이다. 부모들이 너무 젊어서 결혼하게 되면 자손을 낳는 데 해롭다. 동물의 세계에서는 일반적으로 나이가 어린 부모의 새끼들은 불구가 많다. 동물들은 수컷보다 암컷을 낳는 경향이 있고 체구도 작고 초라하다. 인간 세계에서도 마찬가지 결과가 나오리라고 추측할 수밖에 없다.

이런 추측을 뒷받침해 줄 증거도 있다. 남자와 여자가 일찍 결혼하는 관습이 있는 나라에서는 그 주민이 제대로 발육이 되지 못하고 몸집도 작다. 또한 나이가 어려서 결혼한 여자들은 출산의 진통을 더 심하게 겪으며, 출산할 때 사망하는 비율도 높다. 어떤 사람들의 이야기에 따르면, 옛날에 트로이젠 (Troizen) 사람들에게 있었던 신탁은 이런 이유 때문이었다고 한다. 그 신탁은 '나이 어린 땅을 갈지 마라'는 것이었다. 이것은 농산물의 경작에 관한 말이 아니었고, 너무 어린 나이에 결혼한 여자들의 사망률이 높은 것에 관한 경고였다. 또한 여자들이 일찍 결혼하지 않으면 성욕의 억제에도 좋다. 젊은 여자들은 일단 성적 교섭을 갖게 되면 성생활이 더 무절제하다고 한다. 또 남자의 체구도 다 성장하기 전에 성적 교섭이 시작되면 제대로 발육하지 못한다고 한다(종자도 또한 일정한 성장 기간이 있어야 한다. 그런데 이 기간은 종자가 발육하는 과정에 있어 정확하게 지키든지 아니면 약간의 변화밖에는 허용할 수 없다). 따라서 여자는 대략 18세에 결혼해야 하며, 남자는 37세 또는 그즈음에 결혼해야 한다. 만일 이 나이에 관한 규칙을 지킨다면 부부의 육체가 절정기에 있을 때 결합이 이루어지게 되며, 또한 양측의 생식 능력이 동시에 끝나게 될 것이다. 자손들이 부모를 계승하는 것도 가장 바람직한 상태로 일어나게 될 것이다. 우리는 결혼하면 바로 생식이 시작된다고 생각할 수 있는데, 그렇게 되면 자손들이 자신의 일생에 절정기가 시작되는 시기, 그리고 아버지의 활력이 70세에 이르면서 종막을 고하는 바로 그 시기에 가업을 물려받게 될 것이다.

지금까지 결혼 적령기에 대하여 살펴보았다. 결혼 시기로서 일 년 가운데 어느 계절이 알맞은가 하는 문제에 관해서는 오늘날 대부분 사람들의 관행이 올바르므로 여기에 맞추는 것이 가장 좋을 것이다. 즉, 남자와 여자가 새살림을 차리는 시기는 겨울로 되어 있다. 결혼한 부모는 또한 아기를 출산하는 것에 관하여 의사나 자연과학자들로부터 배울 수 있는 여러 가지 교훈을 연구해야 한다. 의사들은 그들에게 육체적으로 출산에 좋은 시기들에 관하여, 또한 자연과학자들은 출산에 좋은 바람에 관하여 가르쳐 줄 수 있다. 예를 들어 그들은 북풍이 남풍보다 더 좋다고 한다.

  부모가 어떤 육체적인 습관을 가져야 자식이 장래에 좋은 체구를 갖는 데 가장 이로운가? 이것은 우리가 육아문제를 다루게 될 때 더 자세히 연구해야 할 것이다. 그렇지만 여기에서 일반적으로 몇 가지를 이야기할 수 있다. 운동선수의 육체적 습관은 시민생활의 일반적인 목적에 알맞은 좋은 조건을 만들지도 못하며, 정상적인 건강이나 생식에도 좋은 영향을 주지 못한다. 병약한 사람이나 육체적으로 힘든 활동에 적합하지 못한 사람의 습관도 마찬가지로 이롭지 못하다. 따라서 좋은 습관을 들이려면 일정한 양의 육체적 활동을 해야 한다. 그러나 이 활동은 운동선수의 경우처럼 격렬하거나 전문적인 것이어서는 안 된다. 그것은 오히려 자유인의 육체적 활동에 알맞은 일반 운동이어야 한다.

  남편과 마찬가지로 부인도 우리가 방금 말한 육체적 조건을 갖추고 있어야 한다. 임신한 부인은 자신의 몸에 관심을 기울여야 한다. 정기적인 운동을 하고 영양분이 풍부한 음식을 먹어야 한다. 입법자가 임신부들에게 의무적으로 아기의 출산을 주관하는 여신들의 신전에 참배하기 위하여 매일 순례하도록 규정하여 놓으면, 그들이 쉽게 정규적인 운동을 하는 습관을 갖도록 할 수 있다. 그러나 그들의 정신은 육체와는 달리 별다른 활동 없이 한가해야 한다. 왜냐하면 식물들이 토양에 의존하는 것과 마찬가지로 태아는 배 속에 있을 때부터 어머니에 의존하기 때문이다.

  여기에서 태어난 아기는 꼭 양육해야 하는가, 아니면 때때로 내다 버려서 죽게 내버려 두어도 좋은가 하는 문제가 생긴다. 기형아를 양육하지 못하도록 하는 법은 있어야 한다. 반면에 사회제도가 인구의 끝없는 증가에 반대하도록 되어 있는 나라에서는, 단순히 인구를 일정 수준 이하로 유지하기 위해서 어린아이를 내다 버려 죽도록 하는 것을 금지하는 법도 있어야 한다. 이 경우 각 가정의 인원수를 제한하는 것은 올바른 일이며, 만일 이렇게 정해진 합계를 넘어서서 임신을 하게 되는 경우 태아의 생명과 감각이 생기기 전에 유산하도록 해야 한다. 유산을 시키는 것이 옳은가 그른가 하는 문제는 태아에게 감각과 생명이 이미 시작되었는가 아니면 아직 없는가 하는 것에 달려 있다.

  지금까지 남자와 여자가 결혼생활을 시작해야 하는 알맞은 나이를 결정했다. 남아 있는 문제는 그들이 아이들을 출산함으로써 국가에 기여할 수 있는 기간의 길이를 정하는 일이다. 미숙한 젊은 사람에게서 태어난 아이와 마찬가지로, 너무 나이가 많은 사람에게서 태어난 아이도 육체적으로, 정신적으로 불완전한 경향이 있다. 너무 나이가 들어서 낳은 아이는 허약하다. 따라서 우리는 인생에 있어 정신적으로 최고 절정인 기간으로 생식이 계속되어야 하는 시간의 길이를 정할 수 있을 것이다. 어떤 시인들은 7년을 주기로 인생의 기준을 삼았는데, 이들이 제시한 것과 같이 이 기간은 대부분의 남자에게는 대충 50세 때 온다. 따라서 남자가 대충 50세에서 4세 또는 5세 정도 지나게 되면 아이를 출산시키는 역할에서 벗어나야 할 것이다. 그 이후에는 건강이나 또는 다른 원인 때문에 성적인 관계를 하는 것으로 보아야 한다. 남편이나 아내가 간통을 하다가 발각되는 것은 결혼생활의 모든 기간, 즉 그들이 부부라고 불리는 모든 기간을 통해 그것이 어느 시기에 일어나건, 또 어떤 모습을 보이건 욕된 일로 여겨야 한다. 그러나 세상에 아이를 출산시키는 바로 그 기간 동안에 간통을 하다가 발각되는 것은 그런 범죄에 알맞은 수치스러운 낙인을 찍어 처벌해야 한다.

제17장

아기가 태어난 다음 기르는 방법이 그들의 육체적인 능력에 심각한 영향을 미칠 것이다. 이 문제를 생각해 볼 때, 동물의 세계나 군인다운 체질을 만들어 내는 것을 목적으로 삼는 야만인들의 예를 살펴보아도, 젖먹이(乳兒)의 육체적인 발전에 가장 알맞은 것은 모유를 풍부하게 먹도록 하는 것임은 확실하다. 그리고 그들이 질병에서 벗어나도록 하려면 될 수 있는 대로 술을 덜 마시는 것이 좋다. 또한 젖먹이들이 할 수 있는 한 모든 종류의 육체적인 운동을 하도록 하는 것이 좋다. 그러나 젖먹이의 연약한 사지가 불구가 되는 것을 막기 위하여, 어떤 야만인들은 아직도 기계적인 도구를 사용하여 젖먹이의 육체가 똑바르게 되도록 한다. 젖먹이는 처음부터 추위를 견뎌내는 습관을 갖도록 키우는 것이 좋다. 이것은 그들의 건강에도 매우 이로우며, 군대 복무를 위해 미리 육체를 튼튼하게 하는 데에도 도움이 되는 일이다. 그렇기 때문에 어떤 야만인들은 아기가 태어나면 바로 찬 강물에 집어넣는 관습이 있으며, 또 켈트족들은 아기들에게 옷을 가볍게 입히는 습관이 있다. 아이들에게 습관을 심어주는 것이 가능한 부분에서는 매우 어릴 때부터 이 습관을 들여 주는 과정을 시작해서 점차로 증진시키는 것이 가장 좋다. 아기들의 체질은 자연적으로 따뜻하므로 추위를 이기는 훈련을 하는 데 알맞다.

젖먹이 때의 훈련은 이제 막 말한 방법들 또는 이와 비슷한 방법들에 따라서 행하는 것이 가장 좋다. 젖먹이 때의 다음 단계, 즉 5세까지 계속되는 기간 동안에는 어떤 의무적인 일이나 학습을 시켜서는 안 된다. 왜냐하면 성장에 지장이 있을 수 있기 때문이다. 그러나 이 기간 동안에 육체가 무기력하게 되지 않도록 하기 위하여 얼마쯤 운동을 하도록 해야 한다. 이 운동은 게임을 하거나 다른 방법으로 해야 한다. 그리고 이 게임은 너무 힘들거나 유약한 것이어서는 안 되며, 자유인에게 알맞은 것이어야 한다. 또한 이 분야를 담당하고 있는 관리들은(이 관리들을 일반적으로 교육감독관이라고 부른다) 이 연령의 어린아이들에게 들려주어야 하는 동화나 이야기 종류를 정해 두도록 관심을 써야 한다. 이 모든 일은 아이들에게 나중에 추구할 직업을 위하여 준비시켜 주는 것이어야 한다. 그리고 어린아이들이 하는 놀이까지도 대부분은 뒷날에 이들이 진지하게 해야 하는 일의 모방이어야 한다. 플라톤은 《법률》에서 어린아이들이 폐를 지나치게 긴장시키거나 흐느껴 우는 일을 못하도록 해야 한다고 했다. 그러나 이런 부류의 사상가들은 문제를 다루는 관점에서 잘못을 저지르고 있다. 그런 일은 어린아이의 성장을 돕는 것이며, 그 나름대로 하나의 육체적 활동이다. 또한 어른이 호흡을 조절하는 것이 활동을 위한 힘을 주는 것과 마찬가지로, 폐를 긴장시키는 것도 어린아이를 튼튼하게 만드는 것이다.

교육감독관은 어린아이가 시간을 어떻게 보내는가를 일반적으로 통제해야 한다. 특히 어린아이가 노예와 될 수 있는 대로 적은 시간을 보내도록 조심해야 한다. 어린아이가 7세에 이르기까지 지나게 되는 인생의 단계는 자연히 집안에서 훈련을 받는 기간이다. 그리고 비록 나이가 어릴지라도, 그들이 천한 일을 듣고 보게 되면 천한 습관을 갖게 되기 쉽다. 따라서 입법자의 기본 의무는 온 국가에 나쁜 말의 사용을 못하도록 하는 것이다. 어떤 종류건 나쁜 말을 사용하는 것은 나쁜 행동에 이르는 지름길이다. 특히 나이 어린 사람은 나쁜 말을 듣거나 사용하지 않도록 해야 한다. 그러므로 모든 금지에도 점잖지 못한 말을 하거나 행동을 하는 자는 거기에 따라 마땅한 처벌을 받아야 한다. 아직 공동식사를 하는 장소에서 비스듬하게 반쯤 눕는 자세를 취하도록 허용받지 못한 자유인 중의 청소년은 신체적 형벌 또는 다른 불명예스러운 벌을 받을 수 있도록 하여야 한다. 그리고 나이를 더 먹은 사람들이 천하고 불명예스러운 짓을 저지름으로써 자유인이 아닌 노예 같은 행동을 한 것에 대한 처벌로 벌금을 내도록 해야 한다.

이렇게 점잖지 못한 말을 사용하는 것을 금지해야 한다면, 또한 점잖지 못한 그림을 보여주는 것이나 점잖지 못한 연극을 공연하는 것도 금지해야만 한다. 따라서 정부의 의무는 어떤 종류의 점잖지 못한 행동을 묘사한 그림이나 조각을 만들지 못하게 하는 일이다. 그러나 신들의 축제의 경우, 법으로 상스러운 짓도 할 수 있도록 되어 있는 경우에는 예외다. 그러나 여기에서 우리는 일정한 나이에 이른 사람은 법에 의하여 자신이 이 축제에 참석하는 것으로써 그들의 부녀자는 여기에 참석하지 않아도 되도록 할 수 있음을 주목해야 한다. 입법자는 젊은 사람이 일정한 나이에 도달하여 공동식탁에서 연장자와 함께 음주를 하고 비스듬하게 누울 수 있는 권리를 갖게 되기까지는 희극이나 익살극을 보지 못하도록 금지해야 한다. 그러면 그 시기까지는 교육을 받아 그런 것들을 보아도 나쁜 영향을 받지 않게 될 것이다.

우리는 이제까지 이 문제에 관하여 피상적으로 설명했다. 이 문제에 관심을 기울여서, 나중에 그런 문제를 법적으로 통제하는 것에 관한 찬·반 양론이나 그 통제가 어떤 형태를 취해야 하는가를 논의하게 될 때, 이것은 더 자세하게 결정해야 한다. 여기에서는 단지 현재 필요한 문제에 관해서만 언급했다. 비극 배우인 테오도로스(Theodoros)는 아무리 보잘것없는 배우일지라도 자신이 무대에 등장하기 전에는 결코 관객들 앞에 나가지 못하도록 했는데, 그 이유는 그의 표현을 인용하면, "관객들은 처음 나오는 배우를 좋아하게 되기" 때문이라고 말했다. 아마도 이 말에는 일리가 있을 것이다. 이것은 우리가 다른 사람과 사귀게 되는 과정에서뿐만 아니라 어떤 사물과 접촉하는 데서도 실제로 일어나기 쉽다. 우리는 언제나 우리가 처음 대하게 되는 것을 더 좋아한다. 따라서 젊은이는 일찍부터 천한 것과 특히 악덕이나 악의에 연관된 것과는 친숙하게 되지 못하도록 해야 한다. 첫 5년을 무사하게 지난 다음 어린아이는 다음 두 해, 즉 일곱 살이 될 때까지 자신이 언젠가 배위야 하는 공부를 다른 사람들이 하는 것을 지켜봐야 한다.

　교육에는 두 인생 시기가 존재한다. 첫 번째는 7세에서 사춘기에 이르는 기간이며, 두 번째는 사춘기에서 21세에 이르는 기간이다. 사람의 일생을 7년 주기로 나이를 구분하는 시인들은 일반적으로 올바르다. 그러나 우리는 자연적으로 이루어진 일생의 구분을 따라야 한다. 교육 목적은 일반적으로 모든 기술의 목적과 마찬가지로, 단순히 자연의 문제를 고침으로써 그것을 모방하는 것이다.

　이제 우리가 탐구해야 할 세 가지 문제가 제기된다. 첫째는 어린아이 교육에 관한 어떤 규정이 있어야 하는가 하는 문제이다. 둘째는 어린아이의 교육을 국가가 관여할 것인가, 아니면 오늘날 아직도 절대 다수의 경우에서처럼 사사로운 기반에서 이루어져야 하는가 하는 문제이다. 셋째로 살펴보아야 할 문제는 교육에 관한 법률이 어떤 성격을 띠어야 하는가이다.

제8편 청소년 교육

제1장

 입법자가 가장 우선적으로 관심을 가져야 하는 것은 청소년 교육이라는 데 누구나 동의할 것이다. 이런 주장에는 두 가지 이유가 있다. 먼저 교육을 소홀히 하면 그 나라의 정치질서에 나쁜 영향을 미치기 때문이다. 시민은 언제나 자국의 정치질서에 알맞은 교육을 받아야 한다. 어떤 정치질서에 알맞은 시민의 정치적 성격은 처음 그 정치질서를 창출해낸 힘이며, 동시에 그것을 유지시켜 주는 원동력이기 때문이다. 즉, 민주적 성격은 민주정치를 유지시키며, 과두정치적 성격은 과두정치를 만들어 내고 유지시킨다. 이런 방식으로 높이 올라갈수록 고상한 형태의 성격은 언제나 더 높은 차원의 정치질서를 만드는 경향이 있다. 두 번째로, 모든 정치적 성격의 능력이나 기술은 그것을 행사하기까지 어느 정도의 예비훈련과 습관을 쌓아야 한다. 따라서 국가 구성원으로서 선을 행하려면, 그 이전에 알맞은 훈련을 쌓고 올바른 습관을 길들여야 한다.
 국가는 전체적으로 하나의 공통된 목적을 갖고 있다. 즉 국가의 교육제도는 모든 사람에게 똑같아야 하며, 이 체제를 마련하는 것은 공적인 활동의 문제가 되어야 한다. 교육은 오늘날처럼 부모가 저마다 자식들을 위하여 개인적으로 마련하고, 자신이 알맞다고 생각하는 방식대로 개인적인 교습에 의지해서는 안 된다. 공통의 목적을 위한 훈련 또한 공통적으로 이루어져야 한다. 이런 견해를 취하는 또 다른 이유가 있는데, 우리는 시민이 저마다 그 자신에만 속한 것으로 여겨서는 안 된다. 모든 시민이 국가에 속한다고 보아야 한다. 각자는 국가의 일부분이며, 각 부분을 위한 준비도 당연히 전체를 위한 준비에 조절되어야 한다. 이 점에 있어서, 다른 몇 가지 점에서와 같이 스파르타인들을 찬양할 만하다. 그들은 청소년 훈련에 가장 큰 관심을 기울이며, 또한 그 관심을 개인적으로서가 아니라 집단적으로 기울이기 때문이다.

제2장

　이제 우리는 교육의 성격과 교육방법에 관하여 살펴보고자 한다. 현재로서는 교육의 주제에 관하여 의견이 나뉘어 있다. 단순한 선을 목적으로 하거나 가능한 한 가장 좋은 생활을 목적으로 하거나 젊은이들이 무엇을 배워야 하는가의 문제에 관해서는 의견의 일치를 보지 못하고 있다. 또한 교육이 사물의 이해를 중심으로 해야 하는가, 아니면 도덕적 성품 계발을 중심으로 해야 하는가 하는 문제에서도 의견이 뚜렷하지 않다. 또한 교육의 주제가 실생활에 쓸모있는 것이어야 하는가, 선을 이룩하는 것이어야 하는가, 아니면 지식 영역을 넓히는 것이어야 하는가 하는 문제에 대하여 아무런 해결의 도움도 주지 못한다. 이런 연구는 모두 저마다 어느 정도의 지지자를 갖고 있다. 예를 들어 선을 이루는 학문들을 살펴보면, 아무런 의견의 일치도 없음을 볼 수 있다. 무엇보다 먼저 선 자체도 그것을 높이 생각하는 저마다에게 모두 똑같은 의미를 갖는 것은 아니다. 그리고 이런 사정 아래에서 선을 올바르게 행하는 방법에 관해 이견이 있다는 사실은 놀랄 만한 일이 아니다.

　실제로 필요한 유용한 주제들이 아동 교육의 일부가 되어야 한다는 점에는 의심의 여지가 없다. 그렇다고 해서 실용적인 주제를 모두 포함시켜야 한다는 뜻은 아니다. 직업에는 자유인에 알맞은 것도 있으며 알맞지 못한 것도 있다. 따라서 어린아이에게 주입시키는 실용적인 지식의 총계는 기계기술자와 같은 생각을 갖도록 하는 정도여서는 안 된다. '기계적'이라는 말은 자유인의 육체·영혼, 또는 정신을 선의 시행이나 기술 또는 교육에 적용한다. 이렇듯 신체에 나쁜 영향을 미치는 어떤 기술이나 기예 또는 이득을 목적으로 추구하는 직업은 사람의 정신을 지나치게 혹사하거나 천하게 만드는 직종에 적용할 수 있다. 자유로운 지식 분야에 관해서도 거의 마찬가지 말을 할 수 있다. 이 분야 중의 어떤 것들은 일정한 정도까지는 완전히 자유롭게 공부할 수 있지만, 그것을 완성하기 위하여 지나치게 집중하면 이제 막 말한 것과 마찬가지로 나쁜 결과를 내기 쉽다. 행동을 하거나 어떤 주제를 공부하는 목적이 상당히 중요한 관건이 된다. 사사로운 필요를 충족시키거나, 친구를 돕기 위해서거나, 또는 선을 이루기 위한 것은 어떤 것이든지 자유로운 것이다. 그러나 똑같은 행동일지라도 다른 사람의 뜻에 따라 반복적으로 하게 된다면 노역이며 노예의 일이 되는 것이다.

제3장

앞서 이미 말한 것과 마찬가지로, 교육에서 배워야 할 교과목들은 일반적으로 모두 설정이 된 셈이다. 이들은 서로 다른 두 관점에서 볼 수 있다. 보통 교육의 기본적인 과목들은 대략 네 가지가 있다. 바로 읽기·쓰기·체육·음악이다. 어떤 사람들은 여기에 미술을 덧붙인다. 이 주제들 중에 읽기와 쓰기는 여러 가지 다른 방식으로 생활에서 실제적인 목적에 쓸모있는 것이다. 체육은 보통 용기의 덕성을 기른다. 음악교육은 그 목적이 분명치 못하고 여러 가지 논란도 많은데, 현재로는 대부분의 사람들이 쾌락을 위하여 음악을 배우고 있다. 그러나 처음 음악을 교육의 주제로 삼게 된 진정한 이유는 이보다 훨씬 고차원의 것이다. 인간은 자연적으로 여가를 올바르게 사용하며, 또한 올바른 직업을 찾아낼 수 있는 수단과 방법을 찾는 경향이 있다. 여기에 관해서는 우리가 때때로 언급했다. 사실 다시 한번 되풀이하지만, 모든 생활의 기본이 되는 것은 여가를 올바르게 사용하는 능력이다.

우리에겐 직업과 여가가 동시에 필요하다. 그러나 여가가 직업보다 더 높은 것이며, 또한 직업활동이 궁극적으로 지향하는 목적도 여가라는 게 사실이다. 따라서 우리의 문제는 여가를 채워 줄 활동방식을 찾아내는 것이다. 우리는 여가를 유흥으로 채울 수 없다. 그렇게 하면 유흥이 생애의 모든 것이고, 모든 목적이 되는 것이다. 이것은 있을 수 없는 일이다. 유흥은 생활의 어느 한 면, 즉 직업과 주로 연관된다. 이것은 쉽게 증명할 수 있다. 일을 하는 사람은 휴식이 필요한데, 유흥은 바로 이 휴식 제공을 목적으로 하는 것이다. 따라서 유흥이나 오락은 알맞은 시기, 그리고 알맞은 계절에만 국가에서 허용되어야 하며, 원기를 회복시키는 수단으로 사용되어야 한다고 결론지을 수 있다. 유흥은 사람의 마음에 심한 노동으로부터의 해방감을 준다. 또한 유흥이 제공하는 쾌락은 휴식을 마련해 준다. 여가는 다른 문제이다. 우리는 여가를 그 자체로서 본질적인 쾌락과 행복, 그리고 즐거움을 갖추고 있는 것으로 생각한다. 그런 행복은 직업적인 일에 종사하는 사람은 누릴 수 없는 것이며, 여가가 있는 사람만이 가질 수 있다. 왜냐하면 직업에 종사하는 사람들은 언제나 아직 이루어지지 못했다고 생각하는 어떤 목적을 가지고 일에 종사하기 때문이다. 그러나 즐거움은 현존하는 목적이다. 모든 사람은 즐거움의 쾌락만이 있고 고통은 없는 것으로 생각한다. 즐거움에 따르는 쾌락의 성격은 개인 성격 또는 성향에 따라서 저마다 다르게 생각되며 가장 고귀한 근원에서 나오는 가장 큰 쾌락은 최고 선을 이룬 사람의 쾌락일 것이다.

따라서 정신 계발을 위하여 여가를 알맞게 사용하는 것을 목적으로 연구해야 하는 학문과 교육 분야들이 있다. 또한 직업적인 목적을 갖는 교육은 단지 수단으로서, 그리고 필요에 따라서 보아야 하는 반면에, 이런 공부는 그 자체로서 목적이 되어야 한다. 이렇게 보면, 왜 우리 조상들이 음악을 교육의 일부로 여겼는지 그 이유를 알 수 있다. 그들이 그렇게 한 것은 음악이 실제 생활에 필요한 것이기 때문이 아니었다. 음악은 실생활과는 관계가 없다. 또한 음악이 다른 주제들처럼 쓸모가 있어서도 아니었다. 예를 들어 글을 쓰고 읽는 것은 여러 가지로 실제 생활에 유익하다. 돈을 벌거나 가계를 꾸려 나가거나, 지식의 획득, 그리고 여러 정치 활동에 쓸모있는 것이다. 그림을 그리는 것도 여러 다른 미술가의 작품을 더 정확하게 판단하도록 하는 데 도움이 된다는 점에서 쓸모가 있다고 할 수 있다. 왜냐하면 그림을 더 현명하게 구입할 수 있기 때문이다. 그런데 음악은 체육처럼 건강이나 전쟁술을 높이는 데에도 도움이 되지 못한다. 음악은 이들 가운데서 어느 것에도 관련이 없다. 따라서 음악의 가치란 여가 중의 정신 계발뿐이며 음악이 교육에 도입된 것도 분명히 이런 이유에서이다. 음악은 자유인에게 당연히 있어야 하는 교양의 일부분이다. 이런 뜻에서 호메로스는 아래와 같은 시를 지었다.

  훌륭한 잔치에 초대받은 사람들은
  아래와 같은 사람들뿐이다. (중략)
  그들은 음유시인을 불러 그의 음악으로
  모든 사물을 즐겁게 한다.

또 다른 구절에서 호메로스는 오디세우스의 입을 빌려 음악이야말로 모든 사람이 즐거울 때 가장 좋은 여흥이라고 말하고 있으며, 또한 아래와 같이 읊었다.

  식당에서 잔치를 하고 있는 사람들은

질서 있게 자리를 잡고 앉아서
조용히 음악에 귀를 기울인다.

앞에 말한 것으로 미루어 보아, 교육 분야 중에는 필요하기 때문이 아니라 단순히 그 자체로서 좋으며, 자유인으로서 알맞기 때문에 부모가 자녀에게 교육해야 할 것이 있는 게 분명하다. 이런 교육이 하나의 주제에만 국한되어 있는 것인가, 또는 여러 주제를 포함하는 것인가, 만약 여러 주제가 있다면 그것은 어떤 것이며 어떻게 공부해야 하는가 하는 문제들은 앞으로 논의해 보아야 할 것이다. 그리하여 우리는 이미 전통에서 찾아볼 수 있는 증거가 우리의 일반적인 견해를 뒷받침해 준다고 말할 수 있게 된 것이다. 즉, 이것은 오래 전부터 확립된 교육의 주제를 보아서도 알 수 있다. 음악의 경우를 예로 들어도 이 점은 충분히 뚜렷하다. 또 우리는 왜 실제 생활에 쓸모있는 공부들 중에 어떤 것, 예를 들어 읽기와 쓰기는 단순히 쓸모있기 때문만이 아니라 다른 분야의 여러 지식을 얻을 수 있도록 해 주기 때문에 자녀에게 가르쳐야 한다는 것도 말할 수 있다. 마찬가지로, 미술 교육을 하는 것은 사람들이 그림을 구입할 때 실수를 하거나 또는 미술품 매매에서 속임을 당하는 일이 없도록 하기 위한 것이라기보다, 어떤 형태나 모습의 아름다움을 관찰할 수 있는 감상 능력을 길러 주기 위한 것이다. 모든 것에서 실제 생활의 이로움을 목표로 하는 것은 고상하고 자유로운 정신에는 전혀 맞지 않다.

자녀 교육에서 우리는 이성의 도구를 사용하기에 앞서서 습관이라는 도구를 사용해야 하며, 정신을 다루기에 앞서 육체를 다루어야 한다. 따라서 우리는 자녀를 먼저 체육교사와 놀이교사에게 맡겨야 한다. 체육교사는 그에게 알맞은 육체의 습관을 기르도록 해줄 것이며, 놀이교사는 모든 경기에 필요한 기술을 갖추게 해줄 것이다.

제4장

젊은이 교육에 큰 관심을 기울이는 것으로 알려진 나라들 중에 어떤 나라는 육체에 운동가다운 습관을 길들이는 것을 추구하고 있으나, 신체의 성장과 모습에 심각한 해독을 끼칠 뿐이다. 스파르타인들은 이런 잘못을 저지르지 않았다. 그러나 그들은 젊은이들을 너무 엄격하게 훈련시켜서 야만인으로 만들어 버렸는데, 그것이 용기의 덕성을 기르는 데 가장 좋은 길이라고 생각했기 때문이다. 그러나 우리가 되풀이하여 말한 것과 마찬가지로 교육은 특히 또는 대체적으로 용기의 덕성을 목적으로 훈련해서는 안 된다. 용기만이 교육의 주된 목적이라고 할지라도, 이것을 훈련시키는 스파르타인들의 방법은 옳지 못하다. 동물의 세계나 야만인들 사이에서도 용기가 언제나 최대의 포악함과 연관된 것은 아니며, 점잖고도 사자와 같은 기질과 관련되어 있다. 이것은 관찰을 통해 알 수 있다. 실제로 많은 야만인들이 쉽사리 사람을 죽이고 먹기까지 하는 경우가 있다. 흑해 연안에 살고 있는 사람들 중에 아카이아인과 헤니오키(Heniochi)인들이 이런 인종들이다. 내륙에 살고 있는 주민들 중에도 이들과 마찬가지로 또는 이들보다 더 야만스러운 인종도 있다. 바로 산적질을 하는 사람들이다. 그러나 그들은 진정한 용기를 갖고 있지 못하다. 우리가 경험을 통해 알 수 있는 것과 마찬가지로, 스파르타인들까지도 단지 그들이 엄격한 훈련을 부지런하게 시행하는 유일한 사람들인 동안에만 다른 사람들보다 우월했다. 오늘날 스파르타인들은 체육경기나 실제 전쟁에서나 모두 패배한다. 그들이 이전에 다른 사람들보다 나았던 것은 젊은이가 특별한 훈련을 받았기 때문이 아니고, 단순히 적수들이 아무 훈련을 받지 않고 있을 때 그들은 어떤 훈련을 했다는 사실에 기인할 따름이다. 흉포한 기질이 아니라 고상한 마음이 승자가 되는 것이다. 고귀한 용기를 필요로 하는 위험이 있을 때 훌륭하게 싸움을 하는 것은 늑대나 다른 포악한 맹수가 아니다. 사람만이 올바른 용기를 가질 수 있다. 젊은이들이 함부로 포악한 짓을 하도록 방치하고, 그들이 진실로 필요로 하는 교육을 시키지 않는 것은 사실상 오히려 그들을 천하고 상스러운 상태로 전락하도록 만드는 것이다. 그렇게 하면 정치적으로 그들의 유용성은 이 한 면에 불과하며, 또한 이 면에서도 앞에 말한 것과 마찬가지로, 다른 방식으로 훈련을 받은 사람들보다 그 질이 떨어지는 봉사밖에는 할 수 없다. 우리는 스파르타인들을 평가할 때 그들이 이전에 이룩한 업적으로 판단할 것이 아니라 현재 상태를 근거로 판단해야 할 것이다. 오늘날 스파르타식 훈련에는 경쟁자들이 있지만 옛날에는 아무 경쟁자도 없었던 셈이다.

이제 신체 훈련의 필요성과 그 훈련을 어떻게 해야 하는가 하는 방법에 관해서는 일반적으로 의견을 같이하게 된 셈이다. 사춘기 나이에 이르기까지는 훈련이 가벼워야 하며, 육체의 바른 성장에 지장이 될 만큼 과격한 운동이나 엄격한 음식조절이 있어서는 안 된다. 초기에 훈련을 너무 심하게 시키면 거기에서 나오는 나쁜 영향은 뚜렷하게 드러난다. 올림픽 경기에서 우승자 명단을 보면, 이전에 소년 경기에서 우승한 사람이 성인 경기에서도 우승한 경우는 겨우 2, 3건뿐이다. 그 이유는 소년 시절의 훈련과 거기에 따르는 의무적인 운동 때문에 나중에 가서는 힘이 없어지게 되기 때문이다. 사춘기 나이에 이른 다음에는, 그 다음 3년 동안은 다른 학과목의 공부를 해야 한다. 그리고 나서 그 다음 성장 기간 동안에는 강화훈련과 엄격한 음식 조절을 하는 것이 옳다. 정신과 육체를 동시에 사용하는 일을 하는 것은 옳지 못하다. 서로 다른 두 종류의 일은 자연히, 사실상 정반대의 효과를 내기 때문이다. 즉 육체적인 일은 정신 활동을 둔하게 하며 정신적인 일은 육체에 지장을 준다.

제5장

우리는 앞에서 이미 음악에 관해 몇 가지 문제를 제기하였다. 여기에서는 다시 그 논의의 실마리를 찾아서 좀더 깊이있게 탐구해 볼 것이며, 이 논의는 이 주제를 전면적으로 다룰 때에 자연스레 있어야 하는 하나의 서론으로서 이바지할 것이다. 음악의 정확한 효과를 정의하기란 어려운 일이다. 또한 음악 공부를 해야 하는 목적을 정확하게 정의하는 것도 마찬가지로 어려운 일이다. 어떤 사람들은 음악의 목적은 잠을 자거나 물을 마시는 것처럼 단순히 오락과 휴식을 위한 것이라고 한다. 잠을 자거나 물을 마시는 것은 그 자체로 좋은 일은 아니다. 그러나 아무튼 그것들은 즐거운 일이다. 에우리피데스는 그런 것은 '쓸데없는 근심을 사라지도록 한다'고 했다. 이런 근거에서, 사람들은 흔히 음악을 잠자거나 물 마시는 일과(여기에 무용을 덧붙이기도 한다) 똑같은 방식으로 취급한다. 다른 견해도 있을 수 있는데, 이것은 마치 체육이 우리 몸에 일정한 성격을 형성하는 것처럼 음악이 우리에게 올바른 방식으로 쾌락을 느끼는 습관을 들여줌으로써 우리의 정신을 형성할 수 있고 선을 이룩하는 데 어떤 영향을 미칠 수 있는 것이라고 보는 것이다. 그리고 다른 세 번째 견해, 즉 음악이 우리 마음의 계발과 도덕적 지혜의 성장에 어떤 이바지를 할 수 있다는 생각도 가능하다.

분명히 젊은이의 교육은 오락을 목적으로 삼아서는 안 된다. 배움은 오락의 문제가 아니다. 배움에는 노력과 고통이 따른다. 반면에 마음의 계발은 아이들이나 아직 성년에 이르지 못한 젊은이들에게는 알맞지 못한 것도 사실이다. 자신이 아직 불완전한 상태에 있는 사람들은 궁극적인 목적을 이룩할 수 없기 때문이다. 어린아이들의 공부과제는 이들이 성인으로서 완전히 성장했을 때 즐길 수 있는 오락의 수단과 방법들로 이루어진다고 주장할 수 있다. 그러나 이런 입장을 취한다면, 우리는 왜 어린아이들이 스스로 음악을 연주하도록 교육을 받아야 하는가 의문을 제기할 수 있다. 그들은 왜 페르시아나 메디아 왕의 예에 따라서, 음악을 직업으로 삼는 사람들의 연주나 노래를 들으면서 즐거움을 얻으며, 음악교육을 받을 수 없는가? 음악을 전문적인 직업으로 하는 사람들은 그것을 단지 배우기 위해서만 연습하는 사람들보다 더 나은 결과를 얻을 수밖에 없다. 만약 그들이 열심히 음악 연주를 배워야 한다면, 마찬가지로 음식을 만드는 것도 배워야 한다고 할 수 있다. 그러나 이것은 조리에 맞지 않는 말이다.

그리고 설사 음악이 사람의 성향을 개선할 수 있다고 인정하더라도 반론이 제기된다. 즉 우리는 역시 '왜 어린아이들이 연주할 수 있도록 교육을 받아야 하며, 왜 다른 사람들이 하는 음악을 듣는 것만으로는 올바른 방식으로 음악을 즐기며 감상하는 능력을 갖는 데 충분하지 않은가?' 하는 문제이다. 스파르타인들은 바로 이 원칙에 따라서 행동한다. 사람들이 전하는 말에 따르면, 그들은 연주를 배우지는 않지만 좋은 곡과 나쁜 곡의 차이를 제대로 감상할 수 있는 능력이 있다고 한다. 만일 우리가 음악에 관한 세 번째 입장을 취해서, 음악을 우리의 행복을 높이고 교양을 개발하기 위하여 사용해야 한다고 하더라도 마찬가지 의문에 이르게 된다. 왜 우리는 이 목적을 위하여 다른 사람들이 하는 연주에 의존하여 교육을 받는 대신, 우리 자신이 음악을 배워야 하는가? 여기에서 우리는 신에 대하여 갖고 있는 우리의 생각을 떠올리는 것이 좋겠다. 시인들이 묘사하는 제우스는 노래를 부르지도 않고 하프를 켜지도 않는다. 그는 그저 들을 뿐이다. 우리는 그렇게 하지 않는 자들을 천하다고 생각하기 쉽다. 우리는 그들이 술에 취했거나 장난을 칠 때에만 행동하는 사람들의 방식으로 행동한다고 생각한다.

그러나 이것은 나중에 살펴보기로 하자. 우리는 먼저 음악이 교육에 포함되어야 하는가 그렇지 않은가 하는 문제를 생각해 보아야 한다. 그러면 또 다음과 같은 문제가 제기된다. '음악은 위에 구별한 세 가지 방식 중에 어떤 방식으로 작용하는가? 교육적인 방식인가, 오락의 방식인가, 정신 개발의 방식인가?' 음악은 이 세 가지와 모두 연관시켜야 한다. 왜냐하면 음악은 이들 모두의 공통된 요소들을 포함하고 있기 때문이다. 오락은 휴식을 얻기 위한 것이며, 휴식의 본성은 활동이 불러오는 고통을 치료해 주는 것이므로 필연적으로 쾌락의 요소를 갖고 있어야 한다. 마찬가지로 정신 개발도 고상한 요소와 함께 쾌락의 요소도 갖고 있어야 한다는 것이 일반적인 견해이다. 그리고 진정한 행복의 정신은 이들 요소 모두로 이루어진 정신이다. 이제 우리는 기악이건 성악이건 간에, 음악이 가장 커다란 쾌락 중 하나라는 데 의견을 모았다. 이제 시인 무사이오스(Musaios)의 말을 인용해 보자.

인간에게 가장 감미로운 것은 노래다.

그리고 여기에서 왜 사람들이 사교적 연회나 유흥에 음악의 도움을 받는지 알 수 있다. 음악은 사람의 마음을 즐겁게 하는 힘을 갖고 있기 때문이다. 따라서 우리는 어린아이들이 음악교육을 받아야 하는 이유 중에 하나는, 음악이 사람들에게 주는 쾌락 때문이라고 결론을 내릴 수 있다. 저속하지 않은 모든 쾌락들은 두 가지 용도를 가진다. 그것은 우리의 목표인 행복을 이루는 데 도움을 줄 뿐만 아니라 휴식의 수단으로서 우리에게 봉사한다는 것이다. 그러나 우리는 흔히 휴식을 즐기며 동시에 오락에 몰입할 수도 있다. 이것은 어떤 초월적인 목적을 위해서라기보다 단순히 그들이 우리에게 주는 쾌락을 위해서이다. 따라서 젊은이들이 음악에서 오는 쾌락 속에서 잠시 동안 활동을 쉬고 휴식을 취하게 하는 것이 좋다.

사람들은 오락을 삶의 목적으로 삼게 되는 함정에 빠지기 쉽다. 그들이 그렇게 하는 이유는 삶의 목적이 쾌락의 요소를 담고 있기 때문이다. 이런 쾌락은 일상적인 것이 아니다. 그러나 사람들이 오락을 추구하는 과정에서 일상적인 쾌락을 삶의 목적으로 잘못 생각하기 쉽다. 쾌락은 일반적으로 인간생활의 궁극적인 목적과 비슷한 점을 갖고 있기 때문이다. 이 목적은 미래의 어떤 결과를 위해서가 아니라 단지 그 자체만으로도 바람직하다. 그리고 오락에서 나오는 쾌락도 비슷하다. 그들은 미래의 어떤 결과를 위하여 추구하는 것이 아니라, 과거에 이미 일어난 어떤 것 때문에 그것을 바란다. 다시 말하면, 이미 겪은 수고와 고통 때문에 쾌락을 바란다. 이것이 바로 사람들이 쾌락에서 나오는 행복을 추구하는 원인이라고 여길 수 있을 것이다.

그러나 사람이 음악을 찾는 것은 쾌락만을 위해서가 아니다. 또 다른 이유는 음악이 휴식을 제공하는 데 실제적인 효과가 있기 때문이다. 음악을 찾는 이유는 이런 것으로 보인다. 그러나 우리는 음악이 이 두 기능 이외에도 또 다른, 즉 이제까지 말한 용도보다 더 높은 가치의 본질을 갖고 있지 않은가 생각해 보아야 한다. 아마도 모든 사람이 음악에서 얻는 공통적인 쾌락—음악에서 얻는 쾌락은 자연적이고 본능적이다. 그러므로 실제로 모든 형태의 성격을 가진 사람들이나 모든 나이층 사람들이 음악을 즐긴다—에 우리가 참여하는 것보다 더 커다란 문제가 연관되어 있는 것 같다. 그리고 음악이 또한 우리의 성격과 영혼에 어떤 연관성을 갖고 있지 않는가 생각해 보아야 한다. 만일 우리의 성격이 음악에 영향을 받는다면, 음악은 분명히 그런 연관을 가질 것이다. 우리의 성격이 그렇게 영향을 받는다는 사실은 여러 가지의 다른 곡조들, 특히 올림포스의 곡조들이 미치는 영향을 보아도 분명하다. 올림포스의 곡조들은 일반적으로 열정을 드높이고, 열정이란 영혼의 성격에 속하는 한 감정이기 때문이다. 우리는 단순히 리듬이나 곡조를 떠나 음악적 모방을 들을지라도, 사람들은 공감하는 감정을 갖게 된다고 덧붙일 수 있다.

음악은 쾌락의 범주에 속하며, 선은 사람이 환희의 감정을 느껴야 할 때 그것을 느끼며 올바르게 사랑과 증오의 감정을 갖는 것이므로, 우리는 분명히 다음과 같은 결론을 이끌어낼 수 있다. 첫째, 훌륭한 성격과 좋은 행동에 대하여 기쁨을 느끼고 올바른 판단을 내리는 습관만큼 우리가 획득해야 할 중요한 습관은 없으며 배워야 할 중요한 과목도 없다는 것이다. 그 다음으로, 음악적인 박자와 곡조는 다른 어떤 것보다도 실제 본성에 가깝도록, 성격의 상태에 대한 영상을 우리에게 준다. 즉 분노와 평정한 마음의 영상과 인내와 절제의 영상, 또한 이들과 반대되는 모든 형태의 영상을 묘사한다. 이것은 우리의 경험을 돌아보아도 분명한 사실이다. 이런 영상의 묘사를 듣는 영혼이 진정한 변화를 경험한다. 어떤 영상에서 기쁨을 느끼거나 고통을 느낄 줄 아는 것은, 실제 사실에 있어 기쁨이나 고통을 느끼는 것과 밀접하게 관련되어 있다. 예를 들어, 어떤 대상의 조각된 영상을 바라보는 데서 즐거움을 느끼는 사람은, 다시 말해 순수하게 그 조각의 본질적인 형태 때문에 즐거움을 느끼는 사람은 또한 실제 대상물 그 자체를 보는 데서도 쾌락을 느낄 것이다. 실제로 우리 감각기관의 촉각이나 미각 같은 것은 성격의 상태에 어떤 묘사도 제공할 수 없다. 시각의 대상은 그렇게 할 수 있지만 그 정도가 아주 약하다. 모습이나 형태로 성격의 상태에 비슷한 관련을 갖는 것이 있다. 그러나 이 경우에 그 닮는 정도가 크지 못하다. 또 우리는 모든 부류의 사람들이 시각을 갖고 있다는 사실을 기억해야 한다. 더욱이 시각예술로 표현되는 모습과 색채는 성격의 상태에 대한 묘사가 아니라 그것의 암시에 불과하다. 그리고 그들은 육체가 어떤 감정의 영향 아래에 있을 때, 그 육체를 묘사함으로써만 가능한 암시이다. 이와 같은 것들과 도덕과는 관련성이 아주 적지만 그렇다 하더라도 얼마쯤 관련이 있는 경우라면, 젊은이들은 파우손(Pauson)의 작품을 보지 않도록 해야 하며, 폴리그노토스(Polygnotos)나 또는 그 밖에 도덕적 성격을 그린 다른 화가나 조각가의 작품을 공부하도록 해야 한다. 그러나 음악의 작곡에서는 문제가 다르다. 음악은 본질적으로 성격의 상태를 나타낸 것이다. 이것은 분명한 사실이다. 우선 양식에 따라 서로 다른 영향을 받을 것이다. 어떤 양식의 음악 효과는 슬프고 엄숙한 기질을 낳게 될 것이다. 예를 들면 믹솔리디아(Mixolydia)라고 불리는 양식의 경우가 그렇다. 부드러운 양식은 마음의 격조를 풀어주는 효과를 낸다. 또 다른 양식은 온건하고 가다듬은 기질을 내도록 특별히 마련된다. 도리아 양식의 특유한 힘이 그렇다. 반면에 프리기아(Phrygia) 양식은 격정과 영감을 준다. 우리는 음악 교육의 문제를 공부해 온 사람들이 내놓은 이런 주장에 동의할 수 있다. 왜냐하면 그들의 이론을 뒷받침하는 증거는 실제 사실에서 나왔기 때문이다.

   음악 양식에 관하여 말한 것은 마찬가지로 여러 리듬에도 널리 쓰일 수 있다. 이 여러 형태들 중의 어떤 것은 좀더 안정된 성격을 갖고 있으며, 다른 것은 활발한 성격을 갖고 있다. 활발한 성격에 속하는 것들은, 그들이 처한 리듬에 맞추어 진행되는가 아니면 자유인에게 더 알맞은 방식으로 진행되는가에 따라서 다시 나뉜다. 이제까지 우리가 살펴본 바에 따르면 분명히 음악은 영혼의 성격에 영향을 미치는 힘을 갖고 있다. 음악이 이 효과를 낼 수 있다면, 그것은 분명히 교육의 주제가 되어야 하며 젊은이들에게 교육되어야 한다. 음악 교육은 어릴 때 하는 것이 좋다는 것을 덧붙일 수 있다. 젊은이들은 나이가 어리므로 감미롭지 못한 일은 달갑게 여기지 못한다. 그런데 음악은 본질적으로 감미로운 성질을 갖고 있다. 뿐만 아니라 음악의 양식이나 리듬은 자연적인 감미로움과 함께 영혼과의 친화력을 가지고 있다. 이렇게 보면, 왜 많은 사상가들이 영혼과 화음을 관련시키는지 설명이 된다. 어떤 사람들은 영혼이 바로 화음이라고 하며, 또 다른 사람들은 영혼이 화음의 속성을 갖고 있다고 한다.

제6장

 이제 우리는 어린아이들이 왜 스스로 노래하고 연주하는 음악을 배워야 하는지, 이미 제기된 문제에 해답을 구하는 일이 남아 있다. 음악을 하는 것에 참여함으로써 실제 적성에 큰 차이를 나타낸다. 실제로 음악을 해 보지 않은 사람이 다른 사람을 제대로 평가한다는 것은 불가능하지는 않다 하더라도 어려운 일이다. 어린아이들도 언제나 어떤 할 일이 있어야 한다. 아르키타스(Archytas)가 만든 딸랑이는 흔들면 소리가 나도록 되어 있어서, 아이들의 관심을 다른 데로 돌리고 집 안의 물건을 부수지 못하도록 하는 훌륭한 발명품임에 틀림이 없다. 어린아이들은 조용히 앉아 있을 수가 없다. 진짜 딸랑이는 유아기의 어린아이에게 맞는 것이지만, 좀더 자란 아이들에게는 음악 훈련이 딸랑이 역할을 할 것이다.
 이리하여 우리는 아이들을 단지 비판자가 되는 데 그치지 않고 실제로 음악에 참여하도록 가르쳐야 한다고 결론을 내리고자 한다. 성장하고 있는 여러 나이층에 어떤 것이 알맞은가, 또는 알맞지 않은가를 결정하는 것에는 어려움이 없을 것이다. 실제로 음악 공부가 직업적이며, 기계적이라는 반론에 대하여 쉽게 답변할 수 있다. 아이들이 실제 음악 연주에 참여하는 목적은, 단지 그들이 다른 사람의 연주를 평가할 수 있는 능력을 갖추도록 하는 데 있다는 것을 생각해야 한다. 이것은 그들이 나이가 어렸을 때에 음악을 연습해야 한다는 것을 의미한다. 또한 좀더 나이를 먹어서, 더 어렸을 적에 받은 교육 덕분에 무엇이 좋은가를 판단하고 음악을 제대로 감상할 수 있게 되었을 때는, 더 이상 음악 연습을 하지 않아도 된다는 것을 의미하기도 한다.

음악 공부에 대한 흔히 있는 비난, 즉 그것이 직업적이거나 기계적인 경향을 일으킨다는 것은 몇 가지만 생각해 보면 쉽게 답변할 수 있다. 첫째, 시민다운 우수함을 목적으로 해서 교육을 받는 사람들이 어느 정도까지 계속 실제로 음악을 하는 것에 참여해야 하는가? 둘째, 그들이 교육을 받아야 하는 음악의 선율과 리듬은 어떤 것이어야 하는가? 셋째, 그들이 교습을 받아야 하는 악기들의 성격은 어떤 것인가? 왜냐하면 악기에 따라서도 여러 가지 차이가 나오기 때문이다. 만일 이런 문제들에 해답을 줄 수 있으면, 우리는 또한 앞에 말한 음악에 대한 비난에도 답변할 수 있게 될 것이다. 음악을 가르치고 배우는 데 있어서 어떤 방법은 확실히 품성을 낮추는 결과를 가져올 수 있다.

그러므로 음악 공부는 더 성숙했을 때 그들의 활동에 지장을 불러오지도 않고, 군인으로서, 시민으로서 훈련을 받는 기간 동안 여러 목적들에 비능률적인 습관이 몸에 배지 않도록 하는 방식으로 이루어져야 한다. 먼저 육체적인 활동에서, 그리고 나중의 지식 추구에서 비능률적인 습관을 들이면 안 된다. 음악 공부는 크게 두 가지 조건이 있다. 첫째, 음악 공부를 하는 아이들이 직업적인 경쟁에 속하는 종류의 음악을 하지 않도록 해야 한다. 둘째, 요즘 여러 음악 경연이 도입되어서 교육부문에까지 전파된 유별나게 뛰어난 음악기술의 발휘를 배우려고 하지 않는다면 올바른 방향으로 이루어질 수 있다. 아무튼 학생들은 단순히 노예나 어린아이들, 심지어 동물들까지도 느낄 수 있는 음악의 통속적인 요소들을 즐기는 것으로 만족하지 않고 고상한 멜로디와 리듬에서 쾌감을 느낄 수 있을 때 비로소 음악을 실습하도록 하여야 한다.

사용해야 하는 악기의 성격 또한 방금 말한 것에서 미루어 짐작할 수 있다. 음악 교육에서 피리는 사용해서는 안 된다. 또 하프 같은 직업적 기술을 요구하는 악기도 피해야 한다. 사용해야 하는 악기는 학생에게 음악 자체나 어떤 다른 공부 분야에 더 지혜롭게 될 수 있도록 하는 것이어야 한다. 피리를 사용하면 안 되는 또 하나의 이유는 그것이 도덕적 성질을 표현하지 않으며, 일시적인 흥분을 표현하기 때문이다. 따라서 피리는 관중에게 격정의 진정 효과를 내야 하며, 교육의 필요가 없는 경우에 사용해야 한다. 또한, 피리를 연주하면 연주자가 그의 음성을 사용할 수 없게 된다는 사실이다. 그렇기 때문에 선조들이 청소년과 자유인들에게—이전에는 피리의 사용을 부추긴 일이 있었다 하더라도—피리 연주를 금지시킨 것은 올바른 일이었다. 옛날 우리 선조들은 넉넉했기 때문에 여가 시간이 더 많았고, 그래서 일반적으로 뛰어난 기술에 대한 취미가 높았다. 또한 페르시아전쟁과 그 이후 그들이 이룬 업적 때문에 자만심이 높아져 새로운 경지를 찾는 열정만으로 무차별하게 모든 공부에 손을 대었다. 이런 정신에서 그들은 교육과목에 피리 연주를 집어넣었던 것이다. 스파르타에서도 합창지휘자가 직접 무용수들을 위하여 피리를 연주했다고 전해진다. 그러나 아테네에서는 피리 연주가 큰 유행이 되어서 대부분의 자유인이 이 유행을 따랐다. 합창단의 피리 연주자인 엑판티데스(Ekphantides)를 기념하기 위하여, 무용수와 합창단의 경비를 대주었던 트라시포스(Thrasippos)가 세운 기념비가 이를 증명한다. 뒷날에 사람들이 무엇이 진정으로 우수함에 기여하며, 무엇이 그와 반대되는 효과를 내는가를 더 잘 판단할 수 있게 되었을 때, 결국은 피리를 거부하게 되었다. 옛날에 있던 다른 악기들도 또한 많이 버리게 되었다. 즉, 단순히 관중을 기쁘게 하기 위해서 마련된 치터나 류트, 그리고 이들과 함께 헵타곤·트라이앵글·삼부카, 그리고 단순하게 손재주만 필요로 하는 다른 악기들도 버림을 받았다. 피리에 관한 옛사람들의 신화에는 교훈이 있다. 그리스 신화에 따르면, 학문·예술을 담당하는 여신 아테나는 피리를 발명했는데, 그 뒤에 그것을 버리고 말았다고 한다. 이 이야기의 나머지 부분에도 일리가 있다. 아테나는 피리를 불던 도중 거기에 비친 여자의 얼굴이 추한 데 혐오감을 느껴 그것을 던져 버리고 말았다고 한다. 그렇지만 아테나는 우리가 지혜와 예술의 기술을 담당한다고 여기는 여신이다. 따라서 그 여신이 그것을 버린 것은, 피리 연주를 공부하는 것이 정신과는 아무 관계가 없기 때문이었다고 말할 수도 있을 것이다.

따라서 사용하는 악기에서나 추구하는 기술의 정도에서, 직업적인 교습제도를 거부해야 한다. 직업적인 교습제도란 학생들에게 경연 준비를 시키는 목적으로 마련된 제도를 뜻한다. 그런 제도에서 연주자는 음악을 자신의 진보를 위해서가 아니라 그의 연주를 듣고 있는 청중의 쾌락, 그것도 속된 쾌락에 봉사하는 것이기 때문이다. 이런 이유로 우리는 그런 사람의 연주를 자유인에게는 알맞지 않으며 대가를 받는 연주자에게 맞는 것이라고 여긴다.

또한 그들이 목표로 삼는 것이 나쁘기 때문에 연주자도 천하게 될 수 있다. 청중이 속되면 음악의 질도 천하고 속된 경향이 있으며, 예술가도 청중의 시선을 의식하고 있으므로, 여기에 영향을 받는다. 이런 영향을 받는 것은 정신만이 아니라 육체도 마찬가지이다. 왜냐하면 그들은 청중의 취향에 따라 몸을 흔들거나 움직이기 때문이다.

제7장

음악의 여러 양식과 리듬에 관하여 살펴보기로 한다. 즉, 이들이 모두 함께 사용되어야 하는가, 그리고 음악을 교육 목적으로 연습하는 사람들이 다른 목적으로 연습하는 사람들과 같은 규칙을 지켜야 하는가, 아니면 특별한 규칙에 따라야 하는가 이런 문제들을 결정해야 한다. 쉽게 관찰할 수 있는 것과 같이, 음악은 선율과 리듬의 두 가지 수단으로 이루어진다는 걸 알았다. 우리는 이 두 가지 수단이 저마다 교육에 어떤 영향을 미치는가 알아야 하며, 또한 좋은 선율을 갖고 있는 음악과 좋은 리듬을 갖고 있는 음악 중 어떤 것을 더 낫게 생각해야 하는가 하는 문제를 제기해야 한다. 그러나 우리는 오늘날 몇몇 음악가들과 음악 교육에 정통해 있는 몇몇 사상가들이 이 문제를 연구한 결과에 많은 진리가 있다고 믿는다. 이 문제를 보다 자세히 다루고자 하는 사람은 이들의 의견을 참조하기를 권한다. 따라서 여기에서는, 법률에서 볼 수 있는 것과 같이 따라야 할 일반적인 원칙의 윤곽을 말하는 데 그치려고 한다.

우리는 우리 시대의 철학사상가 몇 사람이 해놓은 선율의 분류를 그대로 받아들이고자 한다. 이들에 따르면 선율은 성격을 표현하는 것들, 행동을 자극하는 것들, 영감을 자극하는 것들로 나누어진다. 그리고 이 사상가들이 음악의 양식도 저마다 다른 양식이 서로 다른 각각의 선율에 상응하도록, 이 선율과의 상관관계에서 음악 양식의 성격도 규정해 놓았음을 볼 수 있다. 반면에 이미 말한 것과 같이, 우리는 음악이 제공할 수 있는 단일한 혜택만을 위해서가 아니라 여러 혜택을 위해서 그것을 추구해야 한다고 생각한다. 음악이 줄 수 있는 혜택에는 세 가지가 있다. 첫째는 교육이며, 둘째는 감정의 표출이고(이 말의 의미는 우리가 《시학》에서 자세하게 설명할 것이므로 여기에서는 생략한다), 셋째는 계발의 혜택인데, 여기에는 휴식과 긴장 해소가 연관되어 있다. 지금까지 말한 바에 따르면, 음악에서 모든 양식을 사용하되 같은 종류의 방식으로 사용해서는 안 된다는 것이 분명하다. 교육이 목적인 경우, 여기에 사용되어야 하는 양식은 성격을 가장 잘 나타낸 양식이다. 다른 사람의 연주를 듣는 경우, 우리는 또한 사람의 행동을 자극하거나 그들에게 영감을 주는 양식을 받아들이는 것이 좋다.

몇몇 사람의 영혼을 강하게 자극할 수 있는 감정은 모든 사람의 영혼을 움직일 것이며, 사람에 따라 정도의 차이밖에는 없을 것이다. 연민, 공포, 영감이 그런 감정들이다. 많은 사람들이 특히 경험하기 쉬운 것은 어떤 종류의 영감에 사로잡혀 있다는 느낌이다. 우리가 관찰할 수 있는 것과 마찬가지로, 이런 사람들은 종교적인 선율에 영향을 받는다. 그들이 영혼을 종교적인 흥분으로 채우는 선율들의 영향 아래에 있을 때는 마치 의사의 치료를 받거나 종교적으로 정화된 것처럼 조용해지며 평정을 회복한다. 공포나 연민의 감정 또는 다른 어떤 감정에 특히 지배받기 쉬운 사람들에게도 마찬가지 효과가 일어난다. 그렇지 않은 사람이라 할지라도 저마다 어느 감정에 흐르기 쉬운 정도에 비례하여 일어날 것이다. 그 결과 모든 사람이 어떤 감정의 정화와 쾌락이 뒤따르는 감정의 표출을 경험하게 될 것이다. 특별히 감정을 정화하도록 하는 의도를 갖고 만들어진 선율들은 우리 모두에게 기쁨의 근원이 된다고 말해도 좋을 것이다.

더 나아가 우리는 이런 선율들과 음악 양식을 음악 경연대회에 출연하는 사람들이 사용하도록 요구되어야 한다고 주장할 수 있다. 그러나 청중에는 서로 다른 두 부류가 있다. 첫째는 자유롭고 교육받은 자들로 구성된 청중들이고, 둘째는 기계 기술자, 고용된 노동자들과 같은 사람들로 이루어진 청중이다. 따라서 필요한 휴식을 주기 위해서는 첫째 부류의 청중을 위해서만이 아니라 둘째 부류의 청중을 위해서도 경연대회와 축제가 있어야 한다. 둘째 부류 사람들의 정신이 자연적인 상태로부터 변태적으로 왜곡되어 있는 것과 마찬가지로, 음악 양식에서도 여기에 상응하도록 그릇된 선율들과 마찬가지로 무리하게 변형되고 지나치게 과장된 선율들이 있다. 사람은 자기에게 가장 잘 맞는 것에서 쾌락을 얻으며, 따라서 우리는 질이 낮은 청중 앞에서 경연을 하는 음악가들에게는 그 청중에 맞는 속된 음악을 하도록 허용해야 한다.

우리가 이미 주목했던 바와 같이 교육에 쓰이는 선율과 양식은 성격을 표현하는 것들이어야 한다. 이미 살펴본 것과 같이 도리아 양식은 이런 것 가운데 하나이다. 그러나 우리는 또한 철학적 연구와 음악 교육에 관심을 가져온 사람들이 추천하는 다른 양식의 음악도 채택해야 한다. 플라톤은 《국가》에서 도리아 양식과 함께 채택할 수 있는 단 하나의 양식은 프리기아 양식이라고 했는데, 이것은 잘못이다. 더욱이 그는 피리의 사용을 금하였기 때문에 이런 실수가 더욱 두드러져 보인다. 실제로 프리기아 양식은 효과에서, 피리가 다른 악기들과 연관되어 있는 것처럼 다른 양식들과 연관되어 있다. 이들은 모두 종교적인 흥분과 일반적인 감정의 효과를 낸다. 시를 통해 살펴보면 이것이 잘 입증된다. 디오니소스적인 광란과 모든 감정적 흥분 상태는 다른 악기의 반주로 불리는 것보다 피리로 반주될 때 더 자연스럽게 나타난다. 마찬가지로 양식의 문제에서도 프리기아 양식으로 되어 있는 선율들이 그 마음의 상태에 맞는 수단임을 알 수 있다. 열광적인 시는 일반적으로 프리기아 양식인 것으로 알려져 있는데, 이 경우의 좋은 예이다.

음악예술 전문가들은 열광적인 시의 성격을 분명하게 해주는 많은 예들을 인용한다. 필록세노스(Philoxenos)의 경우가 그 가운데 하나이다. 그는 〈미시아(Mysia) 사람들〉이라는 제목을 가진 열광적인 시를 도리아 양식으로 지으려고 했지만 실패하고 말았다. 이 시의 주제 성격 때문에, 결국 더 알맞은 프리기아 양식으로 지을 수밖에 없었다. 사람들은 도리아 양식이 일반적으로 장중하고 인내의 기질을 가장 잘 표현한다고 한다. 또 다른 장점도 있는데, 일반적인 의견에 따르면, 두 극단 사이의 중간에 위치한 중용이 더 좋은 것이며 이것에 따라야 한다고 한다. 도리아 양식은 다른 양식들과의 관계에서 중용의 위치에 있다. 따라서 교육의 도구로서 젊은이들에게 가장 알맞은 선율은 도리아 양식이다.

인간이 목표를 추구할 때에는 가능성과 적합성이라는 두 가지의 기준을 생각하여야 한다. 그러므로 저마다 자신에게 무엇이 가능하며 무엇이 알맞은가를 고려하여, 목표를 정해야 한다. 그런데 이러한 일은 나이에 맞게 결정해야 한다. 예를 들면, 나이가 많아 늙고 지친 사람에게 높은 소리를 내는 양식의 노래를 부르는 일은 무리한 일이다. 그러나 낮고 부드러운 음을 내는 것은 자연스럽게 어울릴 것이다.

그래서 일부 음악가들은, 플라톤이 저음의 부드러운 양식을 물리친 것에 대해 타당성 있는 비판을 가하고 있는 것이다. 플라톤은 이러한 양식을 청소년 교육에서 제외시켜야 한다고 주장하였는데, 그 이유는 이것이 음주와 연관을 갖는다는 것이었다. 그는 음주가 불러오는 직접적인 작용은 주정이며, 이것은 기력의 소모와 나른함처럼 은근하지만 꽤 장시간 지속되는 그 사후 효과와 관련이 있다고 생각했던 것이다. 그러나 우리는 앞으로 닥쳐올 시기와 노년기를 생각해야만 한다. 즉 늙은이들의 필요를 위하여 저음의 부드러운 양식도 사용하도록 해야 한다. 또한 아름다움과 교육성이 결합되어 감수성이 예민한 젊은이들에게 알맞은 리디아 양식의 사용도 권해야 한다. 따라서 음악 교육에 원칙이 되는 세 가지 기준이 있는데, 그것이 바로 중용성, 가능성, 적합성이다.

Peri Poietikes
시학

시학

제1장 시작(詩作)의 기본 문제들(모방 I)

우리는 먼저 시의 창작기술과 시의 본질적 기능들을 논의해야 한다. 훌륭한 시가 되기 위해서는 플롯 구성의 방법이 필요하다는 것과, 아울러 시를 이루는 부분들의 수와 성질, 그리고 그 밖에 이에 관계되는 모든 문제들을 살펴보기로 한다. 자연스러운 순서에 따라 먼저 그 근본 원리들에서부터 논의를 시작해 나가자.

서사시, 비극, 희극, 디오니소스 송가(Dithyrambic poetry) 그리고 피리와 현악기를 위한 음악의 연주형식 등은 모두가 전체적으로 보아 모방 형식이다. 그러나 이것들은 세 가지 점에서 서로 다르다. 즉, 모방의 매체가 다르고, 모방의 대상이 다르고, 모방의 양식이 다르다.

사람들이 사물을 모방하거나 모사할 때는, 능숙한 기술이나 숙련에 따른 색채, 형상, 또는 음성을 사용한다. 마찬가지로 위에 언급한 여러 예술 분야도, 리듬과 언어와 선율을 사용하여 모방한다. 때로는 하나만 사용하고, 때로는 섞어서 사용한다.

이를테면 피리와 현악기, 또는 이와 유사한 목동 피리 같은 악기의 연주는 선율과 리듬만 사용하는 데 반해 무용은 선율 없이 리듬만으로 모방한다. 그것은 무용가가 동작의 흐름만으로 성격과 감정과 행동을 모방하기 때문이다. 그 밖에 선율 없이 언어만으로 모방하는 예술이 있는데, 이때 언어는 산문 아니면 운문이며, 운문인 경우에는, 서로 다른 운율이 어우러져 사용되기도 하고 같은 운율만 사용되기도 한다. 그러나 이러한 모방형태에는 오늘날까지도 고유한 명칭이 붙여지지 않고 있다. 우리는 소프로노스(Sophronos)와 크세나르코스(Xenarchos)의 소극(mimos : 시라쿠사이 출신의 소프로노스와 그의 아들 크세나르코스는 소극 작가), 또는 소크라테스의 대화에 대하여도 역시 어떤 고유의 명칭을 붙일 수 없다. 누군가가 삼절 운율(trimetron : 짧고 긴 음절이 한 단위를 이룬 것이 세 번 반복한 운율. ∪−∪−│∪−∪−│∪−∪−)이나 비가 운율(elegeion :

육절 운율과 오절 운율이 반복되던
형식으로, 원래 슬픔을 나타내던 운율), 그 밖에 다른 운율로 이러한 것(성격, 감정, 행동)을 모방한다 하더라도 그렇게 생겨난 모방형태에는 마찬가지로 고유명칭이 붙여지지 않을 것이다. 흔히 운율의 명칭에 '시인'이란 말을 덧붙여 비가 시인, 서사 시인 등으로 부르고 있지만, 그것은 시인들이 행하는 모방의 방법에 근거를 둔 것이 아니라 그 운율에 근거를 두고 붙인 이름에 불과하다. 그러므로 의학이나 자연철학에 관한 것이라도 운문으로 되어 있다면, 그 저자를 시인이라 불러 왔다. 그러나 호메로스와 엠페도클레스(Empedokles)는 운문이라는 점 외에는 아무런 공통점이 없다. 그러므로 호메로스는 시인이라 부르고, 엠페도클레스는 시인이라기보다는 자연철학자라 부르는 것이 옳다. 그리고 아테네 시인 카이레몬(Chairemon)이 랍소디아(서사시 한 장면의 낭송), 즉 《켄타우로스(Kentauros)》처럼 온갖 운율을 혼합해서 모방해 쓴 경우에도 그를 시인이라 불러야 할 것이다. 이에 관해서는 이만 맺기로 하자.

끝으로, 앞서 말한 모든 수단, 즉 무용과 노래와 운문을 모두 사용하는 예술이 있는데, 예컨대 디오니소스 주신 찬가와 송가(nomos), 비극, 희극이 그렇다. 이들의 다른 점은, 어떤 것은 그 수단들을 동시에 모두 사용하고, 또 어떤 것들은 단지 부분적으로 사용하는 데 있다. 여러 예술의 이러한 차이점을 나는 모방 수단에 따른 차이라고 부른다.

제2장 무엇을 모방할 것인가(모방 II)

모방자는 행동하는 인간을 모방의 대상으로 삼는다. 그런데 행동하는 인간은 때에 따라 선인, 아니면 악인이다. 인간의 성품이 거의 언제나 이 두 가지 범주에 속하는 것은, 모든 인간은 덕과 부덕으로 그 성품이 구별되기 때문이다. 따라서 모방의 대상으로서 행동하는 인간은, 반드시 선인이든지, 악인이든지, 혹은 그 중간인 우리처럼 보통 사람이다. 그것은 화가들의 경우와 같다. 왜냐하면 폴리그노토스(Polygnōtos)는 선인을, 파우손(Pausōn)은 악인을, 디오니시오스(Dionysios)는 우리와 비슷한 보통 사람을 그렸기 때문이다.

이처럼 여러 가지 모방에 각각 차이가 있다는 것, 그리고 서로 다른 대상을 각각 다른 방법으로 모방함으로써 그것들을 구별할 수 있다는 것은 아주 분명하다. 무용이나 피리, 현악기 연주에서도 이러한 차이의 구별은 가능하며, 산문이나 음악의 반주가 없는 운문에서도 이러한 차이의 구별이 가능하다. 예컨대 호메로스는 선인들을 그렸고, 클레오폰(Kleophōn)은 우리와 비슷한 보통 사람을, 그리고 처음으로 패러디를 쓴 타소스의 헤게몬(Hēgēmon)과 《데일리아스》의 작가 니코카레스(Nikochares)는 악인을 그렸다. 디오니소스 주신 찬가와 송가의 경우도 마찬가지다. 티모테오스(Timotheos)와 필록세노스(Philoxenos)가 쓴 《키클롭스(Kyklops)》에서 볼 수 있듯이, 등장인물들을 다르게 모방할 수도 있을 것이다.

이렇듯 비극과 희극의 차이가 바로 여기에 있다. 희극은 보통 사람보다 못한 악인을 모방하려 하고, 비극은 보통 사람보다 나은 선인을 모방하려 한다.

제3장 모방의 방법(모방 Ⅲ)

여러 시각에 따른 모방에 있어 세 번째 차이는, 여러 대상을 재현하는 방식에 따라 구별할 수 있을 것이다. 동일한 수단으로 동일한 대상을 모방한다 하더라도, 시인은 (1)호메로스가 한 것처럼 때로는 서술체로, 때로는 작중인물(作中人物)이 되어 말할 수도 있고, 또한 (2)그러한 변화 없이 처음부터 끝까지 서술체로만 말할 수도 있고, (3)모방자들이 모든 것을 극적으로 제시하게 할 수도 있다.

이와 같이 모방을 위해 우리가 무언가를 바라볼 때는, 처음에 말했듯이 수단과 대상과 방식이라는 세 가지 점에서 살피기 때문에, 서로 차이가 생긴다. 그리하여 소포클레스(Sophokles)의 모방은 선인을 모방한다는 점에서는 호메로스와 같지만, 등장인물들을 실제로 행동하는 자로서 모방한다는 점에서는 아리스토파네스와 비슷하다고 할 수 있다.

이러한 작품들이 드라마(drama)라고 불리게 된 까닭도, 이 작품의 등장인물이 자신에게 들어 있는 주체적 이념을 실제 행동으로 나타내기(drān) 때문이라고 주장하는 사람들이 있다. 그래서 도리스인들은 깊이 있는 이념이 보태어진 새로운 비극과 희극을 자기들이 창안해 냈다고 주장하고 있다. 희극은 메가라인들이 창안해 냈다고 주장하고 있는데, 그리스 본토에 사는 그들은 그들의 민주정치시대에 희극이 생겨났다고 주장하고 있고, 시켈리아 섬에 이주한 메가라인들은 그곳 출신인 에피카르모스(Epicharmos)가 키오니데스(Chiōnidēs)나 마그네스(Magnes)보다 훨씬 이전 사람이라는 이유를 들어 자기들이 희극을 처음으로 생각해 냈다고 주장하고 있다. 펠로폰네소스의 도리스인 중에는 비극도 자기들이 창안해냈다고 주장하는 사람들이 있다. 그들은 이러한 주장의 근거로 '희극'을 뜻하는 '코모도이아(komōidia)'와 '드라마(drama)'란 말을 내세우고 있다. 그들의 말은, 자기들의 말에는 '도시 주변의 촌락'을 뜻하는 '코마이(kōmē)'라는 비슷한 뜻의 말이 있는 데 반해 아테네인들은 그것을 '데메스(dēmos)'라고 한다는 것이다. 그리고 '희극 배우들'을 뜻하는 '코모도이(komōidoi)'란 말은 '잔치를 벌이다'라는 뜻의 '코마제인(Komazein)'에서 생겨 난 것이 아니라, 희극 배우들이 인기를 잃고 도시로부터 주변 촌락을 떠돈 데서 유래한 것이라고 한다. 또 그들의 말에는 행동을 뜻하는 '드란(drān)'이라는 언어가 있다. 이것은 드라마의 유사어이다. 그런데 아테네인들은 그것을 '프라테인(prattein)'이라고 한다는 것이다.

모방이 지나온 여러 갈래의 길과 성질에 관해서는 이쯤 해두기로 하자.

제4장 시의 기원 시의 발전 (모방 Ⅳ)

시는 인간 본성에 들어 있는 두 가지 근원에서 생긴다고 본다. 모방은 어렸을 적부터 인간 본성에 자리잡고 있는 것이다. 인간이 다른 동물과 다른 점은, 모방을 잘하며 모방을 통하여 지식을 얻는다는 점에 있다. 또한 모든 인간은 날 때부터 어떤 모방된 모습을 보면 즐거움을 느낀다. 이러한 사실은 경험으로 증명되고 있다. 아주 보기 흉한 동물이나 시체의 형체처럼 실물을 볼 때 불쾌감만 주는 대상이라 하더라도, 자세하게 그려 놓았을 때는 보고 즐거움을 느낀다. 무엇을 배운다는 것은 철학자 뿐만 아니라 다른 사람들에게도 큰 즐거움이기 때문이다. 이해력이 미치지 못한 경우라 해도 마찬가지다. 그림을 보고 즐거움을 느끼는 것은 그것을 봄으로써 배우기 때문이다. 말하자면 '이건 그 사람을 그린 것이구나' 하는 식으로, 각 사물에 대해 무엇인가를 알기 때문에 즐거움을 느끼는 것이다. 실물을 전에 본 일이 없는 경우, 우리는 모방의 대상이 아니라 기교라든가 색채, 그 밖에 이와 비슷한 원인에 의하여 즐거움을 느낄 것이다. 이와 같이 모방, 그리고 선율과 리듬에 대한 감각은(운율은 리듬의 일종이다) 인간의 타고난 본성이므로, 인간은 이와 같은 본성에서 출발하여 차츰 즉흥적인 창작 과정을 거듭하는 사이에 시를 만들어 냈다.

그런데 시는 시인의 개성에 따라 두 가지 종류로 나뉘었다. 고상한 시인들은 고상한 행동과 고상한 인물의 행동을 모방한 데 반하여, 저속한 시인들은 비열한 사람들의 행동을 모방했다. 고상한 시인들은 신을 찬미하는 찬가(hymnos)와 훌륭한 인간에 대한 찬사(enkomion)를 썼고, 저속한 시인들은 풍자시를 썼다. 호메로스 이전 시인들이 쓴 풍자시는 한 편도 남아 있 지 않아 예를 들 수는 없으나, 호메로스 이후에는 많은 예를 들 수 있다. 예를 들어 호메로스의 《마르기테스(*Margites*)》와 다른 시인들이 쓴 비슷한 작품들이 있는데, 이들 풍자시에는 단장격 운율(iambeion : 한 체계로 뭉뚱그리지 않고 토막을 지어 몇 줄씩 산문체로 적은 글)이 아주 잘 어울렸다. 이 운율이 오늘날도 '이암베이온(iambeion)'이라고 불리는 것은 그로부터 유래한 것이다. 이 운율은 서로 풍자·욕설을 주고 받기에 알맞은 문체였기 때문이다. 이리하여 옛 시인들 가운데 일부는 영웅시 작가가 되었고, 일부는 단장격 시의 작가가 되었다.

그런데 호메로스는 고상한 대상을 모방함에서도 탁월한 시인이지만(그는 그 시의 높은 품격과 극적 성격에 있어 독보적인 존재였다), 개인적 비방이 아니라 우스꽝스런 것을 희곡화함으로써 처음으로 희극의 윤곽을 보여 주었다. 그의 《마르기테스》와 희극의 관계는, 《일리아스》, 《오디세이아》와 비극의 관계와 같다. 그런데 비극과 희극이 등장하자 시인들은 각자의 개성에 따라 이 두 가지 경향 가운데 한쪽으로 쏠리게 되었다. 어떤 시인들은 단장격 시 대신 희극 작가가 되었고, 어떤 시인들은 서사시 대신 비극 작가가 되었다. 그것은 비극의 형식이 서사시 형식보다 더 위대하고 존경할 만한 것이었기 때문이다.

비극의 그 구성 요소가 충분히 발전했는지 아닌지를, 비극 자체의 테두리 내에서, 그리고 극장과 관련해서 깊이 생각하는 것은 다른 영역에 속하는 문제다.

아무튼 비극은 즉흥적인 것에서 발생했다. 희극도 마찬가지였다. 비극은 디오니소스 주신 찬가의 대가들에 의해 시작된 한편, 희극은 아직도 많은 도시에서 관습으로 남아 있는, 남근(男根) 노래의 대가들에 의해 즉흥적 창작으로 시작되었다. 그 후 비극은 그 자체에 숨겨진 가능성들이 발견됨에 따라 점차 발전했다. 그리고 많은 변화를 거쳐 본연의 형식을 갖추게 된 뒤에야 비극의 진화는 걸음을 멈추고 정착했다.

(1)배우의 수를 한 사람에서 두 사람으로 늘린 것은 아이스킬로스가 처음인데, 그는 또한 코러스의 역할을 줄이고 대화가 드라마의 중심이 되게 하였다. (2)소포클레스는 배우의 수를 세 명으로 늘이고 무대 배경을 도입하였다. (3)비극의 범위도 넓어졌다. 비극은 사티로스(Satyros : 종교의식의 한 부분으로 삽입되었던 극으로서, 염소와 관련된 의식에서 시작되었다) 극에서 완전히 벗어남으로써, 짧은 줄거리와 우스꽝스러운 언어 표현을 버리고 위엄을 갖추게 되었다. 이 모두는 후기에 일어난 일이다. 그리고 운율도 장단격(長短格, 즉 强弱格(trochaios) : 무용에서의 강약과 같은 리듬을 가진다)에서 단장격(短長格, 즉 弱强格(iambos) : 작중 인물들 간의 대화 제시에 적합)으로 바뀌었다. 처음에 장단격 사절 운율(trochaic tetrameter)이 사용되었던 것은, 당시 비극에 사티로스 극적 요소와 무용적 요소가 많았기 때문이다. 그러나 대화가 도입되자, 비극적 장르의 자연적 성질에 적합한 운율을 발견하게 되었다. 단장격 운율은 대화에 가장 알맞은 운율이기 때문이다. 그 증거로, 우리는 대화할 때 대개 단장격 운율을 사용하는 데 비해, 육절 운율(서사시 풍)을 사용하는 경우는 드물다. 육절 운율은 보통 어조를 벗어났을 경우에 한한다는 사실을 들 수 있다. (4)또 한 가지 변화는, 에피소드의 수가 많아졌다는 것이다. 그 밖의 여러 가지 기술적 장치들과 그것이 덧붙여진 까닭을 일일이 설명한다는 것은 너무나도 방대한 일이므로, 이미 설명한 것으로 해 두자.

제5장 희극과 서사시와 비극(모방 Ⅴ)

희극은 앞에 밝혔듯이, 보통보다 못한 악인을 흉내내는 것이다. 그러나 이때 보통보다 못한 악인이라 함은 모든 종류의 악과 관련된 것이 아니라, 어떤 특정한 종류, 즉 우스꽝스런 것과 관련한 것이다. 우스꽝스런 것은 일종의 창피스러운 것이다. 우스꽝스런 것은 남에게 고통이나 해를 끼치지 않는, 일종의 실수 또는 기형이다. 쉽게 말하자면 우스꽝스런 가면을 쓰는 것인데, 그것은 추악하고 비뚤어졌지만 남에게 고통을 주지는 않는다.

비극의 여러 가지 발전 과정과 그 창안자들은 잘 기억되고 있는 반면, 희극의 경우는 그렇지 못하다. 그것은 초기에는 희극이 중요시되지 않았기 때문이다. 집정관이 희극 시인에게 코러스를 공적(公的)으로 허락한 것은 후기의 일이고, 처음에는 시인이 코러스를 희극에 직접 제공했다. 소위 희극 시인이라고 불리는 자들에 관한 기록이 시작된 것은 희극이 일정한 형태를 갖추고 난 뒤부터였다. 누가 희극에 가면이나 프롤로그를 도입하고 배우의 수를 늘렸는가, 하는 것 등은 알려져 있지 않다. 희극의 플롯을 구성하는 것은 시켈리아에서 유래한 것인데, 아테네의 시인들 중에서는 크라테스(Krates)가 최초로 개인 비방 형식을 버리고 모든 것에 들어맞는 스토리와 플롯을 구성하기 시작했다.

서사시는 장중한 운율로 고상한 대상을 모방한다는 점에서는 비극과 일치하지만, (1)한 가지 운율만을 사용하면서 동시에 서술체라는 점에서는 비극과 다르다. (2)이 둘은 취급 범위에 있어서도 차이가 난다. 비극은 가능한 한 하루 안에 사건의 결말을 지으려는 경향이 있는 데 반하여, 서사시는 시간 제한이 없다. 이것이 이 둘의 차이점이다. 그러나 초기에는 비극에도 서사시와 마찬가지로 시간적인 제한이 없었다. (3)이 둘은 또한 구성 요소에서도 차이가 나는데, 어떤 것은 공통되고, 어떤 것은 비극에만 고유하다. 따라서 어떤 비극이 좋고 나쁜지 판단할 수 있는 사람은 서사시에 대해서도 판단할 수 있다. 서사시가 가지고 있는 요소는 비극에도 다 들어 있기 때문이다. 그러나 비극이 가지고 있는 모든 요소가 서사시에 다 들어 있는 것은 아니다.

제6장 비극이란 무엇인가(모방 Ⅵ)

육절 운율에 따른 희극에서의 모방에 대해서는 뒤로 미루기로 하고, 먼저 비극에서의 모방에 대해 이야기하기로 하자.

지금까지 이야기한 것에서 비극의 본질을 정의해 보자. 비극은 진지하고 일정한 크기를 가진 완결된 행동을 모방하며, 여러 부분에 따라 여러 형식으로 아름답게 꾸민 언어를 사용한다. 또한 비극은 희곡의 형식을 취하고, 서술적인 형식을 취하지 않으며, 연민과 공포를 일으키는 사건에 의해 감정의 카타르시스를 낳는다. '아름답게 꾸민 언어'라는 말은 리듬과 선율을 가진 언어 또는 노래를 의미하고, '부분에 따른 여러 형식'이라는 말은 어떤 부분은 운문으로, 어떤 부분은 노래로 되어 있음을 의미한다.

배우들의 행동으로 비극적 모방을 제시할 때는, 시각적 장면의 장치가 불가피하게 될 것이고 노래와 언어적인 표현이 필요할 것이다. 이 두 가지는 모방의 수단이기 때문이다. 이 노래와 언어 중에서 언어적 표현이란 바로 운문적 구성을 의미하며, 또 노래가 무엇을 의미하는지는 굳이 설명할 필요가 없을 것이다. 그리고 비극은 행동의 모방이고, 그 행동을 하는 사람에 의해 연출되는 것이다. 행동하는 사람은 필연적으로 성격과 사상에 있어 특정한 성질을 가지게 마련이다. 이것에 의하여 우리는 그들 행동의 특정한 성질을 알 수 있다. 따라서 그들의 행동 원인은 사상과 성격, 이 두 가지이다. 생활에 있어서의 모든 성공과 실패도 이 두 가지 원인에서 일어난다. 그런데 행동은 플롯에 의해 모방된다.

왜냐하면 플롯(몇 가지 요소들을 조립하여 하나로 만드는 일이나 그 결과. 특히 표현상의 소재를 독자적인 수법으로 조립·배열해야 한다)이란 말은 단순히 스토리 내에서 행해진 것, 즉 사건의 결합을 뜻하기 때문이다. 한편 성격은 행동하는 사람의 사람됨을 판단할 수 있게 해 주며, 사상은 행동하는 사람이 어떤 것을 증명하거나 보편적인 진리를 말할 때, 그 말씨에 나타난다. 그러므로 모든 비극은 필연적으로 여섯 가지 구성 부분을 가지게 되며, 이 여섯 부분에 의해 비극의 일반적인 성질도 결정된다. 플롯과 성격, 언어표현 사상과 그 언어표현, 시각적 장치와 노래가 그것이다. 이 가운데 언어표현과 노래는 모방의 수단에 속하고, 시각적 장치는 모방의 방법에 속하며, 플롯, 성격, 사상은 모방의 대상에 속한다. 그 밖에는 아무것도 없다. 모든 시인들이 이 부분들을 이용해 갖가지 희곡을 만들어 냈다.

이 여섯 가지 가운데 가장 중요한 것은 사건들을 어떻게 결합시키느냐, 즉 플롯이다. 비극은 인간을 모방하는 것이 아니라, 인간의 행동과 삶, 행복과 불행을 모방한다. 그리고 행복과 불행은 행동에 달려 있으며, 삶의 목적도 행동이지 어떤 질적인 상태는 아니다. 인간의 성질은 성격에 의해 결정되지만, 행복과 불행을 얻는 것은 행동에 따라 결정된다. 그러므로 희곡에서 행동은 성격을 드러내기 위한 것이 아니다. 도리어 성격이 행동을 위하여 드라마에 포함되는 것이다. 사건의 결합, 즉 플롯(사건 그대로의 결합)이 비극의 목적이며, 목적이야말로 모든 것 중에서 가장 중요한 것이다.

행동 없는 비극은 불가능하지만 성격 없는 비극은 가능하다. 최근 시인들의 비극에는 성격이 없다. 그리고 이것은 많은 시인들에게 공통된 결함이다. 그것은 화가들 중에서 제욱시스(Zeuxis)를 폴리그노토스(Polygrnotos)와 비교할 때 볼 수 있는 것과 같다. 왜냐하면 폴리그노토스는 성격을 잘 나타내는 화가인데 비해, 제욱시스의 그림에는 아무런 성격이 나타나 있지 않기 때문이다.

그리고 시인이 성격을 잘 나타내 주려고 언어 표현과 사상에 있어 훌륭하게 손질된 대사를 차례차례 내놓는다 하더라도, 그것만으로는 아직 비극의 진정한 효과를 낼 수 없다. 오히려 이러한 점에서는 미비한 점이 있다 하더라도 플롯, 즉 사건의 결합을 구비한 것이 비극의 효과를 훨씬 더 훌륭하게 표현할 수 있다.

비극에서 우리를 가장 이끄는 것은 급반전과 발견인데, 이것은 플롯에 속하는 부분이다. 더욱이 시에 입문하는 사람들이 플롯 구성의 정확성을 이루기에 앞서, 먼저 문체와 성격 묘사의 정확성을 달성할 수 있다는 사실은 시사하는 바가 크다. 실제로 모든 초기 시인들이 그러했다. 그러므로 비극의 제1원리, 즉 비극의 생명과 영혼은 플롯이고, 성격은 두 번째로 중요한 요소다. 이와 유사한 예는 그림에서도 볼 수 있다. 아무리 아름다운 색채라도 아무렇게나 칠한 그림은 흑백 초상화만큼의 즐거움도 주지 못한다. 비극은 행동의 모방이다. 비극이 '행동하는 사람'을 모방하는 것도 주로 '행동'을 모방하기 위해서다.

세 번째로 중요한 것은 사상이다. 사상이란 상황에 따라 적당한 말과 주장을 할 수 있는 능력이다. 대사에 있어 이 웅변적 능력은 정치학과 수사학의 연구 분야에 속한다. 왜냐하면 옛날 시인들은 등장인물이 정치가처럼 말하게 했고, 오늘날의 시인들은 수사학자처럼 말하게 하기 때문이다. 사상을 성격과 혼돈해서는 안 된다. 성격이란, 행동하는 사람이 무엇을 의도하는지, 그리고 무엇을 기피하는지 분명치 않을 때, 그의 의도를 분명하게 해 주는 것이다. 따라서 말하는 사람이 무엇을 의도하고 기피하는지 전혀 알 수 없는 말은 성격을 나타내지 못한다. 그런데 사상은 어떤 것을 증명하거나 논박하거나 보편적인 명제를 말할 때 그 속에 나타난다.

여러 가지 언어적 요소 가운데 네 번째 요소는 문체다. 앞서 서술한 바와 같이 이것은 언어로 사상을 표현하는 것을 의미하며, 그 역할은 운문에서나 산문에서나 같다. 나머지 두 개 가운데, 노래는 비극을 아름답게 꾸미는 장식 중에서 가장 중요한 것이다. 시각적 장치는 우리의 마음을 사로잡기는 하지만 예술성이 적으며, 시인의 기술에서는 가장 비본질적 요소다. 비극의 잠재력은 공연이나 배우에 의존하지 않을 뿐더러, 또 시각적 효과에 관한 한 의상과 가면 제작자의 기술이 시인의 기술보다 더 중요하기 때문이다.

제7장 플롯의 원칙

비극의 여러 구성 부분을 앞에서 분석하였다. 이제 플롯이 어떻게 구성되어야 하는가에 관하여 이야기하기로 하자. 이것이 비극의 가장 처음이며 가장 중요한 요소이기 때문이다.

우리는 비극이, 완결된 일정한 크기를 가진 전체적인 행동의 모방이라고 규정했다. 전체 중에는 너무 작은 전체도 있기 때문이다.

전체는 처음과 중간과 마지막으로 이루어진다. 처음은 다른 것 다음에 오지 않고, 필연적으로 그것 다음에 다른 것이 존재하거나 생성되는 성질의 것이다. 반대로 마지막은, 필연적으로 또는 대개, 다른 것 다음에 존재하고, 그것 다음에 다른 것은 아무것도 존재하지 않는다. 중간은 다른 것 다음에 존재하고, 또 그것 다음에 다른 것이 존재한다(플롯의 전체는 이런 평이한 순서의 원리로 이루어진다).

그러므로 플롯을 훌륭하게 구성하려면 아무데서나 시작하거나 끝내면 안 되고, 앞에서 말한 원칙을 따라야 한다. 또한 아름다운 것은 생물이든, 아니면 여러 부분으로 구성되어 있는 사물이든, 반드시 일정한 질서에 따라 일정한 크기를 지녀야 한다. 왜냐하면 아름다움은 크기와 질서 속에 있기 때문이다. 따라서 (1)너무 작은 생물은 아름다울 수 없다. 왜냐하면 너무 작으면 그것에 대한 우리의 지각이 순간적이므로 분명할 수가 없기 때문이다. (2)또 너무 큰 생물, 이를테면 길이가 수백 척이나 되는 생물도 아름다울 수 없다. 그런 대상은 단번에 관찰할 수 없고, 그 통일성과 전체성이 한눈에 들어오지 않기 때문이다. 여러 부분으로 구성된 사물이나 생물은 일정한 크기를 가져야 하고, 그 크기는 한꺼번에 판단하여 알 수 있는 정도의 것이어야 하듯, 플롯도 일정한 길이(전체적 지각이 가능한 길이)를 가져야 하는데, 그 길이는 쉽게 기억할 수 있는 정도의 것이어야 한다.

길이의 제한은 연극 경연과 관객의 집중력과는 관계가 없다. 백 개의 비극이 서로 경쟁해야 할 경우에는, 언젠가 그런 일, 또는 이런 일이 있었던 적이 있다고 전해지는 것과 같이, 물시계로 시간을 제한해야 할 것이다. 그러나 사물의 성질 자체에 따른 제한에 관하여 말한다면, 전체를 쉽게 판단하여 알 수 있는 한도 내에서는, 스토리가 길면 길수록 크기 때문에 더 아름답다. 대체로 주인공의 운명이 개연적 또는 필연적 경로를 거쳐 불행에서 행복으로, 또는 행복에서 불행으로 바뀔 수 있는 운명이라면, 그것은 이야기 크기의 한계로서 충분할 것이다.

제8장 플롯의 통일성

플롯의 통일성은 사람들이 생각하듯, 한 개인을 중심으로 한다고 해서 이루어지는 것은 아니다. 무수히 많은 사건들이 한 사람에게 일어나지만, 그중에는 통일을 이룰 수 없는 것도 있다. 마찬가지로 한 사람의 행동이라 하더라도 하나의 통일된 행동을 이룰 수 없는 행동이 허다하다. 그러므로 《헤라클레스》나 《테세우스》, 또는 이와 유사한 시를 쓴 시인들은 모두 잘못 생각했던 것 같다. 그들은 헤라클레스가 한 사람이니 그에 관한 이야기도 당연히 하나라고 생각했다.

그런데 호메로스는 다른 점에서도 뛰어나지만, 한 사람을 여러 측면에서 다룬 점에서 숙련에 의한 것이든 타고난 재질에 의한 것이든 그의 섬세한 통찰력을 뚜렷이 볼 수 있다. 그는 《오디세이아》를 쓰면서 주인공에게 일어난 사건들을 모두 취급하지는 않았다. 이를테면 오디세우스가 파르나소스 산에서 부상당한 일이라든지, 출전 소집을 받았을 때 미친 것처럼 가장한 사건은 취급하지 않았고, 또 서로 필연적 또는 개연적 인과관계가 없는 사건은 제외했다. 대신 그는 앞서 말한 것과 같은 통일성 있는 행동을 중심으로 《오디세이아》를 구성하였다. 《일리아스》의 경우도 마찬가지였다.

그러므로 다른 모방 예술에서 하나의 모방이 한 가지 사물의 모방이듯, 시에 있어서도 스토리는 행동의 모방이기 때문에, 하나의 전체적 행동 모방이어야 하며, 사건의 여러 부분 중 한 부분을 다른 데로 옮겨 놓거나 빼버리면 전체가 뒤죽박죽 되게끔 구성되어야 한다. 어떤 요소가 들어 있든 들어 있지 않든 상관없이 전체에 뚜렷한 변화가 생기지 않는다면 그 요소는 전체의 부분이 아니기 때문이다.

제9장 개연적 필연적 관계

이제까지 말한 여러 사실에서 알 수 있는 것은, 시인의 임무는 실제 일어난 일을 이야기하는 것이 아니라는 사실이다. 그렇지 않고 일어날 법한 일, 즉 개연성 또는 필연성의 법칙에 따라 가능한 일을 이야기하는 데 있다는 사실이다. 역사가와 시인의 차이점은, 운문을 쓰느냐 산문을 쓰느냐 하는 점에 있는 것이 아니다. 예를 들어, 헤로도토스의 작품은 운문으로 고쳐 쓸 수도 있으나, 운율이 있든 없든 그것은 역시 역사임에는 변함이 없다. 역사가와 시인의 차이점은, 역사가는 실제로 일어난 일을 이야기하고, 시인은 일어날 법한 일을 이야기한다는 점에 있다. 따라서 시는 역사보다 더 철학적이고 중요하다. 왜냐하면 시는 보편적인 것을 말하는 경향이 많고, 역사는 개별적인 것을 말하기 때문이다. '보편적인 것을 말한다'는 것은, 어떤 성격의 인간은 개연적 또는 필연적으로 이러이러하게 말하거나 행하게 될 것이다, 라는 식으로 말하는 것을 의미한다. 시가 등장인물들에게 고유한 이름을 붙이더라도 시가 추구하는 것은 보편적인 것이다. 그에 반하여 '개별적인 것을 말한다'는 것은, 이를테면 알키비아데스(Alkibiades) 개인은 무엇을 했고 또 무슨 일을 겪었는지 말하는 것이다.

희극의 경우에는 이 개별성이 이미 명확해진 사실이다. 왜냐하면 희극에서는, 개연적(미확정적) 사건들로 플롯이 구성된 후에야 거기에 알맞은 임의의 이름이 등장인물들에게 붙여지기 때문이다. 이것은 풍자시인들이 특정한 개인에 대해 시를 쓰던 것과는 다른 점이다. 그러나 비극의 경우는 기존에 있던 사람의 이름에 집착하고 있다. 왜냐하면 가능성 있는 것이 설득력이 있고, 또한 우리는 일어나지 않은 것의 가능성을 믿지 않지만, 일어난 것의 가능성은 더욱 분명한 가능성이라고 믿기 때문이다. 불가능한 것이었다면 일어나지도 않았을 것이니까. 그러나 비극에서도, 유명한 이름은 한둘 정도이고 나머지는 모두 시인이 지어낸 이름뿐인 작품들이 있는가 하면, 유명한 이름이라고는 하나도 나오지 않는 작품들도 있다. 예컨대 아가톤(Agathon)의 《안테우스(Antheus)》가 그렇다. 이 작품에서는 사건도, 등장인물의 이름도 모두 시인의 창작이다. 그렇다고 극이 주는 즐거움이 덜하지 않다. 그러므로 비극의 소재도 전해 내려오는 실제 이야기지만 그렇다고 꼭 거기에만 집착할 필요는 없다. 사실 그와 같은 집착은 별 의미가 없다. 유명한 이야기라 하더라도 이를 아는 사람은 소수뿐이고, 모르는 사람이 들어도 모든 사람이 다 즐거움을 느끼기 때문이다.

앞에서 말한 여러 가지 사실로부터 시인은 모방하기 때문에 시인이요, 또 그의 모방 대상이 행동인 이상, 시인은 운율보다 플롯의 창작자가 되지 않으면 안 된다는 것은 확실하다. 그리고 그가 실제로 일어난 일을 소재로 시를 쓴다 하더라도, 그는 시인이다. 실제로 일어난 사건도 개연성과 가능성의 법칙에 충분히 합치되고, 또한 시인은 이런 사실을 근거로 한 창작자이기 때문이다.

단순한 플롯과 행동 중에서 가장 나쁜 것은 에피소드식이다. 나는 여러 가지 에피소드들이 서로 개연적 또는 필연적 인과관계도 없이 일어날 때 이를 에피소드식 플롯이라고 부른다. 그런 연극은 졸렬하고 무능한 시인들이 만들지만, 우수한 시인들도 배우에 대한 고려에서 만들기도 한다. 경연을 위하여 작품을 쓰다 보면, 우수한 시인들도 종종 무리하게 플롯을 늘려 사건의 전후 관계를 뒤죽박죽으로 만들지 않을 수 없다.

비극은 완결된 행동의 모방일 뿐 아니라, 공포와 연민의 감정을 불러 일으키는 사건의 모방이다. 이러한 사건은 불의에, 그리고 서로 인과관계 속에서 일어날 때 가장 효과가 크다. 사건이 이와 같이 발생하면, 우연히 발생할 때보다 더 놀랍다. 왜냐하면 우연한 사건이라 하더라도 어떤 의도에 의해 일어난 것같이 보일 때, 가장 놀랍게 생각되기 때문이다. 아르고스에 있는 미티스(Mitys)의 동상이, 그 동상을 구경하고 있던 미티스의 살해자 위에 떨어져 그를 죽게 한 사건이 그 예다. 이와 같은 사건은 그저 우연한 일로 생각되지 않는다. 따라서 이와 같은 플롯은 필연적으로 다른 플롯보다 더욱 훌륭하게 되기 마련이다.

제10장 단순한 플롯 복합적 플롯

플롯에는 단순한 것과 복잡한 것이 있다. 그것은 플롯이 모방하는 행동이 그렇게 단순할 때도 있고 복잡할 때도 있기 때문이다. 행동이 앞에서 규정한 바와 같이 연속성과 통일성을 가지고 진행된다 하더라도, 주인공의 운명의 변화가 급반전이나 발견 없이 이루어질 때 이를 단순한 행동이라 하고, 주인공 운명 변화가 급반전이나 발견, 또는 이 둘 모두를 동반하여 이루어질 때, 이를 복잡한 행동이라 한다. 그런데 급반전이나 발견은 플롯의 구성 자체에서 발생해야만 하며, 따라서 앞선 사건의 필연적 또는 개연적 결과라야 한다. 한 사건이 다른 사건으로 '인하여 그에 이어서' 일어나는 것과, 다른 사건에 단순히 '이어서' 일어나는 것 사이에는 큰 차이가 있다.

제11장 뒤바뀜 깨달음

급반전(reversal)이란 앞서 말한 바와 같이, 사태가 반대 방향으로 변화하는 것을 의미한다. 이때 변화는 이미 서술한 것과 같이, 개연적 또는 필연적 인과관계 속에서 이루어진다. 우리는 소포클레스의 《오이디푸스》에서 그 급반전의 예를 볼 수 있다. 사자(使者)는 오이디푸스를 기쁘게 해 주고 또 그를 모친에 대한 공포에서 해방시켜 줄 목적으로 왔지만, 오히려 오이디푸스의 정체가 밝혀짐으로써 정반대의 결과가 초래된다. 우리는 또한 테오덱테스(Theodektes)의 작품 《륑케우스》에서도 그 급반전의 예를 볼 수 있다. 륑케우스는 처형될 운명으로서 끌려간다. 다나오스가 륑케우스를 처형하기 위하여 데리고 가던 도중, 앞선 사건의 결과로 오히려 다나오스가 죽고 륑케우스는 구출된다.

발견이란, 말 자체가 의미하는 바와 같이, 알지 못하던 상태에서 아는 상태로 변하는 것을 의미한다. 이때 등장인물들이 행운이라는 숙명을 지녔느냐 불행이라는 숙명을 지녔느냐에 따라, 우호관계로 들어가기도 하고 적대관계로 들어가기도 한다. 그런데 발견은 《오이디푸스》에서와 같이, 급반전을 동반할 때 가장 훌륭하다. 물론 이와는 다른 종류의 발견도 있다. 왜냐하면 생명이 없는 사물이나 우연한 사물에 관해서도 어떤 의미에서는 발견이 가능하기 때문이다. 또 어떤 사람이 무엇을 했는지 하지 않았는지도 발견할 수 있다. 그러나 플롯 및 행동과 가장 직접적인 관계가 있는 것은, 처음에 말했던 그 '발견'이다. 발견은 급반전과 결합되어, 연민이나 공포의 감정을 불러일으킨다. 비극이 이와 같은 행동의 모방임은 이미 규정했다. 그리고 불행하게 되느냐 행복하게 되느냐도, 발견과 급반전에 의해 야기된 사태의 변화에 따라 결정된다.

그런데 발견은 인간 상호간에 이루어지는 것이므로, 한쪽 신분이 이미 알려져 있는 경우에는 그 한쪽이 상대방의 신분을 발견하기만 하면 되지만, 그렇지 않은 경우에는 양쪽이 서로 상대방의 신분을 발견해 내지 않으면 안 된다. 예컨대 에우리피데스의 《타우리케의 이피게니》에 나오는 주인공 이피게니는, 편지를 보냄으로써 오레스테스가 그를 알아보지만, 반대로 이피게니가 오레스테스를 알아보기 위해서는 다른 발견이 필요했다.

플롯의 두 부분, 즉 급반전과 발견은, 이와 같은 사항에 관한 것이다. 플롯 구성 요소의 나머지 하나는 파토스다. 파토스란, 무대 앞에서의 죽음·고통·부상 등과 같이, 파괴 또는 고통을 초래하는 행동을 말한다.

제12장 비극의 요소들

비극의 구성 요소에 대해서는 앞서 말했다. 양적인 관점에서 본다면, 비극은 프롤로그와 에피소드, 엑소도스(exodos : 결정적 부분), 코러스(choros : 합창부)로 구분된다. 코러스는 다시 파로도스(parodos : 등장의 노래)와 스타시몬(stasimon : 중간 노래)으로 구분된다. 이 두 가지는 비극에 공통된 것이다. 반면에 본무대 앞에서 부르는 노래와 코모스(kommos, 哀悼歌)는 일부 비극에서만 볼 수 있는 특징이다.

프롤로그는 코러스의 파로도스에 선행하는 비극의 부분 전체를 말하고, 에피소드는 완전한 두 곡의 합창과 노래 사이에 삽입된 부분 전체를 말한다. 결말은 마지막 코러스 노래 다음에 오는 부분 전체다. 코러스 중에서 등장합창은 코러스의 첫 노래가사이고, 스타시몬은 단단장격(短短長格, 즉 弱弱强格) 운율과 장단격(長短格, 즉 强弱格) 운율이 사용되지 않는, 특히 그리스 비극 중의 코러스 노래 전부이고, 코모스는 코러스와 배우가 서로 주고받으며 부르는 비탄의 노래다. 비극의 구성 요소에 관해서는 앞서 이야기했고, 양적인 관점에서 본다면 비극은 이와 같은 여러 부분으로 나뉜다.

제13장 플롯 그 내용

논의한 문제에 이어서 우리는 (1)플롯을 구성함에 있어 무엇을 택하고 무엇을 피해야 하는가, (2)어떻게 비극의 효과를 표현할 수 있을 것인가에 관해 이야기해야 할 것이다.

훌륭한 비극이 되려면, 플롯이 복잡해야 한다. 그리고 그것은 공포와 연민의 감정을 불러일으키는 행동을 모방하지 않으면 안 된다. 왜냐하면 그렇게 하는 것이 이러한 모방의 특징이기 때문이다. 따라서 다음 세 가지 플롯에 당연히 주의해야 한다.

(1)극에서 선한 사람은 행복하다가 불행해지는 모습을 보여서는 안 된다. 왜냐하면 그것은 공포나 연민의 감정도 불러일으키지 않고, 불쾌감만 자아내기 때문이다.

(2)극에서 악한 사람이 불행하다가 행복해지는 것을 보여서도 안 된다. 왜

냐하면 그것은 가장 비극적인 면모를 보여 주지 못하기 때문이다. 그것은 비극의 필요조건을 하나도 갖고 있지 않다. 인정에 호소하는 점도 없고, 연민의 감정도, 공포의 감정도 불러일으키지 않는다.

(3) 극단적으로 악한 사람이 행복하다가 불행해지는 것을 보여서도 안 된다. 왜냐하면 그와 같은 플롯 구성은 인정에 호소하는 점은 있을지 모르나, 연민의 감정이나 공포의 감정은 불러일으키지 못하기 때문이다. 연민의 감정은 부당하게 불행에 빠지는 것을 볼 때 생겨나며, 공포의 감정은 우리와 유사한 사람이 불행에 빠지는 것을 볼 때 생긴다. 그러므로 이 경우는 연민의 감정도 공포의 감정도 불러일으키지 못할 것이다.

따라서 남는 것은, 이런 극단적 인물들의 중간쯤에 있는 인물이다. 즉, 그는 덕과 정의에 있어 월등하지는 않으나, 그렇다고 해서 악덕과 비행 때문에 불행에 빠지지는 않는다, 단지 어떤 실수 때문에 불행에 빠진 인물이다. 오이디푸스나 티에스테스(Thyestes), 그리고 이와 동등한 가문의 저명 인물들처럼, 큰 명망과 번영을 누리는 사람들 가운데 한 사람이어야 한다.

그에 따라 훌륭한 플롯은 단일한 결말을 가져야만 하며, 일부 사람들이 말하듯 이중의 결말을 가져서는 안 된다. 주인공의 운명은 불행에서 행복으로 바뀌어서는 안 되고, 행복에서 불행으로 바뀌어야 한다. 그러나 그 원인은 잘못된 행위 때문이 아니고 중대한 실수 때문이어야 한다. 그리고 주인공은 앞에서 말한 것과 같은 인물(오이디푸스나 티에스테스, 또는 큰 명망과 번영을 누리는 인물)이던가, 아니면 그보다 훌륭한 인물이어야지, 그보다 열등한 인물이어서는 안 된다. 초기 시인들은 아무 스토리나 닥치는 대로 취급했으나, 오늘날 훌륭한 비극들은 몇몇 특정 가문을 중심으로 구성된다. 예컨대 알크메온(Alkmaeon)이나 오이디푸스, 오레스테스, 멜레아그로스(Meleagros), 티에스테스, 텔레포스(Telephos) 등은, 기타 무서운 일을 당했거나 무서운 일을 저지른 인물들을 비극의 소재로 삼고 있다. 그러므로 이론적 견지에서 가장 훌륭한 비극은 이와 같은 플롯을 가진다. 따라서 에우리피데스가 이러한 원칙을 따름으로써, 그의 비극 대부분이 불행한 결말로 끝나는 것을 비난하는 사람들은 옳지 않다. 왜냐하면 앞에서 말했듯이 그것이 올바른 원칙이기 때문이다. 가장 확실한 증거로, 그러한 비극은 무대 앞에서, 그리고 경연 대회 때 효과적으로 연출하기만 하면 가장 비극적이라는 인상을 주며, 또 에우리피데스는 다른 점에서 결점이 있기는 하나, 시인들 가운데 가장 비극적인 시인이라는 인상을 준다는 사실을 들 수 있다.

어떤 사람들은 《오디세이아》처럼 이중의 스토리를 가지고 있고, 선인과 악인의 운명을 반대 방향으로 따로따로 결말짓는 플롯의 구성을 가장 좋은 형식으로 간주하지만, 사실 이러한 플롯 구성은 두 번째로 좋은 형식이다. 이러한 플롯 구성이 가장 좋은 형식으로 간주되는 것은 관중의 수준이 낮기 때문이다. 다시 말해 시인들은 관중이 원하는 대로 작품을 쓰기 때문이다. 그러나 이때의 즐거움은 비극적 즐거움이 아니라 희극적 즐거움이다. 희극에서는 오레스테스와 아이기스토스같이 불공대천의 원수라고 전해지는 사람들도 마지막에 가서는 친구가 되고, 살인자나 피살자는 한 사람도 볼 수 없기 때문이다.

제14장 연민, 두려움, 비극적 행동

공포와 연민의 감정은 무대 위 시각적 장치로 불러일으킬 수도 있고, 사건의 구성으로도 가능하다. 그러나 구성으로 인해 생기는 것이 더 훌륭한 방법이며, 훌륭한 시인만이 할 수 있는 일이다. 플롯은, 눈으로 보지 않고 사건의 경과를 듣기만 해도 그 사건에 전율과 연민의 감정을 느낄 수 있게끔 구성되어야 한다. 바로 이것이 오이디푸스의 이야기를 단순히 듣기만 해도 느끼게 되는 감정이다. 시각적 장치에 의해 이와 같은 효과를 드러내는 것은, 비예술적이며 많은 비용이 든다. 공포를 불러일으키기 위해서가 아니라, 단지 기괴한 것을 보여 줄 목적으로 시각적 장치를 이용한다면, 오히려 비극과 더욱 멀어지게 된다. 왜냐하면 비극에서 얻는 즐거움이 어떤 종류라도 다 좋다는 것이 아니라, 비극에 꼭 알맞는 즐거움을 구해야 한다는 것이기 때문이다.

비극의 즐거움은 연민과 공포에서 오는 즐거움이므로, 시인은 이러한 즐거움을 모방에 의해 표현하지 않으면 안 된다. 그러므로 시인이 모방하는 사건 속에는 이러한 즐거움의 원인이 되는 것이 포함되어 있어야 한다.

그러면 어떤 종류의 사건이 무섭다, 또는 가엾다는 인상을 주는지 살펴보기로 하자.

이런 사건에서 당사자들은 필연적으로 서로 친구이거나, 적이거나 또는 그 어느 것도 아닌 사이다. 그런데 당사자들이 서로 적대 관계에 있을 때는 피해자의 고통만이 연민을 불러일으킬 수 있다. 그 외의 행동이나 의도에는 연민의 감정을 불러일으킬 것이 아무것도 없다. 이 점은 당사자들이 친구도 적도 아닌 경우에도 마찬가지다. 그러나 비극적 사건이 가까운 사람들 사이에서 일어난다면, 예컨대 살인이나 이와 유사한 행위를 형제가 형제에게, 혹은 아들이 아버지에게, 혹은 어머니가 아들에게, 혹은 아들이 어머니에게 행하거나 기도한다면, 이와 같은 상황이야말로 시인이 달리 추구해야 할 것이다. 따라서 클리타임네스트라가 오레스테스에게 피살된다든가, 에리필레가 아들 알크메온에게 피살되는 것과 같은 스토리는, 그대로 보전되어야 하지만 동시에 시인은 이러한 소재를 올바로 취급하는 방법을 발견하지 않으면 안 된다.

그러면 '올바로 취급한다' 함은 무엇을 뜻하는지 좀더 분명하게 설명해 보기로 하자. 무서운 행위는, 옛 시인들의 작품에서 볼 수 있는 것과 같이 고의적으로 그리고 의식적으로 행해질 수 있다. 예컨대 에우리피데스가 그 작품의 주인공 메데이아에게 그녀의 자녀들을 죽이게 하는 경우가 그렇다. 또 자기의 행위가 얼마나 무서운 것인지 알지 못하고, 나중에 가서야 근친 관계를 발견할 수도 있다. 예컨대 소포클레스의 오이디푸스가 그렇다. 이 작품의 경우에 그 끔찍한 일은 플롯의 주요 구성 외부에서 발생한다. 그러나 비극 그 자체 안에 있을 수도 있다. 예컨대 아스티다마스(Astydamas)의 작품 속에 나오는 알크메온이나, 《부상당한 오디세우스》(현존하지 않으나 소포클레스 작품으로 추정된다)에 나오는 텔레고노스의 행위(오디세우스와 키르케 사이에 난 아들로 아버지인 줄 모르고 오디세우스를 살해한다)가 그렇다. 제3의 가능성은, 상대방이 누구인지 모르고 무서운 행위를 저지르려고 하였다가, 실행에 옮기기 직전에 상대방이 누구인지 발견하게 되는 경우다. 이 밖에 다른 가능성은 없다.

행위는 필연적으로 실행되든지 실행되지 않든지, 알고 하든지 모르고 하든지, 이 중 어느 것이다. 이 여러 상황 가운데 가장 나쁜 것은 알고 저지르려다가 실행하지 않은 경우다. 그것은 불쾌감(긴장시켰다가 희롱하는 불쾌감)만 자아내며, 또 아무런 고통도 없기 때문에 비극적이지도 않다. 그러므로 《안티고네》에서 하이몬이 크레온을 죽이려 했다가 실행하지 않은 것과 같은 몇몇 예를 제외하고는, 그렇게 행동하는 인물을 그린 작품은 없다. 그보다 좋은 방식은, 알고서도 저지르려던 행위를 그대로 실행하는 경우이다. 그러나 이보다 나은 것은, 모르고서 저지르고, 저지른 후에야 잘못된 관계를 발견하는 경우이다. 왜냐하면 이 경우에는 전혀 불쾌감을 자아내지 않고도, 그 발견한 것이 우리를 놀라게 하기 때문이다. 그러나 이보다도 가장 훌륭한 것은, 내가 앞에서 언급한 마지막 경우인데, 이를테면 에우리피데스의 《크레스폰테스》에서 메로페가 자기 아들을 죽이려 하는 순간 아들임을 알고 죽이지 않는다든가, 《이피게니》에서 누이가 동생을 죽이려 했다가 동생임을 알고 죽이지 않는다든가, 《헬레》에서 아들이 어머니를 그녀의 적에게 넘겨주려고 하는 순간 어머니임을 알게 되는 것과 같은 경우다.

이것은 앞에서 말했듯 몇몇 가문만이 비극의 소재가 되는 이유를 설명해 준다. 시인들이 소재를 구하다가 이러한 사건을 그들의 플롯 속에 구현하게 된 것은 기술에 의한 것이 아니라 우연에 의한 것이었다. 그래서 시인들은 계속 이와 같은 무서운 사건이 일어난 가문을 소재로 하지 않을 수 없다. 플롯의 구성, 즉 사건들이 결합을 어떻게 해야 하고, 플롯은 어떤 종류의 것이어야 하는지에 관해서는 이상으로 충분히 이야기했다.

제15장 인물 성격

인물의 성격에 대하여 추구해야 할 것이 네 가지가 있다. 그 첫째는 성격이 선량해야 한다는 것이다. 앞에서 말했듯이 등장인물의 말과 행동이 어떤 의도를 보일 경우 그것은 성격을 드러내는 것인데, 이때 의도가 선량하면 성격도 선량하다. 선량한 성격은 모든 종류의 인간이 가질 수 있는 것이다. 왜냐하면 비록 여자는 열등한 존재고, 노예는 무가치한 존재지만, 그들은 선량할 수 있기 때문이다. 둘째는 성격이 꼭 알맞아야 한다. 예컨대 여자도 용감할 수는 있으나 용감하거나 똑똑한 것은 여자의 성격으로는 맞지 않다. 셋째는 작품 속에 나오는 성격이 실제 인간성과 비슷해야 한다는 것이다. 이것은 방금 규정한, 성격이 선량하고 알맞아야 한다는 것과는 서로 다른 것이다. 넷째는 성격에 일관성이 있어야 한다는 것이다. 모방의 대상이 되는 인물이 일관성 없는 경우라 하더라도, 그의 일관성 없음 역시 일관되게 나타나야 한다.

성격이 불필요할 정도로 악하게 제시된 인물의 예는 《오레스테스》의 메넬라오스(오레스테스와 엘렉트라가 위급한 상황에서 숙부 메넬라오스에게 구원을 청하지만 외면하고 만다)에게서 볼 수 있고, 부적합한 성격의 예는 《스킬라(Skylla)》(티모테오스의 디오니소스)에서 오디세우스의 통곡(오디세우스는 그의 선원들이 괴물 스킬라에게 잡아먹히자 성격에 맞지 않게 통곡한다)과, 《현명한 멜라니페》에서의 멜라니페의 변론(멜라니페는 자기가 낳은 쌍둥이를 교묘하 궤변으로 소가 낳은 애들이라고 변론한다)이 있으며, 일관성 없이 표현된 성격의 예로는 《아울리스의 이피게니》(조국을 위한 제물이 될 이피게니가 처음에는 살려 달라고 애원하다 갑자기 제물로 자원함)가 있다. 살려달라고 애원하던 이피게니는 나중의 이피게니와는 전혀 다르기 때문이다. 성격에서도 사건의 구성에서와 마찬가지로 언제나 필연적인 것 혹은 개연적인 것을 추구하지 않으면 안 된다. 그러므로 이러이러한 사람이 이러이러한 것을 말하거나 행할 때는, 그런 것들이 그 성격의 필연적 혹은 개연적 결과라야 한다. 또 두 사건이 이어서 일어날 때는, 후자가 전자의 필연적 혹은 개연적 결과라야 하므로, 사건의 해결도 플롯에 따라 이루어져야지, 《메데이아》나 《일리아스》에서 아테네 여신의 등장으로 그리스 군 출범이 저지당했던 이야기에 나오는, 그런 기계장치를 쓰는 초자연적 힘에 의존해서는 안 된다. 기계장치는 드라마 밖의 사건, 즉 인간이 알 수 없는 과거의 사건이나, 앞으로 일어날 미래의 사건에 한해서만 사용되어야 한다. 왜냐하면 모든 것을 아는 것은 신의 특권이기 때문이다. 비극 내의 사건에는 사소한 불합리도 있어서는 안 된다. 그러나 어떤 불합리성이 불가피한 경우, 그 불합리성은 소포클레스의 《오이디푸스》에서 볼 수 있는 것과 같이, 비극 밖에 있어야 한다.

비극은 보통 인간보다 나은 인간에 대한 모방이므로, 우리는 훌륭한 초상화가들을 본보기로 삼지 않으면 안 된다. 훌륭한 초상화가들은 실물의 고유한 형상을 재현함에 있어 실물과 비슷하게 그리면서도 동시에 실물보다 더 아름답게 그린다. 마찬가지로 시인도, 성미가 급한 사람이나 느린 사람, 또는 이와 비슷한 성격의 특징을 가지고 있는 자들을 모방할 때, 그들을 그같은 특징을 가진 인물로 그리는 동시에 더 선량한 인물로 그려야 한다. 아가톤과 호메로스가 그린 아킬레우스에게서 그 예를 볼 수 있다.

시인은 이상과 같은 여러 규칙을 준수하지 않으면 안 된다. 그 밖에도 시작(詩作) 기술에 직접 관련되는 범위 내에서, 무대 효과에 관한 여러 가지 규칙을 준수하지 않으면 안 된다. 이 점에서도 때때로 잘못을 범하는 일이 있기 때문이다. 그러나 여기에 관해서는 이미 나온 책에서 충분히 설명하였다.

제16장 깨달음 수법

발견이 무엇인지는 앞서 설명했다. 발견의 종류에 관해서 살펴보자.

(1) 먼저 언급되어야 할 것은 가장 비예술적인 발견으로서, 시인들이 창의력 부족으로 가장 많이 사용하는 것인데, 그것은 징표에 의한 발견이다. 징표 가운데 일부는 '이 땅에 태어난 자들이 지니고 있는 창자국'(카드모스가 군신 아레스의 용을 창으로 찔러 죽이고 용 이빨을 땅에 뿌리자 땅속에서 무장한 전사들이 솟아났다. 이들의 후손이 후일 테바이의 귀족이 되는데, 이들의 몸에는 창끝 모양의 사마귀가 있다고 한다)이나 또는 카르키노스(Karkinos)의 《티에스테스》에 나오는, '몸에 난 별 모양의 점'(탄탈로스는 아들 펠롭스를 죽여 그 고기로 신들을 대접하고 여신 데메테르는 아무 영문도 모르고 어깨 부분을 먹는다. 그 뒤 펠롭스는 원상복귀되고 그 자손들은 어깨에 별모양의 흰 반점이 있다고 한다)과 같이 선천적인 것이고, 다른 일부는 후천적인 것인데, 이 가운데 어떤 것은 상처와 같이 육체에 있는 징표이고, 어떤 것은 목걸이(에우리피데스의 《이온》)나 《티로》에서 발견의 근거가 된 조각배(티로는 쌍둥이를 낳게 되지만 계모의 학대로 쌍둥이를 조각배에 실어 바다로 바다로 보낸다. 티로는 이 배를 보고 자식들을 알아본다.)처럼, 외부적인 사물일 수 있다. 그러나 이러한 징표들을 사용하는 데 있어서도 우열이 있다. 예컨대 오디세우스는 똑같은 상처를 입은 채로 유모에게도 발견되고 돼지치기에도 발견되지만, 그 방법이 서로 다르다. 남을 믿게 하기 위한 수단으로 징표를 사용하는 발견의 표현이나 이와 비슷한 발견의 표현은 모두 비예술적이다. 이에 비해 '목욕 이야기'(오디세우스의 유모는 오디세우스의 다리를 씻어주다가 그가 주인임을 발견하게 된다)에서와 같이, 급반전의 장면에서 이루어지는 발견은 보다 훌륭하다.

(2) 다음은 시인에 의해 조작된 발견인데, 그것은 바로 시인의 연기에 의해 조작됐기 때문에 비예술적이다. 예컨대 《이피게니》에서 오레스테스는 자기가 오레스테스임을 밝힌다. 이피게니에 대해서는 편지로 발견되지만, 오레스테스에 대해서는 플롯 자체와는 상관 없이, 시인이 그를 대신해서 관객에게 알리고자 하는 사실을 말하는 것이다. 따라서 이것은 오레스테스를 등장시켜 말하도록 한다 해도 시인이 대신 말하는 것과 마찬가지의 결점이 있다. 오레스테스로 하여금 어떤 징표를 제시하게 하는 것이 더 좋을 것이다. 소포클레스의 《테세우스》에 나오는 '베틀북의 소리'(필로멜라가 프로크네에게 알리기 위해 자기의 불행을 그려 넣은 직물을 말한다)도 역시 이 점에 있어서는 마찬가지의 결점이 있다.

(3) 세 번째 것은 기억에 의한 발견인데, 그것은 무엇을 보자마자 지난 일이 떠올라 발견되는 경우다. 예컨대 디카이오게네스(Dikaiogense)의 《키프로스 사람들》에서, 주인공은 초상화를 보자 갑자기 울음을 터뜨린다. 또 '알키노오스 이야기'에서 오디세우스는, 현악기 연주를 듣자 지난 일이 떠올라 눈물을 흘린다. 이로 인하여 두 사람은 발견된다.

(4) 네 번째 것은 추리에 의한 발견이다. 예컨대 아이스킬로스의 《제주(祭酒)를 바치는 여인들(Choephoroi)》에서 보면, 엘렉트라를 닮은 사람이 왔다 갔는데, 엘렉트라를 닮은 사람은 오레스테스밖에 없으므로 오레스테스가 왔다 갔음에 틀림없다고 추리한다. 소피스트 폴리도스가 《이피게니》에 관해 제안한 것도 이 경우에 속한다. 오레스테스는 누이가 제물이 된 것처럼 자기도 누이와 같이 제물이 될 것이라고 추리하고, 그것에 대해 바른 추리라고 평했다. 또 테오덱테스의 《티데우스》에서는, 아들을 찾으러 간 사람이 자기가 죽을 것이라고 추리했다. 《피네우스의 딸들》에서는 여인들이 그 장소를 보자마자, 전에도 그곳에서 버림받은 일이 있기 때문에 그곳에서 죽게 될 것이라고 자신들의 운명을 추리했다. 이런 추리들은 모두 발견의 근거가 되었다.

(5) 또 상대방의 오류 추리에 의한 복잡한 발견도 있다. 우리는 그 예를 《거짓 소식을 전하는 오디세우스》에서 볼 수 있다. 이 작품에서 오디세우스는 한 번도 본 적이 없는 활에 관하여 자기는 그 활을 알아볼 수 있을 것이라고 말한다. 그러나 그렇게 말한다 하여 그가 그 활을 알아볼 수 있을 것이라고 생각하는 것은 오류 추리이다.

(6) 모든 발견 중에서 가장 훌륭한 것은, 소포클레스의 《오이디푸스》나 《이피게니》에서와 같이 사건 그 자체에서 드러나는 발견인데, 이 경우에 발견은 사건의 자연스런 진행으로 일어난다. 왜냐하면 이피게니가 집으로 편지를 보내려고 한 것은 자연스러운 사건이기 때문이다. 유독 이렇게 자연스럽게 발견되는 종류의 사건은 어떤 조작된 징표, 또는 목걸이 같은 것에 의존하지 않는다. 그 다음으로 잘된 것이 추리에 의한 발견이다.

제17장 플롯 구성 기본방법

시인이 플롯을 구성하고 그것을 언어로 표현할 때는, 가능한 한 실제 장면을 눈앞에 그려 보아야 한다. 이렇게 하면, 시인은 사건을 직접 목격한 것처럼 생생하게 관찰할 수 있기 때문에, 적절한 것을 발견하게 되고 모순된 점을 그냥 지나치는 일이 적을 것이다. 카르키노스에 대한 비난이 그 증거가 된다. 암피아라오스가 신전에서 돌아오는 장면이 문제의 그 장면인데, 시인은 그 장면을 눈앞에 생생히 그려보지 않아서 모순되는 점을 발견해 내지 못했다. 그래서 이 작품은 무대 앞에서 실패하고 말았다. 관중은 이 사건의 모순성에 불쾌감을 느꼈던 것이다.

또 시인은 가능한 한 작중 인물의 몸짓으로 스토리를 실연해 볼 필요가 있다. 두 사람의 재능이 같은 경우, 이들 중 표현되어야 할 감정을 실제로 느끼는 사람이 그 감정을 더 설득력 있게 표현할 수 있다. 예컨대 격정과 분노는 이러한 감정을 실제로 느끼는 사람에 의하여 더 절실하게 그려진다. 그러므로 시를 짓는 기술은, 남다른 재능을 가진 사람이나 광기 있는 사람을 필요로 한다. 격정은 쉽게 필요한 기분이 될 수 있고, 분노는 정상에서 벗어나기 때문이다.

스토리에 관해서 말하자면, 기존의 것이든 시인의 창작이든, 먼저 대체적인 윤곽을 잡은 다음, 각 장면들을 전개하고 확대해야 한다. 《이피게니》의 경우를 예로 든다면, 대체적인 윤곽은 다음과 같다. 어떤 처녀가 제물로 바쳐졌다가, 그녀를 제물로 바친 사람들로부터 감쪽같이 다시 납치되어 낯선 땅으로 옮겨진다. 그곳에는 이방인들을 여신에게 제물로 바치는 관습이 있었는데, 그녀는 그러한 의식을 주관하는 사제가 된다. 후일 사제의 남동생이 이곳에 오게 된다. 그가 거기에 간 것은 어떤 신의 신탁에 따른 것이다. 어떤 이유에서 신탁이 그를 그곳에 가게 하였는가, 하는 사실과 그가 간 목적, 이런 것은 플롯에 포함되지 않는다. 그는 도착하자마자 곧 체포되고, 제물이 되려는 순간에 자기 신분을 밝힌다. 그 방법은 에우리피데스의 작품에서 볼 수 있는 것과 같이, 또는 폴리도스가 제안한 바와 같이, '그러니까 나도 누이처럼 제물이 될 운명이었구나'라는 있음직한 운명적 부르짖음 같은 것에 의한다. 그리고 이렇게 신분을 밝힘으로써 그는 구원받는다.

그 다음에는 등장인물들에게 적절한 이름을 붙이고, 에피소드들을 전개시켜야 한다. 그러나 이때 유의해야 할 점은, 오레스테스가 갑자기 미쳐서 체포되는 장면이나, 그가 다시 정화의식을 통해 구원받는 장면과 같이, 에피소드들이 플롯(사건들의 결합)에 적합해야 한다. 드라마에 대해서는 에피소드가 짧다. 그러나, 서사시는 에피소드에 의하여 길어진다. 《오디세이아》의 줄거리는 길지 않다. 어떤 사람이 여러 해 동안 낯선 나라에 나가 있었다. 그는 늘 바다의 신 포세이돈의 감시를 받고 있었고 고독하다. 그런가 하면 고향에서는 아내의 구혼자들이 그의 재산을 탕진하고, 그의 아들을 죽이려고 모의하고 있다. 그는 천신만고 끝에 고향으로 돌아와 자기 신분을 밝히고 적에게 달려든다. 그는 구원받고, 적은 살해된다. 이것이 《오디세이아》의 뼈대이고 나머지는 에피소드들이다.

제18장 플롯의 얽히는 것 풀리는 것

비극은 '분규' 부분과 '해결' 부분으로 나뉜다. 드라마 밖의 사건, 그리고 종종 드라마 안의 사건들은, 그 가운데 일부가 '분규'를 구성하고 나머지는 '해결'을 구성한다. 스토리의 처음부터 주인공의 운명에 전환이 일어나기 직전까지를 '분규'라 부르고, 운명이 바뀌기 시작한 뒤부터 마지막까지를 '해결'이라 한다. 테오덱테스의 《륑케우스》를 예로 들면, 드라마가 시작되기 전에 일어난 사건과, 아기가 체포되고 이어서 부모가 체포되는 부분까지가 '분규'이고, 살인죄에 대한 고발부터 마지막까지가 '해결'이다. 어떤 비극이 다른 비극과 동일하다고 하거나 또는 동일하지 않다고 말할 때는, 플롯에 의해, 즉 '분규'와 '해결'에 있어 그 두 가지 비극이 동일한가 동일하지 않은가에 따라 판단하는 것이 옳다. '분규' 부분에서는 훌륭하지만 '해결' 부분에서 실패하고 마는 시인들이 많은데, 어느 쪽이건 항상 능해야 한다.

비극에는 네 가지 종류가 있다. 앞서 말한 비극의 구성 요소가 네 가지이기 때문이다. 첫 번째 종류는 복잡한 비극인데, 이것은 전체가 급반전과 발견으로 되어 있다. 두 번째는 파토스(욕정·성냄·미움·슬픔·기쁨처럼 일시적이고 지속성이 없는 정념의 작용)적 비극으로, 아이아스나 익시온을 주인공으로 하는 여러 비극에서 그 예를 찾아볼 수 있다. 세 번째는 소포클레스의 《프티아의 여인들》이나 《펠레우스》와 같은 성격 비극이다. 네 번째는 단순한 비극인데, 우리는 아이스킬로스의 《포르키스의 딸들》이나 《프로메테우스》, 또는 저승을 무대로 하는 비극에서 그 예를 볼 수 있다. 시인은 가능한 한 이러한 요소들을 전부 결합하거나, 그중 가장 중요한 것을 가능한 한 많이 결합하려고 노력해야 된다. 시인들이 부당한 비난을 받고 있는 오늘날에는 특히 이것이 필요하다. 이전에는 각 종류의 비극에서 각각 우수한 시인들이 배출되었지만, 오늘날의 비평가들은 한 사람이 옛 시인들의 장점 모두를 능가하기를 요구하고 있다.

시인은 또한 이미 여러 차례 말한 것을 명심해야 한다. 서사시적 구성, 즉 많은 스토리를 가지고 있는 구성을 토대로 비극을 써서는 안 된다는 말이다. 예를 들면, 《일리아스》의 모든 스토리들을 희곡화하려고 해서는 안 된다. 서사시는 규모가 크기 때문에 각 부분이 적당한 길이를 가지고 유지될 수는 있지만, 그 서사시의 스토리를 희곡화할 경우에는 희곡에 맞지 않기 때문에 원하는 성과를 거둘 수 없다. 에우리피데스처럼 트로이의 함락을 따로 다루지 못하고 그 함락부까지 전부 희곡화하거나, 또는 아이스킬로스(고대 그리스의 비극시인)의 모범을 따르지 못하고 니오베의 이야기(보복을 다룬 자극적이고 불쾌한 이야기)를 다룬 시인들이 실패하거나 무대에서 성공을 거두지 못하거나 했다는 사실이 이를 입증해 주고 있다. 아가톤도 바로 이 점에서 실패하지 않았던가. 그러나 그들은 급반전과 단순한 플롯에서만큼은, 그들이 의도하는 효과, 즉 비극적이며 인간적 감정을 충족시켜 주는 효과를 놀라우리만큼 훌륭하게 표현한다. 예를 들어 이러한 효과는, 시시포스(Sisyphos)같이 지혜는 있으나 사악한 자가 사기를 당한다든가, 용기는 있으나 불의한 자가 패배할 때 나타난다. 이러한 일은 개연성의 원칙에 부합한다고 할 수 있다. 아가톤은 "있음직하지 않은 일이 흔히 일어나는 일도 있음직하다"고 말하고 있다.

코러스도 배우의 한 사람으로 간주되지 않으면 안 된다. 코러스는 극 전체의 한 부분이 되어 극에 참가해야 한다. 에우리피데스의 극에서 볼 수 있는 것처럼 코러스가 극중 행동과 관계 없이 참가할 것이 아니라, 소포클레스의 극에서 볼 수 있는 것처럼 극 전체의 한 부분이 되어야 한다. 후기 시인들은 코러스의 노래를 비극의 플롯과 무관하게 취급했기 때문에, 마치 코러스가 다른 비극의 플롯에 속하는 것 같은 인상을 준다. 코러스가 극 중간에 끼어들기 시작한 것은 이 때문이며, 이 관례는 아가톤이 시작했다고 한다. 그러나 관례를 벗어나 이렇게 코러스를 중간에 끼워 넣는 것과, 대사나 삽화를 통째로 한 희곡에서 따서 다른 희곡에 끼워 맞추는 것 사이에 무슨 차이가 있겠는가?

제19장 생각하는 힘

플롯과 성격에 대해서는 이미 설명했으므로, 이제 남은 것은 언어 표현과 사상에 대해 설명하는 일이다. 사상에 대해서는 《수사학》에서 말한 것을 여기서도 그대로 받아들이기로 하자. 왜냐하면 사상에 관한 연구는 시학보다도 수사학의 연구 분야에 속하기 때문이다. 등장인물의 사상은, 그들의 언어로 이루어지는 모든 것, 다시 말해 무엇을 증명하려 하거나, 반박하려 하거나, 연민·공포·분노 등의 감정을 일깨우려 하거나, 과장하려 하거나, 또는 과소평가하려는 그 등장인물들의 노력 중에 나타난다. 그러므로 만일 그들의 행동이 연민이나 공포의 감정을 불러일으킨다거나, 중요하다거나, 개연적(미확정적)이라는 인상을 주기를 바란다면, 그들은 행동에서도 웅변할 때와 똑같은 원칙(어조의 차이를 고려하여 미묘한 표현을 하는 것)을 따르지 않으면 안 된다. 행동과 말의 차이점이 있다면, 그것은 단지 행동의 효과는 명백한 진술 없이 표현되어야 하는데 반하여, 말의 효과는 발언자의 말로 표현되어야 한다는 점이다. 사실 발언자의 말 없이도 사태가 올바로 표현될 수 있다면, 발언자가 무슨 소용이 있겠는가?

언어 표현에 대해 말하자면, 이 분야에 속하는 여러 가지 연구 대상 가운데 하나는 어조, 다시 말해 명령·기도·단순한 진술·위협·질문·답변 등의 차이를 연구하는 일이다. 이러한 사항에 대해 연구하는 것은 웅변술에 속하며, 그 방면의 전문가가 할 일이다. 시인이 이러한 것들을 알든 모르든, 시인으로서의 그의 예술은 그런 웅변적 요소를 모른다고 하여 주목할 만한 비난을 받지는 않는다. 프로타고라스는 호메로스가 "여신이여, 분노를 노래하라"라고 했는데, 어떤 일을 하라고 하거나 하지 말라고 요구하는 것은 명령이라고 보았다. 그래서 호메로스는 요청한다고 생각은 하면서 실은 명령을 하고 있다고 비난하고 있지만, 그렇다고 해서 호메로스의 이러한 표현에 무슨 잘못이 있단 말인가? 따라서 이 문제는 시가 아닌 다른 예술에 속하는 것이므로 생략하기로 하자.

제20장 언어의 요소

언어 표현은 문자와 음절, 접속사와 관사, 명사와 동사, 격과 문장으로 구성된다.

문자는 불가분의 음이다. 그러나 모든 종류의 불가분의 음이 아니라, 그중에서도 의미 있는 음을 구성할 수 있는 특수한 불가분의 음이다. 짐승도 불가분의 음을 내기는 하나, 그중 어느 것도 문자는 아니기 때문이다. 이 불가분의 음은 모음과 반모음과 무성음으로 구분된다. 모음은 혀를 움직이지 않더라도 들을 수 있는 음이고, 반모음은 예컨대 S나 R과 같이 혀를 움직여야만 들을 수 있는 음이다. 무성음은 예컨대 G나 D와 같이 혀를 움직여도 단독으로는 별다른 음을 가지지 않고, 오직 모음을 덧붙일 때에만 정확한 음을 들을 수 있게 되는 음이다. 이 음들을 발음할 때의 입 모양이 어떠한가, 입 안의 어느 부분에서 발음이 되는가, h와 같은 대기음(帶氣音)이 있는가 없는가, 장음인가 단음인가, 높은 음인가 낮은 음인가 또는 중간 음인가에 따라 구별된다. 그러나 이에 관하여 상세히 고찰하는 것은 운율론에서 할 일이다.

음절은, 무성음 하나와 모음 하나로 구성되는 그 자체로서는 의미가 없는 음이다. A가 없는 GR은 음절이 아니지만, A가 있는 GRA는 음절이다.

음절의 이와 같은 여러 가지 차이를 연구하는 것 역시 운율론이 할 일이다.

접속사는, (a) $\mu \acute{e} \nu$, $\delta \eta$, $\tau o \iota$, $\delta \acute{e}$와 같이, 몇 개의 음에서 하나의 의미를 가진 음이 형성될 수 있을 때 그 결합을 방해하지도 않고 돕지도 않는 무의미한 음이다. 그리고 이렇게 형성된 문장이 다른 문장들과 떨어져서 독립된 문장이 되었을 때, 그 문장의 첫머리에 놓는 것이 적당치 않은, 무의미한 음이다. 또 접속사는, (b) $\acute{a} \mu \phi \acute{\iota}$, $\pi \epsilon \rho \acute{\iota}$와 같이, 몇 개의 의미를 가진 음을 하나의 의미를 가진 음으로 결합시킬 수 있는 무의미한 음이다.

접속사는 문의 처음이나 끝, 구분점 등을 표시하는 의미가 없는 음이다. 그리고 보통 문장의 양쪽 가에나 중간에 위치한다.

명사는, 시간 관념을 포함하지 않는 의미 있는 복합음으로서 그 어떤 부분도 단독으로는 의미를 가지지 않는다. 이를테면 우리는 복합명사에서 개개의 부분이 단독적 의미를 가지고 있는 것이라고는 생각하지 않는다. 예컨대 '테오도로스(Theodōros)'란 이름에서 '도로스'는 아무런 의미도 없다.

동사는, 시간의 관념을 포함하는 의미 있는 복합음으로서, 명사의 경우처럼 그 어떤 부분도 단독으로는 의미를 가지지 않고, 시간의 의미만을 가진다. '사람' 또는 '희다'란 말은 시간 관념을 나타내지 않지만, '그는 걷는다' 또는 '그는 걸었다'라는 말은 '걷는다'는 관념에 덧붙여져서, 전자는 현재시간, 후자는 과거시간의 관념을 포함한다.

격(格)은 명사나 동사에서 볼 수 있는데, 어떤 것은 '의'나 '에게'나 그와 비슷한 관계를 표시한다. 어떤 것은 '사람들' 또는 '사람'과 같이 단수나 복수를 표시하고, 어떤 것은 질문, 명령 등과 같은 어조의 차이를 나타낸다. '그는 걸어갔느냐?', '걸어가거라!', '걷는다', 이런 형태들은 각각 동사의 격에 따른 변화형이다.

 문장은 의미를 지닌 복합음인데, 그중의 어떤 것은 단독으로도 어떤 의미를 가진다. 모든 문장이 다 명사와 동사로 구성되는 것은 아니다. 아리스토텔레스가 인간을 "발이 둘인 동물"이라고 정의한 것과 같이, 동사가 없는 문장도 가능하다. 그러나 문장은 언제나 의미 있는 어떤 부분을 가진다. 예컨대 '클레온이 걸어간다'는 문장에서 '클레온'이란 이름은 그런 의미 있는 부분이다. 문장은 두 가지 조건을 충족할 때 통일성이 있다고 할 수 있다. 말하자면 하나의 사물을 의미할 때이든지, 또는 몇 개의 문장이 접속사에 의해 하나로 결합되었을 때이다. 예를 들면 《일리아스》는 접속사에 의한 여러 문장들이 하나의 사물을 의미하므로 통일성 있는 하나의 문장이라고 할 수 있다.

제21장 시어와 은유

 명사에는 두 종류가 있다. 그 중 하나는 단순명사라고 부른다. $γῆ$(땅)와 같이 의미 없는 부분으로 구성되어 있는 명사를 단순명사라고 부른다. 다른 하나는 복합명사인데, 그 중 어떤 것은 의미 있는 부분과 의미 없는 부분으로 이루어져 있고(그러나 일단 복합된 뒤에는 이러한 구별은 없어진다), 어떤 것은 의미가 있는 부분만으로 구성되어 있다. 또한 복합명사는 서너 개, 또는 그보다 더 많은 부분을 가질 수도 있다. 마살리아인들의 명사는 대부분 그런 복합명사인데 '헤르모카이콕산토스(Hermokaikoxanthos)'가 그 한 예다.

 모든 명사는 표준어이거나, 방언, 은유(metaphora), 장식어, 신조어, 연장된 낱말, 단축된 낱말, 혹은 변형어이다. 표준어란 특정한 지방에서 보편적으로 쓰이는 말을 의미하고, 방언이란 다른 지방에서 사용되는 말을 의미한다. 따라서 동일한 말이 방언도 되고 표준어도 될 수 있다. 예를 들면 $σίννος$(槍, spear)은 키프로스인에게는 일상어고, 우리에게는 방언이다.

 은유란 유(類 : 가장 포괄적 의미)에서 종(種 : 유에 종속하는 의미)으로, 혹은 종에서 유로, 종에서 종으로, 혹은 유추에 의하여, 어떤 사물에 대해 다른 사물에 속하는 이름을 전용하는 것이다. 유에서 종으로 전용한 예는 '여기 내 배가 서 있다'는 표현에서 볼 수 있다. '정박한다'는 것은 '서다'라는 말과 같은 종류이다. 종에서 유로 전용한 예는, '오디세우스는 실로 만

(萬) 가지 선행을 하였다'는 표현에서 볼 수 있다. '다수'의 한 가지 종, 즉 '만(萬)'이, 유(類)인 다수 대신 쓰이고 있기 때문이다. 종에서 종으로 전용한 예는, '청동으로 생명을 끊다'라는 표현이 '불멸의 청동으로 베면서'라는 표현으로 전용된 예에서 볼 수 있다. 여기서 '끊다'라는 말은 '벤다'는 의미로, '벤다'는 말은 '끊다'는 의미로 쓰이고 있는데, 이는 둘 다 무엇을 '제거하다'를 의미하기 때문이다.

유추에 의한 전용은 A에 대한 B의 관계가 C에 대한 D의 관계와 같은 때 가능하다. 그럴 때에는 B 대신 D를, 그리고 D 대신 B를 말할 수 있기 때문이다. 때때로 시인은 은유에다 다른 어떤 관련된 것을 첨가하기도 한다. 예컨대 잔(B)과 술의 신 디오니소스(A)의 관계는 방패(D)와 군신 아레스(C)의 관계와 같다. 따라서 잔을 '디오니소스의 방패'(A+D)라고 말하고, 방패를 '아레스의 잔'(C+B)이라고 말할 수 있다. 또는 저녁 때(B)와 하루(A)의 관계는 노년기(D)와 인생(C)의 관계와 같다. 따라서 저녁 때(B)를 '하루의 노년기'(A+D)라고 표현할 수 있을 것이다. 그리고 노년기(D)를 '인생의 저녁' 혹은 '인생의 황혼'(C+B)이라고 말할 수 있다.

유추 관계를 가지고 있는 것들 중에는 특별한 명칭이 없는 것들도 있지만, 이 경우에도 똑같은 방법으로 은유적 표현은 가능하다. 예컨대 씨앗을 뿌리는 것을 '파종한다'고 한다. 그러나 태양이 빛을 퍼뜨리는 행위에 대해서는 특별한 명칭이 없다. 아무런 명칭도 없는 이 행위(B)와 태양(A)의 관계는, 파종하는 행위(D)와 씨앗(C)의 관계와 같다. 그러므로 "태양이 그의 거룩한 불씨를 파종하면서" (A+D)라는 표현이 가능한 것이다. 그런데 이러한 종류의 은유는 다른 방법으로도 사용할 수 있다. 그것은 어떤 사물에 대해 그에 속하는 명칭을 부여함과 동시에, 그 명칭에 고유한 속성의 하나를 부정하는 방법이다. 예를 들면 방패를 '아레스의 잔'이라 하지 않고 '술 없는 잔'이라고 하는 것과 같다.

신조어란 사회에 전혀 알려져 있지 않은, 시인이 만들어 낸 말이다. 예를 들면, 뿔의 의미로 사용된 '$\varepsilon\rho\nu\nu\xi$(어린 가지)'를 발육자라는 말이 대신하고, 사제의 의미를 '$\dot{\alpha}\rho\eta\tau\eta\rho$(기도자)'라는 말이 대신하는 것이 그렇다.

연장된 낱말이란, 본래 단모음이던 것이 장모음으로 되었거나, 혹은 다른 음절이 삽입된 말이다. 예컨대 $\pi\acute{o}\lambda\varepsilon\omega\varsigma$ 대신 $\pi\acute{o}\lambda\eta o\varsigma$라 하거나, $\pi\eta\lambda\varepsilon\acute{\iota}\delta o\upsilon$

대신 $\pi\eta\lambda\eta\iota\dot{a}\delta\epsilon\omega$라고 하는 경우가 그렇다.

단축된 낱말이란, 그 일부분을 상실한 말이다. 예컨대 $\kappa\rho\iota\theta\eta$(보리)와 $\delta\hat{\omega}\mu a$(집)의 단축형인 $\kappa\rho\hat{\iota}$나 $\delta\hat{\omega}$, 또는 '$\mu\hat{\iota}a\ \gamma\iota\nu\epsilon\tau a\iota\ \dot{a}\mu\phi o\tau\epsilon\rho\omega\nu\ \ddot{o}\psi$'에서 $\ddot{o}\psi$가 그렇다.

변형어란, 일부분은 그대로 남아 있고, 일부분은 시인이 운율적으로, 또는 그외의 이유로 조작한 말이다. 예컨대 《일리아스》에 나오는 "$\delta\epsilon\xi\iota\tau\epsilon\rho\grave{o}\nu\ \kappa\alpha\tau\grave{a}\ \mu a\zeta\grave{o}\nu$"(오른쪽 가슴에)에서, $\delta\epsilon\xi\iota\acute{o}\nu$이라고 하는 대신 $\delta\epsilon\xi\grave{o}\nu$이라고 하는 경우가 그렇다.

그러나 모든 명사 자체는 남성이거나 여성, 아니면 중성이다. N(=n)이나 P(=r), Σ(-s), 또는 Σ의 복합음(여기에는 Ψ(=ps)와 Ξ(=ks)의 두 가지가 있다)으로 끝나는 것은 모두 남성명사이다. 그리고 모음 가운데 항상 장음인 H(=ē)와 Ω(=ō)로 끝나는 것, 장음이 될 수 있는 모음 중에서 A로 끝나는 것, 이런 것은 여성명사이다. 따라서 남성명사 어미와 여성명사 어미의 수는 같다. Ψ와 Ξ는 Σ와 동일한 것으로서 하나로 간주되기 때문이다. 무성음이나 단모음으로 끝나는 명사는 없다. I로 끝나는 명사는 $\mu\epsilon\lambda\iota$(꿀), $\kappa\acute{o}\mu\mu\iota$(고무), $\pi\acute{\epsilon}\pi\epsilon\rho\iota$(고추)의 셋뿐이다. Y(=u)로 끝나는 것은 다섯개 뿐이다. 중성명사는, 장음도 될 수 있고 단음도 될 수 있는 모음 또는 N, P, Σ로 끝난다(이렇게 명사의 여러 변형에 따른 성격적, 또는 은유적 시어를 사용한다).

제22장 시적언어 기본원칙

시(詩)의 언어 표현은 또렷하면서도 저속하지 않아야 한다. 일상어로 된 언어 표현은 또렷하기는 하나 새롭지 못하다. 클레오폰(Kleophon)과 스테넬로스(Sthenelos)의 시가 그 예다. 이에 반해, 낯선 말을 쓰는 언어 표현은 고상해보이고 비범하다. 낯선 말이란 방언과 은유와 연장된 낱말, 또는 일상어가 아닌 모든 말을 의미한다. 그러나 전부 이러한 말들로 시를 쓴다면, 수수께끼, 또는 뭐가 뭔지 알아들을 수 없는 말이 되고 말 것이다. 즉 은유로만 되었다면 수수께끼가 될 것이고, 방언으로만 되었다면 뭐가 뭔지 알아들을 수 없는 말이 되고 말 것이다. 수수께끼의 본질은 사물을 말들의 불가능한 결합으로 표현하는 데 있다. 이는 사물의 일상 명칭의 결합으로는 불가능하지만,

은유의 결합으로는 가능하다. 예컨대 "어떤 사람이 다른 사람에게 놋쇠를 용접해 붙이려고 불을 사용하더라"는 표현과 같은 표현이 그렇다. 사실 이 은유적 표현은, 은유로서는 가능한 것이다. 육절 운율로 수수께끼를 지었다고 하는 클레오불리나(Kleobulina)의 것으로 알려져 있다. 방언만 쓰면 알아들을 수 없는 말이 되고 말 것이다. 그래서 이러한 말들을 어느 정도 섞어 쓸 필요가 있다.

왜냐하면 낯선 말, 방언·은유·장식적 표현 및 기타 앞에서 말한 말들은 언어 표현을 평범하거나 저속하지 않게 해주고 일상어는 그 말들을 또렷하게 해줄 것이기 때문이다. 그러나 언어 표현을 또렷하면서도 저속하지 않게 하는 데는 연장과 단축, 변형에 의한 낱말들이 상당한 도움이 된다. 이러한 말들은 일상어와 차이가 있다. 그래서 언어를 관용어와 다르게 만듦으로써 언어를 비범하게 하는 한편, 관용어와 공통점이 있으므로 언어를 또렷하게 한다. 따라서 이러한 어법을 비난하거나, 이러한 어법을 썼다고 조롱하는 것은 옳지 못하다. 예를 들면 에우클레이데스(Eukleides, 유클리드)가 그중 한 사람인데, 그는 말을 마음대로 늘일 수 있다면 시를 짓기가 쉬울 것이라고 말하고, 스스로 이 어법을 사용하여 다음과 같은 풍자시를 지음으로써 이 어법을 조롱거리로 삼았다. 즉 '$Ἐπιχάρην\ εἶδον\ Μαραθῶνάδε\ βαδίξοντα$' 대신 '$οὐχ\ ἄν\ γ'\ ἐράμενος\ τὸν\ ἐκεῖνου\ ἐλλέβορον$'라고 써서 연장하는 것이다. 사실 이러한 수법을 너무 노골적으로 쓰는 것은 우스운 일이다.

중용은 시어를 구성하는 모든 요소에 있어 적용되는 원칙이다. 은유나 방언이나 다른 말이 부적당하게 쓰일 위험도 있고, 단지 웃음을 자아낼 목적으로 쓰일 위험도 있는 것이다. 그러나 이들을 적당하게 쓰면 얼마나 문체를 돋보이게 하는지, 서사시의 한 행을 일상어로 바꾸어 보면 알 수 있다. 방언이나 은유나 그 밖에 다른 말들의 경우에도, 이를 일상어로 바꾸어 보면 나의 말이 옳다는 것을 알 수 있을 것이다. 예컨대 아이스킬로스와 에우리피데스는 똑같이 단장격 시를 썼는데, 전자의 시는 평범한 데 비하여 후자는 단 하나의 단어를 바꿈으로써, 즉 일상어 대신 방언을 씀으로써 시를 아름답게 하고 있다. 아이스킬로스는 그의 작품 《필록테테스(Philoktetes)》에서

$φαγέδαινα\ ἥ\ μου\ σάρκας\ ἐσθίει\ ποδός$

(내 발의 살코기를 먹는 암)

라고 하였는데, 에우리피데스는 단지 $\dot{\epsilon}\sigma\theta\iota\epsilon\iota$(먹는)만을 고쳐 썼다. 즉, $\theta o\iota\nu\hat{a}\tau a\iota$(포식하는)로 고쳤을 뿐인데도 이 문구의 특징적 느낌을 더욱 살리고 있다.

그런데, $\nu\hat{v}\nu\ \delta\hat{\epsilon}\ \mu'\ \dot{\epsilon}\grave{\omega}\nu\ \dot{o}\lambda\acute{\iota}\gamma o s\ \tau\epsilon\ \kappa a\grave{\iota}\ o\mathring{v}\tau\iota\delta a\nu\grave{o}s\ \chi a\grave{\iota}\ a\epsilon\iota\kappa\acute{\eta}s$(그런데 이제 작고 보잘것없고 못난 나를)를 일상어로 바꾸어 $\nu\hat{v}\nu\ \delta\hat{\epsilon}\ \mu'\ \dot{\epsilon}\grave{\omega}\nu\ \mu\iota\kappa\rho\acute{o}s\ \tau\epsilon\ \kappa a\grave{\iota}\ \dot{a}\sigma\theta\epsilon\nu\iota\kappa\grave{o}s\ \kappa a\grave{\iota}\ \dot{a}\epsilon\iota\delta\acute{\eta}s$(그런데 이제 왜소하고 경멸할만하며 추한 나를)로 고쳤다고 생각해 보라.

또는, $\delta\acute{\iota}\phi\rho o\nu\ \dot{a}\epsilon\iota\kappa\acute{\epsilon}\lambda\iota o\nu\ \kappa a\tau a\theta\epsilon\grave{\iota}s\ \dot{o}\lambda\acute{\iota}\gamma\eta\nu\ \tau\epsilon\ \tau\rho\acute{a}\pi\epsilon\varsigma a\nu$(볼품 없는 의자와 작은 탁자를 놓고서)을 $\delta\acute{\iota}\phi\rho o\nu\ \mu o\chi\theta\eta\rho\grave{o}\nu\ \kappa a\tau a\theta\epsilon\grave{\iota}s\ \mu\iota\kappa\rho\grave{a}\nu\ \tau\epsilon\ \tau\rho\acute{a}\pi\epsilon\varsigma a\nu$(소박한 의자와 작은 탁자를 놓고서)로 고쳤다고 생각해 보라.

또는, $\mathring{\eta}\iota\acute{o}\nu\epsilon s\ \beta o\acute{o}\omega\sigma\iota\nu$(바다가 울부짖는다)을 $\mathring{\eta}\iota\acute{o}\nu\epsilon s\ \kappa\rho\acute{a}\varsigma o\upsilon\sigma\iota\nu$(바다가 소리를 지른다)으로 고쳤다고 생각해 보라.

아리프라데스(Ariphrades)도 비극 시인들이 $\dot{a}\pi\grave{o}\ \delta\omega\mu\acute{a}\tau\omega\nu$(집으로부터)이라고 하는 대신 거꾸로, $\delta\omega\mu\acute{a}\tau\omega\nu\ \ddot{a}\pi o$라고 한다고 비웃었다. 또 $\sigma\acute{\epsilon}\theta\epsilon\nu$(너의)이나 $\dot{\epsilon}\gamma\acute{\omega}\ \delta\acute{\epsilon}\ \nu\iota\nu$(그런데 나는 그를)과 같은 말을 사용하고, $\pi\epsilon\rho\grave{\iota}\ A\chi\iota\lambda\lambda\acute{\epsilon}\omega s$라고 하는 대신 거꾸로, $A\chi\iota\lambda\lambda\acute{\epsilon}\omega s\ \pi\acute{\epsilon}\rho\iota$(아킬레우스에 관하여)라고 하는 등, 일상의 대화에서 쓰지 않는 말을 쓴다고 그들을 비웃었다. 이와 같은 모든 표현은 일상어에서는 볼 수 없는 것이므로 언어 표현을 비범해 보이게 하는 것인데, 아리프라데스는 이 점을 이해하지 못했던 것이다.

앞에서 말한 여러 형태를 모두 적절하게 쓰는 것도 중요한 일이지만, 그보다 훨씬 더 중요한 것은 은유를 능숙하게 구사하는 일이다. 이것은 남에게서 배울 수 없는 천재의 표징이다. 왜냐하면 은유를 능숙하게 다룬다는 것은 서로 다른 사물들의 비슷한 점을 빨리 간파할 수 있다는 것을 뜻하기 때문이다.

지금까지 열거한 여러 가지 말 가운데 복합어는 디오니소스 주신 찬가에 가장 알맞고, 방언은 영웅시에 알맞고, 은유는 단장격 시에 알맞다. 영웅시에는 앞에서 말한 여러 가지 말을 모두 쓸 수 있으나, 가능한 한 일상 대화를 모방하려고 하는 단장격 시에는 일상어나 은유, 장식적 표현, 등과 같이 일상 대화에서도 쓸 수 있는 말이 알맞다.

비극, 즉 무대 위의 행동에 의한 모방에 관해서는 이 정도로 충분하다고 해두자.

제23장 서사시 기본원칙

　오직 서술만 하는 시, 즉 무대 위에서의 행동 없이 운문에 의해서만 모방하는 서사시에 대하여 말하자면, 비극과 몇 가지 공통되는 점을 가지고 있음이 뚜렷이 드러난다.
　스토리 구성은 드라마와 같지 않으면 안 된다. 즉, 스토리는 처음과 중간, 그리고 끝을 지닌 하나의 전체적이고 완결된 행위를 다루어야만 한다. 그래야만 작품은 유기적인 통일성을 지닌 생물체처럼 고유한 즐거움을 표현할 수 있다. 그 스토리가 흔히 볼 수 있는 역사와 같은 것이라고 생각해서는 안 되고, 역사는 필연적으로 하나의 행위를 다루지는 않는다고 생각해야 한다. 역사는 한 시기와 그 시기에 있었던 한 사람, 또는 여러 사람에게 일어난 모든 사건을 다루며, 사건들 사이에는 연관성이 없어도 상관없다. 살라미스 해전과, 시켈리아 섬에서의 카르타고 사람들과의 전투는, 함께 일어났지만 같은 결말을 향하지는 않았다. 그와 마찬가지로, 한 사건이 다른 사건에 연이어 일어난 경우에도 그로부터 하나의 결말이 생기지 않는 때가 더러 있다.
　그런데 거의 대부분의 시인들은 이와 같은 식으로 시를 짓고 있다. 그러므로 앞에서도 이미 말했지만, 호메로스는 이 점에서도 다른 시인들보다 뛰어난 것 같다. 그는 트로이 전쟁을 모두 다 취급하려고 하지는 않았던 것이다. 그것은 그 스토리가 너무 방대하여 하나의 통일체로 파악하기가 쉽지 않을 것이라고 생각했기 때문이었든지, 아니면 그 길이를 제한한다 해도 그 속의 사건이 다양해서 너무 복잡할 것이라고 생각했기 때문일 것이다. 그러므로 그는 전쟁에서 한 부분만 취하고, 다른 많은 사건은 에피소드로 이용하고 있다. 예컨대 '선박의 목록'(《일리아스》제2권 후반부는 그리스 장군들이 인솔해 온 선박의 수를 열거하는 것으로 채워져 있다)이나 다른 이야기는 단지 단조로움을 덜기 위하여 이용하고 있다. 그런데 다른 시인들은, 한 사람, 또는 한 시기를 다루면서도 그들이 다루는 행위 하나 속에 여러 부분을 포함시키고 있다. 예를 들면, 《카프리아》와 《작은 일리아스》의 저자들의 경우가 그렇다. 그 결과 《일리아스》나 《오디세이아》에서는 각각 한 편, 또는 많아야 두 편의 비극이 만들어질 수 있는 데 비하여, 《키프리아》에서는 많은 비극이, 그리고 《작은 일리아스》로부터 8편 이상의 비극이 만들어질 수 있는 것이다. 즉 《무기재판》, 《필록테테스》, 《네오프톨레모스》, 《에우리필로스》, 《걸인 오디세우스》, 《라케다이몬의 여인들》, 《일리아스의 함락》, 《출범》,

《시논》 및 《트로이의 여인들》이 그것이다.

제24장 서사시와 비극
서사시의 종류는 비극과 같아야 한다. 단순하든지, 복잡하든지, 성격적이든지, 파토스적(격정, 정념, 충동 등으로 옮겨지는 수동적 상태로서, 일시적이고 지속성이 없는 상태를 가리킨다)이어야 한다. 또한 그 구성도 노래와 시각적 장치를 제외하고는 비극과 같지 않으면 안 된다. 서사시도 급반전과 발견, 파토스를 필요로 하기 때문이다. 그리고 사상과 언어 표현도 나름대로 훌륭해야 한다. 이러한 모든 요소들을 최초로, 그리고 적절하게 사용한 시인이 호메로스다. 그의 두 시는 각각 그 구성이 다른데, 《일리아스》는 단순하고 파토스적(로고스에 대립, 즉, 사고의 척도나 이성에 대립한다)이며, 《오디세이아》는 곳곳에 발견을 사용하여 복잡하고 성격적이다. 뿐만 아니라 이 두 시는 언어 표현과 사상에서도 다른 작품들을 뛰어넘고 있다.

하지만 서사시는 그 길이와 운율에 있어 비극과 다르다. 길이가 어느 정도여야 하는지에 대해서는, 앞에서 말한 것으로 충분할 것이다. 즉, 작품의 처음과 마지막을 하나의 몸통으로 파악할 수 있는 정도라야 한다. 이러한 조건은 작품의 길이가 고대 서사시보다는 짧고, 한 번 관람 분량의 비극만큼 길다면 충족될 수 있다. 서사시는 길이를 늘이는 데 있어 큰 이점을 가지고 있다. 서술형식이므로 동시에 일어나는 많은 사건들을 그릴 수 있다. 반면에, 비극은 오직 무대 앞에서 배우에 의해 연출될 수 있는 부분에만 국한되므로, 여러 부분이 함께 진행되는 사건을 재현할 수 없다. 그리고 서사시는, 이러한 많은 사건들이 주제와 밀접한 관계가 있으면, 시의 분량이 증가된다. 그래서 시의 규모가 웅대해지고, 듣는 자의 기분이 전환되고, 여러 가지 에피소드를 삽입하는 데 도움이 된다. 비극이 무대에서 실패하기 쉬운 것도, 그 사건의 단조로움 때문이다. 곧 관객으로 하여금 싫증을 느끼게 하는 것이다.

운율에 대해 말하자면, 장단격 육절운율인 영웅시 운율이 서사시에 알맞다는 것이 경험에 의하여 알려져 있다. 만약 이와는 다른 한 가지 또는 몇 가지 운율로 서사시를 써 보려고 한다면, 그 어색함이 드러날 것이다. 영웅시 운율은 모든 운율 가운데 가장 안정감 있고 무게 있는 운율이다. 그렇기 때문에 이 운율은 다른 운율보다도 방언과 은유를 자연스럽게 받아들이며, 이 점에서 또한 서사시는 다른 시들과는 다른 예외적인 모방 형식이라고 하겠다. 이에 비해 단장격 운율(iambeion)과 장단격 운율(tetrametron)은 동적인 운율로, 전자는 행동에, 후자는 무용에 알맞다. 만약 카이레몬처럼 여러 가지 운율을 혼용하여 서사시를 쓰려고 한다면, 더욱 부자연스러울 것이다. 지금까지 영웅시 운율이 아닌 다른 운율로 긴 스토리를 구성한 사람이 아무도 없는 것도 바로 이 때문이다. 앞에서도 말했듯이, 자연 그 자체가 시인에게 서사시에 적합한 운율을 선택하도록 가르쳐 주고 있는 것이다.

호메로스는 다른 부분에서도 칭찬받을 만하지만, 많은 시인들 중에서 유독 작품 안에서 시인의 역할이 무엇인지 알고 있었다는 점이 특히 칭찬받을 만하다. 시인이 작품 중에 나타나서 말하는 것은 가능한 한 피해야 하는 것이다. 그렇게 시인이 스스로 말한다면 그는 모방자가 아니다. 보통 시인들은 그렇게 자신이 계속 작품 중에 나타나므로써 모방을 적게 하는 데 비하여, 호메로스는 짧은 머리말을 한 다음 바로 한 남자나 한 여자 혹은 다른 인물을 등장시켰다. 그리고 그 인물들의 성격이 모두 뚜렷하며, 성격적 결함을 보이지 않는다.

비극에서도 놀라운 것은 어느 정도 필요하다. 그러나 서사시에서는 그 놀라움을 낳은, 있음직하지 않은 요소들이 더 많이 허용된다. 서사시에서는 행위자의 요소를 일일이 보여 주지 않아도 되기 때문에 놀라움의 표현이 더욱 용이하다는 것이다. 아킬레우스가, 둘러서 있는 그리스 군인들에게 꼼짝 말고 있으라고 하면서 혼자 헥토르를 추격하는 장면이 무대 앞에서 연출된다면 우스울 것이다. 그러나 서사시에서는 그러한 모순이 눈에 띄지 않는다 (당연히 군사들에게 어떤 신호이든 했을 것으로 간주한다). 아무튼 놀라운 것은 즐거움을 준다. 그 증거로, 모든 사람이 어떤 이야기를 할 때는, 듣는 사람을 즐겁게 한다는 생각에서 부풀려 말한다는 사실을 들 수 있다.

거짓말을 제대로 조작하는 방법을 다른 시인들에게 가르쳐 준 사람이 바로 호메로스였다. 거짓말을 조작한다는 것은 잘못된 추리를 두고 하는 말이다. A가 존재하거나 일어나는 경우에 B가 존재하거나 일어난다면, 사람들은 B가 존재하면 A도 존재하거나 일어난다고 생각한다. 그러나 그것은 잘못된 추리다. 그러므로 A는 거짓이지만, 그래도 A가 존재할 경우에 B가 필연적으로 존재하거나 일어난다면, 거짓말을 조작하기 위해 A에 B를 덧붙이면 될 것이다. 즉 우리는 B가 진리임을 알기 때문에, A도 진리라고 마음속으로 그릇된 추리를 하게 되는 것이다. 이러한 예는 《오디세이아》의 '발 씻는 장면'에서 볼 수 있다. 오랜 유랑 생활을 끝낸 오디세우스는 나그네로 변장하고 아내 페넬로페에게 언젠가 자기 집에 묵은 적이 있다고 거짓말을 한다. 그는 거짓말을 믿게 하려고 옛날 그 당시 자기 모습을 자세히 설명하였다. 그리고 아내는 그의 말이 모두 진실이라고 믿는다.

가능하지만 믿어지지 않는 것보다는 오히려 불가능하지만 믿을 수 있음직한 것을 택하는 것이 좋다. 스토리는 믿을 수 있음직하지 않은 사건으로 구성되어서는 안 되며, 그와 같은 사건은 가능한 한 하나도 포함하지 말아야 한다. 그러나 불가피한 경우에는, 《오이디푸스》에서 주인공이 아버지 라이오스의 죽음 전말을 모르고 있었다는 사실처럼 작품 밖에 놓여져 있어야 한다. 《엘렉트라》에서 피토 경기에 관하여 보고하는 사람들, 또는 《미시아 사람들》에 나오는 사람들처럼 테게아에서 미시아까지 말 한 마디 않고 온 사람들, 이런 인물들이 작품 안에 나타나서는 안 된다. 그러므로 그와 같은 부분이 없었더라면 플롯이 손상되었을 것이라고 말하는 것은 어처구니 없는 일이다. 그와 같은 플롯은 처음부터 구성하지 말아야 한다. 그러나 시인이 그와 같은 플롯을 구성했을 경우, 좀더 합리적으로 할 수도 있었을텐데, 라는 인상을 준다면 그는 예술상의 잘못만 저지른 것이 아니라 불합리도 저지른 셈이다. 《오디세이아》에서 오디세우스가 잠든 채 해변에 버려지는 것과 같은 있음직하지 않은 일은, 만일 옹졸한 시인이 그렸다면 당연히 용납될 수 없는 것이었으리라. 그런데 호메로스는 여러 가지 장점으로 양념을 쳐서 불합리한 점이 눈에 띄지 않게 하고 있다. 언어 표현은 아무런 행동도 없으므로 아무런 성격도 사상도 표현되지 않는 부분에서 매우 필요하다. 그러나 지나치게 화려한 언어 표현은 오히려 성격과 사상을 흐려 놓는다.

제25장 서사시 문제와 해결

여러 문제점과 그 해결에 대하여 말하겠다. 문제점과 그 해결의 종류가 얼마나 되며 또 어떠한 성질의 것인지 다음 방법으로 살펴 보면 뚜렷해질 것이다. 시인은 화가나 다른 조형 작가와 마찬가지로 모방자이므로, 사물을 언제나 그 세 국면 중 한 국면에서 모방하면 될 것이다. 즉, 그는 사물의 과거나 현재 상태를 모방하거나, 다른 이들로부터 들은 사물의 과거나 현재 상태 또는 그렇게 생각되는 상태를 모방하거나, 혹은 사물이 마땅히 처해야 할 상태를 모방하지 않을 수 없다. 시인은 또한 이 모든 것을 언어로 표현할 때, 방언이나 은유나 여러 가지 변화된 형태의 말을 섞어서 쓰면 될 것이다. 왜냐하면 우리는 이러한 말들의 사용을 시인들에게 허용하기 때문이다. 또 한 가지 유의해야 할 것은, 시학과 정치학, 또는 기타 예술 각각에 대하여 똑같은 정당성의 기준이 적용될 수 없다는 점이다. 시학 자체의 테두리 내에서는 두 가지 종류의 잘못이 있을 수 있는데, 하나는 시작법에 직접적으로 관련되는 것이고, 다른 하나는 예기치 않게 우연히 관련되는 것이다. 시인이 사물을 올바로 모방하려 하였으나 능력 부족으로 실패했다면, 그것은 그의 시작법 자체에 기인한 잘못이다. 그러나 시인이, 달리는 말을 그리되 두 오른발을 동시에 앞으로 내딛는 것으로 그리는 것과 같이, 사물을 올바르지 못한 방법으로 그리려 해서 기술상의 잘못, 예컨대 의술이나 기타 기술상의 잘못을 범했거나, 또는 어떤 종류의 것이든 불가능한 것을 그렸다면, 이때 그가 범한 잘못은 시작법(詩作法)에 관련되는 것은 아니다. 이와 같은 사실에서 출발하여 문제점들에 대한 비평을 검토하고 해결하지 않으면 안 된다.

먼저 시작법 자체에 대한 비평에 대해 말하자면, 시인이 불가능한 것을 그렸다면 그는 잘못을 범한 것이다. 그러나 이러한 잘못도, 그것이 시의 목적(시의 목적이 무엇인지는 이미 설명한 바 있다)을 달성하는 데 이바지하거나, 또는 그것이 속한 부분이나 다른 부분을 보다 놀라운 것으로 만든다면, 그러한 잘못은 정당화될 수 있다. 그러나 헥토르의 추격을 그 한 예로 들어, 이러한 불가능한 것을 기술적으로 시의 목적에 맞게, 또는 더 훌륭하게 정당화할 수 있다고 한다면, 그 잘못이 정당화되더라도 정당하다고 할 수 없다. 왜냐하면 가능한 한 모든 점에서 잘못을 범하지 말아야 하는 것이 원칙이기 때문이다. 그래서 우리는 또한 잘못이 어떠한 종류의 것인지, 즉 시작법에 직접 관련되는 사항에 관한 것인지 또는 예기치 않게 우연히 관련되는 사항에 관한 것인지를 물어야 한다. 그 이유는, 암사슴에 뿔이 없다는 사실을 모르는 것은, 차라리 알아볼 수 없는 그림을 그리는 것보다는 작은 잘못이기 때문이다.

다음, 시인이 그린 것이 사실과 다르다는 비판을 받는다면, 시인은 사물의 이상 상태를 그려야 하기 때문에 그렇게 그렸다고 답변할 수 있다. 소포클레스가 자기는 이상적인 인간을 그린다고 하고, 에우리피데스는 있는 그대로의 인간을 그린다고 말한 예를 들 것이다. 그러나 시인이 그린 것이 위의 두 가지에 속하지 않는 경우도 사람들의 견해와 일치한다고 답변할 수 있다. 예컨대 여러 신들에 관한 전설이 그것인데 크세노파네스가 생각하고 있는 것처럼 부도덕한 것이며, 또한 사실도 아니고 이상을 말하는 것도 아닐 수 있으나, 아무튼 사람들은 그런 전설을 말하고 있는 것이다. 또한 시인은 그것이 이상적이기 때문이 아니라 과거에 실제로 그랬었기 때문에 그린 것이라고 답변할 수 있다. 예컨대 "그들의 창은 창날을 위로 하고 꼿꼿이 서 있었다"(《일리아스》 제10권)고 하는 무기에 관한 묘사가 그렇다. 창을 이렇게 세워 놓는 것은, 오늘날 일리리아 사람들에게서도 볼 수 있는 것이지만, 그렇게 세워 놓는 것이 그 당시의 관습이었기 때문이다.

등장 인물들의 언어나 행동이 도덕적으로 옳은가 옳지 않은가를 판단하려면, 행동이나 언어만 보고 그것이 고상한 것인지 또는 저속한 것인지 검토할 것이 아니다. 행동하는 자나 말하는 자, 그 상대자, 때, 수단, 동기, 예컨대 더 큰 이익을 얻기 위해서인가 아니면 더 큰 손해를 피하기 위해서인가를 살펴 보아야 한다.

시인이 그린 것에 대한 다른 비판들에는 아래와 같은 것들이 있다. 거기에 대해서는 시인이 사용하는 언어를 고찰함으로써 답변할 수 있다. (1)예컨대 "$ο\nu\rho\hat{\eta}ας\ \mu\grave{\epsilon}\nu\ \pi\rho\hat{\omega}τον$"(그는 화살로 먼저 노새들을 공격했다)과 같은 의심스러운 구절에서는, 방언을 사용한 것으로 가정하면 답변이 가능하다. 여기서 '$ου\rho\hat{\eta}ας$'는 노새를 의미한 것이 아니라, 파수병을 의미한 것으로 생각되기 때문이다. 또 돌론에 관하여 "$\grave{ο}ς\ \rho\ \hat{\eta}\ τοι\ ε\grave{\iota}δος\ \mu\grave{\epsilon}\nu\ \check{ε}\eta\nu\ κακ\acute{ο}ς$" (안 좋은 꼴을 했지만 잘 달리는 사람)이라는 말을 하는데, 이 말은 돌론의 신체가 불구임을 의미하는 것이 아니라 그의 얼굴이 못생겼음을 의미하는 것으로 생각된다. 왜냐하면 크레테 사람들은 얼굴이 잘생긴 것을 '$ε\grave{υ}\ ε\grave{\iota}δ\grave{η}ς$ (모양좋은)'라고 하기 때문이다. 또 "$ζωρ\acute{ο}τερον\ δ\grave{ε}\ κεραιε$"(술을 세게 타라)라는 말은 술꾼에게 권하기 위한 것처럼 '술에는 물을 적게 타라'는 의미가 아니라, '더 빨리 타라'는 의미일 것이다. (2)다른 표현들은 은유적인 것으로 해석할 수 있다. 예컨대 호메로스는 "모든 신들과 인간들은 밤새도록 잠을 잤다"고 말하고, 이어서 "그가 트로야 들판을 바라보았을 때 피리

소리가 들렸다"라고 말하고 있는데, 이 두 구절을 비교해 보면, '모든'이란 말은 '많은'이란 말 대신 은유적으로 쓰이고 있다. 왜냐하면 '모든 것'은 '많은 것'의 일종으로 여기기 때문이다. 마찬가지로 "이 별만이 홀로 여기에 참여하지 않는다"는 표현도 은유적이다. '가장 잘 알려진 것'은 '유일한 것'의 일종이기 때문이다. (3)기타 어려운 점은 악센트나 대기음의 위치를 바꿈으로써 해결할 수 있다. 타소스의 히피아스가 "$δίδομεν\ δέ\ οἱ$"라는 구절과 "$τὸ\ μὲν\ οὐ\ καταπύθεται\ ὄμβρῳ$"라는 구절의 문제를 해결한 것이 그 한 예다. (4)다른 문제는 구두점으로 해결할 수 있다. 엠페도클레스의 "$αἶψα\ δὲ\ θνῆτ᾽\ ἐφύοντο,\ τὰ\ πρὶν\ μάθον\ ἀθάνατα\ ζωρά\ τε\ πρὶν\ κέκρητο$"(갑자기 영원불멸의 법을 알던 것들은 죽을 것이, 과거에 순수하던 것들은 혼합적인 것이 되었다)라는 구절이 그 한 예다. 여기서는 구두점을 어디에 찍느냐에 따라 의미가 달라진다. (5)혹은 다의성으로 해결할 수 있다. 이 다의성의 예는, "$παρώκηχεν\ δὲ\ πλέω\ νύξ$"(어두운 밤이 삼분의 이 이상이 지나갔다)라는 구절이다. 여기서 '$πλέω$'(이상)는 다의적이기 때문이다. (6)혹은 언어의 관습으로 해결할 수 있다. 이를테면 우리는 물을 탄 술도 술이라 한다. 호메로스가 "새로 정련해서 만든 주석 다리 갑옷"이라고 한 것도 같은 이유에서이다. 또 쇠를 세공하는 사람을 '구리장인'이라 해도 통한다. 신들은 술을 마시지 않음에도 불구하고, 가니메데스가 제우스 신의 '술 따르는 시종'이라고 불리는 것도 같은 이유에서다. 이것은 은유로 볼 수도 있다.

어떤 말이 모순을 내포하고 있는 것같이 생각될 때, 그 문제의 구절 속에서 얼마나 많은 의미를 가질 수 있는지 깊이 생각해 볼 필요가 있다. 예컨대 "그곳에서 청동 창이 멈추어졌다"는 구절이 있다면, '그곳에서 멈추어졌다'는 말의 모든 가능한 의미를 깊이 생각해야 한다. 어떤 의미로서 취해야, 글라우콘이 말하는 잘못을 가장 잘 피할 수 있는지 깊이 생각하지 않으면 안 된다. 그는 이렇게 말하고 있다. "그들은 어떤 사실에 대한 부당한 가정에서 출발한다. 그리고 제멋대로 그렇게 정한 다음 거기에서 추론을 한다. 그리고 시인이 한 말의 진의와 자기네들이 해석하는 바가 언제나 같아야 하기라도 하는 양, 시인의 진술이 자기네들의 견해와 서로 다르면 시인을 비난한다." 이카리오스의 경우가 그 한 예이다. 비평가들은 이카리오스가 라케다이몬 사람이라고 단정하고, 텔레마코스가 그 라케다이몬에 갔을 때 그 이카리오스를 만나지 않은 것이 이상하다고 생각한다. 그러나 사실 케팔레니아 사람들의 말처럼 오디세우스의 아내는 케팔레니아 출신이고, 그녀의 아버지 이름은 이카리오스(Ikarios)가 아닌 이카디오스(Ikadios)인 것으로 생각된다. 따라서 이 문제는 비평가들의 잘못으로 제기된 것이라 보아야 할 것이다(시인의 진술이 모호할 때 비평가들의 말이 잘못된 추리에 의한 잘못된 주장이 될 수도 있다).

일반적으로 말해서, (1)불가능한 것이라 하더라도 그것이 시의 목적에 이바지하거나, 실제보다 더 훌륭하거나, 혹은 사람들의 통념일 경우에는 정당화될 수 있다. 시의 목적을 달성하기 위해서는 믿어지지 않는 가능한 일보다는 믿어지는 불가능한 일을 택해야 한다. 그리고 제욱시스가 그린 것과 같은 인간들이 실제로 존재하는 것은 불가능할지 모르지만, 역시 그와 같은 인간들을 그리는 것이 더 좋고 믿음직하다. 왜냐하면 예술가는 모델보다 더 나은 것을 그리지 않으면 안 되기 때문이다. (2)불합리한 것에 대해서는, 그것은 사람들의 통념이라고 말하거나 불합리한 것도 때로는 불합리하지 않을 때가 있다고 답변함으로써 정당화할 수 있다. 왜냐하면 있음직하지 않은 일이 일어나는 것도 가능하기 때문이다. (3)시인의 언어 중에서 발견된 모순점을 검토할 때, 우리는 토론에서 상대방의 주장을 검토하듯이 해야 한다. 즉 시인이 한 말, 또는 건전한 판단력을 가진 사람의 견해에 대해 모순을 범하고 있다고 인정하기에 앞서, 그가 과연 동일한 사물을 동일한 관계에서 동일한 의미로 말하고 있는지 검토해 보아야 된다. 그러나 《메데이아》에서 아이게우스의 불합리한 등장이나, 《오레스테스》에서 메넬라오스의 비열한 성격과 같이, 불합리한 플롯이나 비열한 성격이 아무 의미도 없이 도입되었을 경우에는 변명할 여지가 없다.

따라서 비평가들의 비난은 결국 다섯 가지 의미에 원인을 둔다. 그들의 주장은 언제나 같다. 즉, 어떤 것이 (1)불가능하거나, (2)불합리하거나, (3)해롭거나, (4)모순을 내포하고 있거나, (5)기술상의 잘못을 범하고 있다고 주장하는 것이다. 이러한 비난에 대한 해결은, 앞서 서술한 열 두 가지 항목에서 찾지 않으면 안 된다.

제26장 서사시와 비극의 비교

우리는 서사시적 모방, 비극적 모방에서 어느 것이 더 우수한가 하는 문제를 제기할 수 있을 것이다. 만일 덜 저속한 모방이 더 우수한 모방이고 더 훌륭한 관객을 상대로 하는 모방이 항상 덜 저속한 모방이라면, 아무나 가리지 않고 하는 모방이 저속한 모방임은 명백한 사실이다. 배우들은 자신이 무엇이라도 과장하지 않으면 관객들이 이해하지 못할 것이라 믿고 별별 동작을 다한다. 예컨대 졸렬한 피리 연주자들은, 원반 던지기를 모방할 때는 몸을 빙글빙글 돌리고, 스킬라가 작품의 주제일 때는 코러스의 지휘자를 잡아당기기까지 한다. 비극이 바로 이러한 종류에 속하는 예술이다. 즉, 옛날 배우들은 그런 과장된 표현을 요즘 배우들의 결함이라고 말한다. 이를테면 민니스코스(Mynniskos)는 칼립피데스(Kallippides)의 연기가 지나치다 하여 그를 '원숭이'라고 불렀고, 핀다로스도 역시 같은 평을 들었다. 서사시와 비극의 관계는 옛날 배우들(서사시 편)과 요즘 배우들(비극 편)의 관계와 같다. 따라서 서사시는 제스처를 필요로 하지 않는 교양 있는 관객을 상대로 하고, 비극은 교양 없는 관객을 상대로 한다는 것이다. 만일 비극이 이처럼 저속한 예술이라면 비극은 서사시보다 열등한 예술임이 분명하다.

이러한 견해에 대해서는 두 가지 답변이 가능하다. 첫째, (1)이러한 비난은 비극 시인의 시작법에 관련된 것이 아니고, 배우의 연기에 관련된 것이다. 왜냐하면 지나친 제스처로 인한 저속성과 그에 대한 비난은, 소시스트라토스의 서사시 낭송에서 그 예를 볼 수 있듯이 서사시의 낭송(낭송자의 연기)에서도 가능하기 때문이고, 오푸스의 므나시테오스의 서사시 낭송에서 그 예를 볼 수 있듯이 노래 경기(가수의 연기)에서도 가능하기 때문이다. (2)우리는 모든 동작을 거부해야 하는 것은 아니다. 그렇다면 무용까지도 거부해야 하게 될 것이다. 단지 교양 없는 사람들의 동작(과장된 연기)만을 거부해야 한다. 바로 이 점이 과거 칼립피데스, 그리고 오늘날 다른 배우들이 비난받고 있는 점인데, 말하자면 그들이 모방하고 있는 여인들이 숙녀답지 않다는 것이다. (3)비극 역시, 서사시와 마찬가지로 동작 없이도 그 효과를 표현할 수 있다. 작품을 단지 읽기만 해도, 그것이 어떠한 성질의 것인지 알 수 있기 때문이다. 따라서 비극이 다른 모든 점에서 뛰어나게 우수하다면, 동작을 반드시 첨가해야 할 필요가 없어진다.

둘째, (1)비극은 서사시가 가지고 있는 요소들을 모두 가지고 있다. 그뿐 아니라 서사시의 운율까지도 쓸 수 있으며, 그 밖에 중요한 부분으로서 음악과 시각적 장면도 가지고 있다. 그리고 음악은 희곡의 즐거움을 가장 생생하게 표현한다. (2)비극은, 우리가 그것을 읽을 때, 또는 무대에서 연출되고 있는 것을 관람할 때, 늘 그 비극을 생생하게 느끼게 된다. (3)비극적 모방은 더 짧은 시간에 그 목적을 달성한다. 집약된 효과일수록, 많은 시간에 걸쳐 분산된 효과보다 더 큰 즐거움을 준다. 예컨대 소포클레스의 《오이디푸스》를 《일리아스》와 같은 정도의 행수로 늘렸을 때의 효과를 생각해 보라. (4)서사 시인들의 모방은(끊임없이 가능한 에피소드들의 연장 때문에) 늘려지는 까닭에 통일성이 적다. 그 증거로서, 그들의 어떤 작품에서도 여러 개의 비극이 만들어질 수 있다는 사실을 들 수 있다. 그러므로 그들이 취급하는 것이 단 하나의 스토리일 경우, 간단하게 표현되면 꼬리가 잘린 것 같은 인상을 줄 것이고, 서사시가 흔히 지니는 길이로 표현되면 물을 많이 탄 술과 같은 인상을 줄 것이다. 서사시가 통일성이 적은 것은 많은 행위들로 구성되어 있기 때문이다. 예컨대 《일리아스》와 《오디세이아》는 그런 부분을 많이 가지고 있으나, 각 행위들의 부분은 자기 나름대로 일정한 크기를 가지고, 가능한 한 가장 완전한 구성을 이루며 가능한 한 하나의 행위를 모방하므로, 비극이 시적 효과를 표현하는 것이나 앞의 모든 점에서(왜냐하면 비극과 서사시는 단순한 보통 즐거움이 아니라, 앞에서 언급한 것처럼 특별한 즐거움을 표현하지 않으면 안 되기 때문이다) 더 뛰어나기만 하다면, 그런 비극은 시의 목적을 더 훌륭하게 달성하므로 서사시보다 더 우수한 형식의 예술임이 분명하다.

이제 우리는 일반적인 본질에서만이 아니라 특정한 부분에 있어서의 비극과 서사시에 대한 견해, 그 구성 요소의 수와 차이점, 그 성공과 실패의 몇 가지 원인, 이 두 형식에 가해질 수 있는 비판들, 이 비판들에 대처할 수 있는 방법들, 이런 모든 것에 대한 견해를 모두 밝혔다. 비평가들의 비난과 그에 대한 해결, 등에 대해서는 이만 맺기로 하자.

아리스토텔레스의 생애·사상·저작

아리스토텔레스의 생애·사상·저작

플라톤 아카데메이아

아리스토텔레스(Aristotelēs)는 그리스의 대철학자이자 과학자로서 플라톤과 함께 고대 서양철학의 근간을 이루는 대표적 인물로 꼽힌다. 그는 여러 영역의 주제를 탐구하여 방대한 저서를 남겼으며, 그의 연구는 서양 지성사의 방향과 내용에 큰 영향을 끼쳤다. 아리스토텔레스는 BC 384년 무렵—소크라테스가 죽은 지 15년 뒤이다—칼키디케 반도의 북동쪽, 마케도니아에 인접한 작은 도시 스타게이로스(나중에 스타게이라로 불렸으며, 라틴명은 스타기라)에서 태어났다. 그가 뒤에 '그 스타게이라인(ho Stageireitēs, (영) the Stgirite)'이라고 불렸던 것은 그의 출생지 때문이다.

스타게이로스는 이오니아인 식민도시로, 그 시민들의 학문과 생활은 이오니아 문화권에 속해 있었다. 따라서 이들에게는 데모크리토스나 히포크라테스로 대표되는 이오니아 자연학도 알려져 있었을 것이다. 그러나 아리스토텔레스가 태어났을 때 그곳은 정치적, 군사적으로 마케도니아 세력 아래에 있었던 것으로 여겨진다. 그의 아버지 니코마코스는 그즈음 마케도니아의 왕 아민타스(필리포스 왕의 아버지)의 친구이자 주치의였다. 따라서 아리스토텔레스는 유년 시절 어느 시기를 마케도니아 수도 펠라의 궁궐에서 보냈다. 그는 의사 집안의 관습대로 어렸을 때부터 아버지를 도우며 곁에서 일을 배웠을 것이다. 그가 뒷날에 보여준 뛰어난 생물학적인 지식과 이해는 이와 같이 그가 이오니아 자연학으로 계몽된 고을에서 의사 집안 아들로 자란 사실과 무관하지 않다. 또한 그에게서 나타나는 배타적인 그리스 민족 우월주의의 경향도, 그가 어린 시절을 반(半) 미개적인 마케도니아 민족 사이에서 지냈던 점에서 그 싹을 찾을 수 있을 것이다. 아리스토텔레스는 일찍 부모를 여의고, 친척의 도움을 받아 열일곱 살 무렵(BC 367년쯤) 고등교육을 받기 위하여 아테네시로 가게 되었다.

펠로폰네소스전쟁 이래 약 반세기 동안 전쟁이 계속되면서, 그리스 도시국가체제는 전반적으로 붕괴의 위기에 부딪쳐 있었다. 그러나 아테네는 여전히 전 그리스의 정치, 경제, 문화적 중심도시로서의 면모를 잃지 않았다. 그즈음 아테네에서는 웅변에 능한 정치평론가 이소크라테스와, 철인 국가의 이상을 주장하는 철학자 플라톤이 세운 학교가 그리스 최고 학부로서 나라 안팎의 인재를 모으면서 번창하고 있었다. 이오니아인 시골 마을에서 올라온 청년 아리스토텔레스는 플라톤의 학교 아카데메이아(Akadēmeia)에 입학하였다. 그런데 이것이 결국 그의 운명을(따라서 어떤 의미에서는 서양사상사의 동향을) 결정하게 되었다. 그는 입학한 뒤 플라톤이 죽을 때까지 20년 동안, 이 아카데메이아의 멤버로서 플라톤의 가르침을 받으며 연구와 저작 활동을 하였다. 이 재학 중의 저작은 아쉽게도 오늘날 남아 있지 않다. 그러나 얼마 남지 않은 단편이나 그밖의 기록으로 미루어 보면, 이 20년에 걸친 아카데메이아에서의 활동은 아리스토텔레스가 지닌 반(反)플라톤주의적인 소질에도 불구하고, 그의 사상이나 학문에 지울 수 없는 깊은 플라톤주의의 낙인을 새긴 것 같다.

  아리스토텔레스가 입학할 당시 이미 예순 살이었던 플라톤은 그의 두 번째 시칠리아 여행 중이어서 학교에 없었다. 그는 아마도 노인 플라톤이 보인 정치적 열의를―플라톤 노인―이해하지 못했을 것이다. 이미 마케도니아에 의해서 반(半) 속령화되었던 이오니아 식민지에서 자란 이 학구적 청년에게는, 아테네와 같은 큰 도시국가의 시민과는 달리 정치적 대망이 없었을 것이기 때문이다. 그에게는 정계 진출보다는 아카데메이아의 도서관 서고가 훨씬 더 매력적이었을 것이다. 학교 '제1의 독서가'라고 일컬어지던 그는 이 서고에서 플라톤 장년기의 여러 걸작들을 탐독했다. 이 책들은 이오니아 자연학만을 접했던 지성에게는 전혀 알려지지 않았던 새로운 세계, 즉 초감각적 이데아의 세계로 이 독서가를 이끌었다. 아리스토텔레스는 경탄하며 이 세계에 눈을 떴고, 결과적으로 본디 정치적 실천 등에는 흥미가 없었던 그는 스승 플라톤 이상으로 이론적, 관조주의적인 형이상학 학자가 되었다.

  학교 제1의 독서가로, 또 학교의 심장으로 일컬어지는 학자로서 아리스토텔레스는 학장 플라톤의 엄격하고 적절한 지도를 받았다. 그는 단순한 아카데메이아의 학생에서, 점차 학장을 도와 변론술이나 논리학 등을 강의하는 조교 역할도 담당했다. 그가 생물학 방면의 연구에 뜻을 둔 것도 재학 중의 일로, 아마도 학장 플라톤이 그의 재능을 발견하고 장려, 지도했기 때문이었을 것이다. 물론 20년에 걸쳐 같은 학내에서 공동생활을 하는 동안 그와 학장, 또는 학우 사이에 격렬한 언쟁과 논쟁도 있었을 것이다. 특히 아리스토텔레스는 독자적인 사상을 형성해 가고 있었으며, 이에 따라 그때 학교 안에 퍼졌던 이데아 학설의 수학화(數學化), 신비화 경향에 대해 뭔가 불만스러운 점을 느꼈을 것이다. 아무튼 20년 동안 아리스토텔레스는 스승 플라톤에 대한 경애의 마음을 잃지 않고, 충실한 그의 학도로서 이 아카데메이아에서 연구생활을 계속하였다.

아리스토텔레스(BC 384~BC 322)

BC 347년 무렵, 플라톤은 여든여 살로 세상을 떠났다. 조카인 스페우시포스가 그의 뒤를 이어 아카데메이아의 제2대 학장이 되었다. 그러자 아리스토텔레스는 플라톤이 없는 아카데메이아에서 머무를 수 없었다. 그는 학우인 크세노크라테스나 테오프라스토스 등과 함께 소아시아의 아소스로 갔다. 에게해의 아시아 쪽에서는 그리스 용병 출신으로 페르시아 군주들의 부하로 있던 헤르메이아스가, 소아시아 북서부에 있는 아타르네우스와 아소스 지방의 재정적, 정치적 지배권을 장악하고 있었다. 그런데 헤르메이아스는 아테네의 아카데메이아를 방문한 뒤, 그리스의 규범과 철학을 아시아 지방에 전파하기 위해 그 분원을 세우기로 결심했다. 그는 플라톤의 제자 2명을 보내달라고 요청했다. 사실 이 아소스의 군주는 플라톤의 제자였다. 아리스토텔레스는 그의 초청에 응하여 그곳으로 갔다. 그리하여 그 소아시아 북부지방의 새로운 도시에는 그들을 중심으로 하여 아카데메이아의 분교 또는 분파라 할 수 있는 연구소가 세워졌다. 여기에서 아리스토텔레스는 약 3년 동안 연구와 강의와 저술에 몰두하였다. 이 시기에 아리스토텔레스는 《정치학 Politica》 제7권의 12개 장을 쓴 듯하다. 이 글에서 그는 철학과 정치학의 관계를 설명하면서, 도시국가(폴리스)의 최고 목적은 철학적 생활을 할 수 있는 사람들에게 그러한 조건을 마련해 주는 것이라고 했다. 그리고 이러한 생활을 할 수 있는 사람은 그리스인뿐이며, 따라서 그리스인은 다른 국가 사람들을 노예로 삼아 천하고 속된 일을 시킬 자격이 있다고 주장하였다. 이 시기에 지금은 남아 있지 않은 《왕권에 관하여》를 썼는데, 그는 이 책에서 플라톤과 달리 철학자와 왕의 기능을 분명하게 나누었다. "왕이 철학자가 되는 일은 불필요할 뿐 아니라 유익하지도 않다. 오히려 왕은 참된 철학자들의 충언을 들어야 한다. 그래야 왕은 자기 왕국을 좋은 말이 아니라 좋은 행동으로 가득 채울 수 있다."

이 무렵에는 오늘날 우리가 보는 그의 자연학이나 논리학에 관한 여러 강의가 이미 어느 정도 체계를 갖추고 있었을 것으로 여겨진다. 또 아리스토텔레스는 이곳에 머무는 동안 군주 헤르메이아스의 조카딸인 피티아스와 결혼을 하였다. 그러나 이 아내는 몇 년 뒤 딸을 낳고 세상을 떠난다. 그 뒤 그는 헤르필리스라는 여인과 함께 살았다. 이 여인 사이에 둔 아들이 바로 '니코마코스 윤리학'을 편집한 니코마코스이다.

아리스토텔레스가 아소스에 머문지 3년이 되었을 때, 헤르메이아스는 페르시아 암살자의 손에 뜻하지 않은 죽음을 맞았다. 이에 그는 학우 테오프라스토스의 고향인 레스보스 섬의 미틸레네로 갔다. 그의 생물학 관련 저서 중에는, 그가 이곳 바닷가에서 특히 생물학의 연구에 열중했음을 암시하는 내용이 있다.

아리스토텔레스는 생물학을 연구하면서 새로운 유형의 인과관계, 즉 목적론적 인과관계에 주목했다. 이에 따르면, 식물과 동물 등 자연의 생명체는 자연적 목표 또는 목적을 가지고 있으며, 생명체의 구조와 성장은 이 목적을 알아야 충분히 설명할 수 있는 것이다. 아리스토텔레스의 생물학에서는 일반적으로 관찰과 이론이 모두 중요하지만 적어도 원칙적으로는 이론이 항상 관찰에 종속된다. 그래서 아리스토텔레스는 《동물의 발생에 관하여》에서, 벌의 발생 양식에 대해 잘 모른다고 고백하면서 다음과 같이 말했다.

"사실이 충분히 밝혀지면 신뢰를 받아야 하는 것은 이론보다는 관찰이며, 이론은 관찰 사실에 의해 확증되어야만 신뢰를 얻을 수 있다."

아리스토텔레스는 동·식물의 생활을 연구하면서 영혼과 육체의 관계도 고찰했다. 그는 《영혼에 관하여 De anima》에서, 영혼이 독립적으로 존재하는 실체이며 일시적으로만 육체 속에 살 뿐이라는 플라톤의 견해를 배척했다. 그 대신 물질적 존재의 긍정적 가치를 더 강조하면서,

플라톤(왼쪽)과 아리스토텔레스, 철학의 두 세계

영혼은 육체와 본질적으로 통일되어 있는 생명의 원리라고 주장했다. 그리고 플라톤을 어느 정도 수용하여 영혼을 육체의 형상, 육체를 영혼의 질료라고 정의했다.

알렉산드로스의 가정교사

그 뒤 아리스토텔레스는 마케도니아 왕 필리포스의 초청을 받아, 그때 13세였던 왕자 알렉산드로스(뒷날 알렉산드로스 대왕)의 가정교사로 부임하였다. 그도 궁정생활을 해보았으므로, 그보다 나이가 두 살 아래인 필리포스는 어쩌면 어린 시절의 친구였을지도 모른다. 아무튼 그는 이 마케도니아 왕의 궁궐에서, 적어도 왕의 외국 원정으로 왕자가 국내를 지키는 섭정의 자리에 앉은 BC 340년까지 왕자의 교육을 담당하였다.

필리포스는 아리스토텔레스에게 아들을 훌륭한 군사 지도자로 키워 달라고 부탁했다. 그러나 아리스토텔레스는 알렉산드로스를 철학으로 계몽된 고

전적 용기를 상징하는 인물로 만들려고 노력했다. 또한 그는 그리스인의 우수함에 대한 굳은 믿음을 가지고, 알렉산드로스에게 그리스 이외의 미개인을 정복하고 그들과 피를 섞지 말라고 가르쳤다. 이 충고에도 불구하고 알렉산드로스는 그리스인과 비그리스인의 결혼을 허용했으며, 페르시아 귀족 가문 출신의 아내를 맞는다.

사실 알렉산드로스 대왕이 뒷날 동방원정의 길에서 호메로스의 시를 애송하고 그 사적을 방문하며 보여 준 그리스 문화에 대한 애착심은, 그의 가정교사인 아리스토텔레스의 감화에 의한 것이라고 해도 좋을 것이다. 그러나 그가 품었던 세계 통일 야망에 이 철학자가 큰 영향을 미쳤다고 보기는 어렵다. 아리스토텔레스는 그에게 이상적인 그리스적 교양과 정치술을 가르치고, 바람직한 왕자의 길을 일러주었을 것이다. 아리스토텔레스는 그 무렵 이 왕자를 위해 〈군주정치에 대해서〉 또는 〈식민에 관해서〉와 같은 논문을 썼다고 하는데, 이것들은 오늘날 전해지지 않는다. 또 그가 그리스 여러 도시국가 제도에 관한 자료 수집(그 결과 일부분인 '아테네인의 국가제도'만은 19세기 끝무렵에 발견되었다)에 착수한 것도 이 무렵인 것으로 추측된다. 그러나 뒷날 그의 대작 《정치학》에서도 분명히 드러나는 것처럼, 플라톤보다도 더 좁은 아리스토텔레스의 정치관에는 그즈음 붕괴 위기에 처해 있던 그리스의 도시국가적 정체밖에 보이지 않았다. 이런 점으로 미루어 보면, 이 젊은 제자가 이윽고 이 작은 도시국가를 짓밟고 건설하게 될 세계 제국과 같은 것은 그의 안중에는 전혀 없었을 것이다. 아리스토텔레스는 필리포스 왕을 설득해서 그의 아시아 정복을 단념하게 하려 했으나 알렉산드로스는 아시아 정복에 나섰다. 또 그리스 민족의 우월성을 강조하였으나 이 제자는 그리스 민족과 이민족 간의 융화, 동서문화의 결합을 이룩하였다. 이렇게 보면, 이 두 사람은 결코 서로 마음을 터놓고 지낸 사이는 아니었던 것 같다. 나중에 왕자가 그리스 원정 중인 부왕(父王) 대신에 본국의 정치를 맡게 되자, 아리스토텔레스는 고향 스타게이로스로 추측되는 외딴 곳에서 연구를 계속했다. 그러는 동안에, BC 338년 카이로네이아의 일전(一戰)으로 그리스 연합군이 마케도니아 군에 패배하여 전 그리스는 그 정치적 독립과 자유를 잃었다.

페르시아 원정을 준비 중이던 필리포스 왕은 BC 336년에 암살되고, 20세인 왕자 알렉산드로스가 그 뒤를 이어 마케도니아의 왕위에 올랐다. 그는 곧 본국과 그리스 본토를 평정한 뒤, 그의 대군을 동쪽으로 진군시켰다. 알렉산드로스는 아테네시와 그 밖의 그리스 여러 도시의 통치를 마케도니아의 총독 안티파트로스에게 위임했다.

리케이온의 소요학파

아리스토텔레스는 BC 335년 왕자 교육의 임무에서 물러나 다시 아테네로 돌아왔다. 아테네는 12년 전과는 달리, 표면상으로는 여전히 시민의 자치와 자유의 도시였으나 실질적

초기 이슬람이 묘사한 아리스토텔레스(왼쪽)와 알렉산드로스 대왕

으로는 마케도니아 총독이 지배하는 '점령지'였다. 아리스토텔레스도 예전과 같은 아카데메이아의 일원은 아니었다. 이미 BC 339년에 스페우시포스는 죽고, 이전의 학우 크세노크라테스가 제3대 학장이 되어 있었다. 그러나 아카데메이아의 수학적, 사변적(思辨的)인 학풍은 이제 아리스토텔레스의 이른바 생물학적, 실증주의적인 학풍과는 전혀 어울릴 수 없는 것이었다. 이미 쉰 살에 가까운 그는 옛날의 플라톤 학도가 아니었다.

그래서 그는 아테네 서쪽 외딴 교외로 가서, 아폴론 리케이오스에 바쳐진 성역이 있는 숲 속에 자신의 학교를 창설하였다. 그 학교는 이 수호신의 이름을 따서 '리케이온(Lykeion, 라틴명 Lyceum)'이라고 불리게 되었다. 이 학교에 다닌 아리스토텔레스 학파 사람들은 흔히 'hoi Peripatetikoi(페리파토스

학파, 또는 소요학파)'라고도 불리는데, 그 까닭은 아리스토텔레스가 매일 아침 이 학교의 산책로를 걸으면서 상급 학생들과 함께 철학상의 심오한 여러 문제를 논의하고 강의하는 것을 습관으로 했기 때문이다. 그는 오후에는 비교적 초보 학생 또는 일반 청중을 상대로 그들에게 맞는 강의를 했다고 한다. 아마도 아침반의 강의는 논리학, 자연학, 제1의 철학 등을 주제로 한 것이었고, 오후에는 일반적으로 변론술, 윤리학, 정치학 등의 강의가 이루어졌을 것이다.

이 학교는 설립 당초부터 총독 안티파트로스로부터 많은 물질적 원조를 받았다. 또 동방 원정 중인 대왕도 여러 가지 진기한 연구 자료를 보내와 리케이온은 아카데메이아를 훨씬 넘어서는 큰 학교가 되었다. 특히 그 서고는 실습실과 연구실을 겸한 도서관 또는 박물관과 같은 규모였으며, 얼마 뒤 BC 3세기에 건설된 알렉산드레이아의 대박물관의 모델이 되었다. 거기에는 많은 책 말고도 여러 가지 표본이나 지도, 기타 모든 분야에 걸친 연구 자료가 풍성하게 수집되어 있었던 것으로 보인다. 이 학교에는 차차 그리스 여러 곳으로부터 많은 학생들이 모여들어, 아리스토텔레스는 학장으로서 그들과 함께 강의하고 토론하고 연구하고 또 집필도 하였다.

그는 강의를 위해 상당히 꼼꼼한 강의 준비를 했다. 그의 저작은 '아리스토텔레스 전집(Corpus Aristotelicum)'으로서 중세부터 오늘에 전해지고 있다. 그 책들의 대부분은 이 리케이온에서 오늘에 전하는 형식으로 개작 또는 집필되어 여러 강의에 사용된 텍스트 초고였던 것으로 생각된다. 그 저서 목록을 보기만 해도 아리스토텔레스가 얼마나 정력적인 사람이고 얼마나 다방면에 걸쳐 그 모든 것을 체계적으로 조직할 수 있는 학자였던가를 알 수 있다. 또 그의 저작을 단 하나라도 읽는다면 그 세심함과 정밀함 그리고 뛰어난 추리력과 관찰력에 감탄하게 된다.

이렇게 해서 아리스토텔레스는 그리스적 교양의 중심지 아테네에서 아카데메이아에 대항하여 더욱더 번창하는 최고학부의 장으로서, 연구와 교수와 저술과 학교경영을 함께 하는 바쁜 나날을 보냈다. 그렇게 학문에 진력하는 생활이 12년째 계속되던 BC 323년 가을, 동쪽 바빌로니아로부터 알렉산드로스 대왕의 죽음이 전해졌다.

아테네 시민들 사이에서는 이것을 기화로 마지막 반마케도니아 운동이 전개되었다. 이 아테네 시민들이 한때 대왕의 가정교사였으며, 그 뒤에도 마케도니아 총독 안티파트로스의 비호 아래 번창했던 리케이온의 학장에게 반감과 혐오의 눈길을 보낸

《논리학》 속표지

것은 당연한 일이었다. 그들은 아리스토텔레스에게, 그 옛날 아테네 시민이 소크라테스에게 준 것과 같은 죄명 아베세이아(국가의 신들에 대한 불경죄)를 씌워 그를 고발하려고 하였다. 그러나 스타게이로스 출신의 아리스토텔레스는 아테네를 위한 아테네의 철학자 소크라테스는 아니었다. 그는 체포되기에 앞서 아테네를 탈출, 어머니의 고향인 에우보이아의 칼키스 시로 몸을 피했다. 그리고 그는 예순두 살이 된 이듬해인 322년에 위장병으로 죽었다. 아테네의 학교는 그의 학우이자 수제자였던 테오프라스토스에 의해 계승되었다.

아리스토텔레스주의의 특징

아리스토텔레스가 남긴 유산은 일일이 말할 수 없을 정도로 그 범위와 깊이가 매우 크다. 그는 광범위한 영역을 넘나들며, 그즈음으로서는 상당한 과학적 논리적 연구방법을 사용하여 여러 학문의 체계를 세웠다. 그리하여 그가 남긴 몇몇 용어는 오늘날까지도 사용되고 있으며, 특정 주제를 언급할 때에 그 명확한 표현과 전달을 위해서는 꼭 필요하기도 하다.

예를 들자면, 문법과 논리학에서 사용하는 '주어'와 '술어'나 '우연적', '관계', '원인', 그리고 '유(類)'와 '종(種)' 등이 그러한데, 이것들은 학문의 기초적, 기본적 개념을 이루는 요소들인 것이다. 여기서 아리스토텔레스주의

의 특징을 각 학문 영역별로 살펴본다. 먼저 철학적 방법론에서는 과거나 현재의 학설 또는 가상의 학설에 대한 비판적 태도를 보이는 것을 지적할 수 있다. 여기에는 학설의 문제점 제기와 논의, 분명한 원리나 일반진리로부터 진행되는 연역추리 사용, 논증이나 설득의 삼단논법 등도 포함된다.

인식론에서 나타나는 특징으로는 자연적 수단을 이용해 증명할 수 있거나 이성으로 설명할 수 있는 지식에 중점을 두는 귀납적, 분석적 경험주의와 일반 명사로 표현되는 보편자의 우위성 등이 있다. 아리스토텔레스는 형이상학 또는 존재론에서 개별자가 보편자보다 우위성을 가진다고 주장하였다. 실재를 10범주, 유·종·개체, 질료·형상, 가능태·현실태, 4원소, 4원인 등의 개념을 적용하여 설명하였다. 여기서 그는 영혼을 모든 생명체의 뗄 수 없는 형상으로 생각하고 활동을 사물의 본질로 규정하며, 실천적 행위에 대한 사변적 행위의 우위성을 인정하는 특징을 보인다. 자연철학의 영역에서 나타나는 아리스토텔레스의 태도 중 특기할 만한 것은 그가 지구를 중심으로 한 천체의 완전성과 영원성을 믿고 자연적 목적과 섭리에 낙관적 관점을 견지했다는 것이다. 그는 물체운동에 많은 관심을 가져 태양, 행성, 달의 원(圓) 운동은 지성적인 원동자(原動者)에 의해 일어난다고 생각했다.

그리고 자연적인 힘에 의한 운동에서 가벼운 물체는 지구중심에서 멀어지고 무거운 물체는 무게에 비례하는 속도로 그곳에 가까워진다고 하였다. 또 그는 진공을 부정하였는데, 이러한 견해는 유럽의 자연과학계에 오래도록 영향을 미쳤다. 아리스토텔레스는 미학, 윤리학, 정치학에서는 다음과 같이 주장했다. 시는 현실 생활에서 발생할 가능성이 있는 일의 모방이며, 비극은 감정이입을 통해 동정과 두려움을 느끼고 카타르시스를 체험하게 한다. 한편 덕은 양 극단의 중용이며, 인간의 으뜸가는 행복은 지적 활동에 있고 다음으로 덕을 몸소 실천하는 데 있다. 마지막으로 정치학에서 그는 국가는 최고 형태의 공동체이며 인간의 행복을 위해 없어서는 안될 자족적 사회라고 설명하였다.

그리스철학에 미친 영향

아리스토텔레스가 세상을 떠난 뒤에도 수십 년 동안 그의 동료와 제자들은 소요학파로서 그들의 학장이자 스승의 정신을 유지하였다. 리케이온 역시 비판적 연구의 중심지로 남아 있었다. 특히 아리스토텔레스의 직속 후계자인 테오프라스토스는 스승의 형이상학과 심리학을 독자적으로 보완하였다. 그는 자연철학 분야에서는 식물학과 광물학, 또 논리학 분야에서는 명제이론과 가언삼단논법을 주제로 삼아 스승의 연구를 발전시켰다.

아리스토텔레스 사상은 그 즈음의 다른 철학유파와 결합되기도 했다. 스토아학파 중에는 아리스토텔레스의 형식논리학, 의미이론, 범주사용 등에 관심을 가지는 사람들이

《정치학》 속표지

생겨났다. 그들은 자연과 자연과학에 관심을 가졌고 인간을 사회적 동물로 보았는데, 이것 또한 아리스토텔레스의 영향이었다. 또 그들이 경험주의의 관점을 취했던 것도 그와 무관하지 않은 것으로 보인다. 회의론자들은 그들의 체계적 회의를 입증하기 위해서 아리스토텔레스의 논증형식을 사용했다. 에피쿠로스는 아리스토텔레스의 초기 신학과 심리학을 반박하고 그의 성숙기 철학을 무시하였으나, 그런 그조차 '의지에 대한 학설', '우정의 관념', '만족과 기쁨을 주는 고귀한 목적으로서의 지식 추구' 등을 강조한 점에서는 아리스토텔레스와 유사성을 보이고 있다.

아리스토텔레스는 다양한 학문 분야에서 탐구를 수행하였으나, 그가 죽은 뒤 남긴 저작과 성과에 대한 연구는 개별적, 선택적으로 이루어졌다. 예를 들어, 리케이온의 후계자 테오프라스토스는 아리스토텔레스의 식물 연구를 계승하여 식물학의 창시자가 되었다. 시칠리아 메시나 출신의 제자 디카이아르코스는 지리학을 발전시켰으며, 역시 문하생이었던 아리스토크세노스는 음악 연구를 계속하여 음악의 기초 이론을 수립하였다. 또 문학적이거나 플

라톤적 경향을 보이거나 하는 저술들은 파나이티오스와 그 제자 포세이도니오스 같은 절충주의자들에게 영향을 미치기도 했다.

그리고 약 300년 뒤에는 로마의 정치가이며 변론가인 키케로가 철학에 관한 책을 저술하면서, 로마와 유럽에 그리스 사상을 소개하였다. 이때 그가 주된 자료로 삼은 것이 아리스토텔레스 학파의 주장과 저서였고, 그 중 특히 대중적·플라톤적 색채를 띠는 것들이었다. 이러한 저서들의 영향은 키케로를 통해 4~5세기로 이어졌고, 아리스토텔레스와 그의 스승 플라톤의 사상을 조화시키고자 하는 경향은 이로 인해 생기게 된 것이다.

아리스토텔레스의 저작들은 BC 1세기에 이르러 마침내 전집으로 간행된다. 로도스의 안드로니코스가 비밀리 전해 내려온 아리스토텔레스의 저작들을 모아서 비판적으로 편집한 것이다. 이 판본은 그리스의 역사가이자 철학자인 니콜라오스가 아리스토텔레스의 학문 체계를 설명하는 근거가 되었다. 사실상 그의 해설을 출발점으로 스콜라적인 아리스토텔레스주의가 나타나게 된다. 그리하여 아리스토텔레스의 개별 저작들이 논평, 강의되기 시작했고 그의 《범주론 *Categoriae*》을 비롯한 논리학 관련 저작들이 체계적인 철학 연구의 입문서로 이용되기 시작했다.

아리스토텔레스의 학문에 대한 연구와 활용은 그 후 1700년 동안 이러한 형태로 계속된다. 아리스토텔레스의 가르침을 따르는 사람들 중에는 비밀리 전해온 저서들을 교본으로 삼는 무리도 있었는데, 이러한 순수 아리스토텔레스주의는 4세기까지 그 명맥을 유지했다. 시간이 흐를수록 아리스토텔레스의 학문 체계는 후세 학자들에 의해 더욱 보완되고 발전된다. 아프로디시아스의 알렉산드로스 등은 논리학, 미학, 형이상학, 자연철학 그리고 심리학 저작들에 대한 상세하고 명쾌한 주석서를 썼다. 그리고 이러한 학자들은 몇 세대 동안 아리스토텔레스 해석을 이끌었다. 테메스티오스를 중심으로 한 다른 학자들은 아리스토텔레스의 많은 논문을 좀더 현대적인 언어와 읽기 쉬운 문체로 다시 쓰기도 하였다.

그의 후학들

아리스토텔레스의 저작은 3세기에는 신플라톤주의자들에 의해 인용된다. 이 학파의 대표자 플로티노스는 아리스토텔레스로부터 막대한 영향을 받아서, 거의 모든 부분에서 아리스토텔레스를 뒤따랐다. 그의 제자 포르피리오스는 논리학 개론서 《이사고게 Isagoge》를 썼는데, 이 책은 아리스토텔레스가 자주 사용한 5개의 개념(유·종·종차·성질·우유성)을 간단하고 개략적으로 다룬 저작이었다. 이것은 아리스토텔레스의 논리학 저서와 관련 논문을 뭉뚱그린 《오르가논 Organon》의 핵심적인 부분이 되었고, 그 뒤 1500년 동안 모든 학파로부터 그 권위를 인정받았다. 아리스토텔레스주의가 신플라톤주의와 뗄 수 없게 결부된 것은 바로 이때부터이다.

5세기가 되기 전까지 아리스토텔레스주의는 기독교신학에 직접적, 결정적 영향을 준 바가 별로 없었다. 그러나 그의 논리학에 대한 연구가 진행되면서, 그것이 사유의 법칙과 인식론적 원리를 제공한다는 면에서 신학자들의 엄격한 훈련에 꼭 필요하다는 것이 입증되었다. 그의 《자연학 Physica》과 《형이상학 Metaphysica》에 나오는 몇몇 개념은 교리를 합리적으로 정식화하는 데 꼭 필요한 요소가 되었다. 5세기쯤 기독교적 신플라톤주의자들인 사이비 디오니시우스들이 자신들의 신비주의적 신학 체계를 설명하는 데 포르피리오스의 다섯 개 용어와 아리스토텔레스의 열 개 범주를 이용했다. 그리하여 아리스토텔레스의 실체, 본질, 우연, 형상, 속성 등과 같은 철학적, 학문적 용어들은 점차 신학 영역의 신과 세 위격의 설명 속에서 완전히 자리를 잡아가게 되었다. 이러한 경향은 점점 견고해져, 8세기에 이르면 다마스쿠스의 교리학자 성 게오르기오스가 아리스토텔레스주의를 자신의 교부철학에 받아들이게 된다.

9세기에 비잔틴의 르네상스가 닥쳐오자, 아리스토텔레스의 철학과 학문은 다시 한번 부흥한다. 그의 고서들이 재발견, 재편집되고 아리스토텔레스주의에 대한 관심도 고조되었다. 이 르네상스를 이끌었던 콘스탄티노플의 주교 포티우스는 자신의 저작에 아리스토텔레스의 논리학 원리를 요약하여 싣기도 하였다. 그로부터 200~300년 뒤에는 콘스탄티노플 아카데미의 재건이 이루어졌으며, 이에 따라 학문 활동의 범위가 넓어지고 내용이 풍부해지게 된다. 이때 다시 한번 아리스토텔레스 저작들에 대한 활발한 강의와 주석 작업이 진행되었다. 이러한 활동은 아리스토텔레스주의와 플라톤주의를 비교하고 그 우열을 논하는 사람들과, 철학과 학문을 종교적으로 비판하려는 사람들의 공격에도 꺾이지 않고 이어져 갔다. 이 시기의 아리스토텔레스 연구는 논리학뿐만 아니라 정치학, 윤리학, 생물학 등 거의 모든 분야에 걸쳐 이루어졌다. 그리고 13~14세기에 이르러, 아리스토텔레스주의는 니케포루스 블레미데스, 게오르기우스 파키메레스, 테오도루스 메토키테스 등의 저술 활동과 연구로 더욱 체계화되고 대중화되었다.

중동지역 철학에 미친 영향

5~6세기 비잔틴제국에서는 언어적, 민족적 동질성에 대한 자각이 일어나고, 그리스도 이성설을 주장한 네스토리우스 교파와 그리스도 단성설의 대립으로 이단 배척운동이 전개되었다. 이러한 상황이 되자 학문적 연구에 대한 필요성과 사회적 요구도 증가하여, 제국의 영토 내 시리아에서는 철학과 학문의 연구 중심지들이 형성된다. 이곳에서는 프로바와 세르기우스 같은 학자들이 아리스토텔레스의 논리학 개론서와 그 주석을 번역하여 아리스토텔레스 연구 활성화에 기여했다. 이 중심지들은 640년쯤 아랍인이 비잔틴제국과 사산조 페르시아를 침략한 시점부터 몇 세기가 흐르면서 그 중요성을 더해갔다.

9세기에 접어들어 아바스 왕조의 7번째 칼리프가 된 알 마문은 바그다드에 이슬람제국의 새로운 학문 중심지를 세웠는데, 이 무렵 시리아의 학자들 사이에서는 이미 아리스토텔레스의 사상과 학문이 널리 알려져 있었다. 그래서 그들은 그의 저작 대부분을 시리아어 또는 아랍어로 번역하고 주석서를 덧붙였다. 그리하여 9세기에 아랍인 알 킨디에 의해 최초로 아랍어판 아리스토텔레스 개론서가 나오게 된다. 이어 10세기가 되면 투르크 이슬람교인 알 파라비가 더 전문적인 연구를 통해 논리학 관련 서적을 해설하고 철학과 이슬람교 사이의 관계 정립을 시도한다. 그러나 아리스토텔레스 사상이 아랍문화의 필수부분이 된 것은 각각 11세기와 12세기에 활동한 이븐 시나와 이븐 루슈드의 저작을 통해서였다.

11세기 초 아랍의 철학자이자 의사인 이븐 시나는 아리스토텔레스 철학을 이용하여 자신의 독창적인 철학체계를 수립한다. 그는 아리스토텔레스의 철학을 실제보다 훨씬 더 체계적이고 일관된 것으로 해석했다. 그리하여 아리스토텔레스가 암시만 했던 문제와 해답이 이븐 시나의 저작에서는 분명한 형태로 나타난다. 에스파냐 출신의 이븐 루슈드는 신학과 법학을 공부하였으나, 철학자이자 의사로서 활동하였다. 그는 계시 또는 계시종교는 단순하고 소박한 사람들을 위해 통속화한 철학이라고 생각하고, 철학 중에서도 특히 아리스토텔레스의 철학이 진리를 가르쳐 준다고 주장했다. 이븐 루슈드는 뛰어난 식견과 철학적 지식으로 아리스토텔레스의 저작을 분석하였다. 그는 《논리학》, 《영혼에 관하여》, 《니코마코스 윤리학》, 《시학》 등 거의 모든 아리스토텔레스의 저술에 주석을 달았다(《정치학》만은 구하지 못했으나 대신 플라톤의 《국가》에 주석을 달았다). 이븐 루슈드의 이러한 저술 활동은 이슬람 전통과 그리스 사상의 통합에 기여하였으며, 몇 세기에 걸쳐 유대교인과 그리스도교인들에게 큰 영향을 주었다. 그의 주석서들은 모두 아리스토텔레스 라틴어 전집에 실리기도 하였다.

13세기에 이를 때까지 유대교인들 사이에 전파된 아리스토텔레스주의는 북아프리카, 메소포타미아, 에스파냐의 아랍문화권에서 발전을 이루게 된다. 이러한 지역들에서 발전한 아리스토텔레스주의의 특징은 철학과 유대교 관계에 계속적인 관심을 보인 점이다.

유대문화에서 아리스토텔레스의 사상을 후대로 전해 준 인물들이 여럿 있다. 10세기쯤 활동했던 의사이자 철학자인 이사크 벤 솔로몬 이스라엘리는 중세의 유대 신플라톤주의의 최초 학자로 불린다. 그는 존재나 영혼과 같은 근원적 주제에 관해 아리스토텔레스로부터 큰 영향을 받았다. 이스라엘리는 자신의 저서 《정의의 서 Kitāb alḥudūd》와 《원리의 서 Kitāb al-usṭuqusāt》에서 아리스토텔레스가 제시한 사랑, 시간, 이성, 본성, 지혜, 지능과 같은 다양한 철학적, 학문적 개념을 다루기도 하였다. 11세기의 인물로는 서구에 아비 케브론이라는 이름으로 알려진 시인이자 철학자인 솔로몬 이븐 가비롤을 주목할 만하다. 그는 코르도바 출신의 유대인이었으나 신플라톤주의를 받아들이고 형상과 질료 개념을 기초로 자신의 철학적 체계를 발전시켰다. 그의 《생명의 샘》은 스피노자와 카발라주의자들에게 영향을 미쳤다. 개념과 실재를 동일시하는 경향으로 토마스 아퀴나스의 비판을 받았음에도 불구하고 기독교적 스콜라주의에 무시 못할 감화력을 행사했다. 유대교의 지적, 정신적 삶 속에서 아리스토텔레스를 수용하려는 시도는 12세기 중반 톨레도의 아브라함 이븐 다우드에 의해 이루어졌다. 그는 아리스토텔레스의 저작을 체계화시킨 최초의 유대인 철학자이다. 그는 이븐 시나 등의 저술가들의 사상에 반영된 아리스토텔레스주의를 연구하여 자유의지의 주제를 다루는 《숭고한 신앙서》를 집필했다. 이 책은 그의 대표적 철학서로, 코르도바의 모제스 마이모니데스가 아리스토텔레스에 대한 더욱 자세한 설명을 제시하는 저술을 제작할 때까지 큰 명성을 얻었다. 명문가 출신으로 철학자이자 의사였던 마이모니데스는 동시대에 활동하던 이븐 루슈드와 뚜렷한 대조를 보인다. 그는 경험적 인식의 요구와 계시의 요구를 조화시키려 하였으며, 《혼란에 빠진 사람들을 위한 안내자》를 써서 철학과 과학 그리고 종교를 아우르는 관점을 제시하였다. 13세기부터는 여러 철학서적, 특히 아리스토텔레스에 관한 이븐 루슈드의 저작들이 히브리어로 번역되어 그 연구도 활기를 띠었으나, 유대 사상계에서는 곧 성서와 《탈무드》에 근거한 정통이 우세하게 되었다.

라틴철학에 미친 영향

3~4세기 초 로마에서는, 철학자이자 대표적 지식인이었던 플로티노스와 그의 제자 포르피리오스로 인해 아리스토텔레스 철학에 대한 관심이 일어나게 된다. 플로티노스는 이집트 출신으로, 라틴 신플라톤주의의 창시자로 알려져 있다. 그는 플라톤과 아리스토텔레스 철학의 주석서를 읽고 그에 대한 토론을 하는 친목 형태의 철학연구 모임을 조직하였다. 플로티노스는 이 모임의 회원을 위해 글을 썼는데, 이것은 나중에 포르피리오스에 의해 편집되어 《엔네아데스》라는 책으로 나오기도 하였다. 이렇게 하여 아리스토텔레스 철학에 대한 진지한 관심이 고조되자, 4세기 철학자이자 신학자인 빅토리누스는 포르피리오스의 《이사고게》와 아리스토텔레스의 《범주론》을 라틴어로 옮겨 로마에 소개한다. 이어서 6세기 초에는 로마의 학자이자 정치가인 보에티우스가 아리스토텔레스의 논리학 저작을 번역하였으며, 그에 관한 몇몇 그리스 주석서를 수정과 보완을 거쳐 라틴어로 펴냈다.

12세기 초까지 라틴 사상계에 알려져 있던 아리스토텔레스의 저작은 이렇게 단편으로 볼 수 있는 《범주론》과 《해석에 관하여》뿐이었다. 이것들은 약 300년 전 보에티우스의 번역판으로, 800년쯤부터 본격적으로 널리 퍼진 것으로 보인다. 그러나 라틴 세계가 콘스탄티노플 등의 그리스 중심지와 문화적으로 접촉하게 되면서, 1300년경에 이르러 거의 모든 아리스토텔레스 저작이 라틴어판으로 나오게 되었다.

9세기에 이르러 여러 학문 분야에서 논리적 방법론(변증론)이 적용되기 시작했는데, 이러한 방법론은 포르피리오스의 《이사고게》와 아리스토텔레스 《범주론》 라틴어판에 대한 연구를 기초로 성립되었다. 12세기에 들어서자 논리학자 아벨라르두스가 변증적 방법을 사용하여 진리를 발견하려는 시도를 한다. 그는 서로 배치되는 그 시대 최고의 학설들을 인용함으로써 신학과 윤리학의 문제를 해결하려 했다. 그런 과정에서 아벨라르두스는 아리스토텔레스 철학을 기초로 보편자의 언어적, 정신적, 객관적 측면을 명쾌하게 설명하였는데, 그 뒤부터 아리스토텔레스의 언어론과 논리학에 대한 연구가 활발해졌다. 이와 함께 12세기 후반에서 13세기 초에는 아리스토텔레스의 자연철학, 우주론, 형이상학이 관심을 끌기 시작했다. 1190년경 에스파냐에서 활동한 철학자 앨프레드는 아리스토텔레스의 몇몇 저작에 주석을 달았고, 《심장의 운동에 관하여 *De motu cordis*》를 쓰면서 아리스토텔레스의 저술을 인용하기도 했다. 13세기 중반에는 플랑드르 출신의 성직자이자 고전학자인 기욤이 고대 그리스의 철학자와 그들의 저작에 대한 주석들을 라틴어로 번역하였다. 그는 특히 아리스토텔레스의 라틴어 전집을 완성하여 중세 라틴 문화에 고대 그리스 철학을 소개하는 데 크게 기여했다. 영국의 신학자이자 자연철학자인 로버트 그로스테스트는 《자연학》을 라틴어로 번역하고 주석을 달았다. 이것은 그즈음 자연과학계에서 방법론적 논의에 새로운 활력을 일으키는 데 이바지했다. 1245년에는 역시 영국의 신학자이자 철학자로서 근대과학의 선구자로 평가되는 로저 베이컨이 《자연학》, 《형이상학》 일부를 주석했다.

한편 파리에서는 아리스토텔레스 철학과 아랍 철학이 기독교와는 상관없는 원리와 철학을 말한다고 하여, 이것들의 유입에 대한 경계와 의심을 불러일으켰다. 그리하여 13세기 초 파리 교단에서는 아리스토텔레스의 자연학과 형이상학, 그리고 심리학에 관련된 모든 강의가 금지된다. 하지만 얼마 지나지 않아 이 금지령은 유명무실해지고, 1255년에 이르면 파리의 대학들은 그 때 프랑스 학계에 소개된 아리스토텔레스의 철학 논문 거의 대부분을 필수적으로 가르치게 된다. 아리스토텔레스와 그 주석자인 이븐 루슈드의 파급력이 강해지면서, 아리스토텔레스를 읽으면 이단에 빠질지도 모른다는 의심 또한 더욱 강해졌다. 그러나 14세기에 들어서도 아리스토텔레스주의는 여전히 유행하여 활발히 연구되었다. 스코틀랜드 출신의 스콜라 철학자이자 신학자 둔스 스코투스는 직관을 이용해 사물의 전체성을 파악하려 하였는데, 그의 철학체계는 아리스토텔레스의 형상과 질료, 인과성 등의 원리를 받아들여 성립된 것이다. 근세 경험론의 시조로 볼 수 있는 영국 출신의 오컴은 유명론(唯名論)적 입장을 취해, 그 체계적 이론을 세웠다. 그는 일명 철학에서 불필요한 사변적 개념들을 잘라내야 한다는 '오컴의 면도날'과 보편자의 우위 형이상학 등을 주장했는데, 이것은 아리스토텔레스의 여러 이론을 극단적이지만 명료하게 표현하고 있다. 이렇게 라틴 세계로 전해진 아리스토텔레스 철학은 중세 사상계의 큰 흐름을 형성한 스콜라철학들, 즉 토마스주의, 스코투스파, 그리고 오컴주의에 여러 형태로 영향을 미치며 그 기초를 제공하였다.

근대철학에 미친 영향

르네상스가 불어 닥치던 15세기 이탈리아에서는 고대의 사상과 문화에 대한 재발견과 재조명 작업이 활발하게 이루어졌고, 이에 따라 여러 형태의 아리스토텔레스주의도 연구되었다. 이탈리아의 학계와 종교계는 이미 오래 전부터 파리대학과도 교류를 하고 있었다. 그런데 그즈음 투르크(터키)의 지배를 피해 그리스 학자들까지 유입되자 이탈리아에서는 강력한 지적 자극이 일어났다. 그들과 함께 필사본이나 주석책 등의 새로운 문헌이 많이 들어왔으며, 이것은 이탈리아 학계에 풍부한 연구 자료가 되었다.

17세기에 이르자, 아리스토텔레스의 생물학적 방법론은 윌리엄 하비에 의해 뚜렷이 계승된다. 하비는 영국의 의학자이자 생리학, 해부학 입장에서 아리스토텔레스의 연구를 모범삼아 그 방법을 부활시켰다. 그는 아리스토텔레스의 영향을 받아 간보다 심장을 중요시하였다. 1628년에 《심장과 피의 운동에 대하여》를 발표하여 피가 심장을 중심으로 순환한다는 사실을 밝혔다. 한편 오랫동안 유럽의 자연철학계에서 그 영향력을 발휘하던 아리스토텔레스의 자유낙하론과 우주론은 얼마 뒤 갈릴레오에 의해 반박되었다.

근대의 철학자 대부분은 어떤 형태로든 어느 정도 아리스토텔레스주의의 영향을 받았다고 할 수 있다. 영국 고전경험론의 창시자인 프랜시스 베이컨은 그 방법론을 형성하고 기본 형이상학의 개념을 수립하는 데 있어서 아리스토텔레스 철학의 상당한 혜택을 받았다. 폴란드 출신으로 지동설을 착안한 코페르니쿠스는 원운동의 완전성을 믿었으며 독일의 철학자, 신학자, 자연과학자인 라이프니츠는 아리스토텔레스의 논리학을 받아들이고 질료 형상론의 영향을 받은 단자 형이상학을 발전시켰다. 이어 프랑스의 장 보댕 같은 정치학자들은 국가의 성질을 연구하는 방법으로 유기체와 자연환경의 탐구를 도입하였는데, 이것도 아리스토텔레스가 사용했던 방법이었다. 아리스토텔레스의 인문연구 역시 큰 영향을 미쳤다. 예술계에서 예술은 자연의 모방이라는 그의 견해가 널리 퍼지고, 비극 작가들은 행동, 장소, 시간의 3일치의 원칙을 창작지침으로 삼았다. 특히 문학 분야에서는 16세기에 이르러 그 때까지 별로 알려지지 않았던 《시학》에 대한 연구가 이루어졌다.

한편 종교계에서는 19세기 끝무렵 교황 레오 13세가 토마스 아퀴나스를 복권시키고 난 뒤부터 그와 아리스토텔레스에 대해 다시 관심을 갖게 되었다. 그리하여 그들이 기독교계에 미친 영향에 대한 연구가 진행되고, 그들의 철학에 대한 탐구가 활발해진다. 아리스토텔레스 철학은 현대와 가까워지면서 주로 독일의 학파들이 계승하게 된다. 베를린대학 교수 프리드리히 아돌프 트렌델렌부르크는 독일 관념론에 반대하여, 아리스토텔레스의 형이상학을 풀이하여 독자적인 유기적 세계관을 세웠다. 그의 작업은 펠릭스 애들러, 조지 실베스터 모리스, 존 듀이와 같은 미국의 사상가들에게 영향을 미치게 된다. 또 빈대학에서 철학 강의를 맡았던 프란츠 브렌타노는 아리스토텔레스의 존재론과 인식론을 자신의 경험적 방법과 기술적 심리학의 근거로 삼았다. 브렌타노가 받은 아리스토텔레스의 영향은 그의 제자로 있던 에드문트 후설의 현상학에도 이어지고 있다. 한편 유럽 지역에서는 프랑스의 철학자이자 예술사가인 라베송 몰리앵이 형이상학적 면에서 그의 영향을 받았다. 19세기 유심론 학파의 주요인물로 평가 받는 그는 《아리스토텔레스의 형이상학에 관한 시론》을 써서 학계에서 수여하는 상을 받기도 하였다. 20세기 영국의 철학자 데이비드 로스 경 또한 아리스토텔레스의 형이상학과 윤리학의 영향을 받아 《니코마코스 윤리학》을 영어로 번역하기도 하였다.

저작들

아리스토텔레스가 '아리스토텔레스 전집' 외에도 상당한 수의 저작을 더 집필했던 것은 기원 뒤 몇 세기 동안의 기록을 보아도 분명하다. 현존하는 아리스토텔레스 저서 목록 중에서 가장 오래된 것은, 기원 뒤 200년 무렵에 쓴 디오게네스 라에르티오스의 《철학자 열전》에 나오는 헤르미포스(BC 2세기 초쯤) 목록과, 이어 AD 5세기쯤에 저술된 헤시키오스의 《사전》에 나오는 메나기오스(BC 2세기 말쯤) 목록이 있다. 그런데 이것들은 모두 우리에게 전승된 '아리스토텔레스 전집'에 포함되어 있지 않은 책이름을 많이 싣고 있다. 이러한 저서 목록이나 그밖의 오래된 관계 기록으로 추정할 수 있는 사실은, 아리스토텔레스 저작들이 이미 오래전부터 크게 다음 세 가지로 나뉘었다는 것이다. 그 중 제1종에 속하는 것은 정도 차이는 있으나 일반용, 초학자용으로 아리스토텔레스 자신에 의해 출간된 것이다. 제2종은 연구자료로서 수집된 문헌들을 정리한 것이고, 제3종은 그 연구성과의 발표로서 정리, 조직된 학술논문 또는 강의초고이다. 이 세 가지 중 오늘날 우리에게 전해지고 있는 것은 제3종에 속한 것, 즉 '아리스토텔레스 전집'뿐이라고 해도 과언이 아니다. 제2종에 속하는 자료적인 저작은 최근(전 세기 끝무렵) 우연히 발견된 단 한 권만이 전해지고 있으며, 또 제1종에 속하는 저서에 대해서도 알려진 것이라곤 간접적, 단편적인 기록을 통해 드러난 몇 가지 내용을 제외하면 책의 제목 정도이다.

먼저 제1종에 속하는 것에 대해서 살펴보면, 이들은 대부분 아리스토텔레스가 플라톤의 지도를 받으며 아카데메이아 학원에서 활약하고 있던 시대, 또는 적어도 제2차 아테네 체재기 이전 유력(遊歷)시대에 집필된 것으로 추정된다. 또한 이러한 책들은 플라톤의 예를 따라 대화의 형식을 띠고 있었을 것으로 보인다. 제3종에 속하는 여러 학술적 저서는 BC 1세기 끝이 되어서야 처음으로 출간되어 학원 밖에서 읽혔을 것이다. 이것은 그 즈음 로마인으로서 그리스 여러 철학파의 학설에 가장 정통해 있었던 키케로도 그때까지 이 학술적 저작의 일부분만을 알고 있었다는 사실로 미루어 보아도 추측할 수 있다. 그러므로 약 BC 1세기 말까지 또는 그 뒤 얼마 동안은 적어도 학원 밖에서는 이 제1종의 저작들이 전하는 내용만이 아리스토텔레스의 사상, 학설로서 알려져 있었던 것 같다. 예를 들어, 키케로는 아리스토텔레스를 유창한 변론가이자 미문가(美文家)로서 묘사하고 있는데, 이것은 아마도 그가 이 제1종에 속하는 작품만을 접했기 때문이었을 것이다. 그러나 얼마 뒤 제3종의 여러 학술 저서가 세상에 나오게 되자 제1종에 속하는 책들은 차차 '아리스토텔레스 전집'의 그늘에 가리어 어느 틈엔가 흩어지고 말았다. 그리하여 오늘날에는 앞서 말한 저서 목록이나, 키케로, 플루타르코스의 저서, 또는 신플라톤학파의 아리스토텔레스 주석가들의 기록 등 오래된 문헌에 의해서, 어렴풋이 이것들의 책이름이나 그 몇 가지 내용을 간접적, 단편적으로 추측할 수 있을 뿐이다.

전 세기 후반 이후에 행해진 고증에 의하면, 앞서 말한 디오게네스 라에르티오스가 전하고 있는 아리스토텔레스의 저서 목록 전반에 소개된 19편은 확실히 제1종에 속하는 것으로 여겨진다. 이 목록은 BC 200년 무렵에 활동한 아리스토텔레스 연구가 헤르미포스의 기록을 근거로 하여 작성된 것인데, 헤르미포스의 기록은 그 정확도와 신뢰도에 있어서 상당한 평가를 받고 있다.

여기에 따르면, 제1종에 속하는 책들은 《정의에 대하여 *peri dekaisynes*》, 《시인에 대하여 *peri poietion*》, 《변론술에 대하여, 또는 그릴로스 *peri rhetorikes e Gryllos*》, 《향연 *symposion*》, 《영혼에 대하여 *peri psyches*》, 《철학에 대하여 *peri philosophias*》, 《프로트레프티코스(*protreptikos*; 철학에의 권유》 등이다. 이것들 중 단편적, 간접적으로라도 그 책의 내용을 다소 알 수 있는 것은 《영혼에 대하여》, 《철학에 대하여》, 《프로트레프티코스》 세 편뿐이다. 이 책들은 제2차 아테네 체재기 이전의 아리스토텔레스 사상이 형성된 과정을 보여주며, 특히 그가 아카데메이아에 재학하면서 플라톤주의의 영혼관과 이데아설에 얼마나 큰 영향을 받았는지 설명해 주는 자료로서 의미를 갖는다. 앞서 말한 바와 같이 제1종에 속하는 책들은 대화편의 형식으로 쓰인 것이 많으나, 이들 중 《프로트레프티코스》만은 대화 형식이 아닌 편지글 형식으로 집필되었던 것으로 보인다. 키케로는 이 책을 모방하여, 그 시대 로마 변론가 호르텐시우스에게 보내는 편지 형식으로 된 《호르텐시우스》를 썼다. 몇 세기 뒤에 아직 변론술에 열중하고 있던 젊은 날의 아우구스티누스는 이 책을 읽고 진리에 대한 사랑에 눈뜨게 되었다고 한다.

이 1종의 저서들은 오랜 시간 동안 아무런 주목도 받지 못했으나, 지난 세기 후반에 들어서 독일의 고전학자 로제를 비롯한 많은 학자들의 노력으로 다시 사람들의 관심을 받게 되었다. 그들은 제1종에 속하는 저서 목록과 고대의 기록, 문헌을 수집하여 단편집을 출간하였다. 이것은 프루시아 왕립아카데미에서 1870년에 간행한 '아리스토텔레스 전집' 제5권에 수록되었다. 이어서 1886년에 토이프너판으로 교정, 출판되었다.

제2종에도 광범위한 주제를 다루는 상당한 수의 저서가 포함되어 있었다. 만일 이들이 현재까지 전해졌더라면 역사학 관계나 자연학 관계의 구체적 사실을 아는 데에 큰 도움이 되었을 것이다. 이들은 아리스토텔레스 자신이 직접 쓰거나 또는 다른 학자나 젊은 학생들과 공동으로 수집, 기록한 것들로, 이민족의 풍속이나 습관에 관한 기록, 피티아 또는 올림피아경기의 매회 우승자 목록, 아테네의 연극에 출연한 배우들의 명부 등등을 싣고 있었다. 이러한 책들은 나중에 그의 제자들에 의해 자연현상에 관한 수많은 자료적 기록과, 그리스 여러 도시 국가의 역사나 제도에 대해 조사연구된 많은 사료적 문헌들이 첨가되었다.

그러나 이 책들은 모두 모습을 완전히 사라지고 말았다. 오늘날 우리에게 알려져 있는 것은 단 하나, 그것도 전 세기 말에 우연히 이집트 사막 안에서 발굴된 초지본(草紙本)인 《아테네인의 국가제도 *Athēnaiōn Politeia*》(라틴어로는 Athenientis Respublica)로, 그리스 여러 도시국가의 역사나 제도를 주제로 수집되던 사료적 문헌 중의 하나로 추정된다. 이 책은 이와 같은 종류의 자료 중 가장 내용이 충실하고 잘 정리된 것으로, 21세기 그리스 역사 연구가들에게는 귀중한 사료의 하나이다.

이와 같이 제1종과 제2종에 속하는 아리스토텔레스의 여러 역작의 거의 대부분은 없어져 전해지지 않는다. 그러나 이러한 사실은 다음에서 보는 제3종의 여러 저작 초고가 거의 완전한 형태로 보존되어 오늘에 전달됨으로써 충분히 보상되었다고 해도 좋을 것이다. 그러나 일설에 의하면 이 책들은 한때 전혀 햇빛을 볼 수 없었던 운명에 놓였던 것 같다.

안드로니코스 편집 초고

AD 1세기의 지리학자이자 역사가인 스트라본(또는 플루타르코스 《영웅전》의 '술라전' 부분)이 전하는 바에 의하면, 아리스토텔레스가 죽은 뒤 그의 저술 초고는 리케이온의 후계자 테오프라스토스가 보관하고 있었다. 그런데 그는 이것을 자기가 쓴 초고와 함께 제자인 네레우스에게 넘겨주었다. 그리고 네레우스는 이 초고를 토로이아 지방의 스켑시스로 가지고 돌아갔다. 네레우스가 죽은 뒤, 그 상속인들은 이 귀중한 초고를 스켑시스의 어떤 움막에 감추었다. 왜냐하면 그 무렵 스켑시스를 지배하고 있던 페르가몬의 왕 에우메네스 2세가, 알렉산드리아 도서관에 대항해서 새로 지은 페르가몬 도서관의 장서를 늘리려고 혈안이 되어 책을 찾고 있었기 때문이다. 그리하여 그대로 150년이 지나 BC 100년 무렵, 테오스의 아페리콘이라는 사람이 이미 움막 속에서 벌레와 습기로 심하게 훼손된 철학자들의 초고를 사들여 아테네로 돌아와 편집하였다. 그러나 그 뒤 얼마 안 되어 아테네시는 술라가 이끄는 로마군에게 약탈당했고, 아페리콘의 학장들의 초고는 많은 다른 장서들과 함께 BC 84년에 전리품으로서 로마로 운반되었다. 로마의 문법가 디리니온이 이들 초고를 정리하여 편집, 출간할 계획을 세운다. 그러다가 마지막으로 BC 1세기 끝에, 리케이온의 마지막—제10대 또는 제11대의—학장으로 알려진 아리스토텔레스 학자 로도스의 안드로니코스에 의해서 편집, 출간되었다고 한다.

만일 이 이야기에 등장하는 아리스토텔레스의 초고가 오늘날 우리에게 전해진 '아리스토텔레스 전집'에 속하는 여러 저작의 초고, 즉 아리스토텔레스가 직접 쓴 유일한 원고라고 한다면, 그것이 테오프라스토스의 원고와 함께 학원 밖으로 반출되었다고 하는 것은 이상한 이야기이다. 리케이온의 후학들은 가장 존경했을 것이 분명한 학장 선배들의 귀중한 유산을, 또 자신들의 연구에 기본적 문헌이 될 주요 저서의 전부를 150년 또는 200년 이상 외부에 방치하여 접하지 못했다는 이야기가 된다. 특히 이 가정으로 미루어 보면, 이들 기본적 문헌이 포함한 아리스토텔레스의 형이상학이나 자연학에 가장 정통한 것으로 평가받고 있는 제3대 학장 스트라톤까지도, 알렉산드리아의 도서관에 있던 시대나 아테네의 리케이온의 학장이 되고 나서도 이들 문헌에 접하지 못했다는 불합리한 결과가 된다. 그럼에도 불구하고 이 이야기는 전적으로 근거 없는 것으로 치부할 수가 없는 어떤 진실을 반영하고 있다. 그렇다면 이것을 어떻게 이해하면 좋은가?

앞서도 말한 바와 같이, 분명히 이 제3종에 속한 여러 저작은 적어도 200

년 동안(키케로와 안드로니코스 시대까지) 학원 밖에서는 거의 읽혀지지 않았다. 그러나 다른 여러 기록으로 추측을 해보면, 그 사이에도 리케이온 관계자 사이에서는 귀중한 문헌이 그 어떤 형태로든 읽혔고 전해져 왔을 수도 있다. 이 책들이 초고 그대로가 아닌 사본 형식으로 읽히고 전해지다가, 그 사이에 어느 정도 분류되고 권장(卷章)으로 구별되어 편집되었을 수도 있는 것이다. 만약에 그렇다고 한다면, 그 전해진 이야기는 이렇게 이해할 수도 있을 것이다. 이미 테오프라스코스의 학장시대에 리케이온에는 그 대량의 초고(직필 원본) 외에, 그것의 전부 또는 주요 부분을 베낀 사본이 몇 통 만들어졌다. 그리고 다만 그 어떤 이유로 해서, 그 귀중한 초고만은 테오프라스토스 자신의 초고와 함께 제자 네레우스에게 넘겨져 스켑시스로 간 뒤, 앞서 말한 바와 같은 경로를 거쳐 로마로 운반되었다.

　이 초고들은 그 때까지는 다만 정리가 안 된 사본판 또는 불완전한 편집물밖에 보지 못했던 아리스토텔레스 학자들, 특히 그 중에서도 가장 뛰어난 안드로니코스에 의해서, 학조(學祖) 직필의 원본이자 아리스토텔레스 철학의 가장 권위 있는 문헌으로서 받아들여졌다. 그리고 2세기 이상 테오프라스코스의 원고와 함께 미정리인 채로 방치되었던 이 귀중한 초고들은 마침내 안드로니코스에 의해 전승된 불완전한 사본 또는 편집물과 대조되면서 새로 정리, 편집되어 하나의 아리스토텔레스 저작집으로서 공간되었다.

　그러나 이 이야기가 어떻게 이해되든, 그 뒤의 많은 기록은 BC 1세기 말 아리스토텔레스 저작집이 안드로니코스의 이름으로 편집, 공간되었다는 것을 확증하고 있다. 이 저작집을 바탕으로 살펴본 저서 목록은 디오게네스 라에르티오스가 전하는 저서 목록의 여러 도서들(특히 제1종에 속하는 것들)을 제외한 다른 새로운 것들을 많이 포함하고 있다. 그러나 어찌됐든 그 뒤 아리스토텔레스 주석가들과 중세의 사본가(寫本家)들 손을 거쳐 우리에게 전승된 이른바 '아리스토텔레스 전집(Corpus Aristotelicum)'은 대체로 안드로니코스가 편집한 저작집과 일치하여, 이것으로부터 유래된 것이라고 확증되고 있다. 따라서 오늘날 우리가 접하는 아리스토텔레스의 저작들 대부분은 안드로니코스가 편집한 '초고'를 기본으로 삼은 것이다.

　이와 같이 '아리스토텔레스 전집'으로 계승된 제3종 저작의 내용과 안드로니코스 편집본의 배열은 프로시아 왕립 아카데미에서 간행한 '아리스토텔레스 전집'을 통해 확인된다. 이 전집은 베커의 교정과 편집을 거쳐 나온 것인데, 제1권과 제2권에 그리스어로 된 원전 전부를 수록하고 있다. 고대 그리스의 저서들은 대개 완전한 책으로 쓰인 것이 아니라 논문이나 강의 원고이기 때문에 표제가 없는 것이 많다. 여기에 수록된 아리스토텔레스의 저작들도 이와 같아서, 여기에 붙인 원제들은 그즈음 학생들 또는 후세의 편집자 사이에서 불린 것들이다. 아무튼 이 '아리스토텔레스 전집'에 실린 그의 저작들의 제목만 보더라도, 그 책들의 권수와 주제들이 얼마나 방대한지 충분히 상상할 수 있을 것이다.

맨 처음 기재된 것은 《범주론 *kategoriai*》과 《분석론 *analytika protera*》 전후편, 《명제론 *peri Hermeneias*》 등의 논리학 관계 저작 6권이다. 이것들은 6세기 무렵부터 도구라는 뜻의 '오르가논'으로 총칭되고 있다. 그 까닭은, 논리학은 아리스토텔레스의 3가지 학문 체계, 즉 이론학, 실천학, 제작술 중 그 어느 부분에도 들어가지 않으며, 실제적 기초이론이라기보다는 학문에 들어가기 전 사고의 방법과 능력을 키워 주는 '도구'적 예비과목이기 때문이다. 다음으로 그의 이론학 중 자연철학에 관한 저서가 물리학, 심리학, 생물학 순으로 편집되어 있다.

이것은 베커판 제2권으로 계속해서 이어지는데, 2권의 첫 부분은 '소논문집'으로 불리는 아리스토텔레스 학파가 쓴 위서들도 포함하고 있다. 이렇게 위서들의 소개까지 끝나면 자연학 관계 저서의 나열이 끝나고, 다음에는 '제1철학'인 형이상학에 관한 14권의 책이 수록되어 있다. 이론학의 3개 부분 중 수학에 관한 저술은 없었던 것으로 보인다. 다음으로 실천학과 제작술에 관한 책들을 살펴본다.

이 실천학은 '인간의 일에 대한 철학'을 주제로 하는데, 아리스토텔레스는 이에 대해 좋은 시민, 국민이 갖추어야 할 자질을 설명한 '윤리학' 관련서와 국가의 제도, 입법, 행정 등을 문제로 한 '정치학' 관련서를 집필했다.

먼저 윤리학 관계 저작으로는 《니코마코스 윤리학 *Ēthika Nikomacheia*》, 《대(大)도덕학 *Ēthika megala*》, 《에우데모스 윤리학 *Ēthika Eudēmeia, Ethica Eudemia*》, 《덕과 악덕에 대하여 *peri Aretōn kai kakiōn*》가 있다. 일반적으로 아리스토텔레스의 '윤리학'이라고 하는 것은 《니코마코스 윤리학》을 말한다. 이것은 서양 윤리학사에 결정적인 영향을 준 10권의 대저(大著)로,

아리스토텔레스가 학장으로서 강의한 내용을 아들 니코마코스가 편집한 것이다. 《대도덕학》은 아리스토텔레스의 저서가 아닌 BC 3세기의 아리스토텔레스 학파의 작품으로 추정된다. 《에우데모스 윤리학》은 제자 에우데모스가 쓴 것이 아닌가 하고 의심되었으나, 아리스토텔레스의 미완성 작품을 후에 에우데모스가 편집한 것으로 여겨진다. 그리고 마지막 《덕과 악행에 대하여》는 위작이 분명하다는 평가를 받고 있다.

다음으로 정치학 관계의 저작을 살펴보면, 《정치학 *Politika*》, 《경제학 *Oikonomika, Oeconomica*》이 있다. 전자는 그 편집 질서에 난잡한 점이 많고 집필도 저마다 다른 시기에 되었지만, 아리스토텔레스의 거작임이 틀림없어 《형이상학》《윤리학》 등과 함께 널리 읽히는 대저이다. 후자는 《가정학(家政學)》이라고도 번역되며 경제학적으로 유명한 것이지만 위서이다. 이것은 테오프라스토스의 작품이 아닌가 여겨지며, BC 3세기에서 AD 4세기 사이의 페리파토스파 또는 스토아파의 작품을 포함한 것으로 알려져 있다.

마지막으로 제작술에 관한 저작을 살펴보면 이 부분에 수록된 저서들은 《변론술 *technē Rhētorikē*》, 《변론술―알렉산드로스에게 *Rhētorikē pros Alexandron*》, 《시학 *peri Poiētikēs*》이 있다. 그 중 마지막의 《시학》은 미완성 논문이지만 그리스 비극 연구와 미학, 예술학 역사상 중요한 문헌이다.

이상으로 베커판 제1권, 제2권에 수록된 '아리스토텔레스 전집'의 목록을 알아보았다.

아리스토텔레스의 《니코마코스 윤리학》·《정치학》·《시학》

니코마코스 윤리학

《니코마코스 윤리학》은 아리스토텔레스가 리케이온에서 강의를 하기 위해 쓴 초고를 정리하여 그의 아들 니코마코스가 펴낸 책이다. 그래서 이 책이름에는 편집자인 그의 아들 이름이 들어가 있다. 전 10권으로 이루어진 이 대저작은 제1권에서 제3권의 5장까지는 원리론을, 제3권 6장부터 마지막까지는 덕의 현상론을 다루고 있다. 아리스토텔레스는 윤리학의 목적은 가장 훌륭한 선의 탐구라고 생각하였고, 따라서 이 책의 주제 또한 '인간에게 있어 선(아가톤)이란 무엇인가?'이다.

여기에서 아리스토텔레스는 먼저 인간의 최고 선은 행복일 것이라고 생각하고 진정한 행복이 무엇인지 알아보고자 하였다. 그리고 인간으로서 영위하며 참된 행복을 느낄 수 있는 일은 과연 무엇인가 하는 문제에 대해 그는 '언어(로고스)로 살아가는 일'을 답으로 제시한다. 그에 따르면, 이것이야말로 정신 활동이며 인간 고유의 생명 활동이기 때문이다. 그런데 이때 그는 가능성의 논의에 그치는 언어보다는 현실적 언어의 사용, 즉 실천적인 마음을 갖는 것이 좀더 훌륭한 삶의 방식이라고 말하고 있다.

아리스토텔레스는 인간의 덕은 사고능력과 관련된 것과 인품과 관련된 것으로 나뉜다고 보았다. 특히 두 번째의 덕은 선천적으로 타고 나는 것도 아니고 후천적으로 자연히 익혀지는 것도 아니다. 실제로 집을 지어 본 목수만이 건축 능력을 갖게 되듯이, 실제로 올바른 일을 하고 절제하고 용감하게 살아야 덕 있는 사람이 된다는 것이다. 그래서 첫 번째 덕이 교육을 통해 길러진다면, 두 번째 덕은 습관(에토스)를 통해 길러진다. 이와 같이 덕에 있어서 실천을 강조한 아리스토텔레스가 주의를 기울인 것이 바로 '중용'이다. 그는 정의의 핵심이 적당한 정도이듯이, 지나침과 모자람은 선을 파괴한다고 보았다. 그러므로 덕 일반에 관해 적절한 중용의 길을 택하는 것이 중요하며, 이렇게 할 수 있는 사람이 정말 지혜로운 자인 것이다.

아리스토텔레스에게 있어서 윤리학과 정치학은 모두 인간에게 선하다고 하는 인간행동의 실천적 문제를 다루는 학문으로, 그는 이것을 동일한 것으로 받아들였다.

윤리학은 개인과 관계하는 영역을 다루며 그 주된 저서로는 유명한 《니코마코스 윤리학》이다. 인간에게 선한 것을 아리스토텔레스는 '행복'이라고 불렀으며, 이것을 '인간의 탁월성(장점, 덕)에 의거한, 만약 그 탁월성이 몇 개인가 있을 때에는 최종최선의 탁월성에 의거한 영혼의 활동'이라고 규정하면서, 그의 윤리학의 중심 사상으로 삼았다. 이와 같이 선을 영혼의 활동에 의거하여 주장한 이상, 영혼에 대한 구분이 문제가 된다. 영혼은 이성적인 부분과 비이성적인 부분으로 나누어지며, 그 중간 부분에는 욕정, 욕구 영역이 있다. 그것은 이성에 상응하는 합리적인 부분과 그것에 상응하지 않는 비합리적인 부분을 갖는다고 여겼다. 이 구분에 기초하여 탁월성은 '지성적 탁월성'(영혼의 이성적 부분)과 '윤리적 탁월성(영혼의 이성적 부분에 의해 설득될 수 있는 욕정, 욕구)'으로 나눌 수 있다. 윤리적 탁월성은 습관으로 촉진되지만 그 본질은 행동에 있어서 바른 선택을 하는 것에 있다. 바로 주어진 양극단(무모함과 두려움)에서 중용(용기)을 선택할 때 발휘된다.

이와 같이 행복이 탁월성에 맞는 활동이라고 한다면 그 활동은 중용과 이성을 내포하는 것이어야 한다. 그래서 영혼의 이성적 부분은 또 다시 두 개로 나눌 수 있다. 바로 영원한 것을 관찰하는 '지혜'와 행동에 관계되는 실천적 '사려'이다. 실천적 사려 중에서는 특히 선택의 자유로서 의지의 자유가 논의되고 있다. 아리스토텔레스에게 있어서 인간의 최고의 탁월성은 이 지혜의 활동에 있으며, 행복이란 지혜에 의거한 활동, 바꾸어 말하면 관조하는 생활에 있다. 따라서 실천적 활동에서 떨어진 '한가'에 있는 것이다.

정치학

아리스토텔레스는 모든 행동이 목적으로 하는 것은 선이며 국가(폴리스)의 목적은 가장 좋은 선이라고 생각했으므로, 여기에서는 정치학도 논의되고 있다. 그는 개인들에게 영향을 주는 도덕적 문제들은 저마다 개인에게만 주어진 개별적인 것들이 아니며, 또 정치적인 문제와도 분리할 수 없다고 보았다. 그래서 그는 정치학을 다루면서도, 그것을 주제로 한 저서《정치학》과는 조금 다른 관점으로 그 내용을 보완하고 있는 것이다. 그는 이와 관련하여 제6권에서 지성적 덕인 사려(프로네시스), 특히 정치적 사려를 강조하고 있기도 하다.

세계 최초로 편찬된 체계적인 윤리학 서적으로 꼽히는《니코마코스 윤리학》은 그 시대 다른 윤리, 도덕론들에 대한 아리스토텔레스의 입장이자 반론이며, 그의 원숙기의 사상이 훌륭하게 드러나 있는 작품이다. 그는 자신의 목적론 관점에 따라 여기에서 인간의 목표와 최고 목적을 찾고, 그것을 행복이라고 제시하였다. 그리고 그것은 사회의 각자가 서로 '마땅한 때에, 마땅한 것에 대하여, 마땅한 사람들에게, 마땅한 목적을 위하여, 마땅한 방식으로' 행동하는 중용을 지킬 때 얻을 수 있다고 강조한 것이다.

《정치학》에 대해서 아리스토텔레스는 국가의 형성, 구조, 그리고 바람직한 국가 형태에 대해 고찰하고 있다. 국가에 관한 이론을 제시하는 대표적인 책으로 간주되는 이 저서는 역사적 방법론과 정체론, 통치기술론 등 정치에 관한 과학과 기술을 기술하고 있다.

《니코마코스 윤리학》이 개인의 문제에 관해 다루었다면, 정치학은 국가의 문제를 그 주제로 삼고 있다. 아리스토텔레스는 윤리문제의 탐구에서 가장 좋은 선은 행복이라고 하였다. 그리고 그것은 자기 본성의 실현과 덕의 실행으로 얻어지며, 이성을 지니고 있는 인간 고유의 덕은 이성적 삶의 영위라고 설명했다. 그런데 아리스토텔레스는 그러한 이성적 삶은 도시국가 안에서 그 가능성을 부여받는다고 생각하였다.

그래서 아리스토텔레스는 국가를 자연적인 공동체로, 또 가정이나 마을보다 우수한 사회적 삶의 가장 수준 높은 형식으로 보았다. 개인보다는 가정이 우선이며, 가정보다는 국가가 우선한다는 것이다. 여기서 개인은 조직 구성의 말단에 있으나 조직을 이루는 시초가 되는 존재가 된다. 또한 아리스토텔레스는 국가를 다양한 부분의 협력이 각 고유 기능을 자극함으로써 운영되는 유기체라고 파악한 최초의 철학자로 여겨진다. 그는 정치란 기계적 매커니즘이 아닌 유기적 체제로 이루어지기 때문에 상호 연결된 전체는 그 일부 없이 존재할 수 없다는 견해를 가지고 있었다. 그는 '인간은 본성적으로 정치적인 동물'이라고 하였는데, 그 말은 이런 여러 의미를 포함하고 있을 것이다.

아리스토텔레스는 오늘날의 국가와는 다른 도시국가에 살고 있었기 때문에, 그 시대의 관점으로 정치론을 폈다. 따라서 그가 말하는 정치적 공동체란 도시국가, 즉 폴리스를 일컫는 것이다. 그는 국가란 정치적 '협력체'이며 가장 좋은 삶을 살기 위한 목적으로 이루어진 것이라고 생각하여 "정치적인 협력체는 함께 살기 위한 것이 아니며, 고귀한 행동을 하기 위한 것으로 보아야 한다"고 말했다. 국가를 유기체로 보는 그의 견해는 그에게 성적 불평등과 노예제도를 자연스러운 것으로 받아들이게 했다. 그의 논리 중, 특히 '천성적 노예'에 대한 부분은 근대에 이르러 유럽 제국주의의 세계 식민화 정책에 근거가 되었다는 점에서 많은 비판을 받기도 한다.

《니코마코스의 윤리학》 마지막 권 마지막 장에서 바로 연결되는, 소위 속편이라 할 수 있는 《정치학》은 집단이나 공동체의 분석으로 시작된다. 고대 그리스의 국가형태였던 도시국가 폴리스는 전체로서의 좋은 생활을 최고 목적으로 삼았다는 점에서, 부분적 가치를 쫓았던 일체의 다른 공동체와 구별된다. '인간은 태어나면서 폴리스적 동물이다'라는 유명한 정의는 '인간은 사회적, 정치적 동물이다'로 확대 해석되는 경우가 많으나, 아리스토텔레스가 의도한 것은 폴리스로 귀속하는 것은 인간의 본성이며, 또한 인간은 폴리스 안에 존재할 때 비로소 자신의 본성을 완성할 수 있는 동물이라는 의미이다. 이렇게 폴리스는 인간 본성의 궁극적인 목적, 일체의 인간관계의 목적인(目的因)으로 생각되었다. 국가제도에 대한 문제도 이러한 관점에서 논의되고 있다. 제2권에서 제6권까지는 현실에서 행해지거나 생각될 수 있는 국가제도에 대한 연구, 제7권, 제8권은 있어야 할 형태로서의 국가제도가 논의되고 있다. 이상적인 국가제도로서는 덕과 최고의 선을 가진 사람들이 정치를 하는 귀족제가 제시되었다. 이것은 분명 스승 플라톤의 영향일 것이다. 아리스토텔레스는 제7권에서 폴리스의 인구와 국토의 넓이 등도 아크로폴리스에서 한눈에 내려다볼 수 있는 소규모의 도시국가를 이상으로 하고 있지만 그 점은 멸망해가는 세계에 집착하고 있었다고 보여도 어쩔 수 없다. 가정학이나 경제학의 근원이 된 것은 제1권으로 가정은 사람과 재산에 의해 구성되며, 가정에 있어서의 분업에 관해서도 논하고 있다. 아이를 낳고 키우는 것은 여자이지만 교육하는 것은 남자라는 유명한 말을 남기고 있다.

아리스토텔레스는《정치학》에서 군주정, 귀족정, 공화정 등으로 정부의 형태를 구분하고, 저마다 정체에서 그 실현방식과 안정성의 구체적 조건들을 탐구하였다. 이 저술은 총 8편으로 이루어져 있는데, 그 중 제1권과 제2권은 국가이론을 다루며, 제3권과 제4권은 시민의 자격과 정치형태를 고찰한다. 또 제5권은 혁명의 원인과 사례를, 제6권은 정치체와 관직의 배분을 탐구하고, 마지막 제2권은 주로 이상적 국가를 위한 교육문제를 논하고 있다.

시학

《시학》은 많은 사람들에 의해 서양 최초의 문예비평서로 평가받는 작품이다. 이 책이 집필된 계기가 무엇인지에 대해서는 서로 다른 의견들이 있다. 아무튼 아리스토텔레스에게는 스승 플라톤이 보인 문학 배척에 대한 자신의 입장을 밝히려는 목적도 있었을 것이다. 원제가《시작에 관하여 *peri poietikes*》인 이 책은 아리스토텔레스의 다른 저술들과 마찬가지로 처음부터 공간(公刊)을 목적으로 쓰인 것이 아니고, 강의 초안 또는 수강생의 필기를 정리하여 편집된 것으로 보인다. 서술의 일관성과 문체의 수준이 떨어져 그 진의를 파악하기 곤란한 내용이 있는 것은 아마도 그 때문일 것이다.

지금 우리에게 전해지는 《시학》의 원본은 총 26장으로 되어 있는데, 주된 내용은 비극에 관한 것이다. 그 뒤를 이어 희극에 관해 서술한 제2부가 있었던 것으로 보이나 이것은 현존하지 않는다. 아리스토텔레스는 비극을 문학 형식 중 으뜸으로 평가하였다. 이에 따라 그의 문예비평에서 비극창작론은 사실상 연극론의 위치를 차지한다. 그의 스승 플라톤은 관념적인 실재관과 이성에 치우친 사상체계를 가지고 있었다. 그러한 점 때문에 문학에 대해 시인 추방론으로 대변되는 입장을 취했다. 그러나 아리스토텔레스는 이데아가 아닌 자연, 즉 질서정연한 원리의 구현 과정을 실재로 보았다. 그리고 비극의 전개를 원리가 구현되는 자연 과정과 비슷하다고 여기고, 비극을 자연의 모방이라고 생각했다. 그래서 아리스토텔레스는 플라톤과는 달리 문학의 가치를 인정하였다.

아리스토텔레스는 문학을 모방예술로 보았다. 즉 예술활동 대부분은 인간의 모방 본능에 의한 것이고, 문학도 마찬가지라는 것이다. 문학에 대한 이러한 견해는 당시 그리스에서는 보편적인 것이었다. 그는 이와 관련하여 시학 저작 초반에 시 분류의 기준이 되는 모방의 수단, 대상 및 방법에 관해 논하고, 그 다음 시가 탄생한 것은 인간의 모방 본능과 모방된 것에서 기쁨을 느끼는 본능 때문이라고 설명한다. 그리고 후자를 지식 추구 본능의 하나로 여겼다.

아리스토텔레스는 사람의 감정을 북돋운다는 점을 들어 문학의 유해성을 주장한 스승과는 반대로, 문학은 감정 정화와 조절의 효과를 가진다고 하였다. 그가 주목한 이 긍정적인 작용이 바로 '카타르시스'이다. 그는 제6장에서 카타르시스는 '애련(哀憐)과 공포를 통하여' 비극이 사람들의 감정에 미치는 영향이라고 설명하고 있는데, 이에 대한 더욱 자세한 서술은 지금은 존재하지 않는 제2부에 있었던 것으로 추측되고 있다. 아리스토텔레스의 직접적인 설명은 부족하지만 그의 다른 저술에 나타난 언급과 여러 학설들의 의미로 미루어 볼 때, 그가 말한 카타르시스는 일종의 배설에 의한 정화론을 의미하는 것으로 여겨진다.

다음으로 아리스토텔레스는 이야기, 성격, 문체, 사상, 시각효과, 작곡을 비극을 구성하는 6가지 요소로 제시한 뒤 각각의 실례를 들어 설명하고, 자신이 생각하는 이상적인 비극 형태를 묘사하였다. 그 다음에는 문체와 문법에 관한 내용을 서술하고 23장부터 이어지는 후반부에는 주로 서사시에 관한 탐구와 그것과 비극 간의 비교를 보여 주고 있다. 그는 역시 비극이 서사시의 모든 속성을 포함한다는 면을 들어 비극의 우월성을 주장하였다.

아리스토텔레스는 《시학》에서 그즈음의 문학작품들을 분석하여 문학의 일반 원리를 이끌어 내는 방법을 쓰고 있다. 이러한 점은 그가 문학도 다른 분야의 학문을 연구할 때와 같이 실증적인 방법으로 다루었다는 것을 보여 준다. 그는 이렇게 서양문명사에서 처음으로 과학적 방법을 사용하여 문학의 본질과 창작 원리에 대한 체계적인 정립을 시도하였다. 이로써 호라티우스 등의 후학들에게 큰 영향을 미치게 되었던 것이다.

《시학》은 문예론의 고전이 되고 있다. 그는 문예도 제작적 기술의 영역에 속한다고 보았다. 시문예, 음악, 무용, 회화, 조각은 모두 '모방'(재현, 묘사)을 공통원리로 하며, 각각의 차이는 모방의 매체(색이나 소리), 대상, 수법의 차이로 생긴다. 문예는 행동하는 사람들을 모방의 대상으로 선택하고 비극은 우리들의 주위에 있는 사람들보다 뛰어난 인물의, 희극은 좀더 뒤떨어진 인물의 재현을 의도한다. 《시학》은 그 대부분의 논술을 비극으로 충당하고 있다. 이것은 아마 비극을 문예표현의 발전과정의 정점으로 생각했기 때문일 것이다. 하지만 많은 부분이 소실된 불완전한 책이라는 것을 고려해야 한다. 비극에 관한 유명한 정의는 다음과 같다. '비극이란 적당한 크기를 갖는다. 엄숙하게 완결시키는 행위의 모방이며, 그것은 매혹적으로 조탁된 말, 그것도 극의 분절에 맞게 나뉘어 사용될 수 있는 언어로, 또한 서술체가 아니라 배우가 현실적으로 연기하는 행위의 형식으로 이루어지는 모방이며, 그 기능은 관중에게 연민과 공포를 불러일으켜, 이런 종류의 감정의 카타르시스(정화)를 달성한다.' 이 카타르시스는 매우 중요한 이론이지만 이 단어의 뜻을 둘러싸고 그것이 감정의 정화인지 감정의 발산인지 논쟁점이 되고 있다. '역사가 사실 묘사인 것에 대해, 시는 규범의 모방이기 때문에 시는 철학에 가깝다'라는 사고도 좋으리라 생각한다.

아리스토텔레스 연보

BC 384년　　　그리스 북쪽 마케도니아의 스타게이로스에서 아버지 니코마코스와 어머니 파이스티스 사이에서 태어남. 당시 플라톤은 43세로 《국가》 대화편을 쓰기 시작한 때였음.

BC 367년(17세)　플라톤을 찾아가 아카데메이아에 입학함. 아카데메이아에서는 철학 이외에 수학·천문학 등을 가르쳤음. 스승 플라톤이 죽을 때까지 20년간 이곳에 머물렀음. 이 시기를 '아카데메이아 연구생시절'이라 함. 초기에는 플라톤을 모방한 대화편을, 플라톤의 영향을 받은 논문 다수를 저술했으나, 오늘날 전해지지 않음.

BC 354년(30세)　아카데메이아 연구생시절인 이 무렵 대화편 《프로토레프티코스》《에우데모스》, 논리학적 저작 《범주론》《명제론》《논거집》《분석론 전·후서》, 《자연학》 제1권·제2권·제7권, 《천체론》 제1권, 《형이상학》 제1·2권, 《대도덕학》, 《에우데모스 윤리학》 등을 집필.

BC 347년(37세)　플라톤이 80세로 세상을 떠남. 그는 아타르네우스의 참주 헤르메이아스(Hermias)의 초대를 받아 아소스로 떠남. 그는 아테네로 돌아오기까지의 12년 간을 아소스, 미틸레네, 마케도니아에서 지냄. 이 시기를 '편력시절'이라 함. 아소스에서는 아카데메이아의 분원이라 할 수 있는 연구소를 세워서 테오프라스토스와 함께 운영했으며, 《형이상학》 14권 중 1권을 강의함.

BC 345년(39세)　레스보스 섬 미틸레네로 가서 테오프라스토스와 함께 생물학 연구에 종사함.

BC 343~342년(41~42세)　마케도니아 왕 필리포스의 초청으로 알렉산드로

	스 왕자(13세)의 가정교사로 들어감. 왕자를 위해 《군주론》과 《식민지론》 집필.
BC 341년(43세)	피티아스(Pythias)와 결혼. 부인이 죽자, 그녀가 데려온 여성 헤르필리스와 사이에 아들 니코마코스를 낳음. 이 편력시절에 《동물지》《동물의 부분》《동물의 운동》의 일부와 《정치학》 제7·8권, 《에우데모스 윤리학》 집필.
BC 335년(49세)	아테네에서 리케이온(Lykeion) 학교를 세워 경험적·실증적 학풍을 확립함으로써 죽기까지 13년간 자족적인 학구생활을 통해 그리스 철학을 완성함. 이 시기를 '아테네시절'이라 함. 그는 아침에 산책길을 소요하면서 학생들에게 전문적이고, 이론적인 학문을 강의했음. 아리스토텔레스 학파를 '소요학파'라고 하는 것은 여기에 비롯되었음. 이 시절에 《자연학》 제8권, 《기상론》, 《동물의 생성》, 《영혼론》, 《형이상학》 제7~제9권, 《니코마코스 윤리학》, 《정치학》 제3·4권, 《아테네인의 국가제도》 집필.
BC 323년(61세)	알렉산드로스 대왕이 33세로 급사함. 정치적 박해를 받아, 헤르미아스 신에 바친 《덕의 송가》가 불씨가 되어 불경죄로 고발당함. 어머니의 고향 에우보이아 칼키스로 떠남.
BC 322년(62세)	칼키스에서 병사함. 그의 유언은 전부인 피티아스의 뼈와 함께 묻어 주고, 하녀들에게도 자유와 재산을 나누어 주라는 것이었다. 그가 남긴 책은 400여 권, 종류로는 146종에 이르나 오늘날 전해지는 것은 30여 권밖에 되지 않음.

옮긴이 손명현(孫明鉉)
충청북도 영동에서 태어났다. 일본 와세다대학교 철학과를 졸업하고 고려대학교 철학과 교수를 지냈다. 지은책 《철학입문》, 옮긴책 아리스토텔레스 《형이상학》《니코마코스 윤리학》《정치학》《시학》, 토마스 불핀치 《그리스로마신화》 등이 있다.

World Book 2
Aristoteles
ETHICA NICOMACHEA
POLITIKA/PERI POIETIKES
니코마코스 윤리학/정치학/시학
아리스토텔레스/손명현 옮김
1판 1쇄 발행/1978. 8. 10
2판 1쇄 발행/2007. 12. 25
2판 9쇄 발행/2019. 3. 1
발행인 고정일
발행처 동서문화사
창업 1956. 12. 12. 등록 16-3799
서울 중구 다산로 12길 6(신당동 4층)
☎ 546-0331~6 Fax. 545-0331
www.dongsuhbook.com

*

이 책은 저작권법(5015호) 부칙 제4조 회복저작물 이용권에 의해 중판발행합니다.
이 책의 한국어 문장권 의장권 편집권은 저작권 법에 의해 보호받으므로
무단전재 무단복제 무단표절 할 수 없습니다.
이 책의 법적문제는 「하재홍법률사무소 jhha@naralaw.net」에서 전담합니다.
사업자등록번호 211-87-75330
ISBN 978-89-497-0450-0 04080
ISBN 978-89-497-0382-4 (세트)